甘肃省文化资源名录
（第三十五卷）
地名文化Ⅵ

村、社区

总 主 编：陈 青　王福生
副总主编：马廷旭
总 校 对：刘玉顺
本卷主编：胡圣方　李 骅

中国书籍出版社
China Book Press

图书在版编目（CIP）数据

甘肃省文化资源名录. 第三十五卷 / 陈青, 王福生总主编; 甘肃省社会科学院编. — 北京 : 中国书籍出版社, 2018.1
ISBN 978-7-5068-6719-1

Ⅰ. ①甘… Ⅱ. ①陈… ②王… ③甘… Ⅲ. ①文化遗产—甘肃—名录 Ⅳ. ①K294.2-62

中国版本图书馆CIP数据核字（2018）第027836号

甘肃省文化资源名录　第三十五卷
陈　青　王福生　总主编
甘肃省社会科学院　编

责任编辑	武　斌　邹　浩
责任印制	孙马飞　马　芝
封面设计	东方美迪
出版发行	中国书籍出版社
地　　址	北京市丰台区三路居路97号（邮编：100073）
电　　话	（010）52257143（总编室）　　（010）52257140（发行部）
电子邮箱	eo@chinabp.com.cn
经　　销	全国新华书店
印　　刷	三河市顺兴印务有限公司
开　　本	787毫米×1092毫米　1/16
字　　数	586千字
印　　张	26.25
版　　次	2018年1月第1版　2018年1月第1次印刷
书　　号	ISBN 978-7-5068-6719-1
定　　价	308.00元

版权所有　翻印必究

甘肃省文化资源普查和分类分级评估工作领导小组

组　长　　连　辑

副组长　　张广智

成　员　　俞建宁　张建昌　范　鹏　武来银　伏晓春　赵海林
　　　　　王智平　周继尧　史志明　李宗锋　阿　布　李　堋
　　　　　曹玉龙　陈　汉　梁文钊　陈德兴　妥建福　樊　辉
　　　　　肖立群　王兰玲　肖学智　宋金圣　拜真忠　卢旺存
　　　　　石生泰　柳　民　吴国生　火玉龙　车安宁　马少青
　　　　　王福生　张智若

甘肃省文化资源普查和分类分级评估工作领导小组办公室及下设机构

主　　任　　范　鹏

常务副主任　　王福生

副 主 任　　李　堋　　王兰玲　　柳　民

执行副主任　　侯拓野　　马廷旭　　陈月芳　　廖士俊

成　　员　　杨文福　　丁　禄　　田锡如　　李含荣　　路晓峰　　刘效明
　　　　　　张建胜　　徐麟辉　　马志强　　张春锋　　梁朝阳　　方剑平
　　　　　　黄国明　　王银军　　刘志忠　　李拾良　　王登渤　　赵艳超
　　　　　　席浩林　　王　钢　　刘　晋　　李军林　　王景辉　　邵　斌
　　　　　　杨彦斌　　李素芬　　李才仁加　王　旭　　王治纲

综合协调组

组　长　　王灵凤

成　员　　庞　巍　　马争朝　　吴绍珍　　巨　虹　　王彦翔　　唐莉萍
　　　　　段翠清

普查业务组

组　长　　谢增虎

成　员　　马东平　　侯宗辉　　马亚萍　　戚晓萍　　魏学宏　　李　骅
　　　　　买小英　　梁仲靖　　王　屹　　海　敬

技术保障组

组　长　　刘玉顺

成　员　　胡圣方　　王　荟　　谢宏斌　　张博文　　宋晓琴

专家联络组

组　长　　郝树声　　马步升

成　员　　金　蓉　　赵　敏

甘肃省文化资源名录编纂委员会

主　　任　　陈　青　郝　远
副 主 任　　范　鹏　彭鸿嘉　俞建宁　王福生
委　　员　　朱智文　安文华　刘进军　马廷旭
　　　　　　王俊莲　王　琦　陈双梅

总 主 编　　陈　青　王福生
副总主编　　马廷旭
总 校 对　　刘玉顺
成　　员　　谢增虎　马东平　侯宗辉　马亚萍　戚晓萍
　　　　　　魏学宏　赵国军　谢　羽　金　蓉　买小英
　　　　　　巨　虹　吴绍珍　胡圣方　李　骅　鲁雪峰
　　　　　　梁仲靖　王　荟　王　屹　海　敬　段翠清
　　　　　　李志鹏　尹小娟　姜　江

前　言

丝绸之路三千里，华夏文明八千年。甘肃是华夏文明的重要发祥地之一，是中华民族重要的文化资源宝库，是国务院认定的"华夏文明传承创新区"。为了保护和传承甘肃恢宏的历史与当代文化资源，使之能够汇总展示给世界，并永久流传，甘肃省从2013年4月启动了全省文化资源普查工作。在甘肃省文化资源普查和分类分级评估工作领导小组组织下，动员全省各市（州）县（区）、31个厅局及省直单位的专业人员，数十位专家学者，历时两年，完成了普查和数据录入工作。对于全省文化资源普查成果，甘肃省社会科学院又经过两年时间整理完善、分类编辑、拾遗补阙、校对编排，现在终于有了《甘肃省文化资源名录》的付梓出版。

《甘肃省文化资源名录》集中展现了甘肃历史悠久、丰富多样的文化资源。甘肃历史文化遗存位列全国前茅，民族民俗文化特色鲜明，现代文化颇具实力。伏羲文化、大地湾文化、马家窑文化、齐家文化、寺洼文化、彩陶文化、周秦早期文化、长城文化、汉简文化、三国文化、五凉文化、敦煌文化、石窟文化、黄河文化等历史文化资源积淀深厚；道教文化、西夏文化、伊斯兰文化、藏传佛教文化等民族宗教文化资源星罗棋布；大革命文化、根据地文化、长征文化、抗日文化、解放区文化等红色文化资源耀眼夺目；工业文化、科技文化、歌舞文化、大众文化等现代文化资源特色鲜明。可以说，文化资源是历代生活在甘肃的华夏儿女留给这块大地的永不磨灭的最辉煌印记。

就甘肃省文化资源的精华而言，截至2017年初，全省馆藏可移动文物为195.84万件，各类不可移动文物16895处。有世界文化遗产7处，全国重点文物保护单位131处，省级文物保护单位556处，国家级非物质文化遗产代表性项目68项。有国家级历史文化名城4座，国家级历史文化名镇7座，中国历史文化名村2座，中国传统村落36个。莫高窟、嘉峪关、伏羲庙、麦积山、炳灵寺、阳关、玉门关、锁阳城、崆峒山、拉卜楞寺、中山桥……，都是甘肃文化的历史见证；敦煌汉简、悬泉汉简、铜奔马、牛肉面、剪纸、花儿、皮影、羊皮筏子、黄河水车……，都是甘肃永恒的文化名片；腊子口、哈达铺、会师楼、南梁……，都是甘肃代表性红色文化遗产；酒泉卫星发射中心、刘家峡水电站、玉门油田、《读者》《丝路花雨》《大梦敦煌》……，都是甘肃之所以为甘肃的鲜明标志；祁连山、雪山冰川、河西走廊、大漠戈壁、高原草原、天池梅园……，都是如意甘肃的生动写照。众多的历史、自然和现代文化资源犹如满天繁星，镶嵌在广袤的甘肃大地上熠熠生辉。

《甘肃省文化资源名录》汇总甘肃省文化资源的精华，完成了打造华夏文明传承创新区的基础工作。《名录》将文化资源分为二十大类，分别是：文物；红色文化；重要历史事件与人物；重要历史文献；民族语言文字；非物质文化遗产；自然景观文化；宗教文化；文学艺术；饮食文化；建筑文化；节庆、赛事文化；文化之乡；地名文化；文化传媒；社科研究；文化类高等教育；文化艺术机构团体；文化产业；文化人才。每类文化资源按属性又分若干子分类，每个子分类都有严格的界定。同时，将文化资源级别分为省级和市州级。省级文化资源是指国务院、国家有关部委、甘肃省政府和省直部门已经明确命名、认定、管理（或委托管理）的国家级和省级文化资源，以及甘肃省文化资源普查办公室评估认定并核定公布、报送备案的文化资源。市州级文化资源是指甘肃省各市州、县级政府及其管理部门已经明确命名、认定、管理的市县文化资源，以及甘肃省文化资源普查办公室评估认定并核定公布、报送备案的市县文化资源。甘肃省内世界级文化资源（遗产）纳入省级文化资源管理范围，暂未认定级别和不需认定级别的文化资源统一纳入市州级文化资源范围。

推出《甘肃省文化资源名录》，对于推进华夏文明传承创新区建设、甘肃文化大省建设、丝绸之路黄金段建设意义深远。《名录》不仅仅记录了甘肃文化资源的种类和数量，也使甘肃文化资源的资源类别、品相级别、蕴藏情况、流布地域、传承范围和衍变情况得以准确和清晰化。通过编辑出版《甘肃省文化资源名录》，形成一个科学完整的文化资源数据库、文化资源研究的学术平台、文化资源传承保护和开发利用的指南，有助于更好地挖掘那些具有世界影响、国家价值、显著特点、唯一仅存、开发潜力巨大的代表性文化资源，为文化资源的有效保护提供科学依据，为重点文化资源找到开发的机遇并重塑生长的价值，为文化产业项目的开发利用提供可靠的参考。所以，《名录》的推出，是甘肃省文化资源普查成果面向世界迈出的第一步，是文化实力助推甘肃转型发展的坚实步伐，它为甘肃省今后对文化资源进行保护传承、专题研究、数字展示、市场开发奠定了基础。

甘肃省社会科学院

2017 年 7 月

目 录

前　言　001

村、社区　001

陇南市

（一）武都区　002
（二）成县　088
（三）康县　110
（四）文县　154
（五）宕昌县　155

临夏回族自治州

（一）临夏市　192
（二）临夏县　201
（三）康乐县　242
（四）广河县　260
（五）永靖县　278
（六）和政县　304
（七）东乡族自治县　323
（八）积石山保安族东乡族撒拉族自治县　354

甘南藏族自治州

（一）舟曲县　　　　　　　　　380

（二）卓尼县　　　　　　　　　381

（三）迭部县　　　　　　　　　396

（四）玛曲县　　　　　　　　　400

后　记　　　　　　　　　　403

甘肃省文化资源名录
第三十五卷
地名文化 VI

村、社区

陇南市
（一）武都区
（二）成县
（三）康县
（四）文县
（五）宕昌县

临夏回族自治州
（一）临夏市
（二）临夏县
（三）康乐县
（四）广河县
（五）永靖县
（六）和政县
（七）东乡族自治县
（八）积石山保安族东乡族撒拉族自治县

甘南藏族自治州
（一）舟曲县
（二）卓尼县
（三）迭部县
（四）玛曲县

陇南市

（一）武都区

0001　三仓乡草河坝村
简　　介：地势由北向南，高山陡壁，地处峡沟谷地，主产小麦、洋芋等。土改时为草河乡第五行政村，合作化时组建为富强五、六社后转为富强第五、六高级社，公社化后属三仓公社草河管理区草河坝生产队，1961年公社划小时为草河公社草河坝大队，1984年改建村委会。

0002　琵琶镇五家山村
简　　介：地处半山，由南向北，山坡陡峻，面临沟谷，气候寒冷，交通不便，产小麦、玉米、洋芋、黄豆。土改时为八九联合区琵琶乡五家山行政村，合作化时组建五家山初级社，后转五家山高级社，公社化时为洛塘街公社琵琶管理区五家山生产队，1961年社队划小时为琵琶公社五家山大队，1984年改建村委会。

0003　外纳镇崖角里村
简　　介：地势由北向南，山坡陡峻，驻半山，主产小麦、玉米、洋芋。土改时为透防区外纳乡崖里行政村，合作化时组建崖解里等四个初级社，后合并为锦坪高级社，公社化时为透防公社外纳管理区锦坪生产队，1961年公社划小时为透防公社崖角里大队，1984年改建村委会，沿用至今。

0004　汉王镇问子山村
简　　介：地势由南向东，驻半山坡，南靠高山陡坡，东临山沟深谷，主产小麦、玉米、洋芋。土改时为万象乡问子山行政村，合作化时组建问子山初级社，后转为问子山高级社，公社化时为汉王公社黎营管理区问子山生产队，1961年社队划小时为文子山大队，文革中改名为奋斗大队，1978年恢复为问子山大队，1984年改建为问子山村委会，沿用至今。

0005　玉皇乡杜家村
简　　介：地势由北向南，南北两山对峙，山大沟深，地处半山，主产小麦、玉米、洋芋。土改时为三河区罗家乡杜家行政村，合作化时组建杜家初级社，后转为杜家高级社，公社化时为三河公社罗家管理区杜家生产队，1961年社队调整为玉皇公社杜家大队，1984年改建村委会。

0006　安化镇寺林山村
简　　介：土改时为安化区斜山乡寺林山行政村，合作化时组建寺林山初级社，1965年与马家湾合并为寺林山大队，文革中改名为勤劳大队，1973年恢复原名寺林山大队。1984年改设寺林山村委会。

0007 马街镇上半山村

简　　介：地处高山半坡，由北向南，山坡陡峻，南临河沟，主产小麦、玉米、洋芋。土改时为安化区，宣阳乡上半山行政村，合作化时组建半山初级社，后转为半山高级社，公社化时为安化公社马街管理区半山生产队，1961年社队调整为马街公社上半山大队，1966年与糜子坝合并为糜子坝大队，1979年分开仍为上半山大队，1984年改建村委会。

0008 安化镇窎塄里村

简　　介：土改时为安化区斜山乡窎塄行政村，合化时组建窎塄初级社，1958年为吊塄生产队，1965年与鄂家湾包家沟合并为鄂家湾大队，1970年恢复为窎塄里大队。1984年改设村委会，沿用至今。

0009 裕河镇苦竹园村

简　　介：地势面临深沟谷地，林木茂密，山坡陡峻，驻半山，主产小麦、玉米、荞麦，特产木耳、黄连、茶叶。土改时为五马乡区梨树乡苦竹园行政村，合作化时组建幸福第一初级社，后转为高级社，公社化后属初河公社梨树湾管理区苦竹园生产队，1961年社队调整时为裕河公社苦竹园大队，文革中改名为幸福大队，1970年恢复为苦竹园大队，1984年改建村委会。

0010 裕河镇范家坪村

简　　介：北靠高山，面临深谷，森林茂密，驻高半山，主产玉米、小麦、荞麦，特产木耳、黄连。土改时为五马区梨树乡范家坪行政村，合作化时组建范家坪4个初级社，后合并为范家坪高级社，公社化时为裕河公社梨树湾管理区范家坪生产队，1961年社队调整时为裕河公社范家坪大队，1984年改建村委会。

0011 裕河镇余家河村

简　　介：地势由西向东，四周群山环绕，山高林密，驻半山坡，主产玉米、小麦、荞麦，特产木耳、茶叶、黄连。土改时为五库区余河乡作家河行政村，合作化时组建青光茅石六初级社，后转为青光高级社，公社化时为裕河公社裕河管理区余家河生产队，1961年社队调整时为裕河公社余家河大队，1984年改建村委会。2002年10月，瞿家庵村并入。

0012 裕河镇阳坝村

简　　介：土改时为五马区阳坝乡阳坝行政村，合作化时组建阳坝初级社，1956年转为阳坝高级社，公社化时为裕河公社阳坝管理区阳坝生产队，1961年社队划为裕河公社阳坝大队，1984年改建村委会，沿用至今。

0013 裕河镇庙坝里村

简　　介：地势由西向东，林木茂密，山坡陡峻，驻沟河谷，主产小麦、玉米、荞麦，特产木耳。土改时为五库区梨树乡庙坝里行政村，合作化时组建庙坝里初级社，后转为庙坝里高级社，公社化时为裕河公社梨树湾管理区庙坝里生产队，1961年社队调整时为裕河公社庙坝里大队，1984年改建村委会。2002年10月观音崖村并入。

0014 裕河镇梨树湾村

简　　介：由北向南，山高坡陡，驻地半山，主产小麦、玉米、荞麦、小麦，特产木耳、茶叶。土改时为五马梨树乡梨树行政村，合作化时组建梨树湾初级社，后转为高级社，公社化时为裕河公社梨树湾管理区梨树湾生产队，1961年社队调整为梨树湾大队，文革中改为跃进大队，1970年恢复梨树湾大队，1984年改建村委会。

0015　裕河镇赵钱坝村

简　　介：由北向南，四周群山环抱，林木茂密，驻河谷地，主产玉米、水稻、荞麦，特产木耳、黄连、茶叶。土改时为五库区青枫乡赵钱坝行政村，合作化时组建赵钱坝初级社，后与杨家山合为赵钱坝高级社，公社化时为裕河公社赵钱坝管理区赵钱坝生产队，1961年社队调整时为裕河公社赵家坝大队，1984年改建村委会。

0016　裕河镇坟坪子村

简　　介：由北向南，四周群山环抱，灌木林茂密，驻半山坡，主产玉米、小麦、黄豆，特产黄连、木耳、茶叶。土改时为五库区青枫乡坟坪子行政村，合作化时组建坟坪子初级社，后转为坟坪子高级社，公社化时为裕河公社赵钱坝管理区坟坪子生产队，1961年社队调整为裕河坟坪子大队，文革中改为红卫大队，1970年恢复为坟坪子大队，1984年改建村委会。

0017　裕河镇孙家湾里村

简　　介：由西向南，山坡平缓，面临沟谷，主产小麦、荞麦、黄豆，特产木耳。土改时为五马青枫乡孙家湾里行政村，合作化时组建孙家湾等两个初级社，1956年并为孙家湾里高级社，公社化后属裕河公社阳坝管理区孙家湾里生产队，1961年社队调整时为孙家湾里大队，1984年改建村委会。

0018　裕河镇唐家坝村

简　　介：由西向东，山坡陡峻，林木茂密，驻山间河谷，主产玉米、小麦，特产黄连、木耳、茶叶。土改时为五库区阳坝乡唐家坝行政村，合作化时组建唐家坝初级社，后转为唐家坝高级实，公社化时为裕河公社阳坝管理区唐家坝生产队，1961年社队调整时为裕河公社唐家坝大队，1984年改建村委会。

0019　龙凤乡杨家上面村

简　　介：地势山坡陡峻，面临深谷，驻半山。主产小麦、洋芋、玉米。土改时为龙凤乡杨家上面行政村，合作化时组建杨家上面等2个初级社，后转为杨家上面高级社，公社化时为汉王公社瓦舌头大队的6队，1961年社调整分为龙凤公社瓦舌头大队，1969年分队成立杨家上面大队，1984年改建村委会，沿用至今。

0020　玉皇乡杨家湾村

简　　介：地势由北向南，群山环抱，驻高山大湾，主产小麦、玉米、洋芋。土改时为三河区罗家乡杨家湾行政村，合作化时组建杨家湾初级社，后转为杨家湾高级社，公社化时为三河公社罗家管理区杨家湾生产队，1961年社队调整为玉皇公社杨家湾大队，1984年改建村委会。

0021　甘泉镇成家沟村

简　　介：地处半山坡，由北向南，北靠高山陡坡，西临河谷，主产小麦、玉米、洋芋。土改时属杨坝青水乡，1956年为佛崖乡成家沟村，合作化时组建成家沟初级社，后转为高级社，公社化时为城泉社成家沟生产队，1961年调正为成家沟大队，1966年合为旗杆大队，1978年分开为成家沟大队，1984年改建村委会。

0022　安化镇翟家湾村

简　　介：土改时为第三区驼子乡第三行政村，合作化时组建翟家湾初级社，公社化时为安化公社驼子湾管理区翟家湾生产队，1961年调整为驼子公社翟家湾大队，1965年并入安化公社杜家湾大队，1978年仍为翟家湾大队，1984年改建村委会，沿用至今。

0023 五马镇何家沟村

简　　介：地势由西向东，三面环山，面临深沟，主产小麦、玉米、荞麦，特产烟叶。土改时为五马区陈坝乡何家沟行政村，合作化时组建何家沟两个初级社，后转为何家沟高级社，公社化时为五马公社寺场坝管理区何家沟生产队，1961年社队调整时为五马公社何家沟大队，1984年改建村委会。

0024 隆兴乡杨家沟村

简　　介：土改时期属于杨坝区包峪乡杨家沟行政村，合作化时组建杨家沟等两个初级社，后与石家塄坎合并为杨家沟高级社。公社化时为于隆兴公社包峪管理区杨家沟生产队，1961年社队划小时为隆兴公社杨家沟大队，1984年改建村委会。

0025 五马镇陈坝村

简　　介：土改时为五马区陈坝乡陈家坝行政村，合作化时组建陈家坝初级社，后转为高级社，公社化时为五马公社寺杨坝管理区，陈家坝生产队，1961年社队规模划小时为陈家坝大队，文革期间改名为东方红大队，1971年恢复陈家坝大队，1981年地名普查工作中，因重名，改名陈坝村，沿用至今，1984年改建村委会，沿用至今。

0026 两水镇马入崖村

简　　介：解放前属旧城乡第九保，解放后属五凤乡马入崖行政村，1953年为锦屏乡，合作化时组建马入崖初级社，1956年转为马入崖高级社，公社化时为两水公社锦屏管理区马入崖生产队，1961年社队调整时为锦屏公社马入崖大队，1984年改设村委会，沿用至今。

0027 马街镇杨河村

简　　介：地处高山半坡，山高坡陡，东临沟谷主产小麦、玉米、洋芋。土改时为安化区安坪乡杨河行政村，合作化时组建杨河初级社，后与安坪合并为安坪高级社，公社化时为金厂公社安坪管理区杨河生产队，1961年社队调整时为金厂公社安坪大队，1966年划为马街公社，1979年与安坪分开为杨河大队，1984年改建村委会。

0028 玉皇乡玉皇坪村

简　　介：地势由北向南，南北两山对峙，深沟峡谷，驻北山山脚，主产小麦、玉米、洋芋。土改时为三河区玉皇乡玉皇坪行政村，合作化时组建玉皇坪初级社，1956年转为玉华第二高级社，公社化时为玉皇坪大队，文革中改名为红星大队，地名普查中恢复玉皇坪大队，1984年改建村委会，沿用至今。

0029 隆兴乡木林沟村

简　　介：土改时期属于杨坝区隆兴乡第二行政村，合作化时组建木林沟初级社，后与叶家坝、谈坝等合并为"强华"第一高级社。公社化后属隆兴公社叶家坝管理区木林沟生产队，1961年社队划小时为隆兴公社木林沟大队，1984年改建村委会。

0030 马街镇路家那村

简　　介：地处半山，山坡陡峻，东临深沟。主产小麦、玉米、洋芋。土改时为安化区安坪乡路家那行政村，合作化时组建路家那初级社，后转为路家那高级社，公社化时为金厂公社安坪管理区路家那生产队，1961年社队调整时为金厂公社路家那大队，1966年与娅头、珍峪合并为垭头大队，并划为马街公社，1979年与垭头分开为路家那大队，1984年改建村委会。

0031 龙凤乡者家湾村

简　　介：地势沟壑交错，北临深山沟，驻半山阴坡，主产小麦、玉米、洋芋。土改时为佛堂乡者家湾行政村，合作化时组建者家湾等2个初级社，后转为罗家山高级社，公社化时为汉王公社罗家山大队，1961年社队调整分为龙凤公社罗家山大队，1982年地名普查中因重名故改为者家湾大队，1984年改建村委会，沿用至今。

0032 月照乡三流水村

简　　介：地势由北向南，高山陡坡，林木茂密，地处沟河谷地，主产小麦、洋麦、洋芋。解放前属琵琶乡，解放后属麻崖乡五村，后为三流乡，合作化时组建为兴旺第八初级社，后转为兴旺第五高级社，公社化时为洛塘公社三流管理区三流水生产队，1961年公社划小时为月照公社三流水大队，1965年与小棉柳坝合并为三流水大队，1979年经县革委批准又分开仍为三流水大队，1984年改建村委会。

0033 池坝乡红土道村

简　　介：土改时为安化区池坝乡红土道行政村，1953年合作化时为金厂区池坝乡组建红土道初级社，1956年转为高级社，公社化时为金厂公社池坝管理区红土道生产队，1961年公社划小时为池坝公社红土道大队，1984年改建村委会。

0034 龙凤乡袁家河那村

简　　介：地势山坡陡峻，地面崎岖，驻半山，主产小麦、洋芋、玉米。土改时为龙凤乡袁家河那行政村，合作化时组建袁家河那初级社，后转为袁家河那高级社，公社化时为汉王公社瓦舌头管理区袁家河那生产队，1961年社队调整为龙凤公社袁家河那大队，文革中改为红星大队，1978年恢复为袁家河那大队，1984年改建村委会，沿用至今。

0035 佛崖镇民委村

简　　介：土改时为清水乡张坪行政村，合作化时组建张坪初级社，1956年与燕入崖烟火台合建为战风第一高级社，公社化时为甘泉公社佛崖管理区张坪生产队，1961年公社划小时为佛崖公社张坪大队，1966年与燕崖合并为张坪大队，文革中曾改为永红大队，1972年恢复为张坪大队，1979年与燕崖分开，1984年改建村委会，又分开为张坪、民委两个村。

0036 桔柑乡大岸庙村

简　　介：土改时为三河区柏林乡大岸庙行政村，合作化时组建大岸庙等5个初级社，1956年合并为大岸庙高级社，公社化时为三河公社柏林管理区大岸庙生产队，1961年公社划小时为三河公社大岸庙大队。1966年划归桔柑公社，文革中改为新建大队，1980年恢复大岸庙大队，1984年改建村委会，沿用至今。

0037 安化镇查家湾村

简　　介：土改时为米仓乡第一行政村，合作化时组建查家湾初级社，后转为奋勇第三高级社，公社化时为安化公社石大坪管理区查家湾生产队，1961年社队划小时为查家湾大队，1965年将小峪寺大队并入，1979年又分开仍为查家湾大队。1984年改建村委会，沿用至今。

0038 角弓镇干谷墩村

简　　介：地势由西向东，南靠高山陡坡，北临白龙江驻白龙谷地，主产玉米、水稻，洋芋、小麦。土改时为两水区边寨乡干谷墩行政村，合作化时组建干谷墩初级社，1956年转为干谷墩高级社，1958年公社化后属两水公社角弓管理区干谷墩生产队，1961年公社划小时为角弓公社干谷墩大队。1984年改建村委会。

0039 东江镇新庄村

简　　介：土改时属城关区东江乡，1955年属汉王区，合作化时组建新庄初级社，后转为高级社，1958年至1961年属白龙江公社新庄生产队，1962年属东江公社新庄大队，1968年改名红星庄，1970年恢复新庄大队，1984年改建村委会，沿用至今。

0040 马营镇东峪里村

简　　介：土改时为安化区翠峰乡东峪行政村。合作化时为金厂区东峪初级社，后转为高级社，公社化时为金厂公社庞磨管理区东峪生产队，1961年公社划小时为庞磨公社东峪大队。文革中改名"东风大队"，1970年恢复原名，1984年，改建村委会，庞磨乡改为马营乡，该村属马营乡。

0041 三河镇阳山村

简　　介：地势由南向北，山坡陡峻，驻峡沟谷地，主产小麦、玉米、洋芋。土改时为三河花椒乡赵家庄行政村，合作化时组建赵家庄初级社，后转为赵家庄高级社，公社化时为三河公社三河管理区赵家庄生产队，1961年社队划小时为赵家庄大队，1966年与阳山里合为阳山大队，1984改建村委会。

0042 佛崖镇孟家村

简　　介：地势由东向西，三面环山，山高坡陡，村东靠山南临谷地，驻沟边，农作产玉米、小麦，还盛产核桃。解放前属甘泉乡桃树保，解放后属熊池乡孟家行政村，合作化时组建民乐二社，后转为孟家高级社，公社化时为甘泉公社熊池大队孟家生产队，1961年社队划小时为熊池公社孟家大队，1984年改建村委会。

0043 坪垭藏族乡赵杨坪村

简　　介：地势由南向北，高山陡峻，林木茂励，主产小麦、玉米、洋芋等。土改时为两水区，坪垭乡赵家坪行政村，1954年划为舟曲县，合作化时组建3个初级社，后转为赵家坪高级社，1958年公社化时为八楞公社坪垭管理区赵家坪生产队，1961年体制调整分为坪垭公社赵家坪大队，1963年划归武都，为坪垭藏族公社赵家坪大队，1983年地名普查中因重名经政府批准更改为赵杨坪大队，1984年改建村委会。

0044 外纳镇曹家坝村

简　　介：地势由东北向西南，山坡陡峻，驻白龙江河谷地，主产小麦、玉米、洋芋。土改时为透防区外纳乡曹家坝行政村，合作化时组建为曹家坝等3个初级社，1956年合并为曹家坝高级社，公社化时为透防公社外纳管理区曹家坝生产队，1961年公社划小时为外纳公社曹家坝大队，1984年改建村委会，沿用至今。

0045 安化镇双庙儿村

简　　介：土改时属米仓乡第六行政村。合作化时组建双庙初级社，后转为奋勇十二高级社，公社化时为安化公社大鹿院管理区双庙生产队，1961年社队划小时为双庙大队，1984年改建村委会，沿用至今。

0046 五马镇董家院村

简　　介：地势由北向西，山峻陡壁，林木

茂密，驻高山谷地，主产小麦、玉米、荞麦，特产天麻、木耳。土改时为五马区构杨乡董家院行政村，合作化时组建董家院等两个初级社，后转为繁荣高级社，公社化时当五马公社构杨管理区董家院生产队，1961年社队调整时为五马公社董家院大队，文革中改为跃进大队，1970年恢复为董家院大队，1984年改建村委会。

0047 蒲池乡王家坪村

简　　介：土改时为内水区蒲池乡王家坪行政村，合作化时组建为王家坪初级社，后转为王家坪高级社。公社化时为两水公社高家村管理区王家坪生产队，1961年公社划小时为蒲池公社王家坪大队，1984年改建村委会，沿用至今。

0048 琵琶镇玄湾里村

简　　介：地处河谷，东西两山对峙，高山陡峻，产小麦、玉米、洋芋。土改时为八九联合区，两河乡玄湾行政村，合作化时组建赵坪初级社，后合并为玄湾高级社，公社化时为洛塘公社两河管理区玄湾生产队，1961年社队规模调整为琵琶公社玄湾大队，1979年与赵坪分开为玄湾大队，1984年改建村委会。2002年赵坪村并入玄湾村。

0049 黄坪乡崔家里村

简　　介：地势南临深沟，主产小麦、玉米、洋芋。解放前属甘泉乡黄坪保，解放前属甘泉区黄坪乡崔家里行政村，合作化时组建崔家里初级社，1956年转为十月第一高级社，1958年公社化时为黄坪公社崔家里大队，1984年改建村委会。

0050 洛塘镇王家坝村

简　　介：地势由区向东，山大沟深，高山陡峻，驻河谷地，产小麦、玉米、黄豆，还产核桃。解放前属洛塘区洛塘乡洛塘保，解放后属洛塘乡行政村，合作化时组建先锋五社，后转为先锋高级社，公社化时为洛塘公社王家坝生产队，1961年社队划小时为王家坝大队，1965年合为八房大队，1978年分为王家坝大队，1984年改建村委会。

0051 城关镇教场社区居委会

简　　介：土改时为东江乡教场坝行政村，公社化时为白龙公社第四管理区教场生产队，文革时改为东方红大队，1981年恢复为教场大队。2002年6月划归城关镇管辖。2003年改设社区居委会。

0052 佛崖镇烟火台村

简　　介：地处甘泉河谷半山，背靠红崖山，面临河谷，主产小麦、玉米、洋芋等。土改时为佛崖乡佛崖行政村，合作化时组建为化坪初级社，1956年与张坪燕入崖组建为战风第一高级社，公社化时为甘泉公社佛崖管理区烟火台生产队，1961年公社划小时为佛崖公社烟花台大队，1984年改建村委会。

0053 洛塘镇宁杏沟村

简　　介：地势由北向南，驻地山高坡陡，主产小麦、洋芋、小麦，特产木耳、茶叶。土改时为五马区阳坝乡安家山行政村，合作化时组建安家山等两个初级社，后和李家山扩建为安家山高级社，公社化后为五马公社西支管理区安家山生产队，1961年社队规模划小时为西支公社安家山大队，地名普查中因重名更改为宁杏沟大队，1984年改建村委会。

0054 隆兴乡八房坪村

简　　介：土改时期属于杨坝区包峪乡，后分为集昌乡，合作化时与四房组建一个初级社，后转为八房坪高级社，公社化后属隆兴公社包峪管理区八房坪生产队，1961年社队调整为隆兴公社八房坪大队，1965年与四房合并为八房坪大队，1979年又分开为八房坪大队，1984年改建村委会。

0055 郭河乡下成家村

简　　介：地势由西向东，山高坡陡，地处半山，主产小麦、玉米、洋芋。土改时为三河区郭河乡下成家行政村，合作化时组建下成家初级社，后转为下成家高级社，公社化后属三河公社郭河管理区下成家生产队，1961年社队调整为郭河公社下成家大队，1966年与郭家河合为郭家河大队，1980年又分开为下成家大队，1984改建村委会。

0056 汉王镇成家山村

简　　介：地势由西向东，驻半山，高山陡坡，面临沟谷，主产小麦、玉米、洋芋。土改时为马坝乡成家山行政村，合作化时组建成家山初级社，后转为成家山高级社，公社化时为汉王公社马坝管理区成家山生产队，1961年社队划小属马坝公社成家山大队，1966年合并为汉王公社成家山大队，1984年改建村委会，沿用至今。

0057 两水镇朱家山村

简　　介：解放前属旧城乡第九保，解放后属五凤乡朱家山行政村，1953年为锦屏乡，合作化时组建朱家山初级社，1956年转为朱家山高级社，公社化后为两水公社锦屏管理区朱家山生产队，1961年社队调整时为锦屏公社朱家山大队，1984年改设村委会，沿用至今。

0058 蒲池乡大珍咀村

简　　介：土改时为两水区蒲池乡珍咀行政村，合作化时组建珍咀初级社，1956年转为珍咀高级社，1958年公社化时为两水公社高家村管理区大珍咀生产队，1961年社队调整为蒲池公社大珍咀大队，1984年改建村委会，沿用至今。

0059 蒲池乡上巩家村

简　　介：土改时为两水区板桥乡上巩家行政村，合作化时组建上巩家初级社，后转为上巩家高级社，公社化时为两水公社坪儿管理区上巩家生产队，1961年公社划小时为蒲池公社上巩家大队，1984年改建村委会，沿用至今。

0060 马营镇松坪村

简　　介：土改时为安化区渭子乡松坪行政村。合作化时为金厂区渭子乡组建松坪初级社，后转为高级社，公社化时为金厂公社渭子管理区松坪生产队，1961年公社划小时为金厂公社松坪大队。1984年改建村委会。2004年，随金厂乡整体并入马营乡。

0061 东江镇王沟里村

简　　介：土改时属城关区东江乡，1955年属汉王区，合作化时组建王沟里初级社，后转为高级社，1958年至1961年属白龙江公社王沟里生产队，1962年属东江公社王沟里大队，1968年改为朝阳沟，1973年恢复王沟里大队，1984年改建村委会，沿用至今。

0062 马街镇马街村

简　　介：地处北峪河谷，南北山坡平缓，东西走向有略武公路通过，气候干旱，产小麦、玉米、洋芋、荞麦、黄责、棉花、蔬菜，还产花椒等。土改时为安化区马街乡梨坪行政村，1953年增设宣阳乡，1956年宣阳并入马街乡，1958年上半年合并为马街乡，下半年公社化时合建为安化公社设马街管理区，1961年社队划小时调整为马街公社，1979年分出汉林仍为马街公社，1984年改建村委会。

0063 隆兴乡集昌坝村

简　　介：土改时为包裕乡集昌坝行政村，合作化时组建强华第二社，1956年转为强华第二高级社，公社化时为隆兴公社集昌坝管理区集昌坝生产队，1961年划为隆兴公社集昌坝大队，1984年改建村委会，2002年，将黑崖山村并入集昌坝，沿用至今。

0064 龙凤乡上祁家村

简　　介：地势东西走向，北连高山，南临陡坡山沟，驻高山半坡地，主产小麦、玉米、洋芋。土改时为佛堂乡上祁家行政村，合作化时组建上祁家初级社，后转为上祁家高级社，公社化时为汉王公社艾蒿坪管理区上祁家生产队，1961年分为龙凤公社上祁家大队，文革中改名为朝阳大队，1978年恢复上祁家大队，1984年改建村委会，沿用至今。

0065 城关镇石家庄村

简　　介：土改时属黄峪乡，后为五凤乡石家庄行政村，合作化时组建石家庄初级社，后与殿沟、黑坝合并为殿沟高级社，公社化时为白龙公社五凤管理区殿沟生产队，1961年为五凤公社石家庄大队，1966年为城郊公社石家庄大队，2002年6月，划归城关镇管辖。

0066 黄坪乡苟家山村

简　　介：地势由北向南，高山深谷，主产小麦、洋芋、玉米。解放前属甘泉乡黄坪保，解放后属甘泉区黄坪乡苟家山行政村，合作化时组建苟家山初级社，后转为十月第一高级社，1958年公社化时为黄坪公社苟家山大队，1984年改建村委会。

0067 东江镇东江水村

简　　介：土改时属城关区东江乡，1955年属汉王区，合作化时组建东江水初级社，1956年转为东江水高级社，1958年至1961年属白龙江社东江水生产队，1962年属东江公社东江水大队，1984年改建村委会，沿用至今。

0068 月照乡钻木子村

简　　介：地势高山峭壁，产玉米、小米、洋麦、油菜、大麻、当归，还有核桃、花椒、柿子。解放前属五库乡。解放后为闹院乡第二行政村，后为月照乡。合作化时组建为曙光第八初级社，后转为月照第四高级社，公社化后为五库公社月照管理区钻木子生产队，1961年公社划小时为月照公社钻木子大队，1984年改建村委会。

0069 马营镇郭河口村

简　　介：土改时为安化区石桥乡曹仁沟行政村。合作化时为金厂区渭子乡组建曹仁沟初级社，后转为高级社，公社化时为金厂公社涝水子管理区曹仁沟生产队，1961年公社划小时为金厂公社曹仁沟大队，1982年改名郭河口大队，1984年改建村委会。2004年，随金厂乡整体并入马营乡。

0070 石门镇草坝子村

简　　介：解放后属边寨乡第八行政村，后为枣川乡五村，1956年合并为石门乡，合作化时组建江南第三初级社，后转为江南第三高级社，公社化后为两水公社石门管理区草坝子生产队，1961年为石门公社草坝子大队，1984年改建村委会，沿用至今。

0071 柏林镇腰坡村

简　　介：土改时为安化区石桥乡腰坡行政村，合作化时组建腰坡初级社，后转为高级社，1958年公社化时为安化公社石桥管理区腰坡生产队，1961年社队调整为柏林公社腰坡大队，1965年与湾儿下并为腰坡大队，1979年与湾儿下分开为腰坡大队，1984年改建村委会，沿用至今。

0072 黄坪乡成家坝村

简　　介：地势由南向北，四面环山，驻山间谷地，主产小麦、玉米、洋芋。解放前属甘泉乡黄坪保，解放后属甘泉区黄坪乡成家坝行政村，合作化时组建成家坝初级社，1956年转为十月第二高级社，1958年公社化组建黄坪公社成家坝大队，1984年改建村委会。

0073 城关镇孟家山村

简　　介：解放后属黄峪乡，后为五凤乡孟家山行政村，合作化时组建初级社，后转为高级社，公社化时为白龙公社五凤管理区孟家山生产队，1961年为五凤公社孟家山大队，1966年合入城郊公社，文革中改名先锋大队，1969年恢复原名。2002年6月，划归城关镇管辖。

0074 月照乡六房沟村

简　　介：地势由北向南，高山陡峻，驻峡沟谷地，主小麦、玉米、洋芋等。解放前李姓属康县，赵姓属外纳乡，土改时为麻崖乡第七行政村，合作化时为月照乡曙光初级社，后转为月照第一高级社，公社化后为五库公社月照管理区六房沟生产队，1961年公社划小时为月照公社六房沟大队，1984年改建村委会。

0075 琵琶镇王山村

简　　介：地处高半山，由南向北，山坡陡峻，面临沟谷，产小麦、玉米、洋芋。土改时为八九联合区琵琶乡王家山行政村，合作化时组建王家山初级社，后转高级社，公社化时为洛塘公社琵琶管理区王家山生产队，1961年社队划小时为琵琶公社王家山大队，1984年改建村委会。

0076 鱼龙镇秋水坪村

简　　介：地处半山坪，由西向东，东靠山坡，西临山沟，主产小麦、洋葱、当归、黄氏等。土改时为杨坝区草坝乡秋水坪行政村，1954年属柏家乡，合作化时为鱼龙公社秋水坪生产队，1961年社队调整为秋水坪大队，同年合并为李庄大队，1979年与李庄分开为秋水坪大队，1984年改建村委会。

0077 三河镇小石山村

简　　介：地势由南向北，驻半山，南坡陡峻，北临河谷，主产小麦、玉米、洋芋。土改时为三河区小石乡小石山行政村，合作化时组建小石山初级社，1956年转为卞华第一高级社小石山生产队，公社化时为三河公社小石管理区小石生产队，1961年社队调整时为玉皇公社小石大队，1966年划归三河公社小石山大队，1984改建村委会。

0078 磨坝藏族乡中腰村

简　　介：土改时为透防区磨坝乡中腰行政村，合作化时组建中腰等7个初级社，后合并为中腰高级社，公社化时为透防公社磨坝管理区中腰生产队，1961年公社划小时为桔柑公社中腰人队，1984年改建村委会，沿用至今。

0079 三仓乡峪才沟村

简　　介：地处峡沟谷地，南山陡峻，北山

较平缓，气候湿润，交通便利，主产小麦、玉米、洋芋、黄豆、荞麦，经济作物有油菜、核桃等。土改时为杨坝区隆兴乡叶坝行政村，合作化时组建"强华"等二个初级社，1956年与谈坝、王坝里扩建为"强华"第一高级社。公社化时为隆兴乡叶家坝管区叶坝生产队。1961年社队规模调整时为叶家坝大队，1984年改建村委会。

0080 东江镇胡家坪村

简　　介：土改时属城关区东江乡，1955年属汉王区东江乡，合作化时组建东兴二社，后与上郭家转为东兴二高级社，1958年属白龙江公社胡家坪生产队，1962年属东江公社胡家坪大队，1965年改为红旗坪，1969年与上下郭家合并为东风大队，1979年分开为胡家坪大队，1984年改建村委会，沿用至今。

0081 马街镇菜阳沟村

简　　介：地处高半山深沟，由北向南，高山坡陡，交通不便，产洋麦、洋芋、荞麦，经济作物有油菜、当归、黄芪。土改时为金厂区安坪乡菜阳沟行政村，合作化时组建菜阳沟初级社，后转为高级社，公社化时为金厂公社安坪管理区菜阳沟生产队，1961年社队划小时为金厂公社菜阳沟大队，1966年划归马街公社菜阳沟大队，1984年改建村委会，沿用至今。

0082 三仓乡何家坝村

简　　介：地势由北向南，高山陡壁，驻峡沟谷地，主产洋芋、小麦、玉米。土改时为八九联合区坪头乡第七行政村，合作化时组建何家坝第五个初级社，后转为兴荣第二高级社，公社化时为三仓公社何家坝管理区何家坝生产队，1961年公社划小时为三仓公社何家坝大队，1965年与小中山、瓦吉山合并为红旗大队，地名普查中恢复休家坝大队，1984年改建村委会。

0083 角弓镇角弓街村

简　　介：地势由西向东，北靠角弓山，高山陡峻，驻白龙江谷地，主产小麦、水稻、玉米，还产花椒。土改时为两水区角弓乡角弓街行政村，合作化时组建角弓街初级社，1956年合并为白龙高级社，1958年公社化时为两水公社角弓管理区角弓生产队，1961年公社划小时为角弓社角弓大队，1966年与高坪合并为角弓大队，1979年与高坪分开仍为角弓大队。1984年改建村委会。2002年10月将原角弓山村第二村民小组并入角弓街村。

0084 安化镇黑虎崖村

简　　介：土改时为安化区黑虎崖行政村，合作化时组建黑虎崖初级社，公社化时为安化生产队，1961年调整为驼子公社黑虎崖大队，1965年合为安化公社黑虎崖大队，1984年改建村委会，沿用至今。

0085 城关镇腰道村

简　　介：解放前属龙江镇中腰保，解放后属后峪乡，后属五凤乡，公社化时为病农公社五凤管理区腰道里生产队，2006年合并为城郊公社腰道里大队，文革中改为前进大队，1980年恢复腰道大队。2002年6月划归城关镇管辖。

0086 黄坪乡老蒿川村

简　　介：地势由北向西，四面环山，山高坡陡，山间谷地，主产小麦、玉米、洋芋。解放前属甘泉乡黄坪保，解放后属碾坝区草川乡老蒿川行政村，合作化时组建老蒿川初级社，后转为高级社，1958年公社化时为武康合县组建为黄坪公社老蒿川大队，1984年改建村委会。

0087 枫相乡张家院村

简　　介：地势由北向南，驻半山梁上，北靠山南临沟，顶部峰峦高耸，悬崖峭壁，产小麦、玉米、荞麦、小豆。解放前属洛塘区洛塘乡麻柳保。解放后洛塘区白杨乡张家院行政村，合作化时组建为张家院初级社，后转为张家院高级社，公社化时为枫相公社张家院大队，1984年改建村委会。

0088 坪垭藏族乡铧咀村

简　　介：地处半山，西靠高山陡坡，东临河谷，主产小麦、玉米、洋芋、花椒等。解放前属边寨乡清水保，解放后属坪垭乡铧咀行政村，1954年划归舟曲县，合作化时组建为铧咀初级社，1956年转为铧咀高级社，1958属八楞公社坪垭管理区铧咀生产队，1961年体制调整分为坪垭公社铧咀大队，1963年经省人委批准划归武都，属锦屏公社，1981年划给坪垭藏族公社铧咀大队，1984年改建村委会。

0089 郭河乡符家山村

简　　介：地势由东向西，地处高半山。主产小麦、玉米、洋芋。土改时为三河区八海乡符家山行政村，合作化时组建符家山初级社，后转为符家山高山初级社，公社化时为三河公社八海管理区符家山生产队，1961年社队调整为郭河公社符家山大队，1966年与赵家湾合为符家山大队，1984改建村委会。

0090 龙坝乡庄窠里村

简　　介：土改时为杨坝区蛇崖乡庄窠里行政村，合作化时组建庄窠初级社，后为庄窠高级社，公社化时为隆兴公社叶家坝管理区庄窠生产队，1961年社队调整时为龙坝公社庄窠大队，"文革"时改为前进大队，1972年恢复为庄窠里大队，1984年改建村委会。

0091 安化镇大鹿院村

简　　介：土改时为米仓乡三行政村，合作化时组建大鹿院初级社，后转为奋勇十一高级社，公社化时为安化公社大鹿院管理区大鹿院生产队，1961年社队划小时为大鹿院大队。2002年，中庄村并入大鹿院村，1984年改建村委会，沿用至今。

0092 隆兴乡四房里村

简　　介：土改时为杨坝区包峪乡，1955年属集昌乡，1957年合为隆兴乡，合作化时与八房组建一个初级社，后转为高级社，公社化后属隆兴乡包峪管理区八房生产队。1961年社队划小时为隆兴公社八房大队。1979年与八分开为四房大队，1984年改建村委会。

0093 城关镇南桥路社区

简　　介：2003年将原南桥居委会改设南桥路社区居委会。

0094 龙坝乡麻替阳山村

简　　介：土改时为康县平洛区龙坝乡麻替行政村，合作化时组建麻替初级社，后转为麻替阳山高级社。1956年8月划归武都，公社化时为隆兴公社麻替管理区麻替生产队，1961年社队调整时为龙坝公社阳山大队。"文革"中改为红卫大队，1979年恢复原名，地名普查中改为麻替阳山大队，1984年改建村委会。

0095 黄坪乡黄坪村

简　　介：地势由南向北，驻山间谷地，山高深沟坡度陡，东西山对峙，主产小麦、玉米、洋芋。解放前属甘泉乡黄坪保，解放后属甘泉区黄坪乡黄坪行政村，合作化时组建黄坪初级社，1956年转为十月第二高级社，1958年公社化时为黄坪公社黄坪大队，1984年改建村委会。

0096 马街镇感恩村

简　　介：地处北峪河谷半山坡，山高坡陡，属临江沟，主产小麦、玉米、洋芋。土改时为安化区，马街乡马街行政村，合作化时组建蒿坪初级社，后与柳家坡合为柳家坡高级社，公社化时为安化公社马街管理区柳家坡生产队，1961年公社划小时为马街公社柳家坡大队，1979年分开为蒿坪大队，1984年改建村委会。2008年5月12日，四川汶川发生大地震，该村被毁，迁建大李家村坪上，为感谢党和政府的恩情更名为感恩村。

0097 蒲池乡沟底里村

简　　介：土改时为两水区板桥乡沟底里行政村，合作化时组建沟底里初级社，后转为高级社，公社化时为两水公社坪儿管理区沟底里生产队，1961年公社划小时为蒲池公社沟底里大队，1984年改建村委会，沿用至今。

0098 马街镇郭塄坎村

简　　介：地处半山，由南向北，高山陡坡，面临深沟，主产小麦、玉米、洋芋。土改时为安化区梨坪乡郭塄干行政村，合作化时组建郭塄坎初级社，后转为郭塄坎高级社，公社化后属安化区马街管理区郭塄坎生产队，1962年社队调整为马街公社郭塄坎大队，1966年与张阴山合为郭塄坝大队，1979年又分开为郭塄坎大队，1984年改建村委会。

0099 隆兴乡化马湾里村

简　　介：土改时湾里、山上自然村属龙兴乡，坝里垭壑里属康县平洛区龙坝乡，1956年划归武都，属杨坝区隆兴乡湾里行政村，合作化时组建两个初级社，后转为高级社，公社化后属隆兴公社叶坝管理区湾里生产队，1961年社队调整，调整为湾里大队，1984年改建村委会。

0100 琵琶镇麻富沟村

简　　介：地势由北向南，高山陡坡，峡沟谷地，气候寒冷，交通不便，产小麦、洋芋、荞麦。土改时为康县碾坝区松林乡麻宣沟村，合作化时组建麻夫沟初级社，后转为麻规沟高级社，公社化时属碾坝公社，1958年武康合并，划小时为洛塘公社毛坡管理区，麻规沟生产队，1961年社队调整为琵琶公社麻富沟大队，文革中改为农林大队，1972年恢复麻富大队，1984年改建村委会。

0101 甘泉镇甘泉村

简　　介：地处河谷山脚，北山陡峪，南山平缓，主产小麦、玉米、洋芋。土改时为杨坝区甘泉乡甘泉行政村，后为甘泉区甘泉乡，合作化时建甘泉初级社，后并为甘泉高级社，公社化时为甘泉公社甘泉生产队，1961年社队调整时为甘泉公社甘泉大队，文革中改为东风大队，1974年恢复甘泉大队，1984年改建村委会。

0102 五库乡草山里村

简　　介：地势山高坡陡，地面崎岖，由西向东，驻半山坡，农作物产包谷、小麦，还产花椒、葵花、大麻。

0103 磨坝藏族乡曹家湾村

简　　介：原属桔柑村的一个居民点，1984年后分开为贺家坪、曹家湾。

0104 两水镇后村居委会

简　　介：土改时为两水乡第四行政村，

合作化时组建永丰第一初级社，1956年扩建为永丰第一高级社，1958年公社化时为两水公社两水管理区后村生产队，1961年社队调整为两水公社后村大队，1984年改设前村村委会，2003年改设后村居委会，沿用至今。

0105　琵琶镇宁强湾村

简　　介：地处高半山，东西走向，三面环山，山坡陡峻面临沟谷，气候寒冷，交通不便，产小麦、玉米、洋芋、荞麦，有民办小学1所。土改时为八九联合区两河乡宁强湾行政村，合作化时组建宁强湾初级社，后并为宁强湾高级社，公社化时为洛塘公社两河管理区，宁强湾生产队，1961年社队划小时为琵琶公社宁强湾大队，1984年改建村委会。

0106　枫相乡东沟里村

简　　介：地势由北向南，驻半山坡，坡陡沟峡，产小麦、玉米、荞麦，还产木耳、茶叶、核桃。解放前属洛塘区洛塘乡麻柳保，解放后属洛塘区枫相乡东沟行政村，合作化时组建为东沟初级社，后转为东沟高级社，公社化时为枫相公社东沟人队，1984年改建村委会。

0107　东江镇半山里村

简　　介：土改时属城关区东江乡，1955年属汉王区，合作化时组建半山里初级社，后转为高级社，1958年至1961年属白龙江公社半山里生产队，1962年属东江公社半山里大队，1966年改为兴无村，1977年恢复半山里大队，1984年改建村委会，沿用至今。

0108　柏林镇湾儿下村

简　　介：土改时为安化区石桥乡湾儿下行政村，合作化时组建湾儿下初级社，后转为高级社，1958年公社化时为安化公社石桥管理区腰坡生产队，1961年社队调整为柏林公社湾儿下大队，1965年与腰坡并为腰坡大队，1979年与腰坡分开为下湾儿下大队，1984年改建村委会，沿用至今。

0109　汉王镇黎家营村

简　　介：地势由南向北，南山陡峻，驻白龙江南岸山麓，主产小麦、玉米、洋芋。土改时为万象乡黎营行政村，合作化时组建黎家营初级社，后转为黎家营高级社，公社化时为汉王公社黎家营管理区黎家营生产队，1961年社队划小时为黎家营大队，1984年改建村委会，沿用至今。

0110　柏林镇王家山村

简　　介：土改时为安化区石桥乡王家山行政村，合作化时组建王家山初级社，后与杜家湾合为王家山高级社，1958年公社化时为安化公社石桥管理区王家山大队，1961年社队调整为柏林公社王家山大队，1965年与垭头、芝家山并为芝家大队，1979年又分开为王家山大队，1984年改建村委会，沿用至今。

0111　龙坝乡田河村

简　　介：土改时期属康县平洛区龙坝乡河口行政村，合作化时组建田家山初级社，后转为高级社，1956年8月划归为隆兴公社河口管理区李沟生产队，1961年社队调整时为龙坝公社李家河大队，1967年与河口大队合并为河口大队，1979年河口大队分开为田家山大队，1984年改建村委会。2002年，田家山与河口村合并后为田河村。

0112　五马镇郭家坪村

简　　介：地处树木茂密的高山峡谷，主产小麦、荞麦，特产木耳、黄连、天麻。土改时为五马区构杨乡郭家坪行政村，合作化时组建郭家坪初级社，后转为郭家坪高级社，公社化后为五马公社构杨管理区郭家坪生产队，1961年社队调整时为五马公社郭家坪大队，1984年改建村委会。

0113 龙凤乡大阳山村

简　　介：地势东西走向，主产小麦、玉米、洋芋。土改时为佛堂乡大阳山行政村，合作化时组建大阳山等两初级社，后转为大阳山高级社，公社化时为汉王公社艾蒿坪管理区大阳山生产队，1961年社队划为龙凤公社大阳山大队，文革中改名为向阳大队，1978年恢复为大阳山大队，1984年改建村委会，沿用至今。

0114 琵琶镇下高家村

简　　介：地处高半山，由南向北，高山陡坡，面临沟谷，产小麦、玉米、洋芋。土改时为八九联合区，琵琶乡下高家行政村，合作化时组建下高家初级社，后转下高家高级社，公社化时为洛塘公社琵琶管理区下高家生产队，1961年社队划为琵琶公社下高家大队，文革中改为曙光大队。1970年恢复下高家大队，1984年改建村委会。

0115 五库乡张家坝村

简　　介：境内东西两山耸立对峙，形成峡谷地，交通便利，气候干旱，产小麦、黄豆、荞麦、洋芋等，经济作物有花椒、葵花籽，解放前属洛塘区五库乡黄湾保。解放后属透防区闹园乡张家坝行政村，1953年后为坪头区，合作化时组建张家坝初级社，后转为进丰高级社，公社化时为五库公社张家坝大队，1984年改建村委会，沿用至今。

0116 蒲池乡土桥山村

简　　介：土桥山是以山沟建有土桥故名，土改时为两水区蒲池乡土桥山行政村，合作化时组建土桥山初级社，后转为土桥山高级社。公社化时为两水公社高家村管理区土桥山生产队，1961年公社划为蒲池公社土桥大队，1984年改建村委会，沿用至今。

0117 琵琶镇毛家沟村

简　　介：地处沟谷，由西向东，高山陡坡，产小麦、玉米、洋芋。土改时为八九联合区琵琶乡毛家沟行政村，合作化时组建毛家沟初级社，后转为毛家沟高级社，公社化时为洛塘公社琵琶管理区毛家沟生产队，1961年社队划小时为琵琶公社毛家沟大队，1984年改建村委会。

0118 马街镇小洞沟村

简　　介：地处高半山三面还山，高山陡坡，山沟窄峡，主产小麦、玉米、洋芋。土改时为安化区青崖乡小洞沟行政村，合作化时组建小洞沟初级社，后转为小洞沟高级社，公社化时为安化公社马街管理区小洞沟生产队，1961年社队调整为马街公社小洞沟大队，1984年改建村委会。

0119 池坝乡池坝村

简　　介：土改时为安化区池坝乡池坝行政村，1953年合作化时为金厂区池坝乡池坝初级社，1956年转为高级社，公社化时为金厂公社池坝管理区池坝生产队，1961年公社划为池坝公社池坝大队，1984年改建村委会。

0120 琵琶镇瓦房坝村

简　　介：地处峡沟河谷，由北向南，高山陡坡，产小麦、玉米、洋芋。土改时为八九联合区毛坡乡瓦房坝行政村，合作化时组建瓦房坝初级社，后转瓦房坝高级社，公社化时为洛塘公社毛坡管理区瓦房坝生产队，1961年社队划为琵琶公社瓦房坝大队，1984年改建村委会。2002年10年，李家沟村并入瓦房坝村。

0121 姚寨镇苏家坝村

简　　介：解放后属城关区柿子乡苏坝行政村，合作化时组建为苏家坝初级社，后转为苏家坝，高级社，公社化时为白龙公社姚寨管理区苏家坝生产队，1961年公社化时为姚寨公社苏家坝人队，1966年与赵广坝合并为苏赵大队，并入城郊公社，1980年又分开为苏家坝大队，1984年改设村委会，沿用至今。

0122 鱼龙镇王家沟村

简　　介：地处沟谷，由北向南，北靠山坡，南临缓坡平地，主产小麦、玉米、洋芋、当归、黄芪等。土改时为杨坝区鱼龙乡王家沟行政村，合作化时组建石家沟初级社，1956年转为王家沟高级社，公社化时为鱼龙公社王家沟生产队，1961年社队调整为王家沟大队，1979年与甘沟门分开仍为王家沟大队，1984年改建村委会。

0123 郭河乡郭河村

简　　介：地势由西向东，两面环山，高山陡坡，驻峡沟谷地。主产小麦、玉米、洋芋。土改时为三河区郭河乡郭河行政村，合作化时组建郭家初级社，后转为郭河高级社，公社化后属三河公社郭河管理区郭家生产队，1961年社队调整为郭河公社郭家河大队，1966年与下成家合为一个郭河大队，1980年又分开为郭河大队，1984改建村委会。

0124 琵琶镇唐坝村

简　　介：地处向南，高山陡坡，山间谷地，气候阴湿，交通不便，产小麦、玉米、洋芋、荞麦、黄豆等。土改时为康县碾坝区松林乡唐坝行政村，合作化时组建唐坝初级社，后转唐坝高级社，公社化时为康县碾坝公社，1958年武康合并划归武都洛塘公社毛坡管理区唐坝生产队，1961年社队划为琵琶公社唐坝大队，文革中改红川大队，1972年恢复唐坝大队，1984年改建村委会。

0125 甘泉镇双沟村

简　　介：地处半山坡，由此向南，北靠高山，南临河谷，主产小麦、玉米、洋芋。土改时为杨坝区米仓乡双沟行政村，合作化时组建双沟初级社，后转为双沟高级社，公社化时为甘泉公社甘泉管理区双沟生产队，1961年社队调整为双沟大队，1984年改建村委会。2002年10月，红水沟村并入双沟村。

0126 龙凤乡井头山村

简　　介：地势由西向东，山大坡陡，东临深沟，驻高半山，主产小麦、洋芋、玉米。土改时为侯家乡井头山行政村，合作化时组建为井头山初级社，后转为井头山高级社，公社化时为汉王公社瓦舌头管理区井头山生产队，1961年社队划为龙凤公社井头山大队，1984年改建村委会，沿用至今。

0127 马营镇上沟村

简　　介：土改时为安化金厂乡东峪行政村。合作化时为金厂区翠峰乡，组建东峪初级社，后转为东峪高级社，公社化时为金厂公社庞磨管理区东峪生产队，1961年公社划为庞磨公社东峪大队。1979年与东峪大队分开为上沟大队，1984年改建村委会，庞磨乡改为马营乡，上沟村属马营乡。

0128 龙坝乡天池眼村

简　　介：土改时为康县平洛区龙坝乡天池

眼行政村，合作化时组建天池眼初级社，后转为先锋高级社。1956年8月划归武都区，公社化时为隆兴公社河口管理区天池眼生产队，1961年社队调整为龙坝公社天池眼大队，1984年改建村委会。

0129 汉王镇大坪山村

简　　介：地势向北，驻白龙江南岸半山坡，南山陡峭，北临江河，主产小麦、玉米、洋芋。土改时为万象大坪山行政村，合作化时组建大坪山初级社，后转为大坪山高级社，公社化时为汉王公社陈李管理区大坪山生产队，1961年社队划为大坪山大队，1984年改建村委会，沿用至今。

0130 隆兴乡叶家坝村

简　　介：地处峡沟谷地，南山陡峻，北山较平缓，气候湿润，交通便利，主产小麦、玉米、洋芋、黄豆、荞麦，经济作物有油菜、核桃等。土改时为杨坝区隆兴乡叶坝行政村，合作化时组建"强华"等二个初级社，1956年与谈坝、王坝里扩建为"强华"第一高级社。公社化时为隆兴乡叶家坝管理区叶坝生产队。1961年社队规模调整时为叶家坝大队，1984年改建村委会。

0131 姚寨镇深沟里村

简　　介：土改时属城关管理区旧城乡，合作化时组建深沟初级社，后转为高级社，公社化时为白龙公社姚寨管理区深沟生产队，1961年公社划小属姚寨公社深沟里大队，1966年合并为城郊公社深沟里大队，1984年改设村委会。

0132 姚寨镇赵户坝村

简　　介：解放后为柿子乡苏家坝行政村，合作化时组建赵户坝初级社，1956年与砚台山合并为砚台山高级社，公社化时为白龙公社姚寨管理区赵户坝生产队，1961年划为姚寨公社赵户坝生产队，1966年与苏家坝合为苏赵大队并入城郊公社，1980年又分开为城郊乡赵户坝大队，1984年改设村委会。

0133 角弓镇白鹤桥村

简　　介：地势由西向南，山坡平缓，驻白龙江南岸，主产小麦、水稻，还产花椒。土改时为两水区角弓乡白鹤桥行政村，合作化时组建白鹤桥初级社，后与鹿坝合并为先进高级社，1958年公社化后属沙湾公社鹿坝管理区，白鹤桥生产队，1961年社队调整时划为白鹤桥大队。1984年改建村委会。

0134 三河镇柏林寺村

简　　介：地势由东向西，南北山坡陡峻，高山河谷，驻北山角下，主产小麦、玉米、洋芋，还产核桃。土改时为三河区柏林乡柏林寺行政村，合作化时组建柏林寺初级社，后转为柏林寺高级社，公社化时为三河公社三河管理区柏林寺生产队，1961年社队调整为三河公社柏林寺大队，1966年与综家湾，汪家坝合并为柏林寺，1984改建村委会。

0135 枫相乡磨坝里村

简　　介：地势由西向东，南北山峰高耸，驻河沟谷，主产小麦、玉米、洋麦、荞麦。解放前属洛塘区洛塘乡渭河保，解放前属洛塘区渭河乡磨坝行政村，合作化时组建磨坝初级社，后转为磨坝高级社，1958年公社化时为洛塘公社渭河管理区磨坝生产队，1961年社队阶划小为渭河公社磨坝大队，1984年改建村委会，2004年划归为枫相管辖。

0136 磨坝藏族乡唐家村

简　　介：原为竹园子村一个居民点，1986

年后分开。

0137 三仓乡核桃庄村

简　　介：地势由北向南，地处三仓半山坡，主产小麦、玉米、洋芋等，盛产核桃。土改时为草河乡第四行政村，合作化时组建为富强第四初级社，后为富强第四高级社，公社化后属三仓公社草河管理区核桃庄生产队，1961年公社划小时为草河公社核桃庄生产队，1984年改建村委会。

0138 郭河乡兜子坪村

简　　介：地势由东向西，山峰耸立，地处半山，主产小麦、玉米、洋芋。土改时为三河区八海乡兜子坪行政村，合作化时组建兜子坪初级社，后转为兜子坪高级社，公社化时为三河公社八海管理区兜子坪生产队，1961年社队调整为郭河公社兜子坪大队，1984改建村委会。

0139 汉王镇马仓村

简　　介：地处半山坡，南山陡峻，北临白龙江谷地，产小麦、玉米、洋芋。土改时为汉坪乡马仓行政村，合作化时组建马仓初级社，后转为马仓高级社，公社化时为汉王公社汉坪管理区马仓生产队，1961年社队划小时为马仓大队，1984年改建村委会，沿用至今。

0140 鱼龙镇小庄头村

简　　介：地处半高山，山坡陡峻，面临沟壑，主产小麦、洋芋、当归等。土改时为杨坝区仓河乡小庄头村，合作化时组建小庄初级社，后转为小庄高级社，公社化时为鱼龙社刘家湾大队，1961年社队划小时为刘家湾大队，1978年与刘家湾分开为小庄头大队，1984年改建村委会。

0141 角弓镇百草山村

简　　介：地势向南，山高坡陡，驻白龙江谷地半山，主产小麦、玉米、洋芋。土改时为两水区百草乡白草坝行政村，合作化时组建一个初级社，1956年与百草坝、百草沟合为百草坝高级社。1958年公社化时为两水公社1961年属角弓公社百草坝大队。1979年与百草坝、百草沟分开为百草山大队。1984年改建村委会。

0142 安化镇孙家湾村

简　　介：土改时为第三区驼子乡第一行政村，合作化时组建孙家湾初级社，公社化时为安化公社驼子湾管理区孙家湾生产队，1961年调整为驼子公社孙家湾大队，1965年并入安化公社孙家湾大队，1984年改建村委会，沿用至今。

0143 甘泉镇赵坪村

简　　介：地处阴山半坡，北临河谷，东西走向，主产小麦、玉米、洋芋。土改时为杨坝区甘泉乡赵坪行政村，合作化时组建赵坪初级社，后转为高级社，公社化时为甘泉公社赵坪生产队，1961年赵社队调整为赵坪大队，文革时改为红旗大队，1978年恢复赵坪大队，1984年改建村委会。

0144 两水镇杨沟村

简　　介：土改时为两水区蜂园乡杨沟行政村，合作化时组建杨沟初级社，1956年转为杨沟高级社，1958年公社化时为两水公社高家村管理区杨沟生产队，1961年社队调整为蒲池公社杨沟大队，1984年改建村委会，沿用至今。

0145 城关镇水止山村

简　　介：解放后属黄峪乡。1955年为五凤乡水止山行政村，合作化时组建初级社，后转为高级社，公社化时为白龙公社五凤管理区水止山生产队，1961年为五凤公社水止山大队，1966年合并为城郊公社水止山大队。2002年6月，划归城关镇管辖。

0146 郭河乡侯家湾村

简　　介：地势由东向西，地处高山半坡，主产小麦、玉米、洋芋。土改时为三河区郭河乡侯家湾行政村，合作化时组建闹院子初级社，后转为闹院子高级社，公社化后属三河公社八海管理区闹院子生产队，1961年社队调整为郭河公社闹院子大队，地名普查中因重名故改名为侯家湾大队，1984改建村委会。

0147 蒲池乡木竹垭村

简　　介：土改时为两水区蜂园乡木竹垭行政村，合作化时组建木竹垭初级社，1956年转为木竹垭高级社，1958年公社化时为两水公社高家村管理区木竹垭生产队，1961年社队调整为蒲池公社木竹垭大队，1984年改建村委会，沿用至今。

0148 角弓镇年家村

简　　介：地势由西向东，山坡陡峻，南临江水，驻白龙江北岸谷地，生产小麦、洋芋，还产花椒、柿子。土改时为两水区柳城乡年家村行政村，合作化时组建年家村初级社，1956年与柳城、东坪、西坪合并为柳城高级社，1958年公社化后为沙湾公社柳城管理区，年家村生产队，1961年社队调整为年家村大队，1962年划为角弓公社年家村大队。1984年改建村委会。

0149 五库乡蒋家山村

简　　介：地势山高坡陡，地面崎岖，多窄峡山沟，由北向南处半山梁上，农作物产包谷、洋芋、小麦为主，还产当归等。解放前属洛塘区闹院乡蒋家山行政村，1953年为坪头区，闹院合作化时组建蒋家山初级社，后转为进丰第九高级社，1958年公社化时为五库公社蒋家山大队，1984年改建村委会。

0150 佛崖镇东古城村

简　　介：地处甘泉河谷地，东西两山对峙，山高陡峻，主产小麦、洋芋等。土改时为佛崖乡三行政村，合作化时组建为东古城初级社，后转为东古城高级社，公社化时为甘泉公社佛崖管理区东古城生产队，1961年公社划小时为佛崖公社东古城大队，1966年与西沟里合并为东古城大队，文革中为东风大队，1977年恢复东古城大队，1984年改建村委会。

0151 龙凤乡艾蒿坪村

简　　介：地势由东向西，南临深山沟，驻高半山，主产小麦、洋芋、玉米。土改时为龙凤乡艾蒿坪行政村，合作经组建艾蒿坪初级社，后转为艾蒿坪高级社，公社化时为汉王公主艾蒿坪管理区艾蒿坪生产队，1961年社队调整分为龙凤公社艾蒿坪大队，1984年改建村委会，沿用至今。

0152 安化镇鼓架坡村

简　　介：土改时为安化区驼子乡鼓架坡行政村，合作化时组建鼓家坡初级社，公社化时为安化生产队，1961年调整为鼓子公社鼓家坡大队，1965年合为安化公社鼓家坡大队，1984年改建村委会，沿用至今。

0153 汉林镇姚家里村

简　　介：土改时为安化区汉林乡姚家里行政村，合作化时组建姚家里初级社，1956年转为西番地高级社，1958年公社化时为安化公社唐坪管理区西番地生产队，1961年社队调整为汉林公社西番地大队，1966划归马街公社，1979年又分开归汉林公社，与西番地、杜家山分开为姚家里，1984年改建村委会，沿用至今。

0154 甘泉镇旗杆坪村

简　　介：地处半山梁上，北靠高山陡坡，西临河谷，主产小麦、玉米、洋芋。土改时为杨坝区青水乡旗杆坪村，合作化时组建旗杆坪初级社，后转为高级社，公社化时为甘泉公社旗杆坪生产队，1961年社队调整旗杆坪大队，文革中改期阳大队，1972年恢复原名，1984年改建村委会。

0155 姚寨镇民族村

简　　介：地处峡谷地，四面环山，高山陡峻，产玉米、小米、荞麦，还产核桃、柿子、党参、当归、大黄等。土改时属旧城乡，合作化时组建初级社，后转为高级社，公社化时为白龙江公社民族生产队，1961年公社化小后为姚寨公社民族大队，1966年并入城郊公社称民族大队，1984年改设村委会。

0156 石门镇上白杨坝村

简　　介：解放后属两水乡第一行政村，合作化时组建胜利第二初级社，后转为胜利第二高级社，公社化后为两水公社石门管理区上白杨坝生产队，1961年为石门公社上白杨坝大队，1965年与下白杨坝大队合并为白杨坝大队，1979年分开仍为上白杨坝大队，1984年改建村委会，沿用至今。

0157 马街镇垭头村

简　　介：地处高山半坡，山高坡陡，交通不便，气候阴寒，产小麦、洋芋。经济作物有当归、油菜等。土改时为安化区安坪乡垭头行政村，合作化时组建垭头初级社，后转为高级社，公社化时为金厂公社安坪管理区垭头生产队，1961年社队调整时为金厂公社垭头大队，1966年与珍山、路家那合并为垭头大队，划归马街公社，1979年又分开为垭头大队，1984年改建村委会，沿用至今。

0158 龙坝乡冯坪村

简　　介：土改时为康县平洛区龙坝乡冯坪行政村，合作化时组建冯坪初级社，后转为冯坪高级社，1956年8月划归武都，公社化后属隆兴公社管理区冯坪生产队，1961年社队调整为龙坝公社冯坪大队，1984年改建村委会。

0159 磨坝藏族乡磨坝村

简　　介：土改时为透防区磨坝乡磨坝行政村，合作化时组建为磨坝等7个初级社，后合并为磨坝高级社，公社化时为透防公社磨坝管理区磨坝生产队，1961年公社划小时为枯柑公社磨坝大队，1984年改建村委会，沿用至今。

0160 汉林镇下李家村

简　　介：土改时为安化区汉林乡下李家行政村，合作化时组建下李家初级社，1956年转为黎明第二高级社，1958年公社化时为安化公社唐坪管理区下李家生产队，1961年社队调整为汉林公社下李家大队，1966年合并划归马街公社，1979年又分开归汉林公社三家地大队，1980年与杜家湾、上李家分开为下李家大队，1984年改建村委会，沿用至今。

0161 五马镇河口里村

简　　介：地势由北向南，东西两山陡峻，灌木林茂密，驻峡沟谷地，主产小麦、玉米、洋芋、木耳。土改时为五马区河口乡河口行政村，合作化时组建河口等5个初级社，后合并为河口高级社，公社化时为五马公社河口管理区河口里生产队，1961年社队调整时为五马公社河口里大队，1984年改建村委会。

0162 马街镇卯家鞍子村

简　　介：地处高山半坡，由东向西，高山陡峻，面临峡谷，主产小麦、玉米、洋芋。土改时为安化区马街乡卯家鞍子行政村，合作化时组建卯家鞍子初级社，后转为卯家鞍子高级社，公社化后属安化公社马街管理区卯家鞍子生产队，1961年社队调整为马街公社卯家鞍子大队，1966年合为刘家山大队，1979年又分开为卯家鞍子大队，1984年改建村委会。

0163 马营镇小金厂村

简　　介：土改时为安化区渭子乡金厂沟行政村。合作化时为金厂区金厂乡组建金厂初级社，后转为高级社，公社化时为金厂公社金厂管理区金厂生产队，1961年公社划小时为金厂公社小金厂大队。1984年改建村委会。2004年，随金厂乡整体并入马营乡。

0164 隆兴乡符家湾村

简　　介：土改时属杨坝区色峪乡，1955年分为集昌乡，合作化时组建符家湾等3个村初级社，后与水子坪合并为"强华"第三高级社。公社化后属隆兴公社集昌管理区符家湾生产队，1961年社队调整为隆兴公社符家湾大队，1984年改建村委会。

0165 马街镇刘家山村

简　　介：地处阴山坡由南向北，山高坡陡，面临河沟，主产小麦、玉米、洋芋。土改时为安化区马街乡刘家山行政村，合作化时组建刘家山初级社，后转为刘家山高级社，公社化时为安化公社马街管理区刘家山生产队，1961年社队调整为马街公社刘家山大队，1966年合为刘家山大队，1979年分开为刘家山大队，1984年改建村委会。

0166 三仓乡水沟坝村

简　　介：地势由东向西，高山峻岭，峡沟谷地，主产小麦、玉米、洋芋等。土改时为八九联合区三仓乡第一行政村，合作化时组建一个初级社，后与坪大坝合并为兴荣第一高级社，公社化时为三仓公社坪头坝管理区水沟生产队，1961年公社划小时为三仓社水沟大队，1984年改建村委会。

0167 三仓乡沟口坝村

简　　介：地势由北向南，高山陡峻，峡沟谷地，主产小麦、玉米、洋芋等。土改时为成坝乡第二行政村，合作化时组建月照六、七两个初级社，后转为兴荣十五、十六两个高级社，公社化时为三仓公社成坝管理区沟口坝生产队，1961年社划小为三仓公社沟口坝大队，1965年与太春沟合并为沟口坝大队，1984年改建村委会。

0168 马街镇青崖底下村

简　　介：地处半山坡，由东向西，山高坡陡，峡沟谷地，主产小麦、玉米、洋芋。土改时为安化区宣阳乡，合作化时组建青崖初级社，后合为青崖高级，公社化后属安化公社马街管理区青崖生产队，1961年社队调整为马街公社青崖大队，1966年合为垭里大队，1979年又分开为青崖大队，1984年改建村委会。

0169 马营镇庞家磨村

简　　介：土改时为安化翠峰乡庞家磨行政村，合作化时为金厂区庞磨初级社，1956年转为高级社，公社化时为金厂公社庞磨管理区庞磨生产队，1961年公社划小时为庞磨公社庞磨大队。1984年，改建村委会，庞磨乡改为马营乡，庞磨村属马营乡，2014年5月属马营镇。

0170 黄坪乡楼房坝村

简　　介：地势由南向北，驻峡沟谷地，东西山对峙，主产小麦、玉米、洋芋，还产黄瓜。解放前属甘泉黄坪保，解放后属黄坪乡楼房坝行政村，合作化时组建楼房坝初级社，后转为十月第三高级社，1958年公社化时为黄坪公社楼房坝大队，1984年改建村委会。

0171 安化镇曾家街村

简　　介：土改时为安化区安化乡曾家街行政村，合作化时组建曾家街初级社，公社化时为安化管理区曾家街生产队，1961年社队调整为曾家街大队，1965年与月圆里郭家门前合为曾家街大队，文革中改为朝阳大队，1973年恢复为曾家街大队。1984年改设村委会。

0172 洛塘镇庙山里村

简　　介：地势由西向东，四面环山，山高坡陡，驻半山坡，产玉米、小麦，还产核桃。解放前属洛塘区盘底乡后沟保，解放后属洛塘区后河乡，合作化时组建庙山初级社，后转庙山高级社，公社化后为洛塘公社庙山生产队，1961年社队划小时为庙山里大队，1984年改建村委会。

0173 柏林镇下渠道村

简　　介：土改时为安化区柏林乡下渠道行政村，合作化时组建下渠道初级社，后于上渠道合为渠道高级社，1958年公社化时为安化公社柏林管理区渠道大队，1961年社队调整为柏林公社下渠道大队，1965年与上渠道并为渠道大队，归安化公社，1972年又归柏林公社，1979年与上渠道分开为下渠道大队，1984年改建村委会，沿用至今。

0174 石门镇石门街村

简　　介：解放后属石门乡第二行政村，合作化时组建胜利第三初级社，后与上沟里、水地坝王家山合建为胜利第三高级社，公社化后为两水公社石门管理区下石门街生产队，1961年为石门公社下石门街生产队，1965年与王家山大队合并为石门街大队，1979年分开仍为石门街大队，1984年改建村委会，沿用至今。

0175 两水镇前村居委会

简　　介：土改时为两水乡第二行政村，1954年属月石乡，合作化时组建永丰第三初级社，1956年扩建为永丰第二高级社，1958年公社化时为两水公社两水管理区前村生产队，1961年社队调整为两水公社前村大队，1984年改设前村村委会，2003年增设前村居民委员会，沿用至今。

0176 两水镇段河坝村

简　　介：解放前属旧城乡第十保，解放后属五凤乡段河坝行政村，1953年转为锦屏乡，合作化时组建段河坝初级社，后转为段河坝高级社，公社化时为两水公社锦屏大队段河坝生产队，1961年社队调整时为锦屏公社段河坝大队，1984年改设村委会，沿用至今。

0177 磨坝藏族乡小板石村

简　　介：土改时为透防区磨坝乡小板石行政村，合作化时组建景板等6个初级社，1956年合并为小板石高级社，公社化时为透防公社磨坝管理区景板生产队，1961年公社划小属桔柑公社景板大队，1982年因重名，改为小板石大队，1984年改建村委会。1986年6月，划归磨坝乡。

0178 姚寨镇姚家寨村

简　　介：土改时期属城关区旧城乡，合作化时组建初级社，后并为姚寨高级社，公社化时为白龙公社姚寨管理区姚寨生产队，1961年划归为姚寨公社姚寨大队，1966年并城郊公社姚寨大队，文革中改名为姚进大队，1969年恢复为姚寨大队，1984年改设村委会，沿用至今。

0179 安化镇石大坪村

简　　介：土改时为金河乡石大坪行政村，合作社组建两个初级社，后转为石大坪高级社，公社化时为安化公社石大坪管理区石大坪生产队，1961年社队划小时为石大坪大队。1984年改建村委会，沿用至今。2002年，龙家湾并入石大坪村。

0180 汉王镇仓园里村

简　　介：地处白龙江河谷地北岸北山坡陡，主产小麦、水稻、玉米。土改时为汉王乡仓园行政村，合作化时组建仓园初级社，后转为仓园高级社，公社化后属汉王公社汉王管理区仓园生产队，1961年社队划小时为仓园里大队，1984年改建村委会，沿用至今。

0181 角弓镇消坝子村

简　　介：地势由西向东，北山陡坡，驻白龙江谷地北岸，主产小麦、玉米、洋芋，还产花椒。土改时为两水区柳城乡消坝子行政村，合作化时组建消坝子初级社，后转为消坝子高级社，1958年公社化时为沙湾公社柳城管理区，1961年社队调整时为消坝子大队，消坝子生产队，1962年划为角弓公社消坝子大队。1984年改建村委会。

0182 琵琶镇毛坡里村

简　　介：地处高半山，由北向南，山坡陡峡沟河谷，气候寒冷，交通不便，产小麦、玉米、洋芋、黄豆、荞麦，还产柿子、苹果、梨。土改时为八九联合区毛坡行政村，合作化时组建毛坡初级社，后转毛坡高级社，公社化时为洛塘公社毛坡管理区毛坡生产队，1961年社队划小时为琵琶公社毛坡大队，1984年改建村委会。

0183 琵琶镇小川坝村

简　　介：地处高山河谷，北靠高山陡坡，山路崎岖，产小麦、玉米、洋芋。土改时为八九联合区毛坡乡小川坝行政村，合作化时组建小川坝初级社，后转为小川坝高级社，公社化时为洛塘公社毛坡管理区小川坝生产队，1961年社队划小时为琵琶公社毛坡大队，1968年与毛坡大队分开为小川坝大队，1984年改建村委会。

0184 外纳镇外纳村

简　　介：地势由西向东，高山陡峻，南临白龙江，驻河谷坡地，主产小麦、玉米、洋芋，特产桔子。土改时重建透防区外纳乡外纳行政村，合作化时建为外纳会作社，后转为外纳高级社，公社化后属透防公社外纳管理区外纳生产队，1961年公社划小时为外纳公社外纳大队，1984年改建村委会，沿用至今。

0185 蒲池乡石塄岗村

简　　介：石塄岗以自然实体得名，土改时为两水区蒲池乡石塄坎行政村，合作化时组建石塄坎初级社，后转为石塄坎高级社，公社化时为两水公社高家村管理区石塄坎生产队，1961 年公社划小时为蒲池公社石塄坎大队，1984 年改建村委会，沿用至今。

0186 马街镇小庄头村

简　　介：地处高半坡，由北向南大陡坡，主产小麦、玉米、洋芋。土改时为安化区，宣阳乡小庄行政村，合作化时组建小庄头初级社，后转为小庄头高级社，公社化时为安化公社马街管理区小庄头生产队，1966 年与青崖合为垭里大队，1979 年又分开为小庄头大队，1984 年改建村委会。

0187 汉王镇杨庞村

简　　介：地处白龙江南岸半山坡，南靠高山峭壁，主产小麦、洋芋、玉米、谷子等。土改时为汉王乡杨庞行政村，合作化时组建杨家崖初级社，后转为杨庞高级社，公社化时为汉王公社黎营管理区杨庞生产队，1961 年社队划小时为杨庞大队，1984 年改建村委会，沿用至今。

0188 蒲池乡湾里村

简　　介：土改时为两水区蜂园乡湾里行政村，合作化时组建湾里初级社，1956 年转为湾里高级社，1958 年公社化时为两水公社高家村管理区湾里生产队，1961 年社队调整为蒲池公社湾里大队，1984 年改建村委会，沿用至今。

0189 三仓乡安家山村

简　　介：地势由北向南，地处半山，高山陡坡，面临峡谷地，主产小麦、玉米、洋麦等。土改时为草河乡第一行政村，合作化时组建为富强第一初级社，后转为富强第一高级社，公社化时为三仓公社何家管理区安家山生产队，1961 年公社划小时为草河公社安家山生产大队，1984 年改建村委会。

0190 鱼龙镇红崖湾村

简　　介：地处高半山，由北向南，北靠高山陡坡，南临深沟谷，主产小麦、洋芋、洋麦、当归、黄芪。土改时为杨坝区云雾乡红崖湾行政村，合作化时组建红崖湾初级社，后与秋林坪合并，公社化时为鱼龙公社秋坪生产队，1961 年社队调整时仍为秋林坪大队，1979 年秋林坪分开为红崖湾大队，1984 年改建村委会。

0191 马街镇马槽沟村

简　　介：地处半山坡，由西向东，高山陡坡，面临深沟，主产小麦、玉米、洋芋。土改时为安化区梨坪乡马槽沟行政村，公社化后为安化公社马街管理区马槽沟生产队，1961 年社队调整为马街公社马槽沟大队，1966 年合为马槽沟大队，1979 年又分为马槽沟大队，1984 年改建村委会。

0192 石门镇上沟里村

简　　介：解放后属石门乡第三行政村，合作化时组建胜利第四初级社，后与石门、水地坝合并为胜利第三高级社，公社化后为两水公社石门管理区上沟里生产队，1961 年为石门公社上沟里大队，1984 年改建村委会，沿用至今。

0193 安化镇罗家垭村

简　　介：土改时为安化区花池乡罗家坪行政村，合作化时组建罗家垭初级社，1958 年为安化公社罗家垭生产队，1961 年调整为花池公社罗家垭大队，1965 年合为谈坪大队归安化公社，1979 年复为罗家垭大队，1984 年改建村委会，沿用至今。

0194 鱼龙镇林里村

简　　介：地处高山阴坡，由南向北，南面

山湾陡坡，北临沟壑，主产小麦、玉米、洋芋、当归、黄氏等。土改时为杨坝区云雾乡林里行政村，合作化时组建林里初级社，后转为林里高级社，公社化时为鱼龙公社林里生产队，1961年调整为林里大队，1984年改建村委会。

0195　隆兴乡马家沟村

简　　介：土改时为杨坝区蛇崖乡，合作化时组建社级社，后转为高级社，公社化时为隆兴公社蛇崖管理区马家沟生产队，1961年社队调整为马家沟大队，1984年改建村委会。

0196　汉林镇红土湾村

简　　介：土改时为安化区红土林乡红土行政村，合作化时组建红土湾初级社，1956年转为黎明第三高级社，1958年公社化时为安化公社唐坪管理区红土湾生产队，1961年社队调整为汉林公社湾大队，1966划归马街公社并与花石崖合并为红土湾大队，1980年又与花石崖分开归汉林公社红土湾大队，1984年改建村委会，2002年，又与花石崖合并为红土湾村，沿用至今。

0197　黄坪乡赵坝村

简　　介：地势由北向南，山峰较低，坡度缓和，村庄驻高山河谷，主产小麦、包谷、洋芋，还产核桃。解放前属福津乡竹垭保，解放后属黄坪乡赵坝行政村，1955年划归康县，合作化时组建赵坝乡赵坝初级社，后转为赵坝高级社，1958年公社化时与武康合并组建黄坪公社赵坝大队，1984年改建村委会。

0198　安化镇东坪村

简　　介：土改时为安化区芝家乡东坪里行政村，合作化时组建东坪里初级社，1958年为安化公社花池管理区东坪生产队，1961年调整为花池公社东坪里大队，1984年改建村委会，沿用至今。

0199　磨坝藏族乡竹园子村

简　　介：土改时为透防区磨坝乡竹园子行政村，合作化时组建竹园子初级社，后合并为竹园子高级社，公社化时为透防公社磨坝管理区竹园子生产队，1961年公社划小时为桔柑公社竹园子大队，1984年改建村委会。1986年6月划归磨坝乡。

0200　鱼龙镇冯家山村

简　　介：地处高半山，北高南低，山高陡坡，三面临谷，主产小麦、洋麦、当归等。土改时为杨坝区仓河乡冯家沟行政村，合作化时组建冯家初级社，后转为冯家山高级社，公社化时为鱼龙公社冯家山生产队，1961年社队规模，调整为冯家山生产队，1984年改建村委会。

0201　三仓乡罗家山村

简　　介：由东向西，高山半山，群山环抱，峡沟谷地，主产小麦、玉米、荞麦等。土改时为三仓乡第五行政村，合作化时组建两个初级社，后转为兴荣第十高级社，公社化时为三仓公社成坝管理区杜家山生产队，1961年公社划小时为三仓公社杜家山大队，地名普查中因重名改为罗家山大队，1984年改建村委会。

0202　安化镇安化街村

简　　介：古曰洪化，因洪水长期成灾，人们希望太平安宁，宋朝时故改洪为安，名曰安化。

0203　汉林镇汉坪里村

简　　介：土改时为安化区汉林乡汉林行政

村，合作化时组建汉坪等2个初级社，后转为汉坪高级社，公社化时为安化公社唐坪管理区汉坪里生产队，1961年社队划小时为汉林公社汉林里大队，1966年又合并为马街公社管辖，1979年又分开为汉林公社汉坪里大队，1984年改建村委会，沿用至今。

0204 三河镇南山村

简　　介：地处半山，山坡陡峻，面临河谷地交通不便，主产小麦、玉米、当归，还产花椒。土改时为三河区三河乡张家半山行政村，合作化时组建张家半山初级社，后转为张家半山高级社，公社化时为三河公社三河管理区张家半山生产队，1966年与坪道里合为南山大队，1984改建村委会。

0205 桔柑乡贺家坪村

简　　介：原属桔柑村的一个居民点，1984年后分开为贺家坪村。

0206 马街镇石坪里村

简　　介：地处北峪河谷地南靠高山陡坡，面临河谷，主产小麦、玉米、洋芋。土改时为安化区马街乡梨坪行政村，合作化时组建石坪里初级社，后转为石坪里高级社，公社化时为安化公社马街管理区石坪里生产队，1961年公社划小时为马街公社石坪大队，"文革"中改名东风大队，1971年恢复石坪里大队，1984年改建村委会。

0207 洛塘镇杨家场村

简　　介：地势由西向东，驻南半山坡，山高坡陡，多峡沟，产玉米、小麦、洋芋，还产核桃。解放前属洛塘区盘底乡后河保，解放后属洛塘区后河乡，合作化时组建和平初级社，后转为和平四高级社，公社化时为洛塘公社杨家场生产队，1961年社队划小时为杨家场大队，1984年改建村委会。2002年，高家山并入杨家场村。

0208 汉王镇绸子坝村

简　　介：原为汉坪村的一个自然村，后分开，1984年改建村委会，沿用至今。

0209 马营镇乱石窖村

简　　介：土改时为安化翠峰乡乱石窖行政村。合作化时为金厂区庞磨乡，组建乱石窖初级社，后转为高级社，公社化时为金厂公社庞磨管理区乱石窖生产队，1961年公社划小时为庞磨公社乱石窖大队。1984年，改建村委会，庞磨乡改为马营乡，该村属马营乡，2014年5月马营乡改设马营镇，该村又属马营镇。

0210 甘泉镇何家村

简　　介：地处高山阴坡，南高北低，山坡较陡，主产小麦、玉米、洋芋。土改时为杨坝米仓乡后转为甘泉区庙乡何家行政村，合作化时组建两个初级社，后为何家高级社，公社化时为甘泉公社何家生产队，1961年社队调整为甘泉公社何家大队，文革中改为永进大队，1978年恢复为何家大队，1984年改建村委会。

0211 蒲池乡陈家山村

简　　介：土改时为两水区蒲池乡陈家山行政村，合作化时组建陈家山初级社，后转为陈家山高级社，公社化时为两水公社高家村管理区陈家山生产队，1961年公社划小时为蒲池公社陈家山大队，1984年改建村委会，沿用至今。

0212 柏林镇大庄头村

简　　介：土改时为安化区柏林乡大庄头行

政村，合作化时组建大庄头初级社，后转为大庄头高级社，1958年公社化时为安化公社柏林管理区大庄头大队，1965年与梨树湾并为梨树湾大队，1979年与梨树湾分开为大庄头大队，1984年改建村委会，沿用至今。

0213 外纳乡甘山村

简　　介：地势由北向南，北靠高山陡坡，面临峡沟谷地，驻半山，主产小麦、玉米、洋芋等。土改时为透防区安宁乡甘山行政村，合作化时组建甘山等3个初级社，后并为安宁高级社，公社化时为透防公社安宁管理区甘山生产队，1961年体制调整为透防公社甘山生产大队，1984年改建村委会，沿用至今。

0214 三河镇竹林里村

简　　介：地处山坡陡峻，属峡谷地，气候温和，交通便利，主产小麦、玉米、洋芋，经济林果有桔子、桃子。土改时为三河区柏林乡竹林行政村，合作化时组建竹林初级社，后转为竹林高级社，公社化时为三河公社三河管理区竹林生产队，1961年社队规模调整为三河公社竹林大队，1984改建村委会。

0215 安化镇赵家山村

简　　介：土改时为安化区花池乡赵家山行政村，合作化时组建赵家山初级社，1958年公社化时为安化公社花池管理区赵家山生产队，1965年合并为安化公社并与白马勺合为赵家山大队，1973年恢复为赵家山大队，1979年与白马勺分开，仍为赵家山大队，1984年改建村委会，沿用至今。

0216 城关镇吉石坝村

简　　介：1964年由城关大队社员在此筑堤建大坝铺沙，建设了农田和新村，逐渐形成吉石坝村。境内现已经发展成为开发区和农业示范园。

0217 角弓镇陈家坝村

简　　介：地势由西向东，南山坡平缓，北临白龙江，驻白龙江谷地，主产小麦、玉米、洋芋。土改时为两水区陈家乡陈家坝行政村，合作化时组建陈家坝等3个初级社，后转为陈家坝高级社，1958年公社化后为两水公社角弓管理区陈家坝生产队，1961年公社划小时为角弓公社陈家坝大队。1984年改建村委会。

0218 龙凤乡杨家坪村

简　　介：地势南连高山，北向深山沟，驻高山阴坡，主产小麦、玉米、洋芋。土改时为佛堂杨家坪自然村，合作化时组建为杨家坪等两个初级社，后转为杨家坪高级社，公社化时为汉王杨家坪大队，1961年社队规模划小时调整为龙凤乡公社杨家坪大队，1984年改建村委会，沿用至今。

0219 三仓乡楼子沟村

简　　介：地处半山坡，气候温和，产玉米、小麦、洋芋、荞麦、黄豆等。土改时为草河乡第四行政村，合作化时组建富强第四初级社，后转为富强第四高级社，公社化时为三仓公社草河管理区楼子沟生产队，1961年公社划小时为草河公社楼子沟大队，1984年改建村委会。

0220 柏林镇袁坝村

简　　介：地处北峪河谷地，南靠高山陡坡，交通便利，气候温和，主产小麦、玉米、洋芋，还产花椒、梨等。土改时为安化区柏林乡袁坝行政村，合作化时组建袁坝初级社，后转为高级社，1958年为安化公社柏林管理区袁坝大队，1965年与田家沟、梨树下合作为袁坝大队，1980年与田家沟、梨树下分开仍为袁坝大队，1984年改建村委会，沿用至今。

0221 龙凤乡岸家山村

简　　介：地势由西向东，西连山梁，东临山沟，驻高山坡地。主产小麦、玉米、洋芋。土改时为侯家山乡岸家山行政村，合作化时组建岸家山初级社，后转为岸家山高级社，公社化时为汉王公社瓦舌头管理区岸家山生产队，公社化时为汉王公社瓦舌头管理区岸家山生产队，1961年社队划小时为龙凤公社岸家山大队，1984年改建村委会，沿用至今。

0222 琵琶镇王家上沟村

简　　介：地处高半山，四周高山环抱，西北高山陡坡，东南临沟谷，产小麦、玉米、洋芋、荞麦。土改时为康县碾区松林乡王家沟行政村，1953年划归武都，合作化时组建王沟初级社，后与李家沟合并为李家沟高级社，公社化时为洛塘公社毛坡管理区李家沟生产队，1961年社队调整时为琵琶公社李家沟大队，1979年与李家沟分出为王家上沟大队，1984年改建村委会。

0223 石门镇萱麻沟村

简　　介：解放后属石门乡第五行政村，合作化时组建胜利第六初级社，后转为胜利第五高级社，公社化后为两水公社萱麻管理区萱麻沟生产队，1961年为石门公社萱麻沟大队，1984年改建村委会，沿用至今。

0224 枫相乡垭潭里村

简　　介：地势由南向东，沿半山坡居住，四周环山，地面崎岖，坡度较缓，形成山向凹形，产小麦、玉米、荞麦，还产核桃。解放前属洛塘区盘底乡荔子保。解放后属洛塘区麻柳乡垭潭里行政村，合作化时组建为垭潭里初级社，后转为垭潭里高级社，公社化时为枫相公社垭潭里大队，1984年改建村委会。

0225 枫相乡崖湾村

简　　介：地势由西向东，驻山梁上，山峰峭壁，森林茂密，产小麦、玉米、荞麦，还产茱叶。解放前属洛塘区盘底乡荔子保，解放后属洛塘区枫相乡崖湾行政村，合作化时组建为崖湾初级社，后转为崖湾高级社，公社化时为枫相公社崖湾大队，1984年改建村委会。

0226 龙坝乡红石庄村

简　　介：土改时为康县平洛区龙坝乡红石庄行政村，合作化时建红石庄初级社，后转为红石高级社，1956年8月划归武都，公社化时为隆兴公社管理区红石庄生产队，1961年社队划小时为龙坝公社红石庄大队，1965年大队合并为红石庄大队，1979年分开为红石庄大队，1984年改建村委会。2002年将檐子村并入红石庄村。

0227 洛塘镇李家沟村

简　　介：地势由西向东，高山陡坡，驻峡沟谷，主产小麦、玉米、荞麦。土改时为盘底乡第六行政村村，合作化时组建为联盟第十、十一初级社，后转为联盟第十高级社，公社化时为三仓公社盘底管理区李家沟生产队，1961年公社划小时为盘底公社李家沟大队，1984年改建村委会。

0228 洛塘镇百雀沟村

简　　介：地处山高沟深，地面崎岖，驻半山坡，主产小麦、玉米、黄豆，还产核桃。解放前属洛塘区洛塘乡三才保，解放后属洛塘区三九乡百雀沟行政村，合作化时组建百雀沟初级社，后转为百雀沟高级社，公社化时为洛塘公社百雀沟生产队，1961年社队划小时为百雀沟大队，1965年与碌坪合并为百雀沟大队，1984年改建村委会。

0229 角弓镇青江坝村

简　　介：地势由西向东，南面山峡，坡陡峻，北临白龙江，驻白龙江南岸河谷地，主产小麦、玉米，还产柿子。土改时为两水区边寨乡青江坝行政村，合作化时组建青江坝初级社，1956年后转为青江坝生产队，1958年公社化时为两水公社石门管理区青江坝生产队，1961年公社划小时为角弓公社青江坝大队。1984年改建村委会。

0230 琵琶镇马家沟村

简　　介：地处河谷，由西南向北，高山陡峻林木茂密，气候寒冷，产小麦、玉米、洋芋、荞麦、洋麦，设民办小学1所，学生50人。土改时为八九联合区琵琶乡马家沟行政村，合作化时组建上坝里初级社，1956年并为马家沟高级社，公社化时为洛塘公社琵琶管理区，马家沟生产队，1961年社队划小时为琵琶公社马家沟大队，1984年改建村委会。

0231 五库乡土地沟村

简　　介：地势东西，两山对峙，山峰耸立，山大沟深，由西向东，驻东西两山沟坡上，农作物产包谷、洋芋、小麦为主，还产核桃，葵天油等。解放前属洛塘区五库乡黄沟保，解放后属透防区闹院土地沟行政村，1953年为坪头区高家山，合作化时组建土地沟初级社，后转为进丰第三高级社，1958年公社化时为五库公社土地沟生产队，1984年改建村委会。

0232 东江镇赵家坪

简　　介：土改时属城关东江乡，1955年属汉王区东江乡，合作化时组建东兴一社，后转为东兴高级一社，1958年属白龙江公社赵家坪生产队，1962年为东江公社，1965年改为工农坪，1967年恢复赵家坪大队，1984年改建村委会，沿用至今。

0233 姚寨镇张家咀村

简　　介：地势由南向北，处白龙江南岸山咀角，南山陡坡，主产小麦、玉米、洋芋，还产柿子、花椒。土改时期属城关区旧城乡，合作化时组建为张家咀初级社，后转为高级社公社化时为白龙公社姚寨管理区张家咀生产队，1961年归姚寨公社与李家咀，合称张李咀大队，1966年合入城郊公社，文革中改名上游大队，1978年和李咀分队后成立张家咀大队，1984年改设村委会。

0234 郭河乡柏桃山村

简　　介：地势由东向西，山峰起伏，地处东西两山之间，主产小麦、玉米、洋芋。土改时为三河区郭河乡柏桃山行政村，合作化时组建柏桃山初级社，后转为柏桃山高级社，公社化后为三河公社郭河管理区柏桃山生产队，1961年社队调整为郭河公社柏桃山大队，1966年与罗家里、冉家山合为柏桃山大队，1984改建村委会。

0235 汉林镇杜家湾里村

简　　介：土改时为安化区汉林乡杜家湾行政村，合作化时组建杜家湾初级社，1956年转为黎明第一高级社，1958年公社化时为安化公社唐坪管理区杜家湾生产队，1961年社队调整为汉林公社杜家湾大队，1966划归马街公社，1979年又分开归汉林公社，1980年与上李家、下李家分开为杜家湾大队，

1984年改建村委会，2002年将上李家并入杜家湾里村。

0236 马营镇渭子坪村

简　　介：土改时为安化区金厂乡渭子行政村。合作化时为金厂区渭子乡组建渭子初级社，后转为高级社，公社化时为金厂公社渭子管理区渭子生产队，1961年公社划小时为金厂公社渭子大队。文革中改为红卫大队，1972年恢复渭子坪大队，1984年改建村委会。2004年，随金厂乡整体并入马营乡。

0237 五马镇帕子沟村

简　　介：地势由西向东，四周环山，林木茂密，驻深山峡谷，主产玉米、小麦、荞麦，特产木耳、黄连。土改时为五马区河口乡帕子沟行政村，合作化时组建帕子沟等4个初级社，后合并为帕子沟高级社，公社化时为五马公社河口管理区帕子沟生产队，1961年社队调整时为五马公社帕子沟大队，1984年改建村委会。

0238 黄坪乡钟李村

简　　介：地势由南向北，山坡较缓，谷地宽大，主产小麦、玉米、洋芋，还产当归。解放前属康县碾坝乡草川保，解放后属碾坝区草川乡钟家湾行政村，合作化时组建碾坝乡钟李初级社，后转为钟李高级社，公社化武康合并组建黄坪公社蒋芦大队，1979年分开为钟李大队，1984年改建村委会。

0239 坪垭藏族乡风和村

简　　介：地势由南向北处高半山，主产小麦、洋芋、油菜等。土改时为两水区坪垭乡风和行政管理村，1954年划归舟曲县，合作化时组建为风和初级社，后转为风和高级社，1958年公社化时为八楞公社坪垭管理区同和生产队，1961年社队划小时为坪垭公社，1963年经省人委批准划归武都，为坪垭公社风和大队，1963年经省人委批准，划归武都，为坪垭藏施公社风和大队，1984年改建村委会。

0240 蒲池乡小荞沟村

简　　介：土改时为两水区蒲池乡小荞沟行政村，合作化时组建小荞沟初级社，后转为杨边高级社，公社化时为两水公社坪儿管理区杨边生产队，1961年公社划小时为蒲池公社杨边大队，1979年和杨边分开为小荞沟大队，1984年改建村委会，沿用至今。

0241 安化镇斜山子村

简　　介：土改时为安化区斜山乡斜山行政村，合作化时组建斜山子初级社，公社化时为斜山子生产队，1965年与庄咀合并为斜山子大队，文革中改名为丰收大队，1970年恢复原名。1984年改设村委会，沿用至今。

0242 外纳镇椒园山村

简　　介：地势由西向东，南靠高山，北临白龙江谷地，驻半山，主产小麦、玉米、洋芋。土改时属透防区改石乡，1956年划归透防乡合作化时组建椒园山初级社，后转为椒园山高级社，公社化时为透防公社透防管理区椒园山生产队，1961年社队调整为透防公社椒园山大队，1984年改建村委会，2004年4月，随透防乡并入外纳乡，沿用至今。

0243 佛崖镇草坡村

简　　介：地势由西向东，驻高山坡地，地面崎岖坡度较缓，背临山面临沟，农作物产玉米、小麦。解放前属福津乡九保，解放后属青岗乡赵家坝行政村，合作化时组建黄坪乡赵家初级社，后转为韩家高级社，1958年公社化时为黄坪公社韩家大队赵家生产队，1966年划归熊池乡冉儿沟大队，1980年分为赵家山大队，地名普查中改为草坡大队，1984年改建村委会。

0244 马营镇强沟村

简　　介：土改时为安化区渭子乡强沟行政村。合作化时为金厂区渭子乡组建强沟初级社，后转为高级社，公社化时为金厂公社渭子管理区强沟生产队，1961年公社划小时为金厂公社强沟大队。1984年改建村委会。2004年4月，随金厂乡整体并入马营乡，2014年5月属马营镇。

0245 汉王镇宗家堡村

简　　介：原为陈李家一个自然村，后与陈李家村分开。

0246 洛塘镇塄头坪村

简　　介：地势由北向南，驻盘底河谷，主产小麦、玉米、荞麦。土改时为盘底乡第四行政村，合作化时组建为联盟四、五初级社，后转为联盟第四高级社，公社化时为三仓公社盘底管理区塄头坪生产队，1961年公社划小时为盘底公社塄头坪大队，1965年与柏塔沟合并为塄头坪大队，1984年改建村委会。

0247 黄坪乡张坝村

简　　介：地势由西向东三面环山，山高深谷，主产小麦、包谷，不盛产核桃。解放前属福津乡行垭保，解放后属康县碾坝区草川乡张坝行政村，合作化时组建草川乡张坝初级社，后转为张坝高级社，公社化武康合并组建为黄坪公社张坝大队，1984年改建村委会。

0248 佛崖镇王沟村

简　　介：地势由南向北，高山陡峻，地处峡谷地，主产小麦、玉米、洋芋等。土改时为四区佛崖乡王沟行政村，合作化时组建王沟初级社，后转为高级社，公社化时为甘泉公社佛崖管理区王沟生产队，1961年公社划小属佛崖公社王沟大队，文革中改为山峰大队，1972年恢复原名，1979年经县批准与韩家湾分开为王沟大队，1984年改建村委会。

0249 龙凤乡郭家阳坡村

简　　介：地势由北向南，北连山崖，南临狭窄沟，驻高山深沟，主产小麦、洋芋、玉米。土改时为侯家山阳坡行政村，合作化时组建为郭家阳坡初级社，后转为郭阳坡高级社，公社化时为汉王公社侯家山大队，1961年社队调整为龙凤公社侯家山大队，1978年分队成立郭家阳坡大队，1984年改建村委会，沿用至今。

0250 鱼龙镇田山村

简　　介：地处高半山，由东向阳，山坡陡峻，面临谷地，主产小麦、洋芋、洋麦。土改时为杨坝区草坝乡田家乡行政村，合作化时组建为永明十二初级社，后与池坝社合为永明十二高级社，公社化时为鱼龙公社田家山生产队，1961年社队调整为田家山大队，文革中改为灯塔大队，1972年恢复原地名，第一次地名普查中因重名改名田山大队，1984年改建村委会。

0251 桔柑乡大园坝村

简　　介：土改时属透防区改石乡，合作化时组建大园坝等2个初级社，1956年合并为赵家山高级社，公社化时为透防公社柏林管理区大园坝生产队，1961年公社划小时为桔柑公社赵家山大队，文革中改为立新大队，

1980年恢复赵家山大队，1982年因重名改为大园坝大队，1984年改建村委会，沿用至今。

0252 佛崖镇旱桥山村

简　　介：地处半山梁上，由南向北，高山陡峻，交通不便，气候阴湿，主产小麦、洋芋、玉米、荞麦等。解放前属甘泉乡桃林保，解放后属熊池乡旱桥山行政村，合作化时组建旱桥山高级社，公社化时为甘泉公社熊池大队旱桥山生产队，1961年为熊池公社旱桥山大队，1964年合为孟家大队，1979年分开为旱桥山大队，1984年改建村委会。

0253 马街镇安坪村

简　　介：地处高山半坡，由北向南，山大沟深，生产小麦、玉米、洋芋。土改时为安化区，安坪乡安坪行政村，合作化时组建安坪初级社，后合为安坪高级社，公社化时为金厂公社安坪管理区安坪生产队，1961年社队调整时为金厂公社安坪大队，1966年划归马街公社，1979年与杨河分开仍为安坪大队，1984年改建村委会。

0254 玉皇乡槐树山村

简　　介：地势由北向南，南北两山对峙，形成东西峡沟，山大坡陡，地处半山，主产小麦、玉米、洋芋。土改时为三河区小石乡槐树山行政村，合作化时组建槐树山初级社，后转为槐树山高级社，公社化时为三河公社小石管理区槐树山生产队，1961年社队调整为玉皇公社槐树山大队，1984年改建村委会。

0255 蒲池乡马家垭村

简　　介：土改时为两水区蜂园乡马家垭行政村，合作化时组建马家垭初级社，1956年转为马家垭高级社，1958年公社化时为两水公社坪儿管理区马家垭生产队，1961年社队调整为蒲池公社马家垭大队，1984年改建村委会，沿用至今。

0256 池坝乡小河里村

简　　介：土改时为安化区池坝乡小河里行政村，1953年合作化时组建小河里初级社，1956年转为高级社，公社化后为金厂公社池坝管理区小河里生产队，1961年公社划小时为池坝公社小河里大队，1984年改建村委会。

0257 马街镇垭里村

简　　介：地处半山坡由北向南，山高坡陡，主产小麦、玉米、洋芋。土改时为安化区，宣阳乡垭里行政村，合作化时组建垭里初级社，后转为垭里高级社，公社化后属安化公社马街管理区垭里生产队，1961年社队调整为马街公社垭里生产队，1966年合为垭里大队，1979年又分开为垭里大队，1984年改建村委会。

0258 汉王镇土桥村

简　　介：地势由西向东，驻半山坡，西靠高山陡坡，逐渐延伸沟谷，主产小麦、玉米、洋芋。地势由西向东，驻半山坡，西靠高山陡坡，逐渐延伸沟谷，主产小麦、玉米、洋芋。土改时为马坝乡土桥行政村，合作化时组建土桥初级社，后转为土桥高级社，公社化时为汉王公社马坝管理区土桥生产队，1961年社队划小时为马坝公社土桥大队，1966年并为汉王公社土桥大队，1984年改建村委会。

0259 蒲池乡尚家山村

简　　介：土改时为两水区板桥乡尚家山行政村，合作化时组建尚家山初级社，后转为尚家山高级社，公社化时为两水公社坪儿管理区尚家山生产队，1961年公社划小时为蒲池公社尚家山大队，1984年改建村委会，沿用至今。

0260 五库乡上高家坝村

简　　介：地势东西两山对峙，山峰耸立，成南北走向峡沟，由西向东驻河谷地，农作物产小麦、包谷，还产油菜、花椒、大麻等。解放前属五库乡黄沟保，解放后属透防区高家乡高家坝行政村，1953年属坪头区，合作化时组建高家坝初级社，后转为闹院乡进丰第五高级社，1958年公社化时为五库公社上高家坝大队，1984年改建村委会。

0261 龙凤乡草舌坪村

简　　介：东连陡峻山崖，面临悬崖绝壁，驻高半山主产小麦、洋芋、玉米。土改时为龙凤乡草舌坪行政村，合作化时组建草舌坪初级社，以后转为草舌坪高级社，公社化时为汉王公社草舌坪大队，1961年社队规模划小时为龙凤公社草舌坪大队，1984年改建村委会，沿用至今。

0262 角弓镇百草坝村

简　　介：地势由北向南，北山陡峻，驻白龙江谷地，主产小麦、玉米、洋芋。土改时为两水区白草坝行政村，合作化时组建初级社，1956年与白草山、白草沟合为白草坝高级社，1958年公社化后属两水公社角弓管理区白草坝生产队，1961年公社划小时为角弓社，白草坝大队，1966年与白草坝、白草沟合并为白草坝大队，1979与百草山、百草沟分开仍为百草坝大队。1984年改建村委会。

0263 磨坝藏族乡潘家湾村

简　　介：土改时为透防区磨坝乡潘家湾行政村，合作化时组建潘家湾等7个初级社，后合并为潘家湾高级社，公社化时为透防公社磨坝管理区潘家湾生产队，1961年公社划小时为桔柑公社潘家湾大队，文革中改为胜利大队，1980年恢复原名，1984年改建村委会，沿用至今。

0264 汉王镇白崖下村

简　　介：地势由南向北，驻高山崖脚下，山崖陡峻，东临深谷，主产小麦、玉米、洋芋。土改时为万象乡白崖下行政村，合作化时组建白崖下初级社，后转为白崖下高级社，公社化时为汉王公社黎营管理区白崖下生产队，1961年社队划小时为白崖下大队，1984年改建村委会，沿用至今。

0265 马街镇王山里村

简　　介：地处高山，由北向南，主产小麦、洋芋、大麦。土改时为金厂区安坪乡王山里行政村，合作化时组建王山里初级社，后转为王山里高级社，公社化时为金厂社安坪管理区王山里生产队，1961年社队规模调整时为金厂公社王山里大队，1966年划为马街公社王山里大队，1984年改建村委会。

0266 柏林镇浩家沟村

简　　介：土改时为安化区石桥乡浩家沟行政村，合作化时组建浩家沟初级社，后转为浩家沟高级社，1958年公社化时为安化公社石桥管理区浩家沟生产队，1961年社队调整为柏林公社浩家沟大队，1984年改建村委会，沿用至今。

0267 鱼龙镇上尹家村

简　　介：地处高山坡地，地势起伏，山坡平缓，主产小麦、洋麦、洋芋。土改时为杨坝区鱼龙乡上尹家行政村，合作化时组建上尹家初级社，1956年与下尹家合为上尹家高级社，公社化时为鱼龙公社上尹家生产队，1961年调整为上尹家大队，1984年改建村委会。

0268 洛塘镇豆家庄村

简　　介：地势由西向东，山峰高耸，沟深坡陡，驻北山麓河谷地，产玉米、小麦，还产核桃、花椒、苹果。解放前属洛塘区洛塘乡豆家保，解放后属洛塘区豆家行政村，合作化时组建豆家初级社，后转豆家高级社，公社化时为洛塘公社豆家庄生产队，1961年社队划小时为豆家庄大队，1984年改建村委会。

0269 两水镇谢家坡村

简　　介：解放前属两水第八保，解放后为两水乡第六行政村，合作化时组建永丰第六初级社，1956年转为永丰等六高级社，公社化时为两水管理区谢家坡生产队，1961年公社划小时为两水公社谢家坡大队，1966年与寨子合并为寨子大队，1979年经县革委批准分为谢家坡大队，1984年改设村委会，沿用至今。

0270 郭河乡马儿沟村

简　　介：地势由北向南，南北环山，山大沟深，驻高半山，主产小麦、玉米、洋芋。土改时为三河区赤洛乡马儿沟行政村，合作化时组建马儿沟初级社，后转为马儿沟高级社，公社化时为三河公社赤洛管理区马儿沟生产队，1961年社队调整为郭河公社马儿沟大队，1966年和红崖子合为马儿沟大队，1984改建村委会。

0271 佛崖镇张坪村

简　　介：土改时为清水乡张坪行政村，合作化时组建张坪初级社，1956年与燕入崖烟火台合建为战风第一高级社，公社化时为甘泉公社佛崖管理区张坪生产队，1961年公社划小时为佛崖公社张坪大队，1966年与燕崖合并为张坪大队，文革中曾改为永红大队，1972年恢复为张坪大队，1979年与燕入崖分开，1984年改建村委会分开为张坪、民委两个村。

0272 五库乡魏家坝村

简　　介：地势南北两山对峙，山峰耸立，山高坡陡多峡沟谷，地势由西向东，驻沟谷地，农作物以小麦、包谷为主，还产花椒、核桃等。解放前属五库乡，解放后属透防区佛殿乡魏家坝行政村，1953年为坪头区，合作化时组建魏家坝初级社，后转为五库乡民主三高级社，1958年公社化时为五库公社魏家坝大队，1984年改建村委会。

0273 马营镇贾家阴坡村

简　　介：土改时为安化区渭子乡涝水子沟行政村。合作化时为金厂区组建贾家阴坡初级社，后转为高级社，公社化时为金厂公社渭子管理区贾家阴坡生产队，1961年公社划小时为金厂公社贾家阴坡大队。1984年改建村委会。2004年，随金厂乡整体并入马营乡。

0274 角弓镇下堠子村

简　　介：地势由北向南，北山陡峻，南临白龙江，驻白龙江谷地，主产小麦、玉米、谷子。土改时组建下堠子初级社，1956年转为下堠子高级社，后转为下堠子高级社，1958年公社化后属两水公社石门管理区下堠子生产队，1961年公社划小分为角弓公社下堠子大队。1984年改建村委会。

0275 三河镇马河村

简　　介：地势由北向南，驻半山坡，坡度

陡峻，峡沟谷地，主产小麦、玉米、洋芋。土改时为三河区三河乡马家河行政村，合作化时组建马家河初级社，后转为马家河高级社，公社化时为三河社三河管理区马河生产队，1961年社队调整为三河公社马河大队，1984改建村委会。

0276 两水镇土门垭村

简　　介：驻地半山梁，主产小麦、玉米、洋芋还产花椒。解放前属旧城乡第十保。解放后属五风乡土门垭行政村，1953年为锦屏土门垭初级社，1956年转为土门垭高级社，公社化时为两水公社锦屏管理区土门垭生产队，1961年划小为锦屏公社土门垭大队，1984年改设村委会，2004年4月并入两水。沿用至今。

0277 柏林镇石桥子村

简　　介：土改时为安化区石桥乡石桥行政村，合作化时组建石桥子初级社，后转为高级社，1958年公社化时为安化公社石桥管理区石桥大队，1961年社队调整为柏林公社石桥大队，文革中改为靠舵手大队，1970年恢复原名，1984年改建村委会。2002年10月，村组撤并时，将楼儿下村并入石桥子村。

0278 安化镇官沟村

简　　介：土改时为安化区安化乡官沟行政村，合作化时组建官沟里初级社，1958年属安化社安化管理区官沟生产队，1961年调整为官沟大队，1965年与油坊沟合为官沟大队。1984年改设村委会。

0279 蒲池乡高家村

简　　介：土改时为两水区蒲池乡高家村行政村，合作化时组建高家村初级社，1956年转为高家村高级社，1958年公社化时为两水公社高家村管理区高家村生产队，1961年社队调整为蒲池公社高家村大队，1984年改建村委会，沿用至今。

0280 汉林镇潘家山村

简　　介：土改时为安化区汉林乡潘家山行政村，合作化时组建潘家山初级社，1956年转为黎明第二高级社，1958年公社化时为安化公社唐坪管理区潘家山生产队，1961年社队调整为汉林公社潘家山大队，1966划归马街公社，1979年又分开归汉林公社潘家山大队，1984年改建村委会，沿用至今。

0281 枫相乡麻池湾村

简　　介：地势由南向北，驻半山谷地，四面环山，山峦重重，产小麦、玉米、荞麦，还产核桃、花椒。解放前属洛塘区，盘底乡荔子保，解放后属洛塘区麻柳乡麻池湾行政村，合作化时组建为麻池湾初级社，后转为麻池高级社，1958年公社化时为枫相公社麻池湾大队，1984年改建村委会。

0282 五库乡党家里村

简　　介：地势峰峦高耸，坡度陡峻，由北向南驻山梁上，农作物以产包谷、小麦、荞麦为主，还产少量木耳和大麻。解放前属五库乡中梁保户，解放后属透防区田坝乡，1953年属右坪头区，合作化时组建党家里初级社，后转为民主五库高级社，公社化时为五库公社党家里大队，1984年改建村委会。

0283 佛崖镇熊池坝村

简　　介：地势由南向北，山大沟深，驻河谷地，农作物产小麦、玉米，并盛产核桃。解放前属甘泉乡熊池保，解放后属歇马乡熊池坝行政村，1955年组建民乐公社，1956

年转为熊池坝高级社，1958年属甘泉公社熊池大队熊池坝生产队，1961年公社划小时为熊池公社熊池坝大队，1984年改建村委会。

0284 安化镇马家山村

简　　介：土改时为安化区花池乡马家山行政村，合作化时组建马家山初级社，1958年属安化公社马家山生产队，1965年合为安化公社，文革中改为向阳大队，1973年恢复为马家山大队，1984年改建村委会，沿用至今。

0285 琵琶镇谈家坝村

简　　介：地处峡沟谷地，高山陡坡，产小麦、玉米、洋芋。土改时为八九联合区两河乡谈家坝行政村，合作化时组建谈坝初级社，后转谈家坝高级社，公社化时为洛塘公社两河管理区谈家坝生产队，1961社队规模调整为琵琶公社谈家坝大队，文革中改名为红方年大队，1972年恢复谈家坝大队，1984年改建村委会，2002年10月，大坪村并入谈坝村。

0286 郭河乡寺山里村

简　　介：地势由西向东，山峰起伏，坡度较缓，地处半山，主产小麦、洋芋、玉米。土改时为三河区八海乡寺山里行政村，合作化时组建寺山里初级社，后转为寺山里高级社，公社化时为三河社郭河管理区，寺山里生产队，1961年社队调整为郭河公社寺山里大队，1966年与罗家里合为寺山里大队，1984年改建村委会。

0287 三河镇张家半山村

简　　介：土改时为三河区三河乡张家半山行政村，合作化时组建张家半山初级社，后转为张家半山高级社，公社化时为三河公社三河管理区张家半山生产队，1966年与坪道里合为南山大队。1984改建村委会，1987年与南山村分开，沿用至今。

0288 汉王镇陈李家村

简　　介：地势由南向北，地处白龙江南岸塄坎处，山坡较平缓，主产小麦、玉米、洋芋。土改时为麻池乡陈李家行政村，合作化时组建陈李家初级社，后转为陈李家高级社，公社化时为汉王公社陈李家管理区陈李家生产队，1961年社队划小时为陈李家大队，1984年改建村委会，沿用至今。

0289 佛崖镇青岗坪村

简　　介：地势由西向东，驻半山坡，山高沟谷深，南北两山山峰对峙，背靠山面临沟。解放前属三河区福津乡九保，解放后为三河区青岗行政村，合作化时组建黄坪乡青枫初级社，后转为韩家高级社，1958年属黄坪公社韩家大队青岗生产队，1961年分为熊池公社青岗坪大队，1984年改建村委会。

0290 龙坝乡庙花山村

简　　介：土改时为康县平洛区龙坝乡庙花行政村，合作化时组建庙花山初级社，后转为庙花山高级社，1956年8月划归武都，公社化时为隆兴公社管理区庙花山生产队，1961年社队调整时为龙坝公社庙花山大队，文革中改为永和大队，1970年恢复庙花山大队，1984年改建村委会。

0291 三仓乡大锣山村

简　　介：地势由北向南，地处三仓河半山，主产小麦、玉米、洋芋等。土改时为草河乡第九行政村，合作化时组建富强第九初级社，后转为富强第九高级社，公社化后为三仓公社草河管理区大锣山生产队，1961年公社划小时为草河公社大锣山大队，1984年改建村委会。

0292 两水镇马尾巴村

简　　介：解放前属边寨乡清水保，解放后属早川马尾巴行政村，1953年属锦屏公社，合作化时组建马尾巴初级社，后转为马尾坝高级社，公社化时为两水公社锦屏管理区马尾坝生产队，1961年公社划小属锦屏公社马尾坝大队，1984年改设村委会，沿用至今。

0293 安化镇青崖里村

简　　介：土改时为市区仓河乡第五行政村，1953年属五区驼子乡，合作化时组建青崖里初级社，公社化时为安化公社青崖里生产队，1965年合为杜家塄大队归安化公社，1972年又与杜家塄分开为青崖里大队。1984年改建村委会，沿用至今。

0294 马营镇张家坪村

简　　介：土改时为安化区渭子乡张家坪行政村，合作化时为金厂区渭子乡组建张家坪初级社，后转为涝水子高级社，公社化时为金厂公社渭子管理区张坪生产队，1961年公社划小时为金厂公社张家坪大队。1984年改建村委会，2004年，随金厂乡整体并入马营乡。

0295 洛塘镇钟山里村

简　　介：地势背靠山坡，面临深沟，驻高半山坡，主产小麦、玉米、洋芋，特产黄豆。土改时为五马区西支乡钟山行政村，合作化时组建钟山初级社，后转为钟山高级社，公社化后属五马公社西支管理区钟山里生产队，1961年社队划小时为西支公社钟山里大队，1984年改建村委会。

0296 柏林镇大社科村

简　　介：土改时为安化区柏林乡大社科行政村，合作化时组建大社科初级社，后五角坪、袁家塄合为五角坪高级社，1958年公社化时为安化公社五角坪管理区大社科生产队，1961年社队调整为柏林公社大社科大队，1965年与谈坝合为并为大社科大队，1984年改建村委会，2002年10月，村组撤并时，滩坝村并入大社科村。

0297 月照乡尹家坝村

简　　介：地势由北向南，四周高山陡峻，驻沟河谷地，主产小麦、玉米、洋芋，特产蜂蜜。解放前属外纳乡，解放后属闹院乡，后为月照乡，合作化时组建曙光六七初级社后与马塄合并为月照第二高级社，公社化后为五库公社月照管理区尹家坝生产队，1965年与张李大队合并为尹家坝大队，1984年改建村委会。

0298 桔柑乡陈家坝村

简　　介：原属大岸庙一个居民点，1984年后分开为陈家坝村。

0299 鱼龙镇秋林坪村

简　　介：地处半山坪，由西向东，东靠山坡，西临山沟，主产小麦、洋葱、当归、黄芪等。土改时为杨坝区云雾乡秋林坪行政村，合作化时组建秋林坪初级社，后转为秋林坪高级社，公社化时为鱼龙秋林坪生产队，1961年调整为秋林坪大队，1984年改建村委会。

0300 龙凤乡毕家山村

简　　介：地势南北走向，东连山脊，南临山崖，地处高半山，主产小麦、洋芋、玉米。土改时为佛堂乡毕家山行政村，合作化时组建毕家山初级合作社，后转为毕家山高级社，公社化时为汉王公社寺塄干大队，1961年社队划小时为龙凤公社寺塄干大队，1978年分队成立毕家山大队，1984年改建村委会，沿用至今。

0301 石门镇旱地村

简　　介：解放后属边寨乡第七行政村，后属枣川乡第三行政村，1956年合并属石门乡，合作化时组建江南第三初级社，后与枣川、庙上合并为江南第四高级社，公社化后为两水公社石门管理区旱地生产队，1961年为石门公社旱地大队，1984年改建村委会，沿用至今。

0302 柏林镇垭头里村

简　　介：土改时为安化区石桥乡垭头里行政村，合作化时组建垭头里初级社，后转为高级社，1958年公社化时为安化公社石桥管理区垭头里生产队，1961年社队调整为柏林公社垭头里大队，1965年与芝家山并为芝家山大队，1979年与芝家山分开为垭头里大队，1984年改建村委会，沿用至今。

0303 月照乡草地子村

简　　介：地势由北向南，山坡较平缓，驻山间谷地，产小麦、玉米、洋芋。解放前属外纳乡，土改时为透防乡第六村，1954年为草地乡合为月照乡，合作化时组建曙光第一、二、三初级社后合并为月照第三高级社，公社化时为五库公社月照管理区草坝子生产队，1961年公社划小时为月照公社草地子大队，1984年改建村委会。

0304 琵琶镇琵琶街村

简　　介：地处河谷地，由西向东，山坡陡峻，主产小麦、玉米、洋芋。土改时为八九联合区琵琶乡琵琶行政村，合作化时组建初级社，后转为琵琶高级社，公社化时为洛塘公社琵琶大队琵琶生产队，1961年社队规模调为琵琶公社琵琶大队，1984年改建村委会。

0305 五库乡塄坎背后村

简　　介：地势山高沟深，山峰耸立，地面崎岖，由西向东驻半山梁背后，背靠南山，西临人沟，农物产包谷、小麦为主，还产花椒、菜子、大麻。解放前属五库乡回龙保，解放后属透防区佛殿乡塄坎背后行政村，1953年属平头区，合作化时组建塄坎背后初级社，后改为民主一高级社，1958年公社化为五库公社塄坎背后大队，1984年改建村委会。

0306 角弓镇百草沟村

简　　介：地势由北向南，东西两山对峙，山坡陡峻，驻深沟谷地，主产小麦、玉米、洋芋。土改时为两水区百草乡百草坝行政村，合作化时组建一个初级社，1956年与白草坝、百草山合为白草坝高级社，1958年公社化时为两水公社角弓管理区百草坝生产队，1961年公社化小为角弓公社百草坝大队，1979年与百草坝、百草山分开为百草沟大队。1984年改建村委会。

0307 马街镇珍山村

简　　介：地处高半坡由北向南，山高坡陡，主产小麦、玉米。土改时为安化区安坪乡珍山行政村，合作化时组建珍山初级社，后转为珍山高级社，公社化时分金厂公社安坪管理区珍山生产队，1961年社队调整为金厂公社珍山大队，1966年与路家那、垭头合并为垭头大队，划为马街公社，1979年与路家那分开为珍山大队，1984年改建村委会。

0308 城关镇梁园社区居委会

简　　介：解放前属西关镇梁园保，1951年为城关街政府梁园村，1958年属白龙公社第四管理区蔬菜社，文革中改为红卫大队，1981年恢复为梁园村，2003年改设社区居委会。

0309 安化镇铺底下村
简　　介：土改时为米仓乡二行政村，合作化时组建铺底下初级社，后转为奋勇十七高级社，公社化时为安化公社大鹿院管理区铺底下生产队，1961年社队划小时为铺底下大队，1965年与李家庙合并为米仓大队，1979年又分开仍为铺底下大队，1984年改建村委会，沿用至今。

0310 安化镇文家沟村
简　　介：土改时为安化斜山乡文家沟行政村，合作化时与沙坪合建初级社，1958年为安化公社斜山管理区文家沟生产队，1965年与王家河合并，1979年与王家河分开为文家沟大队，1984年改设村委会。2002年上院村并入文家沟村。

0311 黄坪乡丁家里村
简　　介：地势由北向南，山峰较低，坡度缓和，驻高山谷地，主产小麦、包谷、洋芋，还产核桃。解放前属福津乡竹垭保，解放后为杨坝区黄坪乡丁家行政村，1955年划归康县合作化时组建丁家里初级社，1956年转为丁家里高级社，公社化武康合并组建黄坪公社丁家里大队，1984年改建村委会。

0312 五库乡袁家坝村
简　　介：地势三面环山，一面临沟，山高沟深，由西向东驻山间各地，农作物产包谷、小麦，还产花椒、柿子等。解放前属五库乡清凉保，解放后属透防区闹院乡袁家坝行政村，1953年为坪头区袁家坝初级社，后转为进丰七高级社，1958年为五库公社袁家坝大队，1984年改建村委会。

0313 佛崖镇候儿坝村
简　　介：地势由北向南，南北两山陡峻，驻河沟谷地，主产小麦、洋芋、玉米等。土改时属佛崖乡，合作化时组建候儿坝初级社，后转候儿坝高级社，公社化时为甘泉公社佛崖管理区候儿坝生产队，1961年公社划小为佛崖公社候儿坝大队，1966年与魏家湾合并为候儿坝大队，文革中改为向阳大队，1972年恢复候儿坝大队，1984年改建村委会。

0314 安化镇鄂家湾村
简　　介：土改时为安化斜山乡鄂家湾行政村，合作化时组建鄂家湾初级社，1958年公社化时为安化公社斜山管理区鄂家湾生产队，1965年与鸢塄并为鄂家湾大队，文革中改新名大队，1973年恢复鄂家湾大队。1984年改设鄂家湾村委会。

0315 柏林镇杨地湾村
简　　介：土改时为安化区柏林乡杨地湾行政村，合作化时组建杨地湾初级社，后转为杨地湾高级社，1958年公社化时为安化公社石桥管理区杨地湾生产队，1961年社队调整为柏林公社杨地湾大队，1984年改建村委会，沿用至今。

0316 鱼龙镇阴湾里村
简　　介：地处半山阴坡，高山陡坡，面临沟谷，主产小麦、玉米、洋芋、当归等。土改时为杨坝区仓河乡阴湾里行政村，合作化时组建湾里初级社，后转为阴湾里高级社，公社化时为鱼龙公社石家湾生产队，1961年社队调整为石家湾大队，1978年与石家湾分开为阴湾里大队，1984年改建村委会。

0317 两水镇三墩沟村

简　　介：解放前为边寨乡清水保，解放后属旱川三墩沟行政村，1953年为锦屏乡合作化时组建三墩沟初级社，1956年转为三墩沟高级社，公社化后为两水公社锦屏管理区三墩沟生产队，1961年社队调整时为锦屏公社三墩沟大队，1984年改设村委会，沿用至今。

0318 蒲池乡咀台上村

简　　介：土改时为两水区蒲池乡高家村行政村，合作化时组建为高家村初级社，1956年转为高家村高级社，1958年公社化时为两水公社高家村管理区咀台生产队，1961年社队调整为蒲池公社咀台大队，1984年改建村委会，沿用至今。

0319 玉皇乡大坪里村

简　　介：地势由北向南，驻北山山脚，南北两山对峙，坡度平缓，主产小麦、玉米、洋芋。土改时为三河区小石乡大坪里行政村，合作化时组建大坪里初级社，1966年扩建为玉华第一高级社，公社化时为三河公社小石管理区大坪生产队，1961年社队调整为玉皇公社大坪里大队，1984年改建村委会。

0320 洛塘镇麻地沟村

简　　介：地势由北向南，山高坡陡，交通不便，产小麦、玉米、洋麦、核桃、花椒等。解放前属洛塘区洛塘乡，解放后为洛塘区洛塘乡麻地沟行政村，合作化时组建麻地沟初级社，后转为麻地沟高级社，公社化时为洛塘公社麻地沟大队，1984年改建村委会。

0321 马营镇龙家沟村

简　　介：土改时为安化区翠峰乡龙家沟行政村。合作化时为金厂区组建龙家沟初级社，后转为龙家沟高级社，公社化时为金厂公社庞磨管理区龙家沟生产队，1961年公社划小时为庞磨公社龙家沟大队。1984年，改建村委会，庞磨乡改为马营乡，龙家沟村属马营乡，2002年，蝉儿村并入龙家沟村。

0322 佛崖镇大塄村

简　　介：土改时为佛崖乡佛崖行政村，合作化时组建大塄初级社，1956年转为大塄高级社，公社化时为甘泉公社佛崖管理区大塄生产队，1961年公社划小属佛崖公社大塄大队，1966年与佛崖街合并为大塄大队，文革中改为红卫大队，1972年恢复原名，1979年经县革委批准与街上分开，为大塄大队，1984年改建村委会。

0323 三河镇歇台坝村

简　　介：地势由西向东，高山峭壁，地处两山山角，主产小麦、玉米、洋芋。土改时为三河区花椒乡歇台坝行政村，合作化时组建歇台坝初级社，后转为歇台坝高级社，公社化时为三河公社三河管理区歇台坝生产队，1966年和干沟门合为歇台坝大队，1984改建村委会。

0324 安化镇马家沟村

简　　介：土改时为安化区花池乡上河行政村，合作化时组建上河坝初级社，1958年为安化公社花池管理区上河坝生产队，1961年调整为花池公社上河坝大队，1965年合并为安化公社上河坝大队，1984年改建村委会。2002年上河坝、坪上和坪武三村合并，合并后的村名为马家沟村。

0325 柏林镇梨树湾里村

简　　介：土改时为安化区柏林乡梨树湾行政村，合作化时组建梨树湾初级社，后转为梨树湾高级社，1958年公社化时为安化公社柏林管理区梨树湾生产队，1961年社队调整为柏林公社梨树湾大队，1965年与大庄并为梨树湾大队，1979年与大庄头分开为梨树湾里大队，1984年改建村委会，沿用至今。

0326 郭河乡玉头山村

简　　介：地势由东向西，山高坡陡，地处半山，主产小麦、玉米、洋芋。土改时为三河区郭乡玉头山行政村，合作化时组建玉头山初级社，后转为玉头山高级社，公社化时为三河公社郭河管理区玉头山生产队，1961年社队调整为郭河公社玉头山大队，1984改建村委会。

0327 柏林镇芝家山村

简　　介：土改时为安化区石桥乡芝家山行政村，合作化时组建芝家山初级社，后与垭头等合建为王家山高级社，1958年公社化时为安化公社石桥管理区芝家山生产队，1961年社队调整为柏林公社芝家山大队，1965年与垭头、王家山并为芝家山大队，1979年又分开为芝家山大队，1984年改建村委会，沿用至今。2002年10月村组撤并时，将坪头山村并入芝家山村。

0328 安化镇干树湾村

简　　介：土改时为安化区司家坝乡干树湾行政村，合作化时组建干树湾初级点，后合为干树湾高级社，公社化时为安化公社安化管理区干树湾生产队，1961年社队调整为干树湾大队，1965年与梨树湾并为干树湾大队.1984年改设村委会，沿用至今。

0329 玉皇乡老庄村

简　　介：地势由东向南，地处高半山，山坡陡峻，山沟窄峡，主产小麦、玉米、洋芋。土改时为三河区玉皇乡老庄行政村，合作化时组建老庄初级社，1956年扩建为玉华第三高级社，公社化时为三河公社玉皇管理区老庄生产队，1961年社队调整为玉皇公社老庄大队，1984年改建村委会。

0330 马街镇姜家山村

简　　介：地处山峪河谷地半山坡，东西走向，南连山脊，北为坡地，主产小麦、玉米、洋芋。土改时为安化区梨坪乡姜家山行政村，合作化时组建姜家山初级社，后转为姜家山高级社，公社化时为安化公社马街管理区姜家山生产队，1961年社队划小时为姜家山大队，1964年合为巩家山大队，1979年又分开为姜家山大队，1984年改建村委会。

0331 姚寨镇桑家湾村

简　　介：地势由南向处，处白龙江河谷地南岸，南山狭峻，主产小麦、玉米、水稻，还产柿子、花椒。解放后为旧城乡桑家湾行政村，1955年属锦屏乡，合作化时组建为桑家湾初级社，1956年转为高级社，公社化时为白龙公社大堡区桑家湾生产队，1961年分为五凤公社桑家湾大队，1966年并入城郊公社桑家湾大队，1984年改设村委会。

0332 洛塘镇杨家庄村

简　　介：地处山高坡陡，多峡沟，驻半山坡，南靠山，面临沟，产玉米、小麦、黄豆。解放前属洛塘区盘底乡后河保，解放后属洛塘区后河乡，合作化时组建杨家庄初级社，后转为杨家庄高级社，公社化时为洛塘公社杨家庄生产队，1961年社队划小时为杨家庄大队，1984年改建村委会。

0333 城关镇中山街社区居委会

简　　介：清末民初叫正街，1915年辛亥革命时改为中山街，解放前属龙江镇，解放后为城关莲湖街政府，1954年建力城关镇，并设立中山街居委会，公社化时为白龙公社，1964年改设城关镇中山街，文革中改设为解放路，1982年恢复为中山街，2003年改设中山街社区居委会。

0334 琵琶镇勿驼子村

简　　介：地处河谷，高山陡坡，峡沟谷地，产小麦、玉米、洋芋。土改时为八九联合区两河乡勿驼子行政村，合作化时组建勿驼子初级社，后转为勿驼子高级社，公社化时为洛塘公社两河管理区勿驼子生产队，1961年社队划小时为琵琶公社勿驼子大队，1984年改建村委会。

0335 三河镇杨坪村

简　　介：地势由北向南，驻河谷地，南北两山对峙，形成东西峡沟谷地，主产小麦、玉米、洋芋。土改时为三河区三河乡杨坪行政村，合作化时组建杨坪初级社，后转为杨坪高级社，公社化时为三河公社三河管理区杨坪生产队，1966年和汉坪合为杨坪大队，1979年分开仍为杨坪大队，1984改建村委会。

0336 隆兴乡蛇崖寺村

简　　介：土改时为蛇崖乡蛇崖寺行政村。合作化时组建蛇崖寺初级社，1956年与马家沟合建联盟高级社，公社化后为隆兴公社蛇崖寺管理区蛇崖生产队，1961年社队划小时为蛇崖寺大队，1984年改建村委会。

0337 玉皇乡泥池子村

简　　介：地势由南向北，山峰峦峦，驻高山，主产小麦、玉米、洋芋。土改时为三河区玉皇乡泥池子行政村，合作化时组建泥池子初级社，1956年转为泥池子高级社，公社化时为三河社玉皇管理区泥池子生产队，1961年社队调整为玉皇公社泥池子大队，1984年改建村委会。

0338 洛塘镇楼房山村

简　　介：地势由西向东，山峰高耸，南北两山对峙，驻河谷地，产小麦、玉米、黄豆，还产核桃、花椒。解放前属洛塘区，洛塘乡兴华保，解放后属洛塘区洛塘乡楼房山行政村，合作化时组建楼房山初级社，后转为先锋高级社，公社化时为洛塘公社楼房山生产队，1961年社队划小属楼房山大队，1984年改建村委会。

0339 姚寨镇何家崖村

简　　介：土改时属旧城乡，合作化时组建何家崖初级社，后转为何家崖高级社，公社化时为白龙公社姚寨管理区何家崖生产队，1961年公社划归为姚寨公社何家崖大队，1966年合并为城郊公社何家崖大队，1984年改设村委会沿用至今。

0340 郭河乡赤洛山村

简　　介：地势由北向南，悬崖陡壁，地处半山，主产小麦、洋芋、玉米。土改时为三河区赤洛乡赤洛行政村，合作化时组建赤洛初级社，后转为赤洛高级社，公社化时为三河公社赤洛管理区赤洛生产队，1961年社队调整为郭河公社赤洛大队，1984改建村委会。

0341 城关镇城关社区

简　　介：解放前属龙江镇，解放后为城关区城关联合街政府九村，1955年组建城关初级社，后转为城关高级社，1958年为白龙公社城关生产队，1961年调整为白龙公社城关大队，1964年设城关镇城关大队，文革中改为红旗大队，1983年恢复城关大队，2003年，改设城关社区居委会。

0342 鱼龙镇许家湾村

简　　介：地处半山阴坡，高山陡坡，面临山沟，主产小麦、洋麦、洋芋、当归等。土改时为杨坝区仓河乡许家湾行政村，合作化时组建许家湾初级社，后为许家湾高级社，公社化时为鱼龙公社许家湾生产队，1961年社队调整为许家湾大队，1984年改建村委会。

0343 城关镇清水沟社区

简　　介：土改时属黄峪乡，后为五凤乡清水沟行政村，1966年为城郊公社清水沟大队。2002年6月划归城关镇管辖，次年改设为清水沟社区居委会。

0344 两水镇两水村

简　　介：2002年10月，经县政府研究，新设两水村，辖原后村第五、六、七、八村民小组。

0345 琵琶镇鸡公眼村

简　　介：地处河谷坡地，由北向南，气候寒冷，交通不便，产小麦、玉米、洋芋、荞麦、洋麦，民办小学1所，学生28人。土改时为八九联合区毛坡乡鸡公行政村，合作化时组建毛坡初级社，后为毛坡高级社，公社化时为洛塘公社毛坡管理区鸡公眼生产队，1961年社队划小时为琵琶公社鸡公眼大队，1962年与秋咀分开为鸡公眼大队，1984年改建村委会。

0346 柏林镇赵家湾村

简　　介：原属袁家塄一个自然村，1979年与袁家塄分开，1984年改建村委会。

0347 鱼龙镇马坝里村

简　　介：地处高山沟谷，由北向南，东西环山，高山陡峻，主产小麦、玉米、洋芋、洋麦、当归、胡麻等。土改时为杨坝区草坝乡马坝行政村，合作化时组建马坝初级社，后转为马坝高级社，公社化时为鱼龙公社马坝生产队，1961年社队调整为马坝大队，1965年与杨庄合并为马坝里大队。1980年分开为马坝里大队，1984年改建村委会。

0348 隆兴乡谈坝村

简　　介：土改时为杨坝区隆兴乡第二行政村，合作化时组建强华第一初级社，后与叶家坝合为强华第一高级社，公社化时为隆兴公社叶家坝管理区谈坝生产队，1961年社队调整为隆兴公社谈坝大队，1984年改建村委会，沿用至今。

0349 鱼龙镇阳山里村

简　　介：地处高山半坡，山坡低而平缓，面临沟谷，主产小麦、洋麦、洋芋、当归。土改时为杨坝区鱼龙乡阳山里行政村，合作化时组建阳山里初级社，后转为阳山里高级社，公社化时为鱼龙公社阳山里生产队，1961年社队调整为阳山里大队，1984年改建村委会。

0350 马街镇樊家山村

简　　介：地处半山坡，南靠高山陡崖，北向下为坡地，主产小麦、玉米、洋芋。土改时安化区马街乡梨坪行政村，合作化时组建奕家山初级社，后转为奕家山高级社，公社化时为安化公社马街管理区巩家山生产队，1961年公社划小时为马街公社樊家山大队，"文革"中改名移风大队，1971年恢复樊家山大队，1984年改建村委会。

0351 五马镇金口坝村

简　　介：原为闹院子、刘家河两个村，

2002 年 10 月村组撤并时，刘家河村、闹院子村并为金口坝村。

0352 鱼龙镇鞍子里村

简　　介：地处高山河谷，南北两山对峙，南山陡峻，北山平缓，主产小麦、玉米、洋麦、洋芋、当归。土改时为杨坝区草坝乡鞍子行政村，合作化时组建鞍子初级社，后转为鞍子高级社，公社化时为鱼龙公社鞍子生产队，1961 年社队调整为鞍子里大队，1965 年与观音坝、康宁沟合为鞍子大队，1974 年与观音坝分开，1978 年又与康宁沟分开为鞍子里大队，1984 年改建村委会。

0353 石门乡徐家堡村

简　　介：解放后属石门乡第三行政村，合作化时组建胜利第六初级社，1956 年与水地坝、石门街、上沟里合并为胜利第三高级社，公社化后为两水公社石门管理区徐家堡生产队，1961 年为石门公社徐家堡大队，1965 年与水地坝大队合并为水地坝大队，1979 年分开仍为徐家堡大队，1984 年改建村委会，沿用至今。

0354 汉林镇麦坪头村

简　　介：土改时为安化区红土乡麦坪头行政村，合作化时组建麦坪头初级社，1956 年转合并为麦坪头高级社，1958 年公社化时为安化公社唐坪管理区麦坪头生产队，1961 年社队调整为汉林公社麦坪头大队，1966 划归马街公社管辖，1979 年又分开为汉林公社麦坪头大队，1984 年改建村委会，沿用至今。

0355 月照乡赵家坝村

简　　介：地势由北向南，高山陡坡，林木茂密，地处沟河谷地，主产小麦、洋麦、洋芋。解放前属琵琶乡，解放后属麻崖乡第五村，合作化时组建兴旺第十初级社，后转为兴旺第六高级社，公社化后属洛塘公社三流管理区赵家坝生产队，1961 年公社划小时为月照公社赵家坝大队，1965 年与小沟子合并为赵家坝大队，1979 年经县革委批准分开为赵家坝大队，1984 年改建村委会。

0356 玉皇乡羊圈头村

简　　介：地势由东向西，地处半山，山大沟深，山峰起伏，主产小麦、玉米、洋芋。土改时为三河区小石乡羊圈头行政村，合作化时组建羊圈头初级社，后转为羊圈头高级社，公社化时为三河公社小石管理区羊圈头生产队，1961 年社队调整时为玉皇公社羊圈头大队，1984 年改建村委会。

0357 甘泉镇杨家庙村

简　　介：地处米仓山东麓角底谷地，北靠山沟，南接沟壑，主产小麦、玉米、洋芋。土改时属杨坝区米仓乡，后为安化区大鹿院乡所属杨家庙行政村，合作化时组建杨家庙初级社，后为杨家庙高级社，公社化时为甘泉公社杨家庙生产队，1961 年社队调整为杨家庙大队，文革时改为胜利大队，1978 年恢复杨家庙大队，1984 年改建村委会。2002 年 10 月，缺坝村并入杨庙村。

0358 池坝乡九池村

简　　介：土改时为安化区池坝乡九池行政村，1953 年合作化时为金厂区池坝乡组建九池初级社，1956 年转为高级社，公社化时为金厂公社池坝管理区九池生产队，1961 年公社划小时为池坝公社九池大队，1984 年改建村委会。

0359 安化镇店马底下村

简　　介：土改时为安化区花池乡店马底下行政村，合作化时组建店马底下初级社，后转为店马底下高级社，公社化时为安化公社驼子管理区店马底下生产队，1961年社队调整为驼子公社店马底下大队，1965年并入安化公社店马底下大队，1984年改建村委会，沿用至今。

0360 五库乡年家沟村

简　　介：地势四面环山，山高坡陡，东西两山相对耸立，驻峡沟深处。农作物以包谷、玉米为主，还产核桃等。解放前属五库乡黄湾深，解放后属透防区闹院乡年家沟行政村，1953年为坪头区，合作化时建年家沟初级社，后转为闹院乡进丰二高级社，公社化时为五库公社年家沟大队，1984年改建村委会。

0361 两水镇杜家沟村

简　　介：解放前属两水第三保，解放后为两水乡第二行政村，合作化时组建永丰第三初级社，1956年转为永丰第三高级社，公社化后为两水公社两水管理区杜家沟生产队，1961年社队调整时为两水公社杜家沟阴坡大队，1984年改设杜家沟村委会，沿用至今。

0362 三仓乡成坝里村

简　　介：地势由西向东，山坡陡峻，峡沟谷地，主产小麦、玉米、洋芋等。土改时为成坝乡第二行政村，合作化时组建成坝两个初级社，后转为兴荣十三、十四高级社，公社化时为三仓公社成坝管理区成坝生产队，1961年公社划小时为三仓公社成坝里大队，1965年与张家坝合并为成坝里大队，1984年改建村委会。

0363 蒲池乡乱鞍子村

简　　介：土改时为两水区蜂园乡乱鞍子行政村，合作化时组建乱鞍子初级社，1956年转为乱鞍子高级社，1958年公社化时为两水公社高家村管理区乱鞍子生产队，1961年社队调整为蒲池公社乱鞍子大队，1984年改建村委会，沿用至今。

0364 佛崖镇杨家山村

简　　介：地处甘泉河半山，山高坡陡，面临谷地，主产小麦、玉米、洋芋等。土改时为佛崖乡佛崖行政村，合作化时组建杨家山初级社，后与牛家湾合建牛家湾高级社，公社化后为甘泉佛崖管理区牛家湾生产队。1961年公社划小时为佛崖公社牛家湾大队，文革中改为红岩大队，1972年恢复原名，1979年经县革委批准分为杨家山大队，1984年改建村委会。

0365 桔柑乡竹园山村

简　　介：土改时为透防区东村乡竹园山行政村，合作化时组建4个初级社，1956年合并为2个高级社，公社化时为透防公社桔柑管理区竹园山生产队，1961年公社划小时为桔柑公社竹园山大队。文革中改为向阳大队，1980年恢复竹园山大队，1984年改建村委会，沿用至今。

0366 马街镇张阴山村

简　　介：地处半山阴坡，南靠高山陡坡，西临河谷，主产小麦、玉米、洋芋。土改时为安化区梨坪乡张阴山行政村，合作化时组建张阴山初级社，后转为张阴山高级社，公社化时为安化公社马街管理区张阴山生产队，1961年公社划小时为马街公社张阴山大队，1966年合为郭塄坎大队，文革中改名为红旗大队，1971年恢复原名，1979年分开为张阴山大队，1984 年改建村委会。

0367 蒲池乡黑松坪村

简　　介：土改时为两水区蒲池乡黑松坪行政村，合作化时组建黑松坪初级社，后转为黑松坪高级社，公社化时为两水公社高家村管理区黑松坪生产队，1961 年公社划小时为蒲池公社黑松坪大队，1984 年改建村委会。2002 年，社科村与黑松坪合并，合并后的村名为黑松坪村。

0368 外纳镇锦坪村

简　　介：地势由东向西，山坡平缓，驻山谷地，主产小麦、玉米、洋芋，特产花椒。土改时为透防区外纳乡锦坪行政村，合作化时组建锦坪第四个初级社，1956 年合并为锦坪高级社，公社化时为透防公社外纳管理区锦坪生产队，1961 年公社划小时为外纳公社锦坪大队，1984 年改建村委会，沿用至今。

0369 安化镇艾湾里村

简　　介：土改时为司家乡艾湾里行政村，合作化时组建艾湾里初级社，后转为艾湾里高级社，公社化时为安化公社安化管理区艾湾里生产队，1961 年社队调整时为艾湾里大队，文革中改名为红星大队，1973 年恢复原名艾湾里大队，1984 年改设村委会，沿用至今。

0370 佛崖镇砖庙子村

简　　介：土改时为歇马行政村，合作化时组建为两个初级社，1956 年与歇马高级社，公社化后为甘泉公社歇马大队歇马生产队，1961 年公社划小时为佛崖公社歇马大队。1984 年改建村委会，分为歇马店、砖庙子两村。

0371 甘泉镇张鞍村

简　　介：地处半山，由北向南，北靠高山，西临河谷，主产小麦、玉米、洋芋。土改时为杨坝区云雾乡，1953 年为木瓜乡，1955 年为草川乡双沟行政村，合作化时组建张鞍初级社，后转为高级社，公社化时为甘泉公社张鞍生产队，1961 年社队调整为张安大队，文革时改为红光大队，1972 年恢复为张鞍大队，1984 年改建村委会。

0372 龙坝乡张家庄村

简　　介：土改时为康县平洛区龙坝乡张家庄行政村，合作化时组建张家庄初级社，后转为高级社，1956 年 8 月划归武都，公社化时为隆兴公社秦河管理区张家庄生产队，1961 年社队划小时为龙坝公社张家庄大队，1984 年改建村委会。

0373 安化镇郭坪村

简　　介：土改时为安化区花池乡郭坪行政村，合作化时组建郭坪初级社，1958 年为郭坪生产队，1961 年调整为郭坪大队，1965 年合并为安化公社郭坪大队，1984 年改建村委会，沿用至今。

0374 佛崖镇胡家村

简　　介：地势北向南，东西两山相望，山大沟深，驻东西两山半坡地，农作产玉米、小麦、核桃、花椒。解放前属甘泉熊池保，解放后属歇马乡胡家坪村，1959 年改属熊池乡，合作化时组建红旗三社，后转为胡家沟高级社，公社化时为甘泉公社熊池大队胡家生产队，1961 年公社划小时为熊池公社胡家大队，1984 年改建村委会。

0375 城关镇商贸东街社区居委会

简　　介：2003 年，将盘旋东路以南，商贸东街区域设立新社区居委会。

0376 姚寨镇长塄村

简　　介：地势由西向东，处高半山，山高坡陡，面临海谷，主产小麦、玉米、洋芋。土改时归城关区旧城乡，1954年归汉王区柿子乡长塄行政村，合作化时为魏家组建长塄初社，后与庙背里、松湾里、雪道里并为长塄高级社，1961年为姚寨公社长塄公社生产队，1966年为城郊公社长塄大队，1984年改设村委会。

0377 洛塘镇香树坝村

简　　介：地势由北向南，四面群山交错，地处高山，主产小麦、玉米、洋芋。土改时为八区盘底乡第三行政村，合作化时组建联盟第三初级社，后转为联盟第三高级社，公社化时为三仓公社盘底管理区香树坝生产队，1961年划为盘底公社香树坝大队，1984年改建村委会。

0378 外纳镇周家山村

简　　介：地势由东向西，山高坡陡，驻半山、主产小麦、玉米、洋芋。土改时为透防区稻畦乡周家山行政村，合作化时组建周家山初级社，后转为高级社，公社化时为透防公社稻哇管理区周家山生产队，1961年公社划小时调整为外纳公社周家山大队，地名普查中因重名故改为周家湾大队，1984年改建村委会，沿用至今。

0379 琵琶镇秋咀里村

简　　介：地处高半山，由南向北，山坡陡峻，面临沟谷，产小麦、玉米、洋芋、洋麦。土改时为康县碾坝区松林乡秋咀里行政村，1953划为武都县洛塘区毛坡乡，合作化时组建秋咀初级社，后与鸡公眼合并为秋咀高级社，公社化时为洛塘公社毛坡管理区秋咀生产队，1961年社队划小时为琵琶公社秋咀大队，1984年改建村委会。

0380 佛崖镇牛家湾村

简　　介：地势由北向南，地处半山，北靠红崖山，面临甘泉河，主产小麦、玉米、洋芋等。土改时为佛崖行政村，合作化时组建为牛家湾初级社，后与杨家山合建为牛家湾高级社，公社化时为甘泉公社佛崖管理区牛家湾生产队，1961年公社划小时为佛崖公社牛家湾大队，文革中改为永红大队，1972年恢复原名，1979年经县革委批准与杨家山分开，为牛家湾大队，1984年改建村委会。

0381 五库乡王坝村

简　　介：地势南北两山对峙，形成山地河谷，由北向南，驻河谷地，农作物产包谷、小麦，还产向日葵、大麻、核桃等。解放前属洛塘五库乡黄沟保，解放后属透防区闹院乡王家坝行政村，1953年属坪头区闹院乡，合作化时组建王家坝初级社，后转为进丰一高级社，1958年公社化时为五库公社王家坝大队，地名普查中因重名，改为王坝大队，1984年改建村委会。

0382 甘泉镇于沟村

简　　介：地处梁沟谷，东西两山对峙，峡沟谷地，主产小麦、玉米、洋芋。土改时为杨坝区青水乡于沟村，后转为甘泉区，合作化时组建于沟初级社，后转为于沟高级社，公社化时为甘泉公社于沟生产队，1961年社队调整为于沟生产队大队，文革改为先锋大队，1970年恢复为于沟大队，1984年改建村委会。

0383 鱼龙镇岔沟村

简　　介：地处高山沟地，东面高山，山坡较平，主产小麦、洋麦、洋芋、当归、胡麻等。土改时为杨坝区鱼龙乡学沟行政村，合作化时组建学沟初级社，后转为岔沟高级社，公社化时为鱼龙公社学沟生产队，1961年社队调整为岔沟大队，1984年改建村委会。

0384 佛崖镇冉儿沟村

简　　介：地势由西向东，四面环山，群山峻岭，山高坡陡，驻东西两面半山沟坡地。农作产玉米、小麦。解放前属三河区福津乡九保，解放后属熊池乡冉儿沟行政村，合作化时组建为黄坪乡冉儿沟初级社，1956年转为韩家高级社，公社化时为黄坪公社韩家大队冉儿沟生产队，1961年为熊池公社冉儿沟大队，1984年改建村委会。

0385 汉王镇汉坪村

简　　介：驻白龙江以南山坡，南山陡峻，地临江河，主产小麦、玉米、洋芋。土改时为马坝乡汉坪行政村，合作化时组建汉坪里初级社，后转为汉坪里高级社，公社化时为汉王公社汉坪管理区汉坪里生产队，1961年社队划小时为汉坪大队，1984年改建村委会，沿用至今。

0386 枫相乡枫相院村

简　　介：地势坡度陡峻，河谷幽深，满目苍翠，由此向南，沿半坡居住，产小麦、玉米、荞麦等，还产核桃、木耳、天麻、茶叶等，解放前属洛塘区洛塘乡麻柳保，解放后属洛塘区枫相乡枫相院行政村，合作化时组建枫相初级社，后转为枫相院离级社，公社为枫相大队，1984年改建村委会。

0387 池坝乡孙家磨村

简　　介：土改时为安化区池坝乡孙家磨行政村，1953年合作化时为金厂区池坝乡组建孙家磨初级社，1956年转为高级社，公社化后为金厂公社池坝管理区孙家磨生产队，1961年公社划小时为池坝公社孙家磨大队，1984年改建村委会。

0388 三河镇李家台子村

简　　介：原属柏林寺村，1987年后分开。

0389 洛塘镇西沟里村

简　　介：地处高山陡坡，有峡沟谷，主产小麦、玉米、荞麦。土改时为盘底乡第四行政村，合作化时组建为联盟第六初级社，1956年转为联盟第五高级社，公社化后为三仓公社盘底管理区西沟生产队，1961年公社划小时为盘底公社西沟里大队，1984年改建村委会。

0390 马营镇庙儿沟村

简　　介：土改时为安化区安坪乡大板沟行政村。合作化时为安化区金厂乡组建庙儿沟初级社，后转为金厂高级社，公社化时为金厂公社金厂管理区庙儿沟生产队，1961年公社划小时为金厂公社庙儿沟大队。文革中改名为红光大队，1972年恢复庙儿沟大队。1984年改建村委会。2004年，随金厂乡整体并入马营乡。

0391 城关镇建设巷社区居委会

简　　介：原属南桥路居委会，2003年分开新设立社区居委会。

0392 洛塘镇沟底下村

简　　介：地势由西向东，山高坡陡，北靠山南临沟，产玉米、小麦、黄豆，还产核桃。

解放前属洛塘区洛塘乡兴华保，解放后为洛塘区沟底下行政村，合作化时组建洛塘第三、四初级社，后转沟底下高级社，公社化时为洛塘公社沟底下生产队，1961年社队划小时为沟底下大队，1984年改建村委会，2002年，杨寺沟村并入沟底下村。

0393 佛崖镇游落子村

简　　介：地势山峰高耸，地面崎岖，驻半山坡，背靠山地，面临山沟，农作物产小麦、玉米。解放前属甘泉乡熊池保，解放后属歇化时组建为民乐公社游落子初级社，后转为游落子高级社，1958年人民公社化时为甘泉公社熊池大队游落子生产队，1961年公社划为熊池公社游落子大队，1984年改建村委会，2004年并入佛崖乡。

0394 姚寨镇上东坪村

简　　介：地势由南向北，处半山，高山陡坡，面临深沟谷地，主产小麦、玉米、洋芋。土改时属旧城乡，合作化时组建初级社，后转为高级社，公社化时归白龙江公社姚寨管理区上东坪生产队，1961年归姚寨公社为上东坪大队，1966年合入城效公社与下东坪合并为东坪大队，1980年又分为上东坪大队，1984年改设村委会。

0395 鱼龙镇韩家山村

简　　介：地处高山梁，南北走向，东西狭窄，三面临沟，主产小麦、洋麦、洋芋。土改时为杨坝区仓河乡韩家行政村，合作化时组建韩家山初级社，后转为韩家山高级社，公社化时为鱼龙公社韩家山生产队，1961年社队规模调整为韩家山大队，1984年改建村委会。

0396 枫相乡尹家河村

简　　介：地处悬崖峭壁半沟梁上，交通不便，产小麦、玉米、黄豆、荞麦、小豆、洋麦，还有核桃。解放前属洛塘区洛塘乡渭河保。解放后属洛塘渭河乡尹家河行政村。合作化时组建尹家河初级社，后转为尹家河高级社，1958年公社化时为洛塘公社渭河管理区尹家河生产队，1961年公社划小时为渭河公社尹家河大队，1984年改建村委会。2004年4月划归枫相乡管辖。

0397 佛崖镇柏树坝村

简　　介：解放前属甘泉乡桃林保，解放后属歇台乡柏树坝行政村，合作化时组建熊池第四初级社，1956年转为孟家高级社，1958年属甘泉公社熊池大队柏树坝生产队，1961年为熊池公社柏树坝大队，1984年改建村委会，2004年随熊池乡划归佛崖乡管辖。

0398 马街镇河上面村

简　　介：地处半山坡，由西向东，山高坡陡，面临深谷，主产小麦、玉米、洋芋。土改时为安化区梨坪乡河上面行政村，合作化时组建河上面初级社，后转为卯家山高级社，公社化后属安化公社马街管理区河上面生产队，1961年社队调整分为马街公社河上面大队，1966年合为赵坪大队，1979年又分开为河上面大队，1984年改建村委会。

0399 龙坝乡鱼关儿村

简　　介：土改时为康县平洛区龙坝乡鱼关儿行政村，合作化时组建鱼关儿初级社，后转为高级社，1956年划归武都，公社化时为隆兴公社河口管理区河口生产队，1961年社队规模调整为龙坝公社李家大队，1980年又与李沟大队分开为鱼关儿大队，1984年改建村委会。

0400 城关镇钟楼滩社区

简　　介：土改时为黄峪乡钟楼滩行政村，后属五凤乡，合作化时组建钟楼滩初级社，1956年为白龙公社钟楼滩生产队，1965年为城郊公社钟楼滩大队，2002年6月划归城关镇管辖，2003年改设钟楼滩社区居委会。

0401 枫相乡松咀坝村

简　　介：地势由西向东，山高坡陡，驻河谷地，产小麦、玉米、洋芋、荞麦，特产茶叶、木耳。解放前属洛塘区洛塘乡渭河保，解放后属洛塘区洛塘乡松咀坝行政村，合作化时组建松咀坝初级社，后转为松咀坝高级社，公社后为洛塘公社渭河管理区松咀坝生产队，1961年社队调整时为渭河公社松咀坝大队，1984年改建村委会。2004年4月划归枫相乡管辖。

0402 五库乡下高家坝村

简　　介：地势东西两山对峙，山峰高耸，地面崎岖，由南向北驻峡谷地，农作物以产小麦为主，还产花椒、核桃、大麻。解放前属洛塘区五库乡清凉保，解放后属透防区高家乡下高家坝行政村，1953年属坪头区闹院乡，合作化时组建下高家坝高级社，后转为进丰六高级社，1958年公社化时为五库公社下高家坝大队，1984年改建村委会。

0403 城关镇人民街社区

简　　介：解放前曾叫北街，为龙江镇，解放后为城关联合街政府三、四村，1954年成立城关镇人民街居委会，文革中改名为人民街居委会，2003年改设人民街社区居委会。

0404 蒲池乡坪儿上村

简　　介：土改时为两水区蒲池乡坪儿上行政村，合作化时组建坪儿上初级社，1956年转为坪儿高级社，1958年公社化时为两水公社坪儿管理区坪儿上生产队，1961年社队调整为蒲池公社坪儿上大队，1984年改建村委会，沿用至今。

0405 姚寨镇曹家堡村

简　　介：土改时属城关区旧城乡，后属麻池乡，合作化时组建曹家堡初级社，后并为曹家堡高级社，公社化时为白龙公社姚寨管理区曹家堡生产队，社队调整时为姚寨公社曹家堡大队，1966年为城郊公社曹家堡大队，1984年改设村委会，沿用至今。

0406 龙坝乡袁塄村

简　　介：土改时为于杨坝区隆兴乡三行政村，合作化时组建袁家塄初级社，公社化时为隆兴公社叶家坝管理区袁家塄生产队，1961年社队划小时为龙坝公社袁家塄大队，地名普查中因重名改为袁塄大队，1984年改建村委会。

0407 龙凤乡小庄里村

简　　介：地势北连山崖，南临山沟，驻高山陡坡，主产小麦、玉米、洋芋。土改时为侯家乡小庄行政村，合作化时组建成小庄初级社，后转为小庄高级，公社化时为汉王公社瓦舌头管理区岸家山大队，1961年社队划小时分为龙凤公社岸家山大队，1978年分队成立小庄里大队，1984年改建村委会，沿用至今。

0408 鱼龙镇孟家山村

简　　介：地处高山坡，北靠山陡坡，南临沟谷，主产小麦、玉米、洋芋、洋麦、当归等。土改时为杨坝区甘泉乡孟家山行政村，合作化时组建孟家山初级社，后转为孟家山高级社，公社化时为鱼龙公社苟家坝生产队，1961年社队调整为苟坝大队，1978年与苟家坝分开为孟家山大队,1984年改建村委会。

0409 柏林镇罗湾里村

简　　介：土改时为安化区石桥乡罗湾行政村,合作化时组建罗湾初级社,后转为高级社,1958年公社化时为安化公社石桥管理区罗湾生产队,1961年社队调整为柏林公社罗湾大队,1984年改建村委会,沿用至今。

0410 隆兴乡化马坪套村

简　　介：地处高山平顶,南北面临陡坡谷地,气候阴湿寒冷,交通不便,产小麦、洋芋、玉米、荞麦,经济作物有油菜、胡麻蜂蜜等。土改时为杨坝区隆兴乡第四行政村,1956年属秦家河乡,合作化时组建坪套初级社,后转为高级社,公社化时为隆兴公社叶坝管理区坪套生产队,1961年社队调整为隆兴公社坪套大队,1981年地名普查时因重名,改名化马坪套,1984年改建村委会沿用至今。

0411 两水镇清水坪村

简　　介：解放前属边寨乡清水保,解放后属早川清水坪行政村,1953年为锦屏乡,合作化时组建清水坪初级社,1956年转为清水坪高级社,公社化时为两水公社锦屏管理区清水坪生产队,1961年公社划小时为锦屏公社清水坪大队,1984年改设村委会,2004年随锦屏乡划归两水镇,沿用至今。

0412 琵琶镇龙潭上村

简　　介：地处半山坡,三面环山,高山陡坡,面临沟谷,产小麦、玉米、洋芋。土改时为八九联合区琵琶乡龙潭上行政村,合作化时组建龙潭初级社,后转为龙潭高级社,公社化时为洛塘公社琵琶管理区龙潭上生产队,1961年社队划小时为琵琶公社龙潭大队,文革中改为友谊大队,1972年恢复龙潭上大队,1984年改建村委会。

0413 郭河乡王董村

简　　介：地势由北向南,山高坡陡,地处两山环抱之间。主产小麦、玉米、洋芋。土改时为三河区八海乡董家塄行政村,合作化时组建董家塄初级社,后转为董家塄高级社,公社化时为三河公社八海管理区董家塄生产队,1961年社队调整为郭河公社董家塄大队,地名普查中改名为王董大队,1984改建村委会。

0414 姚寨镇渭子沟村

简　　介：地势由南向北,南山陡峻,处白龙江南山山麓,主产小麦、玉米、水稻,还产花椒。解放后属旧城乡渭子沟行政村,合作化时为锦屏乡渭子沟初级社,1956年转为高级社,公社化时为白龙公社大堡区渭子沟生产队,1961年为五凤公社渭子沟大队,1966年并入城郊公社称渭子沟大队,1984年改设村委会。

0415 洛塘镇楼房村

简　　介：地势由西向东,山峰高耸,南北两山对峙,驻河谷地,产小麦、玉米、黄豆,还产核桃、花椒。解放前属洛塘区,洛塘乡兴华保,解放后属洛塘区洛塘乡行政村,合作化时组建楼房初级社,后转为先锋高级社,公社化时为洛塘公社楼房生产队,1961年社队划小时为楼房大队,1984年改建村委会。

0416 城关镇清真巷社区

简　　介：2003年将中山街以西清真寺区域设立清真巷社区居委会。

0417 姚寨镇柏水沟村

简　　介：地势由西向东，处半山坡，东西两山对峙，山高坡陡，主产小麦、玉米、洋芋。解放后为旧城乡柏水沟行政村，1953 年归锦屏乡，合作化时组建初级社，后转为高级社，公社化时为白龙公社大堡管理区柏水沟生产队，1961 年为五凤公社柏水沟生产队，1966 年归城郊公社与葛条坪合并为柏水沟大队，1980 年又分开为柏水沟大队，1984 年改设村委会。

0418 汉林镇三家地村

简　　介：土改时为安化区汉林乡三家地行政村，合作化时组建三家地初级社，1956 年转为黎明第二高级社，1958 年公社化时为安化公社唐坪管理区三家地生产队，1961 年社队调整为汉林公社三家地大队，1966 划归马街公社，1979 年又分开归汉林公社三家地大队，1984 年改建村委会，沿用至今。

0419 石门镇水地坝村

简　　介：解放后为石门乡第二行政村，合作化时组建胜利第五初级社，后与石门街、上沟里、徐家堡合并为胜利第三高级社，公社化后为两水公社石门管理区水地坝生产队，1961 年为石门公社水地坝大队，1979 年分开仍为水地坝大队，1984 年改建村委会，沿用至今。

0420 石门镇枣川村

简　　介：解放后属边寨乡第六行政村，后为枣川乡第二行政村，1956 年合并石门乡，合作化时组建江南第二初级社，后与庙上、旱地组建为江南第四高级社，公社化后为两水公社石门管理区枣川生产队，1961 年为石门公社枣川大队，1984 年改建村委会，沿用至今。

0421 马街镇柳家坡村

简　　介：地处半山坡，由南向北，南山陡坡，北临河谷，主产小麦、玉米、洋芋。土改时为安化区宣阳乡柳家坡行政村，合作化时组建柳家坡初级社，后为蒿坪合为柳家坡高级社，公社化后为安化公社马街管理区柳家坡生产队，1961 年社队调整为马街公社柳家坡大队，1979 年和蒿坪分开为柳家坡大队，1984 年改建村委会。

0422 五马镇李家坝里村

简　　介：地势由北向南，群山环抱，驻林木茂密的河谷地，主产玉米、小麦、玉米、荞麦，特产木耳、黄莲。土改时为五马乡李家坝行政村，合作化时组建李家坝等两个初级社，后并为李家坝高级社，公社化后为五马公社寺场坝管理区李家坝生产队，1961 年社队调整时为五马公社李家坝大队，1981 年地名普查中因重名更改为李家坝里大队，1984 年改建村委会。

0423 城关镇文明巷社区

简　　介：原属南桥路居委会，2003 年分开新设立文明巷社区居委会。

0424 安化镇白马勺村

简　　介：土改时为安化区花池乡白马行政村，合作化时组建白马初级社，公社化时为安化公社花池管理区白马勺生产队，1965 年合为赵家山大队，1979 年与赵家山分开仍为白马勺大队，1984 年改建村委会，沿用至今。

0425 三仓乡寺沟村

简　　介：地势林木茂密，高山壁峰，峡沟谷地，产玉米、小麦、洋芋、荞麦等。土改时为三仓乡一行政村，合作化时组建寺沟初级社，1956年转为高级社，公社化时为三仓公社坪头管理区寺沟生产队，1961年公社划小时为三仓公社寺沟大队，1984年改建村委会。

0426 三仓乡大石下村

简　　介：地处三仓河半山，主产小麦、玉米、洋芋等。土改时为草河乡第七、八行政村，合作化时组建富强第七初级社，后转为富强第七高级社，公社化后为三仓公社草河管理区大石下生产队，1961年公社划小时为草河公社大石下大队，1968年与元透沟大队合并为大石下大队，1984年改建村委会，2004年随草河乡划归三仓乡。

0427 马街镇大板坪村

简　　介：地处高山半坡，由北向南，山坡较缓，主产小麦、玉米、洋芋。土改时为安化区金厂乡打板坪行政村，合作化时组建大板坪初级社，后转为大板坪高级社，1961年社队调整为金厂公社金厂管理区大板坪生产队，1966年划为马街公社，文革时改为向阳大队，1971年恢复大板坪大队，1984年改建村委会。

0428 安化镇樊家坝村

简　　介：土改时为司家坝行政村，合作化时组建樊坝初级社，后转为高级社。公社化时为安化公社安化管理区樊家坝生产队，1961年为樊家坝大队。1966年与司家坝、杜家坝、阴坡合为司家坝大队，1972年与司家坝分为樊家坝大队，1979年又分出杜家坝仍为樊家坝大队。1984年改建村委会。2002年，杜家坝村并入樊家坝村。

0429 马营镇巩家坪村

简　　介：土改时为安化翠峰乡巩家坪行政村。合作化时组建巩家坪初级社，后转为巩家坪高级社，公社化时为金厂公社庞磨管理区龚家坪生产队，1961年公社划小时为庞磨公社龚家坪大队。1984年，改建村委会，庞磨乡改为马营乡，龚家坪村属马营乡。

0430 坪垭藏族乡崇山子村

简　　介：地势由南向北，驻半山，山高坡陡，主产小麦、玉米、洋芋。土改时为两水区，坪垭乡崇山子行政村，1954年划归舟曲县，合作化时组建崇山高初级社，后转为崇山高级社，1958年公社化后为八楞公社坪垭管理区崇山子生产队，1962年公社划为坪垭公社崇山子大队，1963年经省人委批准划为武都为坪垭藏族公社崇山子大队，1984年改建村委会。

0431 马街镇糜子坝村

简　　介：地处山沟谷，由东向西，高山陡坡，山沟窄峡，主产小麦、玉米、洋芋。土改时为安化区，宣阳乡糜子坝行政村，合作化时组建糜子坝初级社，1956年合为糜子坝高级社，公社化后属安化公社马街管理区糜子坝生产队，1961年社队调整为马街公社糜子坝大队，1966年与半山峪为糜子坝大队，1979年又分开为糜子坝在队，1984年改建村委会。

0432 龙坝乡白果树村

简　　介：土改时为康县平洛区龙坝乡张家庄行政村，合作化时组建白果树初级社，后转为张家庄高级社，1956年划归武都，公社化时为隆兴公社秦河管理区张家庄生产队，1961年社队划小时为龙坝公社张家庄大队，1979年从张家队分出白果大队，1984年改建村委会。

0433 三河镇仓院村

简　　介：地势由北向南，驻半山，北靠高山，面临河谷，主产小麦、玉米、洋麦。土改时为三河区柏林乡仓院行政村，合作化时组建仓院初级社，后转为仓院高级社，公社化时为三河公社三河管理区仓院生产队，1961年社队划小时为仓院大队，1984改建村委会。

0434 龙凤乡屈家崖村

简　　介：地势山高坡陡，沟壑狭窄，驻深山沟谷地，主产小麦、洋芋、玉米。土改时为佛堂屈家崖行政村，合作化时组建屈家崖等两个初级社，后转为屈家崖高级社，公社化时为汉王公社屈家崖大队，1961年社队划小时为龙凤公社屈家崖大队，文革中改名为前进大队，1978年恢复为屈家崖大队，1984年改建村委会，沿用至今。

0435 安化镇李家庙村

简　　介：土改时为米仓乡二行政村。合作化时组建李家庙初级社，后转为奋勇十八高级社，公社化时为安化公社大鹿院麻坝区李家庙生产队。1961年社队划小时为李家庙大队，1965年与铺底下合为米仓大队，1979年又分开仍为李家庙大队，1984改建村委会，沿用至今。

0436 汉王镇麻池沟村

简　　介：土改时为月池乡麻池行政村。合作化时组建麻池初级社，后转为高级社，公社化时为汉王公社陈李家管理区麻池生产队，1961年社队划小为麻池大队，文革中改为庆丰大队，1974年恢复为麻地沟大队。

0437 龙坝乡龙家坝村

简　　介：土改时为康县平洛区龙坝乡龙家坝行政村。合作化时组建龙坝初级社，后扩建为龙坝高级社。1956年8月划归武都，公社化时为隆兴公社秦河管理区龙坝生产队，1961年社队调整时为龙坝公社龙家坝大队，1965年与下阳坡合作为龙家坝大队，1980年分开仍为龙坝大队，1984年改建村委会。

0438 鱼龙镇仓头山村

简　　介：地处山梁，山高陡坡，面临沟谷，主产小麦、洋麦、洋芋、当归等。土改时为扬坝区仓河乡仓头山村，合作化时组建仓头初级社，后转为仓头沟高级社，公社化时为鱼龙公社仓头沟生产队，1961年社队调整为仓头大队，1984年改建村委会。

0439 玉皇乡大山里村

简　　介：地势由北向南，北靠高山，面临深沟，山高坡陡，地处半山，主产小麦、玉米、洋芋。土改时为三河区小石乡大山里行政村，合作化时组建大山里初级社，后转为大山里高级社，公社化时为三河公社小石管理区大山里生产队，1961年社队调整为玉皇公社大山里大队，1984年改建村委会。

0440 琵琶镇小河儿村

简　　介：地处山间谷地，东西走向，山坡陡峻，峡沟谷地，气候阴寒，交通不便，产小麦、玉米、洋芋、荞麦、黄豆，还产核桃等。土改时为八九联合区小河儿行政村，合作化时组建小河儿初级社，后转为小河儿高级社，公社化时为洛塘公社琵琶管理区小河儿生产队，1961年社队划小时为琵琶公社小河儿大队，1984年改建村委会。

0441 城关镇殿沟里村

简　　介：土改时为黄峪乡殿沟行政村，后为五凤乡，合作化时组建殿沟初级社，后与黑坝、石家庄合并为殿沟高级社，公社化时为白龙公社五凤管理区殿沟生产队，1961年为五凤公社殿沟大队，1966年合并为城郊公社殿沟大队，1971年与黑坝分开，仍为殿沟里大队。2002年6月，划归城关镇管辖。

0442 马街镇上板桥村

简　　介：地处半山坡，西连山崖，山坡陡峻，东临山峡沟谷，主产小麦、玉米、洋芋。土改时为安化区马街乡梨树坪行政村，合作化时组建上板桥初级社，后转为高级社，公社化时为安化公社马街管理区上板桥生产队，1961年公社划小时为马街公社上板桥大队文革中改名永丰大队，1971年恢复为上板桥大队，1984年改建村委会。

0443 汉林镇周家山村

简　　介：土改时为安化区汉林乡周家山行政村，合作化时组建周家山初级社，1956年转为黎明第一高级社，1958年公社化时为安化公社唐坪管理区周家山生产队，1961年社队调整为汉林公社周家山大队，1966划归马街公社管辖，1979年又分开归汉林公社周家山大队，1984年改建村委会，沿用至今。

0444 城关镇灰崖子村

简　　介：土改时属黄峪乡，后为五凤乡钟楼滩行政村，合作化时组建灰崖子初级社，后转为高级社，公社化时为白龙公社五凤管理区灰崖子生产队，1961年为五凤公社灰崖子大队，1968年与钟楼滩合并为向阳大队，1980年又分开为灰崖子大队。2002年6月，划归城关镇管辖。

0445 佛崖镇胡家坪上村

简　　介：地势由北向南，驻半山小坪，北靠高山陡坡，面临河谷，主产小麦、洋芋、玉米等。土改时为佛崖乡第四行政村，合作化时组建为胡家坪上初级社，1956年转为胡家坪上生产队，1961年公社划小后为佛崖公社胡家坪大队，文革中改为幸福坪大队，1972年恢复胡家坪大队，1984年改建村委会。

0446 龙坝乡下斜坡村

简　　介：土改时为康县平洛区龙坝乡，合作化时组建下斜坡初级社，后转为下斜坡高级社，1956年8月划归武都，公社化后为隆兴公社秦河管理区下斜坡生产队，1961年社队调整时为龙坝公社下斜坡大队，1984年改建村委会。

0447 五库乡佛殿坝村

简　　介：地势南北两山对峙，峡河深谷，由西向北驻五库河。农作物产包谷、小麦，还产向日葵，大麻等。解放前属五库乡回龙保，解放后为透防区佛殿乡佛殿行政村，1953年为坪头区佛殿乡，合作化时组建佛殿坝初级社，后转为五库乡民主高级社，1958年公社化时为五库公神化是殿坝大队，文革中改为学宏大队，1980年恢复为佛殿坝大队，1984年改建村委会。

0448 洛塘镇青崖沟村

简　　介：地势由西向东，山峦重重，山峰高耸，南北两山对峙，驻峡沟半山坡地，产小麦、玉米、黄豆，还产核桃、柿子。解放前属洛塘区洛塘乡洛塘保，解放后属洛塘区，合作化时组建青崖沟初级社，后转为团结高级社，公社化时为洛塘公社青崖沟生产队，1961年社队划小时为青崖沟大队，1984年改建村委会。2002年，双白杨村并入青崖沟村。

0449 鱼龙镇麻家湾村

简　　介：地处半山坡，高山陡峻，面临深沟，主产小麦、玉米、洋麦、洋芋。土改时为杨坝区云雾乡麻家湾行政村，合作化时组建麻家湾初级社，后转为麻家湾高级社，公社化时为鱼龙公社刘家生产队，1961年社队调整为刘家湾大队，1978年分开为麻家湾大队，1984年改建村委会。

0450 安化镇小峪寺村

简　　介：土改时为米仓乡第一行政村，合作化时组建小峪寺初级社，后转为奋勇茅二高级社。公社化时为安化公社石大坪管理区小峪寺生产队。1961年社队划小时为小峪寺大队。1965年合为查家湾大队，1979年又分开仍为小峪寺大队。1984年改建村委会，沿用至今。

0451 洛塘镇褚家山村

简　　介：山高坡陡，面临沟，驻高半山，北靠山，产小麦、玉米、洋芋，还产核桃。解放前属洛塘区洛塘乡豆家保，解放后属洛塘区，洛塘乡合作化时组建褚家山初级社，后转为褚家山高级社，公社化时为洛塘公社褚家山生产队，1961年社队划小时为褚家山大队，1984年改建村委会。

0452 汉王镇马家坝村

简　　介：地势由西向东较平缓，驻白龙江北岸谷地，主产小麦、玉米、洋芋。土改时为马坝乡行政村，合作化时组建马坝初级社，后转为马坝高级社，公社化时为汉王公社马坝管理区马坝生产队，1961年社队划小时为马坝公社马家坝大队。1966年并入汉王公社为马家坝大队，1984年改建村委会，沿用至今。

0453 坪垭藏族乡蛾儿村

简　　介：地势向南向北，地处高半山，山坡陡峻，林木茂密，主产小麦、玉米、洋芋等。土改时为两水区坪垭乡蛾儿行政村，1954年划为舟曲县，合作化时组建一个初级社，后转为蛾儿高级社，1958年公社化后为八楞公社坪垭管理区蛾儿生产队，1961年体制调整时为坪垭公社蛾儿大队，1963年经省人委批准划归武都县为坪垭公社蛾儿大队，1984年改建村委会。

0454 坪垭藏族乡坪垭村

简　　介：地处高半山，高山陡峻，森林茂密，地势崎岖，交通不便，气候干旱，产小麦、玉米、洋芋、谷子、胡麻。解放前属边寨乡，解放后属两水区坪垭自治乡，1954年划归舟曲八县八楞区垭垭乡，1958年公社化组建为八楞公社坪垭管理区，1961年公社划小与八楞分开为坪垭公社，1963年划归武都，为坪垭藏族公社，1984年改建村委会。

0455 马街镇艾头山村

简　　介：地处高半山，山坡陡峻，由东向西主产洋芋、洋麦、大麦。土改时为发化区安坪乡艾头山行政村，合作化时组建艾头山初级社，后转为艾头山高级社，公社化时为金厂公社安坪管理区艾头山生产队，1961年社队调整为金厂艾头山大队，1966年划为马街公社艾头山大队，1984年改建村委会。

0456 外纳镇透防街村

简　　介：地处山脚，南北高山对峙，气候温和，交通方便，产小麦、玉米、洋芋、黄豆、荞麦、少量棉花等。解放前属透防区安宁乡，1958年合并为透防乡，下半年与桔柑、外纳乡组建透防公社，设透防管理区，1961年社队规模划小分出桔柑、外纳公社，仍设透防公社，1984年改建村委会，沿用至今。

0457 石门镇小三坪村

简　　介：解放后属边寨乡第九行政村，1956年合为石门乡，合作化时组建江南第二初级社，后转为江南第二高级社，公社化后为两水公社石门管理区小三坪生产队，1961年为石门公社小三坪大队，1984年改建村委会，沿用至今。

0458 安化镇崖羊圈村

简　　介：土改时为安化区花池乡崖羊圈行政村，合作化时组建崖羊圈初级社，1958年为安化公社花池管理区崖羊圈生产队，1961年调整为花池公社崖羊圈大队，1965年合为安化公社，文革中改名为奋斗大队，1973年恢复为崖羊圈大队，1984年改名崖羊圈大队，同年改建村委会，沿用至今。

0459 龙坝乡上寨子村

简　　介：土改时为康县平洛区龙坝乡寨子行政村，合作化时组建上寨子初级社，后转为上寨子高级社，1956年划归为武都，公社化时为隆兴公社秦河管理区上寨子生产队，1961年社队调整为龙坝公社上寨子大队，1984年改建村委会。

0460 三河镇黑沟里村

简　　介：地势由南向北，山大沟深，地处半山，主产小麦、洋芋、荞麦。土改时为三河区花椒乡黑沟里行政村，合作化时组建黑沟里初级社，后转为黑沟里高级社，公社化时为三河公社三河管理区黑沟里生产队，1966年和陈家坪合为黑沟里大队，1984改建村委会。

0461 外纳镇崖下村

简　　介：地势由南向北，山坡陡峻，驻半山，主产小麦、玉米、洋芋。土改时为透防区官房乡崖下第四个初级社，1956年合并为崖下高级社，公社化时为透防公社外纳管理区崖下生产队，1961年公社化小为外纳公社崖下大队，1984年改建村委会，沿用至今。

0462 佛崖镇歇马店村

简　　介：地势由南向北，山坡陡峻，驻河沟谷地。主产小麦、玉米、洋芋。土改时为歇马行政村，合作化时组建两个初级社，1956年转为歇马高级社，公社化后为甘泉公社歇马大队歇马生产队，1961年公社划小时为佛崖公社歇马大队，1984年改建村委会。

0463 玉皇乡院子湾村

简　　介：地势由北向南，山峦重重，地处半山腰，主产洋芋、玉米、洋麦等。土改时为三河区玉皇乡院子湾行政村，合作化时组建院子湾初级社，1956年扩建为玉华第二高级社，公社化后属三河公社玉皇管理区院子湾生产队，1961年社队调整为玉皇公社院子湾大队，1984年改建村委会。

0464 佛崖镇叶坝村

简　　介：地势由西向东，南北环山，高山陡峻，驻河谷地，主产小麦、玉米、洋芋等。土改时为歇马乡歇马行政村，合作化时组建为红旗十一初级社，1956年转为马家沟高级社，公社化后为甘泉公社歇马管理区马家沟生产队，1961年公社划小时为佛崖公社马家沟大队，地名普查中因重名，故改为叶坝大队，1984年改建村委会。

0465 外纳镇张家河坝村

简　　介：地势由东向西，驻半山，山坡陡峻，面临深沟，主产小麦、玉米、洋芋。土改时属透防区稻畦乡，合作化时组建张家河第四个初级社，后合并为张家河高级社，公社化时为透防公社稻畦管理区张家河生产队，1961年公社划小时为外纳公社张家河坝大队，1984年改建村委会，沿用至今。

0466 三仓乡闹院子村

简　　介：地势由北向南，高山峻岭，峡沟谷地，主产小麦、玉米、洋芋。土改时为八九联合区三仓乡行政村，合作化时组建兴荣第八社，后转为兴荣第八高级社，公社化时为三仓公社坪头管理区闹院生产队，1961年公社划小时为三仓公社闹院子大队，1984年改建村委会。

0467 汉林镇杜家山村

简　　介：土改时为安化区红土乡杜家山行政村，合作化时组建杜家山初级社，后转为西番地高级社，1958年公社化时为安化公社唐坪管理区西番地生产队，1961年社队调整为汉林公社西番地大队，1966划归马街公社，1979年又分开归汉林公社西番地大队，1980年与西番地、姚家里分开为杜家山大队，1984年改建村委会，沿用至今。

0468 鱼龙镇小张家村

简　　介：地处高山，由南向北，山坡陡峻，面临沟谷，主产小麦、玉米、洋芋、洋麦。土改时属杨坝区草坝乡，1954年为柏家乡小庄家行政村，合作化时建永明九初级社，1956年转为永明第九高级社，公社化时为鱼龙公社小张生产队，1961年社队调整为小张家大队，1984年改建村委会。

0469 琵琶镇胡家沟村

简　　介：地处河谷，山高坡陡，由北向南，气候寒冷，交通不顺，产小麦、玉米、洋芋、荞麦、洋麦、民办小学1所，学生30人。土改时为八九联合区毛坡乡胡家沟行政村，合作化时组建胡家沟初级社，后转胡家沟高级社，公社化时为洛塘公社毛坡管理区胡家沟生产队，1961年社队划小时为琵琶公社胡家沟大队，1984年改建村委会。

0470 汉王镇固水子村

简　　介：地势由南向北，驻白龙江北岸谷地，北山陡峻，东临险崖坝山峡，主产小麦、玉米、洋芋。土改时为马坝乡固水子行政村，合作化时组建固水子初级社，后转为固水子高级社，公社化时为汉王公社马坝管理区固水子生产队，1961年社队划小时为马坝公社固水子大队，1966年并入汉王公社固水子大队，1984年改建村委会，沿用至今。

0471 郭河乡八海村

简　　介：地势由西向东，山山相连，坡缓，地处半山，主产小麦、玉米、洋芋。土改时为三河区八海乡八海行政村，合作化时组建八海山初级社，后转为八海山高级社，公社化后属三河公社八海管理区八海山生产队，1961年社队调整为郭河乡公社八海山大队，1984改建村委会。

0472 外纳镇沟渠村

简　　介：以建筑物而得名，原为张家河村，1987年改名沟渠村，沿用至今。

0473 隆兴乡倒流水村

简　　介：土改时属杨坝区隆兴乡，合作化时期组建倒流水初组社，后转为高级社，公社化后属隆兴公社叶坝管理区倒流水生产队，1961年社区调整为隆兴公社倒流水大队，1984年改建村委会。

0474 坪垭藏族乡旧墩村

简　　介：地势由南向北，驻高半山，高山陡峻，主产小麦、玉米、洋芋。土改时为两水区坪垭乡旧墩行政村，1954年划为舟曲县，合作化时组建旧墩初级社，后转为旧墩高级社，1958年公社化时为坪垭管理区八塄公社旧墩大队，1961年体制调整为坪垭公社旧墩大队。1963年划归武都为坪垭藏族公社旧墩大队，1966年文革中改为新建大队，1978年恢复旧墩大队，1984年改建村委会。

0475 马营镇马营坝村

简　　介：土改时为安化翠峰乡马营行政村。合作化时为金厂区马营初级社，后转为马营高级社，公社化时为金厂公社庞磨管理区马营生产队，1961年公社划小时为庞磨公社马营大队。1984年，改建村委会，庞磨乡改为马营乡，马营村属马营乡。

0476 安化镇大坪村

简　　介：土改时为金河乡大坪行政村，合作化时组建大坪初级社，后转为高级社，公社化时为安化公社大坪管理区大坪生产队，1961年社队划小时为大坪大队。1984年改建村委会，沿用至今。

0477 甘泉镇樊坝村

简　　介：地处河谷，南北两山对峙，山高坡陡，主产小麦、玉米、洋芋。土改时为杨坝区青水乡樊坝行政村，合作化时组建樊坝初级社，后转为樊坝高级社，公社化时为甘泉公社樊坝生产队，1961年社队调整为樊坝大队，文革中改为跃进大队，1978年恢复为樊坝大队，1984年改建村委会。2002年10月，塄坎村并入樊坝村。

0478 隆兴乡对河子村

简　　介：土改时期属杨坝区蛇崖乡对河子行政村。合作化时组建联合三、四两个初级社，后转为对河子高级社，公社化后属隆兴公社蛇崖管理区对河子生产队。1961年社队调整时为隆兴公社对河子大队，1984年改建村委会。

0479 马营镇赤花村

简　　介：土改时为安化区翠峰乡赤化行政村。合作化时为金厂区组建赤化初级社，后转为高级社，公社化时为金厂公社庞磨大队，1961年公社划小时为庞磨公社赤化大队。1984年改建村委会，庞磨乡改为马营乡后属马营乡管辖。

0480 姚寨镇大堡里村

简　　介：地势由南向北，处白龙江，南岸河谷地，主产小麦、玉米、水稻，还产柿子、花椒。解放后为旧城乡大堡行政村，1955年为锦屏乡，组建大堡初级社，后转为高级社，公社化时为白龙公社大堡管理区大堡里大队，1961年归五凤公社，1966年合入城郊公社称大堡里大队，1984年改设村委会。

0481 马街镇尹家湾村

简　　介：地处阴山半坡，由北向南，高山陡坡，西临河谷，主产小麦、玉米、洋芋。土改时为安化区宣阳乡尹家湾行政村，合作化时组建尹家湾初级社，后转为尹家湾高级社公社化后属安化公社马街管理区尹家湾生产队，1961年社队调整为马街公社尹家湾大队，1984年改建村委会。

0482 马营镇小草湾村

简　　介：土改时为安化区石桥乡渭子行政村，合作化时为金厂区渭子乡组建渭子初级社，后转为联合高级社，公社化时为金厂公社渭子管理区小草湾生产队，1961年公社划小时为渭子公社小草湾大队。1984年改建村委会。2004年，随金厂乡整体并入马营乡。

0483 石门镇庙上村

简　　介：解放后属边寨乡第四行政村，后为枣川乡第五行政村，合作化时组建江南第一初级社，后与枣川、旱地合并为江南第四高级社，公社化后为两水公社石门管理区庙上生产队，1961年为石门公社庙上大队，文革中改为红星大队，1982年恢复为庙上大队，1984年改建村委会，沿用至今。

0484 蒲池乡下坝村

简　　介：土改时为两水区蒲池乡高家村行政村，合作化时组建为高家村初级社，1956年转为高家村高级社，1958年公社化时为两水公社高家村管理区下坝生产队，1961年社队调整为蒲池公社高家村大队，1979年和高家村分开为下坝大队，1984年改建村委会，沿用至今。

0485 石门镇王家山上村

简　　介：解放后属石门乡第二行政村，合作化时组建胜利第十二初级社，后上沟里、水地坝、石门街合为胜利第三高级社，公社化后为两水公社石门管理区王家山生产队，1961年为石门公社下王家山大队，1966年与石门街、水地坝大队合并为石门大队，1979年分开仍为王家山上大队，1984年改建村委会，沿用至今。

0486 洛塘镇八房里村

简　　介：地势由西向东，山大沟深，驻南山麓，产小麦、玉米、黄豆，还产核桃、柿子。解放前属洛塘区洛塘乡洛塘保，解放后属洛塘区洛塘乡八房行政村，合作化时组建八房初级社，后转先锋高级社，公社化时为洛塘公社八房生产队，1961年社队划小时为八房大队，1984年改建村委会。

0487 枫相乡强家湾村

简　　介：地势由北向南，驻半山坡，产小麦、玉米、荞麦、小豆，还产木耳、茶叶。解放前属洛塘区洛塘乡白杨保。解放后属洛塘区白杨乡白杨行政村，合作化时组建为强家湾初级社，后转为强家湾高级社，公社化时为枫相公社强家湾大队，1984年改建村委会。

0488 三河镇庙坪里村

简　　介：地势由南向北，驻高半山，南靠高山，北临河谷，主产小麦、玉米、洋芋。土改时为三河区柏林乡庙坪行政村，合作化时组建庙坪初级社，后转为庙坪高级社，公社化时为三河公社三河管理区庙坪生产队，1961年社队划小时为庙坪大队，1984年改建村委会。

0489 安化镇杜家塄村

简　　介：土改时为三区驼子乡第七行政村，合作化时组建杜家塄初级社，公社化时为安化公社杜家塄生产队，1965年与青崖合并为杜家塄大队，属安化公社，1972年恢复为杜家塄大队，1984年改建村委会，沿用至今。

0490 鱼龙镇刘家桥村

简　　介：地处高山河谷，由北向南，南北两山对峙，高山陡峻，深沟谷地，主产小麦、玉米、洋芋。土改时为杨坝区草坝乡刘家桥行政村，合作化时组建刘家桥初级社，后转为刘家桥高级社，公社时为鱼龙公社刘家桥生产队，1961年社队规模正为刘家桥大队，1984年改建村委会。

0491 洛塘镇李山村
简　　介：地处半山，林木茂密，高山陡坡，面临河谷，主产小麦、玉米、荞麦。土改时为盘底乡第六行政村，合作化时组建为联盟第八、九初级社，后转为联盟第八高级社，公社化时为三仓公社盘底管理区李家山生产队，1961年公社划小时为盘底公社李家山大队，地名普查中因重名故改为李山大队，1984年改建村委会。

0492 洛塘镇郭家坡村
简　　介：地势由由北向南，南山两山对峙，山大沟深，驻半山，产玉米、小麦、黄豆。解放前属洛塘区洛塘乡三才保，解放后属洛塘区三才乡，合作化时组建为三才初级社，后转三才高级社，公社化时为洛塘公社三才大队，1966年合为郭家坡大队，1984年改建村委会。2002年，三才沟村并入郭家坡村。

0493 枫相乡草坪子村
简　　介：地势由北向南，驻半坡里，山坡陡峻，驻高山谷地，产小麦、玉米、荞麦，还产化树和少量木耳。解放前属洛塘区洛塘乡麻柳保。解放后属洛塘区麻柳乡渭子行政村，合作化时组建渭子初级社，后转为渭子高级社，公社化时为枫相公社渭子大队，地名普查中改为草坪子大队，1984年改建村委会。

0494 柏林镇袁家塄村
简　　介：土改时为安化区柏林乡袁家塄行政村，合作化时组建袁家塄初级社，后与赵家湾、五角坪等合为五角坪高级社，1958年公社化时为安化公社五角坪管理区袁家塄生产队，1961年社队调整为柏林公社袁家塄大队，1965年与五角坪合并为五角坪大队，1979年与五角坪分开为袁家塄大队，1984年改建村委会，沿用至今。

0495 洛塘镇苹果湾村
简　　介：地势由西向北，山高坡陡，驻半山沟，南靠山，面临沟，产小麦、玉米、黄豆，还产苹果、核桃。解放前属洛塘区洛塘乡三才保，解放后属洛塘区三材乡窠洛湾行政村，合作化时组建为三才乡第三初级社，后转为窠洛湾高级社，公社化时为洛塘公社窠洛湾生产队，1965年更名为苹果湾大队，1984年改建村委会。

0496 马街镇梨坪村
简　　介：地处高半山坡，面临河沟谷，主产小麦、玉米、洋芋。土改时为安化区梨坪乡梨坪行政村，合作化时组建梨坪初级社，后转为梨坪高级社，公社化时为安化公社马街管理区梨坪生产队，1961年分为马街公社梨坪大队，1966年与高桥杨湾合为梨坪大队，1979年分开仍为梨坪大队，1984年改建村委会。

0497 佛崖镇贾家店村
简　　介：地势由北向南，南山环山，山高陡壁，驻峡沟谷地，产小麦、玉米、洋芋。土改时为歇马乡贾店行政村，合作化时组建贾家店初级社，1956年转为贾家店高级社，公社化时为甘泉公社歇马管理区贾家店生产队，1961年公社划小时为佛崖公社贾家店大队，1984年改建村委会。

0498 汉王镇卢能坎村

简　　介：地处白龙江南岸半山坡，西临深山沟，山坡陡峻，南临白龙江，主产小麦、玉米、洋芋。土改时为马坝乡卢塄行政村，合作化时组建卢塄坎初级社，后转为卢塄坎高级社，公社化后为汉王公社马坝管理区卢塄坎生产队，1961年社队划小为马坝公社卢塄坎大队，1966年并入汉王公社为卢塄坎大队，1984年改建村委会，沿用至今。

0499 姚寨镇崔家梁村

简　　介：解放后为旧城乡桥头行政村，合作化与桥头组建为桥头初级社，后与潘家湾合建桥头高级社，公社化后为白龙公社桥头管理区崔家梁生产队。1961年公社划小时为五凤公社崔家梁大队，1966年并入桥头大队属城郊公社，1980年又分开为崔家梁大队，1984年改设村委会。

0500 外纳镇安宁村

简　　介：地势由北向南，山坡平缓，面临深沟，驻高半山，主产小麦、洋芋、玉米等。土改时为透防区安宁乡安宁村，合作化时组建安宁等六个初级社，1956年并为安宁高级社，公社化时为透防公社安宁管理区安宁生产队，1961年社队划小时为透防公社安宁大队，1984年改建村委会，沿用至今。

0501 汉王镇月阳坝村

简　　介：地处白龙江河南山脚，地势较平，主产小麦、玉米、水稻、洋芋。土改时为万象乡月阳坝行政村，合作化时组建为月阳坝初级社，后转为月阳坝高级社，公社化时为汉王公社陈李管理区麻池生产队，1961年社队划小时为麻池大队，1978年分队成立月阳坝大队。

0502 鱼龙镇庞家山村

简　　介：地处高山里，北起山崖，高山陡坡地，面临深谷，主产小麦、洋芋、洋麦、当归等。土改时为杨坝区仓河乡庞家行政村，合作化时组建庞家沟初级社，后转为庞家山高级社，1961年社队调整为庞家山大队，1984年改建村委会。

0503 洛塘镇艾蒿村

简　　介：地势由西向东，三面环山，北面临沟，坡度较缓。解放前为洛塘区盘底乡后沟保，解放后属洛塘区后河乡，合作化时组建艾蒿初级社，后转高级社，公社化后为洛塘公社艾蒿生产队，1961年社队划小时为艾蒿大队，1968年与咀儿、刘家河坝合并为和平大队，地名普查仍恢复为艾蒿大队，1983年9月改建为艾蒿村。

0504 琵琶镇麻崖子村

简　　介：地处山沟谷地，南北高山陡峻，产小麦、玉米、洋芋。土改时为八九联合区麻崖乡麻崖子行政村，合作化时与楼底下，合作化时与楼底下组建麻崖子初级社，后转为麻崖子高级社，公社化时为洛塘公社毛坡管理区麻崖子生产队，1961年社队划小时为琵琶公社麻崖子大队，1984年改建村委会。

0505 五马镇石家坝村

简　　介：地势由西向东，南北两山对峙，驻峡沟谷地，主产小麦、洋芋，特产木耳、茶叶、黄连、天麻。土改时为五马区五马乡石家坝行政村，合作化时组建八一初级社，后为石家坝高级社，公社化时为五马公社五马管理区石家坝生产队，1961年社队调整时石家坝大队，文革中改为永丰大队，1970年恢复为石家坝大队，1984年改建村委会。

0506 角弓镇高崖村

简　　介：地势由北向南，北靠高山陡坡，驻白龙江谷地，主产小麦、水稻、玉米，还产花椒。土改时为两水区角弓乡角弓行政村，合作化时组建高坪初级社，后转为角弓高级社，1958年公社化时为两水公社角弓管理区角弓生产队，1961年公社划小属角弓公社高坪大队，1966年与角弓合为角弓大队，1979年与角弓分开为高坪大队，地名普查中改为高崖大队。1984年改建村委会。2002年10月将原角弓山第一、三、四组村民小组并入高崖村。

0507 安化镇包家沟村

简　　介：土改时为柏林乡四行政村，合作化时组建包家沟初级社，后转为同心革二高级社，公社化时为安化公社斜山管理区包家沟生产队，1961年社队划小时为包家沟大队，1965年将上沟并入，1969年分别划为鄂家湾和许家塄大队，1979年又恢复包家沟大队。1984年改建村委会，沿用至今。

0508 琵琶镇高家坝村

简　　介：地处河谷地，由西向东，山坡较缓，产小麦、玉米、洋芋。土改时为八九联合区琵琶乡商家坝行政村，合作化时组建高家坝初级社，后转高家坝高级社，公社化时为洛塘公社琵琶管理区高家坝生产队，1961年社队划小时为琵琶公社高家坝大队，文革中改为中收大队，1972年恢复高家坝大队，1984年改建村委会。

0509 两水镇烟墩沟村

简　　介：解放前属枣川烟墩沟行政村，1953年属锦屏乡，合作化时组建烟墩沟初级社。1956年转为烟墩沟高级社，公社化时为两水公社锦屏管理区烟墩沟生产队，1966年属锦屏公社烟墩沟大队，1984年改设村委会，沿用至今。

0510 五马镇市场坝村

简　　介：地势由北向南，四周环山环抱，驻东西山坡较平缓的河谷地，主产小麦、玉米、小麦、荞麦，特产核桃、花椒。土改时为五马区陈坝乡市场坝行政村，合作化时组建市场坝初社，后为市场坝高级社，公社化时为五马公社市场坝管理区寺场坝生产队，1961年社队调整为五马公社市场坝大队，文革中改为"红星大队"，1972年恢复为市场坝大队，1984年改建村委会。

0511 五库乡靳家山村

简　　介：地势高坡陡，山梁多由北向南沿三条山梁及沟边居住，农作物以产包谷、小麦为主，还产核桃、麻子等。解放前属五库乡中梁保，解放后属透防区四坝乡靳家山行政村，1953年为坪头区，合作化时驻靳家山初级社，后转为民主四高级社，1958年公社化时为五库公社靳家山大队，1984年改建村委会。

0512 石门乡下白杨坝村

简　　介：解放后属两水乡第一行政村，合作化时组建胜利第一初级社，后转为胜利第一高级社，公社化后为两水公社石门管理区下白杨坝生产队，1961年为石门公社下白杨坝大队，1965年与上白杨坝大队合并为白杨坝大队，1979年分开仍为下白杨大队，1984年改建村委会，沿用至今。

0513 郭河乡旧面下村

简　　介：地势由西向东，三面环山，高山峡谷，地处东西两山之间，主产小麦、玉米、洋芋。土改时为三河区赤洛乡旧面下行政村，合作化时组建旧面下初级社，后转为旧面下高级社，公社化时为三河赤洛管理区旧面下生产队，1961年社队调整为郭河公社旧面下大队，1984改建村委会。

0514 龙凤乡安化镇杜山村

简　　介：地势三面临深沟悬崖，西连高山陡坡，驻半山坡，主产小麦、玉米、洋芋。土改时为侯家乡杜山行政村，合作化时组建杜家山初级社，后转为杜家山高级社，公社化时为汉王公社瓦舌头管理区崖家山生产队，1961年社队划小时为龙凤公社岸家山大队，1978年分队成立杜家山大队，1984年改建村委会，沿用至今。

0515 安化镇驼子湾村

简　　介：土改时属三区驼子乡，合作化时组建驼子湾初级社，1958年属安化公社驼子湾管理区驼子湾生产队，1961年调整为驼子湾大队，1965年与符家塄合为驼子湾大队，归安化公社，文革中改为红卫大队，1972年恢复原名，1979年与符家塄分开仍为驼子湾大队，1984年改建村委会，沿用至今。

0516 坪垭藏族乡腰道村

简　　介：地势向南，驻高半山，山高坡陡，林木茂密，主产小麦、玉米、洋芋等。土改时为两水区坪垭乡腰道行政村，1954年划归为舟曲县，合作化时组建腰道初级社，后转为腰道高级社，1958年公社化时为八楞公社坪垭管理区腰道生产队，1961年体制调整调整分为坪垭公社腰道大队，1984年改建村委会。

0517 坪垭藏族乡鹿连村

简　　介：地势由南向北，驻半山坡，山高坡陡，主产小麦、玉米、洋芋。土改时为两水区坪垭乡鹿连行政村，1954年划归舟曲县，合作化时组建4个初级社，后转为鹿连高级社，1958年公社化时为八楞公社鹿连生产队，1961年体制调整时分为坪垭公社鹿库大队，1963年经省人委批准划小归武都为坪垭藏族公社鹿连大队，1984年改建村委会。

0518 马营镇涝水子村

简　　介：土改时为安化区渭子乡涝水子行政村，合作化时为金厂区渭子乡涝水子沟初级社，后转为高级社，公社化时为金厂公社涝水子管理区涝水子生产队，1961年公社划小时为金厂公社涝水子大队。1984年改建村委会。2004年，随金厂乡整体并入马营乡。

0519 三仓乡坪头坝村

简　　介：地势由东向西，高山陡峻，驻河谷地，主产玉米、小麦、洋芋。土改时为坪头乡第五行政村，合作化时组建兴荣第一初级社，后与水沟坝合并为兴荣第一高级社，公社化时为三仓公社坪头管理区坪头生产队，1961年公社划小时为三仓公社坪头坝大队，1984年改建村委会。

0520 外纳镇板仓村

简　　介：地势由南向北，山坡陡峻，驻山沟谷地，主产小麦、玉米、洋芋等。土改时为透防区透防乡锉子行政村，合作化时组建板锉子等5个初级社，后合并为板仓高级社，公社化时为透防公社安宁管理区板仓生产队，1961年体制调整为透防公社板仓大队，1984年改建村委会，沿用至今。

0521 隆兴乡包峪寺村

简　　介：土改时期属于杨坝区包峪行政村。合作化时组建包峪寺第三初级社，后转为第三高级社，公社化后属于隆兴公社包峪管理区包峪生产队，1961年社队划小时为隆兴公社公社包峪寺大队，1984年改建村委会。

0522 汉王镇朱塄坎村

简　　介：土改时为汉坪乡朱塄坎行政村，合作化时组建朱塄坎初级社，后转为高级社，公社化时为汉王公社汉坪管理区朱塄坎生产队。1961年社队划小时为朱塄坎大队，1984年改建村委会，沿用至今。

0523 汉王镇汉王街社区

简　　介：地处山坡，地形平缓，产小麦、水稻、玉米。解放前属城关区庆霖终南乡，解放后设汉王、汉坪、马坝、土桥等乡属汉王区管辖，1958年合为汉王乡，下半年与龙凤乡合并组建汉王公社，1961年公社划小分为汉王、龙凤、马坝3个公社，1966年与马坝公社并为汉王公社，文革中改为曙光公社，1974年恢复为汉王公社，2004年设立居委会。

0524 马营镇阳坡村

简　　介：土改时为安化渭子乡小金厂政村。合作化时为金厂区金厂乡组建阳坡初级社，后转为高级社，公社化时为金厂公社金厂管理区阳坡生产队，1961年公社划小时为金厂公社阳坡大队。1984年改建村委会。2002年黄坪村并入阳坡村，2004年，随金厂乡整体并入马营乡。

0525 马街镇赵家坪上村

简　　介：地处半山坪，由西向东，山大坡陡，面临深沟，主产小麦、玉米、洋芋。土改时为安化区梨坪乡赵家坪行政村，合作化时组建赵家坪初级社，后转为赵家坪高级社，公社化后属安化公社马街管理区赵家坪生产队，1961年社队调整为马街公社赵家坪大队，1966年与何上面合为赵家坪上大队，1979年又分开为赵家坪上大队，1984年改建村委会。

0526 玉皇乡马家村

简　　介：地势由东向西，地处高半山，山坡陡峻，主产小麦、玉米、洋芋。土改时为三河区玉皇乡马家山行政村，合作化时组建马家山初级社，1956年扩建为玉华第一高级社，公社化时为三河公社玉皇管理区马家山生产队，1961年社队调整为玉皇公社马家山大队，地名普查中因重名故改为马家大队，1984年改建村委会。

0527 玉皇乡八石沟村

简　　介：地势由东向西，东西两山对峙，地处高山峡沟，主产小麦、玉米、洋芋。土改时为三河区罗家乡八石沟行政村，合作化时组建八石沟初级社，后转为八石沟高级社，公社化后属三河公社罗家管理区八石沟生产队，1961年社队调整为玉皇公社八石沟大队，1984年改建村委会。

0528 城关镇王家庄村

简　　介：原属清水沟一个自然村，后分开。

0529 郭河乡营寨村

简　　介：地势由西向东，高山峻岭，森林茂密，地处高山，主产小麦、玉米、洋芋、洋麦。土改时为三河区郭河乡营寨行政村，合作化时组建营寨初级社，后转为营寨高级社，公社化时为三河公社郭河管理区营寨生产队，1961年社队调整为郭河公社营寨大队，1984改建村委会。

0530 马街镇寺背里村

简　　介：地处峪河各地，背南走向，北靠高山陡坡，主产小麦、玉米、洋芋，特产梨。

土改时为安化区马街乡宣阳乡行政村，合作化时组建为寺背初级社，后转为寺背高级社，公社化时为安化公社马街管理区寺背生产队，1961年公划小为马街公社寺背里大队，文革中改为朝阳大队，1970年恢复寺背里大队，1984年改建村委会。

0531　鱼龙镇张家湾村

简　　介：地处高山湾，山坡平缓，主产小麦、洋芋、洋麦、当归等。土改时为杨坝区鱼龙乡上尹家行政村，合作化时组建张家湾初级社，1956年合为上尹家高级社，公社化时为鱼龙公社上尹家生产队，1961年社队调整为上尹家大队，1979年与上尹家分开为张家湾大队，1984年改建村委会。

0532　黄坪乡陈王村

简　　介：地势由南向北，山坡较缓，谷地面积宽大，主产包谷、小麦、洋芋，还产当归。解放前属康县碾坝乡草川保，解放后属康县碾坝区草川乡陈家庄行政村，合作化时组建为碾坝乡陈家庄初级社，后转为草川乡陈家庄高级社，1958年武康合并，公社化时为黄坪公社陈家庄大队，1984年改建村委会，1987年改名陈王村。

0533　石门镇乌草湾村

简　　介：原为萱麻沟一个自然村，后与粗布沟、庙塄坎组建乌草湾大队，1984年改建村委会。

0534　安化镇槐树下村

简　　介：土改时为安化乡槐树下行政村，合作化时组建槐树下合作社，1958年为安化公社槐树下生产队，1961年调整槐树下大队，文革中改名永红大队，1973年恢复槐树下大队，1984年改设村委会，沿用至今。

0535　龙凤乡寺背后村

简　　介：地势东连大山陡坡，面临深河沟，驻半山沟崖脚，主产小麦、洋芋、玉米。土改时为佛堂乡寺背行政村，合作化时组建寺背后初级社，后转为寺背后高级社，公社化时为汉王社寺塄坎大队，1961年社队划小时为龙凤乡公社寺塄坎大队，1978年分队成立寺背后大队，1984年改建村委会，沿用至今。

0536　蒲池乡麻湾村

简　　介：土改时为两水区蜂园乡麻湾行政村，合作化时组建麻湾初级社，1956年转为麻湾高级社，1958年公社化时为两水公社坪儿管理区麻湾生产队，1961年社队调整为蒲池公社麻湾大队，2002年将塄里村合并入麻湾村，1984年改建村委会，沿用至今。

0537　玉皇乡安窠里村

简　　介：地势由南向北，南北两山对峙，驻南山半坡，坡度较缓，主产小麦、玉米、洋芋。土改时为三河区玉皇乡安窠里行政村，合作化时组建安窠里初级社，1956年合为安窠里高级社，公社化时为三河公社玉皇管理区安窠里生产队，1961年社队调整为玉皇公社安窠里大队，1984年改建村委会。2002年10月，董家坪村并入。

0538　黄坪乡蒋芦村

简　　介：地势由西向东，山峰较低，坡度较缓，主产小麦、玉米、洋芋，盛产核桃。解放前属康县碾坝乡草川保，解放后属碾坝区草川蒋芦行政村，合作化时组建碾坝乡蒋家湾初级社，后转为草川蒋芦高级社，1958年公社化武康合并组建为黄坪公社蒋芦大队，1984年改建村委会。

0539 安化镇司家坝村

简　　介：土改时为安化区司家坝乡司家坝行政村，合作化时组建司家坝生产队，1961年社队调整时为司家坝大队，1965年与樊坝、杜坝合为司家坝大队，1972年又与樊坝、杜坝分开与阴坡里合并为司家坝大队。1984年改设村委会，沿用至今。

0540 佛崖镇元坛子村

简　　介：地势由东向南，四面环山，山峰高耸，深沟峡谷，驻深沟峡谷之中，农作物主产洋芋、洋麦。解放前属黄坪乡迭石保，解放后属韩家乡元坛子行政村，1954年属黄坪乡，合作化时组建元坛子初级社，1956年转为韩家高级社，1958年为黄坪公社韩家大队元坛子生产队，公社化时为黄坪公社元坛子大队，1966年划归熊池公社，1984年改建村委会，2004年随熊池乡划归佛崖乡。

0541 佛崖镇湾儿里村

简　　介：地处半山坡，由此向南，北靠山，南临河谷，气候干旱，交通不便，主产小麦、玉米、洋芋、荞麦、黄豆，还产核桃、苹果。解放前属甘泉乡桃林保，解放后属歇马乡湾儿行政村，1955年组建为熊池乡第五初级社，1956年转为孟家高级社，1958年公社化时为甘泉公社熊池大队湾儿里生产队，1961年公社划小时为熊池公社湾儿里大队，1984年改建村委会。

0542 五马镇马坝村

简　　介：地势由北向南，东西山坡陡峻，高山密林，驻山间谷地，主产小麦、玉米、荞麦，特产木耳。土改时为五马区五马乡五坝行政村，合作化时组建马家坝初级社，后转为马家坝高级社，公社化后为五马公社五马管理区马家坝生产队，1961年社队调整时为马家坝大队，第一次地名普查中因重名更改为马坝大队，1984年改建村委会。

0543 佛崖镇韩家村

简　　介：地势由西向东驻峡沟地，南北两山对峙，沟峡谷地窄，农作物产玉米、小麦等。解放前属福津乡九保，解放后属青枫乡韩家行政村，合作化时组建黄坪乡韩家初级社，1956年转为韩家高级社，公社化时为黄坪公社韩家大队，1966年划归熊池公社韩家大队，1984年改建村委会。

0544 玉皇乡罗家村

简　　介：地势由北向南，高山陡，地处半山，主产小麦、玉米、洋芋。土改时为三河区罗家乡罗家行政村，合作化时组建罗家初级社，后转为罗家高级社，公社化时为三河公社罗家管理区罗家生产队，1961年社队调整为玉皇公社罗家大队，1984年改建村委会。

0545 洛塘镇陈庄村

简　　介：地势由北向南，山高林密，驻地半坡，主产玉米、小麦，特产黄连。土改时为五马区西支乡陈家庄行政村，合作化时组建陈家庄初级社，1956年后转为陈庄高级社，公社化后为五马公社西支管理区陈庄生产队，1961年社队划小时为西支公社陈庄大队，1984年改建村委会。

0546 鱼龙镇卯家庄村

简　　介：地处山谷地，东西环山，两面山坡平缓，面临谷地，主产小麦、玉米、洋芋、当归、胡麻等。土改时为杨坝区鱼龙乡卯家庄行政村，合作化时组建卯家庄初级社，后为卯家庄高级社，公社化时为鱼龙社卯家庄生产队，1961年社队规模调整为卯家庄大队，1984年改建村委会。

0547 五马镇西山里村

简　　介：面临深沟，山高坡陡，驻山梁上，主产小麦、玉米、洋芋，特产木耳、黄连。土改时为五马区五马乡西山里行政村，合作化时组建西山里等两个初级社，后并为西山里高级社，公社化时为五马公社管理区西山里生产队，1961年社队调整时为五马公社西山里大队，1984年改建村委会。

0548 安化镇朱家坪村

简　　介：土改时为米仓乡三行政村，合作化时组建朱家坪初级社，后转为奋勇十高级社，公社化时属安化公社大鹿院管理区朱家坪生产队，1961年社队划小时为朱家坪大队，1965年与官家湾大队合并为朱家坪大队，1984年改建村委会，沿用至今。

0549 甘泉镇龙湾村

简　　介：地处半山，东西走向，月牙形山湾，北靠高山，南临沟谷，主产小麦、玉米、洋芋。土改时为杨坝区甘泉乡龙家湾行政村，合作化时组建龙家湾初级社，后并为龙家湾高级社，公社化时为甘泉公社龙家湾生产队，1961年社队调整为龙家湾大队，文革时改为五星大队，1978年恢复为龙湾大队，1984年改建村委会。

0550 马营镇碌碡坪村

简　　介：土改时为安化区金厂乡碌碡坪行政村。合作化时组建碌碡初级社，后转为马营高级社，公社化时为金厂公社庞磨管理区谢老生产队，1961年公社划小时为庞磨公社谢老大队。文革中改为红旗大队，1976年底恢复原名。1984年改建为村委会。2002年，谢老村并入碌碡村。

0551 汉王镇杨家坝村

简　　介：地势由北向南，驻白龙江谷地，北靠高山，山坡陡峻，主产小麦、玉米、洋芋，驻有陇南市卫校。土改时为仓院乡杨家坝行政村，合作化时组建杨家坝初级社，后转为杨家坝高级社，公社化时为汉王公社管理区杨家坝生产队，1961年社队划小时为杨家坝大队，1966年与仓院合并为仓院大队，1978年又分开为杨家坝大队，1984年改建村委会，沿用至今。

0552 黄坪乡李家峡村

简　　介：地势由西向东，山峰较低，地面崎岖，峡沟谷地，村庄驻峡沟边上，主产小麦、玉米、洋芋。解放前属康县碾坝乡草川保解放后属碾坝区草川乡李家峡行政村，合作化时组建赵坝乡李家峡初级社，后转为李家峡高级社，1958年武康合并组建为黄坪公社杨雾沟大队，1979年与杨雾沟分开为李家峡大队，1984年改建村委会。

0553 柏林镇李家山村

简　　介：土改时为安化区柏林乡李家山行政村，合作化时组建李家山初级社，后与田家那五角坪组建五角坪高级社，1958年公社化时为安化公社五角坪管理区李家山生产队，1961年社队调整为柏林公社李家山大队，1965年与大社科并为五角坪大队，1979年与大湾沟分开为李家山大队，1984年改建村委会。2002年10月村组撤并时，大湾沟村并入李家山村。

0554 安化镇王家河村

简　　介：土改时为安化区安化乡槐树下行政村，合作化时组建王家河初级社，1958年属安化公社管理区王家河生产队，1961年社队划小时为王家河大队，1965年与文家沟沙坪里并为王家河大队，1979年恢复王家河大队。1984年改设村委会，沿用至今。

0555 柏林镇五角坪村

简　　介：土改时为安化区柏林乡五角坪行政村，合作化时组建五角坪初级社，后与李家山、袁家塄合为五角坪高级社，1958年公社化时为安化公社五角坪管理区五角坪大队，1961年社队调整为柏林公社五角坪生产队，1965年与李家山、袁家塄并为五角坪大队，1979年与李家山、袁家塄分开为五角坪大队，1984年改建村委会。

0556 佛崖镇韩家湾村

简　　介：地势由东向南，高山陡壁，地处峡谷地，主产小麦、玉米、洋芋等。土改时为佛崖乡王沟行政村，合作化时组建韩家湾初级社，后与王沟合建为王沟高级社，公社化时为甘泉公社佛崖管理区王沟生产队，韩家湾小队，1961年公社化小为佛崖公社王沟大队，1979年经县革委批准与王沟分开为韩家湾大队，1984年改建村委会。

0557 外纳镇官房里村

简　　介：地势由东向南，高山陡坡，驻半山，主产小麦、玉米、洋芋。土改时为透防区官房乡官房行政村，合作化时组建官房第五初级社，1956年合并为官房里高级社，公社化时为透防公社外纳管理区官房里生产队。1961年公社划小时为外纳公社官房里大队，1984年改建村委会，沿用至今。

0558 马街镇石楞坎村

简　　介：地处半山沟边塄坎，由西向东高山陡坡，东临山沟，主产小麦、玉米、洋芋。土改时为安化区青崖乡石楞坎行政村，合作化时组建石楞坎初级社，后合为石楞坎高级社，公社化后属安化公社马街管理区石楞坎生产队，1961年社队调整为马街公社石楞坎大队，1984年改建村委会。

0559 汉王镇甘家沟村

简　　介：地势由东向西两山对峙，山高陡峻，峡沟谷地，驻东山角下，主产小麦、洋芋、玉米。土改时为仓院乡甘家沟行政村，合作化时组建三个初级社，后转为甘家沟高级社，公社化时为汉王公社汉王管理区甘家沟生产队，1961年社队划小时为甘家沟大队，文革中改名为战斗大队，1978年又恢复甘家沟大队，1984年改建村委会，沿用至今。

0560 城关镇下黄家坝村

简　　介：土改时为黄峪乡黄家坝行政村，合作化时组建初级社，后转为高级社，公社化时为白龙公社五凤管理区黄家坝生产队，1961年为五凤公社黄家坝大队。1966年归城郊公社，文革中改名建新大队，1979年又分为下黄家坝大队。2002年6月，划归城关镇管辖。

0561 甘泉镇木瓜坪村

简　　介：地处高山坡地垭豁，南临下陡坡，主产小麦、玉米、洋芋。1955年为甘泉乡木瓜坪行政村，合作化时组建木瓜坪初级社，后转为木瓜坪高级社，公社化时为甘泉公社木瓜坪生产队，1961年社队规模调整为木瓜坪大队，文革时改为前进大队，1972年恢复为木瓜坪大队，1984年改建村委会。

0562 洛塘镇石家坪村

简　　介：地势由北向南，驻峡沟谷地，主产小麦、玉米、洋芋。土改时为盘底乡第一行政村，合作化时组建为联盟第一、二初级社，后转为联盟第一、二高级社，公社化时为三仓公社盘底管理区石家坪生产队，1961年公社划小时为盘底公社石家坪大队，1965年与柳下大队合并为石家坪大队，1984年改建村委会。

0563 姚寨镇何山村

简　　介：地势由南向北，处半山，山高坡陡，南临河谷，主产小麦、玉米、洋芋，还产花椒。土改时属城关区旧城乡，合作化时组建为何家山初级社，后转为高级社，公社化时为白龙公社姚家寨管理区何家山生产队，1961年社队调整为姚寨公社何家山大队，1966年姚寨、五凤合并为城郊公社，属城郊公社何家山大队，文革中改名为长风大队，1969年恢复为何家山大队，1982年因重名改名为何山大队，1984年改设村委会。

0564 马街镇沙坪村

简　　介：地处半山，北靠山崖，南向下为坡地，主产小麦、玉米、洋芋。土改时为安化区宣阳乡沙坪行政村，合作化时组建沙坪初级社，后转为官化高级社，合作化时为安化公社马街管理区官化生产队，1961年分开为马街公社官化大队，1965年合并为沙坪大队，文革中改名奋斗大队，1971年恢复沙坪大队，1984年改建村委会。

0565 蒲池乡汪家坝村

简　　介：土改时为两水区板桥乡汪家坝行政村，合作化时组建汪家坝初级社，后转为汪家坝高级社，公社化时为两水公社高家村管理区汪家坝生产队，1961年公社划小时为蒲池公社汪家坝大队，1984年改建村委会，沿用至今。

0566 鱼龙镇坪套里村

简　　介：地处高半山，由北向南，北靠高山，南临河谷，主产小麦、玉米、洋麦、洋芋、玉米等。土改时为杨坝区草坝乡坪套里行政村，1954年属柏家乡，合作化时组建坪套初级社，后转为坪套高级社，公社化时为鱼龙公社坪套生产队，1961年社队规模调整为坪套大队，1984年改建村委会。

0567 马街镇官化村

简　　介：地处河谷地，由西向东，背靠高山坡，西临河沟谷，主产小麦、玉米、洋芋。土改时为安化区宣阳乡官化行政村，合作化时组建官化初级社，后与沙坪合为官化高级社，公社化时为安化公社马街管理区官化生产队，1961年社队调整为马街公社，1971年和沙坪分开为官化大队，1984年改建村委会。

0568 汉王镇陈家坡村

简　　介：地处半山，南靠高山，中部较平缓，主产小麦、玉米、洋芋。原属甘家山一个自然村，后分开，1984年改建村委会，沿用至今。

0569 佛崖镇分水岭村

简　　介：地势由东向西，四面环山，地面坡度较缓，处于武康交界处山梁风口上，农作物产小麦、洋芋，有成片树林。解放前属甘泉乡桃林保，解放后属熊池乡分水岭行政村，合作化时组建熊池乡民乐一社，1956年转为分水岭高级社，公社化时为甘泉公社熊池大队分水岭生产队，1961年属熊池公社分水岭大队，1968年合为孟家山大队，1979年又分开为分水岭大队，1984年改建村委会。

0570 隆兴乡余家村

简　　介：土改时为杨坝区蛇崖乡余家村行政村，合作化时组建联合五社，后转为联合第五高级社，公社化时为隆兴公社蛇崖管理区余家村生产队，1961年社队调整时为隆兴公社余家村大队，1984年改建村委会，沿用至今。

0571 马营镇水泉村

简　　介：土改时为两水区蒲池乡大桥行政村。合作化时组建东峪初级社，后转为东峪高级社，公社化时为金厂公社庞磨管理区东峪生产队，1961年公社划小时为庞磨公社东峪大队。1983年因重名改名为水泉大队，1984年，改建村委会，庞磨乡改为马营乡，属马营乡管辖。

0572 蒲池乡杜塄村

简　　介：土改时为两水区蒲池乡杜家塄行政村，合作化时组建杜家塄初级社，后转为杨边高级社，公社化时为两水公社坪儿管理区杨边生产队，1961年公社划小时为蒲池公社杨边大队，1979年与杨边分开为杜家塄大队，1984年改建村委会，沿用至今。

0573 三河镇汉坪村

简　　介：地势由北向南，驻北山山南，南北两山对峙，主产小麦、玉米、洋芋。土改时为三河区三河乡杨坪行政村，合作化时组建汉坪初级社，后转汉坪高级社。公社化时为三河公社三河管理区汉坪生产队，1966年与杨坪合为杨坪大队，1979年又分开为汉坪大队，1984改建村委会。

0574 池坝乡孟家庄村

简　　介：土改时为安化区池坝乡孟家庄行政村，1953年合作化时为金厂区池坝乡组建孟家庄初级社，1956年与池坝等组建池坝高级社，公社化时为金厂公社池坝管理区孟家庄生产队，1961年公社划小时为池坝公社孟家庄大队，1984年改建村委会。

0575 甘泉镇李河村

简　　介：地处河谷，北靠高山，山坡陡峻，主产小麦、玉米、洋芋。土改时为杨坝区甘泉乡李河行政村，合作化时组建李河初级社，1956年与渠子里合为李河高级社，公社化时为甘泉公社李河生产队，1961年社队调整为李河大队，文革中改为红卫大队，1978年恢复为李河大队，1984年改建村委会。

0576 鱼龙镇瓦房里村

简　　介：地处高山坡地，南北走向，西临深沟，山坡平缓，主产小麦、玉米、洋芋、洋麦、当归等。土改时为杨坝区鱼龙乡瓦房行政村，合作化时组建瓦房初级社，1956年转为瓦房里高级社，公社化时为鱼龙公社瓦房里生产队，1961年社队调整为瓦房里大队，1984年改建村委会。

0577 城关镇黑坝里村

简　　介：土改时属黄峪乡，后为五凤乡黑坝行政村，合作化时组建黑坝初级社，后与殿沟、石家庄合并为殿沟高级社，公社化时为白龙公社五凤管理区殿沟大队，1961年分为五凤公社黑坝大队，1966年又合并为殿沟大队，1971年与殿沟分开为黑坝大队，2002年6月，划归城关镇管辖。

0578 石门镇木竹沟村

简　　介：解放后为石门乡第四行政村，合作化时组建胜利第八初级社，后与下坪合并为胜利第四高级社，公社化后为两水公社萱麻管理区木竹沟生产队，1961年为石门公社木竹沟大队，1984年改建村委会，沿用至今。

0579 汉王镇包家坝村

简　　介：地势由南向北，地处白龙江半山坡，山坡陡峻，主产小麦、玉米、洋芋。土改时为汉坪乡包家坝行政村，合作化时组建包家坝初级社，后转为包家坝高级社，公社化时为汉王公社汉坪管理区包家坝生产队，1961年社队划小时为包家坝大队，1984年改建村委会，沿用至今。

0580 姚寨镇桥头里村

简　　介：解放后为旧城乡桥头行政村，合作化时与崔家梁合建桥头初级社，1956年与潘家湾合建高级社，公社化时为白龙公社桥头管理区桥头生产队，1961年为五凤公社桥头大队，1966年合为城郊公社桥头里大队，1984年改设村委会。

0581 汉林镇西山地村

简　　介：土改时为安化区红土乡西番地行政村，合作化时组建西番地初级社，1956年转为西番地高级社，1958年公社化时为安化公社唐坪管理区西番地生产队，1961年社队调整为汉林公社西番地大队，1966划归马街公社，1979年又分开归汉林公社西番地大队，1982年因名称有碍民族团结，改名西山地，1984年改建村委会，沿用至今。

0582 汉王镇陈龙村

简　　介：地处半山，交通不便，气候较寒冷，产小麦、玉米、洋芋、荞麦等。土改时为汉坪乡陈龙行政村，合作化时组建陈家山初级社，后转为陈家山高级社，公社化时为汉王公社汉坪管理区陈龙生产队，1961年社队划小时为陈龙大队，文革中改名为曙光大队，1978年恢复陈龙大队，1984年改建村委会，沿用至今。

0583 汉王镇马半山村

简　　介：地势由北向南，驻半山坡，北坡陡峻，南临白龙江谷地，主产小麦、玉米、洋芋。土改时为马坝乡半山行政村，合作化时组建马半山初级社，后转为马半山高级社，公社化后为汉王公社马坝管理区马半山生产队，1961年社队划小时为马坝公社马半山大队，1966年并入汉王公社马半山大队，1984年改建村委会，沿用至今。

0584 安化镇许家塄村

简　　介：土改时为司家乡五行政村，合作化时组建许家塄初级社，后转为同心茅五高级社。公社化时为安化公社大鹿院管区许家塄生产队，1961年社队划小时为许家塄大队。1965年将周塄干大队并入，1968年又将上沟并入，1979年分开为许家塄大队。1984年改建村委会，沿用至今。

0585 三仓乡李家坝村

简　　介：地势由北向南，高山陡坡，驻峡沟谷地，主产小麦，玉米、洋芋。土改时为成坝乡一行政村，合作化时组建李家坝3个初级社，后转为兴荣十一、十二高级社，公社化时为三仓公社成坝管理区李家坝生产队，1961年公社划小时为三仓公社李家坝大队，1965年与郝家山合并为李家坝大队，1984年改建村委会。

0586 角弓镇构林坪村

简　　介：地势由南向北，南靠高山陡坡，北临白龙江谷地，驻半山，主产小麦、玉米、水稻。土改时为两水区陈家乡构林坪行政村，合作化时组建构林坪等四个初级社，1956年转为构林坪高级社，1958年公社化后属两水公社角弓管理区构林坪生产队，1961年公社划小时为角弓公社构林坪大队。1984年改建村委会。

0587 角弓镇东坪村

简　　介：地势由北向南，地势平坦，驻白龙江北岸麓，主产小麦、玉米、洋芋，还产柿子、花椒。土改时为两水区柳城乡东坪行政村，合作化时组建东坪初级社，1956年与西坪柳城等合并为柳城高级社，1958年公社化后为沙湾公社柳城管理区东坪生产队，1961年社队调整为东坪大队，1962年划归角弓公社，1966年与西坪合为西评大队，1979年又分开为东坪大队，1984年改建村委会。

0588 磨坝藏族乡东嶽山村

简　　介：土改时为透防区改石乡，合作化时组建东嶽山等7个初级社，后合并为姚家湾高级社，公社化时为透防公社桔柑管理区东嶽山生产队，1961年公社划小时为桔柑公社东嶽山大队，1984年改建村委会，1986年6月，划归磨坝乡，2002年10月，庄稞梁村并入东嶽山村，沿用至今。

0589 鱼龙镇下尹家村

简　　介：地处高山，半坡平缓，面临沟壑，主产小麦、洋麦、洋芋、当归等。土改时为杨坝区鱼龙乡下尹家行政村，合作化时组建下尹家初级社，后与上尹家合为尹家高级社，公社化时为鱼龙公社上尹家生产队，1961年社队调整为上尹家大队，1978年分开为下尹家大队，1984年改建村委会。

0590 安化镇符家塄村

简　　介：土改时为三区驼子乡一行政村，合作化时组建符家塄初级社，公社化时为符家塄生产队，1961年调整为驼子公社符家塄大队，1965年合为安化公社驼子湾大队，1970年恢复符家塄大队，1984年改建村委会，沿用至今。

0591 姚寨镇砚台山村

简　　介：解放后属城关区柿子乡砚台山行政村，合作化与高半坡组建为砚台初级社，后与赵户坝并为砚台山高级社，公社化时为白龙公社姚寨管理区砚台生产队，1961年公社划小属姚寨公社砚台山大队，1966年并为城郊公社砚台山大队，1984年改设村委会。

0592 三仓乡马鸡山村

简　　介：地处三仓河半山坡，面临河谷，主产小麦、玉米、洋芋。土改时为八、九联合区草河乡第二行政村，合作化时组建为富强第二初级社，后转为富强第二高级社，公社化时为三仓公社何家管理区马鸡山生产队，1961年公社划小时为草河公社马鸡山大队，1984年改建村委会。

0593 池坝乡新庄村

简　　介：2002年10月，在全县村组撤并中，范家岭村与暖水坝村合并，合并后的村名为新庄村。

0594 外纳镇营坪村

简　　介：地势由南向北，山高坡陡，驻高半山，主产小麦、玉米、洋芋等。土改时为透防区安宁乡营坪行政村，合作化时组建营坪等两个初级社，后合并为安宁高级社，公社化时为透防公社安宁管理区营坪生产队，1961年体制调整时为透防公社营坪大队，1984年改建村委会，沿用至今。

0595 安化镇周家塄坎村

简　　介：土改时为司家坝三行政村。合作化时组建周家塄坎初级社，后转为月心第三高级社。公社化时为安化公社斜山管理区周家塄生产队，1965年并入许家塄大队，1979

年分开仍为周家唠坎大队，1984 年改建村委会，沿用至今。

0596 姚寨镇葛条坪村

简　　介：地势由北向南，处半山，南北两山对峙，形成高山深沟，主产小麦、洋芋、玉米。解放后为旧城乡葛条坪行政村，1955 年归锦屏乡，组建葛条坪初级社，后转为高级社，公社化时为白龙公社大堡区葛条坪生产队，1961 年为五凤公社葛条坪大队，1966 年为城郊公社和柏水沟合并为北水沟大队，1980 年又分开为葛条坪大队，1984 年改设村委会。

0597 蒲池乡张庄村

简　　介：土改时为两水区蒲池乡张庄行政村，合作化时组建张庄初级社，1956 年转为张庄高级社，1958 年公社化时为两水公社坪儿管理区张庄生产队，1961 年社队调整为蒲池公社张庄大队，1984 年改建村委会，沿用至今。

0598 柏林镇杨家庄村

简　　介：土改时为安化区柏林乡杨家庄行政村，合作化时组建杨家庄初级社，后转为高级社，1958 年公社化时为安化公社柏林管理区杨家庄大队，1961 年社队调整为柏林公社杨家庄大队，1983 年改建村，沿用至今。

0599 枫相乡黑沟子村

简　　介：地势由西向东，山坡陡峻，驻河沟梁上，产小麦、玉米、洋芋、燕麦，特产茶叶。解放前属洛塘区洛塘乡渭河保，解放后属洛塘区渭河乡黑沟子行政村，合作化时组建黑沟子初级社，后转为黑沟子高级社，1958 年公社化后为洛塘公社渭河管理区黑沟子生产队。1961 年公社划小时为渭河公社黑沟子大队，1984 年改建村委会。2004 年 4 月随渭河乡划归枫相乡管辖。

0600 佛崖镇燕崖村

简　　介：地势由北向南，南山陡峻，北坡较缓，驻甘泉河谷地，主产小麦、玉米、洋芋等。土改时为清水乡张坪行政村，合作化时组建燕入崖初级社，1956 年与张坪、烟火台组建为成明第一高级社。公社化时为甘泉公社佛崖管理区燕崖生产队，1961 年公社划小时为佛崖公社燕崖大队，1966 年与张坪合并为张坪大队，文革中改为永红大队，1972 年仍恢复为张坪大队，1979 年经县革安排和张坪分开为燕崖大队，1984 年改建村委会。

0601 隆兴乡苜蓿崾村

简　　介：地势由南向北，东坡陡峻，南坡林木茂盛，驻峡沟谷地。主产小麦、玉米、洋芋等。土改时为于杨坝区蛇崖乡苜蓿崾行政村，合作化时组建联合第六初级社，后转为高级社，公社化时为隆兴公社蛇崖管理区苜蓿崾生产队，1961 年社队调整，划小为隆兴公社苜蓿崾大队，1984 年改建村委会，沿用至今。

0602 五马镇上观音崖村

简　　介：地处深山峡谷，林木茂密，主产小麦、洋芋、玉米、荞麦。土改时为五马区五马乡观音崖高级社，公社化时为五马公社五马管理区观音崖生产队，1961 年社队调整时为上观音大队，文革中改为山里红大队，1981 年地名普查中恢复为上观音大队，1984 年改建村委会。

0603 安化镇小湾村

简　　介：土改时为米仓山一行政村，合作

化时组建小湾初级社，后转为小湾高级社，公社化时为安化公社大鹿院管理区小湾生产队，1961年社队划小时为小湾大队，1965年与任家山合并为小湾大队，1984年改设村委会，沿用至今。

0604 郭河乡橡子山村

简　　介：地势由东向南，悬崖陡壁，地处半山，主产小麦、玉米、洋芋。土改时为三河区八海乡橡子山行政村，合作化时组建橡子山初级社，后转为橡子山高级社，公社化时为三河公社八海管理区橡子山生产队，1961年社队调整为郭河公社橡子山大队，1984改建村委会。

0605 洛塘镇兴花寺村

简　　介：地势由北向南，山峰高耸，沟深坡陡，驻河谷地，主产小麦、玉米，还产花椒、向日葵。解放前属洛塘区兴华乡兴华保，解放后属洛塘区兴花乡，合作化时组建兴华初级社，后转先锋五高级社，公社化时为洛塘公社兴花生产队，1961年社队划小时为兴花坝大队，1984年改建兴花寺村委会。

0606 琵琶镇水磨湾村

简　　介：地处高半山，南北两山对峙，高山陡坡，面临沟谷，产小麦、玉米、洋芋、洋麦。土改时为八九联合区两河水磨湾行政村，合作化时组建水磨湾初级社，后转为水磨湾高级社，公社化时为洛塘公社两河管理区水磨湾湾生产队，1961年社队划小时为琵琶公社水磨湾大队。1984年改建村委会，刘家村并入水磨湾村。

0607 三河镇姚沟门村

简　　介：地势由西向东，东西环山，形成峡沟谷地，地处半山，主产小麦、玉米、洋芋。土改时为三河区花椒乡姚沟行政村，合作化时组建姚沟门初级社，后转为姚沟门高级社，公社化时为三河公社三河管理区姚沟门生产队，1966年与姚沟里、干水窑谷为姚沟门大队，1984改建村委会。

0608 枫相乡大水沟村

简　　介：地处悬崖峭壁，气候阴湿，作物产小麦、黄豆、荞麦，还产核桃、茶叶、木耳。解放前属洛塘区渭河保，解放后属洛塘区渭河乡大水沟行政村，合作化时组建大水沟初级社，后转为大水沟高级社，公社化时为洛塘公社渭河管理区大水沟生产队，1961年社队划小时为渭河公社，大水沟大队，1984年改建村委会，2002年10月老庄村并入大水沟村，2004年4月划归枫相乡管辖。

0609 马街镇官堆村

简　　介：地处峪河口，背靠山坡，东西走向，主产小麦、玉米、洋芋，特产等。土改时为安化区马街乡宣阳行政村，合作化时组建官堆初级社，后转为高级社，公社化时为安化公社马街管理区官堆生产队，1961年公社划小时为马街公社官堆大队，"文革"中改名立新大队，1971年恢复为官堆大队，1984年改建村委会。

0610 龙凤乡侯家山村

简　　介：地势山坡陡峻，东坡平缓，驻半山，主产小麦、洋芋、玉米。土改时为侯家山行政村，合作化时组建侯家山两个初级社，后转侯家山高级社，公社化时为汉王公社侯家山大队，1961年社队调整为龙凤公社侯家山大队，文革中改为跃进大队，1978年恢复为侯家大队，1984年改建村委会，沿用至今。

0611 两水镇后坝村

简　　介：土改时为两水乡第三行政村，合作化时组建永丰第二初级社，1956年扩为永丰第四高级社，1958年公社化时为两水公社两水管理区后坝生产队，1961年社队调整为两水公社后坝大队，1984年改设村委会，沿用至今。

0612 城关镇上黄家坝村

简　　介：土改时为黄峪乡，后为五凤乡黄家坝行政村，合作化时组建黄家坝初级社，后转为高级社，公社化时为白龙公社五凤管理区上黄家坝生产队，1961年为五凤公社黄家坝大队，1965年并入城郊公社，文革中改为建新大队，1969年恢复，1979年分开为上黄家坝大队，2002年6月，划归城关镇管辖。

0613 角弓镇鹿坝村

简　　介：地势由南向北，南山陡峻，驻白龙河谷地南岸。主产小麦、玉米、谷子，还产柿子。土改时为两水区角弓乡鹿坝行政村，合作化时组建鹿坝初级社，1956年与白鹤桥并为前进高级社，1958年公社化时为沙湾公社鹿川管理区鹿坝生产队，1961年社队调整时为鹿坝大队，1962年划为角弓公社鹿坝大队，1984年改建村委会。

0614 姚寨镇下东坪村

简　　介：地势由南向北，处半山，山高坡陡，面临深沟谷地，主产小麦、玉米、洋芋。土改时属城关区旧城乡，合作化时组建下东坪初级社，后与上坪合转高级社，1958年公社化时为白龙公社东坪生产队，1961年为姚寨公社下东坪大队，1965年归并城郊公社并与上东坪合为东坪大队，1980年又分为下东坪大队，1984年改设村委会。

0615 汉王镇罗家寨村

简　　介：地处白龙江北岸谷地，山坡较平缓，主产小麦、玉米、水稻，特产柿子。土改时为汉王乡罗寨行政村，合作化时组建罗家寨初级社，后转为罗家寨高级社，公社化时为汉王公社罗寨管理区罗家寨生产队，1961年社队划小时为罗家寨大队，文革中改名为东风大队，1970年又恢复为罗家寨大队，1984年改建村委会，沿用至今。

0616 桔柑乡东村

简　　介：土改时为透防区东村乡东村行政村，合作化时组建东村等4个初级社，1956年合并为东村高级社，公社化时为透防公社桔柑管理区东村生产队，1961年公社划小时为桔柑公社东村大队，1984年改建村委会，沿用至今。

0617 鱼龙镇刘家湾村

简　　介：地处高半山，两面环山，高山陡坡，北临深沟、主产小麦、洋麦、洋芋、当归。土改时为杨坝区仓河乡刘家湾行政村，合作化时组建刘家初级社，后转为刘家湾高级社，公社化时为鱼龙公社刘家湾生产队，1961年社队调整时为刘家湾大队，1984年改建村委会。

0618 汉林镇唐家坪村

简　　介：土改时为安化区汉林乡唐家坪行政村，合作化时组建唐家坪初级社，1956年转为黎明第一高级社，1958年公社化时为安化公社唐坪管理区唐家坪生产队，1961年社队调整为汉林公社唐家坪大队，1966划归马街公社，1979年又分开归汉林公社三家地大队，1984年改建唐坪村委会，沿用至今。

0619 马营镇碌碡坝村

简　　介：土改时为安化区金城乡金城行政村。合作化时为金厂区金城乡金城初级社，后转为高级社，公社化时为金厂公社金城管理区金城生产队，1961年公社划小时为金厂公社碌碡坝大队。1984年改建村委会。2004年，随金厂乡整体并入马营乡。

0620 玉皇乡小石家村

简　　介：地势由北向南，驻北山山脚，南北两山对峙，形成狭沟谷，主产小麦、玉米、洋芋。土改时为三河区小石乡行政村，合作化时组建小石家初级社，1956年扩建为玉华第一高级社，公社化时为三河公社小石管理区小石家生产队，1961年社队调整为玉皇公社小石家大队，1984年改建村委会。

0621 角弓镇柳树城村

简　　介：地势向南，北山平缓，南临汇河，驻白龙江谷地北岸，主产小麦、玉米、洋芋，还产柿子、花椒。土改时为两水区柳城乡柳树行政村，合作化时组建柳城初级社，后与年家村东坪、西坪合并为柳树城高级社，1958年公社化时为沙湾公社柳城管理区柳城生产队，1961年社队调整时为柳城大队，1962年划为角弓公社柳城大队。1984年改建村委会，2002年10月将深沟村并入柳树城村。

0622 洛塘镇豆家阳山村

简　　介：地势由西向东，驻半山里，面临沟谷，主产玉米、小麦、黄豆，还产核桃。解放前属洛塘区洛塘乡三才保，解放后属洛塘区三才乡豆家阳山行政村，合作化时组建豆家阳山初级社，后转为豆家阳山高级社，公社化时为洛塘公社豆家阳山生产队，1961年社队划小时为豆家阳山大队，1984年改建村委会。

0623 外纳镇下宗家坝村

简　　介：地处山坡陡峻，驻白龙江谷地，主产小麦、玉米、洋芋等，特产桔子、花椒。土改时为透防区外纳乡下宗家坝行政村，合作化时组建初级社，后转为下宗家坝高级社，公社化时为透防公社外纳管理区下宗家坝生产队，1961年公社划小时为外纳公社下宗坝大队，1984年改建村委会，沿用至今。

0624 黄坪乡石家阳坡村

简　　介：地势由南向北，山间谷地，主产小麦、玉米、洋芋，还产核桃、柿子。解放前属甘泉乡黄坪保，解放后属甘泉黄坪乡石家阳坡行政村，合作化时组建阳坡初级社，1956年转为高级社，1958年公社化后为黄坪公社石家阳坡大队，1984年改建村委会。

0625 蒲池乡杨家边村

简　　介：土改时为两水区蒲池乡杨边行政村，合作化时组建杨边初级社，后转为高级社，公社化时为两水公社高家村管理区杨边生产队，1961年公社划小时为蒲池公社杨边大队，1984年改建村委会，沿用至今。

0626 石门镇下坪村

简　　介：解放后属石门乡第四行政村，后属萱麻乡，合作化时组建胜利第七初级社，后与木竹沟合为胜利第四高级社，公社化后为两水公社萱麻管理区下坪生产队，1961年为石门公社下坪大队，1984年改建村委会，沿用至今。

0627 甘泉镇候山村

简　　介：地处高半山，山高坡陡，西北向南，西临沟谷，主产小麦、玉米、洋芋。土改时为杨坝区青水乡侯家山行政村，合作化时组建侯家山初级社，后转为侯家山高级社，公社化时为甘泉公社侯家山生产队，1961年社队调整时为侯山大队，1984年改建村委会。

0628 鱼龙镇草川坝村

简　　介：地处高山小溪草坝，四周环山，山坡平缓，主产小麦、洋芋、洋麦。土改时为杨坝草川乡草川坝行政村，合作化时组建草川初级社，后转为高级社，公社化时为鱼龙公社草川生产队，1961年社队调整为草川坝大队，1984年改建村委会。

0629 黄坪乡杨雾沟村

简　　介：地势由西向东，山峰较低，南北两村对峙，驻高山河谷地，主产小麦、包谷、洋芋，还盛产核桃。解放前属碾坝乡草川保，解放后属碾坝区草川乡杨雾行政村，合作化时组建赵坝乡杨雾初级社，1956年转为杨雾高级社，1958年武康合并组建黄坪公社杨雾沟大队，1984年改建村委会。

0630 龙凤乡小阳山村

简　　介：地势由东向西，东连山岸，西临深山沟，驻高半山，主产小麦、玉米、洋芋。土改时为侯家乡小阳山里行政村，合作化时组建小阳山三个初级社，后转为小阳山高级社，公社化时为汉王公社瓦舌头管理区小阳山生产队，1961年社队划小时为龙凤公社小阳山大队，1984年改建村委会，沿用至今。

0631 洛塘镇椒园村

简　　介：由西向东，山大沟深，坡度陡，南北两山对峙，驻河谷地，主产玉米、小麦、黄豆，还产花椒、核桃、柿子。解放前属洛塘区洛塘乡三才保，解放后属洛塘区三才乡闹院行政村，合作化时组建闹院初级社，后转为高级社，公社化时为洛塘公社闹院生产队，1961年社队划小时为闹院大队，地名普查中因重名改为椒园大队，1984年改建村委会。

0632 马营镇梁塄坎村

简　　介：土改时为安化区金厂乡梁塄坎行政村，合作化时为金厂区金厂乡梁塄坎沟初级社，后转为金城高级社，公社化时为金厂公社金厂管理区梁塄坎生产队，1961年公社划小时为金厂公社梁塄坎大队。文革中改为红旗大队，1972年恢复梁塄坎大队。1984年改建村委会。2002年，后沟村并入梁塄坎村。2004年，随金厂乡整体并入马营乡。

0633 马街镇泉家湾村

简　　介：地处半山阴湾，东西走向，高山坡陡，西临深沟，主产小麦、玉米、洋芋。土改时为安化区梨坪乡泉家湾行政村，合作化时组建泉家湾初级社，后转为泉家湾高社，公社化时为安化公社马街管理区泉家湾生产队，1961年社队调整盼为马街公社泉家湾大队，1966年合为马槽沟大队，1979年又分开为泉家湾大队，1984年改建村委会。

0634 姚寨镇李家咀村

简　　介：地势由南向北，处白龙江南岸，姚寨河边山咀，主产小麦、水稻，还产柿子、花椒。土改时为城关区旧城乡，合作化时组建初级社，后转为高级社，公社化时为白龙江李家咀大队，1961年归姚寨公社与张家咀合并名为张李咀大队，1966年合入城郊公社，文革中改名上游大队，1978年与张家咀分队成立李家咀大队，1984年改设村委会。

0635 龙凤乡李家湾村

简　　介：地处南，靠山崖，北临深山沟，

驻高山阳坡，主产小麦、玉米、洋芋。土改时为佛堂乡李家湾行政村，合作化时组建李家湾初级社，后转为李家湾高级社，公社化时为汉王公社李家湾大队，1961年社队规模调整为龙凤公社李家湾大队，1984年改建村委会，沿用至今。

0636 城关镇西关街社区

简　　介：文革中改为红旗路，1981年恢复为西关街居委会，2002年改设西关社区居委会。

0637 马街镇高桥村

简　　介：地处北路河谷地的南面坡地，由南向北，山坡陡峻，主产小麦、玉米、洋芋。土改时为安化区梨坪乡高桥行政村，合作化时组建高桥初级社，后转为高桥高级社，公社化时为安化公社马街管理区高桥生产队，1961年分为马街公社高桥大队，1966年与杨湾合并为梨坪大队，1979年与杨湾梨坪分开为高桥大队，1984年改建村委会。

0638 隆兴乡王坝里村

简　　介：土改时属杨坝区隆兴乡，合作化时组建一个初级社，后与谈坝等转为强华第一高级社，公社化后属于隆兴公社叶坝管理区王家坝生产队，1961年社队调整为王家坝大队，1965年与叶家坝大队合并为叶家坝大队，1979年又分开为王家坝大队，1981年地名普查中因重名改为王坝里大队，1984年改建村委会。

0639 玉皇乡张家底下村

简　　介：地势由南向北，山峦重重，地处高山，主产小麦、玉米、洋芋。土改时为三河公社罗家乡张家底下行政村，合作化时组建张家底下初级社，后转为张家底下高级社，公社化后属三河玉皇管理区张家底下生产队，1961年公社划小时为玉皇公社张家底下大队，1984年改建村委会。

0640 龙坝乡秦家河村

简　　介：秦家河以姓氏而取名，土改时为杨坝区蛇崖乡秦家河行政村，合作化时组建秦家河初级社，后转为高级社，公社化后为隆兴公社秦家河管理区秦家河生产队，1961年社队划小时为龙坝公社秦家河大队，1984年改建村委会。

0641 洛塘镇石家沟村

简　　介：地势由西向东，山高坡陡，面临沟谷，村庄位于南北两山沟中间的山梁上，产玉米、小麦、黄豆，还产核桃。解放前属洛塘区洛塘乡兴华保，解放后属洛塘兴华乡，合作化时组建石家沟初级社，后转为石家沟高级社，公社化时为洛塘公社石家沟生产队，1961年社队划小时为石家沟大队，1984年改建村委会。

0642 洛塘镇马家沟村

简　　介：地势由西北向东南，南北两山对峙，高山耸立，峡沟深谷，驻北山半坡，产小麦、玉米、黄豆，还产核桃、花椒。解放前属洛塘区洛塘乡三才保，解放后属洛塘区三才乡马家沟行政村，合作化时组建马家沟初级社，后转马家沟高级社，公社化时为洛塘公社马家沟生产队，1961年社队划小时为马家沟大队，地名普查中因重名，改为马家沟里大队，1984年改建村委会。

0643 马街镇大李家村

简　　介：地处北峪河谷地，东西走向，南靠半山陡坡区，临河谷，主产小麦、玉米、洋芋，还产梨、苹果等。土改时为安化区大李家行政村，合作化时组建大李家初级社，1956 年转为大李家高级社，公社化后为安化公社马街管理区大李家生产队，1961 年社队规模调整为马街公社大李家大队，文革中改为爱国大队，1971 年恢复大李家，1984 年改建村委会。

0644 东江镇郭家坪村

简　　介：土改时属城关区东江乡，1955 年划为汉王区管辖，合作化时组建东兴二初级化，后与胡家坪转东兴二高级社，1958 年属白龙江公社下郭生产队，1962 年属东江公社下郭家大队，1965 年改为东风下坪，1969 年与胡家坪、上郭家合并为东风大队，1979 年分开为下郭家大队，1984 年改建村委会。2002 年 10 月下郭家与上郭家村合并，村名改为郭家坪村。

0645 外纳镇桃树坪村

简　　介：地势由南向北，山坡平缓，主产小麦、玉米、洋芋。土改时为透防区外纳乡桃树坪行政村，合作化时组建桃树坪第二个初级社，1956 年转为桃树坪高级社，公社化时为透防公社外纳管理区半山生产队，1961 年公社划小时为外纳公社半山大队，1966 年分开为桃树坪大队，1984 年改建村委会，沿用至今。

0646 汉王镇贾半山村

简　　介：地势由南向北，驻半山，南山陡峻，北临白龙江谷地，主产小麦、玉米、洋芋。土改时为汉坪乡贾半山行政村，合作化时组建贾半山初级社，后转为贾半山高级社，公社化时为汉王公社汉坪管理区贾半山生产队，1961 年社队划小时为贾半山大队，1984 年改建村委会，沿用至今。

0647 甘泉镇渠子里村

简　　介：地处河谷，南北走向，山坡陡峻，沟壑交错，主产小麦、玉米、洋芋。土改时为杨坝区甘泉乡渠子里行政村，合作化时组建渠子里初级社，后与李河合为李河高级社，公社化时为甘泉公社渠子里生产队，1961 年社队调整为渠子里大队，文革中改为向阳大队，1978 年恢复为渠子里大队，1984 年改建村委会。

0648 两水镇后坝社区

简　　介：解放前属两水第八保，解放后土改时为两水乡第三行政村，合作化时组建永丰第二初级社，1956 年扩为永丰第三高级社，公社化时为两水公社两水管理区后坝生产队，1961 年社队调整时为两水公社后坝大队，1984 年改设村委会，2003 年增设居民委员会。

0649 鱼龙镇观音坝村

简　　介：地处高山河谷，由南向北，南北两山对峙，地形谷地，主产小麦、玉米、洋芋、当归。土改时为杨坝白草坝乡观音坝行政村，后转为观音乡，合作化时为鱼龙公社观音坝生产队，1969 年社队调整为观音坝大队，1965 年合为鞍子大队，1974 年分开为观音坝大队，1984 年改建村委会。

0650 两水镇龙王山村

简　　介：解放前属边寨乡清水保，解放后属早川乡老王山行政村，1953 年属锦屏乡，合作化时组建龙王山初级社，后转为龙王山高级社，公社化时为两水公社锦坪管理区龙王山生产队，1961 年公社划小时为锦屏公社龙王山生产队，1984 年改设村委会，沿用至今。

0651 龙凤乡瓦舌头村

简　　介：地势东西走向，北道山崖，南临山沟，驻半山阴坡，主产小麦、玉米、洋芋。土改时为龙凤乡瓦舌头行政村，合作化时组建瓦舌头等3个初级社，后转为瓦舌头高级社，公社化时调整为龙凤公社瓦舌头大队，文革中改名光明大队，1978年恢复为瓦舌头大队，1984年改建村委会，沿用至今。

0652 洛塘镇厂里村

简　　介：地势由西向东，北坡平缓，南山陡峻，驻山沟谷地，主产小麦、玉米、小麦、洋芋，特产木耳、茶叶。土改时为五马区西支乡厂里行政村，合作化时组建永久六、七两个初级社，后转为永久第五高级社，公社化后属五马公社西支管理区厂里生产队，1961年社队规划小时为西支公社厂里大队，1965年与马家山合并为厂里大队，1979年又分开为厂里大队，1984年改建村委会。

0653 郭河乡绿化沟村

简　　介：地势由北向南，驻高山峡沟，主产小麦、玉米、洋芋。土改时为三河区郭河乡，合作化时组建绿化沟初级社，后转为绿化沟高级社，公社化时为三河公社郭河管理区绿化沟生产队，1961年社队调整为郭河公社绿化沟大队，1984年改建村委会。

0654 隆兴乡前岭里村

简　　介：土改时为杨坝区包峪乡前岭行政村，合作时组建"强华"十一初级社，后转为高级社，公社化时为隆兴公社包峪管理区前岭生产队，1961年社队规模划小时为隆兴公社前岭大队，1984年改建村委会。

0655 汉王镇甘家山村

简　　介：地处两山半坡之间，高山陡峻，面临沟谷，主产小麦、玉米、洋芋。土改时为汉王乡甘家山行政村，合作化时组建甘家山初级社，后转为甘家山高级社，公社化后为汉王公社汉王管理区甘家山生产队，1961年社队划小时为甘家山大队，1984年改建村委会，沿用至今。

0656 柏林镇上渠道村

简　　介：土改时为安化区柏林乡上渠道行政村，合作化时组建上渠道初级社，后于下渠道合为渠道高级社，1958年公社化时为安化公社柏林管理区渠道大队，1961年社队调整为柏林公社上渠道大队，1965年与下渠道并为渠道大队，归安化公社，1972年又归柏林公社，1979年与下渠道分开为上渠道大队，1984年改建村委会，沿用至今。

0657 姚寨镇四合村

简　　介：地处峡沟谷地，交通不便，气候干旱，主产小麦、玉米、洋芋、荞麦，还产核桃、花椒、柿子、木瓜。土改时属旧城乡，合作化时组建上黄初级社，后转为上黄高级社，公社化时为白龙公社姚寨管理区上黄生产队，1961年归姚寨公社称上黄大队，1965年上黄、马山等合并入城郊公社称四合大队，1984年改设村委会。

0658 安化镇谈坪村

简　　介：土改时为安化区花池乡谈坪行政村，合作化时组建谈坪初级社，1958年为谈坪生产队，1965年与罗家崖划为谈坪大队，1979年恢复谈坪大队，1984年改建村委会，沿用至今。

0659 甘泉镇童家庄村

简　　介：地处半山坡，北靠高山陡坡，南临河谷，东西走向，主产小麦、玉米、洋芋。

土改时为杨坝区甘泉童家庄行政村，合作化时组建童家庄初级社，后合为樊坝高级社，公社化时为甘泉公社童社生产队，1961年社队调整为童庄大队，文革中改为曙光大队，1978年恢复童家庄大队，1984年改建村委会。

0660 角弓镇下塄子半山村

简　　介：地势由北向南，北山山高坡陡，驻白龙江谷地半山坡，主产小麦、玉米、洋芋。土改时为两水区角弓乡半山行政村，合作化时组建两个初级社，后合为半山高级社，1958年公社化后属两水公社石门管理区半山生产队，1961年公社划小时为石门公社半山大队，1966年划为角弓公社半山大队，地名普查中因重名改为下塄子半山大队。1984年改建村委会。

0661 五马镇五马街村

简　　介：地势由南向北，四周高山密林，驻峡沟谷地，主产小麦、玉米、荞麦，特产木耳、黄连。土改时为五马区五马乡五马街行政村，合作化时组建五马街初级社，后转为五马街高级社，公社化后为五马公社五马管理区五马街生产队，1961年社队调整时为五马公社五马大队，1984年改建村委会。

0662 五库乡安家坝村

简　　介：地势山峰峭壁，森林茂密，窄沟峡谷，由南向北驻河谷坡，农作物产包谷、小麦，还产核桃、木耳等。解放前属五库乡中梁保，解放后属透防区田坝乡安家坝行政村，合作化时组建安家坝初级社，后转为民主第八高级社，公社化时为五库公社安家坝大队，1984年改建村委会。

0663 五库乡沙坝村

简　　介：地势南北对峙，山崖耸立，成寨沟峡沟由北向南，驻五库河谷地，农作物以小麦、包谷、水稻为主，还产大麻、菜子、葵花等。解放前属五库乡回龙保，解放后属透防区佛殿乡行政村，1953年为坪头区，合作化时组建沙坝初级社，后改为民主高级社，1958年公社化时为五库公社沙坝大队，1984年改建村委会。

0664 外纳镇稻畦子村

简　　介：地势由东向西南，北山陡峻，驻白龙江谷地，主产小麦、玉米、洋芋，特产桔子。土改时为透防区稻畦乡稻畦行政村，合作化时组建稻畦三个初级社，1956年合并为稻畦高级社，公社化时为透防稻畦管理区稻畦生产队，1961年公社划小时为外纳公社稻畦大队，1984年改建村委会，沿用至今。

0665 城关镇北山社区

简　　介：原属南桥居委会，2003年新设立北山社区居委会。

0666 鱼龙镇柏家沟村

简　　介：地处河谷地，地势由东向南，两面环山，山坡陡峻，主产小麦、洋芋、洋麦、玉米。土改时为杨坝区草坝乡柏家沟行政村，1954年属柏家乡，合作化时组建柏家沟初级社，后转为柏家沟高级社，公社化时为鱼龙公社柏家沟生产队，1961年社队调整为柏家沟大队，1984年改建村委会。

0667 安化镇上阴坡村

简　　介：土改时为米仓乡第一行政村，合作化时组建上阴坡初级社，后转为上阴坡高级社，公社化时为安化公社石人坪管理区上阴坡生产队，1961年社队划小时为上阴坡大队。1965年并入何家背大队，1979年又分开仍为上阴坡大队。1984年改建村委会，沿用至今。2002年何家背村并入上阴坡村。

0668 桔柑乡桔柑村

简　　介：土改时为透防区改石乡大岸庙行政村，合作化时组建桔柑等6个初级社，1956年合并为桔柑高级社，公社化时为透防公社桔柑管理区桔柑生产队，1961年公社划小时为桔柑公社桔柑大队，1984年改建村委会，沿用至今。

0669 三仓乡锣车寺村

简　　介：地势由东向南，山高陡坡，峡沟谷地，主产小麦、洋芋、玉米等。土改时为成坝乡第七村，合作化时组建锣车寺三个初级社，后与瓦安子合建为兴荣高级社，公社化时为三仓公社成坝管理区锣车寺生产队，1961年公社划小时为三仓公社锣车寺大队，1965年与黑沟子大队合并为锣车寺大队，1984年改建村委会。

0670 洛塘镇架子石村

简　　介：地势由西向东，山峦重重，森林茂密，驻半山梁上，产洋芋、洋麦、玉米，还产油菜、当归。解放前属洛塘区司平保，解放后属洛塘区三才乡，合作化时组建架子石初级社，后转为架子石高级社，公社化时为洛塘公社架子石大队，1984年改建村委会。2002年山林关村并入架子石村。

0671 三河镇宣家河村

简　　介：地势由西向东，山大坡缓，峡沟谷地，地处东西两山角下，主产小麦、玉米、洋麦。土改时为三河区三河乡宣家河行政村，合作化时组建宣家河初级社，后转为宣家河高级社，公社化时为三河公社三河管理区宣家河生产队，1966年和王农湾合为宣家河大队，1984改建村委会。2002年瓦舌沟村并入萱河村。

0672 汉林镇林家河村

简　　介：原属汉坪村，1984年改建村委会，1986年后分开为林河村。

0673 柏林镇田家沟村

简　　介：土改时为安化区柏林乡田家沟行政村，合作化时组建田家沟初级社，后转为渠道高级社，1958年公社化时为安化公社柏林管理区田家沟大队，1961年社队调整为柏林公社田家沟大队，1965年与袁家坝、梨树下并为渠道大队，1979年与袁家坝分开为田家沟大队，1984年改建村委会，沿用至今。

0674 琵琶镇楼底下村

简　　介：地处半山坡，面临沟谷，产小麦、玉米、洋芋。土改时为八九联合区毛坡乡楼底下行政村，合作化时组建楼底下初级社，后转楼底下高级社，公社化时为洛塘毛坡管理区楼底下生产队，1961年社队划小时为琵琶公社楼底下大队，1984年改建村委会。

0675 两水镇黄栌坝村

简　　介：解放前属边寨乡清水保，解放后属旱川乡黄栌坝行政村，1953年属锦屏乡，合作化时组建黄栌坝初级社，1956年后转为高级社，公社化时为两水公社锦屏管理区黄栌坝生产队，1961年公社划小时为锦屏公社黄栌坝大队，1984年改设村委会，沿用至今。

0676 佛崖镇佛崖村

简　　介：地处峡道河谷，有略武公路通过，气候较低寒冷，主产小麦、玉米、洋芋、黄豆、荞麦、油菜、大麻等。解放前属甘泉乡，解放后属四区佛崖乡一个行政村，合作化时组建两个初级社，后合并为一个高级社，合作化时为甘泉公社佛崖管理区大队街上生产队，1961年公社划小时为佛崖公社街上大队，1966年与大塄合并为大塄大队，文革中改为红卫大队，1972年恢复原名，1979年经县革委批准与大塄分开为街上大队，1983年地名普查中更名为佛崖大队，1984年改建村委会。

0677 马街镇杨湾儿村

简　　介：土改时为安化区马街乡梨坪行政村，合作化时组建杨湾儿初级社，后转为杨湾儿初级社，公社划时为安化公社马街管理区杨湾儿生产队，1961年公社划小时为马街公社杨湾儿大队，1966年合为梨坪大队，1979年分开为杨湾儿大队，1984年改建村委会。

0678 安化镇杜家湾村

简　　介：土改时为安化三区驼子乡第二行政村，合作化时组建杜家湾初级社，公社化时为安化公社杜家湾生产队，1961年调整为杜家湾大队，1965年并入安化公社与翟家湾合并为杜家湾大队，1979年分开为杜家湾大队，1984年改建村委会，沿用至今。

0679 鱼龙镇宁家山村

简　　介：地处山梁，山坡陡峻，面临河谷，主产小麦、洋芋、洋麦、当归等。土改时为杨坝区金河乡宁家山行政村，合作化时组建宁家山初级社，后转为宁家山高级社，公社化时为鱼龙公社宁家山生产队，1961年社队调整为宁家山大队，1984年改建村委会。

0680 城关镇阳山村

简　　介：解放后属黄峪乡，1954年为五凤乡阳山行政村，合作化时组建初级社，后转为高级社，公社化时为白龙公社五凤管理区阳山生产队，1961年为五凤公社阳山大队，1966年并入城郊公社，文革中改名愚公大队，1969年恢复为阳山大队。2002年6月划归城关镇管辖。

0681 蒲池乡下巩家村

简　　介：土改时为两水区板桥乡下巩家行政村，合作化时组建下巩家初级社，后转为下巩家高级社，公社化时为两水公社坪儿管理区下巩家生产队，1961年公社划小时为蒲池公社下巩家大队，1984年改建村委会，沿用至今。

0682 龙坝乡铁山里村

简　　介：土改时为杨坝区蛇崖乡铁山里行政村，合作化时组建铁山初级社，后转为铁山高级社，公社化后属隆兴公社管理区铁山生产队，1961年社队划小时为龙坝公社铁山大队，1984年改建村委会。

0683 枫相乡李家村

简　　介：地势由西向东，驻半山沟谷，三面环山，沟深峡谷，产小麦、玉米、洋芋、荞麦，还产少量木耳。解放前属洛塘区盘底乡荔子保，解放后属洛塘区麻柳乡李家行政村，合作化时组建李家初级社，后转为李家高级社，公社化时为枫相公社李家大队，1984年改建村委会。

0684 龙凤乡寺塄坎村

简　　介：地势东高西低，西临深山沟，驻高山沟底，主产小麦、玉米、洋芋。土改时为佛堂寺塄坎行政村，合作化时组建寺塄坎初级社，后转为寺塄坎高级社，公社化时为汉王公社寺塄坎大队，1961年社队划小时为龙凤公社寺塄坎大队，1984年改建村委会，沿用至今。

0685 两水镇寨子村

简　　介：解放前属两水第八保，解放后土改时为两水第八行政村，合作化时组建永丰第五初级社，1956年转为永丰第五高级社，公社化时为两水公社两水管理区寨子生产队，1961年公社划小时为两水公社寨子大队，1966年与谢家坡合并为寨子大队，1979年经县委批准与谢家坡分开为寨子大队，1984年改设村委会，沿用至今。

0686 龙凤乡祁家塄村

简　　介：地势南北走向，东临山崖深沟，驻高半山坡地，主产小麦、洋芋、玉米。土改时为佛堂乡祁家塄行政村，合作化时组建祁家塄初级社，后转为祁家塄高级社，公社划小时为龙凤公社祁家塄大队，1984年改建村委会，沿用至今。

0687 马营镇陈家塄坎村

简　　介：土改时为安化金厂乡陈家塄坎行政村。合作化时为金厂区陈家塄坎初级社，后转为金城高级社，公社化时为金厂公社庞磨管理区陈家塄坎生产队，1961年公社划小时为金厂公社陈家塄坎大队，1984年改建村委会，庞磨乡改为马营乡，2004年，随金厂乡并入马营乡。

0688 角弓镇西坪村

简　　介：地势由北向南，北岸山坡平缓，驻白龙江北岸低半山,主产小麦、玉米、洋芋，还产柿子、花椒。土改时为两水区柳城东坪行政村，合作化时组建西坪初级社，后与东坪、年家村、柳城合并为柳城高级社，1958年公社化后属沙湾公社柳城管理区西坪生产队，1961年社队调整时为西坪大队，1962年为角弓公社西坪大队，1966年与东坪合为东坪大队，1979年与东坪又分开为西坪大队。1984年改建村委会。

0689 月照乡马家塄村

简　　介：地势由北向南，高山陡峻，林木茂密，驻沟河谷地，产小麦、玉米、洋芋，特产蜂蜜。解放前属外纳乡，土改时为闹院乡第一行政村，后属月照乡，合作化时组建曙光第五初级社后与尹家坝、张李合并为月照第二高级社，公社化时为五库公社月照管理区马塄生产队，1961年公社划小时为月照公社马家塄大队，1984年改建村委会。

0690 洛塘镇水磨上村

简　　介：地势由西向东，南北高山陡峻，驻深沟谷地，主产小麦、玉米、洋芋，特产木耳。土改时为五马区西支乡水磨行政村，合作化时组建水磨初级社，后转为高级社，公社化时为五马公社西支管理区水磨上生产队，1961年社队规模划小为西支公社水磨大队，1984年改建村委会。

0691 城关镇旧城山社区

简　　介：北魏太和二十一年（公元四九七年），改武都郡为武都镇，镇所从石门移仙陵山（今旧城山）并依山筑土城，初建武都山城，筑有七十二级台阶（故历史上武都又称阶州），明朝洪武四年（公元一三七一），始建武都砖城，即今武都城，仙陵山被称旧城山。原属城郊乡管辖，2002年划归城关镇，同年年底，改设旧城山社区居委会。

0692 外纳镇立亭村

简　　介：地势由北向南，驻白龙江河谷，主产小麦、玉米，特产花椒。土改时为透防区稻畦乡立亭行政村，合作化时组建初级社，后转为立亭高级社，公社化后属透防公社稻畦管理区立亭生产队，1961年公社划小时为外纳公社立亭大队，1984年改建村委会，沿用至今。

0693 城关镇庙塄坎村

简　　介：解放后属黄峪乡，后为五凤乡孟家山行政村，合作化时组建庙塄坎初级社，公社化时为白龙公社孟家山生产队，文革中曾改为先锋大队，1969年恢复原名，1980年改为庙塄坎大队。2002年6月，划归城关镇管辖。

0694 两水镇庙坪村

简　　介：土改时为两水乡第三行政村，合作化时组建永丰第二初级社，1956年扩为永丰第四高级社，1958年公社化时为两水公社两水管理区后坝生产队，1961年社队调整为两水公社后坝大队，1984年改设村委会，沿用至今。

（二）成县

0695 城关镇幸福村
简　　介：幸福大队土改时为西关乡，合作化时建塔寺沟、马垭河二个初级社。1950年和大寨初级社合并成立马垭墼高级社。公社化时分初级社，后成立幸福大队，文革中改为永红大队，1972年又恢复为幸福大队，沿用至今。2004年支旗乡与城关镇合并后，属城关镇管辖。地处川坝丘陵区，气温较干燥，交通较便利。有寺沟、垭河、罗湾康沟堡坪共5个村民小组。

0696 小川镇阴湾村
简　　介：阴湾村是以所处的地理位置为名。原为坪草湾村委会后改名为阴湾村委会。有半坡、阴湾、小洞山、坪草湾、安房自然村。

0697 黄陈镇郑山村
简　　介：郑山村以姓氏而命名。原属康县，1958年划归成县化垭公社，1961年归黄陈公社，属中山区。有上庄、下庄、魏山、芦湾、崖底自然村。

0698 宋坪乡桂花村
简　　介：境内有全县唯一的一株古老的桂花树。土改时起名桂花行政村，合作化时和猫儿川分为两个初级社，公社化时组建大队，起名新光大队，1980年地名普查中仍更为桂花大队。属高寒阴湿地区。

0699 宋坪乡石门沟村
简　　介：因双崖对峙，状如门户，所以得名。1951年属红川区南康乡第三行政区，1956年建石门沟初级社，1957年转为高级社，公社化后归南康公社黑楼房大队管辖，1961年分大队后归划后，命名为石门沟大队，1968年改名为红卫大队，1979年恢复原名，沿用至今。属高寒阴湿地区，境内山势险峻，沟深谷狭。

0700 鸡峰镇钟西村
简　　介：钟西村以钟山、西沟两村民小组命名，其地山大沟深。有凡湾、钟山、西沟、李沟、北坡、阳坡自然村。

0701 店村镇折庄村
简　　介：折庄村以姓氏而命名。半山丘陵区，交通便利。有折家庄、王旗寨、堡子湾自然村。

0702 陈院镇武家山村
简　　介：武家山村以姓氏而命名。属丘陵地区。有武家山、钟家山、曹子坝、长房、白马庙自然村。

0703 陈院镇武家半山村

简　　介：武家半山以姓氏而命名。属丘陵山区，交通方便。有杨湾、半山、下黄山、上黄山自然村。

0704 黄渚镇茨坝村

简　　介：茨坝村以蒺藜得名。文革中曾改名友谊大队，1979年又恢复原名。生产小麦、玉米，居民多喜狩猎，其地新建铅锌矿开采场。有茨坝、大柳坝、冉地河、碾子、漆家沟、漫沟门、厂坝自然村。

0705 纸坊镇苏家老庄村

简　　介：苏家老庄村属浅山丘陵区。有上庄、下庄、东头、阴湾自然村。

0706 城关镇李武村

简　　介：李武村以其地群众多以李、武二姓而命名。土改时为一个行政村，属支旗乡管辖，1958年公社化后为成川化社管辖，为支旗大队。1963年分为李武支旗两个大队，后又改为李武大队，沿用至今。地处川坝陵区，交通便利。有李武、陈家书房、马峡、杜崖、武家坝、李家崖、武家山7个自然村。2004年支旗乡与城关镇合并后，属城关镇管辖。

0707 抛沙镇坪岛村

简　　介：坪岛村以地势较高，外形像岛屿而命名。1966年曾更名为永红大队，1975年恢复为坪岛大队。驻地平坦，但地势较高。有坪岛、白山两个村民小组，坪岛、樊湾白家山两个自然村。

0708 鸡峰镇坪庄村

简　　介：坪庄村以地形而得名。其地高而平缓，交通便利，且有大面积的松林。有坪庄、新庄、草滩、大崖、石马湾、周山自然村。

0709 镡河乡石榴坝村

简　　介：因曾多产石榴而得名。1951年前后属第五区镡坝乡，1962年后组建石榴坝大队，沿用至今。地处西汉水，气候温和。

0710 索池乡大草湾村

简　　介：大草湾村以多生荒草而得名。1955年建大草湾初级社，后为团结高级社，1958年建同名大队，属小川公社，1962年属索池公社，1980年恢复大草湾原称，属浅山丘陵区。

0711 黄陈镇上五郎村

简　　介：上五郎村以当地五郎庙得名。土改时为化垭区五郎乡，1962年划归黄陈公社，属高山丘陵区。有街下、柳树坪、街上、背林、佘家水沟、徐坪、朱林沟、草坪、山背自然村。

0712 红川镇吕坝村

简　　介：吕坝村以姓氏而命名。属东槐乡，合作化时期为吕坝大队高级社，公社化后为吕坝大队，1966年四清运动中改名为红光大队，不久恢复原称吕坝大队，沿用至今。属半山丘陵区，居住集中，交通便利。有沟口、吕坝、北沟自然村。

0713 小川镇单家山村

简　　介：单家山村是以姓氏和自然实体而得名。合作化时为两个初级社，后并建单山高级社，公社化时为小川大队单山生产队，1962年组建为单山大队。文革中改为红光大队，1972年恢复原称，沿用至今。属丘陵地区，以农作物为主。有安房、双坊、小坊、槐树、未泉、崖底下、毛眼共7个村民小组，有单家山、磨沟里、双场子、毛眼子4个自然村。

0714 店村镇柏柳村

简　介：以柏沟、柳沟两村民小组而命名。1951年属冯峁乡，公社化后组建同名大队，沿用至今。系川坝地区，交通便利。

0715 城关镇石家沟村

简　介：石家沟村因石碑而得名，石碑是以建有南宋抗金名将吴挺的墓葬及神道碑、世功保蜀忠德之碑而得名。土改时，属北关乡的一个行政村，合作化时为三个初级社，1956年合并为高级社，公社化时为北关管理区的四个生产队，1961年分为石碑大队，文革中改为东风大队。1975年恢复原名，沿用至今。2004年支旗乡与城关镇合并后，属城关镇管辖。地势平缓，交通方便。

0716 小川镇周旗村

简　介：周旗村以姓氏而命名。合作化时为一个初级社，后为富裕高级社，人民公社时为小川大队富裕生产队，以后组建为周旗大队，文革中改为红旗大队。1972年恢复原名，沿用至今。干旱山区，交通较便利。有西头、周旗、大场、权湾、高家窑、孙家窑自然村。

0717 索池乡唐山村

简　介：唐山村以姓氏及地貌方位得名。1958年属小川公社唐山大队，1962年划归索池，名称沿用至今。属丘陵半山区。有唐家山、李家湾、黑沟上、黑沟下自然村。

0718 抛沙镇转湾村

简　介：转湾村因所驻转湾村在河流转湾处而得名。四清运动后期，曾改名为红光大队，文革恢复原名，沿用至今。地处川坝地区，交通便利。有甘露寺第一、第二、姜家坪、牛崖、吊沟门、转湾第一、第二、第三共8个村民小组，有转湾、甘露寺、姜家坪、鸯沟门、牛家崖自然村。

0719 宋坪乡田柳村

简　介：以田家河、柳沟两村得名。1950年和徐家坪为田柳行政村，1958年公社化后和徐家坪分开，组建大队，起名田柳，沿用至今。地处山区，生产小麦、玉米。

0720 沙坝镇芦湾村

简　介：芦湾村因产芦苇而得名。1958年属小川公社杨坝管理区，1962年析出，建芦湾大队，属沙坝乡，沿用至今。属浅山丘陵区。有沿河、八庙、芦湾、关崖、七盘自然村。

0721 鸡峰镇张塄村

简　介：张塄村以姓氏及地貌得名。位于镇中部，其地高寒，交通不便。有张塄、杜科、唐山自然村。

0722 王磨镇韦山村

简　介：韦山村以姓氏及地貌方位得名。合作化时建高峰初级社，后并为五爱高级社，公社化时建韦家山大队，沿用至今。有韦家山上社、韦家山下、童子沟自然村。

0723 黄陈镇黄陈村

简　介：黄陈村以姓氏而命名。1958年以前属康县，1958年划归成县化垭公社，1961年属黄陈公社，属中山区。有安坪、崖底、石上、石下、王山、黄塄圩、对合、陈湾、崖湾、杜沟、刘湾自然村。

0724 纸坊镇代沟村

简　介：代沟村以姓氏而命名。属浅山丘陵区，交通便利。有高湾、下沟、上沟自然村。

0725 宋坪乡房家河坝

简　　介：以姓氏和滨河而得名。1950年为房家河行政村，1958年公社化时组建大队，起名远光，1980年地名普查中更名为房家河大队。地处山区，生产小麦、玉米。

0726 抛沙镇唐坪村

简　　介：唐坪村名称来历不明。1955年建立唐家坪初级社，公社化后归广化所辖，1961年成立唐坪大队，文革中曾改名新坪大队，后恢复唐坪大队，沿用至今。半山阴湿地区，交通不便，居住分散。有曹坝、半山、元田、唐坪、杨店4个村民小组。唐家坪、洒房、园田、罗家半山、杨店、曹家坝自然村。

0727 陈院镇梁楼村

简　　介：梁楼村以姓氏而命名，属丘陵山区。有庙湾、下罗寨、上罗寨、梁楼、石马坝自然村。

0728 纸坊镇大营村

简　　介：大营村以姓氏而命名，属浅山丘陵区。有阳坡、上梁、垃湾、张井、李台、大营、庙背、赵湾、大湾、徐山、李河、老七湾、梨沟、马连、麻尧自然村。

0729 鸡峰镇连寺村

简　　介：连寺村以当地莲花寺而得名。位于镇北侧，属高山区。有阳坡、马湾、强湾自然村。

0730 苏园乡虎家垭豁村

简　　介：虎家垭豁村以姓氏及地貌得名。1956年建金星高级社，后改建同名大队，1973年分队后命名胜利大队，1980年更名虎家垭豁。地处犀牛江上游。有白崖、虎家垭豁、观音殿、棉坡、敞河自然村。

0731 王磨镇白家村

简　　介：白家村以姓氏得名。文革中改"红旗"大队，后恢复原名，沿用至今。位于县城之北，东河之滨，距县城20公里，县城至磨公路穿村而过。有白家村上社、白家村下社、赵山自然村。

0732 沙坝镇开元寺村

简　　介：开元寺村以原有"开元寺"而得名。合作化时组成高级社，1958年属小川公社沙坝大队，1962年改张山大队，归属沙坝公社，1977年分队，1980年更名开元寺。属浅山丘陵。有吴一、徐山、吴山、伏山、张山、寺湾、开元、吴沟自然村。

0733 店村镇新村

简　　介：新村店村因过去以旅客过往多于此地住店安歇而得名。文革中改为新村，八十年代地名普查中仍恢复原称，后又改为新村。盛产大蒜。有店村、乔家院自然村。

0734 纸坊镇草坝村

简　　介：草坝村以多长蒿草而得名。属浅山丘陵区。有下坎、湾里、垭合、阳坡、阴坡、瓦窑上、台子、上庄自然村。

0735 沙坝镇沙坝村

简　　介：沙坝村民委员1951年前后属城关区沙坝乡，1958年属小川公社金坝大队，1962年析出，为沙坝大队，属沙坝公社，沿用至今。浅山丘陵区。有余湾、井坝、小吊沟、盘柳、沟那、下头、阳坡自然村。

0736 二郎乡武坝村

简　　介：以姓氏及地貌得名。土改时期为王磨区二郎乡，合作化时期组建6个初级社，取名青春高级社，公社化后为青春大队，

1980年地名普查时改为武坝大队。分布在两条河沟，河坝地较多，交通便利。

0737 城关镇宁寨村

简　　介：宁寨是以姓氏而得名。土改时为西关乡，合作化时成立初级社，1958年公社化时并入中心大队，1968年和南山合并为宁寨大队。1975年和西关合并为西关大队。1979年分开，恢复宁寨大队。2004年支旗乡与城关镇合并后，属城关镇管辖。川坝丘陵，气候较阴湿，交通便利。有宁寨、程寨、梆子崖3个自然村。

0738 鸡峰镇西坪村

简　　介：西坪村以地貌及方位而得名，城区位于镇东南部，属中山区山沟地带。有麻湾、西坪、蔡院、银杏树、苑河自然村。

0739 店村镇王家东山村

简　　介：王家东山村因驻地东山湾里村，故名。1966年改为东方红大队，1971处恢复原名，沿用至今。丘陵地带，交通便利。有王家东山、磨扇坪、张家河坝、白家沟、冯家山自然村。

0740 镡河乡黑沟村

简　　介：以其沟深荫蔽，日照时间短而得名。原为侯家老庄大队管辖，1979处与沙窝、老却、中沟合建黑沟大队。

0741 城关镇闫家北山村

简　　介：因为地处县城以北，又以有山而得名。土改时为两个行政村，属张旗乡，1956年并为北山高级社，1958年公社化后，为成川公社管辖，更名为北山大队，1961年仍归划为成川公社管辖，更名为北山大队，1961年仍归划支旗公社，1980年地名普查中更名为闫家北山。2004年支旗乡与城关镇合并后，属城关镇管辖。地处丘陵地区。有燕坪、下河坝、上河坝、郭湾、王河西、王河东、薛坝、坪下、坪上、黄湾、东上、东下、西社共13个自然村。

0742 鸡峰镇鸡心村

简　　介：鸡心村地势较高而平缓，有灌木林，交通较便利。有中厂、阳平、石阶、上院、六地、麻湾、王滩、苏山、段山自然村。

0743 苏园乡大安村

简　　介：大安村因近大安山故名。合作化时建新华初级社，公社化后建新华大队，1980年更名大安山大队，属浅山丘陵区。有大安山、杨上、杨下、碾子坪、曹山、赵家窑、野马沟自然村。

0744 王磨镇水泉村

简　　介：水泉村以泉命名。合作化时建同名初级社，公社化时为五爱管理区，1961年析出，建水泉湾大队，沿用至今。属高山区山湾地带。有水泉湾上庄、水泉湾上坝、刘家垭豁、刘家山自然村。

0745 鸡峰镇麒麟村

简　　介：麒麟村占代于此地曾建有麒麟寺而得名。位于镇中部，其地高寒，交通不便。有麒麟、老庄、大坪自然村。

0746 索池乡栾山村

简　　介：栾山村以姓氏及地貌得名。1956年建四合高级社，公社化后为四合大队，属小川公社，1962年划归索池公社，属丘陵山区。有刘山、栾山、吊间、安沟、砖窑自然村。

0747 城关镇梁旗村

简　　介：以姓氏而命名。土改时为张旗乡的一个行政村，公社化时为成川公社梁旗大队，1961年组建支旗公社，即划归其管辖，仍为梁旗大队。2004年支旗乡与城关镇合并后，属城关镇管辖，沿用至今。地处川坝区，交通便利。有柴家安房、梁旗寨、宋家堡3个自然村。

0748 抛沙镇小湾村

简　　介：小湾村因为驻小湾而得名。1953年由小湾等五个自然村组成初级社，1958年由小湾、程寨、赵山组成小湾高级社，1964年改为胜利大队，1969年改为小湾大队，沿用至今。有小湾、新院、桑院、雷院、大坪山、腰崖、任院共7个村民小组。

0749 小川镇草坝村

简　　介：草坝村是以地貌而命名。合作化时为两个初级社，后合并为上峡高级社，公社化时为小川大队阴湾生产队，后分建阴湾大队，文革中改名为向阳大队，1972年恢复原名，1980地名普查时因重名改为坪草湾大队。以种小麦、玉米、洋芋为主，交通不便。

0750 纸坊镇庙下村

简　　介：庙下村属浅山丘陵区，交通便利。有铁路坡、官湾、庙下、塄圩、张庄、张坪、伏山、陈山、垒石坪、卧牛坪自然村。

0751 店村镇黑旗寨村

简　　介：黑旗寨村以住户多姓黑而得名。1966年改为红旗大队，1987年地名普查时仍恢复为原名。属川坝地区，交通方便。

0752 黄陈镇苇子沟村

简　　介：苇子沟村以芦苇得名。原属康县，1958年划归成县化垭公社，1961年归黄陈公社，属中山区。有安房梁、上梁水、庙山、阴湾、何坪、大庄、东西头、毛连山、阳崖、双上、双下、山上、山下、老树庄、沟边、下堡、却坪、大河坝自然村。

0753 红川镇杨河村

简　　介：杨河村以姓氏而命名。合作化时期为杨家河合作社，群众简称杨河，公社化后改称为杨河大队，沿用至今，属丘陵区。有李家庄、杨河、刘沟自然村。

0754 镡河乡老庄村

简　　介：以姓氏得名。土改时为下一个行政村，1958年公社化后为老庄生产队，1962年组建侯家老庄大队。地处山区，生产小麦、玉米。

0755 小川镇贺沟村

简　　介：贺沟村以姓氏和自然实体而得名。合作化时为贺沟初级社，后建为贺沟高级社，公社化后为小川大队贺家沟生产队，文革中改为四新大队，后为贺沟大队，沿用至今。交通方便，以农作物为主。有李家山、垭合、团庄、沟东、沟西、下堡子自然村。

0756 红川镇青山村

简　　介：青山村因该村地处林地，命名青山大队，沿用至今。属阴湿高山地区，居住较分散，交通不便。

0757 小川镇小川村

简　　介：小川村为成县西南部一古老居民点，以其地处于河谷地带，有少量川坝而得名。解放初，置小川区。1958年与索池、纸坊、沙坝、苏园等地合并而成立小川公社，属徽成县。1962年析出，仍命名为小川公社，属成县，后改为小川镇。有自然集镇，人口密集，江武公路贯穿境内，交通较便利。有东街、南街、北街、上城南、西街、中坝、高路下高路上、井上、井下园天梁、上城北共12个村民小组。有小川街道、园田杠、梁上、上城、上街自然村。

0758 沙坝镇桦树村

简　　介：桦树村以原多生长桦树而得名。1955年自西和县划归沙坝乡，1962年组建桦树大队，沿用至今。属高山丘陵区。有山背、后坝、闫河、寺背、关场、桦树、唐崖、表崖、黄阳、小沟、了山自然村。

0759 黄渚镇吴家湾村

简　　介：吴家湾村以姓氏及地貌得名。文革中曾改名为团结大队，1979年恢复原名。生产小麦、玉米。有吴家湾、柏家寺、三渡水自然村

0760 小川镇祁坝村

简　　介：祁坝村以姓氏而命名。合作化时为一个初级社，后建成水磨沟高级社，公社化时为小川大队水磨沟生产队，1962年分队为水磨沟大队，文革中改名为胜利大队，1972年恢复原名。交通方便以农作物为主。有庄房、下坝、大场、阳坡、阴坡自然村。

0761 二郎乡庄子村

简　　介：以居住集中得名。土改时期属王磨区二郎乡，公社化后为庄子大队，1971年改名东风大队，1976年恢复为庄子大队，沿用至今。交通便利，生产小麦。

0762 王磨镇张山村

简　　介：张山村以姓氏及地貌方位得名。合作化时为张山高级社，1958年建同名大队，沿用至今。属高山区，两山夹沟中。有张家山上社、张家山下社、徐河坝、唐子沟、雷山自然村。

0763 红川镇墁坪村

简　　介：墁坪村以自然实体而得名。1966年"四清"运动中改名跃进大队，后仍恢复原名称，沿用至今，属丘陵区。有瓜园里、墁坪、扁刀里、刘湾自然村。

0764 黄渚镇柏湾村

简　　介：以姓氏及地貌得名。文革中曾改名为国心大队，1979年恢复原名。生产小麦、玉米。有柏湾、成家河自然村。

0765 鸡峰镇张坪村

简　　介：张坪村以姓氏及地貌得名。位于镇南部，属中山区山沟地带。有张坪、王庄、山后湾自然村。

0766 城关镇柳垭村

简　　介：土改时为一个行政村，公社化时为成川公社的一个大队，1961年组建支旗公社即划归其管辖，并分为柳垭、土窝两个大队，1964年又合并为柳垭。地处高寒林区，阴湿，交通不便。有柳垭头、阳坡、阴坡、上沟、罗家庄、杨家庄、地沟里、松树湾、燕家山共9个自然村，2004年支旗乡与城关镇合并后，属城关镇管辖。

0767 店村镇安家沟村

简　　介：安家沟村柏柳是以柏沟、柳沟两村民小组而起名。公社化后一直和柏柳是一个大队，1980年元月与柏柳分队，起名为安家沟大队。丘陵地带，交通便利。有柏沟、柳沟自然村。

0768 宋坪乡申河村

简　　介：以姓氏和滨河而得名。1950年与何家坪为一个行政村，原归徽县管辖，1957年后属于成县管辖，公社化后组建申家河大队，沿用至今。地处山区，生产小麦、玉米。

0769 二郎乡曹阴村

简　　介：以姓氏及村居山阴而得名。合作化时建同名社，后并为曹阴高级社，公社化后取名曹阴大队，1971年曾改名向阳大队，1976年恢复曹阴大队，沿用至今。地处山区，生产小麦、玉米。

0770 小川镇水磨沟村

简　　介：水磨沟以人工建筑水磨而得名。合作化时为一个初级社，后建成水磨沟高级社，公社化时为小川大队水磨沟生产队，1962年分队为水磨沟大队，文革中改为胜利大队。1972年恢复原名，沿用至今。交通方便，以农作物为主。有大合垭、水磨沟、店房自然村。

0771 黄陈镇石榴湾村

简　　介：石榴湾村是以昔日多生长石榴树而得名。原名石榴园，后改石榴湾，原属小川区西康乡，1958年划归化垭公社，1961年划归黄陈公社，属高山丘陵区。有石榴湾、杏坪、徐家坪自然村。

0772 城关镇李沟村

简　　介：以所处村李姓氏为名。土改时与石家沟为一个行政村，属张旗乡，1954年组建为初级社，1958年归划成川公社管辖，1961年建李家沟大队，后为村委会。2004年支旗乡与城关镇合并后，属城关镇管辖。城以东，为丘陵地区。有黑沟、李家沟、高家沟共3个自然村。

0773 城关镇北泉村

简　　介：因城北有眼清泉名为北泉，故名。原名城北乡，建4个初级社，1956年成立北泉高级社，公社化时成立北泉大队，1968年曾改为卫东大队。后仍恢复原称，沿用至今。2004年支旗乡与城关镇合并后，属城关镇管辖，为川坝区，交通便利。

0774 陈院镇卢家沟村

简　　介：卢家沟村以姓氏而命名，属深山河谷区。有卢沟、卢沟西、卢沟东、麻子沟、戚毛沟自然村。

0775 鸡峰镇金葡村

简　　介：金葡村以其地原名金葡萄湾而命名。地势南低北高，较温暖阴湿，交通便利。有树林、李坪、小坪、彭山、赵沟、郭湾、姬垭、汪山自然村。

0776 镡河乡王山村

简　　介：以姓氏及地貌得名。合作化时为初级社，后与黄磨合并为高级社，公社化后为王山生产队，1962年组建王山大队，地处半山。

0777 宋坪乡史家坪村

简　　介：以姓氏及地貌得名。1951年土改属红区南康乡第四行政村，1956年合作化时组建史家坪、赵家坪两个初级社，1958年公社化后组建为大队。1968年改名为东升大队，1979年恢复史家坪大队，沿用至今。地势东西高，中部低，山大沟深。

0778 王磨镇黄山村

简　　介：黄山村以姓氏及地貌方位得名。合作化时建同名初级社，公社化时建同名大队，沿用至今，属高山区。有黄家山、树林、石头湾自然村。

0779 抛沙镇强坝村
简　　介：强坝村以姓氏而命名。强坝土改时系四区二乡，合作化时为乐楼高级社管辖，公社化时改为强家坝大队，沿用至今。系浅山丘陵地区，以产小麦、玉米为主。有竹栏寨第一至第二、王沟第一至第二、强坝第一至第四、张沟第一至第二、杨庄、孙窑村民小组。强家坝、竹栏寨、王家张家沟、杨家庄、孙窑自然村。

0780 小川镇韩山村
简　　介：韩山村是以姓氏和自然实体而得名。合作化时组建为韩山初级社，后与单家山合并建单山高级社，公社化时为小川大队韩家山生产队，后分建为韩家山大队，文革中改名长征大队，1972年恢复原称，沿用至今，以农作物为主。有南底、中庄、上庄自然村。

0781 鸡峰镇左山村
简　　介：左山村以姓氏及地貌得名。位于镇中部，其地高寒，交通不便。有左山、乔山、杨沟、谈山、上湾自然村。

0782 鸡峰镇长河村
简　　介：长河村濒临青泥河西岸，因青泥河入飞龙峡的长丰河，因此命名。其地较温暖、阴湿，交通不便。有长河、焦坎、赵山、高沟、偏沟、大庄自然村。

0783 陈院镇大壳村
简　　介：大壳村属浅山丘陵区。有大壳、姚山、花崖自然村。

0784 鸡峰镇长沟村
简　　介：长沟村地处一条十余里的沟壑之中，以地形而得名。有上长沟、下长沟自然村。

0785 沙坝镇赵坝村
简　　介：此地以地形特征得名。1955年自西和县划归小川区兴隆乡，后属沙坝乡，1962年建赵坝大队，1980年改园坝大队，属高山丘陵区。有元坝、杜湾、郭湾、王沟、上庄自然村。

0786 黄陈镇下五郎村
简　　介：下五郎村地处当地五郎庙以下而得名。土改时属化垭区五郎乡，1962年划归黄陈公社。属高山丘陵区。有郭家咀、四房湾、阴山坪、水泉湾、塔湾、马山自然村。

0787 店村镇石关村
简　　介：石关村是以地处高山中而得名。丘陵地带、交通便利。有石关子、李家山、杨家山、武家山、柏家山、张家窑窠自然村。

0788 抛沙镇磨坝村
简　　介：磨坝村因原驻磨坝自然村而得名。土改时属龙门区强坝组长管辖，合作化时归转湾高级社，1961年组建磨坝大队，后为磨坝村。地处丘陵区，交通便利。有马崖第一至第二、张山第一至第二、小庄、孙湾、蹇沟第一至第二村民小组。有张山、蹇沟、马崖、小庄、孙家湾自然村。

0789 鸡峰镇化垭村
简　　介：化垭村以地貌而得名。位于县城南五十华里，有传统集市，属高寒山区。有化垭、何庄、阴湾、孙坪、闫湾、塔崖、大山、沙湾、桃园、陶坪、拐路自然村。

0790 宋坪乡猫儿川村

简　　介：原名猫儿山，因当地野猫较多而得名。1950年与桂花村为一个行政村，起名为桂花村，公社化时，组建猫儿川大队，沿用至今，属高寒阴湿地区。

0791 黄陈镇毕家河村

简　　介：毕家河村以姓氏和地貌得名。1958年属化垭公社，1961年划归黄陈公社，属高山丘陵区。有毕家河、李家塄坎、上庄里、郑家底下自然村。

0792 宋坪乡阳山村

简　　介：以地势向阳而得名。土改时为红川区南康乡第四行政村，1956年建阳山、王山两个初级社，1957年与格楼坝初级社并建为高级社，1958年公社化后属格楼坝大队，1961年组建为阳山大队，1967年改名为东方红太阳队，1979年恢复原称，沿用至今。北高南低，系山地。

0793 城关镇南山村

简　　介：地处县城南山，故名南山村。土改时为西关乡，合作化时为南山初级社，1956年和宁寨、乔窑合并成立南山高级社。公社化时成立南山大队，1968年和宁寨大队合并为宁寨，1975年组建为城关公社"五七"农场，1979年恢复为南山大队。2004年支旗乡与城关镇合并后，属城关镇管辖。气候阴湿，交通便利。有滩里、刘家湾、赵家梁、上庄共4个自然村

0794 宋坪乡黑楼房村

简　　介：是以一座旧古老楼房而得名。1950年为黑楼房行政村，1958年公社化后，组建黑楼房大楼，沿用至今。地处山区，交通便利。

0795 城关镇高旗村

简　　介：土改时为一个行政村，属张旗乡，1955年组建为两个初级社，1956年并为高级社，1958年为成川管辖，1961年归划支旗公社，文革中更名为高旗大队。1980年地名普查中改为高家坝大队，后为行政村。2004年支旗乡与城关镇合并后，属城关镇管辖，县城以东为丘陵地区。有高家坝、罗湾、崖底下、山背后、何坪共5个自然村。

0796 王磨镇周塄村

简　　介：周塄村以姓氏及地貌方位得名。合作化时建同名初级社，后并入五爱社，公社化时为五爱管理区，1961初恢复周家塄原名，沿用至今。位于东河峡谷中。有周家塄、青崖下、马儿梁、秦梁山自然村。

0797 红川镇东槐村

简　　介：东槐村按该村地理位置含有从东方升起之意而命名，原属第三区东槐。合作化时建东光、太光两个初级社，公社化时并入红川大队，1961年分为东光、太光两个大队，1966年四清合并为东光大队，1980年普查地名中改为东槐大队，属半山半川区，居住集中，交通方便。有郭家巷道、关中巷第一、二、三小组、下街、新房底下、丁家沟自然村。

0798 黄陈镇中湾村

简　　介：中湾村是以位处邻近几个村中间而得名。公社化时属化垭公社，1962年划归黄陈公社，属中山区。有中湾、铁僵树、二房沟、杨塄坎、上庄梁、阳坡底、石家坡自然村。

0799 鸡峰镇西山村

简　　介：西山村以地貌及方位而得名。位

于镇西南部，属高山区。有西山、上山、蔡山、老庄、闫坪、庞湾自然村。

0800 王磨镇官店村

简　　介：官店村据传某朝一行政长官来此视察，曾在此地小住，故名。土改时为杨庄大队管理区所辖，1961年分设官店大队，沿用至今。处于深山峡谷，交通不便，主产小麦、玉米，有森林、草坡，并有零星的漆树毛竹。有官店、周沟、熊河、吴山自然村

0801 黄渚镇赵河村

简　　介：以姓氏及地貌得名。文革中改名为红心大队，1979年恢复原名。主产小麦、玉米，兼搞竹编。有赵河、朱家庄、贾家坝自然村。

0802 鸡峰镇下庄村

简　　介：下庄村以方位得名。位于镇南部，属中山区，居住分散。有黄梁、咀子、唐河、牛河自然村。

0803 索池乡王湾村

简　　介：王湾村以姓氏及地貌方位得名。1955年建红岭初级社，1956年建红星高级社，1958年属小川公社寨子大队，1962年划归索池，改名王湾大队至今。属浅山丘陵区，位于犀牛江东岸。有王窑、王湾、冉湾、上王家山、下王家山、杨底自然村。

0804 镡河乡将利村

简　　介：历史地名，历史曾设置过将利县治，后废弃，其故地已不可考。解放初属镡河区镡河乡,后属镡河公社,地形属川坝地区。

0805 城关镇龙峡村

简　　介：龙峡村以地处龙峡口而得名。土改时属城关区西关乡，1955年建王门、赵山两个初级社，1957年建王门高级社，1958年组建龙峡大队，文化大革命中改名东方红大队，1974年仍恢复原名。2004年支旗乡与城关镇合并后，属城关镇管辖。其地历史上曾为由秦陇入川的必经之道，至今犹有古栈道遗迹，有王门、上冯家坝、中冯家坝、下冯家坝、赵山一社、赵山二社、赵山三社、费家坪、垭豁、峡门、牛窑共11个村民小组。

0806 宋坪乡李家梁村

简　　介：以姓氏及地貌得名。土改时属红川区第三行政村，1956年组建为李家梁、西沟两个初级阶段社，1957年并建为高级社，1958年与双旗沟高级社并建为双旗沟大队，1961年分大队后命名为李家梁大队，1968年改名为永红大队，1979年恢复原名，沿用至今。地势由东向西北逐渐升高，属高寒阴湿地区。

0807 小川镇上峡村

简　　介：上峡村以地理位置而得名。交通方便，以农作物为主。有团庄、后湾、郝旵旵上、郝旵旵下、索罗沟、小河、腰儿坡、上峡西、上峡中、上峡东、大石沟11个村民小组，有娑罗沟、郝家旵旵、小河子、上峡、干湾、后湾、倪家山、大石头沟、窑儿坡、团庄里自然村。

0808 城关镇支旗村

简　　介：因原有集镇而得名。土改时为两个行政村，属支旗公社管辖，1958年公社化后属成川公社，更名支旗大队，1962年底归支旗公社管。2004年支旗乡与城关镇合并后，属城关镇管辖。地处川坝区，交通便利。有支旗寨、何家窑、大路沟自然村。

0809 纸坊镇刘家山村

简　　介：刘家山村以姓氏而命名。属高山区，交通不便。有叶家山、中庄、陈上、垭合一、垭合二、下梁自然村。

0810 城关镇庙湾村

简　　介：庙湾以村前建有泰山庙而命名。合作化时组建为庙湾初级社，1958年公社化后成川公社管辖，更名庙湾大队，1966年改为东风大队，1970年恢复为庙湾大队，沿用至今。地处川坝陵区，交通便利。有周家沟、魏家山、干沟、庙湾4个自然村。2004年支旗乡与城关镇合并后，属城关镇管辖。

0811 宋坪乡格楼坝村

简　　介：因有一座楼阁而得名。土改时为红川区南康乡第四行政村，1956年组建格楼坝初级社，1957年与阳山初级社并建为高级社，1958年公社化后组建为大队。1968年改为中心大队，1979年恢复原名，沿用至今。地势东西高中部低，山大沟深。

0812 抛沙镇东罗村

简　　介：东罗村原名为下桫椤，据传说原在上桫椤与下桫椤两村中间，有桫椤树，树西为上，起名上桫椤，树东为下，起名下桫椤，公社化时以方位改为东罗大队，沿用至今，交通便利。

0813 二郎乡刘坪村

简　　介：以姓氏及地貌得名。合作化时建4个初级社，后合并为严河高级社，公社化时改为严河大队，1971年改名为红旗大队，1976年恢复严河大队。

0814 小川镇联合村

简　　介：联合村因联合象征合作而得名。合作化时为两个初级社，后建成联合高级社，公社化时为小川大队联合生产队。1962年分建为联合大队，文革中改为红星大队。1972年恢复原名。1980年地名普查时被称马河坝大队，后又以联合为名。以种小麦、玉米、洋芋为主，交通方便。有金沟坝、马河坝东、马河坝西、陈家庄、孟家山、武家头、大鼻梁、李家沟、沈家庄、铺沟门上、铺沟门下自然村。

0815 苏园乡水坝村

简　　介：因下水坝位于水窝子村以下，地势低洼多水，故而得其名。1956年建尹水高级社，1958年建同名大队，"文革"中改为永丰大队，1980年更名水坝大队。属浅山丘陵区。有下水坝、上水坝、刘家山、辛坪、石桥自然村。

0816 红川镇韩庄村

简　　介：韩庄村以姓氏而命名。合作化时建高级社，公社化时为韩庄大队，1966年四清运动中曾改名为永红大队，1979年恢复原名，沿用至今。属川坝丘陵地带，居住集中。有韩庄第一、二、三小组、魏坪、刘寨、寺儿沟自然村。

0817 镡河乡建村

简　　介：1951年前后为第五区建村乡，1955年并入镡坝乡。1958年后属大坪公社，1962年后复归属镡坝公社建村大队，沿用至今，与西汉水相连。

0818 二郎乡严河村

简　　介：以姓氏及地貌得名。合作化时建四个初级社，后合并为严河高级社，公社化时改为严河大队，1971年改名为红旗大队，1976年恢复严河大队。地处山区，生产小麦、玉米。

0819 城关镇中心村

简　　介：中心村因在县城内，故名。土改后为城南乡，合作时建为两个初级社，1957年合建为中心高级社，1958年公社化时为中心大队，2004年支旗乡与城关镇合并后，属城关镇管辖，沿用至今。地处川坝区，文化发达。

0820 王磨镇上祁坝村

简　　介：上祁坝村以姓氏和自然实体而得名。土改时属王磨乡，合作化时建祁坝高级社，1958年公社化时为祁坝大队。1980年因与小川公社祁坝大队重名，改为上祁坝村。地处河谷，生产小麦、玉米。有宽河、上社、中社、下社、沙沟自然村。

0821 红川镇西柳村

简　　介：合作化时包括西柳巷、北渠、后寨高级社，公社化时和东北、太光合作社一起合并为红川大队，1961年又分为西柳巷、北渠、后寨、东光、太光5个大队，1966年四清中将西柳巷、北渠、后寨合并为红星大队，1980年普查地名时改为西柳大队。属半山区，交通便利。有街道第一、二、三小组，后沟一、二小组，后寨第一、二、三小组以及草坝、峡里自然村。

0822 鸡峰镇曹庄村

简　　介：曹庄村以姓氏而命名。位于镇东北部，属丘陵区。有曹庄、安庄、彭山、马山、老毛湾、镡崖、蔡河、代庙、代沟自然村

0823 小川镇关山村

简　　介：关山村根据地名实体"天寿"山和"关场坝"命名为关山大队，沿用至今。关山大队在合作化时为官场坝初级社，后并为高级社，公社化时为小川大队关场坝生产队，后为官场大队。1962年改为关山大队。以种小麦、玉米、洋芋为主。有上坝、下坝、元嘴、干子坝自然村。

0824 红川镇二条岭村

简　　介：二条岭村以自然实体而得名。合作化时期为张家山合作社，简称张山，公社化后为张山大队，1980年地名普查时改为二条岭大队，以其大队居民点地处原由县城去红川的必往之地二条岭而命名，属丘陵区。有张山、上烧锅院自然村。

0825 鸡峰镇双石村

简　　介：双石村以地貌得名。位于镇南侧，属高山区。有双石、虎坪、姚山、张湾自然村。

0826 店村镇张寨村

简　　介：张寨村以姓氏而命名。1966年改为前进大队，1973年恢复原名，沿用至今。属川坝丘陵地带，交通方便。有张家寨一个自然村。

0827 镡河乡镡河村

简　　介：以姓氏及地貌得名。1951年前后属第二区镡河乡，1955年属化垭区，1958年组建镡河大队，1962年属两河公社，后划归镡河公社，名称沿用至今。属河谷地带，生产小麦、玉米。

0828 店村镇峁堡村

简　　介：峁堡村1966年改为红卫大队，1971年恢复原名，沿用至今。地处川坝丘陵地带。有峁上堡一个自然村。

0829 鸡峰镇树林村

简　　介：树林村以大树而得名。位于镇南部，属中山区，居住分散。有任湾、皮梁、

大地、软枣树、马河、杜河、陈庄、上树林自然村。

0830 抛沙镇胡寨村

简　　介：胡寨村村名来历不详。1966年改名为前进大队，1968年又恢复原称胡寨大队，沿用至今。半山半川，交通方便。有贾山、韩坡、胡寨、中坝村民小组。胡寨、韩坡、贾家山、中坝自然村。

0831 宋坪乡康家湾村

简　　介：以姓氏和地理实体而得名。1950年为康家湾行政村，系南康乡政府驻地，1962年为南康公社驻地，公社化时组建康家湾大队，沿用至今。地处山区，生产小麦、玉米。

0832 纸坊镇小路村

简　　介：小路村以地貌得名，属浅山丘陵区，交通便利。有张湾、前湾、芦子湾、后湾、庙底、小路自然村。

0833 城关镇邵总村

简　　介：邵总村名称来源无可考。土改时为行政村属张旗管辖，1955组建初级社，1956年并先行锋高级社，1958年归划成川公社管辖，命名邵总大队。1961归支旗公社管辖。2004年支旗乡与城关镇合并后，属城关镇管辖。地处丘陵区，属青泥河谷地带。有邵总坪、贺家坪、闫家坪、贺家沟共4个自然村。

0834 陈院镇李家山村

简　　介：李家山村以姓氏而命名，属浅山丘陵区。有李山、曹沟、张山、后梁自然村。

0835 纸坊镇府城村

简　　介：据《甘肃新通志》载：府城村在后魏之前称石门城，后魏李崇讨杨灵珍于龙门北数十里中，伐树塞路，以拒魏兵，今名府城镇，简称府城，以村名之，沿用至今，属浅山丘陵区。有北街、西街、东街、支沟、大坝、阴坡、亮坪、刘旗、碾子、堡子自然村。

0836 店村镇朱家桥村

简　　介：朱家桥村以姓氏而命名。1958年公社化时，将石关子和黑家山合并为南山大队，1961分为石关子大队和红岩大队，1966年改为高峰大队，1980年地名普查时恢复石关子原名。属丘陵地带，交通便利。有朱家桥、剪子坝自然村。

0837 宋坪乡徐坪村

简　　介：以姓氏和地理实体而得名。1950年和田柳为一个行政村。1958年公社化后，建徐家坪大队，沿用至今。地处山区，生产小麦、玉米。

0838 鸡峰镇许坪村

简　　介：许坪村以姓氏及地貌得名。位于镇西南部，属中山区山沟地带。有许坪、上山、后湾自然村。

0839 苏园乡尹水村

简　　介：尹水村是以尹崖和水窝子地形而得名。合作化前属纸坊区宁康乡，1958年改尹水大队，文革中改永丰大队，1977年复称尹水大队，沿用至今。属浅山丘陵区。有磨子湾、坟边、水窝子、田家沟、王家崖、尹崖、周崖、陈山、宽坪、闫崖、河坝自然村。

0840 店村镇尹寨村

简　　介：尹寨村以姓氏而命名。1966年与后所合并起名东风大队，1977年改为尹家寨大队，沿用至今。属浅山丘陵地区，交通便利。有尹家寨、后所里、谷驼自然村。

0841 索池乡李家山村

简　　介：李家山村以姓氏及地貌方位得名。1950年属小川花泉乡，1956年建建山高级社，1958年建同名大队，1962年划归索池，1980年更名为李家山大队，属浅山丘陵区。有任家山、范家庄、大坪、大湾自然村。

0842 鸡峰镇潘山村

简　　介：潘山村以姓氏及地貌得名。位于镇西南部，属高山区。有潘山、后湾自然村。

0843 纸坊镇代塄村

简　　介：代塄村是以代那、塄坎两个村民小组合为一个村而得名，属浅山丘陵区。有代那、王庄、塄圩、罗湾自然村。

0844 苏园乡龙窝村

简　　介：龙窝村因周围之九道山梁状如游龙而得名。1955年建龙窝初级社，1958年改中心大队，1980年更名龙窝大队，属浅山丘陵区。有庄子、阴湾、阳湾、白芨、张那、将山、池山、杨坝、池坝自然村。

0845 索池乡胡家山村

简　　介：胡家山以姓氏及地貌得名。1955年建建设高级社，1956年属小川公社建设大队，1962年划归索了公社。1980年更名胡家山大队，属丘陵山区。有胡山、上坝、曹子坝、麻地沟、阴湾、前山、赵山、木头坪自然村。

0846 店村镇大寨村

简　　介：大寨村以居住集中，村庄较大而得名。居住集中，交通方便，大蒜已成为当地支柱产业。有东大寨、下坝里自然村。

0847 抛沙镇东营村

简　　介：东营村名称来历不明。合作化时为一个初级社，公社化后为广化大队所辖的一个生产队，1961年后改为东营大队，沿用至今。地势由西向东北逐渐下降，交通便利。有堆子、刘坪、庄子、麻沟共4个村小组。

0848 鸡峰镇南山村

简　　介：南山村以地貌及方位而得名。位于镇南侧，属高山区。有九店、庙场、上南山、下南山、乔那自然村。

0849 苏园乡包寺村

简　　介：包寺村以姓氏及寺院得名。合作化时建新民合作社，1958年为新民大队，1980年更名包家寺大队，属浅山丘陵区。有安坝、苏村、吕村、包寺、马鹿、董坝自然村。

0850 红川镇席坪村

简　　介：席坪村以姓氏而命名。合作化时，为红川公社最先建立的第一个农业生产合作社，故取名曙光，公社化时建曙光大队，1980年全国地名普查时改为席坪大队，属丘陵区。有小条沟、席坪第一、二小组，有罗坝、袁湾自然村。

0851 城关镇张旗村

简　　介：以姓氏而命名。土改时期为一个行政村，为张旗乡政府所在地。合作化时期为初级社，1956年并入先锋高级社，公社化时成立张旗大队，1958年划归成川公社管辖，1961年底仍归支旗公社管辖。2004年撤乡并镇时属城关镇，地处丘陵区。有雷家坪、小庄、张旗寨、磨坝4个自然村。

0852 纸坊镇梁河村

简　　介：梁河村以姓氏而命名。属高山区，交通不便。有上院、下院、下河、寺坝、阴湾、刘河、刘河、马桑湾、马山自然村。

0853 抛沙镇任湾村

简　　介：任湾村名称来历不明。1958年组建任湾大队，1979年迁驻罗家半山村，大队名称仍为任湾大队，沿用至今。半山阴湿地区。有阳坡、咕噜咀、任湾自然村。

0854 店村镇毛坝村

简　　介：毛坝村名来历不详。1955年建社时为毛坝合作社。公社化后，组建毛坝大队，沿用至今。丘陵地带、交通便利。有毛坝子、任家湾、黑牛坝、沟门下自然村。

0855 鸡峰镇陈沟村

简　　介：陈沟村以姓氏及地貌得名。位于镇南部，属中山区山沟地带。有陈沟、上七垭、下七垭、火地沟自然村。

0856 陈院镇龙门村

简　　介：龙门村因地处龙门山之南，故名。有乔山、弓底、东头、南头自然村。

0857 纸坊镇韩山村

简　　介：韩山村以姓氏而命名。属高山区，交通不便。有石坡、堡子、下庄、上庄、大草坝、松坡、庙沟自然村。

0858 黄渚镇王庄村

简　　介：王庄村以姓氏得名。文革中改名东风大队，1979年恢复原名。主产小麦、玉米，兼搞竹编。有王庄、白家庄、孙家庄、窑安下自然村。

0859 二郎乡店子村

简　　介：因过去有旅店而得名。土改时属王磨区二郎乡，合作化时组建三个初级社，后合并取名为"三好高级社"，公社化后为三好大队，1980年地名普查中更名为店子村，交通便利。

0860 鸡峰镇阴湾村

简　　介：阴湾村以地处山之阴侧而得名。位于镇西南部，属高山区。有老庄、阴湾、王山、张咀、阳沟自然村。

0861 抛沙镇丰泉村

简　　介：丰泉名称来历不明。1955年合作化时组建两个初级社，1956年建成高级社，1958年公社化后为广化大队，1961年分大队为丰泉大队，沿用至今。地势平坦，交通便利。有丰泉、高桥、付家湾、何沟自然村。

0862 索池乡安塄村

简　　介：安塄村以姓氏及地貌得名。1955年建高级社，1962年改安塄大队，沿用至今，属丘陵山区。有张河、安塄、杜湾、阴湾、六盘自然村。

0863 黄陈镇孟坪村

简　　介：孟坪村以姓氏和地貌得名。原属康县，1959年划归成县化垭公社，命名孟坪大队。1961年划归黄陈公社，属中山区。有孟坪、陈上、马阴、韩坪、张家阴湾自然村。

0864 王磨镇梨树村

简　　介：梨树村以植物而得名。合作化时建同名初级社，文革时更名东风大队，后恢复原名，沿用至今。位于东北方向，地处两山之垭，地势险要。有梨树垭上社、梨树垭下社、陈家贬、董家沟自然村。

0865 城关镇枣儿沟村

简　　介：土改时期为一个行政村，合作化时组建三个初级社，1956年为英勇高级社，1958年管两个大队，1961年归划支旗公社，1964年合并为枣儿沟大队，2004年支旗乡合并到城关镇属城关镇。位于城关镇以东，地处丘陵区，交通便利。有石草沟、后沟、柴沟、老庙湾、汪台、武湾、张台、草坡、老庄、宋庄、武头11个村民小组。

0866 陈院镇七盘村

简　　介：七盘村是以所处七盘河水蜿蜒曲流而得名。有马湾、七盘河、石门、古场自然村。

0867 镡河乡半山村

简　　介：以地貌得名。合作化时建同名社，公社化后建同名大队，沿用至今。地处山区，交通便利。

0868 沙坝镇石门村

简　　介：石门村以山石状如"石门"而得名。1956年建张山高级社，1958年建同名大队，1977年分队后改石门大队，沿用至今。属浅山丘陵区，有石门、药王庙、阳山自然村。

0869 沙坝镇闫山村

简　　介：闫山村以姓氏而命名。1958年后属小川公社杨坝管理区，1962年析出为闫山大队，属沙坝公社，沿用至今，属浅山丘陵区。有池坝、强那、闫山、石那、乔垭自然村。

0870 镡河乡土蒿坪村

简　　介：以多生长土蒿而得名。1951年前后建乡，1958年建同名大队，沿用至今。属河谷地带，生产小麦、玉米。

0871 小川镇西寨村

简　　介：西寨村是以方位而得名。合作化时组建两个初级社，后合为四一高级社，公社化时为小川大队四一生产队，1962年组建为西寨大队，后改为红旗大队，1972年恢复原称，沿用至今。主要生产小麦、玉米，交通较便利。有寨上、寨下、大阳坡、焦家坝、迷底湾自然村。

0872 索池乡大船坝村

简　　介：大船坝村1951年前后属第二区大川乡，后建犀牛江初级社，转为红星高级社，1958年后建大川大队，属小川公社，1962年属索池公社，1980年恢复大船坝名称。属丘陵山区。有张台、王台、豆窑、豆上、豆下自然村。

0873 二郎乡安子村

简　　介：合作化时建黑沟社，公社化后建黑沟大队，1971年改为红光大队，1976年恢复黑沟名称，1980年恢复原称。地处山区，生产小麦、玉米。

0874 陈院镇陈家庄村

简　　介：陈家庄村以姓氏而命名，河谷平地，交通方便。有陈庄、草坝自然村。

0875 抛沙镇赵山村

简　　介：赵山村以姓氏而命名。文革中改名为红卫大队，1970年经公社同意，恢复原名赵山大队，沿用至今。属半山区，位于城西南方。有赵山、堡子湾、徐院、纸场、白崖5个村民小组，有赵山、堡子湾、徐院、纸场、白崖5个自然村。

0876 二郎乡谭河村

简　　介：以姓氏及地貌得名。土改时为谭

河乡，合作化时建同名高级社，公社化时建同名大队，1976年恢复原称。地处山区，生产小麦、玉米。

0877 黄渚镇张庄村

简　　介：张庄村以姓氏得名。文革中改为东光大队，1979年恢复原名。位于镇东部。有张庄、小岭、王家山自然村。

0878 抛沙镇高桥村

简　　介：高桥名称来源不明。合作化时，有井岗、山峰、友好、联盟4个初级社，后组成高桥高级社，公社化时为高桥大队。文革中又改名长江大队，后恢复原名高桥大队。后为高桥村委会。系川坝、丘陵区，交通便利。有井岗、井峰、井柏、堡子、友好、付湾、何沟共7个村民小组，有高桥、付家湾、何沟自然村。

0879 黄渚镇清水村

简　　介：清水村以水名命，位于镇中部。有梁子上、卧龙石、下沟里自然村。

0880 索池乡索池村

简　　介：索池村1951年前后属索池乡，1955年建齐心高级社，1958年建齐心大队，属小川公社，1962年划归索池公社，1980年更名索池大队。属浅山丘陵区。

0881 沙坝镇尖川窑村

简　　介：尖川窑村以生产陶瓷器而得名。1956年建尖川高级社，1958年属小川乡沙坝管理区，1962年属沙坝公社，为尖川大队，沿用至今，属浅山丘陵区。有半山、刘那、上场、杨场、付那、王场、柴坝自然村。

0882 王磨镇王坪村

简　　介：王坪村以姓氏及地貌方位得名。合作化时建王坪初级社，文革中改卫东大队，后恢复原名，沿用至今。位于王磨镇东部，东河之滨，县城至王磨公社的公路穿村而过。有王坪、石阶磨、罗河、席河、冯家山、柴胡沟自然村。

0883 沙坝镇杨坝村

简　　介：杨坝村以姓氏而命名。1956年建杨坝高级社，1962年建杨坝大队沿用至今，属沟坝地区。有杨坝、上河、下谷驮、上谷驮、下赵山、上赵山自然村。

0884 纸坊镇何家堡村

简　　介：何家堡村以姓氏而命名。属浅山丘陵区，交通便利。有吕营、梁坪、井湾、马连沟、下院、上院自然村。

0885 纸坊镇邵坪村

简　　介：邵坪村属浅山丘陵区。有路上、路下、西山、马岔湾自然村。

0886 鸡峰镇草滩村

简　　介：草滩村境内有松林，交通不便。有草滩、石鸭、陈那、乔湾、化林自然村。

0887 小川镇后寨村

简　　介：后寨村以地理位置而得名，交通方便，以农作物为主。有后寨、杨家山自然村。

0888 沙坝镇李坝村

简　　介：李坝村以姓氏而命名。合作化时为李坝高级社，公社化时为小川公社李坝管理区，1958年改明星大队，仍归沙坝，1980年更名李坝大队。属浅山丘陵区，交通便利。有李坝、段坝、新庄、老崖、孙崖、阳坡、代尧、书房、大路、杨湾自然村。

0889 城关镇袁大村
简　　介：袁大村以其地有一袁家大庄而命名。土改时改为一个行政村，全作化时组建3个初级社，1956年并入勤劳高级社，1958年划入成川公社，为勤劳大队所属的一个生产队，1961为支旗公社，后分为袁大大队，沿用至今。地处川坝陵区，交通便利。有贺沟、刁家湾、新庄里、龙池沟、袁家大庄、董家湾、草滩下共7个自然村，2004年支旗乡与城关镇合并后，属城关镇管辖。

0890 索池乡花泉村
简　　介：花泉村1951年属小川区花泉乡，后为团结高级社，沿用至今。属丘陵山区。有新庄、旧庄、陈庄、阴坡、孟家底下、黑湾上、黑湾下自然村。

0891 店村镇友联村
简　　介：友联原有3个自然村，人民公社化时，将3个村合并为一个大队起名友联，寓友好团结之意，沿用至今。丘陵地带，交通便利。有牟家窑、庄窠里、烧锅院自然村。

0892 镡河乡闫家山村
简　　介：以姓氏及地貌得名。1951年前后属土蒿乡，1958年后建闫家山大队。地处山区，生产小麦、玉米。

0893 王磨镇杨庄村
简　　介：杨庄村以姓氏得名。土改时属王磨乡，合作化时为杨庄高级社，1958年公社化时建成杨大队，沿用至今。地处东河沿岸，主产甜玉米。有毕庄、咀头、杨庄、上崖、下崖、景庄、毕湾自然村。

0894 陈院镇白马寺村
简　　介：白马寺是以村有"白马寺"而得名。河谷平地，交通方便。有弓家渠、腰庄、白马寺、陈家院、王沟门自然村。

0895 苏园乡张湾村
简　　介：张湾村以姓氏及地貌得名。1956年建张湾高级社，1958年建星光大队，1962年改张湾大队，沿用至今，属浅山丘陵区。有竹园、张家湾、塄坎、咀场、石坂坡、任湾、支家坝、何坪、陈山、刘家那下自然村。

0896 鸡峰镇赵山村
简　　介：赵山村有赵山、阴湾、杨庄、罗坪、上庄自然村。

0897 陈院镇冰林村
简　　介：冰林村因地处龙门山后面，加之地形平坦，由此而得名。有黄河、冰林沟、后坝、安子坝、化垭子自然村。

0898 镡河乡马槽村
简　　介：以地貌得名。地处山区，生产小麦、玉米。

0899 镡河乡阳坪村
简　　介：因地处山之阳而得名。原属石榴坝大队，1957年从石榴坝析出，组建阳坪大队，沿用至今。地处丰山区，生产小麦。

0900 小川镇天山村
简　　介：天山村以当地地理实体而得名。合作化时成立一个初级社，公社化时分为小川大队天山生产队，1962年建为恢复原称。有段坝、羊湾、立子坪、阴坡、崖底、槐树、垭合、戏楼垭合、井山梁自然村。

0901 抛沙镇广化村

简　　介：广化村原名为上杪椤，因有杪椤树而命名，合作化时，根据境内有广化寺而取名为广化合作社。公社化后成立广化大队，沿用至今。地处江武公路沿线，交通方便。有路北、路南、中一、中二、中三、北山、杨沟、周沟、半山、韦上、许河、广化共13个村民小组，有上杪椤、杨家沟、许家河、周家沟、韦家沟、张家半山、竹林沟、北山自然村。

0902 苏园乡大坡村

简　　介：大坡村1956年建金星初级社，1958年建同名大队，1973年分队后改胜利大队，1980年更名大坡大队，属浅山丘陵区。有李沟、阳坡、阴坡、罗圈崖、马槽、称金坡、柳树坝自然村。

0903 宋坪乡双旗沟村

简　　介：以当地有两块岩石状如旗帜，故名。1956年组建赵家村、陈家村两个初级社，1957年并为双旗沟高级社，1958处公社后命名为双旗沟大队，1968年改为红星大队，1979年恢复原名，属高寒阴湿地区。

0904 二郎乡赵坝村

简　　介：以姓氏及地貌得名。合作化时建同名社，1971年改为"东风"大队，1976年恢复原称。气候寒冷，阴湿。

0905 王磨镇王磨村

简　　介：王磨村以姓氏和水磨取名。土改时属王磨乡，合作化时王磨高级社，1958年公社化时为王磨大队，沿用至今。地处河谷，交通方便，生产小麦、玉米。有土城子、王磨、达家庄、鸡爪沟、毛咀山自然村。

0906 小川镇西狭村

简　　介：西峡村是以自然地理实体而得名。合作化时组建一个初级社，后为下峡高级社，公社化后为小川大队下峡生产队，1962年又分为下峡大队，文革中改为旭光大队，1972年恢复原名，沿用至今。有陈家梁、杨底、谭那、李家庄下、李家庄上、穆家河共6个村民小组，后改名为西狭村。

0907 苏园乡庙垭村

简　　介：庙垭村以地形及建筑物得名。合作化时与周河社合并为双合高级社，1958年建同名大队，1980年更名庙儿垭大队，属浅山丘陵区。有垭豁、周河、大湾、小湾、麦桑湾、宁阳、宁阴、井上、井下、湾里、新庄、下庄自然村。

0908 苏园乡川子坝村

简　　介：川子坝村以地貌得名，属浅山丘陵区。有川子坝、王坝、红土湾、金厂自然村。

0909 沙坝镇牛窑村

简　　介：牛窑村以姓氏而命名。1956年建杨坝高级社，1958年后属小川公社沙坝大队杨坝管理区，1962年析出为牛窑大队，属沙坝公社，沿用至今，浅山丘陵区。有马庄、上院、下院、张那、钟山自然村。

0910 宋坪乡何家坪村

简　　介：以姓氏和地理实体而得名。1950年和田柳为一个行政村。1958年公社化后，组建徐家坪大队，沿用至今。地处山区，生产小麦、玉米。

0911 黄渚镇太山村

简　　介：文革中曾改名新山大队，1979年又恢复原名。生产小麦、玉米。有伏家庄、柏树沟、魏家庄、太爷庙下、冤枉沟、曹庄子上、肖家庄自然村。

0912 陈院镇大垭村

简　　介：大垭村因村前有一较大的山口，故称"大垭"，属浅山丘陵区。有大垭、寺儿沟、乔家湾、乔家沟自然村。

0913 城关镇东郊村

简　　介：因在县城东部的郊区，故名。因北泉村不便管理，从北泉村分出了一部分村民小组，有孙家坝自然村。2004年支旗乡与城关镇合并后，属城关镇管辖。

0914 店村镇黑山村

简　　介：黑山村以姓氏而命名。1958年公社化时与石关子合为南册大队，1966年改名红岩大队，1980年地名普查中仍更名黑家山大队。丘陵地带，交通便利。有黑家山自然村。

0915 索池乡寨子村

简　　介：寨子村1951年前后属第二区大川乡，1954年建红星初级社，1958年属小川公社索池大队，1962年划归索池公社寨子大队至今，属浅山丘陵区。有寨子、张家窑、下院、水泉、杨坪、曾家庄上、曾家庄下、山背、半坡、工梁自然村。

0916 陈院镇马坝村

简　　介：马坝村以村内多长白杨树而得名。属丘陵山区，交通方便。有滴水崖、白杨树坝、马坝、赵山自然村。

0917 城关镇北关村

简　　介：北关村位于成县原城门北外，故名。土改时为城关乡，合作化时为友联、下坝两个初级阶段社，1957年合并为民族高级工程师社，1958年公社化后为北关大队。沿用至今。2004年支旗乡与城关镇合并后，属城关镇管辖，是回族聚集居住地。

0918 城关镇东王坪村

简　　介：以姓氏而命名。土改时为一个行政村，合作化时期组建初级社，1956年并为助劳高级社，1961年底组建为支旗管辖，分为王家坪大队，1980年地名普查中改为东王坪大队。地处丘陵区，交通便利。有王家坪、牛家山两个自然村。2004年支旗乡与城关镇合并后，属城关镇管辖。

0919 城关镇西关村

简　　介：西关村位于原县城城墙西门外，故名。土改时为西关乡，合作化时建西关、上城、大庄三个初级社，1957年并入中心高级社，公社化时单独成立西关大队，1975年和宁寨合并成立西关大队，1978年分开后恢复西关大队建制，沿用至今。2004年支旗乡与城关镇合并后，属城关镇管辖。地处川坝区，地势由北向南平缓，交通便利，文化节发达。有西关、上城、西大寨共3个自然村。

0920 王磨镇林口村

简　　介：林口村是以地理位置紧靠林区而得名。土改时属王磨乡，合作化时并入祁坝高级社，1958年公社化以后，为祁坝大队所辖，1961年分设林口大队，沿用至今。地处深山林区，主产小麦、玉米，交通较方便。有林咀、林口、双碌碡自然村。

0921 黄渚镇黄渚村

简　　介：历史上是西和县与成县之间的交通要冲。公社化后命名为中心大队，因与城关镇中心大队重名，更名为黄渚关大队。居住集中，有传统集市。有黄渚关、王台、清水沟、门下自然村。

0922 黄渚镇麻石村

简　　介：麻石村文革中曾改为前进大队，1979年恢复原名。生产小麦、玉米。有赵家大庄、王家湾、上沟里自然村。

0923 陈院镇玉泉村

简　　介：玉泉村属丘陵山区，交通方便。有月圆、大水泉、赵沟自然村。

0924 鸡峰镇朝霞村

简　　介：朝霞村位于镇西北部，属山区。其地方群山起伏，多灌木。有三丈石、闫地、安房、大水沟、夏沟自然村。

0925 王磨镇浪沟门村

简　　介：浪沟门村以地理位置和实体而得名。土改时属王磨乡管辖，1961年分设浪沟门，沿用至今。地处河谷，生产小麦、玉米，交通方便。有王台、中庄、马门、袁坪后坝自然村。

（三）康县

0926 城关镇东沟村

简　　介：东沟村位于县城以东8公里，万家大梁脚下，全村辖5个合作社，202户，827人。

0927 大南峪乡新院村

简　　介：新院村距大南峪乡4.5公里，辖3合作社，114户，412人，与康县云台镇接壤。

0928 白杨乡汪家河村

简　　介：汪家河村位于白杨乡南8公里处，全村共有3个合作社，75户，274人，耕地826亩，有林地1440亩，适宜种食用菌、天麻等，同时食用菌和天麻也是群众的重要经济收入。

0929 豆坪乡李坪村

简　　介：李坪村距乡政府3公里，属高半山区，全村辖4个社，102户，359人。全村有耕地1256.7亩，主要产业核桃、粮食、劳务。2013年人均纯收入3481元。李坪村2012年确定为市级基层党建示范点，全县生态文明新农村示范点。2013年在抓好新农村长效管理的同时，村委会重点抓好了农业产业发展。

0930 阳坝镇宋家沟村

简　　介：宋沟村位于阳坝镇政府东南10公里处，平均海拔920米，全村有3个合作社，共85户，351人，耕地面积1520亩。2002年实施退耕还林以来，累计种茶1256亩，新建有机无公害茶园563亩，整村已退出粮食生产，以茶叶、中药材为主的特色产业基本形成，农户收入以茶叶、中药材、劳务输出为主。2013年人均纯收入3780元。宋沟是阳坝镇第一个生态文明新农村，目前，宋沟村正朝着"生产发展、生活宽裕、乡风文明、村容整洁、管理民主"的茶叶产业大村、生态旅游名村、观光农业新村、电子商务强村的康庄大道迈进。

0931 大南峪乡大南沟村

简　　介：大南沟村距乡政府2.5公里，辖6个合作社，149户，583人。近年来，全村群众在以核桃、木耳等产业的带动下，经济收入有了明显的提高，公路也已经全部硬化，尤其在李通沟便民桥修通后，全村人的出行有了保障。

0932 铜钱乡双河村

简　　介：双河村位于铜钱乡西南部，全村辖4个合作社（田梁社、陈家山社、潘家梁社、尤家沟社）78户，352人。距离乡政府驻地铜钱坝 5 公里。全村有耕地 788 亩，茶园 955 亩，农民经济收入来源以茶叶和天麻等为主。

0933 城关镇郑家沟村

简　　介：郑家沟村位于县城以西 1.5 公里处，全村辖 5 个合作社，205 户，724 人。2008 年以来完成灾后重建 129 户，加固维修 47 户。2010 年以后大力改善村容村貌和环境卫生建设，共硬化村内巷道 3 公里，建成全村标准化村民健身场所 1 处，村级中心小学操场及篮球场 1 处，道路硬化 3000 米，生活垃圾池 2 个，太阳能照明路灯 5 座等基础设施。全村特色产业以养猪、核桃为主，养猪户数 150 户，共计 750 余头，栽植核桃树 250 余亩，全村经济来源主要由外出务工收入为主，现拟发展规模化养殖业、科学化种植业等扶贫开发产业。

0934 豆坝乡周沟村

简　　介：周沟全村辖 4 个社，50 户，210 人，耕地面积 679 亩，林地面积 912 亩，2013 年人均纯收入 2285 元。周沟土地条件差，气候高寒阴湿，山狭地陡，资源匮乏，群众收入单一。

0935 太石乡阳山村

简　　介：杨山村位于半高山地区，全村有 5 个合作社，125 户，476 人。全村耕地总面积 1367 亩，土地肥沃，光照充足，群众收入主要靠农业收入和劳务收入，种植业以小麦、玉米、黄豆为主，农业特色产业主要是核桃。

0936 望关乡中庄村

简　　介：中庄村位于望关乡北山地区，距乡政府所在地 10 公里。境内山大坡陡，自然条件严酷，平均海拔 1280 米，无霜期 150 天，年平均降雨量 800 毫米。耕地面积 620 亩，陡坡地占耕地面积的 70%。中庄村共辖 5 个合作社，216 户，814 人。到目前为止，在政府的大力支持下，已逐步摆脱贫困面貌。

0937 豆坪乡盐池村

简　　介：豆坪乡盐池村距乡政府 11 公里处，全村共有 4 个村民小组，8 个村民干部，122 户，500 人，其中男 260 人，女 240 人。该村有耕地面积 999.2 亩；农业用地中有林地 3600.3 亩，草地 3348.5 亩。土地肥沃，水源充足。

0938 铜钱乡天池村

简　　介：天池村位于铜钱乡东部，与白杨坪村隔河相对，东、南分别与两河镇、阳坝镇毗邻，距乡政府铜钱坝 8 公里，全村辖 7 个合作社，有 153 户，556 人，有耕地 1084 亩，林地 13233 亩，是铜钱乡最大的行政村，也是贫困村。群众分散居住在高半山地带，农民收入主要来源以天麻、核桃、外出务工等为主，粮食作物以小麦、玉米等为主。2013 年农民人均纯收入为 2260 元。

0939 阳坝镇前山村

简　　介：前山村位于阳坝镇东南部，距镇政府所在地 1.6 公里，平均海拔 890 米。全村共有 3 个合作社，68 户，235 人，现有茶园 236 亩，人均 1 亩，有林地 7325 亩，人均 31.17 亩，2013 年农民人均纯收入 2100 元。群众经济收入以茶叶、中药材和劳务输出为主，是全镇的贫困村之一。前山村党支部有党员 12 人，积极分子 1 人，村级组织活动场所 2 层 180 平方米。

0940 寺台乡寺台村

简　　介：寺台村位于寺台乡东北部，全村共6个合作社，186户，630人，土地面积1179亩，群众居住较为集中。

0941 店子乡张家沟村

简　　介：张家沟村位于店子乡政府15公里处，距县城48公里。全村辖2个合作社，69户，农业人口295人，全村经济收入以农业为主，主要种植小麦、玉米等；经济作物有核桃、中药材种植等；每户都养有猪、鸡等家畜。近年来通过发展劳务，全村三分之一的劳动力外出打工，户均家庭收入显著提高。全村核桃资源丰富，发展潜力良好，乡村两级近两年来在核桃产业开发方面做了大量工作。

0942 平洛镇剪子坪村

简　　介：剪子坪村位于平洛镇南部，该村东南部与豆坪乡接壤，全村共有5个社，138户，509人，全村耕地面积1139亩，经济收入以核桃和劳务输出为主，2013年农民人均纯收入为3750元。

0943 城关镇吴家沟村

简　　介：吴家沟村位于县城以西绕城公路8.5公里处，全村辖2个合作社，66户，227人。现有耕地面积1100亩，人均耕地4.8亩，林地面积共1200多亩，森林覆盖率90%以上，气候温和，风景优美，民风淳朴，自然条件优越。全村以种植小麦、玉米等作物为主，农业特色产业以核桃、蚕桑和中药材种植为主，群众主要收入来源靠劳务输出。

0944 豆坝乡栗子坪村

简　　介：栗子坪村距乡政府3公里处，全村辖6个社，153户，623人，劳动力493人。全村耕地962亩，林地面积1.1万亩，主导产业为核桃、养殖和劳务输转，2011年人均纯收入1960元，人均有粮860斤。支部现有党员23人，其中60岁以上的3人，40-60岁的13人，40岁以下的7人；初中以上8人，初中以下15人；培养入党积极分子1人。

0945 迷坝乡四方村

简　　介：迷坝乡四方村位于郑迷公路23公里处，全村辖5个合作社，85户，358人，主要经济作物为天麻、木耳、香菇。

0946 大南峪乡新庄村

简　　介：新庄村距大南峪乡8公里，辖8个合作社，156户，638人，耕地面积1503亩。目前通村公路正在硬化当中。

0947 太石乡河口村

简　　介：康县太石乡河口村位于犀牛江，系乡政府、中心小学、卫生院所在地。村内有"阳光寺"寺院1座。全村有4个合作社，74户，308人，耕地398亩，主产小麦。

0948 三河坝乡公家湾村

简　　介：公家湾村位于全乡北面，距乡政府、学校、卫生院、集镇市场约14公里。全村共有4个合作社，有农村居民93户，355人。全村耕地710亩，人均2亩。林地9021亩，人均25.41亩。牧草面积1808亩，人均5.09亩。全村以第一产业为主，几乎没有第二、三产业。年种植小麦180亩，玉米200亩，黄豆250亩。农业特色产业仅有黑木耳、香菇、天麻、核桃四样，群众收入主要来源靠种玉米、小麦、天麻、黑木耳、香菇食用菌和外出务工。

0949 铜钱乡麻园村

简　　介：麻园村位于铜钱乡东北部，全村辖4个合作社（麻园社、李家梁社、五树坪社、老庄社），97户，386人，有耕地面积805亩，茶园825亩。

0950 王坝乡金家山村

简　　介：金家山位于王坝乡政府以西，北靠青林沟村，南接陈家坝村，西邻城关镇三官村，全村共有52户，183人，其中贫困户7户，28人，低保户21户，68人。全村耕地233亩，林地1467亩，退耕还林地216亩，平均海拔1300米，气候属于温带季风气候。该村土地瘠薄，植被良好，雨量充沛，年平均降雨量750毫米。2013人均纯收入3173元，主要经济来源是核桃、养殖业、劳务输转。

0951 两河镇马坝村

简　　介：马坝村位于两河镇西南部，距镇政府7公里，全村辖6个村民小组，157户，529人。该村交通便利，麻柳河贯穿全村，地理位置优越。全村经济收入以茶叶、核桃、木耳种植和劳务输转为主，2013年人均纯收入3248元。马坝村文化广场位于吕家院社，占地面积2350平方米。

0952 白杨乡朱家沟村

简　　介：朱家沟村位于白杨乡东北5公里处，全村共有3个合作社，103户，388人，耕地770.89亩，有林地4638.4亩，适宜种食用菌、天麻等，同时食用菌和天麻也是群众的重要经济收入。朱家沟村是纯粹的农业村，没有工业和服务业。2014年人均纯收入3620元，群众收入主要来源于农业种植收入、特色产业收入和劳务收入。

0953 城关镇香子坝村

简　　介：香子坝村位于城关镇以西距县城3公里，全村辖5个自然村，202户，749人，修河堤380米，修便民桥1座，硬化道路350米，实施人饮工程24户，埋设排污管道450米，新修公厕1座。绿化3393平方米，栽植绿化树150株。全村房屋风貌改造188户56400平方米，砌花墙76户，硬化入户道路3131米，修建排污管道1450米，大门围墙亮化24户，绿化面积3395平方米，栽植树木150株，公路沿线栽竹子3124株，安装太阳能路灯12盏，新建活动场所1处520平方米，硬化刘家沟社道路2.5公里。

0954 店子乡蹇家沟村

简　　介：蹇家沟村位于乡政府以北，全村37户，163人，群众主要收入来源是外出务工。

0955 大堡镇黄山村

简　　介：黄山村地处大堡镇北部，距大堡镇1公里，辖有8个社，共223户，共有人口866人。贫困人口157户，687人，贫困发生率高达92.23%。现有耕地面积2420亩，其中退耕还林674亩，人均耕地1.8亩；现有林地草坡723亩，人均1.3亩。2013年全村人均纯收入3470元。全村在校学生98人，213户参加新农合，看病住院报销率达98%，210户参加新农保，目前已有129人享受养老待遇，并按月领取。

0956 岸门口镇苏家河村

简　　介：苏家河村距岸门口镇16公里，距县城24公里，辖5个合作社，97户，372人，耕地1125亩，主要收入务工，特色产业是香菇、天麻、核桃。

0957 三河坝乡大湾村

简　　介：大湾村位于三河坝乡以西高半山区，距乡政府住地5.8公里以内。全村共辖5个合作社，有农村居民114户，409人。全村耕地面积918亩，人均2.2亩。林地面积16556亩，人均40.3。牧草面积1239亩，人均3亩。全村以第一产业为主，几乎没有第二、三产业。年种植小麦563亩，玉米357亩，黄豆563亩。农业特色产业仅有黑木耳、香菇、天麻、核桃四样，群众收入主要来源靠种玉米、小麦、天麻、黑木耳、香菇食用菌和外出务工。

0958 云台镇上磨村

简　　介：上磨村距镇政府5公里，属于典型的贫困高半山山区，全年霜冻期长，正常年份降雨量260毫米，雨期短且分布不均匀，主要集中在秋季的七、八、九、十四个月。全村辖9个村民小组，190户，718人，劳力485人。

0959 望关乡跃湾村

简　　介：跃湾村位于望关乡北山地区，距乡政府所在地15公里。境内山大坡陡，自然条件严酷，平均海拔1290米，无霜期150天，年平均降雨量800毫米。耕地面积较广，陡坡地占耕地面积的70%。跃湾村共辖5个合作社，158户，564人。

0960 岸门口镇刘坪村

简　　介：刘坪村辖5个合作社，159户，588人。有低保户37户，135人，五保户11人，耕地面积1275亩，农业产业以传统种植业为主，经济产业以核桃、养殖、劳务输出等为主。

0961 三河坝乡母家河村

简　　介：母家河村位于全乡东南部，距乡政府、学校、卫生院、集镇市场5公里。全村共有7个合作社，有农村居民215户，743人。村耕地1082.1亩，人均1.5亩。林地7074亩，人均9.5亩。牧草面积2933亩，人均3.9亩。全村以第一产业为主，零星有第二、三产业。年种植小麦520亩，玉米420亩，黄豆400亩。年均输转120人次。农业特色产业群众收入主要来源有黑木耳、香菇、天麻、核桃、猪苓等，以及外出务工。

0962 碾坝乡马家沟村

简　　介：碾坝乡马家沟村总户数95,345人，位于康县东部，马家沟村离乡人民政府三公里。全村总的地理特点是：一是山地多，川地少；二是中、高海拔面积大，低海拔面积小；三是耕地面积人均占有量少，垦殖指数低；四是斜陡险坡面积大，植物资源丰富，土壤质地好，水资源充足。

0963 长坝镇山根村

简　　介：山根村距镇政府6公里，全村辖4个合作社，273户，1143人，有耕地2155亩，群众经济收入以核桃、中药材种植、畜牧养殖、劳务输出为主。

0964 平洛镇龙坝村

简　　介：龙坝村位于江武公路沿线，交通便利、土壤肥沃、光照充足，全村辖3个合作社，90户，317人，群众经济收入以花椒、核桃和劳务输出为主。2013年全村核桃收入53万元，花椒收入78万元，劳务输出108人，实现收入230余万元，全村人均纯收入上升到3880元。

0965 三河坝乡石碑岭村

简　　介：石碑岭村距乡政府16.5公里，全村共有2个合作社，有农村居民268人。全村耕地280亩，人均1.04亩；林地5818亩，人均21.7亩；牧草面积676亩，人均2.52亩。全村以第一产业为主，几乎没有第二、三产业。年种植小麦39.23亩，玉米65亩，黄豆72亩。农业特色产业有香菇、大麻、核桃，群众收入主要来源靠种玉米、小麦、天麻、香菇食用菌和外出务工。

0966 长坝镇大沟村

简　　介：大沟村位于长坝镇北部，距镇政府7公里，全村6个村民组，361人，共有党员15名，是一个以生产小麦、玉米、核桃为主的农业村，其中核桃是该村特色产业。

0967 阳坝镇二坪村

简　　介：二坪村位于阳坝镇南面，距政府所在地13公里，平均海拔940米，全村共5个合作社，96户，390人，现有茶园800亩，人均2亩，有林地面积34500.5亩，人均88亩，全村退出粮食生产，2013年农民人均纯收入2100.6元。该村地理条件差，山大沟深，五阳公路贯穿全村，也对该村的发展带来了机遇，群众经济收入以茶叶、天麻和劳务输出为主。

0968 大南峪乡贺家沟村

简　　介：贺家沟村距大南峪乡17公里，处于古代茶马古道途中，与陕西接壤，共2个合作社，37户，263户。目前通村公路已经硬化，群众主要依靠种植木耳、培育兰草等增加经济收入。

0969 城关镇江家湾村

简　　介：江家湾村位于白望路沿线，距县城7公里，全村共11个社，274户，942人，耕地面积1939亩。该村群众居住分散，大多数群众居住在深沟里，经济基础相对薄弱。

0970 铜钱乡王湾村

简　　介：王湾村位于铜钱乡西部高半山，与阳坝小沟村相邻，康阳公路沿村而过，距乡政府驻地3公里。全村辖两个合作社，共计46户，155人。

0971 城关镇杨河坝村

简　　介：杨河坝村位于城关镇北部，距离康县城区12公里，地处万家大梁西麓，海拔1300-2200米，年降雨量840毫米，无霜期180天，年平均气温9.8℃，气候湿润，冬季封冻早、时间长、气温低，属典型的半山高寒阴湿地区。全村7个合作社，362户，1436人，耕地面积1426亩，人均耕地1.01亩，林地面积5836亩，荒山荒坡5685亩。该村以农业种植、畜牧养殖、核桃产业、中药材种植和劳务输出为主要经济来源。

0972 长坝镇杨山村

简　　介：杨山村位于镇政府北部，距镇政府12公里，全村辖4个合作社，农业户147户，农业人口532人。该村由于受气候、土质等因素的影响，以核桃、中药材（柴胡）种植为主导特色产业。

0973 店子乡店子村

简　　介：店子村位于店子乡政府3公里处，距县城36公里。全村辖3个合作社，94户，农业人口298人，全村经济收入以农业为主，主要种植小麦、玉米等；经济作物有核桃、中药材种植等；每户都养有猪、鸡等家畜，经济收入低而单一。近年来通过发展劳务，全村三分之一的劳动力外出打工，户均家庭收入显著提高。全村核桃资源丰富，发展潜力良好，乡村两级近两年来在核桃产业开发方面做了大量工作。

0974 三河坝乡垭合村

简　　介：垭合村位于全乡西南高半山区，距乡政府、学校、卫生院、集镇市场高达15公里以上。全村共有4个合作社，有农村居民68户，238人。全村耕地721亩，人均3亩。林地17655亩，人均74.18亩。牧草面积2299亩，人均9.66亩。全村以第一产业为主，第二、三产业几乎没有。年种植小麦269.5亩，玉米325亩，黄豆311亩。农业特色产业仅有大鲵养殖、黑木耳、香菇、天麻、核桃、茯苓5种，群众收入主要来源靠种玉米、小麦、天麻、黑木耳、香菇食用菌和外出务工。

0975 碾坝乡田坝村

简　　介：田坝村地处县城以西，小康路沿线13公里处，是碾坝乡人民政府所在地，全村辖6个社，233户，912人。全村耕地面积1045亩，主要产业以核桃、种植、养殖、劳务输出为主。田坝村被县委确定为争创市、县级党建示范村，着力推进新农村建设步伐，对房屋进行了亮化，栽植绿化树356株，绿化空闲地2200平方米，安装了太阳能路灯，制作文化墙50余平米，打造文化大院1个。制定了村规民约、卫生评比制度、"六争六评"等长效管理机制，步入了常态化管理，进一步丰富了生态文明新农村内涵。

0976 大南峪乡李湾村

简　　介：李湾村位于大南峪乡政府以西5公里处，辖5个合作社，145户。群众居住集中，交通便利，自然环境优美，产业发达，是大南峪乡2013年新农村建设示范村和县级党建示范点。通过长期的努力，李湾村的基础设施明显提高，村容村貌明显改观，生产生活条件得到极大的改善，配套设施完备。

0977 平洛镇张坪村

简　　介：张坪村位于平洛镇西北部，该村东北部与太石乡相毗邻，全村共有6个社，232户，902人，全村耕地面积为1225亩，经济收入以花椒、核桃、劳务输转为主，该村盛产的花椒在全县乃至全市都最为著名，2013年农民人均纯收入为4110元。

0978 平洛镇贯沟村

简　　介：贯沟村位于康县北部江武公路沿线，全村辖6个合作社，共有209户，810人，耕地面积1676.6亩，群众经济收入以种植粮食、核桃、花椒和劳务输出为主，2013年农民人均纯收入3640元。

0979 岸门口镇林口村

简　　介：林口村辖4个合作社，人口为323人，距岸门口镇政府12公里，与豆坝、碾坝乡相邻。耕地面积为732亩，林地面积8740亩。群众收入来源为外出务工、养殖、种植业为主，农产品主要为核桃、木耳、天麻、香菇等。

0980 大南峪乡焦家沟村

简　　介：焦家沟距乡政府10公里，辖6个合作社，94个合作社，152户，630人，分布比较松散，目前通村公路正在硬化。

0981 豆坪乡砖沟村

简　　介：豆坪乡砖沟村距乡政府6公里处，全村共有4个村民小组，8个村民干部，77户，309人，其中男161人，女148人。该村有耕地面积731.5亩；农业用地中有林地

2634.4 亩，草地 2450.1 亩。土地肥沃，水源充足。

0982 阳坝镇叶家坪村

简　　介：叶家坪村位于阳坝镇东南部，距镇政府所在地 18 公里，平均海拔 680 米。全村共有 3 个合作社，80 户，273 人，现有茶园 1240 亩，人均 4.5 亩，有林地 5100 亩，人均 18.7 亩，核桃面积 1240 亩。2013 年农民人均纯收入 3660 元。该村立地条件差，山大沟深，交通不便，土地瘠薄，群众经济收入以茶叶、中药材和劳务输出为主。

0983 太石乡何湾村

简　　介：何湾村位于太石乡政府以东 7 公里的西汉水南岸，是太石乡的"东大门"，全村共有 3 个合作社，100 户，380 人，全村耕地面积为 737 亩，土地肥沃，光热资源充足。群众收入主要来源于农业收入和劳动收入。

0984 城关镇赵坝村

简　　介：赵坝村位于县城，全村 306 户，共 921 人，4 个合作社，目前全村人均耕种面积只有 0.5 亩。

0985 岸门口镇中节村

简　　介：中节村位于岸门口镇镇政府以南 8 公里处，全村辖 8 个村民小组，共有农户 170 户，总人口 690 人，现有耕地面积 1027 亩。主要经济收入为劳务输出和经济林收入，2013 年人均纯收入 3550 元。特色产业为中药材种植，中药材种植面积 1300 余亩，实现年均销售收入 200 多万元，是该村农民经济收入的支柱性来源之一。

0986 店子乡马家庄村

简　　介：马家庄村位于店子乡政府 5 公里处，距县城 38 公里。全村辖 3 个合作社，57 户，农业人口 254 人，全村经济收入以农业为主，主要种植小麦、玉米等。经济作物有核桃、中药材种植等。每户都养有猪、鸡等家畜，经济收入低而单一。近年来通过发展劳务，全村三分之一的劳动力外出打工，户均家庭收入显著提高。全村核桃资源丰富，发展潜力良好，乡村两级近两年来在核桃产业开发方面做了大量工作。

0987 阳坝镇柯家河村

简　　介：柯家河村位于阳坝镇西南方，与末子沟村相邻，和武都欲河相邻。距乡政府驻地 48 公里，全村辖 4 个合作社，51 户，现有人口 175 人，有劳动力 110 人，海拔 650 米，年降水量 550-600 毫米，平均 575 毫米，无霜期为 210 天，全村现有耕地 499 亩，人均耕地 1.4 亩，有林地面积 11862 亩。全村产业发展以种植核桃、杜仲、天麻为主，其中杜仲、天麻、核桃产业发展较快，形成了一定的规模。2013 年底，人均纯收入为 2800 元。

0988 王坝乡鸡山坝村

简　　介：鸡山坝村位于陕甘两省交界处，距康县县城 15 公里，距王坝乡政府 3 公里，是康县的东大门，全村辖 4 个社，174 户，722 人，耕地面积 1097 亩，林地面积 8374 亩。农作物以小麦、玉米为主，经济收入主要依靠外出务工和核桃等经济林果。鸡山坝村小鸡山寺庙旅游、苗木栽植、根雕奇石产业起步良好，全村呈现出了文明和谐的良好局面。

0989 云台镇梧桐村

简　　介：梧桐村位于云台镇青林沟流域，

距镇政府7公里，全村平均海拔高度800米。属于典型的贫困干旱山区，全年霜冻期长，正常年份降雨量260毫米，雨期短且分布不均匀，主要集中在秋季的七、八、九、十四个月。全村辖3个村民小组，42户，140人，有87个劳动力。

0990 云台镇上店村

简　　介：上店村位于云台镇北部，属于典型的贫困高半山山区，全年霜冻期长，正常年份降雨量260毫米，雨期短且分布不均匀，主要集中在秋季的七、八、九、十四个月。全村辖6个村民小组，145户，572人，劳力254人。

0991 店子乡董家河村

简　　介：董家河村位于店子乡政府13公里处，距县城46公里。全村辖3个合作社，96户，农业人口374人，全村经济收入以农业为主，主要种植小麦、玉米等；经济作物有核桃、中药材种植等；每户都养有猪、鸡等家畜，经济收入低而单一。近年来通过发展劳务，全村三分之一的劳动力外出打工，户均家庭收入显著提高。全村核桃资源丰富，发展潜力良好，乡村两级近两年来在核桃产业开发方面做了大量工作。

0992 三河坝乡席坝村

简　　介：席坝村位于全乡西南高半山区，距乡政府、学校、卫生院、集镇市场达12公里以上。全村共有6个合作社，有农村居民82户，281人。全村以第一产业为主，第二、三产业几乎没有。年种植小麦364亩，玉米310亩，黄豆350亩。年养猪96头，养牛15头，养羊56只。农业特色产业仅有黑木耳、香菇、天麻、核桃、茯苓5种，群众收入主要来源为种玉米、小麦、天麻、黑木耳、香菇食用菌和外出务工。

0993 三河坝乡小河坝村

简　　介：小河坝村位于县城南部，距县城22公里，三河坝乡政府26公里处，西与店子乡相邻，东与大湾里村相接，北与牛头山村相连，南与斜坡村隔山相望，全村平均海拔960米，年降雨量700毫米，年平均气温15℃，全村有村委会1个，村民小组6个（小河坝组，贾家沟组，严家沟组，老王沟组，麻地子组，庄子山组），农户88户，共345人。全村以第一产业为主，几乎没有第二、三产业。年种植小麦355亩，玉米472亩，黄豆410亩。农业特色产业有黑木耳、香菇、天麻等3样，群众收入主要来源靠种玉米、小麦、天麻、黑木耳、香菇食用菌和外出务工。

0994 两河镇廖坝村

简　　介：康县两河镇廖坝村，距镇政府所在地9公里，辖6社，有农户145户，447人，耕地面积1066亩，2013年农民人均纯收入达到3246元。

0995 平洛镇团庄村

简　　介：平洛镇团庄村位于江武公路沿线，全村共辖6个社，226户，826人，占地面积6.3平方公里，该村历史悠久，土地肥沃，光照充足，气候干热，交通便利，群众经济收入以花椒、核桃和劳务输出为主，2013年人均纯收入4060元。

0996 店子乡寺坝村

简　　介：店子乡寺坝村，位于店子乡东部，距乡政府5公里。全村共有2个村民小组，56户，232人，有党员13人，劳动力126余人，耕地面积489余亩，2011年人均纯收入1860元。

0997 阳坝镇未子沟村

简　　介：未子沟村位于阳坝镇太平片区，距离镇政府所在地35公里，平均海拔670米。全村共有3个合作社，54户，193人，现有耕地545亩，人均2.82亩；有林地21997.45亩，人均113.97亩。2013年农民人均纯收入2319元。未子沟党支部共有党员8人，预备党员1人，发展对象1人，积极分子1人，村级组织1层100平方米。

0998 大南峪乡郑湾村

简　　介：郑湾村距乡政府所在地6.5公里，全村辖5个社，224户，921人，有教学点1个。

0999 城关镇勾坝村

简　　介：勾坝坝村位于县城北部，全村4个合作社，126户，483人，人均占有耕地3.6亩，人均有粮780斤。

1000 碾坝乡青岗坝村

简　　介：碾坝乡青岗坝村位于康县中部，距离县城以西19公里处，地处大水沟流域，海拔1380-1600米，年降雨量850毫米，无霜期180天，年平均气温9.8℃，气温湿润，冬季封冻旱，时间长，气温低，属典型的半山高寒阴湿地区。全村辖青岗坝、坪上、阳坡、阴坡、云雾沟、砽础沟、阳山7个合作社。共296户，1087人，耕地面积1500多亩，人均1亩多，劳动力643人，外出务工118人。农民收入以传统农作物及劳务输出为主。

1001 岸门口镇下先生沟村

简　　介：岸门口镇下先生沟村位于距县城15公里，辖2个合作社，35户，127人，有低保户12户，29人，耕地面积334亩，农业产业以传统种植业为主，经济收入以中药材种植、养殖、劳务输出为主。

1002 云台镇山岔村

简　　介：山岔村位于云台镇东部，属于典型的贫困高半山山区，全年霜冻期长，正常年份降雨量260毫米，雨期短且分布不均匀，主要集中在秋季的七、八、九、十四个月。全村辖4个村民小组，135户，459人，劳力289人。

1003 云台镇陈峡村

简　　介：陈峡村位于云台镇西部，寺长公路沿线，距镇政府2.5公里，属于典型的贫困高半山山区，全年霜冻期长，正常年份降雨量260毫米，雨期短且分布不均匀，主要集中在秋季的七、八、九、十四个月。

1004 豆坪乡李山村

简　　介：李山村地处犀牛江畔，距乡政府所在地6公里，全村辖7个社，201户657人，人均纯收入2896元。2013年，乡村两级抢抓各种发展机遇，在进一步抓好新村后续建设和卫生长效管理等工作的同时，依托"双十"管理示范点的优势，积极参与核桃树综合管理工作，将发展农业、增收致富作为新村下一步工作的重点目标，通过近一年的管理，李山村共计完成管理大树8816株、小树22118株，清园3000余亩，针对老树、幼树实施了扶壮更新和密枝修剪管理，涂白工程已全覆盖。通过认真仔细、扎实到位、全面无死角的管理，全村核桃产量相比上一年翻翻，其中核桃大户青皮产量达10000余斤。

1005 三河坝乡三河坝村

简　　介：三河坝村位于三河坝乡政府所在地，全村有三分之一农户居住在高山区，辖区内有政府、学校、卫生院、信用社等主要机关单位和集镇市场。全村共有6个合作社，有农村居民 201 户，673 人。全村耕地 900 亩，人均 1.5 亩。林地 7692 亩，人均 11.4 亩。牧草面积 2177 亩，人均 3.23 亩。全村以第一产业为主。年种植小麦 464 亩，玉米 325 亩，黄豆 258 亩。农业特色产业仅有黑木耳、香菇、天麻、核桃、茯苓 5 种，群众收入主要来源靠种玉米、小麦、天麻、黑木耳、大鲵养殖和外出务工，人均口粮仅有 321 公斤，人均纯收入仅有 1950 元。

1006 太石乡柑柏村

简　　介：康县太石乡柑柏村属山林区，与武都区秦河乡田山村接连。该村有 3 个合作社，84 户，350 人，耕地 730 亩。全村实施了新农村建设，村容村貌发生了翻天覆地的变化。

1007 长坝镇高石村

简　　介：高石村位于长坝镇北部，是大堡、豆坪、长坝三乡镇的分界线之所在。东边与大堡镇的管家沟、巩集村接壤，南边与本镇王马村、杨山村相邻，西边与本镇老庄村、田坝村相连，北接豆坪乡王蔺村、盐池村。全村下辖 9 个合作社，152 户，总人口 633 人，总耕地 1247 亩。

1008 豆坝乡林口村

简　　介：林口村位于豆坝乡政府以西 3 公里处。全村辖 3 个合作社，182 户，785 人。土地面积 1243 亩，林地面积 3260 亩，草地面积 1069 亩，退耕还林面积 526.8 亩，劳动力 413 人，核桃示范园面积 1732 亩，农作物播种面积 2044 亩，粮食总产量 272 吨，大牲畜 212 头。

1009 迷坝乡腰镡村

简　　介：迷坝乡腰镡村位于迷坝乡西北方向，全村辖 5 个合作社，217 户，913 人，主要经济作物为核桃、中药材。

1010 长坝镇白杨树坝村

简　　介：白杨树坝村位于长坝镇东部，距镇政府 7 公里，寺长公路穿境而过，辖 6 个社，184 户，698 人，其中回族 46 户，125 人，是康县唯一的一个回族村，基础条件较差。群众经济收入以核桃、中药材种植、畜牧养殖、劳务输出为主，2013 年农民人均纯收入 2816 元。

1011 迷坝乡十字村

简　　介：十字村位于迷坝乡西南部，全村辖 4 个合作社，97 户，363 人，主要经济作物为核桃。

1012 豆坝乡冯芦村

简　　介：全村辖 6 个社，145 户，605 人，劳动力 510 人。全村耕地 1014 亩，林地面积 1.1 万亩，主导产业为核桃、养殖和劳务输出，2013 年人均纯收入 2650 元，人均有粮 860 斤。

1013 铜钱乡张朋村

简　　介：张朋村地处铜钱乡西北部，与八仙位村相邻，辖 3 个社，共 37 户，总人口 122 人，群众居住十分分散，交通不便、农民经济收入以中药材天麻和外出务工为主，是全乡最小的村。

1014 阳坝镇托家河村

简　　介：托家河村位于阳坝镇东南部，距镇政府所在地 13 公里，平均海拔 720 米。全村共有 4 个合作社，94 户，348 人，现有茶园 680 亩，人均 1.95 亩，有林地 7208 亩，人均 20.71 亩，核桃面积 120 亩。2013

年农民人均纯收入 3320 元。该村立地条件差，山大沟深，交通不便，土地瘠薄，群众经济收入以茶叶及中药材种植和劳务输出为主。托河村党支部有党员 16 人，发展对象 1 人，积极分子 4 人，村级组织活动 2 层 220 平方米。

1015　大南峪乡潘家山村

简　　介：潘山村距乡镇府 10 公里，全村辖 4 个合作社，94 户，407 人，该村群众收入以粮食、油菜、核桃、劳务为主；2008 年 "5.12" 大地震后，村民住房通过灾后恢复重建结合生态文明新农村建设，彻底改善了居住条件和生活环境。

1016　铜钱乡八仙位村

简　　介：八仙位村位于铜钱乡西部，与三河坝乡小村沟相邻，百里旅游风情线低垭云海节点正对面，秧田河沿村而过，距乡政府驻地 7 公里。全村辖 4 个社，93 户，349 人，群众分散居住在高半山地带，交通不便。全村现有耕地 962.8 亩。农民主要经济来源以天麻、中药材、外出务工为主，2012 年农民人均纯收入为 2780 元。2013 年以来，为了增加农民收入，乡党委、政府结合全村实际，引导帮扶群众发展林下经济、特色养殖、中药材种植，结合"联村联户 为民富民"行动，帮扶群众发展中华蜜蜂养殖，现已发展养羊大户 5 户，200 余只，蜜蜂养殖 16 户，40 箱。全村群众都在发展以天麻为主的中药材种植。全村呈现出生产发展、生活宽裕、乡风文明、村容整洁，管理民主，处处一派人与自然和谐相处的景象。

1017　店子乡陈家庄村

简　　介：陈家庄村位于店子乡政府 10 公里处，全村有 2 个村民小组，33 户，130 人。有党员 10 人，有低保户 12 户，54 人。全村经济收入以农业为主，主要种植小麦、玉米等；经济作物有核桃、中药材种植等；每户都养有猪、鸡等家畜，经济收入低而单一。近年来通过发展劳务，全村三分之一的劳动力外出打工，户均家庭收入显著提高。

1018　城关镇黄坝村

简　　介：黄家坝村位于县城北部，全村有 3 个合作社，99 户，385 人，人均占有耕地 4 亩，人均有粮 800 斤，人均纯收入 1460 元。

1019　王坝乡青林沟村

简　　介：青林沟村位于王坝乡政府以东 10 公里处青林沟流域，全村辖杨河坝、石家沟、张家院 3 个社，143 户，564 人，贫困户 31 户，120 人，贫困面为 21.3%。全村享受低保 20 户，88 人，享受五保 5 户，6 人，2013 年人均纯收入达到 3281 元。全村有耕地 986 亩，林地 1239 亩，退耕还林地 628 亩，平均海拔 1240 米，气候属于温带季风气候。羊皮鼓舞是青林沟村流传已久的特色历史民俗文化，原是氐民族的一种祭祀仪式，在陇南、陕南、川北一带多有流传，如今发展成为一种人们喜闻乐见的民间民俗舞蹈。

1020　王坝乡左家庄村

简　　介：王坝乡左家庄村距县城 1 公里，全村共 3 个社，128 户，486 人，其中低保户 4 户，9 人，五保 6 户，6 人，贫困户 13 户，52 人，贫困面为 10.5%。耕地面积 747 亩，林地面积 1545 亩，2013 年人均纯收入达到 3267 元。农作物以小麦、玉米、洋芋等为主，经济收入主要依靠外出务工和核桃等经济林果。该村生态良好，村级组织坚强有力，群众建设新农村的积极性高，参与意识强，通过按照示范村的标准规划建设，村庄面貌发生了较大变化，基础设施逐步完善，群众落后的生产生活方式明显转变，农民收入大幅提高，以劳务输出、核桃经济林果为主的特色产业逐步形成，全村呈现出了文明、奋进、和谐的良好局面。

1021 平洛镇药铺沟村

简　　介：药铺沟村位于江武公路沿线，辖6个合作社，205户，701人。农民以核桃、花椒和劳务输出为主要经济收入来源。2013年人均纯收入达3930元。

1022 豆坪乡河口村

简　　介：豆坪乡河口村距乡政府6公里处，交通十分方便。全村共有3个村民小组，7个村民干部，129户，484人，其中男252人，女232人。该村有耕地面积778.6亩；农业用地中有林地2810亩，草地2613.5亩。土地肥沃，水源充足，交通便利，是豆坪乡实施能源建设的重点村之一。

1023 迷坝乡刘河村

简　　介：迷坝乡刘河村位于郑迷公路25公里处，全村辖3个合作社，108户，429人，主要经济作物为天麻、核桃。

1024 迷坝乡马莲村

简　　介：马莲村位于郑迷公路12公里处，全村辖5个合作社，185户，794人，主要经济作物为天麻、木耳、香菇、中药材。

1025 平洛镇平洛村

简　　介：平洛村位于平洛镇政府行政中心所在地，由6个合作社组成，共281户，1018人，其中党员38人，全村共有耕地面积2545亩，林地面积3258亩，经济收入以商贸流通、劳务经济和核桃、花椒特色产业为主，2013年全村农民人均纯收入为3950元。

1026 云台镇中院村

简　　介：中院村位于云台镇西部，寺长公路沿线，距镇政府5公里，属于典型的贫困高半山山区，全年霜冻期长，正常年份降雨量260毫米，雨期短且分布不均匀，主要集中在秋季的七、八、九、十四个月。

1027 望关乡坪架村

简　　介：坪架村位于望关乡北部，交通较为便利，地理位置偏。全村辖8个合作社，215户882人，党员34名，耕地多，主要经济来源是核桃、花椒和劳务。

1028 白杨乡南城沟村

简　　介：南城沟村位于白杨乡东4公里处，全村共有8个合作社，197户，648人，坡地850多亩，有林地7740亩，适宜种食用菌、天麻等，同时食用菌和天麻也是群众的重要经济收入。产业发展。南城沟村是纯粹的农业村，没有工业和服务业。2014年人均纯收入3625元，群众收入主要来源于农业种植收入、特色产业收入和劳务收入。

1029 岸门口镇张家河村

简　　介：张家河村位于岸门口镇中节河流域，距镇政府所在地4.5公里，辖6个合作社，共148户，570人，耕地面积1202亩，其中95%以上为高半山。主导产业为核桃、中药材（板蓝根、天麻）、劳务输出等。2013年人均纯收入2400元。

1030 阳坝镇叶子坝村

简　　介：叶子坝村位于阳坝镇东北部，是县城进入阳坝镇的第一个村，全村辖4个合作社，71户，245人，群众居住分散。现有茶园156亩，林地11554亩。2013年人均纯收入3276元。群众经济收入以茶叶、中药材种植和劳务输出为主。2010年借助全镇旅游景点打造，建成龙头观景台1座，龙神沟景区停车场1处，阳坝风景区形象假山1座。2011年对公路沿线37户农户房屋进行风貌改造和庭院硬化，并完成了18户入户道路硬化。2012年对5户土木结构住房进行了风貌改造。2013年对14户灾后重建户进行了亮化，并对6户庭院完成硬化，建成垃圾池2座，打造百里风情线休闲广场1处。通过近几年的建设，叶子坝村容村貌和群众的生活环境有了很大提升。

1031 三河坝乡瓦子坝村

简　　介：瓦子坝位于全乡西北高半山区，距乡政府、学校、卫生院、集镇市场26公里。全村共有2个合作社，有农村居民37户，136人。全村耕地503亩，人均3.7亩；林地19854亩，人均146亩；牧草面积1496亩，人均11亩。全村以第一产业为主。年种植小麦270亩，玉米233亩。农业特色产业仅有黑木耳、香菇、天麻，群众收入主要来源靠种玉米、小麦、天麻、黑木耳、香菇和外出务工。

1032 店子乡安子河村

简　　介：安子河村位于店子乡政府25公里处，距县城58公里。全村辖3个合作社，48户，农业人口223人，全村经济收入以农业为主，主要种植小麦、玉米等；经济作物有核桃、中药材种植等；每户都养有猪、鸡等家畜，经济收入低而单一。近年来通过发展劳务，全村三分之一的劳动力外出打工，户均家庭收入显著提高。

1033 大堡镇漆树沟村

简　　介：漆树沟村位于康县大堡镇西部，是大堡镇的西大门，地处寺长公路旁，距镇政府12公里。全村共辖6个合作社，有农村居民182户，745人；全村耕地面积为1666亩，人均2.2亩；退耕还林475.5亩；全村共有贫困人口125户，510人（其中低保户28户，123人，五保户4户，5人），贫困面为70%。全村以第一产业为主。农业特色产业仅有核桃板栗花椒4样，群众收入主要来源靠种玉米、小麦、天麻、黑木耳、香菇食用菌和外出务工，人均口粮仅有360公斤，人均纯收入3360元。全村地处山区，农户居住分散且远离集镇市场，生产资料和生活日用品全靠人背畜驮。全村无水利设施。农民住房60%为土木结构，人均居住面积20平方米，户户通生活用电。孩子上学要到邻村巩集学校，有3个合作社的孩子上学要走数十里山路。有1间卫生室，1个体医疗人员。有活动阵地1处，配套远程教育设备1套，农家书屋阅览室1处，配齐了综治、禁毒、工青妇等专用办公室。全村共有685人参加新农合，419人参加新农保。五保4户，5人，低保28户，123人。村党支部、村委会班子健全。党员21人，各项制度建设齐全。

1034 豆坪乡西沟村

简　　介：豆坪乡西沟村距离乡政府12公里，海拔1.1千米，属偏远贫困山区，全村辖5个社，162户，575人。耕地1214亩。经济收入以经济林、农作物以及劳务输出为主，2012年全村人均收入2300元。2014年西沟被列为扶贫开发项目村之一。

1035 阳坝镇李家沟村

简　　介：李家沟村位于阳坝镇东南部，距阳坝镇政府驻地14公里。全村辖5个合作社，

96户，358人，贫困户74户，349人，全村人均纯收入1345元。目前5个合作社全部通路，全村现有耕地760亩，退耕还茶1100亩，群众主要经济收入来源以核桃、茶叶、中药材、劳务输出为主。

1036 阳坝镇庄科村

简　　介：庄科村位于阳坝梅园沟风景区内，距镇政府所在地15公里，平均海拔1100米。全村共有2个合作社，52户，203人，现有茶园691.89亩，人均3.4亩，有林地14722亩，人均72.5亩，全村整村退出粮食生产，2013年农民人均纯收入2860.00元。该村立地条件差，山大沟深，交通不便，土地瘠薄，群众经济收入以旅游开发、茶叶生产、加工及药材种植为主。

1037 阳坝镇田坝里村

简　　介：田坝村位于阳坝镇太平片区，距镇政府22公里，平均海拔840米。全村共有5个合作社，104户，359人，现有茶园1616亩，人均4.5亩，有林地34752亩，人均96.8亩，整村退出粮食生产，村民经济收入以务农和外出务工为主，去年人均纯收入2800元。全村以茶叶、核桃、天麻、劳务输出等产业为主。

1038 云台镇冯院村

简　　介：冯院村位于云台镇青林沟流域，距镇政府5公里，全村平均海拔高度780米。属于典型的贫困干旱山区，全年霜冻期长，正常年份降雨量260毫米，雨期短且分布不均匀，主要集中在秋季的七、八、九、十四个月。全村辖5个村民小组，113户，405人，有268个劳动力。

1039 寺台乡黄庄村

简　　介：黄庄村位于寺台乡西部，全村有5个合作社，163户，总人口635人，耕地面积880.5亩。

1040 三河坝乡秧田坝村

简　　介：秧田坝村位于三河坝乡东北部，距乡政府17公里。全村10社，211户，784人。全村总面积32805亩，有耕地2213亩，人均2.8亩。林地15768亩，人均20.11亩。全村以第一产业为主，几乎没有第二、三产业。年种植小麦1236亩，玉米565亩，黄豆653亩。农业特色产业有大鲵养殖、天麻栽培、中药材种植、畜禽养殖等。

1041 阳坝镇小沟村

简　　介：小沟村位于阳坝东部康阳路境内，距镇政府所在地15公里，平均海拔760米。全村共有5个合作社，74户，304人，现有茶园1021.5亩，人均3.359亩，有林地8183亩，人均26.91亩，全村整村退出粮食生产，2013年农民人均纯收入2336元。群众经济收入以茶叶、中药材和劳务输出为主。

1042 长坝镇赵沟村

简　　介：赵沟村位于康县中部距长坝镇政府2.5公里，全村辖7个合作社（赵一、赵二、赵三、下庄、郭山、松湾、棉湾），118户，464人，耕地面积984亩，人均2.1亩，农民收入以种植业、核桃产业为主。

1043 岸门口镇贾家湾村

简　　介：贾家湾村距岸门口镇政府0.5公里，共有3个合作社，59户，197人，共有耕地3254亩，其中80%为山坡地。全村产业以核桃、劳务输出、养殖为主。人均有粮600公斤，2013年人均纯收入2300元。

1044 平洛镇南山村

简　　介：南山村位于平洛镇西南部，该村西南部与望关乡相连，东南部与豆坪乡接壤，全村共有6个社，147户，525人，耕地面积为1427亩，经济收入以核桃、花椒、劳务输出为主，2013年农民人均纯收入为3630元。

1045 城关镇冯家峡村

简　　介：冯家峡村位于县城以东5公里处，全村共有农户169户，567人。灾后重建户数133户，特殊党费援建户数94户。

1046 豆坪乡豆坪村

简　　介：豆坪村辖5社，208户，806人，距乡政府1.5公里。有党员25名，耕地面积1380亩，2012年人均纯收入2962元。是市县整村重建重点村，也是全县城乡环境清洁活动及文明长廊建设示范村，同时又是生态文明新农村建设中的精品村。

1047 云台镇全坝村

简　　介：全坝村位于云台镇关沟河流域，属于典型的贫困高半山山区，全年霜冻期长，正常年份降雨量260毫米，雨期短且分布不均匀，主要集中在秋季的七、八、九、十四个月。全村辖5个村民小组，135户，543人，劳力276人。

1048 阳坝镇阴坝子村

简　　介：阴坝子村位于阳坝镇以南（原太平乡驻地），距离阳坝镇政府所在地22公里，平均海拔950米，每年降雨量410毫米。全村共有4个合作社，85户，285人。全村耕地面积有855亩，其中现有茶园850亩，人均2.88亩，有林地2188亩，人均76.6亩。全村退出粮食生产，2013年农民人均纯收入2100元。

1049 城关镇土黄沟村

简　　介：土黄沟村位于康县城以西，距离县城区6公里，气候湿润，冬季封冻早、时间长、气温低，属典型的半山高寒阴湿地区。全村8个合作社，195户，684人，林地面积5836亩，荒山荒坡3685亩。该村以农业种植、畜牧养殖、核桃产业、中药材种植和劳务输出为主要经济来源。

1050 阳坝镇蒋家坝村

简　　介：蒋家坝村位于阳坝镇东南部，距镇政府所在地25公里，平均海拔810米。全村共有4个合作社，115户，465人，现有茶园1376.8亩，人均2.96亩，有林地4375.00亩，人均9.4亩，核桃面积820亩，2013年农民人均纯收入2250元。群众经济收入以茶叶、中药材和劳务输出为主。

1051 大南峪乡万家山村

简　　介：万家山村位于大南峪乡政府以东1.5公里的寺长公路沿线，全村辖4个合作社，110户，415人。群众居住集中，交通便利，自然环境优美，产业发达，是大南峪乡2014年美丽乡村建设精品村和县级党建示范点。拓宽硬化燕沟门至鸡关沟通社公路3.5公里；硬化河坝社至万家山社通社公路2公里；完成农户庭院硬化106户，8492.6平方米；完成入户道路硬化100条、1500米；房屋亮化60户；修建青砖花墙花园50户800余米；修建休闲活动广场3处740平方米；公厕1处；编制竹篱笆350米；栽植竹柳、红叶石兰球等绿化苗木350株；村内寺长公路沿线养护竹子、种花草440平方米；安装垃圾箱4个；栽植路灯6盏；修建挡墙496米；修建配套排水渠900米；核桃树嫁接等惠民工程稳步实施。

1052 大南峪乡花庙村

简　　介：花庙村距大南峪乡政府所在地4.5公里，全村4个合作社，125户，528人。村子对面的山上有一座寺庙，春夏时节村内田野繁花锦簇，故取名"花庙"，是全县唯一的水稻种植基地，同时兼顾了油菜、西瓜等农作物的种植。

1053 云台镇罗河村

简　　介：罗河村位于云台镇东北向，距镇政府3.5公里，占地面积26.5平方公里，全村平均海拔高度600米，属于典型的贫困干旱山区，全年霜冻期长，正常年份降雨量260毫米，雨期短且分布不均匀，主要集中在秋季的七、八、九、十四个月。全村辖5个村民小组，130户，516人，有238个劳动力。

1054 白杨乡刘家梁村

简　　介：刘家梁村位于白杨乡南8公里处，全村共有6个合作社，114户，387人，坡地920多亩，有林地8820亩，适宜种食用菌、天麻等，同时食用菌和天麻也是群众的重要经济收入。

1055 大南峪乡李家沟村

简　　介：大南峪乡李家沟村位于陕、甘交界处，距大南峪乡政府以东2.5公里，全村辖3个合作社，110户，428人。劳动力279人，其地理位置独特，自然条件优越。近年来，该村大力发展林下养殖业，取得了一定的成效，走出了一条通过林下养殖业致富的路子。

1056 白杨乡白杨滩村

简　　介：白杨滩村位于白杨乡北1公里处，全村共有5个合作社，105户，396人，有林地8870亩，适宜种食用菌、天麻等，同时食用菌和天麻也是群众的重要经济收入。产业发展。白杨滩村是纯粹的农业村，没有工业和服务业。2014年人均纯收入3650元，群众收入主要来源于农业种植收入、特色产业收入和劳务收入。

1057 豆坝乡李坝村

简　　介：李坝村位于乡政府以西13公里处，全村共有3个村民小组，84户，345人，耕地1100亩，粮食亩产200公斤，群众收入的主要来源是外出务工。2010年全村农民人均纯收入1860元。

1058 迷坝乡老沟村

简　　介：老沟村位于迷坝乡西南部，全村辖2个合作社，38户，135人，主要经济作物为核桃。

1059 岸门口镇上先生沟村

简　　介：上先生沟村距镇政府9公里，全村68户，212人。其中五保户8户，9人，低保户有26户。耕地面积637亩，生活条件差，2013年人均纯收入2168元。

1060 阳坝镇龙潭村

简　　介：龙潭村位于阳坝镇东南部，与陕西宁强县接壤，距阳坝镇政府10公里，全村辖6个合作社，142户，557人，现有茶园面积2000余亩，人均约4亩，有林地14733亩，人均26.45亩，全村退出粮食生产，群众收入以茶叶、中药材、劳务输出为主，2013年人均纯收入2700余元，该村交通便利气候温和湿润，雨量适中，发展基础好。

1061 云台镇大院村

简　　介：大院村位于云台镇西部，距镇政

府7公里，占地面积26.5平方公里，全村平均海拔高度600米，属于典型的贫困干旱山区。全年霜冻期长，正常年份降雨量260毫米，雨期短且分布不均匀，主要集中在秋季的七、八、九、十四个月。

1062 碾坝乡寺底下村

简　　介：寺底下村在县城西南方向，小康路沿线，离城9公里，全村辖4个合作社，214户，总人口826人，其中农业人口741人，劳动力468人，有党员28人，耕地面积1270亩，人均1.5亩，退耕还林950亩。有3个社的村级道路全部硬化；已解决人畜自来水饮水问题。张家大院位于寺底下村张家坝社，建于1898年，占地约1亩，属于康县中部大民宅之一。四合院依山而建，面迎河水，土木结构，小青瓦屋顶，四座房屋相连，院内露天，门窗全木，雕满花纹，房脊生兽，大门高大雄伟，历史感强。

1063 云台镇下磨村

简　　介：下磨村位于云台镇关沟河流域，距政府驻地15公里，属于典型的贫困高半山山区，全年霜冻期长，正常年份降雨量260毫米，雨期短且分布不均匀，主要集中在秋季的七、八、九、十四个月。全村辖7个村民小组，114户，438人。

1064 豆坪乡王蔺村

简　　介：豆坪乡王蔺村距乡政府10公里处，全村共有5个村民小组，9个村民干部，86户，363人，其中男189人，女174人。该村有耕地面积780.1亩，农业用地中有林地2810亩，草地2613.5亩。土地肥沃，水源充足，交通便利，是豆坪乡实施能源建设的重点村之一。

1065 迷坝乡张台村

简　　介：张台村位于迷坝乡西南方向，全村辖3个合作社，136户，553人，主要经济作物为核桃。

1066 岸门口镇严家坝村

简　　介：严家坝村位于岸门口中节河流域，距县城11公里。全村辖4个合作社，106户，412人，当地群众主导产业为核桃产业、中药材种植和劳务输转。2013年农民人均纯收入为3660元。

1067 大堡镇郭湾村

简　　介：郭湾村位于大堡镇东部，距镇政府1.5公里，全村辖3个合作社，110户，450人，现有耕地648亩，人均1.4亩，2012年人均纯收入2910元。多年来，镇、村两级把蔬菜作为全村富民增收的主要产业来抓，以种植西红柿、茄子、黄瓜、甘蓝、芹菜、辣椒等蔬菜为主。通过努力，全村蔬菜种植面积已达到220亩，2012年全村蔬菜产业产值达到150万元，菜农户均纯收入2.5万元。

1068 豆坝乡安河村

简　　介：辖2个合作社，98户，401人，耕地面积807亩，2012年人均纯收入2700元，人均有粮860斤。安何村为2013年完成的生态文明新农村建设示范村，投入资金96.7万元，硬化通社公路1.2公里，4200平方米；硬化村内道路950平方米，硬化入户道路3400平方米；完成庭院改造59户3770平方米；栽植绿化树120株，铺土绿化500平方米；修建河堤300米875立方米，修建小桥4座；修建文化休闲广场2处600平方米，文化宣传墙200平方米。

1069 云台镇杨湾村

简　　介：杨湾村位于云台镇东部，距镇政府5公里，全村平均海拔高度800米。属于典型的贫困干旱山区，全年霜冻期长，正常年份降雨量260毫米，雨期短且分布不均匀，主要集中在秋季的七、八、九、十四个月。全村辖5个村民小组，122户，469人，有286个劳动力。

1070 王坝乡李家庄村

简　　介：李家庄村位于王坝乡以东，距乡政府1公里，总面积5.2平方公里，全村辖6个合作社269户，1085人，耕地面积2128亩，2011年人均纯收入2360元，人均占有粮406公斤。农业种植以玉米、小麦、洋芋为主，畜牧业发展以养猪为主，经济收入主要依靠外出务工和核桃产业。

1071 城关镇甘石坝村

简　　介：甘石坝位于县城西北2.2公里处，全村辖有2社，128户，380人。

1072 豆坪乡祁山村

简　　介：祁山村距乡政府3公里，属于边远高山地区，全村辖4个社，117户，443人，其中男230人，女213人。全村有耕地1221亩，主要产业核桃、粮食和劳务等。2013年人均纯收入3124元。

1073 铜钱乡罗家坪村

简　　介：罗坪村位于铜钱乡北部，低三（低垭至三河）公路沿线，东与郝坪村相接，西与三河坝乡母家河村相邻，北与白杨乡汪家河村毗邻，距乡政府驻地8公里。全村辖2个合作社，共有113户，379人，有耕地面积555.2亩，茶园12亩。近年来，全村大力发展以核桃为主的经济林产业建设，规模效益日益凸显。农民经济收入来源以核桃、劳务输出为主，2012年农民人均纯收入为2880元。

1074 铜钱乡茶味村

简　　介：茶味村位于铜钱乡东部，与两河镇相邻，全村辖三个合作社（陈梁社、水磨社、老房社），共有58户，222人，距乡政府驻地铜钱坝7.3公里。有耕地618.8亩，茶园724亩。农民经济收入来源以天麻、茶叶等为主。

1075 寺台乡河口村

简　　介：河口村位于寺台乡东部，东临犀牛江江畔，全村辖3个合作社，59户，239人，耕地面积520亩，全村以核桃、花椒、蚕桑、劳务为主要收入。

1076 太石乡董家湾村

简　　介：董湾村位于太石乡政府以东17公里的平洛河南岸，全村共有4个合作社，78户，289人，全村共有耕地630亩，土地肥沃，光热资源充足。群众收入主要来源于农业收入和劳动收入。

1077 长坝镇吴坝村

简　　介：吴坝村位于白望公路沿线，距镇政府驻地5公里，全村辖5个合作社，289户，1114人，耕地面积2282亩，经济来源以中药材种植、畜牧养殖、核桃产业和劳务输出为主，2013年人均有粮339公斤，人均纯收入3182元。该村交通便利，生态良好，是长坝镇2013确定的生态文明新农村建设精品村，又是新型农业社会化服务体系和农村公共运行维护机制建设试点村，也是甘肃省科技厅"双联"村，镇党委、政府按照"生产发展、生活宽裕、乡风文明、村容整洁、管理民主"的总体要求，本着高起点谋划、高标准建设的原则，努力创建新农村、培育新农民、树立新风尚、塑造新形象，通过政府引导、群众参与、双联单位和上级部门大力支持，吴坝生态文明新农村创建工作已基本完成，并在全镇起到了较好的示范带动作用。

1078 豆坝乡长沟村

简　　介：长沟全村辖5个合作社，39户，138人，耕地面积1533亩，林地面积388亩。劳务输转、服务业、种养业是群众收入的主渠道。2012年人均纯收入2920元，人均有粮700斤。2013年参合率达到97%以上。农业科技人员共有3人。

1079 大南峪乡大南峪村

简　　介：大南峪村是乡政府所在地之村，全村辖6个社，226户，有耕地面积630亩，群众收入以粮食、油菜、蚕桑、核桃、劳务、经商为主；2008年5.12大地震后，村民住房通过灾后恢复重建结合生态文明新农村建设，彻底改善了居住条件和生活环境。新建了新农村、文化广场、成立了业余广场舞演出队，多次参加县相关部门组织的广场舞比赛。大南峪村文化氛围浓厚，是各机关单位聚集的地方，同时又是街道，人员流动较大，接受传播新事物的氛围较好。

1080 店子乡松树坝村

简　　介：松树坝村位于店子乡政府20公里处，距县城50公里。全村辖4个社，56户，农业人口198人。全村经济收入以农业为主，主要种植小麦、玉米等；经济作物有核桃、天麻、香菇种植；每户都养有猪、鸡等家禽，经济收入低而单一。近年来通过发展劳务，全村三分之一的劳动力外出打工，户均家庭收入显著提高。全村种植天麻800多亩，种植袋料香菇30多万袋，发展潜力良好，乡村两级近年来在香菇、天麻产业开发方面做了大量的工作。

1081 王坝乡苟家庄村

简　　介：苟家庄村位于乡政府以东5公里处的青林沟流域，土地贫瘠，植被良好。全村辖苟家庄社、谈家沟社两个合作社社，155户，564人，全村有耕地450亩，林地4046亩，全村通电、通水、通路、通讯。农业种植以玉米、小麦、洋芋为主，畜牧业发展以养猪、养牛为主，经济收入来源主要依靠外出务工和核桃产业。全村有核桃2.5万株，人均50株。苟家庄村所表演的"霸王鞭"，俗称棒棒鞭、打花棍，是本世纪七十年代初由青林沟村一张姓练武之人传授，后经继承和创新，逐渐发展为春节社火表演节目之一。演员由儿童和成年男子组成，男女儿童四、五十人不等手持"竹鞭"随歌舞蹈，队形中还穿插十余名成年男子手持筷子敲打碟子，整个队形融传统"霸王鞭"和现代舞蹈于一体，灵活多变，场面十分热烈喜庆。近年来，在乡村两级组织的努力下，苟家庄"霸王鞭"曾多次到"兰洽会"、旅游节和市、县表演，受到了多次嘉奖和社会各界的一致好评。

1082 两河镇赵坝村

简　　介：赵坝村位于康县两河镇北部，全村4个合作社，78户，281人。群众相对集中，光照比较充足，土地较为肥沃。农民收入以茶叶、核桃、木耳、劳务为主，2013年农民人均收入2990元。

1083 望关乡塄上村

简　　介：塄上村位于望关乡北部，江武公路、成武高速穿村而过，交通便利，地理位置优越。全村辖7个合作社，215户，854人，党员30名，耕地面积1360亩。2013年人均收入3680元，群众收入主要来源是核桃、花椒和劳务。2013年确定为生态文明新农村建设精品村和基层党建市级科学示范村。

1084 碾坝乡袁家沟村

简　　介：袁沟村距离乡政府3.5公里，气候多雨、潮湿。全村耕地面积1081.9亩（退耕还林514.9亩），林地面积5483余亩，荒山荒坡面积101亩，弃耕地面积21亩，全村辖5个村民小组，总户数148户，总人口524人。现有耕地面积567亩，人均占地2.9亩。核桃树种植面积541.9亩，药材种植面积160亩。2011年粮食作物面积832亩，粮食总产量101.5吨，农民人均纯收入1310元。

1085 铜钱乡铜钱坝村

简　　介：铜钱坝村位于康阳59公里处，百公里生态旅游风情线穿境而过，是途径国家4A级风景区阳坝梅园的必经之路，也是铜钱乡政治经济文化的中心。全村辖5个社，134户，462人。

1086 王坝乡陈家坝村

简　　介：陈家坝村位于白望路307省道沿线，距县城以东3公里处，属亚热带向暖温带过度气候，年平均气温12摄氏度，平均海拔1400多米，全村国土面积约4.7平方公里，耕地761多亩，林地4464亩，草地2600亩。全村辖4社，245户，807人，粮食作物主要是小麦、玉米、黄豆、土豆等。经济收入主要是劳务和经济果林、养殖等。该村地处城区周边，交通便利，群众就业门路多，沟里社民间根雕艺术发展较好，根雕作品销量喜人，是本村的特色文化艺术。

1087 豆坪乡周家坝村

简　　介：周家坝村位于康县北部江武公路沿线，是豆坪乡政府所在地，全村105户，343人，有耕地180亩；祁山、豆坪等村公路沿线涉及农户87户。农村生产以玉米、小麦为主，畜牧业以水产养殖、养猪、牛、鸡为主；经济作物以核桃、花椒为主；收入结构主要靠种植、养殖和劳务输出，2013年末人均纯收入3626元，属豆坪乡经济发展较好的村之一。目前，周家坝生态文明新农村各项建设任务基本完成，全村呈现出农村发展、基础设施完善、村容整洁的良好局面。

1088 云台镇唐坝村

简　　介：唐坝村位于云台镇关沟河流域，距政府驻地7.5公里，属于典型的贫困高半山山区，全年霜冻期长，正常年份降雨量260毫米，雨期短且分布不均匀，主要集中在秋季的七、八、九、十四个月。全村辖7个村民小组，189户，631人，劳力392人。

1089 碾坝乡崔家湾村

简　　介：崔家湾村位于县城以西小康路7公里处，全村辖6个村民小组，356户，1332人，经济收入以劳务、养殖和核桃为主。今年以来，按照县委、政府提出的"统筹城乡一体发展，建设生态美丽乡村"的总体目标，该村立足示范村建设标准和县上审批项目，结合地域、人文和民俗特色，以加强基础设施建设为重点，以发展特色产业为基础，以乡村环境综合整治为着力点，以基层党建工作为抓手，整合项目、整合资金、整体推进，取得了较好成绩。

1090 寺台乡袁山村

简　　介：袁山村位于寺台乡西部，全村辖6个合作社，168户，668人，有耕地面积

1127.5亩，群众居住相对集中，光照比较充足，土地肥沃。群众收入以核桃、养殖、劳务为主。

1091 太石乡巩山村

简　　介：太石乡巩山村位于犀牛江南岸，有名胜古迹大石头桥房1座，是"茶马古道"必经之路。全村有5个合作社，87户，339人，耕地900亩。主产小麦，玉米，黄豆。

1092 阳坝镇花岩沟村

简　　介：花岩沟村位于阳坝镇东南部，距镇政府所在地23公里，平均海拔750米。全村共有5个合作社，100户，320人，现有茶园851.266亩，人均2.66亩，有林地10760亩，人均33.6亩，核桃面积760亩，2013年农民人均纯收入2960元。群众经济收入以茶叶、中药材和劳务输出为主。

1093 迷坝乡姚山村

简　　介：姚山村位于迷坝乡以东，主要经济作物为天麻、木耳、中药材。

1094 岸门口镇许家河村

简　　介：康县岸门口镇许家河村距离县城4公里。全村有208户，720人，有党员17人，贫困人口510人，耕地面积1553亩。2013年农民人均纯收入3600元。全村农业产业以传统种植业为主，经济产业以核桃、劳务输出等为主，兼有农家乐餐饮服务业3户。

1095 王坝乡王家坝村

简　　介：王坝村位于白望路（307省道）沿线，距县城10公里，是王坝乡乡政府所在地。该村属亚热带向暖温带过度气候，年平均气温12摄氏度，平均海拔1100米。全村国土面积7.8平方公里，现有耕地1300多亩，退耕还林1256.3亩。林改后林地总面积8833亩。全村辖4个合作社，177户，1152人。该村的主导产业是农业和畜牧业，主要的农副产品有小麦、玉米、大豆等，经济作物有中药材、蚕桑等。

1096 寺台乡成湾村

简　　介：成湾村东邻寺台乡杨湾村，西靠黄庄村，南邻大堡镇李河村，北邻马连村，全村辖3个合作社，65户，270人，耕地面积365亩。全村以核桃、花椒、劳务为主要收入。

1097 白杨乡元曲河村

简　　介：元曲河村位于白杨乡东南8公里处，全村共有5个合作社，84户，292人，坡地850多亩，有林地7740亩，适宜种食用菌、天麻等，同时食用菌和天麻也是群众的重要经济收入。

1098 太石乡寺沟村

简　　介：康县太石乡寺沟村属山林区，盛产核桃，主产小麦。全村有3个合作社，86户，358人，耕地702亩。

1099 店子乡中坝村

简　　介：中坝村位于店子乡政府27公里处，距县城60公里。全村辖6个合作社，112户，农业人口414人，全村经济收入以农业为主，主要种植小麦、玉米等；经济作物有核桃、天麻、香菇种植等；每户都养有猪、鸡等家畜。近年来通过发展劳务，全村三分之一的劳动力外出打工，户均家庭收入显著提高。全村天麻资源丰富，发展潜力良好。

1100 三河坝乡小村沟村

简　　介：小村沟位于全乡西北高半山区，

距乡政府、学校、卫生院、集镇市场8公里以上。全村共有2个合作社，有农村居民44户，162人。全村耕地310亩，人均1.9亩。林地7130亩，人均44.0亩。牧草面积586亩，人均3.6亩，全村共有贫困人口35户，130人。全村以第一产业为主，几乎没有第二、三产业。年种植小麦160亩，玉米150亩，黄豆110亩。农业特色产业仅有天麻、核桃、茯苓、魔芋4样，群众收入主要来源靠种玉米、小麦、天麻、茯苓和外出务工。

1101 望关乡李坝村

简　　介：全村下辖6个合作社，178户，总人口763人。有党员30名，其中女党员6名，村级班子健全，作用发挥良好。全村有耕地面积1260亩，有林地5250亩，其中灌木林4000亩，核桃1460亩，挂果树5200株，幼树39000株，其中高接换优改良9000余株，有花椒150亩，2013年核桃总产量43000斤，产值52万元，花椒产量5000斤，产值15万余元。全村乡公路全长13.4公里，其中通村公路2.5公里，通社公路10.9公里，未拓宽7公里，有人行吊桥1座，护庄河堤1050米。全村6个社全部通电，未通自来水3个社。全村已完成入户道路硬化43户，长1200米，硬化庭院43户，2940平方米，房屋亮化9户，坡屋顶改造1户。

1102 两河镇街道村

简　　介：街道村为两河镇政府所地，全村辖3个社，99户，334人，有劳动力197人，外出务工134人；现有耕地708.5亩，以茶叶、木耳、香菇为主要经济来源，2013年人均纯收入3380元，人均有粮600斤。

1103 阳坝镇阳坝村

简　　介：阳坝镇阳坝村位于阳坝镇政府1公里处，平均海拔900米。全村有4个合作社，192户，631人。现已整体退耕还茶，成为阳坝镇茶叶专业村之一，全村共有茶园463亩，户均茶园2.41亩，年产茶叶20.5吨，茶叶年产值38万元，户均茶叶年产值1979元。群众收入以茶叶生产、中药材种植、旅游接待、劳务输出为主，2013年农民人均纯收入3850元。阳坝村有党员33人，发展对象7人，积极分子2人，村级组织三层360平方米。

1104 店子乡九远沟村

简　　介：店子乡九远沟村，位于店子乡西部，距乡政府20公里。全村共有4个村民小组，90户，364人，有党员13人，劳动力120余人，耕地面积793余亩，2011年人均纯收入1100元。全村地处山区，群众居住不集中，交通不便，农业生产条件差，群众收入少，发展滞后。

1105 王坝乡廖家院村

简　　介：廖家院村位于青林沟流域中段，全村辖2个社，88户，345人，2013年人均纯收入3361元，农业种植以玉米、小麦、洋芋为主，畜牧业发展以养猪、养鸡为主，经济收入来源要依靠外出务工和核桃产业。根据本村居住环境村容村貌的特点，深入挖掘本地传统文化精髓，突出地方特色。将军崖，地处西秦岭山麓，位于距康县县城大约十公里的王坝乡青林沟风景区中部的廖家院村，是陇南康县的十大名景之一。

1106 大堡镇何沟村

简　　介：何家沟村，位于大堡镇西北角，距街道4公里，有6个合作社，129户，496人；总耕地面积994亩，退耕还林443.5亩，村民主要经济来源靠务工和核桃、种植、养殖等，年人均纯收入1670元左右。主要有以下三大产业，一是种植业，主要种小麦、玉米、黄豆、马玲薯等，且土地脊薄，产量低下，虽是大产业，但人均有粮只有220斤，全村有60%的人从事农业生产。二是核桃产业，全村460亩，成年树5860株，人均12株。三是养殖业，有猪、牛、羊、鸡，以养猪为主，户均两头猪。通公路的有3个社，还有3个社没通农技路；全村有129户，496人饮水有困难；灾后重建新房80户。有486人参加新农合，285人参加新农保，160人搞劳务输转打工，有小学1座，教师7人，医疗诊所1个，医生1名，文化图书室1个。村民主要经济来源靠务工和核桃、中药材、养殖、种植等产业。五、基层组织建设。有党员13人，各项制度建设齐全。

1107 云台镇关场村

简　　介：关场村位于云台镇东北面，距镇政府住地9公里，距县城49公里，交通不便，全村平均海拔高度780米。属于典型的贫困干旱山区，全年霜冻期长，正常年份降雨量240毫米，雨期短且分布不均匀，主要集中在秋季的七、八、九、十四个月。全村辖9社，230户，919人，劳动力473人。

1108 长坝镇田坝村

简　　介：田坝村位于长坝镇北，属高山、高半山村庄，距镇政府14公里，全村辖6个合作社，农业户156户，农业人口587人，人居环境较为分散。

1109 豆坪乡李安村

简　　介：李安村距乡政府15公里，属于边远高山地区，全村辖6个社，172户，612人，有党员22人。全村有耕地1221亩，主要产业有核桃、粮食和劳务等。2013年人均纯收入3124元。2013年确定为市级基层党建科学发展示范点。全县生态文明精品新农村示范点。

1110 白杨乡贺家坝村

简　　介：贺家坝村位于白杨乡东7公里处，全村共有5个合作社，108户，416人，坡地1138多亩，有林地14500亩，适宜种食用菌、天麻等，同时食用菌和天麻也是群众的重要经济收入。产业发展。贺家坝村是纯粹的农业村，没有工业和服务业。2014年人均纯收入3645元，群众收入主要来源于农业种植收入、特色产业收入和劳务收入。康阳公路穿村而过，交通便利，全村普及了自来水，5.12地震灾后重建时全村71户进行了重建，群众住房条件较好，电力充足，已进行了电网改造。公共服务。该村有村级卫生所1处，建成了功能较为齐全的村级活动场所，设有村级农家书屋，新型养老保险参保率达到了95%。村级组织健全，班子团结，工作能力强，群众比较满意，村级活动场所是5·12地震灾后中央基金重建项目，占地0.5亩，建设标准和布置标准都较高，现已完全投入使用。

1111 阳坝镇大庄子村

简　　介：大庄子村位于阳坝镇东南部，距镇政府所在地25公里，平均海拔800米。全村共有3个合作社，80户，321人，现有茶园800亩，人均2.49亩，有林地14500亩，人均15.17亩，核桃面积2800亩，人均8.72亩，全村部分耕地退出粮食生产，2013年农民人均纯收入2150元。大庄子村党支部有党员35人，发展对象8人，积极分子2人，村级组织活动2层200平方米。

1112 岸门口镇青岗坝村

简　　介：青岗坝村距县城15公里，全村辖5个合作社，151户，525人。有耕地1100亩，林地11578亩，人均耕地2亩多，坡耕地占耕地总面积的70%左右，村民经济收入以核桃、中药材、劳务输出为主，2013年全村农民人均纯收入3240元。青岗坝村属现代社区型美丽乡村，是康县最早建成的新农村，双联单位是县水务局。该村的特点是公共服务设施齐备，长效管理机制健全。2011年3月，青岗坝村被陇南市委宣传部、文明办命名为陇南市首批"生态文明村"。

1113 大南峪乡后沟村

简　　介：后沟村位于大南峪乡东部8公里处，毗邻窑坪村。全村4个合作社，461人。交通便利，土地肥沃，是大南峪乡确定的2013年生态文明新农村巩固提升示范点和县级党建示范点。

1114 王坝乡金家垭村

简　　介：王坝乡金家垭村位于县城以东，乡政府以西，白望公路沿线，距县城5公里，乡政府5公里。全村辖2个合作社，100户，336人，全村占地面积2.6平方公里，耕地面积164亩，林地面积2885亩。该村的主导产业是农业。主要的农副产品有小麦、玉米、大豆等，经济作物有中药材、蚕桑、核桃等。该村现有农家书屋1处，人饮工程、电力工程、广播电视、村社道路覆盖全村，为该村群众提供了高效便利的服务，极大地丰富了该村群众的业余生活。

1115 岸门口镇吊桥沟村

简　　介：吊桥沟村距县城3公里，辖6个合作社，163户，582人。耕地面积1225亩，人均有粮306公斤，2013年人均纯收入1900元。

1116 云台镇陈沟村

简　　介：陈沟村位于云台镇西北部，距镇政府4公里，属于典型的贫困高半山山区，全年霜冻期长，正常年份降雨量260毫米，雨期短且分布不均匀，主要集中在秋季的七、八、九、十几个月。

1117 寺台乡巩沟村

简　　介：巩沟村位于寺台乡北部，全村辖5个社，100户，325人，耕地880.5亩，群众居住分散，经济收入以核桃、劳务、养殖为主。

1118 两河镇巩坝村

简　　介：巩坝村位于两河镇以北21公里处，北与陕西省略阳县郭镇接壤，辖7社，有农户128户518人，耕地面积1331亩，2013年农民人均纯收入达到3266元。

1119 大南乡宋河坝村

简　　介：宋河坝村距乡镇府6公里，全村辖4个合作社，121户，502人，该村群众收入以粮食、油菜、核桃、劳务为主；2008年"5.12"大地震后，村民住房通过灾后维修加固和重建工程，彻底改善了居住条件和生活环境。

1120 太石乡雍坝村

简　　介：康县太石乡雍坝村位于犀牛江畔，该村经济文化发达，有着"陇上犁铧老字号"之称，还有一支秦腔演唱队伍，活跃了群众文化生活。全村有2个合作社，92户，352人，耕地358亩，农作物以小麦为主。

1121 望关乡徐罗村

简　　介：徐罗村位于望关乡北山地区，距乡政府所在地8公里。境内山大坡陡，自然条件严酷，平均海拔1280米。共辖5个合作社，98户，402人。徐罗村共有党员32人。环境整治：对村庄进行了绿化，房屋进行了亮化，修建了农机具棚，修建了垃圾池和配备了垃圾车，并改厕改圈，修建了沼气，出台了卫生管理制度，制定了村规民约，完善了长效机制，实现了"四化四改六有五进一出"的目标。

1122 大堡镇孙家沟村

简　　介：孙家沟村地处大堡镇西部，距大堡镇7.5公里，辖有6个社，共118户，389人。现有耕地面积1140亩，人均耕地2.9亩。全村以种植小麦、玉米、豆类为主，经济收入以核桃、劳务输转收入为主。全村从事第一产业人口达250人，比重为60%，以种植粮食作物为主，有小麦、玉米、黄豆等。全村在校学生64名，其中小学生42名，初中生18名，高中生3名，中专生1名；118户参加新农合，看病住院报销率达100%，118户参加新农保，目前已有79人享受养老待遇，并按月领取。

1123 碾坝乡肖家山村

简　　介：肖家山村位于碾坝乡东北部，距乡政府10公里，下辖7个合作社，现有农户205户，847人。肖家山村境内山大沟深，森林覆盖率高，水资源丰富。群众主要收入有核桃、农副产品及劳务输出。

1124 寺台乡杨湾村

简　　介：杨湾村是寺台乡政府所在地，全村辖7个合作社，214户，810人，耕地面积1224亩。全村以核桃、花椒、蚕桑、劳务为主要收入，全村总体经济发展比较缓慢。

1125 长坝镇李庄村

简　　介：李庄村位于白望公路沿线，距镇政府1公里，全村辖3个合作社，136户，502人。有耕地1028亩，群众经济收入以核桃、蚕桑、中药材种植、畜牧养殖、劳务输出为主。

1126 店子乡孙家庄村

简　　介：孙家庄村位于店子乡政府7公里处，距县城40公里。全村辖2个合作社，58户，农业人口228人，全村经济收入以农业为主，主要种植小麦、玉米等；经济作物有核桃、中药材种植等；每户都养有猪、鸡等家畜，经济收入低而单一。近年来通过发展劳务，全村三分之一的劳动力外出打工，户均家庭收入显著提高。

1127 店子乡吴家山村

简　　介：店子乡吴家山村，位于店子乡东部，距乡政府11公里。全村49户，205人，劳动力100余人，耕地面积636余亩。2013年人均纯收入2250元。

1128 铜钱乡亮垭村

简　　介：亮垭村位于铜钱乡东部，距政府驻地1.5公里，天铜（天池村至铜钱坝村街道）公路穿村而过。全村辖2个合作社（亮垭社、对折社），共有68户，人口238人，现有耕地面积403亩，茶园645亩。农民经济收入来源以茶叶、天麻、樱桃等为主。

1129 王坝乡安家山村

简　　介：安家山村位于乡政府以西7公里处，全村1社，农业人口47户，172人。耕地面积373亩，林地1296亩。境内植被良好，降雨量充沛，气候温润。全村1社分布在乡村路以北，呈1线2沟模式。主要经济收入是劳务输出、粮食种植、退耕还林和核桃树种植。其中劳务输出占总收入的40%以上，户均输出1人以上；核桃收入占30%左右，核桃种植面积户均在2亩以上。

1130 长坝镇王马村

简　　介：王马村位于镇政府北部，距镇政府11公里，全村辖5个合作社，农业户，144户，农业人口595人。

1131 豆坝乡杨李村

简　　介：杨李村位于豆坝乡以西，距乡政府16公里处，全村辖4个合作社，172户，723人，耕地面积1480亩，林地面积8270亩，粮食亩产220公斤。劳务输转和育苗产业是群众收入的主要来源。2011年人均纯收入2150元，人均有粮860斤。该村交通便利，地势开阔，日照充足，是发展育苗最佳适宜区。

1132 岸门口镇杨家河村

简　　介：杨家河村位于康阳路25公里处，本村有6个合作社，其中有5个合作社位于山区，居住比较分散，本村共有120户，382人，现有耕地面积1413亩。务工为主要经济来源。

1133 两河镇中坝村

简　　介：中坝村位于两河镇以北，北与陕西省略阳县、东与陕西省宁强县接壤，距镇政府所在地13公里，辖9社，有农户174户，569人，耕地面积1770亩，2013年农民人均纯收入达到3246元。

1134 豆坝乡刘坝村

简　　介：刘坝村位于豆坝乡以西，距乡政府14公里处，全村辖3个合作社，104户，402人，耕地面积1227。劳务输转和育苗产业是群众收入的主要来源。2013年人均纯收入2750元，人均有粮860斤。该村交通便利，地势开阔，日照充足，是发展育苗最佳适宜区。

1135 豆坪乡柏杨村

简　　介：豆坪乡柏杨村距乡政府7公里处，全村共有5个村民小组，9个村民干部，225户，860人，其中男447人，女413人。该村有耕地面积1557.5亩；农业用地中有林地5620亩，草地5226.9亩。土地肥沃，水源充足，交通还算便利，是豆坪乡实施能源建设的重点村之一。

1136 豆坪乡张赵村

简　　介：豆坪乡张赵村距乡政府6公里处，交通十分方便。全村共有4个村民小组，8个村民干部，110户，450人，其中男234人，女216人。该村有耕地面积804.5亩，农业用地中有林地2897.8亩，草地2695.1亩。土地肥沃，水源充足，交通便利，是我豆坪实施能源建设的重点村之一。

1137 豆坝乡味石村

简　　介：味石村位于小康路19公里处，全村辖3个社，95户，305人，耕地面积825亩，林地面积4912亩，2013年人均纯收入2285元。新农村建设开工建设以来，累计投入资金80余万元，组织群众投工投劳3600个工日，备沙、备料800立方。通过领导抓点、干部包户，组织发动群众，充分调动群众的积极性，实现了建设进度快、工程质量好、群众满意度高的预期目标。

1138 长坝镇范寺村

简　　介：范寺村位于长坝镇东部，距镇政府7公里，辖5个社，134户，425人，基础条件较差。群众经济收入以核桃、中药材种植、畜牧养殖、劳务输出为主，2013年农民人均纯收入2816元。

1139 白杨乡池营村

简　　介：池营村位于白杨乡南7公里处，全村共有5个合作社，84户，292人，坡地1050多亩，有林地8820亩，适宜种食用菌、天麻等，同时食用菌和天麻也是群众的重要经济收入。

1140 三河坝乡水草坝村

简　　介：水草坝村位于全乡西北高半山区，距乡政府、学校、卫生院、集镇市场高达23公里以上。全村共有4个合作社，有农村居民68户，265人。全村耕地525亩，人均1.98亩。林地9636亩，人均36.36亩。全村以第一产业为主，几乎没有第二、三产业。年种植小麦156亩，玉米210亩，黄豆150亩。养猪66头，牛21头，羊76只。年均输转24个劳动力。农业特色产业仅有黑木耳、香菇、天麻、核桃4样，群众收入主要来源靠种玉米、小麦、天麻、黑木耳、香菇食用菌和外出务工。

1141 豆坝乡豆坝村

简　　介：辖5个合作社，235户，804人，耕地面积1286亩，林地面积9388亩。劳务输转、服务业、种养业是群众收入的主渠道。2012年人均纯收入2920元，人均有粮810斤。2013年初，豆坝村确定为生态文明新农村建设示范村，累计投入资金163万元，组织群众投工投劳6200个工日，备沙、石料3600立方。修建活动广场2处，2630平方米；完成景观小品2处，1600平方米，公厕1个，40平方米；垃圾池（房）5个；制作文化墙1处，80平方米；新建豆家庄护庄河堤440米；新建公路沿线绿化带26个，2400平方米，栽植绿化树木600株，绿化空闲地3600平方米；硬化村庄道路及入户道路110条，7890平方米；硬化农户庭院207户，14830平方米，修建围墙620米；完成房屋坐脊厌四带106座，美化亮化房屋330座，风貌改造街道门店16户，22间，统一制作了门店招牌46个；拆除危旧房屋20户，32间。

1142 岸门口镇唐家院村

简　　介：岸门口镇唐家院村位于岸门口镇中节河流域，全村辖5个合作社，108户，382人，现有耕地1120亩。粮食作物中，玉米、小麦产量占总产量的85%，还种植洋芋、黄豆等杂粮。经济作物及林产品有核桃、柿子、板栗、木耳、天麻等，唐家院充分利用有利资源发展金耳培育，目前已取得了明显效益。

1143 望关乡寨子村

简　　介：寨子村位于望关乡北部，地处江武公路沿线，距乡政府驻地2公里。全村辖4个合作社，共189户，689人。近年来，寨子村依托资源优势，挖掘发展潜力，大力发展以核桃、花椒为主的特色产业，兼顾中药和劳务两个增收项目，加快转变发展方式，努力实现转型跨越，2013年农民人均纯收入3470元。2012年被列为生态文明新农村建设示范村和基层党建示范点。

1144 云台镇杜坝村

简　　介：杜坝村位于云台镇东部，属于典型的贫困高半山山区，全年霜冻期长，正常年份降雨量260毫米，雨期短且分布不均匀，主要集中在秋季的七、八、九、十四个月。

全村辖5个村民小组,127户,445人,劳力282人。

1145 大堡镇大城村

简　　介：大城村位于康县大堡镇南部,是大堡镇的南大门,地处长窑公路旁,距镇政府10公里。全村共辖7个合作社,有农村居民118户、455人;全村耕地面积为556亩,人均1.2亩。全村以第一产业为主,年种植小麦260亩,玉米270亩,黄豆260亩。农业特色产业仅有核桃、板栗两样,群众收入主要来源靠种植玉米、小麦、香和外出务工,人均纯收入有3300元。

1146 豆坪乡草坪村

简　　介：豆坪乡草坪村距乡政府9公里处,全村共有6个村民小组,10个村民干部,156户,560人,其中男291人,女269人。该村有耕地面积1145.8亩;农业用地中有林地4127.2亩,草地3838.5亩。土地肥沃,水源充足。

1147 碾坝乡大庄村

简　　介：碾坝乡大庄村位于康县中部,距离康县城区23公里,地处捷山南麓,海拔1380-2483米,年降雨量850毫米,无霜期180天,年平均气温9.8℃,气候湿润,冬季封冻早、时间长、气温低,属典型的半山高寒阴湿地区。全村5个合作社,162户,606人,316个劳动力,境内总面积18平方公里,耕地面积1200亩,人均耕地1.8,林地面积1088亩,荒山荒坡3800亩。

1148 阳坝镇大沟村

简　　介：大沟村位于阳坝镇东南方向,距阳坝镇3.5公里,全村3个合作社,共53户,现有人口199人,有劳动力125人。海拔930米,年降水量550-600毫米,平均575毫米,无霜期为210天,全村现有耕地1200亩。全村整村退出粮食生产,其中老茶叶面积294亩,退耕还茶782亩,共计1076亩。其中林地面积7862亩,该村地理条件较差,群众的经济来源以茶叶、天麻、劳务输出为主,其中茶叶、中药材发展较快。劳务输出25人,其中在外地务工10人;其中种植发展潜力巨大;2013年底农民人均纯收入2800元。

1149 豆坪乡阴湾村

简　　介：豆坪乡阴湾村距乡政府3公里处,交通十分方便。全村共有4个村民小组,8个村民干部,129户,454人,其中男236人,女218人。该村有耕地面积902亩;农业用地中有林地3249.1亩,草地3021.8亩。土地肥沃,水源充足,交通便利。

1150 大南峪乡李通沟村

简　　介：李通沟村位于窑坪河以南,距离乡政府驻地8公里处,全村4个村民小组,83户347人,劳动力200人。现有耕地面积624.4亩,人均有耕地1.91亩。人均有粮200公斤,2012年末人均纯收入2580元。是乡里确定的2013年生态文明新农村建设达标村。共完成庭院硬化63户4750平方米,亮化门窗24户,完成人畜安全饮水工程,彻底解决长期困扰群众的吃水难问题。

1151 三河坝乡小垭村

简　　介：小垭村位于三河坝乡以东2.5公里处,辖小垭、纸苍湾、马眼沟3个自然合作社,有农村居民97户、288人。全村耕地523亩,人均1.8亩。林地8264亩,人均28.64亩。牧草面积505亩,人均1.75亩。全村以第一产业为主,几乎没有第二、三产业。年种植小麦79.73亩，玉米110亩，黄豆4.98亩。农业特色产业有黑木耳、香菇、天麻、茯苓、核桃5样，群众收入主要靠种植天麻、茯苓、玉米、小麦、黑木耳、香菇等作物和外出务工所得。

1152 阳坝镇阴坝村

简　　介：阴坝村位于阴坝镇西部，距镇政府所在地0.5公里，平均海拔790米。全村共有2个合作社，115户，385人，现有茶园916.16亩，人均2.38亩，有林地1319亩，人均3.42亩，耕地全部退出粮食生产，2013年农民人均纯收入2336.6元。群众经济收入以茶叶、中药材和劳务输出为主。

1153 王坝乡何家庄村

简　　介：王坝乡何家庄村距县城8公里，全村共5个社，311户，1161人。耕地面积1490亩，林地面积7204亩，草地面积3690亩。农作物以小麦、玉米、洋芋等为主，经济收入主要依靠外出务工、粮食种植、交通运输和核桃树等经济林果。何家庄村位于白望路沿线，交通便利，人口居住集中，村级组织坚强有力，今后将按照生态旅游度假村的建设目标，进一步完善基础设施建设，大力发展核桃、五味子等特色产业，兴办集休闲、娱乐为一体的农家乐和农家宾馆，不断加快乡村旅游开发步伐，力争早日实现小康目标。

1154 大堡镇朱坝村

简　　介：朱家坝村位于康县大堡镇西南部，地处寺长公路旁，距镇政府5公里。全村共辖8个合作社，有农村居民164户，545人；全村耕地面积为1235亩，人均2.3亩；退耕还林620亩；通公路的有6个社。全村以第一产业为主，农业特色产业有核桃、茯苓、板栗、柴胡、板蓝根5样，群众收入主要来源靠种玉米、小麦、黄豆、核桃、板栗和外出务工，人均纯收入仅有3530元。农民住房40%为土木结构，人均居住面积30平方米，户户通生活用电。

1155 城关镇斜崖村

简　　介：斜崖村位于白望公路沿线以西距县城1.5公里处，全村辖2社，155户，514人，现有耕地790亩。

1156 岸门口镇街道村

简　　介：街道村位于岸门口镇政府所在地，辖6个合作社，共205户，785人。耕地面积904亩，其中90%以上为山坡地。主导产业为核桃、种植、劳务输出，2013年人均纯收入2400元。

1157 大南峪乡窑坪村

简　　介：窑坪村距乡政府所在地10公里，全村辖4个社，144户，519人，有耕地面积630亩，群众收入以粮食、蚕桑、核桃、劳务、经商为主；2008年5·12大地震后，村民住房通过灾后恢复重建结合生态文明新农村建设，彻底改善了居住条件和生活环境。文化古迹：窑坪村为甘肃南部茶马古道遗址所在地，现在村里保存完好的古代商贸鼎盛时期遗留下来的驿站、商铺、拴马桩、饮马槽、石碑等文物就有好几处。革命史迹：1936年9月红军长征路过康县云台时，红二方面军六师部分官兵曾经住在窑坪"关帝庙"一周，开展减租反霸、征粮、筹款、补充兵员等活动，传播革命火种。

1158 阳坝镇老庄村

简　　介：老庄村位于阳坝镇以东乱山子地带3公里处，康阳公路穿村路过，全村辖4个合作社，162户，现有人口590人，有劳动力352人，海拔650米，全村现有耕地131亩，人均耕地2.3亩，有林地面积10160亩。全村整村退出粮食生产，其中茶叶面积1100亩，成茶1000亩，现以茶叶、天麻、劳务输出为主产。经济来源中茶叶、养殖产业发展较快。劳务输出153人，其中在外地务工73人；养殖业规模较小，但其中大鲵养殖发展潜力巨大；2013年底农民人均纯收入3500元。现有党员36名，2004年维修村级组织活动场所，建筑面积120平方米。

1159 铜钱乡郝坪村

简　　介：郝坪村位于康县铜钱乡以西6公里处，距县城54公里。全村辖3个合作社，110户，386人。农民经济来源以核桃、天麻、劳务输出等为主。全村有耕地578.3亩，茶园101.1亩。

1160 阳坝镇焦家坡村

简　　介：焦家坡村位于阳坝镇的东南部，距县城80公里，距阳坝镇政府所在地14公里，平均海拔940米。全村共有2个合作社，76户，258人，现有茶园160亩，0.62人均亩，有林地4860亩，人均18.84亩，2013年农民人均纯收入1260元。

1161 豆坪乡田能干村

简　　介：豆坪乡田能干村距乡政府5公里，属较远的高半山区，全村共有5个村民小组，9个村民干部，233户，860人，其中男447人，女413人。该村有耕地面积1507.2亩，林地5444.4亩，草地5063.6亩。土地肥沃，水源充足。

1162 岸门口镇庄科村

简　　介：庄科村位于岸门口镇中节河流域7公里处，全村93户，共337人，其中外出约53人。有低收入家庭30户，80人，全村参加养老保险198人，合作医疗329人，2014年人均纯收入2200元。庄科村共有耕地面积约720亩，退耕地约400亩，本村村容村貌相对整洁，水、电、路、通讯等基础设施相对健全。

1163 平洛镇中寨村

简　　介：中寨村位于江武公路沿线，全村共有9个社，326户，1287人，全村经济收入以核桃、花椒、劳力为主。

1164 大堡镇安场村

简　　介：安场村位于康县大堡镇东南部，邻近寺长公路旁边的郭家湾村，距镇政府7公里。全村共辖4个合作社，有农村居民84户，315人；全村耕地面积为665亩，人均2.1亩；以第一产业为主。年种植小麦360亩，玉米350亩，黄豆320亩。农业特色产业有核桃、花椒两样，群众收入主要来源靠种玉米、小麦和外出务工，2013年人均纯收入3070元。农民住房50%为土木结构，人均居住面积20平方米，户户通生活用电。

1165 岸门口镇万家河村

简　　介：万家河村距县城19公里，距镇政府11公里。全村有6个合作社，104户，396人。耕地面积1168亩，全部为山地、旱地。群众收入以外出务工为主。2013年人均纯收入2350元。

1166 长坝镇花桥村

简　　介：花桥村位于白望公路沿线，距镇政府驻地2公里，全村共辖8个合作社，211户，814人，耕地面积1635亩，人均有粮326公斤，农民人均纯收入3182元，该村以农业种植、畜牧养殖、核桃产业和劳务输出为主要经济来源。

1167 望关乡沈湾村

简　　介：康县望关乡沈湾村，位于江武公路沿线，距乡政府驻地8公里处，全村辖3个合作社，120户，650人，现有党员30名，村级班子健全发挥作用良好。全村有耕地面积750亩，群众经济收入来源以核桃、花椒以及劳务输转为主，2013年人均纯收入3670元。2014年该村被县委政府列为生态文明新农村精品村建设示范点。

1168 云台镇云台村

简　　介：云台村位于康县北部，距县城32公里，属于典型的贫困高半山山区，全年霜冻期长，正常年份降雨量260毫米，雨期短且分布不均匀，主要集中在秋季的七、八、九、十四个月。全村辖14个村民小组，348户，1255人，劳力890人。

1169 白杨乡靴子坝村

简　　介：靴子坝村位于白杨乡南23公里处，全村共有5个合作社，80户，286人，耕地1110亩，有林地8000亩，适宜种食用菌、天麻等，同时食用菌和天麻也是群众的重要经济收入。

1170 白杨乡枫岭村

简　　介：枫岭村位于白杨乡南7公里处，全村共有5个合作社，84户，292人，坡地850多亩，有林地7740亩，适宜种食用菌、天麻等，同时食用菌和天麻也是群众的重要经济收入。

1171 碾坝乡蹇后沟村

简　　介：蹇后沟村辖4个合作社，137户，500人，耕地面积1200亩。新修组织活动室120平方米。主要产业有种植、养殖、核桃等。主要收入来源为劳务输转、农业生产和畜牧养殖等。地势偏僻，交通条件差。

1172 豆坪乡郭崖村

简　　介：豆坪乡郭崖村距乡政府12公里处，全村共有5个村民小组，9个村民干部，113户，397人，其中男206人，女191人。该村有耕地面积780.1亩；农业用地中有林地2810亩，草地2613.5亩。土地肥沃，水源充足。

1173 白杨乡吊石坝村

简　　介：吊石坝村位于白杨乡4公里处，全村共有6个合作社，133户，462人，有林地8900亩，适宜种食用菌、天麻等，同时食用菌和天麻也是群众的重要经济收入。产业发展。吊石坝村是纯粹的农业村，没有工业和服务业。2014年人均纯收入3641元，群众收入主要来源于农业种植收入、特色产业收入和劳务收入。康阳公路穿村而过，交通便利，全村基本上普及了自来水，群众住房条件较好，电力充足，已进行了电网改造。

1174 大堡镇大方山村

简　　介：大方山村地处大堡镇西部，距大堡镇6公里，辖有9个社，217户，786人。现有耕地面积1420亩，其中退耕还林104亩，人均耕地1.8亩；现有林地草坡3997亩，人均4.8亩。全村以种植小麦、玉米、豆类为主，经济收入以核桃、劳务输转收入为主，2013年全村人均纯收入3450元。全村从事第一产业人口达500人，比重为62.8%，以种植粮食作物为主，有小麦、玉米、黄豆等；全村农民收入靠种地为主，外出务工为辅。

1175 豆坪乡成山村

简　　介：豆坪乡成山村距乡政府10公里处，全村共有4个村民小组，8个村民干部，1154户，572人，其中男297人，女275人。该村有耕地面积1145.8亩；农业用地中有林地4127.2亩，草地3838.5亩。土地肥沃，水源充足，全村以种植核桃、花椒为主。

1176 云台镇铺坝村

简　　介：铺坝村位于云台镇关沟河流域，距政府驻地10公里，属于典型的贫困高半山山区，全年霜冻期长，正常年份降雨量260毫米，雨期短且分布不均匀，主要集中在秋季的七、八、九、十四个月。全村辖14个村民小组，322户，1248人。

1177 豆坝乡元丰村

简　　介：元丰村现有3个村民小组，总人口191人，45户，耕地面积539亩，劳动力90人，外出40人。2014年合作医疗以及养老保险99%以上。

1178 三河坝乡斜坡村

简　　介：斜坡村位于全乡西北高半山区，距乡政府、学校、卫生院、集镇市场高达19.3公里以上。全村共有5个合作社，有农村居民81户，307人。全村耕地672亩，人均2.2亩；林地16285亩，人均52.96亩；牧草面积1556亩，人均5.1亩。

1179 阳坝镇土垭村

简　　介：土垭村位于阳坝梅园沟风景区内，距镇政府所在地6公里，平均海拔980米。全村共有3个合作社，50户，168人，现有茶园275.77亩，人均1.64亩，有林地9506.00亩，人均56.58亩，全村整村退出粮食生产，2013年农民人均纯收入2336.00元。

1180 白杨乡金钗峪村

简　　介：金钗峪村位于康县南部，康阳公路沿线29公里处，距白杨乡政府所在地12公里，全村共有5个合作社，113户，457人，坡地1151.9亩，有林地18227亩，适宜种植食用菌、天麻等，食用菌和天麻也是群众的重要经济收入。同时发展培育银杏树苗、索罗果树苗、种植大蒜。产业发展。金钗峪村是纯粹的农业村，没有工业和服务业。2014人均纯收入3645元，群众收入主要来源于农业种植收入、特色产业收入和劳务输出收入。康阳公路穿村而过，交通便利，全村普及了自来水，5·12地震灾后重建时全村113户进行了重建，群众住房条件较好，电力充足，已进行了电网改造。该村有村级卫生所1处，建成了功能较为齐全的村级活动场所1处，设有村级农家书屋，新型养老保险参保率达到了98%以上。

1181 大南峪乡赵家沟村

简　　介：赵家沟村是大南峪乡辖区的一个行政村，距乡政府8公里左右，全村4个合作社，74户，293人，由于地势原因，社与社之间相距较远。

1182 城关镇凤凰谷村

简　　介：凤凰谷位于县城西北2.5公里处，全村辖有8社，235户，891人，总面积1.6平方公里，有耕地1590亩、林地3500亩，2013年农民人均纯收入4200元。通过美丽乡村建设，凤凰谷成了县内有名的生态旅游精品村。

1183 寺台乡剪子村

简　　介：剪子村位于寺台乡东部，全村共九个合作社，158户，591人，土地面积1027.5亩，群众居住分散，收入以核桃、养殖、劳务为主，全村总体经济比较缓慢。

1184 大堡镇蔡坝村

简　　介：蔡坝村位于大堡镇西南端10公里处，该村属大堡镇较偏远村之一，森林资源丰富，生态良好，交通基本便利。全村辖6个合作社，162户，617人，2012年农民人均纯收入2987元。2013年，该村被列为生态文明示范村。

1185 太石乡金厂村

简　　介：康县太石乡金厂村位于犀牛畔，该村土地肥沃，主产小麦、玉米。全村整体实施了5·12灾后重建项目。一村一个合作社，27户，97人，耕地166亩。

1186 两河镇中营村

简　　介：中营村位于两河镇以西麻柳河畔2公里处，全村共4个社，165户，599人，有劳动力436人，外出务工156人；现有耕地1151亩，以茶叶、木耳、香菇为主要经济来源，上年人均纯收入3321元，人均有粮830斤。

1187 豆坪乡成沟村

简　　介：豆坪乡成沟村距乡政府15公里，海拔1.50千米，属偏远山区。全村辖5个社，123户，423人，耕地3099亩，经济收入以经济林、农作物、养殖业以及劳务输出为主。2013年全村人均纯收入2325元。

1188 阳坝镇五颗石村

简　　介：五颗石村位于阳坝镇一线天风景区，全村153户，608人。村民经济收入以务农和外出务工为主，去年人均纯收入3480元。全村5个自然村饮水困难，通村公路4个自然村，通电153户，经灾后恢复重建后村民住房条件良好。全村以茶叶、核桃、天麻、劳务输出等产业为主。

1189 王坝乡十二湾村

简　　介：十二湾村位于县城以东15公里处，土地贫瘠，植被良好，降雨量充沛。总面积156.78公顷，全村辖2个合作社，有43户，165人。耕地面积191亩，林地面积1456亩。农业种植以玉米、小麦、洋芋为主，畜牧业发展以养猪、养牛为主，经济收入来源主要依靠外出务工和核桃产业为主。

1190 太石乡李山村

简　　介：康县太石乡李山村位于犀牛江南岸，与成县索池乡大川村隔江相望。该村土地肥沃，主产小麦、玉米、黄豆，产量位居全乡之首。全村有114户，478人，4个合作社，耕地面积933亩。

1191 岸门口镇贾坝村

简　　介：贾坝村位于康阳公路19至26公里处，距岸门口镇政府13公里，辖11个合作社。283户，984人，耕地面积2340亩，其中九成以上为山坡地，群众收入以种植、劳务输出、核桃、养殖为主。贾坝村是岸门口镇最早一批新农村建设村。目前，村内村容村貌整洁，环境优美，基础设施齐全，是康县百公里生态旅游风情线的重要节点。

1192 长坝镇长坝村

简　　介：长坝村位于康县中部长坝镇镇区，白望公路沿线，全村辖9个合作社，286户，1004人，耕地面积2075亩，人均2.06亩，人均有粮303公斤，农民人均收入2398元，农民收入以种植业、劳务输出与核桃产业为主。粮食作物以玉米、小麦为主，辅以黄豆、小豆、荞麦、洋芋。特色产业主要有核桃产业、劳务输出、畜牧养殖等。

1193 阳坝镇干江坝村

简　　介：干江坝村位于阳坝梅园沟风景区内，距镇政府所在地33公里，平均海拔1230米。全村共有3个合作社，53户，206人，有林地10280亩，人均50亩，全村整村退出粮食生产，2013年农民人均纯收入2865元。

1194 白杨乡王坪村

简　　介：王坪村位于白杨乡南1公里，全村共有5个合作社，597人，坡地1000多亩，有林地8740亩，适宜种食用菌、天麻等，同时食用菌和天麻也是群众的重要经济收入。

1195 豆坪乡黑竹村

简　　介：豆坪乡黑竹村距乡政府13公里，海拔1700米、属偏远山区，全村辖4个社，91户，312人，耕地440亩。经济收入以经济林、农作物以及劳务输出为主，2012年全村人均纯收入2356元。

1196 店子乡谢家坝村

简　　介：店子乡谢家坝村，位于店子乡西部，距乡政府14公里。全村共有2个村民小组，96户，364人，有党员15人，劳动力179余人，耕地面积587余亩，2011年人均纯收入1860元。

1197 碾坝乡小河村

简　　介：碾坝乡小河村位于康县城以西，小康路14公里处。全村辖3个合作社，106户，405人，有耕地面积600亩。群众收入以劳务输出和传统农作物种植为主。小河村依山傍水，环境优美，距乡政府所在地仅1公里，发展经济具有得天独厚的优势。

1198 迷坝乡孟坝村

简　　介：孟坝村位于迷坝乡西南方向，全村辖3个合作社，68户，268人，主要经济作物为核桃。

1199 三河坝乡马家山村

简　　介：马家山村位于全乡西北高半山区，距乡政府、学校、卫生院、集镇市场高达25公里以上。全村共有2个合作社，有农村居民42户，182人。全村耕地456亩，人均2.5亩。林地11076亩，人均60.86亩。牧草面积972亩，人均5.3亩。全村以第一产业为主。年种植小麦210亩，玉米246亩，黄豆205亩。农业特色产业仅有黑木耳、香菇、天麻、核桃4样，群众收入主要来源靠种玉米、小麦、天麻、黑木耳、香菇食用菌和外出务工。

1200 迷坝乡迷坝村

简　　介：迷坝村位于郑迷公路27公里处，全乡辖4个合作社，175户，640人，主要经济作物为天麻、木耳、香菇。

1201 望关乡叶湾村

简　　介：叶湾村位于望关乡西部，地处江武公路沿线，距乡政府驻地1公里。全村辖5个合作社，共190户，643人，近年来，叶湾村依托资源优势，挖掘发展潜力，大力发展以核桃、花椒为主的特色产业，兼顾中药和劳务两个增收项目，加快转变发展方式，努力实现转型跨越。

1202 三河坝乡大湾里村

简　　介：大湾里村位于全乡西北高半山区，距乡政府、学校、卫生院、集镇市场高达22公里以上。全村共有3个合作社，有农村居民 69 户，236 人。全村耕地 495 亩，人均 2.1 亩。林地 6874 亩，人均 28.7 亩。牧草面积 1315 亩，人均 5.6 亩。全村以第一产业为主。年种植小麦 280 亩，玉米 260 亩，黄豆 210 亩。农业特色产业有茶叶、黑木耳、天麻、核桃、大鲵等，群众收入主要来源靠种玉米、小麦、天麻、黑木耳、大鲵养殖和外出务工。

1203 碾坝乡安家坝村

简　　介：碾坝乡安家坝村地处县城以西 4 公里，境内青山环抱、绿树成荫、房舍整齐、麦田油油。依托这些得天独厚的地理优势。乡村两级充分利用丰富的旅游资源，得天独厚的自然环境，把发展乡村旅游作为社会主义新农村建设的一项重要工作来抓，着力完善了各项基础设施，现在的安家坝已成为集生态游、乡村游一体的新型休闲度假村。随着乡村游的发展，赏乡村风光，吃农家土菜，如今已经成为都市群体休闲生活方式之一。安家坝还将休闲度假与农事体验结合起来，吸引城里人利用节假日到农家小院呼吸新鲜空气，观赏田园风光，采摘新鲜蔬菜，临走时还可以购买当地大棚的无公害绿色农产品。

1204 云台镇蒽庄村

简　　介：蒽庄村位于云台镇青林沟流域，距镇政府 4 公里，全村平均海拔高度 780 米。属于典型的贫困干旱山区，全年霜冻期长，正常年份降雨量 260 毫米，雨期短且分布不均匀，主要集中在秋季的七、八、九、十四个月。全村辖 5 个村民小组，87 户，299 人，有 176 个劳动力。

1205 平洛镇田家山村

简　　介：田山村位于平洛镇西北部，该村西北与武都区相连，东北与太石乡接壤，全村共有 4 个社，169 户，642 人，全村耕地面积 1445 亩，经济收入以核桃和劳务输出为主，2013 年农民人均纯收入为 3610 元。

1206 城关镇咀台村

简　　介：咀台村位于县城，全村 7 个合作社，368 户，1205 人。

1207 岸门口镇何家山村

简　　介：何家山村位于岸门口镇 2 公里处，全村辖 3 个合作社，共 72 户，268 人，耕地面积 830 亩，其中 90% 以上为山坡地。全村主导产业以核桃、劳务输出、养殖为主。人均有粮 700 公斤，2013 年人均纯收入 2380 元。

1208 太石乡水口村

简　　介：太石乡水口村位于犀牛江畔，全村辖有 3 个合作社，66 户人家，268 人，村耕地面积 345 亩，农产品主要有小麦、玉米。经济作物盛产樱桃、核桃。

1209 大南峪乡李庄村

简　　介：李庄村距乡镇府 12 公里，全村辖 3 个合作社，69 户，246 人，该村群众收入以粮食、核桃、劳务为主；2008 年 5·12 大地震后，村民住房通过灾后维修加固和重建工程，彻底改善了居住条件和生活环境，道路交通问题正在解决。

1210 三河坝乡牛头山村

简　　介：牛头山村位于本乡西北部高寒山区，距乡政府、学校、卫生院、集镇市场高达 28 公里以上。全村共有 2 个合作社，有农村居民 116 人。全村耕地 297.59 亩，人均 2.56 亩。林地 11856 亩，人均 102 亩。牧草面积 739 亩，人均 6.3 亩。以第一产业为主，几乎没有第二、三产业。年种植小麦 173 亩，玉米 124.59 亩，黄豆 104 亩。农业特色产业有香菇、天麻、核桃，群众收入主要来源靠种玉米、小麦、天麻、香菇食用菌和外出务工。

1211　两河镇吴营村

简　　介：吴营村位于两河镇以西麻柳河畔，距镇政府 4 公里处，共有 6 个社，129 户，498 人，现有耕地面积 890 亩，共实施退耕还林 483.5 亩。全村主要以茶叶、核桃、木耳、香菇为经济来源，2013 年全村人均纯收入为 3342 元，人均有粮 820 斤。

1212　阳坝镇刘家坝村

简　　介：刘家坝村位于阳坝梅园沟风景区内，距镇政府所在地 15 公里，平均海拔 1150 米。全村共有 1 个合作社，30 户，126 人，现有茶园 66.05 亩，人均 0.5 亩，有林地 12241.00 亩，人均 97.2 亩，全村整村退出粮食生产，2013 年农民人均纯收入 2136.0 元。

1213　平洛镇瓦舍村

简　　介：瓦舍村位于平洛镇西北部，该村西南与望关乡接壤，全村共有 5 个社，132 户，504 人，全村耕地面积为 1103 亩，经济收入以核桃、花椒和劳务输出为主，2013 年农民人均纯收入为 3650 元。

1214　寺台乡田坪村

简　　介：田坪村位于康县北部，犀牛江流域，全村 88 户，364 人，土地面积 1206 亩，人均耕地 3.3 亩，群众居住相对集中，光照比较充足，土地较为肥沃，海拔 960 米。群众收入以粮食、核桃、蚕桑、劳务为主。

1215　大南峪乡寺沟村

简　　介：寺沟村距乡镇府 18 公里，全村辖 7 个合作社，105 户，361 人，该村群众收入以粮食、核桃、劳务为主。2008 年 5·12 大地震后，村民住房通过灾后维修加固和重建工程，彻底改善了居住条件和生活环境。道路交通问题正在解决。

1216　豆坪乡李坝村

简　　介：李坝村距乡政府 6 公里，属高半山区，全村辖 6 个社，205 户，752 人。全村有耕地 1560.1 亩，主要产业核桃、粮食、劳务。2013 年人均纯收入 3660 元。

1217　豆坪乡大河村

简　　介：辖 2 个合作社，44 户，170 人，耕地面积 455 亩，林地面积 4287 亩，草原面积 1936 亩。2013 年大河村按照"整村推进项目与生态文明新农村建设同步实施，建成生态文明示范村"思路与模式，乡村社干部真抓实干，广大群众积极参与配合，投入资金 150 万元，建设护庄河堤 300 米，便民桥 2 座；实施了房屋风貌改造，房屋亮化 44 户，60 座，180 间（包括座脊压四带）；硬化村内道路 1.1 公里，1650 平方米。

1218　大南峪乡李河村

简　　介：李河村距乡政府 10 余公里，辖 3 个合作社，168 户，共 647 人。位于郑迷路上，整个村沿公路呈带状分布，居民主要依靠种植天麻、木耳、核桃等增收。

1219　阳坝镇杜坝村

简　　介：杜坝村位于陕甘两省交界处，距镇政府 29 公里，平均海拔 86 米。全村共有 4 个合作社，139 户，460 人，现有茶园 200 亩，有林地 36500 亩，人均 79.3 亩，2013 年人均收入 2100 元。该村山大沟深，地大物博，群众经济收入以茶叶、中药材和劳务输出为主。杜坝村支部党员14人，预备党员1人，发展对象4人，积极分子3人，村级组织活动室1层110平方米。

1220 碾坝乡李家湾村

简　　介：李家湾村位于碾坝乡西北方向，距县城14公里，全村辖4个村民小组，140户，490人，全村现有耕地面积906亩，林地面积5745.8亩，退耕还林地1014亩，草原面积3342亩，全村主要以外出务工为收入来源，以养殖业为辅。

1221 两河镇后营村

简　　介：后营村位于两河镇托两公路14公里处，全村共4社，56户，206人，有劳动力117人，外出务工79人。现有耕地116亩，茶园210亩，杜仲1230株，农民经济收入以核桃、天麻、木耳、劳务为主，2013年农民人均纯收入3400元，人均有粮500斤。

1222 平洛镇黄龙山村

简　　介：黄龙村位于平洛镇西北部，西北部与武都区接壤，东南部与太石乡相连，全村共有11个社，206户，811人，全村耕地面积1905亩，经济收入以核桃产业和劳务输转为主，2013年农民人均纯收入为3580元。

1223 长坝镇段庄村

简　　介：段庄村位于白望公路沿线，距镇政府2公里，全村辖8个合作社，250户，922人。有耕地1975亩，群众经济收入以核桃、蚕桑、中药材种植、畜牧养殖、劳务输出为主，2013年农民人均纯收入3182元。

1224 城关镇孙家院村

简　　介：孙家院位于县城西侧2公里处小康路沿线。燕子河穿村而过，辖5社，308户，1150人，人均耕地0.6亩，交通便利，土壤肥沃，一直以来，就是县城蔬菜供应的主产区。

1225 大堡镇庄子村

简　　介：庄子村位于康县大堡镇中部，邻近镇政府驻地街道村，地处长窑公路旁，距镇政府1公里。全村共辖6个合作社，有农村居民261户，987人；全村耕地面积为1331亩，人均1.3亩，以第一产业为主。农业特色产业仅有核桃、蚕桑、花椒3样，群众收入主要来源靠种玉米、小麦、黄豆、核桃和外出务工，人均纯收入仅有3450元。

1226 城关镇三官村

简　　介：三官村位于县城西北2.6公里处，全村辖有4社，106户，364人，总面积1.4平方公里，有耕地1345亩、林地3240亩。

1227 阳坝镇郑河村

简　　介：郑河村位于阳坝梅园沟风景区内，距镇政府所在地3公里，平均海拔960米，全村只有2个合作社，42户人，123人，现有茶园367亩，人均2.983亩，有林地15250亩，人均123.983亩，全村整村退出粮食生产，2013年农民人均纯收入2236.7元。

1228 阳坝镇新寨村

简　　介：阳坝镇新寨子村位于康县阳坝东南方，距阳坝镇5公里，与陕西宁强县接壤。全村有3个合作社，总人口299人。有耕地300亩，均为微酸性沙壤土。全村主要发展天麻、黑木耳、香菇、中药材等，是全镇贫困村之一。2013年底人均纯收入达到3000元。

1229 阳坝镇上坝村

简　　介：上坝村位于梅园沟风景区，距镇政府1公里，平均海拔850米，全村共有2个合作社，199户，573人，现有茶园638亩，人均1.11亩，有林地733亩人均1.27亩。全村整村退出粮食生产，2013年农民人均纯收入5210元，上坝村群众经济收入以茶叶、中药材种植、劳务输出以及个体户经营为主。

1230 岸门口镇牟家坝村

简　　介：牟家坝村位于康阳公路18公里处，村辖4个合作社，175户，588人，现有耕地面积1053亩。群众居住集中，属于高半山区，主要收入来源为种植、养殖、外出务工、核桃。

1231 望关乡贯上村

简　　介：康县望关乡贯上村，位于公路沿线，距乡政府驻地1公里处，全村辖4个合作社，村级班子健全发挥作用良好。全村有耕地面较广，群众经济收入来源以核桃、花椒以及劳务输转为主。

1232 大堡镇宋坝村

简　　介：宋坝村位于大堡镇西部，距镇政府1.5公里，全村辖4个合作社，134户，430人，交通便利，自然条件优越。2014年，宋坝村被列为生态文明新农村精品村。

1233 长坝镇大山村

简　　介：大山村共有251户，966人，全村依山傍水，环境优美，民风淳朴。养殖业和种植业是其主要经济来源。

1234 豆坝乡捷垭村

简　　介：捷垭全村辖2个合作社，108户，460人。参加农村合作医疗445人，参加新型农村社会养老保险340人，劳动力182人。马铃薯播种面积3620亩，优质果园面积7亩。耕地面积548亩，草地面积1069亩，退耕还林面积526.8亩。

1235 碾坝乡袁家坝村

简　　介：袁家坝村位于燕子河流域，距离康县10公里处，是公路沿线村庄之一。全村辖8个合作社，252户，947人，人口分布相对集中。经济收入以外出务工为主，全村有林地7330亩，可耕地1517.3亩，草地819亩，退耕还林928亩，森林覆盖达到83%。本村曹家坝有文化广场1处，供村民们在农闲时间休闲娱乐。

1236 铜钱乡环路村

简　　介：环路村地处铜钱乡东北部，位于康阳公路沿线，辖4个合作社（环路社、李家湾社、高家咀社、马家坪社），共有117户，387人，全村有耕地面积553.1亩，茶园926亩。环路村地处林区，地势险陡，林木茂盛。农民经济收入来源以天麻、中药材和劳务输出等为主

1237 阳坝镇康家坡村

简　　介：康家坡村位于阳坝镇的东南部，距县城80公里，距阳坝镇政府所在地15公里，托两公路经过该村，平均海拔940米。全村共有6个合作社，117户，486人，现有茶园240亩，人均0.49亩，有林地4988亩，人均10.3亩，2013年农民人均纯收入1950元。

1238 豆坪乡草坝村

简　　介：豆坪乡草坝村距乡政府8公里处，全村共有5个村民小组，9个村民干部，141户，495人，其中男257人，女238人。

该村有耕地面积1438.1亩；农业用地中有林地5181亩，草地4818.6亩。土地肥沃，水源充足，交通便利，是实施能源建设的重点村之一。

1239 大堡镇四合村

简　　介：四合村地处大堡镇南部，距大堡镇5公里，辖有9个社，共155户，农业人口580人，非农人口15人，现有耕地面积964亩，其中退耕还林528亩，人均耕地1.6亩；现有林地草坡3908亩，人均6.7亩。经济收入以核桃、劳务输转收入为主，2013年全村人均纯收入3285元，人均有粮350公斤。全村从事第一产业人口达300人，比重为51.7%，以种植粮食作物为主，有小麦、玉米、黄豆等；全村农民收入也是靠种地为主，外出务工为辅。全村通社主干道路有2条7公里，通社道路条件较差。居民住房条件在2008年灾后重建得到改善，重建砖混结构新房104户，维修43户。全村在校学生56人，149户参加新农合，看病住院报销率达100%，326人参加新农保，目前已有86人享受养老待遇，并按月领取。村级组织班子12人，党员18人。

1240 店子乡王家河村

简　　介：王家河村位于店子乡政府所在地，距康县城33公里。全村共有6个村民小组，144户，532人，2011年人均纯收入1924元。全村地处山区，群众是大分散、小聚集居住，可耕地少，多是山高林密地带，森林覆盖率大，生态环境良好。

1241 城关镇刘庄村

简　　介：刘家庄村位于绕城公路沿线以西，距县城6公里处，全村辖3个社，86户，336人，有耕地650亩。森林覆盖率90%，2014年全村人均纯收入1650元。

1242 城关镇万院村

简　　介：万院村位于绕城公路沿线以西，距县城7公里处，全村辖4个社，112户，412人，党员20人，有耕地751亩，退耕还林地1062亩。森林覆盖率90%，全村有核桃700亩。

1243 寺台乡苟山村

简　　介：苟山村位于寺台乡北部，全村辖3个合作社，26户，86人，土地面积297亩，群众居住分散。

1244 豆坝乡安山村

简　　介：安山位于乡政府以西10公里处，全村共有3个村民小组，46户，189人，参加农村合作医疗的人数183人，参加新型农村社会养老保险的人数116人，劳动年龄内的全部人口156人，耕地98亩，粮食亩产200公斤，群众收入的主要来源是外出务工。2014年全村农民人均纯收入2560元。

1245 寺台乡罗湾村

简　　介：罗湾村位于康县北部，犀牛江江畔，辖4个合作社，全村84户，348人，耕地面积519亩，粮食总产量213吨。

1246 寺台乡甘林村

简　　介：甘林村位于寺台乡北部，全村辖4个社，63户，237人，耕地594亩，居住分散，经济收入以养殖、劳务、核桃为主。

1247 两河镇丁山村

简　　介：丁山村位于两河镇以北清河河畔2公里处，东与陕西宁强县苍社镇接壤，全村共3个社，106户，366人，有劳动力279人，外出务工138人；现有耕地816.5亩，以茶叶、木耳、香菇为主要经济来源，2013年人均纯收入3321元，人均有粮民640斤。

1248 太石乡董家湾村

简　　介：董湾村位于太石乡政府以东17公里的平洛河南岸，全村共有4个合作社，78户，289人，土地肥沃，光热资源充足，全村共有耕地630亩，群众收入主要来源于农业收入和劳务收入。

1249 城关镇罗家沟村

简　　介：罗家沟村位于县城以东，全村辖有4社，167户，600人，2013年农民人均纯收入3260元。

1250 豆坪乡上沟村

简　　介：豆坪乡上沟村距乡政府6公里处，全村共有3个村民小组，7个村民干部，70户，253人，其中男132人，女121人。该村有耕地面积902.1亩；农业用地中有林地3249.1亩，草地3021.8亩。土地肥沃，水源充足。

1251 两河镇刘山村

简　　介：刘山村位于两河镇以北，北与陕西省略阳县接壤，距镇政府所在地25公里，辖3社，有农户75户，270人，耕地面积650亩，2013年农民人均纯收入达到3046元。

1252 大堡镇巩集村

简　　介：巩集村位于大堡镇以西，距镇政府6公里，寺长公路穿村而过，是大堡镇的西大门。全村辖7个合作社，205户，754人。耕地面积1451亩，人均1.9亩，粮食作物以小麦、玉米、黄豆为主，特色产业有核桃、蚕桑、中药材、养殖等，群众大多居住在高半山地区，人均纯收入2286元。巩集，因巩姓居多，有集镇而得名。原巩集乡政府所在地，2005年5月，撤乡并镇并入大堡。境内的栖凤山（原名龙凤山），山峦起伏，景色秀丽，因山型似龙而得名，山上建有铁佛寺（原名雷响寺、元通寺），龙凤山和铁佛寺有着悠久的历史和民间神话传说。

1253 大堡镇管沟村

简　　介：管沟村地处大堡镇西北部，距大堡镇10公里，辖有6个社，共136户，508人。现有耕地面积920亩，人均耕地1.8亩，现有退耕还林177.7亩，林地草坡227.8亩。全村有党员15名，其中男14名，女1名。全村农民居住比较分散，基本居住在半山、高半山，山大沟深，交通落后，土地贫瘠，全村以种植小麦、玉米、豆类为主，经济收入以核桃、劳务输转收入为主。全村从事第一产业人口达300人，比重为60%，以种植粮食作物为主，有小麦、玉米、黄豆等；全村农民收入也是靠种地为主，外出务工为辅。全村通社主干道路有3条5公里，居民住房条件在2008年灾后重建得到改善，重建新房101户，维修32户，全村只有冯山社通有自来水。全村在校学生86人，136户参加新农合，看病住院报销率达100%，135户参加新农保，目前已有82人享受养老待遇，并按月领取。村级制度建设健全。

1254 平洛镇梁山村

简　　介：梁山村位于平洛镇东南部，该村东南部与豆坪乡接壤，全村共有5个社，106户，465人，全村耕地面积310亩，经济收入以核桃和劳务输转为主，2013年农民人均纯收入为3630元。

1255 迷坝乡大山村

简　　介：大山村位于迷坝乡西南方15公

里处，全村辖3个合作社，主要经济作物为中药材天麻种植。

1256 碾坝乡梁上村

简　　介：碾坝乡梁上村位于康县中部，距离县城以西24公里处，全村5个合作社。共153户，597人，耕地面积1284亩，人均2.1亩，劳动力405人，外出务工96人。农民收入以传统农作物及劳务输出为主。

1257 阳坝镇付家湾村

简　　介：付家湾位于阳坝镇最南端，与陕西省宁强县相接，距镇政府所在地21公里，平均海拔1100米。全村共有3个合作社，50户，198人，现有土地390亩，人均1.969亩，有林地9108亩，人均46亩，全村以种粮为主。2013年农民人均纯收入2120元。群众主要种粮、魔芋和劳务输出为主。

1258 阳坝镇油房坝村

简　　介：油房坝村位于阳坝梅园沟景区天鹅湖畔，距镇政府所在地12公里，平均海拔1000米左右。全村辖2个合作社，72户，276人，现有茶园936.94亩，人均3.4亩，退耕还林865亩，整村退出粮食生产，群众主要收入以茶叶生产、中药材种植、旅游接待和劳务输出为主，2013年农民人均纯收入2650元。

1259 白杨乡蒿地坝村

简　　介：蒿地坝村地处白杨乡西南部12公里处，下辖6个社，144户，576人，有党员23人，耕地面积1623亩，人均耕地面积2.8亩。

1260 长坝镇付坝村

简　　介：付坝村辖5个合作社，258户，973人。2010年底劳动力总数671人，全村现有耕地面积1373.70亩。

1261 平洛镇刘河村

简　　介：平洛镇刘河村位于康县北部江武公路沿线，全村7个合作社，196户，864人，有党员19人。2011年人均纯收入2544元。2011年该村被县委政府列为生态文明新农村建设示范村。

1262 王坝乡大水沟村

简　　介：大水沟村位于乡政府以西4公里处，土地贫瘠，植被良好，降雨量充沛。全村辖5个社，176户，701人，耕地760亩，人均1亩，退耕还林420亩，2011年人均纯收入1680元，人均占有粮310公斤。农业种植以玉米、小麦、洋芋为主，畜牧业发展以养猪、养牛为主，经济收入来源主要依靠外出务工和核桃产业。该村针对房屋风貌、休闲广场、村庄绿化、景观、庙宇文化开发等建设项目按照因地制宜、彰显特色的原则进行了高标准的规划设计，现共建设3处停车场和2处休闲广场；景区景点建设铺设到旅游景点观音阁1.2公里人行步道，修建景点大门1处，栽植竹子8200株；栽植了绿化树木700余株。

1263 平洛镇孙家坝村

简　　介：孙家坝村位于江武公路沿线，全村辖5个社，134户，530人，群众经济收入以核桃和劳务输出为主，2013年人均收入3480元。其中核桃产值61.5万元，人均1160元，占人均纯收入的33%，有核桃年收入超万元产业大户7户。

1264 寺台乡马连村

简　　介：马连村位于寺台乡北部，全村有8个合作社，212户，780人，有耕地1215亩，群众居住较为集中，经济收入以粮食、核桃、养殖、劳务为主。

1265 长坝镇刘沟村

简　　介：刘沟村位于长坝镇东北部，距镇政府 5 公里，全村 6 个村民小组，725 人，共有党员 16 名，是一个以生产小麦、玉米、核桃为主的农业村，其中核桃是该村特色产业。

1266 两河镇瓦场村

简　　介：康县两河镇瓦场村，距镇政府所在地 22 公里，辖 6 社，有农户 77 户，283 人，耕地面积 932 亩，2013 年农民人均纯收入达到 3360 元。

1267 店子乡莫家沟村

简　　介：莫家沟村位于店子乡政府 10 公里处，距县城 43 公里。全村辖 4 个合作社，83 户，农业人口 352 人，全村经济收入以农业为主，主要种植小麦、玉米等；经济作物有核桃、中药材种植等；每户都养有鸡等家畜。近年来通过发展劳务，全村三分之一的劳动力外出打工，户均家庭收入显著提高。全村核桃资源丰富，发展潜力良好，乡村两级近两年来在核桃产业开发方面做了大量工作。

1268 大堡镇巩庄村

简　　介：巩庄村位于康县大堡镇西部，邻近巩集村，地处寺长公路旁，距镇政府 5 公里。全村共辖 3 个合作社，有农村居民 65 户，266 人；全村耕地面积为 715 亩，人均 2.7 亩；退耕还林 256 亩；通公路的有 1 个社；全村以第一产业为主，几乎没有第二、三产业。年种植小麦 162 亩，玉米 180 亩，黄豆 165 亩。农业特色产业有板栗、核桃两样，群众收入主要来源靠种玉米、小麦、黄豆和外出务工，各项制度建设齐全。

1269 豆坪乡安坪村

简　　介：豆坪乡安坪村距乡政府 8 公里，海拔 1.2 千米、属偏远山区，全村辖 5 个社，231 户，860 人，耕地 2130 亩。经济收入以经济林、农作物以及劳务输出为主，2012 年全村人均纯收入 2856 元。

1270 阳坝镇老江坝村

简　　介：老江坝村位于阳坝梅园沟风景区内，距镇政府所在地 10 公里，平均海拔 1000 米。全村共有 3 个合作社，57 户，214 人，现有茶园 686.81 亩，人均 3.2 亩，有林地 13756.00 亩，人均 65.2，全村整村退出粮食生产，2013 年农民人均纯收入 3100 元。

1271 大南峪乡安房村

简　　介：安房村距乡镇府 11 公里，全村辖 4 个合作社，97 户，374 人，该村群众收入以粮食、核桃、劳务为主；2008 年"5·12"大地震后，村民住房通过灾后维修加固和重建工程，彻底改善了居住条件和生活环境。

1272 白杨乡竹园村

简　　介：竹园村位于白杨乡南 8 公里处，全村共有 4 个合作社，88 户，285 人，坡地 759 多亩，有林地 10871 亩，适宜种食用菌、天麻等，同时食用菌和天麻也是群众的重要经济收入。

1273 长坝镇老庄村

简　　介：老庄村距镇政府 10 公里，全村辖 8 个合作社，131 户，514 人，有耕地 1089 亩，群众经济收入以核桃、蚕桑、中药材种植、畜牧养殖、劳务输出为主。

1274 望关乡乱石山村

简　介：乱石山村位于望关乡北部，地处江武公路沿线，距乡政府驻地5公里。全村辖2个合作社，共89户，339人，近年来，乱石山村依托资源优势，挖掘发展潜力，大力发展以核桃、花椒为主的特色产业，兼顾中药和劳务两个增收项目，加快转变发展方式，实现全面发展。

（四）文县

1275 铁楼乡演武坪村
简　　介：在唐朝时此地专为练兵演武而得名。

1276 城关镇申家坡村
简　　介：以姓氏和地理位置而得名。

1277 城关镇凡昌村
简　　介：此地曾设过制矾小厂得名。

1278 城关镇园茨头村
简　　介：驻园茨头，以此地曾是种菜园子得名。

1279 城关镇关家沟村
简　　介：因以关姓居住的村而得名。

1280 城关镇刘二坝村
简　　介：以姓氏和地理实体得名。

1281 城关镇贾昌村
简　　介：因此地曾开设过金厂未成功而得名假厂，后惯称为贾昌。

1282 城关镇高崖村
简　　介：以居驻崖上而得名。

1283 城关镇滴水崖村
简　　介：以村东有一百余米高的滴水山崖而得名。

1284 城关镇大渡坝村
简　　介：古时鸿鹄鸟飞落鹄衣坝时头朝此地而得名。

1285 城关镇城关村
简　　介：以古城关卡得名。

（五）宕昌县

1286 车拉乡路家山村

简　　介：路家山村位于车拉乡西南部，全村有4个村民小组，170户，738人，耕地面积1600亩，林地500亩，以种植党参、黄芪、蚕豆、小麦等农产品为主。村内绿树成荫，房屋错落有致。村村通路穿村而过，交通便利。

1287 韩院乡康家沟村

简　　介：康家沟村邻近乡政府，全村5个合作社，125户，533人，总耕地面积1256亩，人均耕地2.36亩。平均海拔1760米，年均气温8.1℃，年降雨量600毫米，年均无霜期190天。气候温和湿润，日照充足，适宜种植玉米、洋芋、蚕豆等粮食作物和红芪、党参、半夏、大黄等中药材，同时适宜核桃、苹果、油桃等经济果树生长。

1288 何家堡乡缸沟村

简　　介：缸沟村位于何家堡乡西南部，距乡政府3.5公里，距宕昌县城11公里。全村共有4个村民小组，143户，648人，有耕地688亩。粮食作物主产小麦、荞麦、燕麦、马铃薯等，经济作物主要有大黄、红芪、黄芪、油料、当归等。畜牧业以猪、羊、牛等为主。

1289 阿坞乡西迭村

简　　介：西迭村位于阿坞乡中部，距县城43公里。全村辖6个村民小组，198户，868人，有青壮年劳力390人。全村共有耕地1432.4亩，退耕还林面积2397.6亩。村级组织活动场所1处，农家书屋1座。2011年，全村农民人均纯收入达到1808元，2012年中药材种植面积达到1200亩。

1290 城关镇官鹅村

简　　介：城关镇官鹅村位于宕昌县官鹅沟风景区内，距县城3公里，有官鹅、官鹅湾、果子山、牙坪4个合作社，221户，1002人，其中藏族33户，138人，劳动力596人。平均海拔1840米，年均无霜期150天，年均气温9.8℃。城关镇官鹅村总耕地面积2539亩，人均1.26亩，退耕还林2539亩；有草山2100多亩；集体林权改革3200亩。气候高寒、湿润，适宜种植西瓜、蔬菜、核桃、花椒等农作物，劳务输出、旅游服务、瓜果蔬菜是该村的主导产业。全村主要经济来源为退耕还林补助、粮食直补金种植蔬菜和劳务收入，农民人均纯收入1810元。

1291 庞家乡庄子村

简　　介：庄子村位于宕昌县北部，距离县城58公里，属于高寒阴湿地区。该村东邻八力乡，南接本乡结扎、竜哈两村，西邻阿坞乡，北部与岷县接壤。全村地域辽阔，气候阴凉，土地湿润，以褐土为主。全村共有5个村民小组，192户，864人。耕地面积2735亩，山地1600亩。经济来源主要有中药材、当归、大方、当归育苗等，每年有100多人在村内或在外务工。村内建有庄子村小学1处，共有老师6人，学生75人。在庄子村灾后重建及维修、整村推进中，村内巷道及农户庭院已全部硬化。

1292 新寨乡宋家山村

简　　介：宕昌县新寨乡宋家山村有3个村民小组，151户，704人，其中一般贫困户14户，71人，青壮年劳动力481人，农村适龄儿童107名。总耕地面积1311亩，人均耕地面积1.7亩。党参是该村的支柱产业。主要粮食作物有小麦、玉米、洋芋等。

1293 南河乡八路川村

简　　介：全村耕地总面积567亩，2个自然社，55户，总人口237人，其中男153人，女84人，青壮年劳力147人，学生33人，60岁以上老人40人。人均耕地面积2.8亩，草原12000亩，人均纯收入2716元；党支部1个，村级组织活动室1所。药材产业以大黄、当归为主，种植面积200亩；养蜂930箱；种植马铃薯300亩；劳务输转80人；全村设养蜂协会1个。村道硬化1.4公里；人畜饮水工程1处5.5公里；能源建设：一池三改45户，推广太阳灶53台；灾后维修53户；全村固定电话37部。硬化村道1500米，建造圈舍40座；易地搬迁项目47户。在校学生就读率达到98%；卫生所1所；运输户4户；百货经营户8户。

1294 南河乡任藏村

简　　介：全村共分5个自然村，245户，总人口1008人。党员28人。耕地面积1676亩，人均耕地1.7亩，人均纯收入2721元。大黄种植面积分片种植280亩；当归分片种植200亩；土鸡放养40户2000只，圈舍养猪500头；种植核桃300亩；种植马铃薯300亩；劳务输转290人，创劳务收入232000元，全村设养鸡协会1个。硬化旧村村道1500米，新村1000米；修通旧村及新村人畜饮水工程；能源建设：建成沼气池150座，太阳灶200台；灾后重建113户，维修房屋15户。整村推进项目：硬化村道2000米，建造圈舍40座；灾后重建113户；易地搬迁项目47户。任藏村有小学1所；村级计生服务室1个，卫生所1所，个体门诊3个；文化大院1座，农家书屋1个；参加新农参合户数104户，413人，参合率达99.8%；新建五保家园1所。个体工商户5户；运输户4户；百货经营户8户。

1295 贾河乡申扎村

简　　介：全村5个社，165户，776人，男466人，女310人。青壮年劳动力543人，学生131人。新修泥首通社公路6.8公里，新修河堤1000米。种植小杂粮300亩，养羊1000只，建成大自然养殖场，养殖藏羊800只，育肥牛150只，带动上片养殖业发展，泥首土鸡放养18户，520只，退耕还林后，产业马铃薯种植300亩，小杂粮种植200亩，规范党员活动室建设，计生服务所建设，乡镇企业2个，个体工商户3户，申扎小学硬化篮球场400平方米，维修舞台1座。

1296 沙湾镇峡前村

简　　介：峡前村位于水浴沟内，全村164户，742人，全村总耕地面积915亩。2012

年农民人均纯收入1800元。

1297 新寨乡沙坪村

简　　介：宕昌县新寨乡沙坪村有2个村民小组，68户，258人。青壮年劳动力145人，农村适龄儿童47名。总耕地面积210亩，人均耕地面积为0.81亩。主要粮食作物有小麦、玉米、洋芋等，主要的致富产业是劳务外出。

1298 车拉乡七固村

简　　介：七固村位于车拉乡北部，全村有东沟社、牙走社、产里社、七固社、小沟社、大沟社6个村民小组，225户，956人。其中东沟社170人，牙走社204人，产里社139人，七固社220人，小沟社58人，大沟社165人。以种植党参、黄芪、蚕豆、小麦等农产品为主。村内绿树成荫，房屋错落有致。村村通路穿村而过，交通便利。

1299 新寨乡许家村

简　　介：宕昌县新寨乡许家村有2个村民小组，93户，374人，青壮年劳动力255人，农村适龄儿童37名。总耕地面积377亩，人均耕地面积0.9亩。主要经济林果以核桃和花椒为主，主要粮食作物有小麦、玉米、洋芋，以小麦和玉米为主。

1300 韩院乡大坪村

简　　介：大坪村距乡政府21公里，全村5个合作社，103户，496人。总耕地面积696亩，全部为山地，人均耕地1.3亩。平均海拔1965米，年均气温9.5℃，年降雨量600毫米，年均无霜期190天。气候温和湿润，日照充足，适宜种植小麦、玉米、洋芋、蚕豆等粮食作物和红芪、党参、半夏、大黄等中药材。

1301 韩院乡磨坝村

简　　介：全村5个村民小组，115户，560人，耕地面积982亩，平均海拔1825米，年均气温9.5℃，年降雨量600毫米，年均无霜期190天。气候温和湿润，日照充足。人均占有粮食230公斤，人均纯收入1310元。基本产业有劳务移民、劳务输出，药材种植有人黄、党参、当归等。粮食作物有大豆、小麦、土豆，养殖业有羊、牛。

1302 将台乡罗家村

简　　介：宕昌县将台乡罗家村位于宕昌县以北，距离县城9公里，全村辖王家坪、罗家、曾一社、曾二社4个社，全村共269户，1277人，年人均纯收入1250元。

1303 贾河乡彭都村

简　　介：彭都村全村6个社，228户，115人，男669人，女446人。青壮年劳力780人，学生101人，60岁以上老人109人，绝对贫困户26户，104人，低收入户35户，140人。种植黄芪200亩，红芪200亩，小杂粮种植300亩，养牛400头，养羊600只，养猪300头，推广太阳灶50台，乡镇企业1个，发展养牛大户1户，养羊大户3户。养蜂40箱。种植马铃薯500亩，新建无保家园5间。

1304 城关镇同盟村

简　　介：同盟村隶属城关镇，县城中间，全村现有4个村民小组，268户，1080人，系回汉杂居村，全村总耕地面积900亩，退耕还林420亩，主要产业支柱是牧畜、养牛、养羊以及小商品买卖等，2012年全村共养殖性畜150头（只），现有商店约30家，当年农民人均纯收入2100元。人均居住面积达15平方米。通村公路已完成硬化，村内巷道部分硬化，道路畅通。全村户户通自来水、通电、通广播电视、通电话。截至2012年底，全村接受各类生产、劳务技能培训人数300人（次），新农合参合率达到100%，养老保险参保率达到90%。

1305 南河乡朱各沟村

简　　介：朱各沟村辖区面积30平方公里，3个合作社，110户，总人口420人，总耕地面积701亩，人均耕地1.7，粮食作物以小麦、大豆为主，2009年末，人均纯收入2560元。通村公路3条；村道硬化500米；人畜饮水105户；一池三改60户；推广太阳灶105台。灾后重建82户，危房改建户数11户。改建朱各沟村至前贯桥村道1.6公里；新建河堤300米；扶持土鸡放养30户，600只；新建朱各沟村小学1所5间110平方米；实施广播电视"村村通"项目1个。朱各沟村小学1所；村级计生服务室1个；个体门诊1个；农家书屋1个；村社同广播电视60户；参加新农参合户数104户，413人；参合率达99.8%；新建五保家园1所。

1306 八力乡上拉村

简　　介：上拉村位于八力乡东南部，交通较为便利。全村有3个村民小组，159余户，人口720人。可耕地面积1100亩，人均占有面积1.5亩。当地海拔1900多米，地处高寒阴湿，自然灾害频繁，农民收入低而不稳，人均年纯收入1100余元，主要收入靠劳务。

1307 两河口乡麻地坪村

简　　介：宕昌县两河口乡麻地坪村地处国道212线沿线半山腰，不通公路。全村5个村民小组，78户，378人，耕地面积765亩（人均0.49亩）。群众收入以劳务、药材、洋芋为主。

1308 临江铺乡白杨坝村

简　　介：临江铺乡白杨坝村位于县城以东12公里，全村有5个村民小组（黄家、刘家山、斜崖、白杨坝一、二社），总户数205户，总人口965人。总耕地面积1342亩。年均气温18℃，年降水量为650毫米，无霜期180天左右，境内海拔1650-2400米。毗邻212国道，交通便利。用电户，安全饮用水普及率达到100%，通讯条件优越。

1309 南河乡南河村

简　　介：全村辖3个自然社，总户数232户，总人口892人。总耕地面积936亩，人均耕地1.2亩，退耕还林面积1235亩。人均纯收入2667元。村级党支部1个，村级组织活动室1个。林果产业：种植核桃200亩；马铃薯产业：马铃薯100亩；劳务产业：劳务输转260人，创劳务收入170万元。全面完成人饮工程，硬化南河三社旧村道路5条，计3500米；配合变电所，搞好南川新村照明工作。将前贯旧戏台搬迁至南川新村。完成南川小城镇建设任务。南河村有小学1所，在校学生85人，就读率100%；村级计生服务室1个，卫生所1所，个体门诊4个；农家书屋1个；参加新农参合354人，参合率达100%；新建五保家园1所。运输户15户；劳务带头人1人。

1310 南河乡茹树村

简　　介：全村辖2个合作社，90户，总人口370人。总耕地面积908亩，人均耕地2.3亩，林地面积28500亩，粮食作物以小麦、蚕豆、洋芋为主，人均纯收入2692元。收入结构以劳务输出和中药材种植收入为主。以当归、大黄为主，其中地膜当归500亩，大黄150亩；牛178头，猪81头，鸡420只，养蜂240箱；马铃薯产业：马铃薯500亩；

劳务输出 150 人，创劳务收入 62 万元，占全村收入 64%。已完成通村公路 1.7 公里；固定电话 24 部；移动电话 65 部；村道硬化 1000 米；人畜饮水 94 户；一池三改 40 户；推广太阳灶 50 台；灾后重建 89 户。道路硬化 1000 米，护村河堤 1000 米，危房改建 49 户；灾后重建 89 户；特色产业地膜 500 亩，地膜马铃薯 500 亩。有茹树村小学 1 所，在校学生 21 人，就读率 100%，村级计生服务室 1 个，卫生所 1 所，个体门诊 1 个；农家书屋 1 个；参加新农参合 354 人，参合率达 100%；新建五保家园 1 所。

1311 新寨乡刘家沟村

简　　介：宕昌县新寨乡刘家沟村有 3 个村民小组，105 户，476 人。青壮年劳动力 325 人，农村适龄儿童 55 名。总耕地面积 658 亩，人均耕地面积为 1.38 亩。主要粮食作物有小麦、玉米、洋芋等。经济林果主要为花椒，是该村增收的主要产业。

1312 车拉乡隆家山村

简　　介：隆家山村位于车拉乡北部，全村有 3 个村民小组，176 户，807 人。耕地面积 1263 亩，经济作物以种植党参、黄芪、蚕豆、小麦等农产品为主，经济收入以务工为主。村内有景点悬空寺，绿树成荫，房屋错落有致。村村通路穿村而过，交通便利。

1313 南河乡寺卜寨村

简　　介：全村辖 4 个合作社，171 户，总人口 701 人，全村青壮年劳力 505 人，60 岁以上劳动人为 55 人，总耕地面积 1224 亩，人均耕地 1.8 亩，人均纯收入 2520 元，退耕还林面积 2020 亩。种植大黄 600 亩、当归 100 亩，分片分户种植，畜牧产业：建圈 28 座，56 户，养羊 1082 只；马铃薯产业：马铃薯 121 亩；劳务产业：劳务输出 127 人，创劳务收入 381000 元拉通 121 户新农村水、电、有线电视；能源建设方面，修沼气池 121 座，太阳灶 83 台，节能灶 50 个。结合异地搬迁项目，修建 121 户农民住房。寺卜寨村有小学 1 所，在校学生 21 人，就读率 100%；村级计生服务室 1 个，卫生所 1 所，个体门诊 1 个；农家书屋 1 个；参加新农参合 640 人，参合率达 93%；新建五保家园 1 所。个体工商户 5 户。

1314 庞家乡竜哈村

简　　介：竜哈村是宕昌县庞家乡北面的一个行政村，地处边远山区，土地贫瘠，资源匮乏，水源奇缺，交通不便，共有 4 村民小组，154 户，772 人。耕地 3084 亩。以种植小麦、洋芋、中药材为主。有党员活动室及村文化室 1 处，小学 1 座，就读学生 136 人。全村参加新型农村合作医疗及养老保险覆盖率达到 99%。

1315 八力乡山庄村

简　　介：山庄村位于八力乡东南部，该村总人口 960 人，男 487 人，女 473 人，青壮年 618 人，耕地面积 2161 平方米，林地 2860 平方米，草原 13600 平方米。经济作物以当归、马铃薯、蚕豆为主，养殖业以牛、羊、猪为主，劳务产业为支柱产业。2013 年人均纯收入 1530 元。种植蚕豆 600 亩，套种柴胡 600 亩。在山庄、祁堡修筑 2 处提灌。组织社员彻底打扫巷道卫生，督察牲畜圈养问题，表彰先进。种植沙棘 150 亩，种植行道树 2000 株。

1316 八力乡上堡子村

简　　介：上堡子村位于八力乡东南部，全村有 3 个村民小组（两个自然村）189 户，

829人（其中回族112户，400人），劳动力400人，全村耕地1240亩，人均1.5亩。经济作物以当归、马铃薯、蚕豆为主，养殖业以牛、羊、猪为主，劳务产业为支柱产业。2013年人均纯收入1680元。完成以当归为主的中药材种植300亩，其中张家沟当归GAP种植示范点200亩，完成马铃薯种植300亩，蚕豆种植250亩，全村大家畜存栏达4000头、只（匹），出栏800头、只，培训科技明白人50人（次），农民技术员20人。"5.12"地震后，乡上共安排给上堡子村重建指标25户，维修指标6户。2009年底全面完成重建维修任务，已到位资金全部拨付完毕，顺利通过了县乡两级考核验收。2008年被列为整村推进项目村，实施15户危房改建项目，修通3.5公里通村公路，修建护庄河堤400米，修建黄牛育肥温棚40座，引进良种母牛41头，修建便民桥1座，解决太阳灶190台。

1317 将台乡青岗村

简　　介：宕昌县将台乡青岗村位于宕昌县以北，距离县城12公里，全村辖高家、罗家牌、毛里、青岗4个社，全村共245户，1174人，年人均纯收入1250元，主要种植物为药材。

1318 理川镇上马龙村

简　　介：理川镇上马龙村位于宕昌县西北部、理川镇南部，距县城33公里，距镇区9公里。平均海拔2150米，年降雨量300毫米，年平均气温9摄氏度，属高寒干旱山区。全村共有3个合作社，137户，623人，男343人，女280人，青壮劳力361人，学生139人，绝对贫困户26户，117人，低收入户50户，225人。总耕地面积930亩，2011年粮食总产量15万公斤，人均占有粮食240公斤，总经济收入99.7万元，人均纯收入1600元。村上交通不便，基础条件差，经济结构不合理，自我发展能力不足，群众科技文化水平低，且气候高寒干旱，自然灾害频繁，严重制约着本村经济发展和脱贫致富步伐。

1319 两河口乡庙下村

简　　介：宕昌县两河口乡庙下村地处国道212线沿线，宕昌县南部。全村4村民小组，117户，500人，共有党员17名。耕地面积658亩（人均1.3亩）。群众收入以劳务、辣椒、玉米为主。

1320 新寨乡李家石村

简　　介：宕昌县新寨乡李家石村有3个村民小组，123户，535人。其中特困户5户，18人，一般贫困户10户，39人。青壮年劳动力365人，农村适龄儿童77名。总耕地面积276亩，人均耕地面积为0.51亩。主要粮食作物有小麦、玉米、洋芋、水稻等。该村坐落在角狮公路沿线，主要的致富产业是劳务输出。

1321 南河乡上漳湾村

简　　介：全村共分5个社，172户，总人口658人，耕地面积998亩，人均耕地1.38亩，林地面积19730亩。种植大黄面积300亩；种植马铃薯550亩；养蜂3000箱。已改建池上林场至草滩沟道路，池上至哨院乡村道路4公里，硬化一、二社道路1000米；新建便民桥1座；灾后重建1户，危房改建20户，一池三改13户；推广太阳灶125户，固定电话24部，移动电话121部，人畜饮水140户，党员活动室1所。有县级示范性小学1所，在校学95人，就读率100%；个体门诊1个，农家书屋1个；绝对贫困户45户，126人；五保户14户，14人；低保户87户，

153 人；参加新农参合户数 152 户，665 人，参合率达 90%；个体工商户 1 户；运输户 2 户；百货经营户 4 户；劳务带头人 2 户。

1322 理川镇绿园村

简　　介：理川镇绿园村位于陇南市宕昌县北部，距县城 39 公里，全村辖 4 个村民小组 178 户，911 人，有劳动力 385 人。全村总耕地面积 980 亩，其中川地 230 亩，山地 970 亩。农作物以黄芪、当归、大黄、马铃薯为主，中药材种植和劳务输出是该村的主导产业。村内海拔 2100 米，年均气温 6.7℃，年均降水量 534 毫米，无霜期 132 天，年日照时数 2081 小时，属典型的高寒阴湿区。村有在校大学生 8 人，中学生 32 人，小学生 86 人，入学率达到 100%。新型农村合作医疗参合率 98.6%。2011 年全村农民人均纯收入 1800 元。多年来在省市县的大力支持下，全村自来水和用电全部入户，村内道路已硬化到每家门口，家家都有太阳灶，沼气 50 户，78% 的农户有电视，60% 的农户有电话，房屋大部分是土木房。村部有办公室 5 间，设有党员活动室（含远程教育站点和文化室）、农家书屋等。

1323 八力乡石门村

简　　介：石门村位于宕昌县北部，距乡政府 2.5 公里。全村有 6 个村民小组（两个自然村）370 户，1643 人（其中回族 22 户，100 人），劳动力 820 人，有六年制完小 1 所，在校学生 237 人，有个体诊所 2 所（新型农村合作医疗定点诊所 1 所），新型合作医疗参加率为 98%。全村耕地 2518.4 亩，人均 1.5 亩。经济作物以当归、马铃薯、蚕豆、油料为主，养殖业以牛、羊为主，劳务产业为支柱产业。2013 年人均纯收入 1580 元。

1324 何家堡乡而信村

简　　介：而信村位于何家堡乡东北部的高半山区，距乡政府所在地 8.3 公里，东与城关镇相邻，北依塔地山村，南靠城关镇，西与白水川村相望，海拔在 1820—1900 米。年均气温 8.1℃，降雨量 600 毫米，无霜期 169 天。而信村防灾范围内涉及农户 75 户 366 人。全村共有 2 个社，384 人，有劳动力 220 人。全村共有耕地 801 亩，人均占有耕地 2.08 亩。全村退耕还林 1850 亩，森林覆盖率达 53.5%。境内年均气温 7.9℃，降雨量 600 毫米，无霜期 165 天。粮食作物主产小麦、荞麦、燕麦、马铃薯等，经济作物主要有大黄、红芪、黄芪、油料、当归等。全村粮食播种面积 438 亩，粮食产量 100.7 吨；油菜籽、胡麻籽等主要经济作物播种面积 20 亩，总产量 5.2 吨；中药材种植面积 121 亩，总产量 35 吨。畜牧业以猪、羊、牛等为主。2013 年全村大牲畜共 200 余头，年末羊存栏 62 只，饲养牛 61 头。2011 年底全乡累计输转剩余劳动力 200 人，全村劳务年人均收入 19700 元，占农民人均纯收入的 50.28%，全村农民人均纯收入达 1700 元。

1325 理川镇苏都村

简　　介：苏都村位于理川镇北部，距镇政府 7.5 公里，距脚新路 8 公里。平均海拔 2640 米。全村共有 5 个村民小组，183 户，803 人，以种植当归、黄芪、大黄等中药材和洋芋、小麦、蚕豆等粮食作物为主。全村有耕地 2065 亩，全部属于山地，人均 2.57 亩地。2011 年全村新型农村合作医疗参合率达到 98%。产业发展以中药材种植为主，目前已形成了以当归、黄芪、大黄为主的中药材连片种植。近年来，全村形成了以中药材收入和劳务收入为主的收入格局，2011 年全村农民人均纯收入 1600 元。

1326 将台乡罗沙村

简　　介：宕昌县将台乡罗沙村位于宕昌县以北，距离县城11公里，全村辖上罗沙1社、罗沙2社、罗沙3社共3个社，全村共146户，679人，年人均纯收入1250元，主要种植物为药材。

1327 韩院乡韩院村

简　　介：韩院村位于南阳东南部，是韩院乡政府所在地，良恭河穿境而过，属西汉水上游流域。全村有9个合作社，332户，1509人，总面积8.6平方公里，耕地面积2344亩，人均耕地1.55亩，其中川地仅有320亩，平均海拔1760米，属典型的高寒阴湿山区，适宜核桃等林果产业发展。主要农作物有小麦、玉米、洋芋等，经济收入主要靠劳务输转。韩院村旅游资源丰富。境内地质构造奇特，有古刹牛头寺、奇峰五指山、喷珠九眼泉等自然景观。

1328 竹院乡阳山村

简　　介：宕昌县竹院乡阳山村位于竹院乡西北部，139户，690人，耕地面积1303亩，人均1.9亩，林木林地面积8125亩。境内气候温和，土壤肥沃，境内粮食作物以小麦、玉米、马铃薯、蚕豆为主，经济作物以党参、大黄、当归、油料为主，中药材、劳务输转、林果为农民增收的支柱产业。

1329 新城子藏族乡路岗头村

简　　介：路岗头村位于新城子藏族乡南北部，距乡政府所在地9公里，全村共有4个合作社，111户，484人。耕地面积652亩，人均1.3亩，农作物以药材、大蒜、蔓芥和小麦为主，中药材和劳务输出是该村的主导产业。2013年农民人均纯收入2500元。

1330 城关镇人民村

简　　介：城关镇人民村位于宕昌县中部，系县政府驻地。人民村群众大多数居住在城关镇街区，以人民桥为中心。全村下辖2个社，共计121户，408人，劳动力296人。人民村现有耕地273亩，人均0.67亩，耕地基本都是山地。农作物以小麦、玉米、洋芋为主。2011年底人均纯收入1770元。全村群众在县城内分散居住，交通比较便利，通讯信息相对发达。大部分农户住房以砖木结构为主，居住条件一般。

1331 两河口乡羊古堆村

简　　介：宕昌县两河口乡羊古堆村地处国道212线沿线半山腰。全村5个村民小组，66户，290人。耕地面积347亩（人均1.19亩）。群众收入以劳务、洋芋、玉米、药材为主。

1332 新城子藏族乡权家村

简　　介：权家村位于新城子藏族乡北部，距乡政府所在地5公里，全村共有3个合作社，169户，712人。有耕地813.2亩，人均1.2亩，适宜种药材、大蒜和小麦。

1333 庞家乡大庄村

简　　介：大庄村位于庞家乡东部，全村共有4个村民小组，127户，606人，5个自然村。村内建有村级党员活动室1座，庞家乡文化站1座，中国邮政庞家乡服务站1座，村卫生室1所。牲畜主要为家庭饲养牛、猪、羊等。耕地1250亩，其中山地占大多数，主要种植当归、黄芪、党参、大豆等中药材农作物。大庄村在农业特色产业方面，因地制宜改变传统种植方法，响应政府号召，在雪家山高海拔地域发展了乡级膜侧当归种植示范点106亩，一社和二社发展了乡级黄芪种植示范点123亩。同时加大农村劳务输出力度，2013年度劳务输出412人次，劳务创收120万元，全村人均纯收入提高到了2080元。

1334 好梯乡湾里坝村

简　　介：湾里坝村为乡政府所在地，全村6个合作社，248户，1241人。耕地面积约2500亩，人均2亩，海拔1860米，气候温和，土壤肥沃，境内粮食作物以小麦、玉米、洋芋、蚕豆为主，经济作物以党参、大黄、油料为主。其中劳务、中药材为农民增收的支柱产业。

1335 理川镇锄坝村

简　　介：锄坝村位于理川镇西南方向，距镇政府4公里，距脚新路18公里。平均海拔2100米。全村共有4个村民小组168户，801人。以种植黄芪、当归等中药材和洋芋、小麦、蚕豆等粮食作物为主。全村有耕地1060亩，全部属于山地，人均1.3亩地。锄坝村共有村级小校1所；2011年全村新型农村合作医疗参合率达到98.7%。锄坝村现有村级卫生室1所（家庭诊所）。现有砖混结构办公用房5间65平方米，内设共青团、妇代会、民兵连、综治、调解等机构。以中药材种植为主，目前已形成了以黄芪、当归为主的中药材种植，累计面积520亩。近年来，全村形成了以中药材收入和劳务收入为主的收入格局，2011年全村农民人均纯收入1700元。

1336 沙湾镇上堐村

简　　介：上堐村现有6个村民小组，总人口432户，1809人，总耕地面积1852亩，2012年度农民人均纯收入2000元。

1337 理川镇寺巴村

简　　介：寺巴村位于理川镇南部5公里处，辖4村民小组，154户，854人。全村现有耕地812亩，人均0.95亩。2011年全村新型农村合作医疗参合率达到98%。现有砖混结构办公用房8间120平方米，占地320平方米。中药材种植目前以种植黄芪、大黄、当归等为主。近年来，全村形成了以劳务收入和药材收入为主的收入格局，2011年全村农民人均纯收入1750元，务工人员人均劳务收入1100元。

1338 贾河乡路下村

简　　介：路下村全村5个合作社，165户，776人，男466人，女301人。全村青壮年劳力543人，学生90人，60岁以上老人154人。康源推广太阳灶150台，建成以投入使用沼气池30座，规范了党员活动室，并新修了围墙，硬化了院子。庭院美化、绿化40户，修建梯田250亩，新修安全饮水工程，建蓄水池及管道建设，保证了本村及乡镇机关学校用水安全。

1339 城关镇立界村

简　　介：城关镇立界村位于宕昌县城以南的官鹅沟AAAA级风景区内，距县城4.5公里，辖3个村民小组，总户数115户，476人。全村承包地面积766亩，全部实行了退耕还林，还有300亩自留地、常耕地未纳入退耕还林范围。由于地处生态景区，村内种植业限制发展。全村共有劳动力306人，农民经济收入主要依靠退耕还林补助和劳务输出。村内有村级组织活动场所1处，位于立界河坝，新农合参合率97%以上，养老保险参保率97%以上，广播电视"村村通"已全覆盖。

1340 狮子乡四条村

简　　介：四条村距离乡政府18公里，平均海拔2500米，年均气温5℃，年均降雨量600毫米。境内气候高寒阴湿，常年多雾，交通、水利、公共设施等基础条件差，全村共有3个合作社，120户，460人（劳动力270人）。全村有耕地2007亩（全部为山地），林地面积2550亩，草山面积16535亩，其中村民自主开垦荒地2600亩，粮食作物以洋芋、小麦为主，经济作物以油菜籽、蚕豆为主，其中主要种植中药材有当归、党参、大黄。

1341 庞家乡拉路村

简　　介：拉路村位于宕昌西北部，距离县城35公里。共有5个社，178户，858人，耕地面积2208亩。收入以药材和务工为主，有拉路梁药材种植基地一处，其中党参种植1000亩，黄芪种植500亩，其他药材种植500亩，年人均纯收入1120元。有党员活动室1处，占地200平方，农家书屋1个，有书籍500册。

1342 车拉乡扎峪河村

简　　介：扎峪河村位于车拉乡东北部河谷地带，整村为规划整齐统一的居民新村，有广场、体育设施等公共建设，交通便利。全村有5个村民小组，551人，劳动力295人。2013年全村人均纯收入为2560元。耕地面积826亩，草原面积19000亩，以种植马铃薯、蚕豆、小麦等农产品为主，经济作物有当归、黄芪、党参、大黄等。

1343 庞家乡结扎村

简　　介：结扎村位于庞家乡北部，全村共有4个村民小组，97户，436人，村级小学1所，村级党员活动室1座，村卫生室1所。牲畜主要为家庭饲养牛、羊等。耕地1863亩，其中山地占大多数，主要种植当归、大黄等中药材。结扎村在农业特色产业方面因地制宜改变传统种植方法，响应政府号召发展了乡级500亩当归育苗基地1个，300亩膜侧当归种植基地1个。同时加大农村劳务输出力度，2013年人均纯收入达到了2100元。

1344 贾河乡簸箕村

简　　介：全村3个自然社，158户，774人，男465人，女309人，青壮年劳力541人，学生66人，60岁以上老人90人，新修簸箕小学校院1所8间720平方米，种植黄芪200亩，退耕还林套种柴胡500亩，新修簸箕社乡村道路4.2公里，规范计生服务室1个，新办土鸡养殖厂1个，养鸡10000只，带动农户放养土鸡10户，300只，推广太阳灶100台，劳务输转200个，新建五保家园5间，绿化美化庭院100户。

1345 狮子乡为石村

简　　介：宕昌县狮子乡为石村共有10个合作社，228户，1027人（其中男538人，女499人），其中劳动力579人。全村有耕地1325亩（全部为山地），草山面积1560亩，粮食作物以大麦、洋芋、蚕豆为主，经济作物以当归、黄芪、党参、大黄等为主。村内有村小学1所，教学班6个，教职工7人，在校学生89人，入学率为100%；有村级医疗诊所1所，乡村医生1名；有党员46名；有致富能手4人，主要贩运当归、大黄等药材，主要贩往宕昌、岷县等地。

1346 新寨乡笆篱村

简　　介：宕昌县新寨乡笆篱村有4个村民小组，206户，874人。青壮年劳动力594人，农村适龄儿童128名。总耕地面积1821亩，人均耕地面积为2.08亩。主要粮食作物有小麦、玉米、洋芋。经济林果主要为花椒，是村民增加收入的主要来源。

1347 竹院乡刘院村

简　　介：宕昌县竹院乡刘院村位于竹院乡东南部，全村辖10个村民小组，13个自然村，193户，955人。耕地面积1314亩，人均1.4亩，林木林地面积15185亩，境内粮食作物以小麦、玉米、马铃薯、蚕豆为主，经济作物以党参、大黄、油料、林果为主，林果、劳务、中药材为农民增收的支柱产业。

1348 甘江头乡安家沟村

简　　介：甘江头乡安家沟村，平均海拔3100米，年均气温6℃，年均降水量450毫米。全村有4个村民小组，166户，643人，劳动力477人。全村总耕地面积950亩，人均耕地0.97亩，有大家畜120头（匹），该村主要粮食作物有小麦、玉米、洋芋等。主要经济作物有油料、花椒、核桃以及红芪、柴胡等中药材。完成房屋改建新建21户63间，投资84万元。建成人畜饮水工程1处，投资15000元。发放太阳灶66台，投资0.99万元。预计投入25万用作通村公路建设。完成核桃换油嫁接1500株。鼓励群众种植花椒1000株，核桃2000株。培训农业生产技术和劳动技能400人次。村村通入户76户，投资3万元。

1349 甘江头乡临江河村

简　　介：临江河村平均海拔2100米，年均气温10℃，年均降水量450毫米。全村有4个村民小组，189户，889人，劳动力583人。全村总耕地面积920.6亩，有大家畜145头（匹），该村主要粮食作物有小麦、玉米、洋芋等。主要经济作物有蔬菜、油料、花椒、核桃、以及红芪、柴胡等中药材。完成房屋改建新建16户60间，投资38万元。建成人畜饮水工程1处，投资10万元。修建沼气池80座，投资8500元。发放太阳灶60台，投资8958元。鼓励群众种植花椒1800株，核桃2500株。培训农业生产技术和劳动技能400人次。新建学校1座100平方米，投资75万元。修建卫生所1座45平方米，投资5万元。新建文体活动中心1处1间，投资6万元。村村通入户126户，投资1.8万元。

1350 狮子乡葱坝村

简　　介：葱坝村共有5个合作社，224户，950人（男495人，女455人），其中劳动力415人。全村有耕地1325亩（全部为山地），草山面积1560亩，粮食作物以大麦、洋芋、蚕豆为主，经济作物以当归、黄芪、党参、大黄等为主。村内有村小学1所，教学班6个，教职工7人，在校学生52人，入学率为100%；有村级医疗诊所1所，乡村医生1名；有致富能手4人，主要贩运当归、大黄等药材，主要贩往宕昌、岷县等地。

1351 理川镇中堡子村

简　　介：中堡子村位于理川镇西部，距镇政府3公里。全村共有3个村民小组，175户，886人，以种植当归、大黄、黄芪等中药材和洋芋、小麦、蚕豆等粮食作物为主。该村因地处高寒山区，群众生产生活条件较差。全村有耕地1302亩，全部属于山地，人均1.4亩。中堡子村共有村级小校1所（1至3年级，20名学生）；2011年全村新型农村合作医疗参合率达到99%。现有砖混结构办公用房5间70平方米，内设共青团、妇代会、民兵连、综治、调解等机构。主以中药材种植为主，目前已形成了以黄芪、当归、党参为主的中药材连片种植，累计面积700亩。近年来，全村形成了以中药材收入和劳务收入为主的收入格局，2011年全村农民人均纯收入1700元。

1352 阿坞乡麻界村

简　　介：宕昌县阿坞乡麻界村位于阿坞乡中部，距县城41公里，212国道纵贯全村。全村5个村民小组，219户，975人。村级党支部1个，正式党员19人。全村现有六年制小学1所，在校学生169人，入学率达到98%。村级组活动场所1处，农家书屋1座。

1353 理川镇拉沙村

简　　介：拉沙村位于镇区西北方向，距理川镇政府2公里，距县城40公里。全村4个村民小组，173户，844人。耕地面地1572亩，其中川地760亩，山地812亩。2011年全村人均收入为2000元，主要来源为外出务工和药材收入。农作物以中药材、马铃薯为主。马铃薯种植500亩，主要是自产自给。中药材种植1072亩，以黄芪、黄芩、柴胡、当归、党参为主，面积分别为380亩、230亩、100亩、280亩、82亩。拉沙村在校大学生5人，中学生102人，小学生162人，入学率100%。新型农村合作医疗参合率93.5%。2011年补助标准分别为100元、73元、60元、54元。

1354 庞家乡对坡村

简　　介：庞家乡对坡村位于宕昌县北部，距离县城41公里，对坡村共有4组，总人口747人，157户，其中男400人，女347人，劳动劳力393人，文化程度，高中以上39人，初中文化235人，初中及以下446人。耕地面积1720亩，以种植小麦、洋芋、中药材为主。有党员活动室及村文化室1处，小学1座，农家书屋1座，拥有图书6000余册，价值20000余元。在有关单位的帮扶和关心下，2012年该村被列为整村推进村，2014年建成通村便民桥1座，河堤坝600米，道路硬化2300米，合作医疗参合率96%，养老保险率95%，义务教育普及率99%。

1355 竹院乡大草坡村

简　　介：宕昌县竹院乡大草坡村位于竹院乡西南部，6个自然村，共有58户，274人。气候温润，降雨量充沛，适宜动植物生长，境内自然资源丰富，主要粮食作物有小麦、洋芋、洋麦、蚕豆。经济作物有大黄、党参、羌活。

1356 竹院乡孔家台村

简　　介：宕昌县竹院乡孔家台村位于竹院乡西北部，全村辖8个合作社，12个自然村，190户，972人，劳动力308人。耕地面积1678亩，人均1.7亩，林木林地面积3650亩。村内粮食作物以小麦、玉米、马铃薯、蚕豆为主，经济作物以党参、大黄、当归、油料为主，中药材、劳务输转、林果为农民增收的支柱产业。

1357 八力乡八马场村

简　　介：八力乡八马场村位于宕昌县城以北53公里处，距乡政府3公里，海拔2500米，属高寒阴湿山区，脚新路穿村而过，其前身为县办农牧场，1985年4月移交八力乡管辖。全场共有37户，152人，有耕地400亩。境内平均海拔2650米，年平均气温4.9℃，无霜期115天，年降雨量600毫米，粮食作物以小麦、蚕豆、洋芋为主，经济作物以当归、油料为主，畜牧养殖以牛为主。2013年人均纯收入1540元。

1358　好梯乡彭家山村

简　　介：彭家山村位于好梯乡西部，是南阳到好梯的必经之地，也是好梯乡门户。6个自然村，共有208户，1023人。气候温润，降雨量充沛，适宜动植物生长，境内自然资源丰富。主要粮食作物有小麦、洋芋、洋麦、蚕豆，经济作物有大黄、党参、羌活。

1359　沙湾镇沟门前村

简　　介：沟门前村全村现有4个村民小组，总人口236户，1175人，总耕地面积854亩，2012年度农民人均纯收入2100元。

1360　阿坞乡耙石村

简　　介：宕昌县阿坞乡耙石村位于阿坞乡南部，距县城40公里。全村辖5个村民小组，148户，662人，有青壮年劳力215人。全村共有耕地1200亩，退耕还林面积600亩。村级组织活动场所1处，农家书屋1座。

1361　两河口乡桃坪村

简　　介：宕昌县两河口乡桃坪村地处国道212线沿线半山腰，不通公路。全村4村民小组，70户，301人。耕地面积815亩（人均2.7亩）。群众收入以劳务、药材、洋芋为主。

1362　两河口乡王院村

简　　介：宕昌县两河口乡王院村地处国道212线沿线。全村3村民小组，62户，304人，共有党员8名。耕地面积315亩（人均1.04亩）。群众收入以劳务、辣椒和种植玉米为主。

1363　南阳镇杨集村

简　　介：南阳镇杨集村，坐落于南阳镇东北角，整村分9个社，342户，共计人口1396人。盛产辣椒，人均年收入1200元。主要经济来源为务工和务农。

1364　车拉乡车拉河村

简　　介：车拉河村位于车拉乡南部，呈狭长地势，村民沿河而居，是沿乡级公路从县城入乡的第一个村落。全村有下河社、上河社、车拉河社3个村民小组，115户，524人。经济作物以种植党参、黄芪、蚕豆、小麦等农产品为主。村内绿树成荫，房屋错落有致。乡级公路穿村而过，交通便利。

1365　新寨乡姚道村

简　　介：宕昌县新寨乡姚道村现有4个村民小组，199户，960人。青壮年劳动力656人，农村适龄儿童143名。总耕地面积1196亩，人均耕地面积为1.24亩。主要粮食作物有小麦、玉米、洋芋。党参和黄芪种植是该村的支柱产业。

1366　韩院乡李家院村

简　　介：李家院村位于距乡政府3公里，全村7个合作社，226户，1024人，总耕地面积960亩，全部为山地，人均耕地0.9亩。平均海拔1780米，年均气温9.5℃，年降雨量600毫米，年均无霜期190天。经济收入以种植、劳务输转为主。气候温和湿润，日照充足，适宜种植小麦、玉米、洋芋等粮食作物和半夏等中药材，同时适宜核桃、花椒等经济果树生长。

1367　理川镇扎竜村

简　　介：扎竜村位于理川镇南部3.5公里处，辖3个自然村，4个村民小组，169户，739人。全村现有耕地1725亩，人均2.2亩。扎竜村现有六年制学校1所，现有教职员工14人，在校学生176人，总占地面积2680平方米，2011年全村有730人参加了新型农村合作医疗，参合率达到95%以上；现有砖混结构办公用房5间75平方米，占地112平方米。中药材种植目前已形成了以柴胡、黄芪、大黄为主的规模种植和以党参、当归等中药材零星种植，累计面积800亩，产值240万元。2011年全村农民人均纯收入1626元，人均占有粮食215公斤，务工人员人均劳务收入1210元。

1368 新城子藏族乡新城子村

简　　介：新城子村位于县城南部，距县城6公里，国道212线穿村而过，全村分两大片。新城子辖3个生产合作社，246户，938人。耕地面积694亩，多属川坝水浇地。农作物以蔬菜、小麦、玉米为主，蔬菜种植和劳务输出是该村的主导产业。2013年农民人均纯收入3100元。

1369 城关镇鹿仁村

简　　介：城关镇鹿仁村位于宕昌县城以南的官鹅沟AAAA级风景区内，距县城约10公里，全村辖4个村民社，总户数174户，804人，其中藏族95户，占总户数55%。村内海拔1820-2270米，年均气温8.8℃，年均降雨量633.8毫米，无霜期160天。全村总耕地面积1380亩，人均1.72亩，绝大部分已经退耕还林，总草原面积12400亩，人均71.3亩。全村实现了通路、通水、通电、通广播电视。2011年农民人均纯收入1780元。

1370 新寨乡新家石村

简　　介：宕昌县新寨乡新家石村有3个村民小组，143户，629人。青壮年劳动力430人，农村适龄儿童72名。总耕地面积750亩，人均耕地面积为1.1亩。主要粮食作物有小麦、玉米、洋芋。经济林果主要为花椒，是村民增加收入的主要来源。

1371 南河乡路固村

简　　介：路固村全村有四个合作社，总人口899人，其中男465人，女434人，全村青壮年劳力186人，60岁以上老人为95人，党员23人，总耕地面积833亩，人均耕地0.96亩，林地面积7765亩，退耕还林面积1042.5亩，人均纯收入2691元，村级党支部1个，村级组织活动室1个。建立养羊协会1个，养羊264只；种植马铃薯280亩；劳务输出37人，创劳务收入32万元。全村道路硬化除小道外全部覆盖，固定电话23部，人畜饮水全覆盖，落实一池三改177户，未完成8户，推广太阳灶150户，灾后重建73户，灾后维修73户，全面完工。成立互助基金发展协会1个，注入资金163700元，灾后重建项目完成重建房屋169户，维修73户，易地搬迁18户。整村推进一池三改177户，完成169户，8户未完成。有路固村小学1所，在校学生175人；就读率97%；村级计生服务室1个，卫生所1个；农家书屋1个；参加新农参合户数195户，818人，参合率达95%；新建五保家园1所。运输户16户；百货经营户3户；个体工商户2户。

1372 狮子乡张家村

简　　介：张家村位于狮子乡政府东南方，海拔2200-3200米之间。全村7个合作社，220户，960人。张家村现有耕地面积2028亩，2011年农民人均纯收入1400元，劳务输转62人，劳务收入124万。全村以种植当归、党参、大黄为主，现有4个社完成了人畜饮水工程，7个社均修通了村社公路，农田以山地为主。全村有村级卫生室1个，文化室1个，2012年新农合参全率为95%，养老保险参保率为95%，全村实现了广播电视户户通建设工程。

1373 贾河乡坑里村

简　　介：全村5个社，227户，1156人，男694人，女462人，青壮年劳力809人，学生109人，60岁以上老人112人。种植马铃薯300亩，蚕豆100亩，新修李家沟通社道路7.3公里，推广太阳灶150台，劳务输转200人，乡镇企业1个，发展个体工商户3户，运输户1户，养蜂30箱。新建河堤400米，规范党员活动室、计划生育服务室。种植小杂粮200亩，维修便民桥1座。

1374 狮子乡大许沟村

简　　介：大许沟村距离乡政府8公里，平均海拔1800米，年均气温9℃，年均降雨量800毫米。境内气候高寒阴湿，常年多雾，全村共有3个合作社，92户，340人（劳动力210人），高中以上文化程度群众12人。全村有耕地1200亩（全部为山地），林地面积2320亩，草山面积12430亩，其中村民自主开垦荒地500余亩，粮食作物以洋芋、小麦为主，经济作物以油菜籽、蚕豆为主，其中中药材种植主要有当归、党参、大黄。

1375 两河口乡罗湾村

简　　介：两河口乡罗湾村地处国道212线10公里处，位于半山腰。全村5村民小组，158户，645人。耕地面积676亩（人均0.92亩）。群众收入以劳务和种植药材、烟叶、玉米为主。2013年农民人均纯收入1900元，全村共有贫困户128户，534人，贫困面81%。

1376 两河口乡石院村

简　　介：两河口乡石院村地处国道212线沿线。全村6个村民小组，169户，721人，共有党员21名。耕地面积861亩（人均1.19亩）。群众收入以劳务和种植洋芋、玉米、药材为主。

1377 沙湾镇下站村

简　　介：下站村全村204户，960人，全村总耕地面积520亩。2012年农民人均纯收入2700元。

1378 韩院乡杨那村

简　　介：杨那村距乡政府7公里，全村辖8个村民小组，172户，810人，有青壮年劳力247人，2012年列为县林业站的双联点。全村共有耕地1980亩，中药材种植面积达到940亩，2013年，全村农民人均纯收入达到1842元，其中家庭经营性收入992元，占总额的53.9%；工资性收入602元，占总额的32.7%；转移性收入207元，占总额的11.2%；财产性收入41元，占总额的2.2%。2014年。基础设施方面：计划实施农村危旧房改造70户，实施通畅工程5条17公里，上社、下社、李家河、小庄子、张家湾5个社5公里巷道硬化工程，全村8个社建成人畜饮水工程，规范化布置了村级党员活动室，修建村内排水渠1100米，庭院硬化16800平方米，新建村级文化体育广场1处，占地800平方米，新建村文化室100平方米，并配置安装全民健身器材1套。在上阴山创建了500亩以党参、大黄、柴胡为主的中药材示范点。预计药材产量达130000公斤，产值达200万元。完成荒山造林300亩；通村道路栽植云杉500株。计划输出劳务工162人，经济收入预计将达到320万元。

1379 何家堡乡白杨村

简　　介：白杨村距宕昌县城10公里，位

于何家堡乡北部，212国道纵贯全村，全村共有2个村民小组，99户，444人，2013年农民人均纯收入3335元。粮食作物以种植小麦、玉米、马铃薯、油料为主，经济作物有党参、当归、板蓝根、大黄、红芪等。畜牧业以猪、牛、羊等为主。主要经济来源是劳务输出和经济作物收入。近年来在乡党委、政府的大力支持下，根据河口村的地理优势，建成110亩优质西瓜栽培示范基地，起到了示范带动作用，取得了丰硕成果，带动了全村经济发展。2013年完成劳务输转300人（次），其中有组织输转280人（次），完成劳务技能培训300人（次），引导性培训280人（次）。

1380 理川镇尚营村

简　　介：理川镇尚营村位于陇南市宕昌县北部，距县城40公里，全村辖4个村民小组，172户，815人，有劳动力375人。全村总耕地面积1200亩，其中川地230亩，山地970亩，人均耕地面积为1.47亩。农作物以黄芪、当归、大黄、马铃薯为主，中药材种植和劳务输出是该村的主导产业。村内海拔2100米，年均气温6.7℃，年均降水量534毫米，无霜期132天，年日照时数2081小时，属典型的高寒阴湿区。全村有卫生室3间，村医1名。全村有国家工作人员20人，已毕业大学生17人，在校大学生6人，中学生32人，小学生86人，入学率达到100%。新型农村合作医疗参合率98.6%。独生子女户1户；优抚金1户；粮食直补172户；农资综合直接补贴172户。

1381 竹院乡竹院村

简　　介：宕昌县竹院乡竹院村为乡政府所在地，全村6个合作社，153户，745人，耕地面积1151亩，人均1.5亩，林木林地面积14320亩，海拔1630米，气候温和，土壤肥沃，境内粮食作物以小麦、玉米、洋芋、蚕豆为主，经济作物以党参、大黄、油料、林果为主，劳务、中药材、林果为农民增收的支柱产业。

1382 新寨乡瓦舍头村

简　　介：宕昌县新寨乡瓦舍头村有2个村民小组，113户，519人，其中特困户6户，27人，一般贫困户10户，59人。青壮年劳动力354人，农村适龄儿童74名。总耕地面积544亩，人均耕地面积为1.04亩。主要粮食作物有小麦、玉米、洋芋等。

1383 车拉乡茹树村

简　　介：茹树村位于车拉乡东部，全村有茹树社、沟老社、东山社、西昔路社、坪套社、王家山社6个村民小组，320户，1384人。耕地面积1870亩，草原面积4680亩，以种植党参、黄芪、蚕豆、小麦等农产品为主。村内绿树成荫，房屋错落有致。村村通路穿村而过，交通便利，景点有茹树草原。

1384 新城子藏族乡老树川村

简　　介：老树川村位于宕昌县新城子藏族乡东南部，212国道横穿全村，距县城7公里，是一个回汉杂居村。全村有2个村民小组，共139户，594人，其中回族42户，189人，有劳动力316个。耕地483亩（水浇地393亩），人均0.8亩，主要农作物有小麦、玉米、马铃薯、荞麦等，经济作物主要有草莓、油菜等。全村共有党员16人（其中女党员3人）。2013年农民人均纯收入2650元，群众收入主要靠种植草莓和劳务输转等。

1385 八力乡扎固村

简　　介：扎固村离乡政府5公里，离脚新

路 3 公里，有一条简易公路穿沟而过，一直翻山通往岷县的申都乡。辖 4 个村社，拥有 178 户，878 人。拥有耕地 1395 亩，人均占地 1.6 亩，山地面积占耕地的 80%，是一个以农业为主的山村。主要农产品为大小豌豆、青稞和大麦等，由于气候原因人们基本不种植小麦，经济作物有当归、大黄、黄芪、柴胡。四周环山是发展养殖业的天然牧场。扎固村有天然的建筑材料——石头，质地坚硬，贮量极其丰富，2011 年发展 5 户养殖大户；发展当归 300 亩，优质大豆规模种植 400 亩。2012 年发展 5 户养殖大户；发展 GAP 当归 400 亩，优质大豆规模种植 300 亩。

1386 两河口乡两河口村

简　　介：两河口乡两河口村地处国道 212 沿线。全村 4 村民小组，194 户，818 人。耕地面积 358 亩（人均 0.43 亩）。群众收入以劳务、水果为主。2013 年农民人均纯收入 2300 元。

1387 南河乡大族村

简　　介：全村分 3 个自然社，总户数 134，人口 620 人，党员 16 人。总耕地面积 650.57 亩，人均耕地 1.3 亩，人均纯收入 2485 元，退耕还林面积 1825 亩。大黄分片种植 100 亩。土鸡放养 20 户，500 只。养羊 87 户，435 只。种植核桃 300 亩。马铃薯、玉米产业 130 亩。劳务输转 200 人，创劳务收入 165000 元。大族村扶贫互助基金协会 1 个。灾后维修 66 户。灾后重建 11 户。结合灾后重建项目在南河南川修建房屋 11 座。个体门诊 1 个，农家书屋 1 个；参加新农合户数 131 户，609 人，参合率达 96%。个体工商户 2 户，百货经营户 2 户。

1388 新寨乡小庄村

简　　介：宕昌县新寨乡小庄村有 2 个村民小组，112 户，496 人。青壮年劳动力 212 人，农村适龄儿童 74 名。总耕地面积 251 亩，人均耕地面积为 0.58 亩。主要粮食作物有小麦、玉米、洋芋、水稻等。

1389 甘江头乡谢家坝村

简　　介：谢家坝村是甘江头乡政府所在地，平均海拔 2100 米，年均气温 10℃，年均降水量 450 毫米。全村有 6 个村民小组，228 户，979 人，劳动力 577 人。其中土崖头组 21 户，89 人，居住在山上不通公路。全村总耕地面积 950 亩，人均耕地 0.97 亩，有大家畜 120 头（匹），该村主要粮食作物有小麦、玉米、洋芋等。主要经济作物有烟叶、蔬菜、油料、花椒、核桃以及红芪、柴胡等中药材。完成房屋改建新建 20 户 70 间，投资 44 万元。建成人畜饮水工程 1 处，投资 10 万元。修筑河堤 700 米，投资 20 万元。修建灌渠 6000 米，投资 25 万元。修建沼气池 104 座，投资 13.52 万元。发放太阳灶 66 台，投资 0.99 万元。种植烟叶等经济作物 1200 亩，搭建晒烟棚 34 座，投资 2 万元。修建圈舍 100 座，投资 15 万元。新办养殖场 1 处，投资 20 万元。3、培训农业生产技术和劳动技能 400 人次。新建学校 1 座 1800 平方米，投资 108 万元。修建卫生院 1 座 216 平方米，投资 13 万元。新建文体活动中心 1 处 8 间，投资 18 万元。村村通入户 76 户，投资 3 万元。

1390 车拉乡代家庄村

简　　介：代家庄村位于车拉乡中部，乡政府所在地，全村有代家社、崖底下社、儿拉面社 3 个村民小组，96 户，435 人。其中代家社 135 人，崖底下 218 人，儿拉面 82 人。以种植党参、黄芪、蚕豆、小麦等农产品为主。村内绿树成荫，房屋错落有致。乡级公路穿村而过，交通便利。

1391 两河口乡柯门道村

简　　介：两河口乡柯门道村地处国道212线沿线半山腰，不通公路路。全村3村民小组，61户，249人。耕地面积516亩（人均2.07亩）。群众收入以劳务、药材、洋芋为主。

1392 阿坞乡叶扎村

简　　介：宕昌县阿坞乡叶扎村位于宕昌县城北部，距县城45公里，距乡政府所在地2.5公里。辖2个自然村，4个合作社，158户，672人，其中男345人，女327人，高中以上文化程度4人。全村有劳动力302人。全村耕地面积1108亩，人均耕地1.6亩。村内海拔2350-2620米，年均气温5.6℃，年降水量680毫米，无霜期116天，属典型的高寒阴湿区。粮食作物以马铃薯、蚕豆、小麦为主，经济作物以当归、大黄、黄芪为主。中药材种植、劳务为该村的主导产业。

1393 阿坞乡粗路村

简　　介：宕昌县阿坞乡粗路村位于阿坞乡北部，距县城47公里。海拔2450米，年降雨量680毫米，无霜期114天，平均气温5.6℃。全村共辖3个村民小组，144户，621人，青壮年劳力431人。全村耕地面积878亩，人均占有1.5亩。草山面积1850亩，人均3.2亩。林地面积902亩，人均占有1.5亩。2012年人均纯收入为2113元（其中经营性收入占35.2%，各项惠农资金收入占22%，劳务收入占41%，财产性收入占1.8%）。

1394 阿坞乡别竜沟村

简　　介：宕昌县阿坞乡别竜沟村位于阿坞乡北部，距县城50公里，距乡政府7公里。海拔2400多米，年降雨量680毫米，无霜期114天，平均气温5.6℃。全村辖6个村民小组，185户，806人，有青壮年劳力563人。全村共有耕地2181亩，人均耕地0.4亩，草山面积3825亩，人均0.2亩。2012年人均纯收入为1980元（其中中药材收入占49%，各项惠农资金收入占35%，劳务收入占14%，财产性收入占2%），人均占有粮食280公斤。

1395 狮子乡阴山沟村

简　　介：阴山沟村距离乡政府5公里，平均海拔1800米，年均气温9℃，年均降雨量800毫米。境内气候高寒阴湿，常年多雾。全村共有9个合作社，240户，960人（劳动力520人），高中以上文化程度群众45人。全村有耕地3000亩（全部为山地），林地面积2550亩，草山面积22320亩，其中村民自主开垦荒地2000亩。粮食作物以洋芋、小麦为主，经济作物以油菜籽、蚕豆为主，其中主要种植中药材有当归、党参、大黄。

1396 理川镇哈竜沟村

简　　介：哈竜沟村位于理川镇南部5公里处，辖5村民小组，165户，878人。全村现有耕地1143亩，人均1.3亩，已完成退耕还林面积712亩，人均0.8亩。哈竜沟村村内无小学及幼儿园；2011年全村新型农村合作医疗参合率达到99%。哈竜沟村目前无村级卫生服务点。现有砖混结构办公用房6间90平方米。中药材种植目前已形成了以柴胡、黄芪、大黄为主的中药材零星种植，累计面积800亩，年产值192万元。有200亩百合种植示范点1处。2011年全村农民人均纯收入1520元，其中务工人员人均劳务收入800元。

1397　新城子藏族乡民福村

简　　介：民福村位于新城子藏族乡东部，距县城 8 公里。全村有劳动力 683 人。全村耕地只有 176 亩水浇地，绝大多数农户都是异地搬迁到此。

1398　好梯乡马家山村

简　　介：马家山村位于好梯乡东南部，辖 5 个自然村，共有 118 户，551 人。气候温润，降雨量充沛，适宜动植物生长，境内自然资源丰富，主要粮食作物有小麦、洋芋、洋麦、蚕豆，经济作物有大黄、党参、羌活。

1399　阿坞乡西固村

简　　介：宕昌县阿坞乡西固村位于阿坞乡中部，距县城 43 公里，212 国道纵贯全村。全村辖 7 个合作社，379 户，1650 人，承包地面积 1871 亩，常耕地面积 2340 亩。全村现有六年制小学 1 所，村级组织活动场所 1 处，农家书屋 1 座。经过多年的发展，该村初步形成了以中药材、马铃薯种植和劳务输转为主的产业结构，以当归、大黄、黄芪为主的中药材种植面积达到 1342 亩，收入达到 98 万元以上；马铃薯种植面积达到 480 亩，收入达到 36 万元；劳务输转人数达到 150 人，收入达到 50 万元。2012 年，全村农民人均纯收入达到 2224 元。

1400　好梯乡磨河坝村

简　　介：磨河坝村位于好梯乡东南部，辖 5 个自然村，共有 114 户，639 人。气候温润，降雨量充沛，适宜动植物生长，境内自然资源丰富，主要粮食作物有小麦、洋芋、洋麦、蚕豆，经济作物有大黄、党参、羌活。

1401　沙湾镇董家庄村

简　　介：董家庄村全村 332 户，1473 人，全村总耕地面积 1458 亩，人均 0.98 亩。2012 年农民人均纯收入 2400 元。

1402　车拉乡小寺麻村

简　　介：车拉乡小寺麻村位于宕昌县城东北部，全村有 2 个合作社，164 户，769 人。耕地总面积 979 亩，人均 1.1 亩。农作物以玉米、小麦、马铃薯等为主，经济作物以油料、中药材为主，2013 年人均纯收入 1860 元，人均占有粮食 280 公斤。

1403　理川镇蔡家

简　　介：蔡家地村位于理川镇南部，距镇政府 11.5 公里，距脚新路 8 公里。平均海拔 2520 米，年均气温 6℃，年均降水量 534 毫米，无霜期 132 天，年日照时数 2081 小时，属典型的高寒阴湿区。全村共有 3 个村民小组，115 户，562 人，有劳动力 259 人。有耕地 1276 亩，全部属于山地，人均 2.3 亩地，以种植当归、大黄、黄芪等中药材和洋芋、小麦、蚕豆等粮食作物为主。中药材种植和劳务输出是该村的主导产业。全村新型农村合作医疗参合率达到 99%。

1404　何家堡乡吾族村

简　　介：吾族村位于县城北部的半山腰，距乡政府所在地 2.5 公里。全村有 2 个村民小组，126 户，562 人。耕地面积 735 亩，人均占地面积 1.3 亩，耕地以山地为主，主要农作物为小麦、玉米、马铃薯等，经济作物有当归、大黄、红芪、板蓝、油料等。境内平均海拔 1860 米，年平均气温 8.3℃，年均降雨量 660 毫米。全村有劳动力 410 人。2013 年全村大牲畜共 200 余头，羊存栏 78 只，饲养牛 70 头。为提高设施农业产业化水平，促进农民增收，2013 年完成劳务输转 400 人（次），其中有组织输转 350 人（次），完成劳务技能培训350人（次），引导性培训400人（次），实现劳务收入530余万元。

1405 阿坞乡阿坞村

简　　介：宕昌县阿坞乡阿坞村位于阿坞乡中部，距县城45公里，212国道穿村而过，海拔2400多米，年降雨量680毫米，无霜期114天，平均气温5.6℃，属典型高寒阴湿区。全村有2个村民小组，77户，347人。2011年人均纯收入为1021元，人均占有粮食200公斤。全村有效耕地面积579.5亩，人均耕地1.67亩，草山面积30亩，人均占有0.92亩，林地40亩，人均占有0.12亩。2011年，全村中药材种植面积达到347亩，劳务输出68人。

1406 阿坞乡坞麻村

简　　介：阿坞乡坞麻村距离212国道2公里，距离红色圣地哈达铺7公里。平均海拔2200米，气候寒冷阴湿，属典型的高寒阴湿区，全村以山地为主，广种薄收。辖4个村民小组，176户，796人，全村男402人，女394人。总耕地面积1154亩，人均耕地1.4亩，人均纯收入1800元，全村青壮年劳力245人。经济作物以当归、黄芪、大黄等为主，其中种植当归300亩，黄芪300亩，大黄150亩。其它农作物以马铃薯、小麦、大豆、蚕豆、青稞等为主，共种植400亩。劳务输出180人，创收108万元，占全村收入的82%，人畜饮水1处，一池三改60座，太阳灶160台，灾后重建10户，有教学点1所，新农合参合率100%，从事个体经营4户，从业人员8人，运输户4户。

1407 理川镇菜子沟村

简　　介：菜子沟村位于理川镇东南方向12公里处，距脚新路7公里，辖5村民小组，179户，847人。全村现有耕地1820亩，人均2.1亩，已完成退耕还林面积372亩，人均0.44亩。有1至6年级村小校1所，有8名老师147名学生；2011年全村新型农村合作医疗参合率达到99%。菜子沟目前无村级卫生服务点。现有砖混结构办公用房5间90平方米。目前已形成了以黄芪、大黄、党参、当归为主的中药材片区种植，累计面积1300亩，年产值260万元。近年来，全村形成了以劳务收入和药材收入为主的收入格局，2011年全村农民人均纯收入1720元，其中务工人员人均劳务收入900元。

1408 理川镇大舍沟村

简　　介：大舍沟村位于理川镇西部，辖4个村民小组，全村262户，1146人。经济作物以黄芪、党参为主，2013年人均纯收入2885元。

1409 理川镇陈家沟村

简　　介：陈家沟村位于理川镇西南部。全村有3个合作社，152户，734人，男404人，女317人，青壮劳力433人，学生112人，60岁以上老人87人。耕地面积1700亩，药材种植面积1210亩，其中当归540亩，黄芪710亩。新建党员活动室1座，沼气池104口，推广太阳灶100台。

1410 车拉乡吊堡子村

简　　介：吊堡子村位于车拉乡东部，距离乡政府10公里。东临好地坪村，南与沟为界，西与儿家湾村接壤，北靠草山梁与兴化草川村接连，是典型的山区村落。全村有7个村民小组，249户，1208人，耕地面积2765亩，以种植党参、黄芪、蚕豆、小麦等农产品为主。村内绿树成荫，房屋错落有致。村村通路穿村而过，交通便利。

1411 庞家乡松扎村

简　介：庞家乡松扎村，地处宕昌县庞家乡西北部。距县城50公里，全村面积8.5平方公里，耕地面积2817亩。有3个自然村，辖5个村民小组。人口1256人，农户280户。人均纯收入1240元。建成药材地约1200亩，现有当归、黄芪、大黄、党参等多个药材品种。现有林地1900亩，草地2800亩。初步形成了规模林、草地，同时也极大地改善了生态环境。现有党员活动室、图书室（藏书935册）、学校、卫生室等。

1412 沙湾镇老庄村

简　介：沙湾镇老庄村位于沙湾镇水峪沟2.5公里处，海拔1160米，年平均降雨500-600毫米，无霜期270天，年平均气温12.5℃。全村共有锅厂、老庄、干峪、王儿山、水潭子5个自然村，234户，1122人，总耕地面积1150亩，人均1.02亩。粮食作物以洋芋、小麦、玉米为主。2012年全村农民人均占有粮食280公斤，农民人均纯收入2240元，经济来源以外出务工为主，其中劳务收入占65%，农业收入占25%，其它占10%。村上有1所完全小学，全村通电、通电话，现有固定电话182部，水峪沟通村公路穿村而过，有青羊寺鲟鱼养殖场1处。

1413 何家堡乡河口村

简　介：河口村位于宕昌县城北部，距乡政府所在地约2.5公里。全村有2个社，87户，405人。耕地面积500亩，全村有劳动力285人。

1414 贾河乡绿院村

简　介：绿院村全村5个合作社，139户，698人，男419人，女279人，青壮年劳动力489人，学生84人，60岁以上老年人130人。新建乡镇企业1个，种植黄芪200亩，养羊100只，劳务输转200人。

1415 何家堡乡白水川村

简　介：白水川村与县城毗邻，距乡政府所在地3.5公里，东依小堡子村，平均海拔1780米。年均气温8.8℃，降雨量670毫米，无霜期190天。全村辖2个合作社，192户，847人，有劳动力541人。全村有耕地718亩，人均0.9亩。粮食作物主产小麦、玉米、马铃薯等，经济作物有油料、蔬菜、瓜果等。畜牧业以牛、羊等为主。引进国内先进日光温室建设技术，建成了占地100亩的白水川日光温室蔬菜生产基地。2013年完成劳务输转600人（次），其中有组织输转500人（次），完成劳务技能培训600人（次），引导性培训600人（次）。

1416 好梯乡李家坝村

简　介：李家坝村毗邻政府所在地，全村有5个合作社，208户，929人，耕地面积约1800亩，人均2亩，海拔1860米，气候温和，土壤肥沃，境内粮食作物以小麦、玉米、洋芋、蚕豆为主，经济作物以党参、大黄、油料为主。其中劳务、中药材为农民增收的支柱产业。

1417 理川镇下马龙村

简　介：下马龙村位于理川镇南部10公里处，辖2村民小组，132户，590人。全村现有耕地587亩，人均1亩。2011年全村新型农村合作医疗参合率达到99%；有村级卫生室服务点1处。现有砖混结构办公用房4间60平方米，占地210平方米。中药材种植：目前以种植黄芪、大黄等中药材为主。近年来，全村形成了以劳务收入和药材收入为主的收入格局，2011年全村农民人均纯收入 1650 元，务工人员人均劳务收入 1000 元。

1418 甘江头乡龚家沟村

简　　介：甘江头乡龚家沟村，平均海拔 2500 米，年均气温 9℃，年均降水量 460 毫米。全村有 4 个村民小组，135 户，513 人，劳动力 375 人，其中四社 30 户，103 人居住在山上不通公路。全村总耕地面积 1124 亩，人均耕地 2.2 亩，有大家畜 20 头（匹），该村主要粮食作物有小麦、玉米、洋芋等。主要经济作物有蔬菜、油料、花椒、党参、大黄、核桃、以及红芪、柴胡等中药材。完成房屋改建新建 34 户 102 间，投资 98 万元。建成人畜饮水工程 1 处，投资 10 万元。修筑河堤 50 米，投资 2 万元。发放太阳灶 50 台，投资 0.75 万元。培训农业生产技术和劳动技能 200 人次。村村通入户 56 户，投资 2.2 万元。

1419 甘江头乡韩家山村

简　　介：甘江头乡韩家山村位于毛羽山南面，平均海拔 2200 米，年均气温 12℃，年均降水量 450 毫米。全村有 4 个村民小组，140 户，660 人，劳动力 239 人。全村总耕地面积 1380 亩，人均耕地 2 亩，该村主要粮食作物有小麦、玉米、洋芋等。主要经济作物有红芪、油料、花椒、核桃、柴胡等。通村公路 9 公里投资 450 万修通并硬化；2014 年完成 4 个合作社通社公路修建设工程。建成人畜饮水工程 1 处，投资 4 万元。2014 鼓励群众种植黄芪 100 亩。培训农业生产技术和劳动技能 100 人次。韩家山村没有基层组织活动室、卫生室。村村通入户 100 户，投资 3 万元。

1420 庞家乡许家村

简　　介：许家村位于县城北部 41.5 公里处，距庞家乡 1.5 公里，是有名的中药材种植专业村。全村共有耕地面积 2560 亩，平均海拔 3500 米，年均降雨量 530 毫米，年平均气温 14℃，全年无霜期 180 天。气候阴湿、日照充足，适宜种植大麦、蚕豆、洋芋等粮食作物和柴胡等经济作物。许家村包含 5 个社，总户数 262 户，1371 人。完成许家村地膜黄芪标准化种植基地 1200 亩。硬化茶路湾至隆家山通社公路 2900 米。修建隆家山文化休闲广场 1 处 150 平方米。接通隆家山社自来水 50 户。硬化村社道路 2600 米。在许家村栽植云杉 500 株，红叶李 200 株，在群众房前屋后、广场栽植竹子 120 丛，种草种花面积 1200 平方，在农田地埂边栽植梨树 5000 株。修建许家村护村河堤 1200 米。建有村小学 1 所，现有在校生 154 人。建有农家书屋 1 个，藏书 1000 册。

1421 沙湾镇杨何家村

简　　介：杨何家村位于水浴沟内，全村 190 户，980 人，全村总耕地面积 2300 亩。2012 年农民人均纯收入 2050 元。

1422 城关镇光明村

简　　介：城关镇光明村位于宕昌县东北部，全村有 5 个村民小组，302 户，946 人。有耕地 520.4 亩，人均 0.55 亩，耕地以山地为主，境内海拔在 2300 米至 2800 米之间，属高寒阴湿区。农作物以小麦、洋芋、蚕豆为主。2011 年底人均纯收入达到 1600 元，人均占有粮食达到 200 公斤，全村分布在城区和半山腰上居住，曹家山社至今未通公路。产业结构单一，经济收入以服务业和外出务工为主。在服务业方面，主要靠运输及餐饮，外出务工以在县城打零工为主。

1423 竹院乡木竹院村

简　　介：木竹院村全村辖 14 个自然村庄，

居住十分零散。全村 89 户，420 余人。有林木林地面积 34426 亩，耕地面积（承包面积）680 亩，人均 1.6 亩，境内种植农作物以小麦、大豆为主，经济作物以党参、大黄为主。

1424 贾河乡各里村

简　　介：各里村全村 5 个社，189 户，927 人，男 556 人，女 378 人，青壮年劳力 648 人，学生 103 人，60 岁以上老人 75 人。新修各里至哈岘通社公路 4.8 公里，养牛 300 头，养猪 300 头，养羊 400 只。推广太阳灶 100 台，劳务输转 200 人。种植黄芪 200 亩，洋芋 100 亩，小杂粮种植 300 亩。

1425 新城子藏族乡拉界村

简　　介：拉界村位于县城南部，距县城 15 公里，国道 212 线穿拉界新城而过，全村分 2 大片。新城子辖 5 个生产合作社，117 户，483 人，耕地面积 970 亩，全部为山地。农作物种植以大麦、小麦、荞麦、菜籽为主，劳务输出是该村的主导产业。2013 年农民人均纯收入 2100 元。

1426 将台乡隆家村

简　　介：将台乡隆家村位于宕昌县以北，距离县城 12 公里，全村辖哈哈山、庄子、隆家 3 个社，全村共 191 户，867 人，年人均纯收入 1250 元，主要种植药材。

1427 沙湾镇上站村

简　　介：上站村位于宕昌县南端，距县城 60 公里，全村 206 户，927 人。全村总耕地面积 809 亩，人均 0.87 亩。2012 年农民人均纯收入 2000 元，人均占有粮食 210 公斤。硬化村庄道路 1500 米。危旧房改造 94 户。边沟排洪渠道改造 1140 米。实施高效节水灌溉工程 1 处。埋设管道 1200 米。

1428 八力乡吉儿拉

简　　介：八力乡吉儿拉村位于八力乡东北部，距县城 55 公里，全村辖 3 个合作社，129 户，604 人。总耕地面积 1462 亩，人均耕地 2.42 亩。2008 年全村农民人均纯收入 1360 元，人均占有粮食 190 公斤。农民人均收入 1540 元。每年种植以当归为主的中药材 300 亩以上，马铃薯 100 亩以上，蚕豆 600 亩以上，蔬菜 80 亩以上。草畜存栏不低于 1100 头（只），出栏不低于 500 头（只）。农民人均纯收入每年至少以 10% 比例递增。硬化通村公路 4 公里，硬化巷道 2000 米。

1429 沙湾镇新寨村

简　　介：新寨村现有 6 个村民小组，总人口 236 户，1090 人，总耕地面积 482 亩，2012 年度农民人均纯收入 2700 元。种植冬播马铃薯 100 亩。硬化村内巷道 2800 米。

1430 甘江头乡袁家山村

简　　介：甘江头乡袁家山村共有 4 个自然村，2 个自然村不通公路。全村有 183 户，856 人，劳动力 460 人，60 岁以上老人 131 人。总耕地面积 1443 亩，无退耕还林面积。该村主要粮食作物有小麦、玉米、洋芋等。主要经济作物有蔬菜、油料、花椒、核桃以及红芪、柴胡等中药材。

1431 南阳镇南阳村

简　　介：南阳镇南阳村坐落于南阳镇中心，良恭河畔，依山傍水，整村分 12 个社，406 户，共计 1923 人，人均年收入约 1250 元，主要经济来源为务农和务工。

1432 理川镇上街村

简　　介：上街村位于理川镇镇政府所在地，距县城 40 公里。全村 9 个村民小组，547 户，

2888人，劳动力1460人。耕地面积2420亩，其中川地1510亩，山地910亩。2010年全村人均收入为1750元，2011年全村人均收入为1920元。主要来源为外出务工收入和药材收入。农作物以中药材、马铃薯为主。马铃薯种植300亩，主要是自产自给。中药材种植2000亩，主要为黄芪、黄芩、柴胡、当归、党参，面积分别为780亩、370亩、510亩、130亩、210亩。中、小学生受教育条件优越，全村在校大学生34人，中学生266人，小学生260人，入学率达到100%。新型农村合作医疗参合率97.8%。

1433 贾河乡雪岭村

简　　介：雪岭村全村5个自然社，174户，890人，男534人，女356人。1个社不通公路，不通人饮，完成易地搬迁64户，每户建房4间，厨房2间，配套太阳灶、厕所、圈舍、人畜饮水，巷道进行了硬化。配套党员活动室，计生服务室规范化，广播电视"村村通工程"。推广太阳灶300台，种植大黄500亩，当归500亩，大芪200亩，党参100亩，蚕豆300亩，洋芋200亩，建成雪岭村中药材示范点，养殖蜜蜂84箱，养羊300只，"一池三改"70座，雪岭小学操场进行了硬化，改建了花园及校门。建成了雪岭村中药材种植协会。

1434 沙湾镇赵家坡村

简　　介：赵家坡村位于水浴沟内，全村225户，982人，全村总耕地面积2200亩。2012年农民人均纯收入2150元。

1435 阿坞乡各竜村

简　　介：宕昌县阿坞乡各竜村是乡政府所在地，212国道穿村而过，距县城43公里，西与岷县麻子川接壤。全村共有8个合作社，1个自然社，361户，1793人，青壮年劳动力有683人。耕地面积3851亩，人均2.3亩，退耕还林面积3400亩，林地面积853亩，草场面积6755亩，全村有五保户52户，59人。2011年人均纯收入2200元。各竜村产业优势以大力发展中药材为主，主要种植药材种类有当归、大黄、黄芪等。粮食作物以洋芋、蚕豆和其他杂粮为主。该村通电、通水、通电话、通有线电视，群众出行交通便利，辖区内驻有乡政府、派出所、卫生院、信用社4个单位，有村级组织活动场所1处10间，群众文艺舞台1座，有交易市场1处，是阿坞乡政治经济文化中心。

1436 城关镇计子川村

简　　介：城关镇计子川村位于县城南部，与城区紧紧相连，地理位置优越。全村共有114户群众，468人，青壮年劳动力308人，输出转移劳动力84人。村边建有城关卫生院，新型合作医疗覆盖率达100%。

1437 两河口乡曹下村

简　　介：两河口乡曹下村地处国道212线沿线半山腰。全村4村民小组，67户，251人。耕地面积859亩（人均0.42亩）。群众收入以劳务、药材、玉米为主。

1438 贾河乡同寨村

简　　介：全村有5个社，197户，923人，男554人，女369人，青壮年劳力646人，学生98人，60岁以上老人124人。种植黄芪250亩，大黄100亩，党参100亩，当归150亩，养猪100头，新修通村公路7.5公里，过水路面1处，劳务输转300人，有广播电视"村村通"工程，新建农家书屋1处。接通学校饮水，硬化学校道路1公里，绿化美化了校园。

1439 将台乡下巴山村

简　　介：将台乡下巴山村位于宕昌县以北，距离县城7公里，全村辖下巴山、石物、哈当、潘家山4个社，全村共273户，1243人，年人均纯收入1250元，主要种植物为药材。

1440 何家堡乡草坪子村

简　　介：草坪子村位于何家堡西南部，距乡政府5公里，是宕昌县城区供水工程水源地。全村共有2个村民小组，67户，297人。有耕地700亩，人均占地面积2.4亩，耕地以山地为主，主要农作物为小麦、玉米、马铃薯等，经济作物有当归、大黄、红芪、板蓝、油料等。畜牧业以牛、羊等为主。年平均气温8.3℃，年均降雨量700毫米。

1441 两河口乡山背村

简　　介：山背村地处国道212线7.5公里处，位于半山腰。全村3个村民小组，121户，508人。耕地面积365亩（人均0.7亩）。群众收入以劳务、药材、烟叶、玉米为主。2013年农民人均纯收入1850元。

1442 沙湾镇尹家村

简　　介：尹家村位于水浴沟内，全村247户，1114人，全村总耕地面积1080亩。2012年农民人均纯收入2350元。

1443 甘江头乡四合村

简　　介：四合村是宕昌县在5.12地震后第二批灾后重建集中安置点之一，共有240户，1240人，由新寨乡、两河口、临江铺、甘江头4个乡灾民组成，故叫四合村。四合村位于甘江头乡谢家坝村南国道212线旁，平均海拔2100米，年均气温10℃，年均降水量450毫米。村内基础设施完备，水电路堤完善，是宕昌县功能齐全的新农村示范点之一。四合村规划设计了28个单元，有纵横13条主次巷道贯通，最宽的主道路宽8米，最窄的巷道宽4米，并在安置点与212公路之间规划了农贸市场，在安置点中心规划有公共广场、文化活动室、卫生室和五保家园。安置点每户占地216平方米，有8户按2层设计，一楼为面朝市场的商铺，每户修建主房4间、灶房1间，并配套暖棚圈舍、厕所和沼气池。修建四合村文化广场，占地4亩，以台阶为中心分为南北两部分，北面以篮球场和健身场为主；南面是集亭子、人行步道、石桌石凳、绿化带为主的休闲娱乐场所，并和乡文化站融为一体。

1444 南河乡高桥村

简　　介：全村辖3个合作社，148户，总人口630人，男的339人，女为291人。总耕地面积715亩，人均耕地1.2亩，林地面积17340亩，人均纯收入2662元。党员19人，村级党支部1个，村级组织活动室1个。大黄20亩；牛130头，鸡208只，养羊40只，马铃薯125亩；劳务输出128人，创劳务收入30万元，占全村收入53%。修通社公路4000米，便民桥1座；固定电话23部；移动电话52部；村道硬化800米；人畜饮水1处；一池三改60户；推广太阳灶110台；灾后重建126户。已建成和在建乡镇企业2个，分别是豆制品加工厂和淀粉厂。高桥村小学1所，村级计生服务室1个；卫生所1所；文化大院1个；个体门诊1个；农家书屋1个；参加新农参合630人，参合率达100%；新建五保家园1所。运输户15户；个体工商户3户，从业人数3人。

1445 韩院乡毛绪村

简　　介：毛绪村距乡政府20公里，全村有4个合作社，103户，439人。总耕地面积 658.5 亩，全部为山地，人均耕地 1.5 亩。年人均收入为 2190 元。平均海拔 1900 米，年均气温 9.5℃，年降雨量 600 毫米，年均无霜期 175 天。气候温和湿润，日照充足，适宜种植小麦、洋芋、蚕豆等粮食作物和红芪、党参、大黄等中药材。

1446 两河口乡罗湾村

简　　介：两河口乡罗湾村地处国道 212 线 10 公里处，位于半山腰。全村 5 村民小组，158 户，645 人。耕地面积 676 亩（人均 0.92 亩）。群众收入以劳务、药材、烟叶、玉米为主。2013 年农民人均纯收入 1900 元。

1447 韩院乡沙坝村

简　　介：沙坝村距乡政府 15 公里，全村 6 个合作社，156 户，736 人，总耕地面积 1136 亩，全部为山地，人均耕地 1.5 亩。平均海拔 1825 米，年均气温 9.5℃，年降雨量 600 毫米，年均无霜期 190 天。气候温和湿润，日照充足，适宜种植小麦、洋芋、蚕豆等粮食作物和红芪、党参、大黄等中药材。

1448 城关镇大草滩村

简　　介：城关镇大草滩村位于宕昌县城以北与县城毗邻，全村辖 4 个村民小组，总户数 192 户，825 人，劳动力 350 人。全村总耕地面积 726 亩，农作物以小麦、蔬菜、玉米、马铃薯为主，劳务输出是该村的主导产业。种植蔬菜和劳务输出成为全村经济收入的主要来源，2012 年全村种植蔬菜 230 亩，劳务输出 103 人，当年农民人均纯收入 1900 元。该村群众居住以土木结构房屋为主，大都老旧，人均居住面积达 15 平方米。通村公路已完成硬化，村内巷道部分硬化，道路畅通。全村户户通自来水、通电、通广播电视、通电话。现有党员活动室及村委会用房五间 100 平方米，在党员活动室设农家书屋 1 间，有各类图书 500 册。村级卫生室两间 40 平方米。截至 2012 年底，全村接受各类生产、劳务技能培训人数 300 人（次），新农合参合率达到 100%，养老保险参保率达到 90%。

1449 两河口乡化马村

简　　介：两河口乡化马村地处国道 212 线沿线。全村 6 村民小组，274 户，1170 人，共有党员 29 名。耕地面积 867 亩（人均 0.74 亩）。群众收入以劳务、玉米、烟叶为主。

1450 两河口乡清水子村

简　　介：两河口乡清水子村地处国道 212 线沿线。全村 11 村民小组，457 户，2055 人。耕地面积 859 亩（人均 0.42 亩）。群众收入以劳务、玉米为主。2013 年农民人均纯收入 2620 元。

1451 将台乡田麻村

简　　介：将台乡田麻村位于宕昌县以北，距离县城 13 公里，全村辖上田麻、八更拉 2 个社，全村共 175 户，810 人。年人均纯收入 1250 元，主要种植物为药材。

1452 竹院乡下杜村

简　　介：宕昌县竹院乡下杜村辖 7 个社，251 户，1204 人。全村耕地面积 1953 亩，人均 1.6 亩，林木林地面积 8835 亩。境内粮食作物以小麦、玉米、马铃薯为主，经济作物以油料、林果为主，林果、劳务为农民增收的支柱产业。2012 年按照乡总体发展思路，一是劳务输转 520 人次。二是继续管护高接换优核桃苗 4000 株。三是积极实施 500 亩全膜双垄沟播玉米。四是全力推进整村推进项目。五是积极实施川坝蔬菜种植 50 亩，塑料大棚种植10座。通过积极实施增收项目，使全村贫困面下降，村容村貌改变，到年底，农民人均纯收入达到1900元。

1453 新寨乡大院村

简　　介：宕昌县新寨乡大院村有2个村民小组，112户，496人。青壮年劳动力312人，农村适龄儿童54名。总耕地面积251亩，人均耕地面积为0.5亩。主要粮食作物有小麦、玉米、洋芋、油菜、水稻。大院村坐落在角狮公路沿线，主要的致富产业是劳务输出。

1454 城关镇瓦舍坪村

简　　介：瓦舍坪村位于宕昌县官鹅沟风景区内，距县城4公里，有瓦舍坪、阴坪、秦家窑、铁林干、冉家山、官鹅山6个合作社，168户，720人，其中藏族48户，228人，劳动力263人。平均海拔1920米，年均无霜期155天，年均气温9.4℃。城关镇瓦舍坪村总耕地面积1270亩，人均1.763亩，退耕还林2900亩；有草山2400多亩；集体林权改革6221亩。气候高寒、湿润，适宜种植小麦、玉米、蚕豆、洋芋等粮食作物和红芪、黄芪、党参、柴胡等经济作物。全村主要经济来源为退耕还林补助、粮食直补金和劳务收入，农民人均纯收入1680元。劳务输转200人次/年，劳务创收人均8000元。人畜饮水工程现已全部解决。通村通社公路现已硬化，护庄河堤未修建。村内有村级组织活动场所1处，位于瓦舍坪安置点，村级卫生室与官鹅村合用官鹅卫生院（以前的官鹅乡卫生院）。有文化室1间，2009年新建文化活动广场1处，内有文化大院各项器材设备，每年组织劳务技能培训200人次，新农合参合率97%以上，养老保险参保率90%以上，广播电视"村村通"已全覆盖。

1455 贾河乡大竹河村

简　　介：全村6个自然社，153户，997人，男587人，女390人，青壮年劳动力698人，学生78人，60岁以上老人196人。已改选农电线路1.5公里，有1个社45户，172人用电难，新建党员活动室1座90平方米，完成退耕还林1600亩，种植洋芋300亩，大黄100亩，红芪200亩。

1456 韩院乡下马村

简　　介：下马村距乡政府2公里，全村辖7个村民小组，200户，932人，有青壮年劳力317人。2012年列为县林业局的双联点。全村共有耕地2307亩，中药材种植面积达到1050亩。2012年，全村农民人均纯收入达到1834元，其中家庭经营性收入972元，占总额的53%；工资性收入617元，占总额的33.6%；转移性收入201元，占总额的11%；财产性收入44元，占总额的2.4%。2014年，基础设施方面：计划实施农村危旧房改造130户；实施通畅工程4条11公里，拓宽改造通社道路3条11公里，修建村内排水渠1300米；庭院硬化18500平方米；新建村级文化体育广场1处，占地1300平方米，新建村文化室100平方米，并配置安装全民健身器材1套；新建村卫生室60平方米。产业方面：建成标准化中药材种植示范点1000亩，其中党参550亩，大黄450亩。生态环境方面：完成荒山造林400亩；通村道路栽植云杉600株。

1457 沙湾镇沙坝村

简　　介：沙坝村现有7个村民小组，总人口261户，1256人，总耕地面积1230亩，2012年度农民人均纯收入2200元。

1458 新城子藏族乡新坪村

简　　介：新坪村位于新城子藏族乡南部，距县城12公里，大河坝风景区旅游公路穿村而过，是一个纯藏族村。林地面积28万亩，耕地523亩，海拔1720米，平均降雨量650毫米，年平均气温12.4℃。全村有5个村民小组，共207户，824人，人均耕地面积0.67亩，2013年人均纯收入3100元。

1459 城关镇石磊村

简　　介：石磊村位于宕昌县城内，全村共有5个村民小组，259户，1029人，其中少数民族有12人。全村总耕地面积617亩，人均0.6亩，集体林权改革5400亩，全村主要经济来源为退耕还林补助，粮食直补金和劳务收入，农民人均纯收入1850元，属贫困村。全村总耕地面积617亩，农作物以小麦、中药材、玉米、马铃薯为主，劳务输出是该村的主导产业。种植和劳务输出成为全村经济收入的主要来源，2011年全村种植农作物400亩，劳务输出300人，当年农民人均纯收入1850元。该村群众居住以土木结构房屋为主，大都老旧，人均居住面积达15平方米。通村公路已完成硬化，村内巷道部分硬化，道路畅通。全村户户通自来水、通电、通广播电视、通电话。石磊村现有党员活动室及村委会用房五间100平方米，农家书屋1间，有各类图书500册。村级卫生室两间40平方米（民房），但远远不能满足群众需求；村级文化设施尚未建设。全村现有党员24人。截至2012年底，全村接受各类生产、劳务技能培训人数300人（次），新农合参合率达到100%，养老保险参保率达到20.8%。

1460 韩院乡江林村

简　　介：江林村位于良恭河沿岸，宕礼路穿村而过，海拔1780米，境内常年气候湿润，年均降水量680毫米，年均无霜期183天。耕地面积1265亩，人均耕地2.1亩，下辖6个社，131户，546人，劳动力310人。主要经济收入为中药材种植销售和农务输出。主要粮食作物有玉米、小麦、马铃薯、蚕豆，经济作物主要有党参、大黄、当归、菜籽、蔬菜、林果等。

1461 两河口乡街上村

简　　介：街上村地处国道212线沿线。全村4村民小组，208户，881人，共有党员25名。耕地面积653亩（人均0.74亩）。群众收入以劳务、蔬菜、烟叶为主。

1462 理川镇下街村

简　　介：下街村是理川镇镇政府所在地，距县城40公里。全村8个村民小组，553户，2788人，劳动力1240人。耕地面积2340亩，其中川地1610亩，山地730亩。2010年全村人均收入为1720元，2011年全村人均收入为1900元，主要来源为外出务工收入和药材收入。农作物种植以中药材、马铃薯为主。马铃薯种植300亩，主要是自产自给。中药材种植2040亩，主要为黄芪、黄芩、柴胡、当归、党参。下街村位于镇区，中、小学生上学较方便，在校大学生26人，中学生236人，小学生270人，入学率达到100%。新型农村合作医疗参合率98.1%。

1463 理川镇杨家村

简　　介：杨家村位于镇区以北，距理川镇政府2公里，全村4个村民小组，227户，1078人。劳动力450人。耕地面积904.5亩，其中川地700亩，山地204.5亩。2010年全村人均收入为1720元，2011年全村人均收入为1900元。主要来源为外出务工收入和药材收入。农作物种植以中药材、马铃薯为主。马铃薯种植150亩，主要是自产自给。中药材种植700亩，主要为黄芪、黄芩、柴胡、当归、党参。村内有小学1所，在校学生380人，入学率达到100%。新型农村合作医疗参合率98.3%。

1464 甘江头乡甘江头村

简　　介：甘江头村共有5个村民小组，全村260户，990人，现有耕地1120亩，2013年农民人均纯收入2985元。该村主要粮食作物有小麦、玉米、洋芋等，主要经济作物有蔬菜、油料、花椒、核桃、以及红芪、柴胡等中药材。

1465 沙湾镇寺下村

简　　介：寺下村全村现有8个村民小组，总人口346户，1690人，总耕地面积2300亩，2012年度农民人均纯收入2200元。

1466 好梯乡麻子沟村

简　　介：麻子沟村位于好梯乡西北部，5个自然村，共有181户，783人，气候温润，降雨量充沛，适宜动植物生长，境内自然资源丰富，主要粮食作物有小麦、洋芋、洋麦、蚕豆，经济作物有大黄、党参、羌活。

1467 韩院乡腾家山村

简　　介：腾家山村位于韩院乡北部，距乡政府10公里，全村辖7个村民小组，123户，490人，有青壮年劳力212人，2012年列为县食药监局的双联点。全村共有耕地2161亩，中药材种植面积达到980亩，2012年，全村农民人均纯收入达到1696元，其中家庭经营性收入924元，占总额的54.5%；工资性收入591元，占总额的34.8%；转移性收入143元，占总额的8.4%；财产性收入38元，占总额的2.2%。2014年，基础设施方面：计划实施农村危旧房改造60户；实施通畅工程1条3公里，拓宽改造通社道路15.5公里，村道硬化2400平方米，修建村内排水渠1200米；庭院硬化17500平方米；新建村级文化体育广场1处，占地1500平方米，新建村文化室100平方米，并配置安装全民健身器材1套；新建村级组织活动室150平方米。产业方面：建成标准化中药材种植示范点900亩，其中党参500亩，大黄400亩；扩大养羊规模，年存栏羊780只，出栏340只。生态环境方面：完成荒山造林800亩；通村道路栽植云杉1000株。

1468 城关镇旧城村

简　　介：旧城村属温带大陆性季风气候，多年平均气温8.8℃，历史极端最高气温34.4℃，极端最低气温-16.9℃，年平均降雨量634毫米，年蒸发量349毫米，无霜期181天，最大冻土深度45毫米，平均海拔1830米。全年主导风向为南风，次主导风向为西南风，地震烈度为8度。全村有4个村民小组，281户，1203人，其中树念坪（四社）、路口（三社）两个社，59户，292人住在庙沟内的半山上。全村现有耕地近300亩，绝大多数为树念坪、路口两个社的山地，坡度大，产量低。

1469 城关镇玉地河村

简　　介：城关镇玉地河村位于宕昌县南部，处县城边缘。境内海拔在1700米至2300米之间，下辖4个自然村，共计962人，劳动力470人。经济发展方面，玉地河村现有耕地850亩，人均0.88亩，耕地基本都是山地。农作物以小麦、玉米、洋芋为主。2011年底人均纯收入1770元，人均占有粮食达到67公斤。玉地河村是产业结构多样化的村，经济收入以农业种植业、服务业、商业和劳务为主。在种植业方面，历来种植农作物以小麦、玉米、洋芋为主。由于农业种植科技含量不高，效益低，目前部分群众已经放弃耕种，群众维持生活以打工收入和农村低保为主。

1470 贾河乡大堡子村

简　　介：大堡子村全村4个合作社，125户，601人。有乡镇企业1个，工商个体户2户，新建村级文体活动中心，硬化场地400平方米，配置篮球架1副，乒乓球桌等健身用具1套，农家书屋1座，规范党员活动室1座，村级计划生育服务室，危房改建109户，推广太阳灶124户，建设沼气池46座，新建蔬菜大棚50座，绿化庭院94户，"一池三改"95座，劳务输转120人。

1471 城关镇红光村

简　　介：红光村地处城关镇东北方向，属县城郊区，是城关镇和将台乡、贾河乡的交汇处，也是城乡结合部，全村现有群众356户，人口1268人。有耕地面积948亩，人均占粮303公斤，人均纯收入920元，支柱产业是药材种植及加工。药材种植和加工是村民的主要经济来源，其次是劳务输出部分。全村耕地面积948亩。农作物以药材种植和加工为主，种植蔬菜和劳务输出成为全村经济收入的主要来源，2012年全村种植药材201亩，劳务输出53人，当年农民人均纯收入920元。该村群众居住以土木结构房屋为主，大都老旧，人均居住面积达15平方米。通村公路已完成硬化，村内巷道部分硬化，道路畅通。全村户户通自来水、通电、通广播电视、通电话。城关镇红光村现有党员活动室及村委会用房五间100平方米，在党员活动室设

农家书屋1间，有各类图书500册，有村级医疗诊所。截至2012年底，全村接受各类生产、劳务技能培训人数336人（次），新农合参合率达到100%，养老保险参保率达到90%。

1472 车拉乡坡里村

简　　介：坡里村位于车拉乡西部，全村有一社、二社2个村民小组，136户，615人，以种植党参、黄芪、蚕豆、小麦等农产品为主。村内绿树成荫，房屋错落有致。村村通路穿村而过，交通便利。坡里村党员活动室、农家书屋损毁再建中，无明显村名标识。

1473 新城子藏族乡立坪山村

简　　介：新城子藏族乡立坪山位于新城子藏族乡北部，距乡政府所在地10公里，全村共有5个合作社，186户，840人。有耕地1360.7亩，人均1.6亩，林地1520亩，草地面积3725亩，耕地适宜种药材、大豆、蔓芥和小麦

1474 阿坞乡别竜村

简　　介：宕昌县阿坞乡别竜村位于宕昌县城北部，距县城47公里，海拔2450米，年降雨量680毫米，无霜期116天，平均气温5.6℃，属典型的高寒阴湿区。辖2个自然村，8个合作社，312户，1382人，有青壮年劳力670人。全村耕地总面积2780亩，人均2亩。2012年全村农民人均纯收入2230元。

1475 临江铺乡蔡江头

简　　介：蔡江头村位于临江铺乡东部，距离乡政府1公里，东与甘江头乡安家沟村接壤，南与临江河村相邻，国道212线穿村而过，有5个村民小组，226户，1035人。全村有劳动力456人，其中男236人，女220

人。有贫困户158户，贫困率70%，有低保户156户，五保户16户。

1476 何家堡乡小堡子村

简　　介：小堡子村与县城毗邻，东依大堡子村，西靠白水川村。全村有3个村民小组，165户，745人。耕地面积781亩，人均占地面积1.05亩，耕地以山地为主，农作物以小麦、玉米、马铃薯等为主，畜牧业以牛、羊等为主。境内海拔在1700-1950米之间，平均日照2095小时，年均气温8.8℃，降雨量600毫米，无霜期180天。2013年农民人均纯收入3335元。全村适龄儿童入学率达100%，参加新型农村合作医疗参保率80.3%。群众经济来源以外出务工和经商为主。2013年完成劳务输转640人（次），其中有组织输转600人（次），完成劳务技能培训600人（次），引导性培训580人（次）。

1477 贾河乡巴孟村

简　　介：巴孟村全村4个合作社，93户，470人，男282，女188人，青壮年劳力329人，学生54人，60岁以上老人94人。全村有1个社不通路、不通水，有4户人组成货物运输队，从业人员5人，新修通村通路6.4公里，种植红芪500亩，大黄200亩，村道由社员栽植榆树进行了绿化。

1478 南河乡花儿坡村

简　　介：花儿坡村全村耕地面积3.7万亩，共分2个自然社，34户，总人口114人。耕地面积282亩，人均耕地2.5亩，林地6700亩，退耕还林面积253亩，草原面积3万亩，人均纯收入2353元。全村青壮年劳力76人，60岁以上老人19人，村级组织活动室1所。大黄种植面积200亩；当归种植30亩。牛150头，羊40只，猪30头，鸡500只，养蜂100箱。种植马铃薯50亩。通乡公路1条，便民桥3座。固定电话15部。灾后维修28户。灾后维修28户。村社通广播电视25户。参加新农参合户数30户，114人，合参合率达100%。个体工商户2户。运输户4户。

1479 八力乡上八力村

简　　介：上八力村位于宕昌县北部，距县城50公里处，是八力乡政府所在地。全村共有8个村民小组，309户，1466人，其中回族群众136户，551人。总耕地面积2492亩，人均1.7亩，2009年人均纯收入1480元，人均占有粮食287公斤。经济作物以当归、马铃薯、蚕豆、油料为主，养殖业以牛、羊、猪为主，劳务产业为支柱产业。上八力地处青藏高原东部边缘的岷山山系与西秦岭延伸部分的交错地带，土地贫瘠，气候恶劣。农作物种植以蚕豆、大麦、马铃薯为主，药材以当归、大黄、柴胡为主，农民广种薄收。

1480 贾河乡贾家山

简　　介：贾家山村全村3个自然社，118户，555人，男335人，女220人，青壮年劳动力388人，学生68人，60岁以上老人93人。新修通社公路6.1公里。种植黄芪200亩，红芪200亩，养蜂60箱，在路下易地搬迁44户，护庄河提1000亩，44户易地搬迁住房已完成入住，附属工程水、电、路正在建设当中。全村共有党员26人。

1481 新城子藏族乡岳藏甫村

简　　介：岳藏甫村位于新城子藏族乡南部，距县城15公里，是一个纯藏族村，全村有4个村民小组，共123户，609人。有耕地685.45亩，人均1.13亩，退耕还林面积4645.93亩，人均7.63亩。由于该村位于沟内，承包土地大多位于山上，基本划入退耕还林区域，群众收入主要靠退耕还林补助资金和劳务收入。2013年农民人均纯收入2700元。

1482 八力乡下八力村

简　　介：下八力村位于宕昌县北部，距县城50公里。平均海拔2460米，年平均降雨量600毫米，年平均气温6℃。全村共有4个合作社，156户，616人。总耕地面积1426.5亩，林地面积2286亩，2009年人均纯收入1450元。经济作物以当归、马铃薯、蚕豆、油料为主，养殖业以牛、羊为主，劳务产业为支柱产业。全村通公路、通电、通电话。农家书屋1间；文化大院1处。硬化村内巷道3000米。

1483 竹院乡罗家沟村

简　　介：罗家沟村位于竹院乡东南部，有64户，329人。耕地面积554亩，人均1.7亩，林木林地面积5195亩，粮食作物以小麦、玉米、马铃薯、蚕豆为主，经济作物以党参、油料、林果为主，林果、劳务、中药材为农民增收的支柱产业。

1484 城关镇马鞍山村

简　　介：马鞍山村地处县城以东4公里的岷江南岸，毗邻计子川开发区，与玉地河村隔河相望。全村辖马鞍山和秦家山2个自然村，有145户，633人，其中藏族16户，93人，有245个劳动力。全村耕地面积815亩，退耕还林面积450亩，人均现有耕地1.3亩。农作物以西瓜、洋芋、辣椒、大葱、菜豆、西葫芦等蔬菜为主。种植蔬菜和劳务输出成为全村经济收入的主要来源，2012年全村种植蔬菜230亩，劳务输出103人，当年农民人均纯收入2430元。该村群众居住以土木结构房屋为主，大都老旧，人均居住面积达15平方米。通村公路已完成硬化，村内巷道部分硬化，道路畅通。全村户户通自来水、通电、通广播电视、通电话。城关镇马鞍山村现有党员活动室及村委会用房五间100平方米，在党员活动室设农家书屋1间，有各类图书500册。

1485 韩院乡沈家坝村

简　　介：沈家坝村距乡政府13公里，全村6个合作社，113户，507人。总耕地面积660亩，全部为山地，人均耕地1.3亩，年人平均收入2230元。平均海拔1690米，年均气温9.5℃，年降雨量600毫米，年均无霜期190天。气候温和湿润，日照充足，适宜种植小麦、玉米、洋芋、蚕豆等粮食作物和红芪、党参、半夏、大黄等中药材，同时适宜核桃、花椒等经济果树生长

1486 车拉乡大寺麻村

简　　介：大寺麻村位于宕昌县城东北部，全村有一社、二社、三社、四社4个村民小组，138户，630人。以种植党参、黄芪、蚕豆、小麦等农产品为主。村内绿树成荫，房屋错落有致。村村通路穿村而过，交通便利。

1487 车拉乡儿家湾村

简　　介：儿家湾村有一社、二社、杨家山社、庙咀社4个村民小组139户，645人。其中一社41户，209人；二社61，户291人；杨家山社15户，56人；庙咀社22户，89人。耕地面积1470亩，以种植党参、黄芪、蚕豆、小麦等农产品为主。村内绿树成荫，房屋错落有致。村村通路穿村而过，交通便利。

1488 南阳镇下付村

简　　介：南阳镇下付村位于南阳镇西北方向，与上付村接壤，全村共6个社，244户，共计人口1051人。人均年收入约1200元，

主要经济来源为务工和务农。

1489 新寨乡堡子村

简　　介：宕昌县新寨乡堡子村有3个村民小组，133户，623人。其中特困户9户，25人，一般贫困户7户，17人。青壮年劳动力267人，农村适龄儿童81名。总耕地面积661亩，人均耕地面积为1.06亩。主要粮食作物有小麦、玉米、洋芋。党参和黄芪是该村的支柱产业。

1490 车拉乡阳坡村

简　　介：阳坡村位于车拉乡东部，村部坐落在阳坡村中心地位，距离宕昌县城20公里，全村有阳坡社、安子社、阴山社、阴坡社4个村民小组196户，862人。耕地面积1830亩，草原面积3500亩，以种植党参、黄芪、蚕豆、小麦等农产品为主。村内绿树成荫，房屋错落有致。村村通路穿村而过，交通便利。

1491 将台乡毕沙村

简　　介：将台乡毕沙村位于宕昌县以北，距离县城9公里，全村辖上毕沙、下毕沙、扎哈、吉儿那、红水沟5个社，全村共236户，1161人。年人均纯收入1250元，主要种植物为药材。

1492 八力乡中拉村

简　　介：中拉村位于八力乡东南部，全村有4个村民小组（两个自然村），191户，868人，劳动力512人。全村耕地1547亩，人均1.7亩。全村有贫困户62户，192人，贫困面为33%。经济作物以当归、柴胡、大芪等为主，养殖业以牛、羊、猪为主，劳务产业为支柱产业。2009年人均纯收入1480元。

1493 南阳镇上付村

简　　介：宕昌县南阳镇上付村位于南阳镇西北方向，全村共9个社，275户，共计人口1228人，人均年收入约1100元，主要经济来源为务工，务农。

1494 城关镇坡头村

简　　介：城关镇坡头村位于宕昌县城东南边缘，距县城3公里，全村辖玉地山、坡头、草达山、红崖、同家湾5个村民小组，总户数283户，1360人，其中劳动力683人。村内海拔1800-2100米，年均气温8.8℃，年均降雨量633.8毫米，无霜期160天。全村总耕地面积1740亩，农作物以小麦、玉米、红芪、马铃薯为主，药材种植、劳务输出、运输业、养殖业、畜产品加工是该村的主导产业。2012年农民人均纯收入1800元。

1495 南河乡脚力铺村

简　　介：全村辖4个合作社，240户，总人口958人，全村男540人，女为418人；党员34人。耕地面积1021亩，人均耕地人均纯收入859元。退耕还林面积1831亩，林地面积700亩，粮食作物以小麦为主。党员23人，村级党支部1个，村级组织活动室1个。当归27亩、大黄135亩；马铃薯产业：马铃薯220亩；劳务产业：劳务输出360人，创劳务收入180万元，占全村收入43%。灾后维修167户，维修房屋900多间，灾后重建51户。新农村改建项目硬化村道2000米，212线铺设人行道2000米。脚力铺有村小学1所；村级计生服务室1个；卫生所1所；农家书屋1个；参加新农合230户，916人，参合率达97%。个体百货经营户8户，从业人数8人，运输户20户。

1496 两河口乡寨子村

简　　介：两河口乡寨子村地处国道212线沿线。全村4村民小组，151户，693人，共有党员17名。耕地面积364亩（人均0.52亩）。群众收入以劳务种蔬菜、烟叶种植为主。

1497 新寨乡何家村

简　　介：新寨乡何家村有2个村民小组，118户，492人。青壮年劳动力336人，农村适龄儿童70名。总耕地面积500亩，人均耕地面积为1.01亩，绝大部分为旱地。经济林果主要有核桃和花椒。主要粮食作物有小麦、玉米、洋芋、油菜。

1498 两河口乡新声村

简　　介：两河口乡新声村地处国道212线沿线半山腰。全村6村民小组，119户，504人，共有党员14名。耕地面积580亩（人均1.15亩）。群众收入以劳务和洋芋、玉米、药材种植为主。

1499 八力乡下拉村

简　　介：下拉村位于宕昌县城以北，距乡政府5公里处的拉子沟内，属高寒阴湿山区，交通较为便利。全村辖3个合作社，126户，616人。有耕地面积1068亩，人均1.75亩。境内平均海拔2450米，年平均气温5.1℃，无霜期115天，年降雨量600毫米，粮食作物以小麦、蚕豆、洋芋为主，经济作物以当归、油料为主，畜牧养殖以牛为主。2013年人均纯收入1620元。

1500 好梯乡苟家院村

简　　介：苟家院村位于好梯乡东南部，8个自然村，共有237户，1170人。气候温润，降雨量充沛，适宜动植物生长，境内自然资源丰富。主要粮食作物有小麦、洋芋、洋麦、蚕豆，经济作物有大黄、党参、羌活。

1501 两河口乡四方村

简　　介：两河口乡四方村地处国道212线沿线半山腰。全村5村民小组，185户，805人，共有党员7名。耕地面积713亩（人均0.88亩）。群众收入以劳务和洋芋、玉米、药材种植为主。

1502 庞家乡庞家村

简　　介：庞家村地处庞家乡政府所在地，距离县城43公里，共有4个社，986人。2013年农民人均纯收入2150元，有村文化书屋1处，耕地1641亩，党员30人，年降雨量300毫米左右，无霜期120天左右，以种植小麦、洋芋、药材为主。

1503 狮子乡狮子村

简　　介：狮子村共有7个农业合作社，共有230户，共1200人。狮子村平均海拔1900米，无霜期130天，年均气温6℃，年均降雨量600毫米，境内气候寒冷阴湿，属高寒阴湿区。粮食作物以洋芋、蚕豆为主，经济作物以党参、当归、大黄等为主，药材、蚕豆、畜牧、劳务为全乡支柱产业。境内有中心小学1所，共有教学班25个，教职工15人，在校学生320人，入学率为100%；狮子林场也位于狮子村境内，下设7个管护站，有在岗职工45人。其中临时人员8人，管护森林面积19.6万亩。有中心卫生院1所，医师共7人。

1504 韩院乡菜地湾村

简　　介：韩院乡菜地湾村位于良恭河沿岸，宕礼路穿村而过，海拔1550米。有8个村民小组，235户，1082人，劳动力722人。耕地面积1241亩，全村农作物以冬小麦、玉米、蔬菜为主。2013年，全村劳务输转280人，劳务收入达到540万元，全村人均纯收入达到2150元。2013年，菜地湾村利用群众集资、联村单位帮建修通孙家山社2.5公里、庞家社2.7公路、韩家沟社1.4公里，三社通社公路，群众共集资19.5万元，药监局帮助2万元，共计21.5万元，解决3个社98户，462人行路难问题；完成菜地湾社2.5公里通社公路硬化工程。

1505 新城子藏族乡大河坝村

简　　介：大河坝村位于县城南部，距县城8.5公里，大河坝风景区旅游公路穿境而过。大河坝辖5个村民小组，206户，977人，耕地面积1143.6亩。农作物以蔬菜、小麦、玉米为主，蔬菜种植和劳务输出是该村的主导产业。境内气候湿润，土地肥沃，光照充足，交通便利。2013年农民人均纯收入2800元。

1506 车拉乡好地坪村

简　　介：好地坪村位于车拉乡东部，全村辖5个村民小组，总户数229户，总人口1085人。耕地面积1667亩，草原面积4000亩。5个村民小组有一社、二社、三社、四社、五社。其中二、三、四社以党员活动室为中心聚集；一社、五社位于村西面。村主要经济作物有黄芪、当归、党参、小麦、大豆等。主要经济收入是外出务工，外出务工人数有270人。村内绿树成荫，房屋错落有致。

1507 庞家乡塔尔村

简　　介：庞家乡塔尔村位于庞家乡北部，共有5个村民小组，全村共有常住人口233户，1108人。耕地总面积3208亩，人均2.9亩，其中川地1348亩，山地1860亩。农民人均纯收入2080元。塔尔村一、二两个村民小组地处川地，自然条件较好，三、四、五3个村民小组地处山地，自然条件相对较差。2014年，铺设通村公路2.5公里。由于自然条件造成的原因，塔尔村社会发展程度低，村民科学文化水平不高，群众的文化素质偏低，科技意识差。目前，塔尔村拥有党员活动室1座，共四间75平米，戏台1座，占地60平米。农家书屋1座，拥有图书6000余册，价值20000余元。卫生所及文化站尚无。

1508 何家堡乡何家堡村

简　　介：全村有5个社，302户，1378人，耕地面积1287亩。主要经济来源是劳务输出和经济作物收入。境内海拔在1700-1950米之间，平均日照2095小时，年均气温8.8℃，降雨量600毫米，无霜期180天。以种植小麦、玉米、马铃薯、油料、蔬菜、西瓜及党参、当归、板蓝根、大黄、红芪等为主。畜牧业以牛、羊等为主。为提高设施农业产业化水平，促进农民增收，引进国内先进日光温室建设技术，建成了占地120亩的何家堡上川日光温室蔬菜生产基地。2013年完成劳务输转900人（次），其中有组织输转700人（次），完成劳务技能培训800人（次），引导性培训600人（次）。

1509 何家堡乡塔地山村

简　　介：塔地山村位于何家堡乡东北部的高半山区，距乡政府所在地10.6公里，东与贾河乡相邻，北依河口剪子坪社，南靠而信村，西与河口村相望，海拔在1880-1950米之间，村庄分布较为分散。全村共有4个村民小组，103户，484人，有劳动力311人。全村共有耕地901亩，人均占有耕地1.8亩。全村退耕还林2002.5，森林覆盖率达53.5%。粮食作物主产小麦、荞麦、燕麦、马铃薯等，经济作物主要有大黄、红芪、黄芪、油料、当归等。全村粮食播种面积538

亩，粮食产量149.7吨；油菜籽、胡麻籽等主要经济作物总产量6.1吨；中药材种植面积182亩，总产量49吨。畜牧业以羊、牛等为主。2013年全村大牲畜共200余头，年末羊存栏62只，饲养牛61头。2013年底全乡累计输转剩余劳动力261人，实现劳务收入520余万元，全村劳务年人均收入19900元，占农民人均纯收入的55.28%，全村农民人均纯收入达1758元。全村有农村适龄儿童44人，入学率达100%，参加新型农村合作医疗人数达389人，参保率80.3%。有126人参加了农村社会养老保险。

1510 车拉乡关界村

简　　介：关界村位于车拉乡15公里处，地处大石山区。全村有4个村民小组148户，600人。耕地面积1300亩，其中旱地面积500亩，以种植党参、黄芪、蚕豆、小麦等农产品为主。村内绿树成荫，房屋错落有致。村村通路穿村而过，交通便利。

1511 理川镇麻界滩村

简　　介：理川镇麻界滩村位于理川镇南部，距县城38公里，距镇区12公里。平均海拔2050米，年降雨量300毫米，年平均气温9℃，属高寒干旱山区。全村共有3个合作社，175户，841人。总耕地面积1500亩，人均占地1.7亩，2011年粮食总产量18.9万公斤，人均占有粮食225公斤，总经济收入130万元，人均纯收入1500元。2011年全村新型农村合作医疗参合率达到99.8%。现有砖混结构办公用房4间60平方米，内设共青团、妇代会、民兵连、综治、调解等机构。近年来，全村形成了以中药材收入和劳务收入为主的收入格局。

1512 理川镇汪布村

简　　介：汪布村位于理川镇西北部2.5公里处，辖3村民小组，110户，554人。全村现有耕地1218亩，人均2.2亩。2011年全村新型农村合作医疗参合率达到99.5%；没有村级卫生室服务点。目前已形成了以黄芪、大黄为主的中药材零星种植，累计面积810亩。近年来，全村形成了以劳务收入和药材收入为主的收入格局，2011年全村农民人均纯收入1600元，务工人员人均劳务收入1000元。

1513 何家堡乡大堡子村

简　　介：大堡子村位于宕昌县城北部，全村有2个社，83户，375人。耕地面积425亩，人均占地面积1.2亩。耕地以山地为主，畜牧业以牛、羊等为主。有林地2080亩，主要农作物为小麦、玉米、马铃薯等。境内平均海拔1780米，年平均气温9.1℃，年均降雨量600毫米。全村有劳动力254人，男141人，女113人。全村中专以上文化程度18人，初中文化程度82人，小学文化程度257人。2010年全村人均纯收入1380元，外出务工人员125人。全村大家畜存栏35头（匹），全村共有农用车32辆，主要经济来源是劳务输出和经济作物收入。2013年完成劳务输转250人（次），其中有组织输转220人（次），完成劳务技能培训250人（次），引导性培训200人（次）。

1514 新寨乡远巩村

简　　介：宕昌县新寨乡远巩村有4个村民小组，225户，947人，青壮年劳动力647人，农村适龄儿童103名。总耕地面积1576亩，人均耕地面积1.8亩。主要经济林果以花椒为主，当归是该村的支柱产业。主要粮食作物有小麦、玉米、洋芋等。

1515 将台乡将台村

简 介：将台乡将台村位于宕昌县以北，距离县城9公里，全村辖将台、杨家、康家、扎上、扎下5个社，全村共259户，1173人，年人均纯收入1250元，主要种植物为药材。

1516 好梯乡付家庄村

简 介：付家庄村为好梯乡最偏远的村，全村5个合作社，139户，671人。耕地面积约2000亩，人均3亩，海拔2500米，气候温和，土壤肥沃。境内粮食作物以小麦、玉米、洋芋、蚕豆为主，经济作物以党参、大黄、油料为主。其中劳务、中药材为农民增收的支柱产业。

1517 韩院乡大庄村

简 介：大庄村气候温和湿润，日照充足，适宜种植小麦、玉米、洋芋、蚕豆等粮食作物和红芪、党参、半夏、大黄等中药材。大庄村距乡政府10公里，全村10个合作社，296户，1358人。总耕地面积1746亩，全部为山地，人均耕地1.3亩。平均海拔1965米，年均气温9.5℃，年降雨量600毫米，年均无霜期190天。

1518 阿坞乡哈达村

简 介：宕昌县阿坞乡哈达村位于阿坞乡中部，距县城44公里。全村共辖5个村民小组，179户，839人，青壮年劳力335人。全村耕地面积1770亩，退耕还林264亩。村级活动场所及农家书屋1处。

临夏回族自治州

（一）临夏市

1519 南龙镇高邓家村

简　　介：高邓家村位于南龙镇西端。全村有八个合作社，共有368户，1668人。自来水入通率为90%。全村道路共有18条，约4.5公里，已经硬化12条2.6公里，未硬化5条1.9公里。全村有学生112人，上小学的有46人，中学的有54人，其中适龄儿童12人。适龄儿童入学率达100%。2013年参合人数为1478人，参合率83%。参保人数608人，参保率为91%。2013年，全村农民人均收入为7043元。收入以养殖、务工为主。全村规模养殖场有3个，主要养殖猪、牛、羊，规模养殖户有12户。全村种植以玉米为主，亩均收入1000元。

1520 枹罕镇石头洼村

简　　介：石头洼村位于临夏市西端，大夏河北岸，兰郎公路以北，全村共有14个合作社，655户，3020人，总耕地面积1072亩，人均0.35亩，是一个纯少数民族聚居村庄。全村现有党员27名，人均纯收入4394元，电话和手机入户率达98%，新型合作医疗参合率达98%，农村养老保险率达85%，适龄儿童入学率达99.8%，村内戒毒所路段已硬化，全村现有宗教场所4处，小学1所。

1521 枹罕镇铜匠庄村

简　　介：铜匠庄村位于临夏市西端，东临马彦庄村，南临兰郎公路，西接青寺村，北靠临夏县北塬乡，临大公路穿村而过。全村共有4个自然村，13个合作社，589户，2986人，其中回族256户，1024人，总耕地面积1336亩，人均耕地0.5亩。工农业总产值达940万元，人均纯收入3200元，有线电视、电话和手机覆盖率100%，新型合作医疗参合率达95%，新农保参合率达95%，适龄儿童入学率达100%，自来水入户率95%。全村现有宗教场所5处，小学1所；全村现有中型旅游景点1处，各类建材企业14个，砖雕企业2个，目前从事铜匠制作的共有30户。规模养殖小区1个，规模养殖场3个，苗木培育500亩，沼气80户。

1522 折桥镇祁牟村

简　　介：祁牟村地处折桥镇最北端，距临夏市区7公里处。全村共有合作社8个，305户，人口1330人，其中少数民族313人。全村现有耕地742亩，农作物以地膜玉米为主。农民经济来源以种植业、畜牧业收入为主，外出务工为辅。辖区内有行政事业单位2处、宗教场所3处、小学1所。

1523 城郊镇南园村

简　　介：城郊镇南园村位于临夏市东城开发区，面积1.4平方公里，全村共有15个合作社，1397户，5538人，现有耕地305亩。群众多以蔬菜种植、汽车运输、地毯加工、饮食服务业为主，有合作社集体旅社2个，商场1个。

1524 南龙镇单子庄村

简　　介：单子庄村位于临夏市西南部，离市区较远，全村有耕地面积537亩，人均耕地面积0.28亩。有11个合作社，456户，1928人，有汉族、回族、东乡族，是个多民族杂居的村，主要以种植业、养殖业和劳务输出业为生活来源。单子庄村已经硬化主干道13条，还有15条未完成。本村以种植业为主，主要采取渠灌形式进行农田灌溉。本村饮水和电力通讯问题已得到解决，456户村民已全部吃上自来水，通电覆盖全村，解决了村民的基本生活困难。有小学1座，学生150名，幼儿园1座。单子庄村已建成村级图书馆和远程教育平台，加强了对本村党员和广大群众的宣传和教育。建成村级卫生所1处，基本实现了"小病不出村"，极大地方便了村民生产生活。

1525 枹罕镇街子村

简　　介：街子村隶属于临夏市枹罕镇，位于临夏市西郊，大夏河北岸，兰郎公路以南，木枹路穿村而过，全村19个合作社，750户，3500人，其中回族457户，2285人，总耕地面积1461亩，人均0.5亩。全村共有党员41名，人均纯收入4850元，电话和手机入户率98%，新型合作医疗参合率达100%，新农保参合率达90%，适龄儿童入学率达99%，计划生育率为90%，新型农村合作医疗参合率97%，新型农民养老保险参保率98%，60岁以上的老人377人，已全部发放养老保险金。全村现有宗教场所五处，小学1所，各类企业两个，个体卫生所2个，全村有中小型养殖场13个，其中养殖优质肉牛场为12个。

1526 枹罕镇后杨村

简　　介：临夏市枹罕镇后杨村地处临夏市最西端，大夏河北岸，兰郎公路、临合公路穿村而过。全村共有5个自然村，13个合作社，557户，2463人，其中少数民族111户，占总人口的20%。现全村劳动力人口数为1180人。60岁以上的老人332人，已全部发放养老保险。全村总耕地面积1624亩，人均耕地面积0.66亩。村内有企业4个，养殖场3个，在产业结构调整方面以花卉、苗木繁育为主的主导产业，成立了临夏市花卉苗木繁育观光园区，占地约1300亩，上年粮食产量329.28公斤，2013年全村农民人均纯收入7800元。后杨村先后被命名为"全国先进基层党组织"、"全国民主法治示范村"、"全国精神文明创建示范村"、"全国敬老模范村"、"全国美德在农家示范点"、"全国妇联基层组织建设示范村"、"全省先进基层党支部标兵"、"全省文明村"、"全省法治示范村"、"全省新农村建设试点先进村"、"全省双拥模范村"、"全省五四红旗团支部标兵"；州委、州政府评为"安全文明村"、全州经济实力"十强村"、普法教育"示范村"、被市委、市政府命名为"全市先进基层党组织"、"文明村"等荣誉称号。

1527 枹罕镇拜家村

简　　介：拜家村位于临夏市枹罕镇中心，兰郎公路两侧，全村共有9个自然村，15个合作社，678户，3230人，其中回族427户，2067人，总耕地面积1509.5亩，人均0.47

亩。2010年人均纯收入3880元，有线电视入户率30%，电话和手机入户率90%，新型合作医疗参合率达91%，新农保参合率达91.3%，适龄儿童入学率达98.2%，全村硬化率达93%。村辖区现有宗教场所5处，小学1所，中学1所；全村各类建材企业2个，小型砖瓦厂12座，养殖场六个。2009年被省上列为民俗村建设村。

1528 城郊镇大慈村

简　　介：大慈村地处城郊结合部，北靠刘临路，南接本镇毛园村，西接陈方村，东与折桥镇李孟村相连。村辖区有7个村民小组，492户，1889人。由于临夏市东城区的开发，目前，全村1889人已全部转为非农户口，并且全部纳入城市居民最低生活保障范围。2014年，大慈村城市居民医疗保险参保率和城镇居民养老保险参保率均达到95%以上。

1529 城郊镇堡子村

简　　介：临夏市堡子村位于临夏市城西西郊，东临临夏市市区，南接祁家村，西连枹罕镇马彦庄，北靠北山。兰郎公路和临大公路穿境而过。有3个自然村，14个合作社，全村共有670户，2531人。全村共有耕地460亩，人均耕地0.2亩，全村农业产业结构以种植业为主，辅之以畜牧业。2010年新建了村委会办公楼；在此基础上多方筹资，硬化了胡家庄村社道路，对北干渠进行了衬砌；2013年在堡子村胡家庄修建了文化娱乐休闲健身广场。成立了惠民政策落实工作领导小组，设立便民服务大厅。2010年堡子村被市委授予"全市基层组织建设'五个好'党支部"；2013年被授为"远程教育"先进示范站点。

1530 枹罕镇聂家村

简　　介：聂家村位于兰郎路沿线南侧，左邻石头洼村，右接罗家堡村。全村共有10个村民合作社，485户，2250人，其中回族443户，2090人，汉族42户，160人。全村劳动力1200人左右，在外劳务人员300人左右。全村耕地面积778.1亩，人均耕地面积0.35亩。截至2012年底，人均纯收入达5200元左右。

1531 折桥镇大庄村

简　　介：大庄村位于折桥镇北部，西靠祁牟村，南与折桥村相连，北与北山和临夏县接壤。全村共有耕地864亩，人均0.66亩。全村有7个合作社，301户，1311人，其中少数民族39户，209人。种植作物以玉米为主；养殖户45户；有股份制企业1家。四、教育卫生。有村级文化室1处，远程教育室1处，村级卫生室1处，老年人幸福互助院1处。

1532 南龙镇王闵家村

简　　介：王闵家村位于南龙镇东侧，牛津河南岸，辖8个合作社，378户，1572人。总耕地面积799.84亩，人均0.52亩，经济来源以养殖、种植、外出务工为主，人均纯收入为3500元。设村级文化站1个，卫生所两个，小型企业2个，养殖大户6户，个体苗木种植总计325亩，其余以种植玉米为主，亩均收入1200元。

1533 枹罕镇马彦庄村

简　　介：清末年间，马彦庄村为地主马彦海之家，后逐渐改名为马彦庄村。马彦庄村处于临夏市城郊镇交界，距临夏市广场5公里，兰郎公路往北，临大公路穿越村中心地段。全村共有2个自然村，18个合作社，

610户，3031人。其中汉族占全村人口的12%，总耕地881.7亩，人均耕地0.22亩。村内有军队医院，有政府机关临夏州气象局，有私营企业7个，养殖场23个，本村以种植、养殖、建材为三大支柱产业，在产业结构调整方面以养殖、种植为主导产业。2014年农民人均纯收入4100元。全村道路硬化率达到90%，电话、手机、自来水入户率100%，适龄儿童入学率达100%，计划生育率99%。新型农村合作医疗参合率98%，新型农民养老保险参保率98%，马彦庄村共有中共党员32名。村内六年制完全小学1所，幼儿园1所，村级卫生室1个，个体卫生所1个，宗教场所4所，清真寺3所，庙1所。60岁以上的老人338人，已全部发放养老保险。

1534 临夏市折桥镇苟家村

简　　介：苟家村位于折桥镇北部，全村共有8个合作社，483户，2065人，其中有少数民族72户，287人。耕地面积为1026亩，人均0.5亩，以种植和畜牧养殖业为主，人均纯收入约为4270元。现有村小学1所，标准化的村级卫生室1所，有宗教场所5处。

1535 枹罕镇青寺村

简　　介：青寺村位于临夏市最西端，兰郎公路以北，临大路穿村而过，全村有3个自然村，11个合作社，586户，人口2699人。其中回族230户，1106人，耕地面积1078亩，人均0.38亩，人均收入4487元，电话和手机入户率98%，新型合作医疗参合率达99%，新农保参合率达96%，适龄儿童入学率达99%，全村道路硬化率达到75%。全村现有宗教场所5处，其中清真寺2座。小学1所，全村现有大型旅游景点1处，大型建材企业1个，规模养殖小区1个，规模养殖场11个，全村苗木种植面积达到500多亩。

1536 城郊镇木场村

简　　介：木场村位于临夏市大夏河畔环城西路处，隶属于城郊镇人民政府的一个行政村。村管辖区有果园村、香匠庄、河滩等片。有11个合作社，辖区现有住户2856户，人口为10261人。其中本村农户888户，人口为4920人，外来住户约2017户，人口为6937人。全村有耕地面积为119.5亩，人均耕地面积为0.03亩。2013年全村人均纯收入5150元。

1537 枹罕镇江牌村

简　　介：江牌村位于临夏市西郊，与临夏县苗家村相邻，兰朗公路北侧，距市区8公里。全村共有4个自然村，16个合作社，全村共有645户，3054人，其中回族410户，人口1952人，占总人口63.9%。总耕地面积1689.55亩，人均0.56亩，全村村社道路硬化率达100%，社户道路硬化率95%。儿童入学率99.5%，人均纯收入4050元，全村工农业总产值2200万元。全村现有宗教场所3座，学校1所，卫生所2个。近两年内总投资90万元，进行了村社道路硬化，发展养殖30户，投资百万以上养殖场6个，镇社推进社70%，分散养殖户达80%，个体私营企业4处，新型建材企业2座，全村全年劳务输出达700人。2007年新建村委会办公楼1座，总投资21.5万元。全村有个体私营企业5座：制香厂、塑料再生厂、冰糖厂、蜂窝煤厂、面粉厂。

1538 枹罕镇马家庄村

简　　介：马家庄村位于临夏市最西端，大夏河以北，兰郎公路串境而过。全村5个自然村，15个合作社，516户，2304人。其中回族 161 户，东乡族 18 户，共 884 人，占总人数 38%。总耕地面积 1545 亩。人均耕地 0.67 亩。村内有私营企业 2 个，养殖场 9 个，本村以种植、养殖、建材、劳务输转为四大支柱产业。全村道路硬化率达到 85%，电视普及率为 98%，电话、手机网络全覆盖，自来水入户率为 100%，适龄儿童入学率达 99.8%，计划生育率为 98%，新型农村合作医疗参合率 97%，新型农民养老保险参保率 100%，村小学 1 所，村级卫生室 1 个，清真寺 2 所，庙 1 所，2013 年村人均收入为 4827 元。60 岁以上的老人 310 人，已全部发放养老保险。

1539 折桥镇后古村

简　　介：后古村位于临夏市城郊，是典型的城乡结合村。全村总有 13 个生产合作社，分布于耿家沙台、陈家庄、后古城、李宋家 4 个自然村。后古村总耕地面积为 1050 亩，农业人口为 2868 人，646 户。具体情况如下：耿家沙台 3 个合作社，121 户，陈家庄 4 个合作社，202 户，后古城 3 个合作社，194 户，李宋家 3 个合作社，129 户。辖区内有烈士陵园 1 个，大小茶园 28 个，加气站 1 个，宗教场所 3 个（分别是后古清真寺、宝觉寺、后古城尕庙），上规模的养殖场 3 个，铸造厂 3 个，农机制造厂 1 个，被确定为危房关停的小学 1 个，二级提灌 1 个。

1540 枹罕镇王坪村

简　　介：王坪村位于临夏市西北端，兰郎公路北侧山顶，属于山区村，全村共有 6 个自然村，9 个合作社，249 户，1119 人，其中少数民族 29 户，148 人，占总人口的 13%，以汉族居多。外出打工人员 269 人，常年在外居住 20 人。总耕地面积 1592.4 亩，灌溉面积 880 亩，干旱面积 712 亩。全村电话和手机入户率 50%，新型合作医疗参合率达 98%，新农保参合率达 96%，适龄儿童入学率达 99%，村内社户主干道道路已全部硬化。全村现有宗教场所 4 处，小学 1 所（其中小学生 52 人，小学附属幼儿园学前班 17 人），规模养殖场 1 个。

1541 南龙镇妥家村

简　　介：妥家村地处南龙镇下游，总面积约 1 平方公里，共有 9 个合作社，385 户人，现有人口 1755 人，人均耕地 0.65 亩。是一个多人口、多民族、人口杂、流动人口频繁的杂居村。全村以种植业为主，劳务经济为辅。种植业以玉米、马铃薯为主；畜牧养殖以牛羊养殖为主，全村现有大型养殖场 1 家，小型养殖场 12 家。每家每户都通有自来水。电力通讯畅通，电网覆盖各农户。妥家村村委会占地面积约 1 亩，北有砖混凝土二层楼房 6 间，南有新建的两层办公楼，面积约 208 平方米。

1542 城郊镇祁家村

简　　介：祁家村位于临夏市西郊，辖 18 个合作社，1457 户，5802 人，其中农户 868 户，3552 人，非农 589 户，2250 人。农民人均纯收入 3750 元，共有耕地 510 亩，大牲畜存栏 285 头，羊存栏 959 只。近年来，村"两委"班子成员紧紧抓住科学发展的大好机遇，积极引导全村群众大力发展个体私营经济、种植、养殖、劳务输出等产业，兴办了预制厂、规模养殖场、清河源清真食品有限责任公司等一批民营企业。2014 年合作医疗参加人员为 2594 人，收缴参合金 155640 元。2014 年参加养老保险 1202 人，收缴参保金 49300 元，已享受养老金待遇 391 人。危房改造项目户 145 户；全村主干道路和社户道路硬化率达 98%，并安装路灯 248 盏，极大的方便了群众出行。

1543 折桥镇慈王村

简　　介：折桥镇慈王村位于临夏市东北郊区，距市区3公里，位于东冯路以北，折桥镇中段。全村辖8个合作社，398户，1627人。耕地面积1203亩，人均耕地0.8亩，温室大棚蔬菜种植户30户。辖区内有宗教场所2处，市级单位1个，个体私营经济实体1个，主要经济来源为外出务工和农业。2012年农民人均纯收入4060元。全村道路硬化率达到98%，自来水入户率100%，适龄儿童入学率达到100%，计划生育率为99%。新型农村合作医疗参合率95%，新型农民养老保险参保率96%，60岁以上的老人300人，均享受养老保险金。

1544 折桥镇李孟村

简　　介：临夏市折桥镇李孟村位于临夏市东端，临夏市东郊，刘临路两侧，临塔公路、国道213线穿村而过，距市区4公里，距东乡县城25公里，地理位置优越。李孟村平均海拔1820米，年平均气温6.8℃，年日照时长2567.8小时，年降雨量501.7毫米，无霜期162天，属中温带气候，冬无严寒，夏无酷暑，景色宜人。全村辖区内共有14个合作社，总户数780户，其中少数民族110户，495人；全村现有人口3325人，主要民族有汉族、东乡族、回族、撒拉族。总耕地面积963.93亩，人均耕地0.30亩。参加新农合1537人，参合率为95%；参加新农保1370人，参保率98%；适龄少年儿童入学率为100%。外出务工人员800人，人均年收入约为18000元，村民收入主要由劳务和种植组成。

1545 南龙镇四家咀村

简　　介：四家咀村位于南龙镇中部，北邻大夏河，南邻临夏县，地处南龙山脚下与南龙镇政府相邻。全村有14个合作社，728户，3280人。全村收入以劳务、养殖业为主。

1546 南龙镇杨家村

简　　介：杨家村位于临夏市东南，是一个汉、回、东乡族杂居的以少数民族为主的行政村。全村辖12个合作社，其中有汉族社4个，回族社8个，分布在大夏河的南边，本村所处地理位置，西至王闵家村尕庙，东至杨妥家，南至尕山山脚，北至大夏河岸边，交通便利，水渠主干有牛津河和南干渠。除退耕还林外的耕地面积约为1042亩，人均占有耕地0.5亩。自来水入户率为100%。广播电视覆盖率为60%，3户以上村社道路全硬化，路灯安装85盏，幼儿园、小学各1所。农民经济来源以外出务工、个体经商收入为主，种植业、畜牧业收入为辅。农作物以种植玉米为主，2013年，粮食总产量703吨，人均423.49公斤。2013年全村人均纯收入5059元。

1547 南龙镇马家庄村

简　　介：马家庄村位于临夏市南龙镇尕丁家广场以东，折双路穿村而过，总面积约1平方公里，辖8个合作社，556户，共2526人，是一个纯汉族村。辖区内机关事业单位4个，企业27家，市场2处，养殖小区2个，卫生所1个，中小学校各1所，幼儿园1所。2013年建设了高品质的村级数字化文化广场。

1548 南龙镇张王家村

简　　介：张王家村位于临夏市牛津河南岸，耕地面积173亩，退耕还林260亩。全村共有2个社，168户，属纯汉族村，总人口723人。以种植玉米为主，种植玉米174亩，山旱地种植花椒240亩，全村主要依靠劳务输出为主，泥瓦工60人，汽车修理工22名，家电维修工10人，外出务工人员260人。张王家砖厂是唯一的企业，75人在砖厂务工，全村经济收入人均5600元。临夏市垃圾处理场占用张王家山旱地65亩，主干道硬化4600米，修建沼气池14户，房屋状况良好。以砖瓦结构为主。全村有1所村小学，只设置了1-2两个年级，无幼儿园，村委创办了农家书屋，共有各类书籍2000册。新修建的张王家村委会占地0.5亩，为砖瓦2层办公楼，建筑面积130平方米，投资13万元。

1549 南龙镇南川村

简　　介：南川村地处临夏市南大门，北靠大夏河，南倚南龙山，东面与南大门相接，临合公路、折双路穿村而过，地理位置十分优越，交通方便，是临夏市新农村建设的示范村。南川村共有15个合作社，720户，3024人。其中有1个少数民族合作社，50户，243人。截至2009年，农民人均收入3500元。南川村人多地少，经济收入靠养殖、小本经营和外出务工支撑。全村现有规模养殖场4处。村中各社道路都实现了硬化，住房结构多为砖混，少数贫困农户仍旧居住在土坯房中。实施危房改造项目以来，实现危房改造户89户。村中有南川小学1座，南龙中心幼儿园1座，中老年活动场所1座，村级图书室1处，远程教育站点1处，医护场所多处。全村党员50人。

1550 南龙镇罗家湾村

简　　介：罗家湾村位于南龙镇最东端，与东乡县相接，是一个汉、回、东乡族杂居的边远干旱行政村。辖9个合作社，378户，1623人。辖区有企业2家，卫生所2个，学校1所，幼儿园1所。耕地面积1700亩，其中山旱地1100亩，人均占有耕地1.05亩。自来水入户率、广播电视覆盖率、适龄儿童入学率、参合率均为100%。主要产业有种植业、养殖业、生态旅游业等。2013年劳务输出46人。全村规模养殖场有2个，规模养殖户有17户，主要养殖牛、羊。全村以种植玉米为主，亩均收入1200元。2013年人均纯收入为5864元。

1551 城郊镇市肖家村

简　　介：肖家村辖香匠庄、肖家庄、河滩3个自然村，11个合作社，1017户，4369人，其中农户528户，2437人，非农业人口489户，1942人，全村耕地面积436亩，人均耕地面积0.18亩，群众收入以农业为主。2011年参合人数2020人，参合率82.8%，养老人数702人，参保率93%。

1552 折桥镇甘费村

简　　介：甘费村位于临夏州州府所在地的临夏市以东，折桥镇中部，西邻李孟村，东邻折桥村，北靠苟家村，南依滨河东路，总耕地面积720亩，人均0.261亩，离临夏市中心约5公里，刘临公路穿村而过，交通十分便利。全村共有15合作社，15个村民小组，620户（非农330户），2758人，其中少数民族46户，189人。种植作物以玉米为主。全村共有高效日光温室3亩，村辖区现有养殖场8个，养殖户40户。外出务工人员600余人，以建筑工人为主，人均劳务年收入约为1.2万元；村民收入主要由打工组成。共硬化道路20条，筹资筹劳20万元，政府补贴20万元计划修建4眼机井。人饮工程实现全村覆盖，电力通讯设施完善，开挖沼气池40座，房屋状况良好，全村实现危旧房改造共计 32 户。辖区内有幼儿园 1 所，小学 1 所，中学 1 所。村委会配有村级文化站、农家书屋，有村级卫生室 1 所。

1553 折桥镇陈马村

简　　介：陈马村距临夏市区 3 公里，位于刘临公路以北，折桥镇中段。全村 16 个合作社，519 户，2449 人，少数民族 455 人。总面积 2434 亩，耕地面积 1234.6 亩，人均耕地 0.61 亩。2012 年全村农民人均收入 4670 元。辖区内有卫生院 1 座，学校 1 所，宗教场所 2 处，市级救助站 1 处，休闲茶园 9 处，中小型企业 11 户。自来水入户率达到 100%。硬化村社户道路硬化率 90%。全村共有村干 7 名，其中女 4 名，45 岁以下 4 名，本科文化程度 1 名，大专文化程度 3 名，高中文化程度 2 名，初中文化程度 1 名；现有党员 53 名。

1554 折桥镇折桥村

简　　介：临夏市折桥镇折桥村位于临夏市东端，是临夏市的东大门，临塔公路、国道 213 线穿境而过，距市区 5 公里，距东乡县城 20 公里，地理位置优越。全村辖区内共有 13 个合作社，总户数 659 户，是东乡、回、汉等多民族杂居的民族村，全村现有人口 3290 人。其中东乡族占总人口的 78%，总耕地面积 1147.69 亩，人均耕地 0.39 亩。驻辖区单位 2 个，小学 1 所，宗教场所 5 处，农家院 31 户。

1555 城郊镇陈方村

简　　介：城郊镇陈方村位于环城东路以东，刘临路以南，东临大慈村、毛园村，南临南园村。全村共有 10 个合作社，耕地面积 320 多亩，共有 751 户，人口 3148 人。全村以花卉、蔬菜生产、贩运、销售和铺面出租经济为支柱，打工为主要经济收入，处于向城市快速过渡阶段。自东区开发以来，陈方村已征地 270 多亩，剩余 50 多亩。为失地农民 1719 人办理了新型社会养老保险。为 134 人办理了农村新型合作医疗保险，为 2369 人办理了城镇医疗保险。

1556 枹罕镇罗家堡村

简　　介：枹罕镇罗家堡村地处临夏市西端，大夏河北岸，兰朗公路以南。木枹公路串村而过。全村共有 7 个自然村，22 个合作社，859 户，4005 人。其中回族 718 户，3445 人，总耕地 1393 亩，人均耕地 0.66 亩。村内有集体企业和私营企业 81 个，养殖小区 3 个，养殖场 32 个，养殖户 30，屠宰个体户 7 户，冷库 2 个。2011 年农民人均纯收入 3920 元。全村道路硬化率达到 98%，电话、手机、电视网络全覆盖，自来水入户率 99.5%，适龄儿童入学率达到 99.8%，计划生育率为 99%，新型农村合作医疗参合率 99.5%，新型农民养老保险参保率 99.5%。村内六年制完全小学 1 所，村级卫生室 1 个，个体卫生所 2 个，宗教场所 5 所（清真寺 3 个，寺庙 2 个），敬老院 1 所。

1557 城郊镇毛园村

简　　介：毛园村现有 8 个合作社，人口 3169 人，755 户，随着东区的开发建设。全村现有耕地面积约 158 亩，群众以蔬菜、花卉种植业为主，2013 年全村人均纯收入 5300 元，全村新农合参保率 96%，新农保参保率 90%，失地农民养老保险 276 人，"联村联户，为民富民"行动毛园村"双联"贫困户 29 户，由市人大常委会做为帮扶单位进行帮扶。

1558 城郊镇瓦窑村

简　　介：瓦窑村位于临夏市区西北，全村有 11 个合作社，全村共有农户 485 户，农业人口 1989 人，其中汉族 1024 人，少数民族 965 人，现有耕地 118.03 亩，人均耕地面积 0.06 亩，以种植玉米、蔬菜为主。水电局双联户 103 户。2013 年全村农业人均纯收入 4380 元。

1559 南龙镇尕杨家村

简　　介：尕杨家村位于南龙镇中部，是一个纯汉族村，兰郎、临合、康临公路穿境而过，地理地位置优越。辖 15 个合作社，524 户，2398 人。耕地面积 798.6 亩，人均占有耕地 0.35 亩。2014 年人均纯收入达 4850 元。本村经济分为农业、养殖、劳务几个方面，农作物种植以玉米为主。村内设小学 1 所，幼儿园 1 所，农家书屋 1 个，以及村级卫生院 1 所。

（二）临夏县

1560 南塬乡定坪村

简　　介：定坪村位于南塬乡西部干旱山区，土地总面积6.2平方公里，平均海拔2190米，年平均气温6.5℃，年降水量385-514毫米，属半干旱气候。近年来，该村逐步走上了以花椒、向日葵、核桃、养殖为主的发展路子，群众文化素质较低。全村共10个社，316户，1324人，现有劳动力671人。全村耕地面积1371.71亩，人均1亩。2011年底农民人均纯收入2950元。全村通电率、自来水入户率100%，数字微波电视入户率为10%，村社道路主干道硬化率60%。目前，全村牛存栏360头，羊580只，5只以上养羊户46户，5只以下养羊户135户。全村花椒种植面积950亩，花椒收入占人均纯收入的75%。

1561 安家坡东乡族乡史娄村

简　　介：安家坡乡史娄村紧靠胡北路，与临夏市相距6公里。史娄村共有11个社，455户，2073人，其中少数民族155人，占总人口的7.5%；总耕地面积2344.7亩，人均耕地1.14亩。截至目前，人均纯收入3330元；配备远程教育设备1套。史娄村村级组织活动场所始建于2004年，占地0.3亩，总投资3.7万元（其中县上投资1万元，乡、村自筹2.7万元），砖混结构，一层5间，建筑面积70平方米。

1562 北塬乡堡子村

简　　介：堡子村位于北塬乡的北部，总面积2.18平方公里，距县城24公里。全村现辖9个村民小组，共430户，1816人，其中少数民族14户，80人，共有劳动力1139人；现有耕地2610亩，人均0.7亩。人均占有粮食330公斤，人均纯收入4440元；全村水电入户率100%，数字微波电视入户率为66.5%；村社道路主干道7条11.7公里。截止目前，全村牛存栏181头，羊1050只。

1563 南塬乡尕塬村

简　　介：尕塬村位于南塬乡政府北部干旱山区，土地总面积3.8平方公里，平均海拔2110米，年平均气温6.8℃，年降水量385-514毫米，属半干旱气候。近年来，该村逐步走上了以花椒、核桃、养殖为主的发展路子。全村共4个社，132户，560人，现有劳动力281人。全村耕地面积1167.6亩，人均2.1亩。2011年底农民人均纯收入2950元。全村通电率、自来水入户率100%，数字微波电视入户率为97%。

1564 坡头乡冉坪村

简　　介：冉坪村位于坡头乡西北部，距县城40公里，距临夏市12公里，平均海拔

2100 米，年平均气温 6.1℃，无霜期 145 天左右，日照时数 2450 小时，年降水量 545 毫米左右，属半干旱山区。耕地面积 2073 亩，水浇地占 70%，山旱地占 30%，人均耕地 1.18 亩。全村辖 10 个合作社，297 户，1232 人，总劳动力 750 人，其中女劳动力 340 人，占总劳动力的 45%，该村现有完全小学 1 所，有教职工 7 人，适龄儿童入学率为 98%，计划生育率 100%，出生率 12.58‰，人口自然增长率 3.8‰。全村存栏大牲畜 280 头（匹），羊 929 只，年输转劳动力 480 多人（次），2011 年底农民人均纯收入 2660 元。

1565 尹集镇新发村

简　　介：新发村地处尹集镇最南部，属高寒阴湿山区，共有 11 个社，365 户，1603 人，其中少数民族 177，占总人口的 0.9%；总耕地面积 2131.4 亩，人均 1.5 亩；上年度人均纯收入 1400 元。全村劳动力 750 人，年输转劳动力 450 人（次），年劳务创收 320 万元左右；基础实施方面，全村通电 365 户，硬化村社道路 2.1 公里；牛存栏 450 头，羊存栏 1600 只。群众收入主要依靠种植、养殖、劳务等行业。

1566 先锋乡前韩村

简　　介：前韩村位于先锋乡东南面，与北塬乡接壤。全村共有 12 个社，465 户，2004 人，耕地 1689 亩，人均纯收入 3250 元。目前，全村累计建成日光温室 318 座，年生产各类蔬菜产量达 1050 多吨，创收 395 万元。前韩村村级组织活动场所始建于 2004 年，占地 0.45 亩，总投资 2.8 万元，土木结构，一层 6 间，建筑面积 90 平方米，有配套的卫生室、办公家具、远程教育设备、农家书屋等。

1567 掌子沟乡曹家坡村

简　　介：曹家坡村辖 9 个村民小组，共 332 户，1500 人，其中少数民族有 975 人，占全村人口的 65%。耕地面积为 1720 亩，人均不足 1.2 亩。村民人均纯收入为 2900 元左右。全村经济结构以种植业、畜牧业、劳务输出为重点，种植业以冬小麦、双低油菜、蚕豆、洋芋、玉米等传统种植模式为主；养殖业以传统散养模式为主，逐渐形成小规模养殖。

1568 漫路乡高家沟村

简　　介：高家沟村辖 6 个村民小组，230 户，1048 人，总劳动力 580 人，全村耕地 1200 亩，全为山旱地，人均耕地 1.1 亩；2011 年底农民人均纯收入 2226 元，人均占有粮食 230 公斤。该村现有小学 1 所，有教职工 3 人，在校学生 52 人；有独生子女领证户 2 户，纯女户 8 户。

1569 刁祁乡尕沟村

简　　介：尕沟村位于刁祁乡中部，是乡政府所在地，地处甘南牧区与临夏农区结合部，海拔高度 2200-2600 米之间，属典型的高寒阴湿山区。全村共有 11 个社，476 户，2342 人，其中少数民族人口占全村人口的 72%。全村流域面积 8250 亩，耕地面积 1835 亩，人均耕地约 0.8 亩。2011 年底全村农民人均纯收入为 2558 元。

1570 河西乡塔张村

简　　介：塔张村共有 6 个社，230 户，963 人。汉藏等民族杂居，其中少数民族 10 人，占总人口的 1%；总耕地面积 709.2 亩，人均 0.74 亩；全村以农作物种植为主，主要种植小麦和玉米，经济作物以复种大白菜、花椒为主，林果业以核桃、杏子、栗子为主。截至目前，人均纯收入3493元，人均占有粮食为285.12公斤。塔张村村级组织活动场所始建于2006年，占地0.3亩，总投资2.8万元（其中乡、村自筹1.8万元），砖混结构，一层5间，建筑面积80平方米，配备了远程教育设备、农家书屋。全村已完成电网改造，拉通了有线电视，自来水全部入户，硬化了1.65公里村社道路。

1571 莲花镇焦张村

简　　介：焦张村位于莲花镇政府所在地，距临夏市24公里，平均海拔1760米，年平均气温6.8℃。全村共10个社，376户，1674人，现有劳动力1105人，年输转劳动力51多人（次）。全村耕地面积2254亩，人均1.05亩，其中100%为山旱地。2013年底农民人均纯收入4620元。全村现有完全小学1所，教职工8名，在校学生102人。全村通电376户，自来水入户率100%，数字微波电视入户率为100%，村社道路硬化率60%。目前，全村约牛存栏17头，羊729只。

1572 红台乡姚何村

简　　介：姚何村位于红台乡西北部干旱山区，总面积6.48平方公里。全村共有14个社，340户，1567人，其中少数民族176人，占总人口的11.2%；总耕地面积2573亩，人均1.64亩。截至目前，人均纯收入2099元。现有完全小学1所，教职工8名，在校学生180人。全村以家庭为单位积极发展分散养殖业和牛羊贩运业，目前牛存栏411头，羊707只。姚何村村级组织活动场所始建于2005年，占地0.4亩，总投资4.5万元，建筑面积75平方米，办公家具6套，远程教育设备运行正常，未配备农家书屋。

1573 麻尼寺沟乡中路村

简　　介：中路村位于麻尼寺沟乡的南部，土地总面积4.2平方公里，平均海拔2300米，距县城7公里。全村现辖4个村民小组，共227户，1026人，其中少数民族227户，1026人，占总人口的100%，共有劳动力564人，年输转劳动力250人（次），年劳务创收150万元左右；现有耕地714.35亩，其中山旱地714.35亩，占总耕地面积的100%，人均0.8亩，人均占有粮食240公斤，人均纯收入1150元；全村现有不完全小学1所，教职工5名，在校学生40人；全村通电227户，无饮用自来水，有线电视入户率为0.6%，村社道路主干道1条2公里，现已硬化1条2公里。截至目前，全村存栏大牲畜252头（匹），羊670只，鸡1900只。

1574 麻尼寺沟乡郭东山村

简　　介：郭东山村位于麻尼寺沟乡的南部，土地总面积6.3平方公里，平均海拔2650米，距县城7公里。全村现辖9个村民小组，共443户，2045人，其中少数民族235户，957人，占总人口的47%，共有劳动力1275人，年输转劳动力380人（次），年劳务创收250万元左右；现有耕地1976.2亩，其中山旱地976.2亩，占总耕地面积的49%，人均0.9亩，人均占有粮食425公斤，人均纯收入1100元；全村现有完全小学1所，教职工8名，在校学生156人；全村通电443户，饮用自来水443户，有线电视入户率为0.5%，村社道路主干道4条9公里，现已硬化1条1公里。截至目前，全村存栏大牲畜318头（匹），羊805只，鸡1500只。

1575 坡头乡坡头村

简　　介：坡头村共7个社，320户，1298人，现有劳动力781人，年输转劳动力400

多人（次）。全村耕地面积2159.03亩，人均不足1.4亩，其中50%为山旱地。2012年底农民人均纯收入3078元，人均占有粮食411公斤。全村自来水入户率100%，村社道路主干道硬化率85%。目前，全村牛存栏50头，羊1001只。

1576 民主乡尹家湾村

简　　介：尹家湾村位于乡政府西南部，土地总面积3.9平方公里，属干旱山区。全村共辖8个村民小组，其中少数民族社3个，273户，1053人，其中少数民族369人，总劳动力730人，年输转劳动力256人（次）；全村耕地1374.24亩，全部为山旱地，人均耕地1.3亩；适龄儿童入学率为100%；全村存栏大牲畜263头（匹），羊302只。尹家湾村有村委会1个，畜牧站1个，卫生室1个，村小学1所，均在山根社。有村社路5条，共计13公里，已硬化3.4公里。8个社群众行路难问题比较突出。村级活动场所2004年建成，现有办公用房13间，办公设备较齐全。

1577 桥寺乡朱墩村

简　　介：朱墩村共有15个社，313户，1340人，其中少数民族5人，占总人口的0.3%；总耕地面积2002亩，人均1.5亩。截至目前，人均纯收入3300元。朱墩村村级组织活动场所始建于2004年，占地1.0亩，总投资10万元（其中乡、村自筹8万元），砖混结构，建筑一层7间，建筑面积50平方米，配套的农家书屋1个，现有办公家具为：办公桌子2个，会议桌4个，配有电信模式远程教育设备1套，运转正常。

1578 漫路乡龙虎湾村

简　　介：全村辖9个村民小组，222户，1004人，总劳动力620人，全村耕地1891.2亩，人均耕地1.8亩，均属山旱地；2011年底农民人均纯收入2282元，人均占有粮食200公斤；有复退军人6名，有独生子女领证户7户，二女户18户。该村现有小学1所（龙虎湾小学），有教职工6人，学生75人，适龄儿童入学率为98.5%；全村存栏大牲畜185头（匹），羊656只。

1579 马集镇寨子村

简　　介：关门村位于临夏县马集镇政府西面，土地总面积3.25平方公里，平均海拔2400米，年平均气温4℃，无霜期140天左右，日照时数2600小时，年降水量710毫米左右，属半干旱山区。该村距县城10公里。全村辖8个村民小组，343户，1443人，总劳动力760人，年输转劳动力489人（次）；全村耕地1232亩，全部为山旱地，人均耕地0.92亩；2013年底农民人均纯收入3324元，人均占有粮食249.5公斤。该村现有不完全小学1所，有教职工5人，适龄儿童入学率为100%；全村存栏大牲畜35头（匹），羊98只；复退军人1名，基层退休干部3人，有纯女户7户，独生子女领证户8户。

1580 漫路乡周家岭村

简　　介：全村辖9个村民小组，360户，1589人，总劳动力720人，全村耕地2004.59亩，人均耕地1.26亩；2011年底农民人均纯收入2180元，人均占有粮食240公斤。有复退军人5名，有独生子女领证户11户，纯女户11户。该村现有小学1所（周家岭小学），有教职工6人，适龄儿童入学率为98.8%，计划生育率100%，出生率10.27‰；全村存栏大牲畜480头（匹），羊1926只。

1581 红台乡卜家台村

简　　介：卜家台村位于红台乡西部干旱山区，总面积7.32平方公里。全村共有14个社，615户，2861人，其中少数民族385人，占总人口的13.5%；总耕地面积3869亩，人均1.35亩。截至目前，人均纯收入2203元。现有完全小学1所，教职工11名，在校学生220人；目前已完成全村电网改造工作，已有535户完成安全饮水工程，数字微波电视入户率达85%；村社主干道路6条，共有12公里。全村以家庭为单位积极发展分散养殖业和牛羊贩运业，目前牛存栏571头，羊840只。卜家台始建于2006年，占地1亩，总投资6.4万元（其中乡、村自筹2.4万元），砖混结构，1层9间，建筑面积180平方米，办公家具15套，远程教育设备运行正常，已配备了农家书屋。

1582 南塬乡韩沟村

简　　介：韩沟村位于南塬乡政府西北部，年降水量385-514毫米，属半湿润气候，距县城30公里。全村现辖5个村民小组，共105户，579人，共有劳动力290人；全村耕地面积1500.3亩，人均2.6亩，2011年底农民人均纯收入2950元。全村现有附设小学1所，教职工1名，在校学生32人。全村全部通电、通水入户率为100%，村社道路主干道1条3.8公里，经济生产方式以种植、养殖和劳务输出为主，种植业以种植小麦、玉米为主，养殖业以分散养殖为主。

1583 新集镇新集村

简　　介：新集村地处兰郎公路沿线，东邻本镇古城村，北接赵牌村，东接垭塘村，南与本县尹集镇隔河相望。辖13个合作社，708户，3297人，其中少数民族1942人，占总人口的57%；总耕地面积2088亩，人均0.63亩，人均纯收入2318元。新集村级活动场所始建于2000年，2002年全面完工，占地0.73亩，总投资26万元（其中乡、村自筹26万元），砖混结构，二层23间，建筑面积306平方米，配备办公桌20张、办公椅10把、茶几沙发5套、烤箱2个、村村通设备1套、投影仪和音响1套、档案柜4个，配备农家书屋。

1584 土桥镇尹王村

简　　介：尹王村共有18个合作社，658户，2712人。共有耕地面积1771.85亩，人均占有耕地0.9亩。尹王村原活动场所位于土桥镇西街尹王小学门口，2009年镇村积极自筹资金16.9万元，其中组织部投资2万元，群众自筹10万元，征地0.6亩，在尹王村五社新修建砖混结构平顶6间，建筑面积140平方米。2010配备了电信式远程教育，2011年配备了农家书屋，2012年配备了办公家具。

1585 土桥镇三角村

简　　介：三角村共有8个合作社，363户，1482人，其中少数民族297人，占总人口的0.2%。共有耕地1565.8亩，人均占有耕地1.06亩。三角村原活动场所座落于该村的新庄社，占地0.3亩。2006年，镇村积极筹措资金5.2万元，其中组织部投资4万元，群众自筹1万元，建成砖混结构平顶房6间，建筑面积93.33平方米的办公场所。2007年配备了办公家具，2008年配备了远程教育设备，2011配备了农家书屋。

1586 桥寺乡新庄寨村

简　　介：新庄寨村共有9个社，225户，932人，其中少数民族1人，占总人口的0.1%；总耕地面积891.4亩，人均1亩。截至目前，人均纯收入3325元。新庄寨村级活动场所始建于 2004 年，占地 1.2 亩，总投资 15 万元（其中乡、村自筹 10 万元），砖混结构，建筑一层 7 间，建筑面积 55 平方米，配套的农家书屋 1 个，现有办公家具为：办公桌子 2 个，会议桌 14 个，沙发 1 套，配有卫星模式远程教育设备 1 套。

1587 尹集镇尹集村

简　　介：尹集村地处尹集镇东部，共有 13 个社，747 户，1559 人，占总人口的 48%；总耕地面积 2578 亩，人均 0.9 亩；上年度人均纯收入 2300 元。全村劳动力 1240 人，年输转劳动力 650 人（次），年劳务创收 800 万元左右；基础实施方面，全村通电 747 户，通自来水 747 户，硬化村社道路 8.6 公里；牛存栏 108 头，羊存栏 3100 只。群众收入主要依靠种植、养殖、劳务等行业。

1588 红台乡红水沟村

简　　介：红水沟村位于红台乡东部，总面积 3.8 平方公里，全村村域面积 5700 亩。全村共有 6 个社，279 户，1257 人，其中少数民族 49 人，占总人口的 3.9%；总耕地面积 1131 亩，人均 0.9 亩。截至目前，人均纯收入 2278 元。全村现有完全小学 1 所，教职工 16 名，在校学生 230 人；全部完成电网改造工程和饮用自来水入户工程，电视村村通入户率为 85%，村社道路主干道 3 条 8.2 公里。截至目前，全村牛存栏 142 头，羊 440 只，大型养殖企业 1 家。红水沟始建于 2000 年，占地 1.03 亩，总投资 4.6 万元（其中乡、村自筹 2.7 万元），砖混结构，一层 5 间，建筑面积 85 平方米，办公家具 10 套，远程教育设备运行正常，已配备了农家书屋。

1589 土桥镇曹家村

简　　介：曹家村共有 17 个合作社，545 户，2251 人，其中少数民族 674 人，占总人口的 82.5%。共有耕地 2173 亩，人均占有耕地 0.97 亩。曹家村原活动场所座落于该村前二社，占地 2.0 亩，原有土木结构办公用房 7 间，建筑面积 60 平方米。2006 年，镇村积极筹措资金 5.6 万元，其中组织部投资 4 万元，群众自筹 1 万元，建成砖混结构平顶房 6 间，建筑面积 92.4 平方米的。2007 年配备了办公家具，2010 年配备了远程教育设备，2011 年配备了农家书屋。

1590 榆林乡联合村

简　　介：榆林乡联合村位于榆林乡西南面，共有 11 个社，365 户（贫困户有 260 户，1308 人），1720 多人。其中少数民族 422 人，占人口总数的 24%，总劳动力 1276 人，年输出劳动力 342 人（次），全村有耕地 1679.1 亩，人均占有耕地 0.97 亩，人均纯收入为 1925 元，人均占有粮食 232 公斤，现有小学 1 所，有教职工 7 人，适龄儿童入学率为 98%，存栏大畜牲 328 头（匹），羊 500 只，榆林乡联合村经济来源以种植业、养殖业和劳务输出为主，其中劳务输出在全村人均收入中较大。啤特果种植 600 亩，已初具规模。联合村级活动场所位于联合村訾家社，建于 2010 年 7 月，总投资 35 万元，建筑面积 78 平方米。

1591 榆林乡窑湾村

简　　介：窑湾村位于榆林乡中东部，全村有 11 个村民小组，312 户，1516 人，大部分群众居住于山梁台地。

1592 井沟乡白杨树村

简　　介：白杨树村位于井沟乡西部，共有 9 个社，284 户，1246 人，其中少数民族 761 人，占总人口的 61.07%；总耕地面积 1432 亩，人均1.15亩。截至目前，人均纯收入2345元，全村没有硬化村社道路。

1593 黄泥湾乡十五里铺村

简　　介：十五里铺村位于黄泥湾乡以北，南邻红崖村，北邻郭吴村，西邻民主乡民丰村，东邻路盘乡联丰村。全村现有4个社，223户，976人，属纯汉族村，总耕地823亩，人均0.85亩。2014年全村工农业总值预计达到650万元，农民人均纯收入达到3050元。村上现有六年制小学1所，定点合作医疗卫生室1所，村村通覆盖入户率达80%以上，道路硬化率达90%，自来水入户率达到100%。兰郎公路穿村而过，距临夏市只有两公里，距高速公路进出口500米，距乡政府1公里。交通条件便利，现有5个百货零售店，两个磨坊，3个养殖场，1个砂场，1个美发屋，有能成砖雕厂、硅铁厂、石灰厂、玉祥糖果厂、鑫和砖厂，2个八宝茶厂。该村现有200多亩的苗木繁育基地，规模养猪场6个，于2004年挂牌成立了养殖协会。2013年挂牌成立了村民互助合作社，入社社员达130人。现在全村逐步形成了苗木繁育、畜牧养殖、劳务三大支柱产业，修建沼气池100座。

1594 河西乡桥窝村

简　　介：桥窝村共有2个社，87户，491人，男270人，女221人，其中少数民族491人，占总人口的100%；总耕地面积290.4亩，人均0.61亩；全村以农作物种植为主，主要种植小麦和玉米，经济作物以复种大白菜为主，林果业以核桃、栗子为主。截至目前，人均纯收入3240元，人均占有粮食为240.9公斤。桥窝始建于1988年，现已成为危房。2012年，新建了桥窝村村委会，目前已完成主体工程。配备了远程教育设备、农家书屋，没有配套的卫生室、文化站及办公家具。桥窝村"两委"班子在乡党委、乡政府的正确领导和大力支持下，完成了电网改造，自来水全部入户，建成了投资150万元的临夏县金光建材有限责任公司，年创值达120多万元。2011年新修了桥窝村电灌。2012年，硬化了2.3公里村社道路。2013年组建了桥窝村产业发展互助社，动员入社群众共计52户，入社资金75.2万元，现已发放贷款20户，40万元，为农户发展养殖业、种植业等发家致富注入了启动资金，有力的支持了该村群众发展生产，提高了群众经济收入及生活水平。

1595 掌子沟乡白土窑村

简　　介：白土窑村位于临夏县掌子沟乡西北部，属高寒阴湿地区，距县城10公里。是全县扶贫攻坚的主战场之一。现有耕地2313.5亩，均为山旱地。人均耕地1.6亩。水平梯田面积占总耕地面积的45%。全村现辖10个村民小组，共320户，1444人，其中少数民族170户，760人，占总人口的53%，共有劳动力760人，年输转劳动力400人（次），年劳务创收200万元左右；人均占有粮食390公斤；全村现有小学1所，教师10人，在校学生150名。数字微波电视入户率为11%，全村通电320户，饮用自来水200户，村社道路主干道7条7.5公里，目前均尚未硬化。截至目前，全村牛存栏241头，羊907只。

1596 安家坡东乡族乡中寨村

简　　介：安家坡乡中寨村紧靠胡北路，与临夏市相距6公里中寨村共有14个社，668户，2922人，其中少数民族1072人，占总人口的36.7%；总耕地面积2800亩，人均耕地0.99亩。截至目前，人均纯收入3330元；配备远程教育设备1套。中寨建于2013年，占地 0.7 亩，总投资 70 万元，砖混结构，二层 8 间，建筑面积 250 平方米。2013 年经多方筹资 43 万元建成了的中寨文化活动广场、村卫生室、农家书屋。上级部门配备了 2000 余册书籍和 2 套会议桌椅和 20 套桌凳，配发了全国文化信息资源共享工程设备。

1597 民主乡民丰村

简　　介：面积 4.5 平方公里，属干旱山区。全村共辖 8 个村民小组，329 户，1365 人，总劳动力 652 人，年输转劳动力 350 人（次）；全村耕地 1463.01 亩，全部为山旱地，人均耕地 1.06 亩；2013 年底农民人均纯收入 3100 元，人均占有粮食 285 公斤。适龄儿童入学率为 100%；全村存栏大牲畜 184 头（匹），羊 81 只；两女户 28 户，独生子女领证户 20 户，2011 年完成拓宽硬化民尹路 5 公里，途经田一、田二、程六、程七、张八等 5 个社，交通比较便利，2014 年 7 月完成石家沟至邱家沟道路硬化。村级活动场所 2008 年建成，现有办公用房 17 间，办公设备较齐全。

1598 黄泥湾乡王家村

简　　介：王家村位于甘肃省临夏县黄泥湾乡西南部，距黄泥湾乡政府 1 公里处，东濒程家川村，北接五一村，南邻和政县，北接路盘乡。该处兰郎公路及康临高速公路穿村而过，全村有 6 个自然合作社，分别为六社、七社、八社、九一社、九二社和九三社，耕地面积为 723.2 亩，人均耕地面积为 0.7 亩，全村总人口数为 847 人，174 户，其中少数民族占全村总人口数的 45%。全村以种植玉米、冬小麦、洋芋等农作物为主。近年来，随着玉米种植面积的逐年扩大，为养殖业发展提供了丰富的饲草资源，促进了规模养殖业的不断兴起，全村养牛、养羊养殖户比较多，大牲畜存栏数 705 头，其中牛存栏数为 195 头，羊存栏数为 240 只。人均纯收入 3700 余元。

1599 韩集镇沙塄沟村

简　　介：沙塄沟村地处韩集镇北部，东邻新集镇，西邻阳洼山村，南邻磨川村，北接红台乡，面积 4.5 平方公里，平均海拔 2300 米，是一个少数民族聚居的山区行政村，辖区相邻新集、红台等乡镇。境内长 5.5 公里的沙红公路穿村而过。全村共有 15 个村民小组，388 户，1954 人，其中少数民族 267 户，1392 人，占总人口的 65.9%，全村耕地面积 1788 亩，人均占有耕地 0.96 亩，农作物种植以冬小麦、玉米、洋芋为主，由于地处干旱山区，农作物产量低而不稳，截至 2012 年底，全村人均占有粮食 252 公斤，人均纯收入 2523 元。全村现有小学 1 所，教师 7 名，村卫生所 1 处。

1600 漠泥沟乡姬家村

简　　介：姬家村全村共有 9 个合作社，369 户，1748 人，其中劳动力 853 人，是一个回、汉民族杂居的行政村。耕地面积 2220 亩，人均 1.3 亩，2010 年底，人均占有粮食 206 公斤，农民人均纯收入 1138 元，大牲畜存栏 314 头，羊存栏 1578 只。全村有 1 所不完全小学，1 个卫生所，适龄儿童 111 人。自然条件表现为海拔高，气温低，无霜期短，光照不足，雨量较多。地形呈西南部高，东北部低，植被覆盖率较高，水草资源丰富。经济收入以种植、养殖、劳务输出为主，其中劳务收入占全村人均总收入的 57%；种植业以小麦、油菜、蚕豆为主；养殖业以养殖牛、羊为主。

1601 民主乡李家坪村

简　　介：李家坪村位于乡政府东北部，

土地总面积3.2平方公里，典型的贫困干旱村。全村共辖6个村民小组，187户，721人，总劳动力422人，年输转劳动力250人（次）；全村耕地1653亩，全部为山旱地，人均耕地2.29亩，农民人均纯收入2080元，人均占有粮食295公斤。适龄儿童入学率为100%；全村存栏大牲畜172头（匹），羊110只。

1602 刁祁乡围场村

简　　介：围场村共有10个社，283户，1204人，全村耕地面积1496.5亩，人均1.24亩。2013年底农民人均纯收入3324元。全村现有完全小学1所，教职工12名，在校学生224人。全村通电256户，自来水入户率100%，数字微波电视入户率为70.6%，村社道路硬化率60%。围场村委会位于围场村四社，修建于2005年，占地0.3亩，总投资3.6万元，乡村自筹3.6万元，砖混结构，一层6间，建筑面积为120平方米。配有办公家具，远程教育设备和农家书屋。

1603 安家坡东乡族乡安家坡村

简　　介：安家坡东乡族乡的安家坡村坐落在集镇周围，地处北塬灌区下游塬头，全村现有14个社，624户，3746人，其中东乡族2547人，占总人口的68%；总耕地面积2588亩，95%为水浇地，人均耕地0.83亩。截止目前，人均纯收入达到3330元，配备远程教育设备1套。2011年先后多方筹资23.3万元建成了的安家坡文化活动广场、农家书屋，上级部门配备了2000余册书籍和20个会议桌，40把椅子，4个办公桌，9个档案柜，为学习、娱乐、健身提供了基本条件；乡文化站设立了阅览室、棋牌室，现有各类图书2万余册，向广大群众开放借阅。

1604 尹集镇老虎山村

简　　介：老虎山村属山阴区，共有15个社，571户，2620人。其中少数民族510人，占总人口的9.5%；总耕地面积2600亩，人均0.99亩；上年度人均纯收入2100元。全村劳动力1350人，年输转劳动力500人（次），年劳务创收620万元左右；基础实施方面，全村通电571户，通自来水571户，硬化村社道路11公里；牛存栏240头，羊存栏480只。群众收入主要依靠种植、养殖、劳务等行业。

1605 民主乡孙家坪村

简　　介：本村位于民主乡政府东北部，辖自然村6个，共有农户198户，810人，少数民族12人，占总人口的1.44%，劳动力483人，占58.05%，耕地1251.41亩，人均耕地1.5亩。2013年农民人均纯收入2610元。郭明路穿村而过，孙上、孙下、孙中3个社道路实现了全面硬化，老庄、尕阳洼、源头洼3个社行路难。群众的主要收入来源为种植、养殖和劳务。

1606 尹集镇新寨村

简　　介：新寨村地处尹集镇南部，共有15个社，695户，3216人，其中少数民族928人，占总人口的30.5%；总耕地面积3638亩，人均1.1亩。全村劳动力1930人，年输转劳动力1300人（次），年劳务创收2700万元左右；基础实施方面，全村通电695户，通自来水695户，硬化村社道路13.5公里；牛存栏230头，羊存栏840只。群众收入主要依靠种植、养殖、劳务等行业。

1607 井沟乡大塬顶村

简　　介：大塬顶村位于井沟乡东部，共有9个社，278户，1335人，其中少数民族790人，占总人口的59.18%；总耕地面积1754亩，人均1.31亩。截至目前，人均纯收入2214元，全村通电278户，饮用自来水278户，无村社主干道。大塬顶村级活动场所位于该村尕王家社，大塬顶村校对面，村中心位置，始建于2003年，占地0.5亩，总投资2.8万元，砖混结构，一层6间，建筑面积60平方米，没有配套的卫生室及文化站，办公家具简陋，远程教育设备齐全，农家书屋书籍配备齐全运转正常。

1608 红台乡新城集村

简　　介：新城集村位于红台乡政府所在地，总面积6.65平方公里。全村共有14个社，600户，2768人，其中少数民族979人，占总人口的35.4%；总耕地面积3086亩，人均1.1亩。截至目前，人均纯收入2279元。乡政府及所有乡属单位均坐落在新城集村，该村目前已全部完成全村电网改造工作，安全饮水工程，数字微波电视入户率达89%；该村有中小型建材场5处，食品加工场2处，环保材料生产厂1处，中小型养殖场7处，辐射5万人左右，日客流量2万人次的集镇1处。新城集始建于2012年，占地2.2亩，总投资47万元（其中乡、村自筹10万元），砖混结构，二层10间，建筑面积248平方米，办公家具15套，远程教育设备运行正常，已配备了农家书屋。

1609 井沟乡大路村

简　　介：大路村位于井沟乡中部，是井沟乡政治经济文化中心，属乡政府所在地。共有11个社，267户，1309人，其中少数民族753人，占总人口的57.52%；总耕地面积1838亩，人均1.4亩。截至目前，人均纯收入2196元，全村通电267户，饮用自来水267户，全村没有硬化的社道路。大路村位于井沟街道西侧，乡畜牧站隔壁。始建于2007年，占地0.5亩，总投资5万元，砖混结构，一层8间，建筑面积110平方米没有配套的卫生室及文化站，办公家具简陋，远程教育设备齐全，农家书屋齐全，运转正常。

1610 先锋乡张梁村

简　　介：张梁村位于临夏县先锋乡末端，地处北塬渠东干渠的最下游，西、北以北塬边为界，东与何堡相邻，南与本乡徐马村接壤，张梁村共有10个社，430户，1796人。总耕地面积1663.2亩，人均0.93亩。截至目前，人均纯收入3250元。年平均气温9.5度，平均日照时数为2467小时，年平均无霜期为167天，年平均降雨量537.4毫米，属温带季风气候，四季风明，土地肥沃。主要从事种植业，兼搞养殖业、建筑劳务业。粮食作物主要种植玉米、小麦，经济作物有草莓、花椒、水果等。养殖以家庭为单位，主要饲养牛、羊、鸡等牲畜家禽。建筑业主要依托个人注册的县属两个公司，每年输出劳力405人。张梁始建于2010年，占地0.8亩，总投资26.6万元，框架结构，二层8间，建筑面积140平方米，有配套的卫生室、办公家具、远程教育设备、农家书屋等。

1611 河西乡常家村

简　　介：常家村共有5个社，210户，共953人，其中男524人，女429人；东乡族、回族、汉族等民族杂居，其中少数民族45人，占总人口的4.72%；总耕地面积657.2亩，人均0.71亩；全村以农作物种植为主，主要种植小麦和玉米，经济作物以复种大白菜、花椒为主，林果业以核桃、杏子、阳面红、巴梨为主。截至目前，人均纯收入3672元，人均占有粮食为260.28公斤。常家村村级活动场所建于2004年，占地0.3亩，总投资1.5万元（其中乡、村自筹0.5万元），砖混结构，二层 7 间，建筑面积 100 平方米；配备了远程教育设备、农家书屋，没有配套的卫生室、文化站及办公家具。

1612 井沟乡马家村

简　　介：马家村位于井沟乡西部，共有 8 个社，226 户，1154 人，人均纯收入 2230 元；马家村村级活动场所建于 2013 年，占地 5.6 亩，建筑面积 308.1 平方米，修建砖混结构办公、生活用房二层 15 间，总投资 94 万元。目前，管理规范，运行良好，在新农村建设中发挥了重要作用。

1613 井沟乡西南庄村

简　　介：西南庄村位于井沟乡南部，共有 15 个社，431 户，2146 人，其中少数民族 1743 人，占总人口的 81.20%；总耕地面积 3030 亩，人均 1.41 亩。截至目前，人均纯收入 2109 元，全村通电 431 户，饮用自来水 431 户，全村没有硬化的村社道路。西南庄村级活动场所位于该村段家社，2012 年新建而成，办公家具设备齐全，运转正常。

1614 南塬乡谢家坡村

简　　介：谢家坡村位于南塬乡政府东部，临三公路横穿而过，土地总面积 4.5 平方公里，平均海拔 1850 米，年平均气温 7.7℃，年降水量 385-514 毫米，属半湿润气候。全村共 11 个社，310 户，1211 人，现有劳动力 605 人。全村耕地面积 1104.51 亩，人均 1.2 亩，其中自流灌 964.51 亩，提灌 100 亩，山旱地 40 亩。2011 年底农民人均纯收入 2950 元。全村现有完全小学 1 所，教职工 8 名，在校学生 150 人。全村通电率、自来水入户率 100%，数字微波电视入户率为 30%，村社道路主干道硬化率 100%。目前，全村牛存栏 105 头，羊 600 只，5 只以上养羊户 120 户，5 只以下养羊户 40 户，全村花椒种植面积 720 亩，花椒收入占人均纯收入的 40%。

1615 漠泥沟乡大庄村

简　　介：漠泥沟乡大庄村共有 8 个合作社，303 户，1429 人，其中劳动力 763 人，是一个纯少数民族村。耕地面积 1573 亩，人均 1.1 亩，2010 年底，人均占有粮食 215 公斤，农民人均纯收入 1158 元，大牲畜存栏 224 头，羊存栏 1343 只。全村有 1 个卫生所，1 个文化室，适龄儿童 98 人，养殖业以养殖牛、羊为主。

1616 路盘乡刘山村

简　　介：全村共 18 个社，358 户，1650 人，现有劳动力 946 人。全村耕地面积 2174 亩，人均不足 1.3 亩，其中 90% 为山旱地。2011 年底农民人均纯收入 2142 元，人均占有粮食 311 公斤。全村现有完全小学 1 所，教职工 6 名，在校学生 130 人。全村通电 358 户，自来水入户率 100%，数字微波电视入户率为 36%。目前，全村牛存栏 279 头，羊 430 只，5 只以上养羊户 48 户，5 只以下养羊户 75 户。

1617 南塬乡小寨村

简　　介：小寨村位于南塬乡政府北部，与莲花镇相邻，土地总面积 4.2 平方公里，平均海拔 2003 米，年平均气温 6.9℃，年降水量 385-514 毫米，属半湿润气候。全村共 4 个社，206 户，896 人，现有劳动力 448 人。全村耕地面积 1548.2 亩，人均 1.8 亩，其中提灌水浇地 1200 亩，山旱地 248.2 亩。2011 年底农民人均纯收入 2950 元。全村现有完全小学 1 所，教职工 6 名，在校学生 67 人。全村通电率、自来水入户率 100%，数字微波电视入户率为6%，乡村路、村社道路主干道硬化率5%。目前，全村牛存栏102头、羊400只，5只以上养羊户20户，5只以下养羊户50户，全村核桃种植面积500亩，育苗20多亩，向日葵种植面积200亩，花椒种植面积650亩，花椒收入占人均纯收入的70%。

1618 漠泥沟乡何家村

简　　介：临夏县漠泥沟乡何家村位于我乡东南部，紧邻兰郎公路，马麻路穿村而过，交通便利。全村共有13个合作社，475户，2280人，其中劳动力1123人，是一个纯少数民族村。耕地面积1878亩，人均0.8亩。人均占有粮食213公斤，农民人均纯收入1185元，大牲畜存栏215头，羊存栏1025只，贫困面为90%。全村有1所不完全小学，1个卫生所，1个文化室，适龄儿童160人。自然条件表现为海拔高、气温低、无霜期短、光照不足、雨量较多。地形呈西高东低。经济收入以种植、养殖、劳务输出为主，其中劳务收入占全村人均总收入的58%；种植业以小麦、油菜、蚕豆为主；养殖业以养殖牛、羊为主。

1619 安家坡东乡族乡北小塬村

简　　介：北小塬村座落在大夏河北岸，紧靠临夏市折桥镇，正在兴建的折达二级公路穿境而过。全村现有11个合作社，513户，2848人，其中东乡族2591人，占总人口的91.3%；总耕地面积2513亩，人均耕地0.88亩，主要经济来源是畜牧养殖和劳务输转，截至目前，人均纯收入达到3330元。配备远程教育设备1套。北小塬始建于2009年，占地0.8亩，总投资29万元（其中县上投资26万元、乡、村自筹3万元），砖混结构，二层13间，建筑面积195平方米；上级部门配备了2000余册书籍和2套会议桌椅和16套桌凳，配发了全国文化信息资源共享工程设备。

1620 北塬乡娄高祁村

简　　介：娄高祁村位于北塬乡的东部，总面积2.02平方公里，与安家坡乡，先锋乡紧邻，距县城26公里。全村现辖10个村民小组，共有413户，1669人，其中少数民族16户，97人，占总人口的0.05%，共有劳动力1139人；现有耕地2415亩，人均0.7亩，人均纯收入4405元；全村现有教学点1所，教职工11名，在校172学生人；水电入户，率100%，数字微波电视入户，率12%；村社道路主干道11条4.5公里。截至目前，全村牛存栏174头，羊1076只。

1621 多刁祁乡多支巴村

简　　介：多支巴村位于刁祁乡西部，全村共有4个自然村，共辖10个社，376户，1929人，其中少数民族1731人，占全村人口的89%；总耕地面积1352亩，人均0.7亩。截至目前，人均纯收入2753元，该村群众收入主要依靠养殖业和劳务经济。多支巴村村级办公场所始建于2001年，重建于2013年，占地面积1.55亩，总投资49.8万元，其中村自筹28.9万元，房屋类型为砖混结构二层楼，建造房屋共计14间。

1622 韩集镇韩集社区

简　　介：韩集社区成立于1994年，户籍人口8630人，现有常住人口的33%；2011年底人均纯收入2930元。韩集社区没有独立活动场所，暂时借用韩集村活动场所二楼2间。

1623 河西乡张家村

简　介：张家村共有2个社，122户，649人，东乡族、回族等民族杂居，全村为少数民族村，占总人口的100%；总耕地面积261.5亩，人均0.42亩；全村以农作物种植为主，主要种植小麦和玉米，经济作物以复种大白菜为主，林果业以核桃、栗子、阳面红、巴梨为主。截至目前，人均纯收入3285元，人均占有粮食为144.73公斤。张家村村级活动场所始建于2004年，2010年投资2万元进行维修，配备了远程教育设备、农家书屋及办公家具。全村已完成电网改造，自来水全部入户，硬化了2.84公里村社道路。

1624 路盘乡永胜村

简　介：全村共14个社，337户，1432人，现有劳动力698人。全村耕地面积2432.3亩，人均1.69亩，全部为山旱地。2011年底农民人均纯收入2155元，人均占有粮食390公斤。全村现有完全小学1所，教职工11名，在校学生180人。全村通电370户，自来水入户率87.8%，数字微波电视入户率为13.5%。目前，全村牛存栏238头，羊428只。

1625 尹集镇大滩村

简　介：大滩村地处尹集镇南部，共有7个社，324户，1501人；总耕地面积1470.1亩，人均0.98亩；上年度人均纯收入1350元。全村劳动力690人，年输转劳动力450人（次），年劳务创收260万元左右；基础实施方面，全村通电324户，通自来水324户，硬化村社道路3.88公里；牛存栏190头，羊存栏310只。

1626 先锋乡丁韩村

简　介：丁韩村位于临夏县先锋乡南端，东邻前韩村，南邻北塬乡，西邻土桥镇，北邻卢马村。全村共有11个合作社，483户，2099人，全村耕地面积1693亩，人均占有耕地0.8亩，年平均气温9.3度，平均日照时数为2467小时，年平均无霜期为167天，年平均降雨量537.4毫米，属温带季风气候，四季风明，土地肥沃。主要从事种植业，兼搞养殖业、建筑劳务业。粮食作物主要种植玉米、小麦。养殖以家庭为单位，主要饲养牛、羊、鸡等牲畜家禽。每年输出劳力150人，从事建筑业、加工业及其它服务业，人均纯收入3250元。全村现有完全小学1所，教职工11名，在校学生196人；全村通电486户，饮用自来水486户，数字微波电视入户率为35%，村社道路主干道2条5.6公里，已全部实现硬化。丁韩村村级活动场所始建于2002年，占地1.2亩，总投资5.5万元，砖木结构，一层10间，建筑面积80平方米，配有农家书屋、远程教育（电信设备）、卫生室、办公家具。

1627 土桥镇社区

简　介：临夏县土桥镇土桥社区成立于1999年，其前身是土桥镇治保会。现有常住居民114户，298人，城镇户籍人口4835人，驻镇单位29个，干部职工达1024人，农林水电、文教卫生、金融通讯、工商税务等管理服务部门健全。固定个体工商户398户，是临夏县北塬地区10个乡镇，13万人口的经济文化商贸中心。

1628 河西县何家村

简　介：何家村共有五个社，299户，1567人，其中男862人，女705人，东乡族、回族、汉族等民族杂居，其中少数民族1394人，占总人口的88.95%；总耕地面积910.1亩，人均0.61亩；全村以农作物种植为主，主要种植小麦和玉米，经济作物以复种大白菜为主，林果业以核桃、栗子、阳面红等为主。截至目前，人均纯收入3198元，人均占有粮食为232.61公斤。2010年新建了何家村村级活动场所，总投资27.8万元，砖混结构，二层12间，建筑面积为192平方米，配备了远程教育设备、农家书屋、卫生室及办公家具，没有配套的文化站。

1629 漫路乡唐家湾村

简　　介：全村辖10个村民小组，325户，1495人，总劳动力853人，全村耕地2337亩，人均耕地1.5亩，均属山旱地；2011年底农民人均纯收入2282元，人均占有粮食230公斤。有复退军人4名，有独生子女领证户6户，纯女户14户。该村现有小学1所，有教职工7人，适龄儿童入学率为98.8%，计划生育率100%，出生率7.06‰；全村存栏大牲畜254头（匹），羊350只。

1630 路盘乡牟家村

简　　介：全村共11个社，251户，1160人，现有劳动力502人。全村耕地面积1372.6亩，人均不足1.2亩，全部为山旱地。2011年底农民人均纯收入2135元，人均占有粮食390公斤。全村现有不完全小学1所，教职工9名，在校学生94人。全村通电251户，自来水入户率100%，数字微波电视入户率为40.2%。目前，全村牛存栏223头，羊280只。

1631 韩集镇下阴洼村

简　　介：下阴洼村位于韩集镇东南部，东邻姚川村，南接马集镇，西邻上阴洼村，北邻磨川村。共有5个村民小组，229户，1158人，该村是一个少数民族聚集村，少数民族1120人，占总人口的96.7%。全村总面积为592公顷，耕地面积987亩，人均纯收入2881元，全村现有村社道路1条，长2.1公里。宗教场所3处，现有教学点1所，教职工3名，在校学生32人，适龄儿童入学率为92%。

1632 麻尼寺沟乡马角岭村

简　　介：马角岭村位于麻尼寺沟乡的北部，土地总面积5.1平方公里，平均海拔2380米，距县城9.5公里。全村现辖8个村民小组，共270户，1324人，其中少数民族270户，1324人，占总人口的100%，共有劳动力710人，年输转劳动力400人（次），年劳务创收250万元左右；现有耕地1634.2亩，其中山旱地1634.2亩，占总耕地面积的100%，人均1.5亩，人均占有粮食100公斤，人均纯收入815元；全村现有完全小学1所，教职工6名，在校学生110人；全村通电270户，饮用自来水270户，有线电视没有入户，村社道路主干道1条8公里，没有硬化。截止目前，全村存栏大牲畜240头（匹），羊400只，鸡1000只。

1633 韩集镇上阴洼村

简　　介：上阴洼村位于韩集镇西南部，东邻下阴洼村，南接莫尼沟乡，西接麻尼寺沟乡，北临韩集村。共有11个村民小组，448户，2025人，是一个多民族聚集村，全村耕地面积1446亩，其中梯田面积120亩，人均纯收入2799元，全村共有长2.5公里的乡村道路1条。现有六年制小学1所，教职工12名，在校学生406人，适龄儿童入学率为92%，大部分群众以传统生产方式和经营模式安排生产生活。

1634 井沟乡芦家岭村

简　　介：芦家岭村位于井沟乡西北部，共有10个社，243户，1281人，其中少数民族798人，占总人口的62.30%；总耕地面积

1651 亩，人均 1.29 亩。截至目前，人均纯收入 2213 元，全村通电 243 户，饮用自来水 243 户，井坡县乡公路穿村而过。芦家岭村村级活动场所位于本村高咀社，芦家岭村校附近，始建于 2003 年，占地 0.5 亩，总投资 4 万元，砖混结构，一层 6 间，建筑面积 72 平方米，办公家具简陋，远程教育设备齐全，农家书屋书籍齐全，运转正常。

1635 新集镇苗家村

简　　介：苗家村位于新集镇北部川区，距县城 11 公里，是新集镇扶贫攻坚的重点村之一。全村现辖 10 个村民小组，共 545 户，2580 人，其中少数民族 878 人，占总人口的 34.2%，共有劳动力 1240 人；全村现有耕地 1921 亩，人均耕地 0.74 亩，人均收入 2285 元。均为水浇地，人均占有粮食 310 公斤，人均纯收入 2280 元；全村现有完全小学 1 所，教学点 1 个，教职工 16 名，在校学生 211 人；全村全部通电、通水，数字微波电视入户率为 17%，村社道路主干道 4 条 11.3 公里，现已全部硬化。全村现有中小型砖厂 1 座，沙场 1 座。截止目前，全村牛存栏 156 头，羊 3200 只，小型养殖场 1 处。经济生产方式以种植、养殖、建材生产和劳务输出为主。种植业以种植小麦、玉米和小杂粮为主，养殖业以分散养殖为主。

1636 尹集镇卡家滩村

简　　介：卡家滩村地处尹集镇南部，共有 4 个社，156 户，734 人；总耕地面积 798.8 亩，人均 1.08 亩；上年度人均纯收入 1100 元。全村劳动力 457 人，年输转劳动力 256 人（次），年劳务创收 77 万元左右；基础实施方面，全村通电 156 户，通自来水 156 户，硬化村社道路 6.1 公里；牛存栏 82 头，羊存栏 153 只；五保户 13 人，低保户 245；该村已列入 2012 年度整村推进项目村，群众收入主要依靠种植、养殖、劳务等行业。

1637 先锋乡徐马村

简　　介：徐马村位于先锋乡西北部，辖 8 个社，全村 334 户，1346 人。人均纯收入 3250 元，全村共有耕地 1088 亩，主要种植玉米、小麦等粮食作物。

1638 刁祁乡杨庄村

简　　介：杨庄村共有 10 社，375 户，总人口 1876 人，其中共有少数民族 1725 人，占总人口的 92%，总耕地面积 1453 亩，人均 0.77 亩。截至目前，人均纯收入 2735 元。杨庄村村级活动场所始建于 2002 年，重建于 2012 年，占地 2.5 亩，总投资 45 万元，全部为乡村自筹，砖混结构，一层 25 间，建筑面积 250 平方米，未配套卫生室及文化站，有办公家具，远程教育设备，农家书屋等。

1639 掌子沟乡中光村

简　　介：中光村位于掌子沟乡中部，为乡政府驻地。距县城 4.5 公里，是全县扶贫攻坚的主战场之一。全村现辖 11 个村民小组，共 320 户，1473 人，其中少数民族 215 户，1871 人，占总人口的 92.6%，共有劳动力 1202 人，年输转劳动力 360 人（次），年劳务创收 180 万元左右；现有耕地 1753 亩，均为山旱地。人均耕地 1.2 亩。水平梯田面积占总耕地面积的 62%。人均占有粮食 350 公斤；全村现有完全小学 1 所，教职工 11 名，在校学生 230 人；全村通电 320 户，饮用自来水 210 户，数字微波电视入户率为 30%，村社道路主干道 4 条 12 公里，现已硬化 3 条 3.5 公里。截至目前，全村牛存栏 282 头，羊 750 只。

1640 北塬乡钱家村

简　　介：钱家村位于北塬乡的东北部，总面积2.39平方公里，距县城30公里，全村现辖8个村民小组，共477户，1913人，其中少数民族69户，223人，占总人口的11.6%；现有耕地2572亩，人均0.74亩，人均占有粮食200公斤，人均纯收入4430元；全村现有教学点1所，教职工13名，在校学生97人；全村水电入户率100%，数字微波电视入户率为46.5%，村社道路主干道8条4.5公里。截至目前，全村牛存栏158头，羊1052只。

1641 莲花镇莲城村

简　　介：莲城村位于莲花镇政府东部，距县城50公里，平均海拔1760米，年平均气温6.8℃。全村共7个社，343户，1497人，现有劳动力1115人，年输转劳动力400多人（次）。全村耕地面积1817亩，其中95%为山旱地。2013年底农民人均纯收入4620元。全村现有完全小学1所。全村通电343户，自来水入户率100%，数字微波电视入户率为85%，村社道路主干道硬化率75%。目前，全村牛存栏20头，羊986只，大型养殖企业1家，5只以上养羊户103户，5只以下养羊户200户。

1642 麻尼寺沟乡寺坡村

简　　介：寺坡村位于麻尼寺沟乡的东部，土地总面积6.5平方公里，平均海拔2160米，距县城2公里。全村现辖12个村民小组，共452户，2042人，其中少数民族319户，1459人，占总人口的71%，共有劳动力1410人，年输转劳动力700人（次），年劳务创收700万元左右；现有耕地2170亩，其中山旱地1370亩，占总耕地面积的63%，人均1亩，人均占有粮食300公斤，人均纯收入1300元，全村现有完全小学1所，教职工9名，在校学生187人；全村通电450户，饮用自来水330户，有线电视入户率为9%，村社道路主干道7条9公里，现已硬化3条4公里。截至目前，全村存栏大牲畜350头（匹），羊500只，鸡800只。全村群众科技文化素质普遍低下，人多地少，农业种植结构单一，增收难，劳务输出以体力型输出为主，收入低，大部分村社道路未硬化或改造，严重制约着当地经济社会的发展。

1643 尹集镇大滩涧村

简　　介：大滩涧村共有13个社，526户，2424人，其中少数民族759，占总人口的30%；总耕地面积2761.75亩，人均1.15亩；上年度人均纯收入1970元。全村劳动力1190人，年输转劳动力450人（次），年劳务创收400万元左右；基础实施方面，全村通电526户，通自来水526户，硬化村社道路8.2公里；牛存栏357头，羊存栏1230只。

1644 河西乡李家村

简　　介：李家村共有4个社，180户，749人，其中男412人，女337人，汉族、藏族等民族杂居。总耕地面积656.6亩，人均0.9亩；全村以农作物种植为主，主要种植小麦和玉米，经济作物以复种大白菜、花椒为主，林果业以核桃、杏子、栗子、巴梨为主。截至目前，人均纯收入3270元，人均占有粮食为350.18公斤。2010年投资2万元维修了村办公场所，配备了远程教育设备、农家书屋及办公家具，没有配套的卫生室、文化站。全村已完成电网改造，拉通了有线电视，自来水全部入户，硬化了6.62公里村社道路。

1645 刁祁乡大沟村

简　　介：大沟村位于刁祁乡南部，东临围场村，南靠太子山，西交尕沟村，北临铁家村。距县城14公里，土地总面积5.2平方公里，平均海拔2330米，年平均气温8℃，属高寒阴湿山区。全村共7个社，227户，1069人，其中少数民族223户，1048人，占全村人口98.03%。全村耕地面积1496.5亩，人均1.24亩。2013年底农民人均纯收入2257元。大沟村已成立大沟村村级产业发展互助社和大沟村村民发展互助合作社，社员入社率为70%。与围场村共有完全小学1所，在校学生224人。全村通电227户，自来水入户率100%，数字微波电视入户率为20%，村社道路硬化率40%。全村共有4所清真寺，信教群众占全村人口的98%。

1646 井沟乡谢家村

简　　介：谢家村位于井沟乡北部，共有8个社，195户，926人，其中少数民族496人，占总人口的53.56%；总耕地面积1289亩，人均1.39亩。截至目前，人均纯收入2034元，全村通电195户，饮用自来水195户，全村没有硬化的村社道路。

1647 韩集镇韩集村

简　　介：韩集村地处临夏县政府所在地，东邻磨川村，南邻上阴洼村，西接麻尼寺沟乡，北接掌子沟乡。是一个以少数民族为主的行政村，全村共有11个村民小组，523户，总人口2340人，全村耕地面积1272.7亩，人均占有耕地0.5亩，人均占有粮食250公斤，人均纯收入达2983无，境内长1.2公里的省道310穿村而过。现有六年制小学1所，教师35人。

1648 麻尼寺沟乡大坪村

简　　介：大坪村位于麻尼寺沟乡的西北部，土地总面积4.7平方公里，平均海拔2100米，距县城10公里。全村现辖6个村民小组，共201户，886人，其中少数民族80户，320人，占总人口的36%，共有劳动力650人，年输转劳动力220人（次），年劳务创收200万元左右；现有耕地1472亩，其中山旱地1472亩，占总耕地面积的100%，人均1.66亩，人均占有粮食365公斤，人均纯收入1115元，全村现有不完全小学1所，教职工2名，在校学生39人；全村通电201户，饮用自来水163户，有线电视入户率为12%，村社道路主干道2条5公里，现已硬化1条1.9公里。截至目前，全村存栏大牲畜120头（匹），羊150只，鸡50只。

1649 刁祁乡多麻村

简　　介：多麻村共有7个社，250户，1150人，其中少数民族420人，占全村人口的36.5%；总耕地面积936亩，人均0.82亩。截至目前，人均纯收入2620元。多麻村村级活动场所始建于1971年，占地1.8亩，总投资5万元（其中乡、村自筹1万元），砖混结构，一层6间，建筑面积72平方米，有办公家具、远程教育设备、农家书屋等配备情况。

1650 井沟乡红土坡村

简　　介：红土坡村位于井沟乡中西部，共有13个社，370户，1746人，其中少数民族456人，占总人口的26.12%；总耕地面积2300亩，人均1.32亩。截至目前，人均纯收入2276元，全村通电370户，饮用自来水370户，全村没有硬化村社道路。红土坡村村级活动场所位于本村牙上社，井沟中学附近。始建于2003年，占地0.4亩，总投资

3万元，砖混结构，一层6间，建筑面积56平方米。现建有二层8间村卫生室，建筑面积约92平方米，设施齐全，办公家具简陋，远程教育设备齐全，农家书屋书籍配备齐全，运转正常情。

1651 坡头乡塬堡村

简　　介：塬堡村位于临夏县东北部，距临夏市12公里，在土何公路沿线，海拔高度在2100米，年平均气温10-15℃，无霜期148天左右，年降水量600-700毫米。全村共有7个社，204户，939人，其中劳动力540人。全村耕地面积1112.8亩，其中水浇地805.6亩，山旱地307.2亩，人均耕地1.19亩。经济社会各项事业发展步伐，使畜牧养殖业、花椒、韭菜温棚种植、劳务输出成为全村的优势产业，目前全村有4个工程队，年输转劳动力350多人，属全乡之最，成为全乡经济条件好，水、电、路、通信等基础设施完善，群众文化素质较高，发展意识较强的村。人均占有粮食377公斤。2006年底农民人均纯收入1730元。存栏大牲畜54头（匹），羊263只，规模养殖户3户。该村现有完全小学1所，教职工7人，在校学生98人，适龄儿童入学率为100%。村卫生所1所，医务人员2人。

1652 新集镇赵牌村

简　　介：新集镇赵牌村位于新集镇北部山区，辖11个合作社，375户，1598人，其中少数民族250人，占总人口的15.6%；总耕地面积2380.4亩，人均1.49亩，人均纯收入2015元。赵牌村村级活动场所始建于2001年，占地0.3亩，总投资4.5万元，砖木结构，一层9间，建筑面积70.5平方米，配备办公桌5张、办公椅8把、档案柜3个、远程教育设备1套，配备农家书屋。由于村办场所年久失修，办公设备陈旧，办公条件比较简陋。

1653 麻尼寺沟乡韩门村

简　　介：韩门村位于麻尼寺沟乡的西南部，土地总面积7.6平方公里，平均海拔2238米，距县城10公里。全村现辖10个村民小组，共413户，1875人，其中少数民族224户，971人，占总人口的52%，共有劳动力1017人，年输转劳动力650人（次），年劳务创收325万元左右；现有耕地1776.3亩，其中山旱地1776.3亩，占总耕地面积的100%，人均1亩，人均占有粮食230公斤，人均纯收入1810元，全村现有完全小学1所；全村通电413户，饮用自来水128户，有线电视没有入户，村社道路主干道6条10.2公里，现已硬化1条3.5公里。

1654 北塬乡朱潘村

简　　介：朱潘村位于北塬乡的北部，总面积2.08平方公里。全村现辖8个村民小组，共525户，2047人，其中少数民族104户，468人，占总人口的22%，共有劳动力1536人；现有耕地2500亩，人均0.82亩，人均占有粮食253公斤，人均纯收入4410元；现有学校1所，教职工35名，在校学生617人；全村水电入户率为100%，数字微波电视入户率为4%，村社道路主干道8条9.3公里。截至目前，全村奶牛存栏196头，羊1096只。

1655 北塬乡前石村

简　　介：前石村位于北塬乡的南部，总面积4.25平方公里，距县城23公里，全村现辖20个村民小组，共838户，3710人，其中少数民族309户，1451人，占总人口的39%；现有耕地4395亩，人均0.84亩，人均占有粮食310.2公斤，人均纯收入3020元；

全村现有教学点2所，教职工56名，在校学生529人；全村水电入户率100%，数字微波电视入户率为46.5%；村社道路主干道12条15.6公里。截至目前，全村牛存栏590头，羊1843只。

1656 马集镇新农村

简　　介：新农村位于马集镇西部的大夏河北岸，东接马集村，南临大夏河，西接杨台村，北靠柴墩岭村，是一个回汉杂居的行政村，群众居住相对集中，现有10个村民小组，365户，1833人，人均纯收入2256元。设有不完全小学1所，全村耕地面积1419.37亩，人均耕地0.8亩。海拔高度在2115米之间，年平均气温5-6℃，年降水量600-700毫米，土壤类型主要有大黑土、红土、沙土。种植的农作物主要有冬小麦、玉米、蚕豆、洋芋、油菜，全村地形西北高、东南低。有劳动力1126人。

1657 营滩乡砂泥锅村

简　　介：砂泥锅村共有13个社，430户，2089人，其中少数民族1776人，占总人口的85%；总耕地面积2700亩，人均1.29亩。截至目前，人均纯收入1100元。砂泥锅村村级活动场所始建于2005年，占地0.5亩，总投资5.5万元，砖混结构，一层5间，建筑面积90平方米，配有办公桌子12张，凳子23个；档案柜5个，计生专用折叠床1张；配有远程教育设备1套（电视1台、电脑1台、卫星转播接收设备1套）；配有文化专用投影仪1台，书籍1800册。该村委会办公条件差，办公场地需硬化，房屋需要维修。

1658 尹集镇马九川村

简　　介：马九川村共有7个社，453户，1943人；总耕地面积1493.52亩，人均0.76亩；上年度人均纯收入1600元。全村劳动力1140人，年输转劳动力750人（次），年劳务创收620万元左右；基础实施方面，全村通电453户，通自来水453户，硬化村社道路5.1公里；牛存栏145头，羊存栏224只。群众收入主要依靠种植、养殖、劳务等行业。

1659 麻尼寺沟乡赵家村

简　　介：赵家村位于麻尼寺沟乡的东部，土地总面积6.4平方公里，平均海拔2370米，距县城5公里。全村现辖10个村民小组，共456户，2166人，其中少数民族340户，1633人，占总人口的75.4%，共有劳动力1313人，年输转劳动力690人（次），年劳务创收207万元左右；现有耕地1934.5亩，其中山旱地1934.5亩，占总耕地面积的100%，人均0.9亩，人均占有粮食246公斤，人均纯收入1115元，全村现有完全小学1所，教职工10名，在校学生144人；全村通电437户，饮用自来水437户，村社道路主干道15条15.7公里，现已硬化6条3.6公里。

1660 河西乡大庄村

简　　介：大庄村共有7个社，430户，2300人，其中男1265人，女1035人，东乡族、回族等民族杂居，全村为少数民族村，少数民族占总人口的100%；总耕地面积1101亩，人均0.49亩；全村以农作物种植为主，主要种植小麦和玉米，经济作物以复种大白菜为主，林果业以核桃、杏子、栗子、阳面红、巴梨为主。截至目前，人均纯收入3220元，人均占有粮食为196.19公斤。大庄村级活动场所始建于2004年，占地0.4亩，总投资2.5万元，配备了远程教育设备、农家书屋及办公家具。该村已完成电网改造，拉通了有线电视，自来水全部入户，新建了电灌，硬化了6.5公里村社道路，并积极调整产业结构，栽植核桃 1300 亩，复种大白菜 590 亩，极大的改善了基础设施建设，方便了群众的生产生活。

1661 尹集镇涧上村

简　　介：涧上村地处尹集镇东部，共有 10 个社，622 户，3362 人，其中少数民族 3362 人，占总人口的 100%；总耕地面积 2409 亩，人均 0.6 亩；上年度人均纯收入 2660 元。全村劳动力 1650 人，年输转劳动力 987 人（次），年劳务创收 160 万元左右；基础实施方面，全村通电 622 户，硬化村社道路 6.5 公里；牛存栏 286 头，羊存栏 436 只。群众收入主要依靠种植、养殖、劳务等行业。

1662 韩集镇姚川村

简　　介：姚川村位于临夏县东部，东邻双城村，南接马集镇，西邻磨川村，北接新集镇。距县城 2 公里，是临夏县西南干旱山区典型的农牧结合的贫困村。海拔高度在 2200-2600 米之间，年平均气温 5-6℃，无霜期 148 天左右，年降水量 600-700 毫米。全村共有 8 个社，362 户，1503 人，其中劳动力 650 人。全村耕地面积 956.5 亩，其中水浇地 618.4 亩，山旱地 333.1 亩，人均耕地 0.67 亩。全村现有六年制小学 1 所，教师 10 人，现有学生 220 人，入学率 100%，有村办企业 1 家，从业人员 260 人，境内长 1.5 的公里省道 310 线穿村而过，现有道路 18 条，已硬化 12 条。全村经济结构以种植业、畜牧业、劳务输出为重点，种植业以冬小麦、油菜、蚕豆、洋芋等传统种植模式为主，养殖业以传统养殖模式为主，劳务输出以餐饮和贩运业为主，并附带一些粘土砖瓦的小作坊加工和烧制。2012 年底全村粮食总产量 333.1 吨，农民人均占有粮食 350 公斤，全村大牲畜存栏 58 头，羊存栏 152 只，人均纯收入 3050 元。年劳务输出 260 多人，年人均从劳务输出中收入达到 500 元左右。

1663 榆林乡夏湾村

简　　介：榆林乡夏湾村是一个以农业为主的贫困村。全村共有 13 个村民小组，447 户，2073 人，总劳动力 1238 人，年输转劳力 498 人（次），总耕地面积 2111 亩，人均耕地 1.05 亩，人均纯收入 1925 元，人均占有粮食 212 公斤。

1664 南塬乡贾家沟村

简　　介：贾家沟村位于南塬乡西北部，北与积石山县银川乡相连，西与井沟乡相邻，南与坡头乡接壤，东与定坪村相连，土地总面积 4.9 平方公里，平均海拔 2140 米，年平均气温 7.2℃，年降水量 385-514 毫米，属半湿润气候。全村共 12 个社，220 户，987 人，现有劳动力 479 人。全村耕地面积 2089.09 亩，人均 2.2 亩，2011 年底农民人均纯收入 2150 元。全村现有小学 1 所，教职工 6 名，在校学生 53 人。全村通电率、自来水入户率 100%，数字微波电视入户率为 30%，乡村路、村社道路主干道硬化率 30%。目前，全村牛存栏 172 头，羊 1135 只，全村核桃种植面积 25 亩，向日葵种植面积 100 亩，花椒种植面积 1827 亩，花椒收入占人均纯收入的 91%。

1665 南塬乡源泉村

简　　介：源泉村位于南塬乡政府西部干旱山区，与积石山县银川乡接壤，土地总面积 3.6 平方公里，平均海拔 2110 米，年平均气温 6.8℃，年降水量 385-514 毫米，属半干旱气候。全村共 4 个社，124 户，557 人，现有劳动力 226 人。全村耕地面积 1109 亩，人均 1.9 亩，提灌水浇地 300 亩，山旱地

809亩。2011年底农民人均纯收入2950元。全村通电率、自来水入户率100%，数字微波电视入户率为20%，村社道路主干道铺砂率70%，均未硬化。目前，全村牛存栏100头、羊350只，5只以上养羊户42户，5只以下养羊户70户，全村向日葵种植面积50亩、核桃种植面积20亩、花椒种植面积1000亩，花椒收入占人均纯收入的55%。

1666 井沟乡崖头村

简　　介：崖头村位于井沟乡北部，共有10个社，188户，904人，其中少数民族631人，占总人口的69.23%；总耕地面积1056亩，人均1.17亩。截至目前，人均纯收入1850元，全村通电188户，饮用自来水188户，全村没有硬化的村社道路。崖头村村级组织、活动场所位于本村崖头社，崖头村校附近，始建于2005年，占地0.4亩，总投资3.5万元，远程教育设备齐全，农家书屋书籍齐全，运转正常。

1667 先锋乡何堡村

简　　介：何堡村位于临夏县先锋乡末端，地处北塬渠东干渠的最下游，东、北以北塬边为界，与东乡县河滩乡隔河相望，西、南与本乡张梁、鳌头村接壤。全村共有5个社，245户，997人，耕地面积1007亩，人均占有耕地1.1亩。2013年农民人均纯收入4066元，主要从事种植业，兼搞养殖业、建筑劳务业。粮食作物主要种植玉米、小麦，经济作物有草莓、花椒、水果等。养殖以家庭为单位，主要饲养牛、羊、猪、鸡等牲畜家禽。何堡村于2012年新建了集村级活动场所、互助老人幸福家园、综合服务中心、计生服务站等"四位一体"的村委会。

1668 北塬乡上石村

简　　介：上石村位于北塬乡的西部，总面积5.28平方公里，全村现辖20个村民小组，共752户，3005人，其中少数民族131户，602人，占总人口的20%；现有耕地4398亩，人均0.68亩；人均纯收入4339元；全村现有教学点1所，教职工12名，在校学生136人；水电入户率100%，数字微波电视入户率为11%；村社道路主干道21条12.3公里。目前，全村牛存栏345头，羊1658只。

1669 桥寺乡尕金村

简　　介：尕金村共有10个社，218户，933人，其中少数民族1人，占总人口的0.1%；总耕地面积1589.6亩，人均1.1亩。截至目前，人均纯收入3325元。尕金村村级活动场所始建于2009年，占地1.1亩，总投资28万元（其中乡、村自筹18万元），砖混结构，建筑2层，上5间下7间，12间，建筑面积180平方米，配套的农家书屋1个，现有办公家具为：办公桌子2个，会议桌14个，沙发1套，配有电信模式远程教育设备1套，现运转正常。

1670 榆林乡全岭村

简　　介：全岭村共有14个社，454户，2021人（贫困户有340户，1705人），总劳动力1300人，年输转劳动力514人（次）；共有耕地2172亩，人均耕地1.07亩；2010年底农民人均纯收入1925元，人均占有粮食222公斤。现有小学1所，有教职工5人，适龄儿童入学率为98%，存栏大牲畜399头（匹），羊590只。

1671 麻尼寺沟乡三台村

简　　介：三台村位于麻尼寺沟乡的西北部，土地总面积3.5平方公里，平均海拔2650米，距县城 11.5 公里。全村现辖 3 个村民小组，共 60 户，250 人，其中少数民族 60 户，250 人，占总人口的 100%，共有劳动力 130 人，年输转劳动力 60 人（次），年劳务创收 40 万元左右；现有耕地 595 亩，其中山旱地 595 亩，占总耕地面积的 100%，人均 2.4 亩，人均占有粮食 285 公斤，人均纯收入 1000 元；全村现有不完全小学 1 所，教职工 4 名，在校学生 40 人；全村通电 60 户。目前，全村存栏大牲畜 70 头（匹），羊 200 只，鸡 300 只。

1672 韩集镇磨川村

简　　介：韩集镇磨川村位于县政府所在地，东邻姚川村，南邻下阴洼村，西接韩集村，北邻阳洼山、沙塄沟村。面积 2.9 平方公里，平均海拔 2200 米，共有 6 个村民小组，436 户，1817 人，其中少数民族 1796 人，占总人口的 98.2%，是一个少数民族聚居的村。境内长 2.3 公里的省道 310 线穿村而过。全村耕地面积 1229 亩，人均占有耕地 0.7 亩，农作物种植以冬小麦、玉米、油菜、洋芋为主，人均纯收入 2723 元，人均占有粮食 270 公斤。全村共有六年制完全小学 1 所，教师 14 人，在校学生 418 人，适龄儿童入学率为 98.2%。全村有卫生所 1 处，自来水入户率为 92%。

1673 黄泥湾乡黄泥湾村

简　　介：黄泥湾村位于本乡西南角，南接和政县马家堡乡，西接本县榆林乡，属典型的阴湿地区。现有 7 个社 402 户，2004 人，耕地面积 1972 亩，人均耕地 1.02 亩，人均纯收入为 1750 元。以旱地为主，作物种植以玉米、小麦、马铃薯等粮食作物为主。其中焦家一社和半山二社属于山区，其余 5 个社在川区，分布在牛津河两岸。村委会于 2013 年列为修建项目，现已全部投入使用，村级各项组织健全，作用发挥良好。现有完全小学 1 所，卫生室 1 所，现有宗教场所清真寺 3 个，村民均信奉伊斯兰教，邻里团结，多次受到县上宗教部门的好评。该村是一个纯少数民族村，民族主要为回、东乡、保安族等。

1674 南塬乡张河西村

简　　介：张河西村位于南塬乡政府东部，临三公路横穿而过，土地总面积 3.9 平方公里，平均海拔 1850 米，年平均气温 7.7℃，年降水量 385-514 毫米，属半湿润气候。近年来，该村逐步走上了以花椒、油桃种植和养殖为主的发展路子，群众文化素质较高。但该村群众生产生活仍然相对落后，农业基础条件较差，严重制约着全村经济的快速发展。全村共 7 个社，202 户，856 人，现有劳动力 608 人。全村耕地面积 1060.11 亩，人均 1.3 亩，其中自流灌 610.11 亩，提灌 350 亩，山旱地 100 亩。2011 年底农民人均纯收入 2950 元。全村通电率、自来水入户率 100%，数字微波电视入户率为 25%，村社道路主干道硬化率 50%。目前，全村全村油桃种植面积 450 亩，收入 60 万元，花椒种植面积 600 亩，花椒收入占人均纯收入的 30%。

1675 韩集镇阳洼山村

简　　介：韩集镇阳洼山村地处韩集镇北部，东邻沙塄沟村，南邻磨川村，西接掌子沟乡，北接红台乡。平均海拔 2300 米，是一个少数民族聚居的山区行政村，辖区相邻掌子沟、红台等乡镇。全村现有长 3 公里的村社道路 2 条。全村共有 7 个村民小组，316 户，1561 人，其中少数民族 290 户，1371 人，占总人口的 88.2%，全村耕地面积 1003 亩，人均占有耕地 0.65 亩，农作物种植以冬小麦、玉米、洋芋为主，由于地处干旱山区，农作物产量低而不稳，截至2013年底，全村人均占有粮食252公斤，人均纯收入3023元。2014年农村户用沼气50户，计划10月底完成沼气项目任务。

1676 刁祁乡乱尕村

简　　介：乱尕村位于刁祁乡东部，东临转咀村，南靠围场村、兰达转咀村，北临大夏河，距县城8公里，土地总面积6.9平方公里，平均海拔2330米，年平均气温8℃，无霜期145天左右，日照时数2620小时，年降水量890毫米。全村共10个社，357户，1827人，现有劳动力1315人，年输转劳动力700多人（次）。全村耕地面积2338.2亩，人均耕地0.85亩，其中45%为山旱地。2011年底农民人均纯收入2598元，人均占有粮食326公斤。本村学生在兰乱小学上学，在校学生192人。全村通电357户，自来水入户率100%，数字微波电视入户率为10%，村社道路主干道硬化率70%。

1677 土桥镇重台塬村

简　　介：重台塬村共有12个合作社，393户，1591人，其中少数民族89人，占总人口的5.5%，共有耕地2623.7亩，人均占有耕地1.6亩。重台塬村原活动场所座落于该村中东社，占地0.9亩。2006年，镇村积极筹措资金4.7万元，其中组织部投资4万元，群众自筹0.7万元，建成砖混结构平顶房5间，建筑面积101.23平方米的办公场所。2007年配备了办公家具，2010年配备了电信式远程教育，2011年配备了农家书屋。

1678 南塬乡张王村

简　　介：张王村位于南塬乡政府东北部，与莲花镇接壤，土地总面积4.9平方公里，平均海拔1940米，年平均气温7.2℃，年降水量385-514毫米，属半湿润气候。全村共7个社，245户，967人，现有劳动力479人。全村耕地面积266.3亩，人均2.8亩，其中提灌水浇地1800亩，山旱地866.3亩。2011年底农民人均纯收入2950元。全村现有小学1所，教职工6名，在校学生53人。全村通电率、自来水入户率100%，数字微波电视入户率为10%，乡村路、村社道路主干道硬化率30%。目前，全村牛存栏52头，羊1200只，5只以上养羊户，20户，5只以下养羊户50户，全村核桃种植面积250亩、育苗200多亩，向日葵种植面积150亩，花椒种植面积600亩，花椒收入占人均纯收入的70%。

1679 莲花镇贾家村

简　　介：贾家村位于莲花镇政府西南，距县城50公里，平均海拔1760米，年平均气温6.8℃。全村共7个社，369户，1634人，现有劳动力1062人，年输转劳动力400多人（次）。全村耕地面积1871亩，人均不足1.3亩，其中75%为山旱地。2013年底农民人均纯收入4620元，人均占有粮食约333.4公斤。全村现由在校学生130人。全村通电369户，自来水入户率100%，数字微波电视入户率为85%，村社道路主干道硬化率78%。目前，全村约牛存栏22头，羊725只，5只以上养羊户92户，5只以下养羊户180户。

1680 民主乡明光村

简　　介：明光村位于临夏县民主乡政府南部，土地总面积3.1平方公里，平均海拔2180米，年平均气温5.9℃，无霜期145天左右，日照时数2450小时，年降水量546毫米左右，属干旱山区。全村共辖8个村民小组，248 户，1108 人，总劳动力 768 人，年输转劳动力 330 人（次）；全村耕地 1329.6 亩，全部为山旱地，人均耕地 1.2 亩；全村存栏大牲畜 302 头（匹），羊 175 只；两女户 28 户，独生子女领证户 14 户，少生快富对象 2 人。

1681 漫路乡漫路村

简　　介：全村辖 10 个村民小组，369 户，1659 人（其中农业人口 1605 人），总劳动力 1020 人，全村耕地 1506 亩，人均耕地 0.93 亩，均属山旱地；2011 年底农民人均纯收入 2282 元，人均占有粮食 230 公斤。现有完全小学 1 所（漫路中心小学），有教职工 14 人，适龄儿童入学率为 98.8%，计划生育率 100%，出生率 7.06‰；全村存栏大牲畜 354 头（匹），羊 1713 只，猪 2600 口。

1682 民主乡五星村

简　　介：五星村有 7 个社，223 户，980 人，是个纯汉民村；人均耕地 1.4 亩，劳动力 658 人，占 67.1%，人均纯收入 2690 元，主要经济产业为玉米种植产业、畜牧养殖和劳务。

1683 河西乡杨家村

简　　介：杨家村位于河西乡中部，东临大夏河，西面有折银路穿村而过，交通十分便利，村内主干道及巷道也已全部拓宽硬化。辖区共有 3 个社，总户数 109 户，总人口 440 人；东乡族、回族、汉族等民族杂居，其中少数民族 25 人，占总人口的 5.4%；全村共有劳动力 260 人；耕地面积 337.9 亩，人均耕地 0.77 亩；人均占有粮食为 340.66 公斤。全村以农作物种植为主，主要种植小麦和玉米，经济作物以复种大白菜为主，林果业以核桃、花椒、杏子、栗子、阳面红、巴梨为主。人均纯收入 3420 元；全村通电 109 户，饮用自来水 109 户，户户通电视入户率为 100%，适龄儿童入学率 100%，新农合覆盖率 100%，城乡社会养老保险覆盖率 100%。杨家村村级活动场所始建于 2002 年，2012 年扩建，办公设施齐全。

1684 新集镇赵山村

简　　介：赵山村是临夏县新集镇 9 个行政村之一，地处新集镇北部山区。辖 9 个合作社，262 户，1187 人，其中少数民族 563 人，占总人口的 47%；总耕地面积 1776 亩，人均 1.2 亩，人均纯收入 2016 元。赵山村村级活动场所始建于 2004 年，占地 1.1 亩，总投资 4.7 万元（其中乡、村自筹 1 万元），砖木结构，一层 5 间，建筑面积 70 平方米，配备办公桌 5 张、办公椅 10 把、档案柜 3 个、远程教育设备 1 套、火炉 1 个，配备农家书屋。

1685 桥寺乡周家寺村

简　　介：周家寺村共有 17 个社，404 户，1658 人，其中少数民族 2 人，占总人口的 0.1%；总耕地面积 1816.4 亩，人均 1.1 亩。截至目前，人均纯收入 3325 元。周家寺村活动场所始建于 2004 年，占地 0.4 亩，总投资 10 万元（其中乡、村自筹 8 万元），砖混结构，建筑一层 5 间，建筑面积 45 平方米，配套的农家书屋 1 个，现有办公家具为：办公桌子 1 个，会议桌 4 个，沙发 1 套，配有卫星模式远程教育设备 1 套，现运转正常。

1686 榆林乡东沟村

简　　介：东沟村共有 11 个社，438 户，2014 人，是一个纯少数民族村，总劳动力 1205 人，年输转劳动力 487 人（次）；共有耕地 2024 亩，人均耕地 1 亩；2011 年底农民人均纯收入 2118 元，人均占有粮食 250

公斤。现有小学1所，有教职工3人，适龄儿童入学率为98%，存栏大牲畜383头（匹），羊689只。

1687 黄泥湾乡五一村

简　　介：黄泥湾乡五一村位于本乡以北，南邻鲁家村，北邻王家村，西邻民主乡民丰村，东邻程川村。全村现有5个合作社，312户，1371人，属回汉族村，总耕地1212.4亩，人均1.13亩。2014年全村工农业总值预计达到720万元，农民人均纯收入达到1800元。村上现有六年制小学1所，教师12名，学生160名，教室24间，篮球场1个，电脑、宽带网络使用入户率达10%以上，村村通覆盖入户率达80%以上，道路硬化率达90%，自来水入户率达到100%，村委会为砖木结构的瓦房，内设会议室、计生服务室、图书室、破解难题年办公室、互助社办公室、党的群众路线教育实践活动办公室、远程教育设备室。本村地理条件优越，兰郎公路穿境而过，距临夏市只有5公里，距高速公路进出口3公里，距乡政府1公里。

1688 掌子沟乡王家湾村

简　　介：王家湾村现辖6个村民小组，共215户，984人，其中少数民族200户，905人，占总人口的92%，共有劳动力580人，年输转劳动力220人（次），年劳务创收130万元左右。全村现有耕地1082亩，均为山旱地，人均耕地1.1亩，水平梯田面积占总耕地面积的85%。人均占有粮食352公斤。全村现有教学点1所，全村通电215户，饮用自来水215户，数字微波电视入户率为33%，村社道路主干道3条5公里，现已硬化3条5公里。目前，全村牛存栏260头，羊700只。

1689 营滩乡营滩村

简　　介：营滩村共有11个社，336户，1475人，其中少数民族1475人，占总人口的100%；总耕地面积1471亩，人均1.01亩。截至目前，人均纯收入800元。营滩村村级组织、活动场所始建于2002年，占地0.5亩，总投资4万元（其中乡、村自筹1万元），砖混结构，一层5间，建筑面积80平方米，配有办公桌子15张，凳子30个；档案柜2个，计生专用折叠床1张；配有远程教育设备1套（电视1台、电脑1台、卫星转播接收设备1套）；配有文化专用投影仪1台，书籍1800册，防洪预警功放设备1套。

1690 掌子沟乡达沙村

简　　介：掌子沟乡达沙村共有7个社，258户，1000人，其中少数民族660人，占总人口的66%；总耕地面积1442.15亩，人均1.44亩；至目前，人均纯收入2100元。达沙村原活动场所在学校内，有砖木结构办公用房3间，建筑面积48平方米。2010年，总投资25.4万元，占地1亩，建成砖混结构，二层平顶11间，建筑面积172平方的村级组织活动场所（有村卫生室），办公家具、远程教育设备、农家书屋已配备，现投入使用。

1691 新集镇杨坪村

简　　介：新集镇杨坪村临夏县新集镇的5个山区行政村之一，地处新集镇北部山区，辖10个合作社，446户，2064人，其中少数民族506人，占总人口的40%；总耕地面积2038亩，人均0.9亩，人均纯收入2258元。杨坪村村级组织活动场所始建于2003年，占地1.5亩，总投资3万元，砖混结构，一层6间，建筑面积80平方米，配备办公桌4张、办公椅8把、小木凳36个、档案柜3个、远程教育设备1套，投影仪设备1套，配备农家书屋。

1692 北塬乡松树村

简　　介：松树村位于北塬乡的西南部，总面积3.8平方公里，距县城32公里。全村现辖18个村民小组，共781户，3379人，其中少数民族398户，1809人，占总人口的53.5%；现有耕地4155亩，人均0.81亩，人均纯收入4400元；全村现有学校1所，教职工9名，在校学生169人；全村水电入户率100%，数字微波电视入户率为65.4%；村社道路主干道18条12.15公里。目前，全村牛存栏420头，羊1799只。

1693 漫路乡麻莲村

简　　介：全村辖5个村民小组，223户，1027人，总劳动力853人，全村耕地1352亩，人均耕地1.3亩；2011年底农民人均纯收入2282元，人均占有粮食230公斤。该村现有小学1所，有教职工3人，适龄儿童入学率为98.8%，计划生育率100%，出生率7.06‰；全村存栏大牲畜435头（匹），羊750只。

1694 新集镇寺湾村

简　　介：寺湾村是临夏县新集镇9个行政村之一，地处新集镇北部山区，辖11个合作社，415户，1726人，少数民族人口220人，其中回族180人，东乡族32人，其他少数民族8人，占总人口的12.74%，全村现有耕地2233亩，人均耕地不足1.28亩。今年全村种植冬小麦1230亩，玉米908亩（其中完成秋覆膜300亩），冬油菜30亩。2012年底，全村人均纯收入为2565元。

1695 路盘乡联丰村

简　　介：全村共13个社，336户，1560人，现有劳动力794人。全村耕地面积1974亩，人均1.27亩，全部为山旱地。2011年底农民人均纯收入2150元，人均占有粮食390公斤。全村现有附设初中班完全小学1所，教职工22名，在校学生240人。全村通电336户，自来水入户率93.5%，数字微波电视入户率为59%。目前，全村牛存栏342头，羊268只。

1696 漫路乡小岭村

简　　介：全村辖11个村民小组，353户，1618人，总劳动力988人，全村耕地2458亩，人均耕地1.5亩，均属山旱地；2011年底农民人均纯收入2282元，人均占有粮食250公斤；复退军人9名，有独生子女领证户7户，二女户24户。该村现有小学1所（郑裕彤希望小学），有教职工6人，学生103人，适龄儿童入学率为100%；全村存栏大牲畜350头（匹），羊2125只，猪800口。

1697 刁祁乡铁家村

简　　介：铁家村位于刁祁乡中部，东临兰达村，南靠大沟村，西交尕沟村，北临大夏河，距县城9公里，土地总面积6.4平方公里，平均海拔2330米，属高寒阴湿山区。全村共12个社，439户，2125人，现有劳动力1320人，年输转劳动力580多人（次）。全村耕地面积1790.6亩，人均耕地0.83亩，其中27%为山旱地。2011年底农民人均纯收入2700元，人均占有粮食296公斤。现有小学1所（石家河中心小学），专人教师25人，班级7个，在校学生355人。全村通电439户，自来水入户率100%，数字微波电视入户率为12%，村社道路主干道硬化率85%。

1698 新集镇坱塘村

简　　介：坱塘村是临夏县新集镇9个行政村之一，地处县城新城区以东，兰郎公路两旁。辖15个合作社，904户，3986人；总耕地面积2391.6亩，人均0.6亩，人均纯收入2565元；现有党员56名，其中女党员5名；村干部3名，大学生村官1名。

1699 民主乡邓家村

简　　介：邓家村位于乡政府西南部，土地总面积4.2平方公里，属于干旱山区。全村共辖7个村民小组，295户，1248人，总劳动力763人，2011年输转劳动力286人（次）；全村耕地1672亩，全部为旱地，人均耕地1.36亩；2013年底农民人均纯收入311元，人均占有粮食295公斤。适龄儿童入学率为100%；全村存栏大牲畜291头（匹），羊120只。独生子女领证户21户，两女户13户，少生快富户4户。大牲畜存栏440头，出栏84头，羊存栏351只，出栏124只。2011年完成水泥硬化姬家路口至石庞家社，经郝家社、李上社、李下社、杨家山社等5个社，交通比较便利，2014年完成了杨家山社巷道硬化。

1700 马集镇长坡沿村

简　　介：长坡沿村会于2003年修建，位于甘肃省临夏县马集镇北面，距临夏县县城8公里，南部与为318国道，西部与马集村为邻。全村共有12个自然村，为少数民族聚集村。目前，村委成员5人，共1个党支部，党员数32人。

1701 漫路乡小沟门村

简　　介：全村辖11个村民小组，384户，1843人，总劳动力1152人，全村耕地2112亩，人均耕地0.87亩，均属山旱地；2011年底农民人均纯收入2282元，人均占有粮食225公斤。复退军人10名，有独生子女领证户5户，纯女户18户。该村现有小学1所，有教职工10人，适龄儿童入学率为99.5%，计划生育率96%，出生率5.55‰；全村存栏大牲畜576头（匹），羊330只，猪3200头。

1702 营滩乡朱沟村

简　　介：朱沟村共有9个社，198户，854人，其中少数民族786人，占总人口的92%；总耕地面积1360亩，人均1.59亩。截至目前，人均纯收入350元。朱沟村村级组织活动场所始建于2005年，占地0.35亩，总投资5万元，建筑面积90平方米，配有办公桌子10张，凳子20个；档案柜2个，计生专用折叠床1张；配有远程教育设备1套（电视1台、电脑1台、卫星转播接收设备1套）；配有1书籍1800册。该村委会房屋漏水，需要进行维修。

1703 榆林乡榆丰村

简　　介：榆丰村共有9个社，382户，1778人，总劳动力1065人，年输转劳动力406人（次）；共有耕地1756亩，人均耕地不足1亩；2012年底农民人均纯收入2675元，人均占有粮食180公斤。现有小学1所，有教职工10人，适龄儿童入学率为100%。存栏大牲畜240头（匹），羊300只。复退军人24名，基层退休干部3人，有纯女户17户，独生子女领证户15户。

1704 黄泥湾乡程家村

简　　介：黄泥湾乡程家川村位于临夏县西南部半山半川区，兰郎公路穿村而过，东临路盘乡西临红崖村，程家川村现有6个社，256户，1173人。分为3个自然村，六社、七社、八社、九社为程川村，十社为石家山村，该自然村其中95%为回族，十一社称为辛何家村。全村现有耕地面积1724亩，人均耕地1.46亩，耕地主要为旱地，主要种植玉米、小麦、马铃薯等粮食作物，个别地区种植蔬菜以及花椒。程家川村于2000年参加绿色长廊项目，建成规模较大的蔬菜大棚种植基地，使得部分村民的收入从单一的粮食作物增加了蔬菜种植收入。2010年修建了程家川村委会，村上有教学点1个。

1705 尹集镇新兴村

简　　介：新兴村地处尹集镇西南部，共有13个社，592户，2661人，属纯汉族村；总耕地面积2786亩，人均1.1亩；上年度人均纯收入1400元。全村劳动力1180人，年输转劳动力942人（次），年劳务创收576万元左右；基础实施方面，全村通电592户，通自来水592户，硬化村社道路2.2公里；牛存栏316头，羊存栏246只。群众收入主要依靠种植、养殖、劳务等行业。

1706 营滩乡右旗村

简　　介：右旗村共有13个社，361户，1620人，其中少数民族1620人，占总人口的100%；总耕地面积1642.44亩，人均1.38亩。截至目前，人均纯收入820元。右旗村活动场所始建于2007年，占地0.5亩，总投资5.5万元（其中乡、村自筹0.5万元），砖混结构，一层5间，建筑面积118平方米，配有办公桌子16张，凳子18个；档案柜5个，计生专用折叠床1张；配有远程教育设备1套（电视1台，电脑1台，卫星转播接收设备1套）；配有书籍1800册。该村委会房屋渗漏严重、台阶倒塌，需要进行维修。

1707 新集镇苏山村

简　　介：苏山村是临夏县新集镇9个行政村之一，地处新集镇北部山区，辖7个合作社，262户，1320人，其中少数民族712人，占总人口的54%；总耕地面积1369亩，人均1.1亩，人均纯收入2010元。苏山村村级组织活动场所始建于1997年，占地2亩，总投资12万元（其中乡、村自筹8万元），砖混及砖木结构，一层7间，建筑面积84平方米，配备办公桌4张、办公椅6把，档案柜3个、远程教育设备1套、火炉1个，配备农家书屋。由于村办场所年久失修，办公设备陈旧，办公条件简陋。

1708 麻尼寺沟乡卧龙沟村

简　　介：卧龙沟村位于麻尼寺沟乡的西北部，土地总面积5.3平方公里，平均海拔2650米，距县城13公里。全村现辖3个村民小组，共70户，314人，其中少数民族70户，314人，占总人口的100%，共有劳动力160人，年输转劳动力130人（次），年劳务创收30万元左右；现有耕地730亩，其中山旱地730亩，占总耕地面积的100%，人均2.3亩，人均占有粮食250公斤，人均纯收入1000元，全村通电70户。目前，全村存栏大牲畜30头（匹），羊200只，鸡300只。

1709 营滩乡小沟村

简　　介：小沟村共有14个社，455户，2081人，其中少数民族1769人，占总人口的85%；总耕地面积2551亩，人均1.22亩。截至目前，人均纯收入1010元。小沟村村级组织活动场所始建于2001年，占地1.0亩，总投资6.5万元（其中乡、村自筹0.36万元），砖混结构，一层7间，建筑面积70平方米，配有办公桌子13张，凳子20个，沙发3个；档案柜3个，床2张；配有远程教育设备1套（电视1台、电脑2台、卫星转播接收设备1套、复印机1台）；配有文化专用投影仪1台，书籍1800册。该村委会基础设施较为完善，是全乡的先进村之一，可以正常使用。

1710 土桥针镇侯段村

简　　介：侯段村共有12个合作社，545户，2168人，共有耕地1789亩，人均占有耕地0.83亩。侯段村村委会原坐落于土桥镇街道，建筑面积78平方米。2012年，镇村积极筹措资金35万元，新修建成框架结构二层楼房12间，建筑面积240平方米，现已竣工投入使用。同时，组织部配备了办公家具。2010年已配备了远程教育设备。

1711 路盘乡大杨村

简　　介：全村共10个社，177户，721人，现有劳动力486人。全村耕地面积1350亩，人均1.87亩，全部为山旱地。2011年底农民人均纯收入2127元，人均占有粮食445公斤。全村通电177户，自来水入户率100%，数字微波电视入户率为81.2%。目前，全村牛存栏138头，羊328只。

1712 井沟乡井沟村

简　　介：井沟村位于井沟乡东北部，共有11个社，336户，1588人，其中少数民族1020人，占总人口的64.23%；总耕地面积1975亩，人均1.24亩。截至目前，人均纯收入2198元，全村通电336户，饮用自来水336户，全村没有硬化的村社道路。井沟村村委位于本村周上社，始建于2002年，占地106亩，总投资5万元，砖混结构，一层7间，建筑面积84平方米，目前没有配套的卫生室及文化站，办公家具简陋，远程教育设备齐全，农家书屋书籍配备齐全，运转正常。

1713 莲花镇鲁家村

简　　介：鲁家村位于莲花镇政府西南，距县城50公里，平均海拔1760米，年平均气温6.8℃。全村共九个社，283户，1213人，现有劳动力838人，年输转劳动力350多人（次）。全村耕地面积1612亩，人均不足1.4亩，其中75%为山旱地。2013年底农民人均纯收入4620元，人均占有粮食约335公斤。全村现有在校学生64人。全村通电283户，自来水入户率100%，数字微波电视入户率为95%，村社道路主干道硬化率82%。目前，全村牛存栏约27头，羊703只。

1714 漠泥沟乡前川村

简　　介：临夏县漠泥沟乡前川村位于我乡中部，马麻路穿村而过，交通便利。全村共有11个合作社，共有群众526户，2768人，是一个纯少数民族村。耕地面积2322亩，人均0.9亩。人均占有粮食213公斤，农民人均纯收入1180元，大牲畜存栏415头，羊存栏1184只。全村有1所完全小学，1个卫生所，1个文化室，适龄儿童185人。自然条件表现为海拔高、气温低、无霜期短、光照不足、雨量较多。地形呈西高东低，植被覆盖率较高。经济收入以种植、养殖、劳务输出为主，其中劳务收入占全村人均总收入的54%；种植业以小麦、油菜、蚕豆为主；养殖业以养殖牛、羊为主。

1715 土桥镇大鲁村

简　　介：大鲁村共有13个合作社，425户，1755人。共有耕地面积2095.8亩，人均占有耕地1.2亩。大鲁村原活动场所座落于该村鲁三社，占地0.4亩，原有土木结构办公用房5间，建筑面积60平方米。2003年，镇村积极筹措资金3.5万元，其中组织部投资1万元，群众自筹1万元，建成砖混结构平顶房 5 间，建筑面积 92.4 平方米。2007年硬化院子 250 平方米。2010 年配备了远程教育设备，2011 年配备了农家书屋。

1716 桥寺乡大刘村

简　　介：大刘村共有 12 个社，365 户，1496 人，其中少数民族 4 人，占总人口的 0.2%；总耕地面积 1483.6 亩，人均 1 亩。截至目前，人均纯收入 3325 元。大刘村活动场所始建于 2006 年，2011 年进行了维修，占地 0.3 亩，总投资 15 万元（其中乡、村自筹 10 万元），砖混结构，建筑一层 6 间，建筑面积 45 平方米，配套的农家书屋 1 个，现有办公家具为：办公桌子 2 个，会议桌 14 个，沙发 1 套，配有远程教育设备 1 套，现运转正常。

1717 马集镇马集村

简　　介：马集村是马集镇政治、经济、文化交流的中心，是镇政府机关单位所在地，纯回族居住的行政村，全村共有 7 个合作社，370 户，2001 人，耕地面积 997.29 亩，人均 0.85 亩。农村劳动力 925 人，每年外出务工人员达 450 人，主要在西藏、青海、四川、北京、南京、湖南等地从事长途贩运、百货批发、商品零售、房地产、餐饮服务及体力务工，年创收入 850 万元，人均纯收入 1373 元，是全镇 9 个村当中人均纯收入最高、群众生活水平最好的一个村。全村现已完成农网改造，户通电率为 100%；通讯畅通，固定电话、手机拥有率达到 70% 以上；自来水入户工作已完成，入户率 100%；全村有宗教场所（清真寺）3 处；初级中学 1 所，少年入学率为 95.1%；小学 1 所，儿童入学率为 97.6%。

1718 营滩乡龙卧村

简　　介：龙卧村共有 9 个社，269 户，1219 人，其中少数民族 366 人，占总人口的 30%；总耕地面积 1517 亩，人均 1.2 亩。截至目前，人均纯收入 1150 元。2012 年乡党委、乡政府进行了异地搬迁。占地 1.0 亩，总投资 28.1 万元（其中乡、村自筹 1.8 万元），砖混结构，二层 11 间，建筑面积 255 平方米。同时，配备了各类办公设施和设备，现有办公桌子 34 张，凳子 61 个，档案柜 9 个，计生专用折叠床 1 张；配有远程教育设备 1 套（电视 1 台、电脑 1 台、卫星转播接收设备 1 套）；配有文化专用投影仪 1 台，书籍 1800 册。

1719 先锋乡赵关村

简　　介：赵关村位于临夏县先锋乡东部，地处北塬渠东干渠的中下游，东与安家坡相邻，西、北与本乡徐马村鳌头村相接壤。赵关村共有 10 个社，416 户，1796 人；总耕地面积 1646.88 亩，人均 0.92 亩。截至目前，人均纯收入 3250 元。年平均气温 9.5 度，平均日照时数为 2467 小时，年平均无霜期为 167 天，年平均降雨量 537.4 毫米，属温带季风气候，四季分明，土地肥沃。全村共有 10 个合作社，1719 人。全村主要从事种植业，兼搞养殖业、建筑劳务业。粮食作物主要种植玉米、小麦，经济作物有水果、花椒、蔬菜等。养殖以家庭为单位，主要饲养牛、羊、鸡等牲畜家禽。赵关村委会始建于 2006 年，占地 0.5 亩，总投资 4 万元，砖混结构，一层 4 间，建筑面积 80 平方米，有配套的卫生室、办公家具、远程教育设备、农家书屋等。

1720 尹集镇麻莲滩村

简　　介：麻莲滩村地处尹集镇东部，共有 11 个社，780 户，3786 人，其中少数民族 3012 人，占总人口的 80%；总耕地面积 1972 亩，人均 0.52 亩；上年度人均纯收入

2200 元。全村劳动力 1950 人，年输转劳动力 1245 人（次），年劳务创收 700 万元左右；基础实施方面，全村通电 780 户，通自来水 598 户，硬化村社道路 12.4 公里，配有路灯、垃圾点；牛存栏 192 头，羊存栏 745 只。群众收入主要依靠种植、养殖、劳务、刺绣等行业。

1721 刁祁乡兰达村

简　　介：兰达村共有 13 社，789 户，总人口 3926 人，其中共有少数民族 2753 人，占总人口的 71.25%，总耕地面积 3092.57 亩，人均 0.8 亩。截至目前，人均纯收入 2735 元。兰达村委会始建于 2002 年，占地 0.7 亩，总投资 15 万元，全部为乡村自筹，砖混结构，一层 10 间，建筑面积 120 平方米，未配套卫生室及文化站，有办公家具，远程教育设备，农家书屋等。

1722 桥寺乡大梁村

简　　介：大梁村共有 19 个社，651 户，2673 人，其中少数民族 9 人，占总人口的 0.4%；总耕地面积 2715.5 亩，人均 1 亩。截至目前，人均纯收入 3325 元。大梁村村委会始建于 2004 年，占地 0.5 亩，总投资 10 万元（其中乡、村自筹 8 万元），砖混结构，建筑一层 7 间，建筑面积 50 平方米，配套的农家书屋 1 个，现有办公家具为：办公桌子 2 个，会议桌 7 个，沙发 1 套，配有远程教育设备 1 套，运转正常。

1723 尹集镇咀头村

简　　介：咀头村共有 10 个社，556 户，2700 人，其中少数民族 1901，占总人口的 70.4%；总耕地面积 2300 亩，人均 0.8 亩；上年度人均纯收入 2200 元。全村劳动力 1150 人，年输转劳动力 650 人（次），年劳务创收 400 万元左右；基础实施方面，全村通电 556 户，通自来水 556 户，硬化村社道路 3.5 公里；牛存栏 278 头，羊存栏 350 只。群众收入主要依靠种植、养殖、劳务等行业。

1724 先锋乡鳌头村

简　　介：鳌头村位于先锋乡东北部，总面积 1754.2 平方公里，平均海拔 1995 米，距县城 30 公里。全村现辖 9 村民小组，共 451 户，1866 人，共有劳动力 642 人，年输转劳动力 505 人（次），年劳务创收 560 万元左右；现有耕地 1754.2 亩，其中山旱地 26 亩，占总耕地面的 15%，人均 1.1 亩，人均占有粮食 390 公斤，人均纯收入 3250 元。全村现有完全小学 1 所，教职工 16 名，在校学生 238 人；全村通电 451 户，饮用自来水 451 户，数字微波电视入户率 38%，村社道路主干道 4 条 23 公里，现已硬化 2 条 10.3 公里。鳌头村村委会始建于 2003 年，配有农家书屋、远程教育（卫星设备）、卫生室、办公家具。

1725 黄泥湾乡郭吴村

简　　介：郭吴村位于黄泥湾乡西南部半山半川区，兰廊高速公路穿村而过，郭吴村现有 4 个社，176 户，736 人，是一个汉族集聚村，全村现有耕地面积 654 亩，人均耕地 0.9 亩，全村有劳动力 327 个，大牲畜存栏 20 头，人均占有粮食 195 公斤，人均纯收入为 2350 元。耕地以旱地为主，也有部分水浇地，主要种植玉米、小麦、马铃薯等粮食作物，经济作物以花椒为主。辖区内有闻名全国的神韵砖雕公司，该公司属民营企业，占地面积 50 多亩，现有从业人员 100 多人，生产的砖雕产品畅销全国。振华中学座落在该村，是一所完全寄宿制中学，生源主要为黄泥湾、民主、路盘 3 个乡，占地 20 多亩，现有教职工 95 名，在校学生 860 人。在河那山上建成了由群众自己投资，政府联系销售的50亩花椒基地，年产花椒2000多斤，经济收入户达2000多元，是该村群众的另一支柱收入来源。2007年，郭吴村利用国债项目资金，修建沼气池100个。

1726 漠泥沟乡台塔村

简　　介：全村共有14个合作社，510户，2381人，其中劳动力980人，是一个纯少数民族村。耕地面积2696亩，人均1.1亩，人均占有粮食213公斤，农民人均纯收入1140元。大牲畜存栏133头，羊存栏205只。全村有1所不完全小学，1个卫生所，1个文化室，适龄儿童285人。自然灾害频繁，植被覆盖率较高，水草资源丰富。经济收入以种植、养殖、劳务输出为主，其中劳务收入占全村人均总收入的55.8%；种植业以小麦、油菜、蚕豆为主；养殖业以养殖牛、羊为主。

1727 马集镇柴墩岭村

简　　介：柴墩岭村委位于马集镇西南部，总面积8.52平方公里，总人口2161人，辖11个村民小组，全村共424户，耕地2025亩，共有党员49名。柴墩岭村在马集镇属于经济较落后的村，村级经济主要包括小麦、油菜等经济作物的种植。

1728 红台乡卢庄村

简　　介：卢庄村位于红台乡东南部干旱山区，总面积3.7平方公里。全村共有5个社，193户，956人，其中少数民族353人，占总人口的36.9%；总耕地面积928亩，人均0.97亩。截至目前，人均纯收入2468元。全村已完成电网改造，饮用自来水全部入户，电视村村通入户率为86%，村社道路主干道2条3.8公里。截至目前，全村牛存栏169头，羊412只。卢庄村村委会始建于2004年，占地0.3亩，总投资4.5万元（其中乡、村自筹2万元），砖混结构，一层5间，建筑面积85平方米，办公家具10套，远程教育设备运行正常，已配备了农家书屋。

1729 韩集镇双城村

简　　介：双城村位于韩集镇东南部，东邻新集镇，南接马集镇，西邻姚川村，北接新集镇。面积1.8平方公里，是一个回汉聚居的行政村，共有9个村民小组。全村共有548户，2554人。其中少数民族267户，1284人，占总人口的48%。截至2012年底，全村耕地面积127亩，人均占有耕地0.38亩。境内国道213线长1公里，1.5公里的省道310线穿村而过。2012年人均纯收入达到3160元。现有六年制小学1所，教师43人。

1730 土桥镇辛付村

简　　介：辛付村共有11个合作社，450户，1776人，共有耕地1448亩，人均占有耕地0.81亩，人均纯收入2266元。辛付村原活动场所座落于该村付家社，修建于1965年，占地1.0亩，原有土木结构办公用房7间，建筑面积60平方米。2005年，镇村积极筹措资金5.2万元，其中组织部投资4万元，群众自筹1万元，建成砖混结构平顶6间，建筑面积93.33平方米。2007年配备了办公家具，2008年组织部配备了卫星式远程教育，2011年配备了农家书屋。

1731 河西乡马家村

简　　介：马家村共有4个社，176户，920人，其中男504人，女414人，东乡族、回族等民族杂居，全村为少数民族村，占人口的100%；总耕地面积450.6亩，人均0.51亩；全村以农作物种植为主，主要种植小麦和玉米，经济作物以复种大白菜为主，林果业以核桃、栗子、阳面红、巴梨为主。截至目前，人均纯收入3378元，人均占有粮食为204.26公斤。马家村活动场所始建于2006年，配备了远程教育设备、农家书屋，没有配套的卫生室、文化站及办公家具。全村已完成电网改造和自来水全部入户。硬化了2.57公里村社道路，并积极调整产业结构，栽植核桃580亩，复种大白菜280亩。

1732 刁祁乡龙泉村

简　　介：龙泉村共有9个社，462户，2031人，其中少数民族348人，占全村人口的17%；总耕地面积2338亩，人均1.15亩。截至目前，人均纯收入3025元。龙泉村村委会重建于2007年，占地2.5亩，总投资13万元（其中乡、村自筹5万元），砖混结构，建筑面积95平方米，有配套的卫生室及文化站及办公家具、远程教育设备、农家书屋等配备情况。

1733 麻尼寺沟乡寺沟村

简　　介：寺沟村位于麻尼寺沟乡的北部，土地总面积4.9平方公里，平均海拔2400米，距县城8公里。全村现辖9个村民小组，共345户，1500人，其中少数民族305户，1300人，占总人口的86.7%，共有劳动力950人，年输转劳动力500人（次），年劳务创收450万元左右；现有耕地1585亩，其中山旱地1585亩，占总耕地面积的100%，人均1亩，人均占有粮食250公斤，人均纯收入1105元。全村现有不完全小学1所，教职工4名，在校学生100人；全村通电340户，饮用自来水40户，村社道路主干道3条5公里，道路无硬化。全村存栏大牲畜203头（匹），羊507只，猪210口，鸡213只。

1734 漫路乡穆家河村

简　　介：全村辖11个村民小组，345户，1550人，总劳动力986人，全村耕地2100亩，人均耕地0.93亩，均属山旱地；2011年底农民人均纯收入2282元，人均占有粮食230公斤。该村现有小学1所（穆家河村小平小学），有教职工7人，适龄儿童入学率为98.8%，计划生育率100%，出生率7.06‰；全村存栏大牲畜324头（匹），羊1916只，猪2783口。

1735 红台乡陈姚村

简　　介：陈姚村位于红台乡东南部干旱山区，总面积6.45平方公里。全村共有8个社，331户，1542人，其中少数民族738人，占总人口的47.9%；总耕地面积2122亩，人均1.37亩。截至目前，人均纯收入2253元。现有完全小学1所，教职工10名，在校学生234人；该村中小型建材厂有3处，一定程度上带动了当地经济的发展。目前已完成全村电网改造工程和安全饮水工程，数字微波电视入户率达85%以上；村社主干道路4条，共有13公里。全村以家庭为单位积极发展分散养殖业和牛羊贩运业，目前牛存栏374头，羊575只。陈姚村村委会始建于2004年，占地0.56亩，总投资4.2万元（其中乡、村自筹1万元），砖混结构，一层7间，建筑面积105平方米，办公家具10套，远程教育设备运行正常，已配备了农家书屋。

1736 南塬乡江家寨村

简　　介：江家寨村位于南塬乡政府所在地，平均海拔1940米，年平均气温7.2℃，年降水量385-514毫米，属半湿润气候，距县城25公里。全村现辖11个村民小组，共415户，1739人，共有劳动力1028人；全村耕地面积3412亩，人均2亩，其中提灌水浇地2500亩，山旱地912亩，2011年底农民人均纯收入2950元。全村有规模养殖场1处。经济生产方式以种植、养殖和劳务输出为主，种植业以种植小麦、玉米为主，养殖业以分散养殖为主。

1737 黄泥湾乡鲁家村

简　　介：鲁家村共有4个社，一社原名薛家，共有48户，人口219人，耕地面积161.38亩。二社原名鲁家，共有89户，人口403人，耕地面积为328.9亩，三社原名贾家，共有30户，人口134人，耕地面积125.73亩，四社原名蒲家，共有86户，人口399人，耕地面积380.985亩。全村共计253户，人口1055，总耕地面积996.99亩。2011年国家330变电所在二社投资建设。2005年6月由一社、三社群众自愿筹资修建二郎庙1座。本村种植农作物以小麦玉米为主，附带冬油菜和洋芋。

1738 麻尼寺沟乡唐尕村

简　　介：唐尕村位于临夏县麻尼寺沟乡中北部，双达公路穿村而过，全村现有9个合作社，378户，1786人，总劳动力756人，涉及回、汉、东乡、撒拉、藏族5种民族，其中少数民族281户，1268人，占全村总人口的70.9%。现有耕地1480.64亩，基本为山旱地，人均耕地仅为0.8亩，农民人均占有粮食为250公斤，大牲畜存栏125头(匹)，羊存栏630只，农民人均纯收入1125元。全村现有六年制小学1所，村级卫生室1所。

1739 榆林乡榆河村

简　　介：榆林村地处临夏市西南13公里的高寒阴湿山区，该村有12个自然社，426户，共1986人，其中少数民族42户，210人，人均耕地1.1亩，劳动力人口870人。经济收入以农作物(玉米、洋芋)种植和外出务工为主，家养畜牧为辅，数量一般在2-5头之间，有牛、羊等，没有形成规模，村社没有任何企业，农民人均纯收入2012年仅为2765元。该村有六年制小学1所，适龄儿童入学率保持在98%以上。

1740 马集镇杨台村

简　　介：杨台村位于临夏县马集镇政府西面，土地总面积3.89平方公里，平均海拔2400米，年平均气温4℃，无霜期140天左右，日照时数2600小时，年降水量710毫米左右，属半干旱山区。该村距县城10公里。全村辖8个村民小组，7个汉族社，1个回族社，全村共321户，1459人，总劳动力740人，年输转劳动力466人(次)；全村耕地1452亩，全部为山旱地，人均耕地0.99亩；2010年底农民人均纯收入2321元，人均占有粮食285.5公斤。村民以从事经商、工匠(瓦工、木工)、种植居多。

1741 麻尼寺沟乡寺庄村

简　　介：寺庄村位于麻尼寺沟乡的南部，土地总面积5.1平方公里，平均海拔2350米，距县城4.5公里。全村现辖8个村民小组，共404户，2020人，其中少数民族372户，1871人，占总人口的92.6%，共有劳动力1202人，年输转劳动力400人(次)，年劳务创收200万元左右；现有耕地1691亩，其中山旱地1100亩，占总耕地面积的65%，人均0.84亩，人均占有粮食311公斤，2012年底人均纯收入2386元。

1742 马集镇关门村

简　　介：关门村位于临夏县马集镇政府西面，土地总面积3.25平方公里，平均海拔2400米，年平均气温4℃，无霜期140天左右，日照时数 2600 小时，年降水量 710 毫米左右，属半干旱山区。该村距县城 10 公里。全村辖 6 个村民小组，258 户，1210 人，总劳动力 660 人，年输转劳动力 459 人（次）；全村耕地 1082 亩，全部为山旱地，人均耕地 0.89 亩；2010 年底农民人均纯收入 2243 元，人均占有粮食 249.5 公斤。村民以从事经商、工匠（瓦工、木工）、种植居多，全村有贫困人口 228 户，1000 人，贫困面为 82.64%；该村现有不完全小学 1 所，有教职工 7 人，适龄儿童入学率为 100%；全村存栏大牲畜 35 头（匹），羊 98 只。

1743 河西乡尕庄村

简　　介：尕庄村共有 2 个社，120 户，602 人，其中男 331 人，女 271 人，东乡族、回族等民族杂居，全村为少数民族村，占总人口的 100%；总耕地面积 288.8 亩，人均 0.49 亩；全村以农作物种植为主，主要种植小麦和玉米，经济作物以复种大白菜、花椒为主，林果业以核桃、杏子、栗子、阳面红、巴梨为主。截至目前，人均纯收入 3128 元，人均占有粮食为 178.25 公斤。尕庄村村委会始建于 2004 年，占地 0.5 亩，建筑面积 85 平方米，配备了远程教育设备、农家书屋，没有配套的卫生室、文化站及办公家具。该村已完成了电网改造，拉通了有线电视，自来水全部入户，并积极调整产业结构，栽植核桃 350 亩，复种大白菜 140 亩。

1744 马集镇庙山村

简　　介：马集镇庙山村地处全镇辖区下片，靠近国道 213 线，位于马集镇东部高寒阴湿地区，全村总面积 6000 多亩，全村回汉杂居，群众居住相对分散。现有 12 个村民小组，436 户，2116 人。2013 年底农民人均收 2307 入元，人均占有粮食 650 公斤。

1745 井沟乡何王村

简　　介：井沟乡何王村，共有 13 个社，348 户，总人口 1838 人，人均纯收入 2130 元。何王村村委会建于 2013 年，占地 5.6 亩，建筑面积 545 平方米，修建砖混结构办公、生活用房二层 12 间，总投资 235.3 万元。

1746 桥寺乡江川村

简　　介：周家寺村共有 11 个社，358 户，1467 人，其中少数民族 1 人，占总人口的 0.1%；总耕地面积 1589.6 亩，人均 1.1 亩。截至目前，人均纯收入 3325 元。江川村级活动场所始建于 2004 年，占地 1.5 亩，总投资 12 万元（其中乡、村自筹 8 万元），砖混结构，建筑一层 6 间，建筑面积 60 平方米，配套的农家书屋 1 个，现有办公家具为：办公桌子 2 个，会议桌 4 个，沙发 1 套，配有远程教育设备 1 套，现运转正常。

1747 先锋乡大徐村

简　　介：全村现辖 9 个村民小组，共 429 户，1729 人。共有劳动力 650 人，年输转劳动力 450 人（次），年劳务创收 600 万元左右；现有耕地 1771 亩，其中山旱地 390 亩，占总耕地面积的 22%，人均 1 亩，人均占有粮食 200 公斤，人均纯收入 3250 元。全村现有完全小学 1 所；全村通电 429 户，饮用自来水 429 户，数字微波电视入户率为 35%，大徐村村级活动场所始建于 2012 年，占地 0.8 亩，总投资 35 万元，配套卫生室、办公家具、远程教育设备、农家书屋等。

1748 红台乡王堡村

简　　介：王堡村位于红台乡西南部干旱山区，总面积 4.6 平方公里。全村共有 12 个社，370 户，1629 人，其中少数民族 359 人，占总人口的 22%；总耕地面积 1982 亩，人均

1.2亩。截至目前，人均纯收入2098元。全村现有完全小学1所，教职工9名，在校学生160人；全村已完成电网改造，饮用自来水196户，数字微波电视入户率为60%，村社道路主干道5条19.7公里，现已硬化1条3公里。全村牛存栏415头，羊506只，猪509口。王堡村村委会始建于2006年，占地0.5亩，总投资6.3万元（其中乡、村自筹2.3万元），砖混结构，一层7间，建筑面积126平方米，办公家具15套，远程教育设备运行正常，已配备了农家书屋。

1749 红台乡拦坪村

简　　介：拦坪村位于红台乡东部，总面积3.6平方公里。全村共有7个社，196户，792人，其中少数民族37人，占总人口的4.7%；总耕地面积1035亩，人均1.3亩。截至目前，人均纯收入2103元。全村现有教学点1处，教职工1名，在校学生53人；全部完成电网改造工程和饮用自来水入户工程，电视村村通入户率为85%，村社道路主干道2条5.3公里。全村牛存栏190头，羊448只。拦坪村村委会始建于2006年，占地0.7亩，总投资6.2万元（其中乡、村自筹2.2万元），砖混结构，一层5间，建筑面积110平方米，有配套的卫生室2间，办公家具15套，远程教育设备运行正常，已配备了农家书屋。

1750 先锋乡卢马村

简　　介：卢马村是先锋乡人民政府驻地。该村共有14个社，613户，2432人，是全乡人口最多的1个村。共有耕地1978亩，均为水浇地，人均0.8亩。2011年人均纯收入3250元。卢马村积极响应乡党委、乡政府的号召，发展无公害蔬菜产业，至2011年底，建成高效节能日光温室537座，主要种植西红柿、茄子、番瓜、辣椒、黄瓜等优质无公害蔬菜，2011年生产各类蔬菜1900多吨，创收475万元，预计2012年蔬菜产量可达2215吨，创收580万元。2012年已完成32座高效日光温室的建设工作。卢马村村委会始建于2006年，占地0.8亩，总投资4.5万元，砖混结构，一层5间，建筑面积48平方米。有配套的卫生室、办公家具、远程教育设备、农家书屋等。

1751 莲花镇曙光村

简　　介：曙光村位于莲花镇政府西北隅，距镇政府4.5公里，土地总面积5.2平方公里，平均海拔1740米，年平均气温6.8℃，无霜期185天左右，日照时数2400小时，年降水量290毫米，属半干旱源区。曙光村是一个纯移民村，全村共有5个村民小组，329户，人口1477人，劳动力有782人，现有耕地面积686.68亩，全村5个社处于刘家峡水库沿岸，由于水库蓄水耕地被风浪大面积侵蚀，现有人均耕地0.64亩。群众主要经济来源靠花椒种植和劳务输出，2013年底人均纯收入4620元。全村现有完全小学1所，教职工11名，在校学生120人。全村通电329户，自来水入户率100%，数字微波电视入户率为80%，村社道路主干道硬化率70%。

1752 北塬乡崔家村

简　　介：崔家村位于北塬乡的南部，总面积2.23平方公里，距县城25公里。全村现辖10个村民小组，共568户，2665人，其中少数民族367户，1395人，占总人口的52.3%；现有耕地2735亩，人均0.97亩，人均占有粮食286公斤，人均纯收入4400元；全村现有教学点1所，教职工45名，在校学生315人；全村水电入户率100%，数字微波电视入户率为48%；村社道路主干道9

条 15 公里。全村牛存栏 313 头，羊 1492 只。

1753 马集镇长坡沿村

简　　介：长坡沿村位于甘肃省临夏县马集镇北面，距临县县城 8 公里，南部为 318 国道，西部与马集村为邻。全村共有 12 个自然村，为少数民族聚集村。

1754 井沟乡果园山村

简　　介：果园山村位于井沟乡东南部，共有 8 个社，284 户，1309 人，其中少数民族 476 人，占总人口的 36.36%；总耕地面积 1565 亩，人均 1.20 亩。截至目前，人均纯收入 2276 元，全村通电 284 户，饮用自来水 284 户，村社道路主干 1 条 3.5 公里。果园山村村委会位于本村尕咀咀社，果园村校隔壁，村中心位置，始建于 2003 年，占地 0.8 亩，总投资 1.8 万元，砖混结构，一层 7 间，建筑面积 135 平方米，没有配套的卫生室及文化站，办公家具、远程教育设备、农家书屋书籍齐全，运转正常。

1755 掌子沟乡关巴村

简　　介：关巴村位于临夏县掌子沟乡西，属高寒阴湿地区，土地总面积 4.22 平方公里，距县城 13 公里，全村现辖 11 个村民小组，共 285 户，1271 人，是全乡唯一的纯少数民族村。共有劳动力 690 人，年输转劳动力 360 人（次），年劳务创收 180 万元左右；全村耕地 1969 亩，均为山旱地。人均耕地 1.5 亩。人均占有粮食 380 公斤。全村现有小学 1 所，教师 6 人，在校学生 99 名。数字微波电视入户率为 5%，全村通电 320 户，饮用自来水 200 户，村社道路主干道 7 条 7.5 公里，目前均尚未硬化。全村牛存栏 254 头，羊 873 只。

1756 营滩乡标山村

简　　介：标山村共有 12 个社，327 户，1540 人，其中少数民族 1540 人，占总人口的 100%；总耕地面积 1871 亩，人均 1.3 亩。截至目前，人均纯收入 720 元。标山村村委会始建于 2003 年，占地 1.0 亩，总投资 7 万元（其中乡、村自筹 1 万元），砖木结构，一层 4 间，建筑面积 50 平方米，配有办公桌子 15 张，凳子 58 个；档案柜 4 个，计生专用折叠床 1 张；配有远程教育设备 1 套（电视 1 台、电脑 1 台、卫星转播接收设备 1 套）；配有书籍 1800 册，防洪预警功放设备 1 套。

1757 坡头乡冯魏村

简　　介：冯魏村位于坡头乡南部，全村共 10 个村民小组，329 户，1434 人。全村现有劳动力 953 人。耕地面积 1885.7 亩，2010 年底粮食总产量 565500 公斤，人均产粮 394 公斤，小学 1 所，10 名教师，105 名学生，大牲畜存栏 241 头，羊存栏 653 只。近年来，共硬化村社道路 2.1 公里、新建"一池三改"沼气 130 座，危房改造 42 户，渠道衬砌 1.4 公里，村卫生室 1 处 15 平方米，修建村晓围墙 140 米，圈社改造 130 户，引进瘦肉型猪 125 头，小尾寒羊 653 只，肉羊 243 只，高产奶牛 17 头，种植双低杂交油菜 471 亩，脱毒洋芋 57 亩，优质紫花苜蓿 42 亩，新建高效棚 40 棚，并拉通有线电视及宽带网。

1758 土桥镇曾家村

简　　介：曾家村共有 12 个合作社，398 户，1591 人，其中少数民族 63 人，占总人口的 3.3%。共有耕地 1661 亩，人均占有耕地 1.0 亩。曾家村原活动场所座落于该村曾下社，占地 200 平米。2006 年，镇村积极筹措资金 5.2 万元，其中组织部投资 4 万元，群众自筹 1 万元，在原址建成砖混结构平顶房 6 间，建筑面积93.33平方米。2007年配备了办公家具，2010年配备了电信式远程教育，2011年配备了农家书屋。

1759 马集镇多木寺村

简　　介：多木寺村位于马集镇政府东南部，距县城4.5公里，土地总面积5.1平方公里，平均海拔2350米，属高寒阴湿山区。全村共8个社，425户，2015人，现有劳动力1115人，年输转劳动力400多人（次）。全村耕地面积1792亩，人均不足0.8亩，其中90%为山旱地。2011年底农民人均纯收入2210元，人均占有粮食311公斤。全村现有完全小学1所，教职工11名，在校学生180人。全村通电415户，自来水入户率12.1%，数字微波电视入户率为10%，村社道路主干道硬化率55%。目前，全村牛存栏285头，羊1001只，大型养殖企业1家。

1760 刁祁乡转咀村

简　　介：转咀村位于刁祁乡西部，东临龙泉村，南靠尹集镇，西交乩孕村，北临大夏河，距县城8公里，土地总面积3.8平方公里，平均海拔2330米，属高寒阴湿山区。全村共5个社，246户，1205人，现有劳动力462人，年输转劳动力400多人（次）。全村耕地面积1258亩，人均耕地1.06亩，其中60%为山旱地。2011年底农民人均纯收入2720元，人均占有粮食335公斤。全村儿童在龙泉小学上学，在校学生152人。全村通电246户，自来水入户率100%，数字微波电视入户率为19%，村社道路主干道硬化率100%。

1761 黄泥湾乡红崖村

简　　介：红崖村位于甘肃省临夏县黄泥湾乡中部，属乡政府所在地，东濒程家川村，南接五一村，西邻民主乡，北接十五里铺村。该村兰郎公路穿境而过，牛津河左侧地段，全村有3个社，分别为上寺社、下寺社、及五社，五社为吕家崖自然村。全村共有202户，1025多人，其中少数民族占总人口的85%，现有党员13名。耕地面积为665.8亩，平均耕地面积为0.67亩。全村以种植玉米、冬小麦、洋芋等农作物为主。红崖村地处乡中心，是一个多民族聚居的行政村，汉、回、东乡、保安、藏等各民族和睦相处，淳厚朴实，热情好客。地理位置优越，交通方便，为该村的经济发展带来了机遇。近年来，人均收入达到了1500余元。

1762 漫路乡红泥泉村

简　　介：全村辖9个村民小组，327户，1515人，总劳动力1080人，全村耕地2339.5亩，人均耕地1.58亩，均属山旱地；2011年底农民人均纯收入2076元，人均占有粮食253公斤。该村现有小学1所（红泥泉小学），有教职工8人，适龄儿童入学率为97.4%，计划生育率100%，出生率7.06‰；全村存栏大牲畜245头（匹），羊867只。

1763 黄泥湾乡阴山村

简　　介：阴山村地处临夏县黄泥湾乡东南角，距乡政府约3公里多。东南和五一村相接，西南与和政县搭界，西北隔牛津河与鲁家村相望，属山阴地区，五阴公路贯穿全境，全村共4个社，842人，有3座清真寺，是典型的纯少数民族聚居村，其中东乡族占78%，回族占22%。全村有耕地885亩，人均1.05亩，其中旱地占65%，水浇地属电力提灌灌溉，粮食作物种植主要为玉米，亩产量1000多斤，兼种大豆、洋芋、油菜等农作物。农村养殖户43户，以饲养羊、牛为主，2010年底大牲畜存栏146头，羊存栏235只。

2010年人均纯收入2433元，是全乡最贫困的村，也是以后全乡扶贫攻坚的主战场。

1764 漫路张家湾村

简　　介：全村辖11个村民小组，501户，2173人，总劳动力1245人，全村耕地2668亩，人均耕地1.01亩，均属山旱地；2011年底农民人均纯收入2282元，人均占有粮食215公斤。该村现有小学1所，有教职工8人，适龄儿童入学率为98.8%，计划生育率100%，出生率7.06‰；全村存栏大牲畜419头（匹），羊609只，猪1980头。

1765 掌子沟乡尕巴山村

简　　介：尕巴山村位于临夏县掌子沟乡中部东北部，距县城4.5公里，是全县扶贫攻坚的主战场之一。全村现辖10个村民小组，共326户，1395人，其中少数民族238户，1032人，占总人口的74%，共有劳动力750人，年输转劳动力380人（次），年劳务创收190万元左右；现有耕地1783亩，均为山旱地。水平梯田面积占总耕地面积的80%。人均占有粮食355公斤。全村通电326户，饮用自来水326户，数字微波电视入户率为93%，村社道路主干道5条15公里，现已全部硬化。截至目前，全村牛存栏290头，羊800只。尕巴山村委会建于2003年，占地面积1.44亩，房屋建筑面积110平米，有现代远程教育设备1套，办公设施基本齐全。

1766 刁祁乡友好村

简　　介：友好村共有16个社，718户，3374人，其中少数民族1923人，占全村人口的57%；总耕地面积2247亩，人均0.67亩。截至目前，人均纯收入2981元。友好村村活动场所始建于1974年，占地1.5亩，总投资5万元（其中乡、村自筹2万元），砖木结构，一层12间，建筑面积105平方米，有配套的卫生室、文化站及办公家具、远程教育设备、农家书屋等。

1767 麻尼寺沟乡关滩村

简　　介：关滩村位于麻尼寺沟乡的最西端，土地总面积7.3平方公里，平均海拔2600米，距县城12公里，是全县扶贫攻坚的主战场之一。全村现辖10个村民小组，共388户，1738人，其中少数民族120户，538人，占总人口的31%，共有劳动力1251人，年输转劳动力561人（次），年劳务创收375.4万元左右；现有耕地1912.95亩，其中山旱地1240亩，占总耕地面积的64.8%，人均1.1亩，人均占有粮食278公斤，人均纯收入2386元；全村现有完全小学1所，教职工9名，在校学生151人；全村通电388户，饮用自来水315户，有线电视入户率为49.5%，村社道路主干道2条10.2公里，现已硬化1条2.5公里。全村存栏大牲畜1338头（匹），牛311头，羊588只，鸡2097只。

1768 坡头乡寨子村

简　　介：寨子村位于坡头乡南部，土何公路沿线，距县城40公里，临夏市12公里，平均海拔2100米，年平均气温6.1℃，无霜期145天左右，日照时数2450小时，年降水量545毫米左右，属半干旱山区。耕地面积2067.02亩，水浇地占70%，山旱地占30%，人均耕地1.18亩。全村辖9个合作社，410户，1754人，总劳动力915人，其中女劳动力439人，占总劳动力的48%。该村现有完全小学1所，有教职工9人，适龄儿童入学率为98%，计划生育率100%，出生率12.58‰，人口自然增长率3.8‰。全村存栏大牲畜150头（匹），羊580只，猪520口，年输转劳动力480多人（次），2011年底农民人均纯收入2361元。该村有较为便利的交通条件。

1769 漠泥沟乡阳洼村

简　　介：临夏县漠泥沟乡阳洼村是我乡扶贫开发工作重点村。全村共有8个合作社，309户，1578人，其中劳动力795人，是一个纯少数民族村。耕地面积1330亩，人均0.85亩，人均占有粮食213公斤，农民人均纯收入1184元，大牲畜存栏183头，羊存栏568只。全村有1所不完全小学，1个卫生所，适龄儿童74人。

1770 新集镇古城村

简　　介：古城村是临夏县新集镇9个行政村之一，地处新集镇东部川区。辖17个合作社725户，3107人，全村现有耕地2609亩，人均耕地0.84亩，人均收入2580元。经济生产方式以种植、养殖和劳务输出为主。种植业以种植小麦、玉米和小杂粮为主，养殖业以分散养殖为主。

1771 桥寺乡冯唐村

简　　介：冯唐村共有11个社，354户，1569人，其中少数民族3人，占总人口的0.2%；总耕地面积1621.4亩，人均1.1亩。截至目前，人均纯收入3325元。冯唐村活动场所始建于2011年，2012年进行了扩建，占地0.8亩，总投资32万元（其中乡、村自筹16万元），砖混结构，建筑二层，10间，建筑面积160平方米，配套的农家书屋1个，现有办公家具为：办公桌子2个，会议桌14个，沙发1套，配有远程教育设备1套，现运转正常。

1772 尹集镇韩赵家村

简　　介：韩赵家村地处尹集镇东部，属川原区，共有9个社，438户，2013人，其中少数民族658人，占总人口的30%；总耕地面积1500.79亩，人均0.74亩；上年度人均纯收入2100元。全村劳动力1008人，年输转劳动力412人（次），年劳务创收170万元左右；基础实施方面，全村通电438户，通自来水438户，硬化村社道路6.2公里；牛存栏228头，羊存栏410只。群众收入主要依靠种植、养殖、劳务等行业。

1773 麻尼寺沟乡扎麻村

简　　介：扎麻村位于麻尼寺沟乡东南部，土地总面积6.5平方公里，平均海拔2720米，年平均气温5.6℃，无霜期140天左右，日照时数10小时，年降水量861毫米左右，属高寒阴湿区。该村距县城2.5公里。全村现有12个村民小组，412户，2024人，总劳动力1214人，年输转劳动力435人（次）。全村现有耕地1812亩，山旱地占100%，人均耕地1亩。2011年底农民人均纯收入1200元，人均占有粮食335公斤，有贫困人口379户，1862人。该村现有不完全小学1所，教职工4人，适龄儿童入学率为95%，计划生育率100%。截至2011年底，全村存栏大牲畜310头（匹），羊952只，鸡865只。

1774 红台乡三大湾村

简　　介：三大湾村位于红台乡西南部干旱山区，总面积4.5平方公里。全村共有8个社，275户，1320人，其中少数民族419人，占总人口的31.7%；总耕地面积1981亩，人均1.5亩。截至目前，人均纯收入2013元。现有完全小学1所，教职工7名，在校学生150人；目前已完成全村电网改造工作，已有203户完成安全饮水工程，数字微波电视入户率达60%；村社主干道路4条，共有17公里，其中村中心主干道硬化8公里，截至目前，仍有9公里村社道路继续拓宽硬化。三大湾村委办公场所始建于2005年，占地0.2亩，总投资4.3万元（其中乡、村自筹1万元），砖混结构，一层7间，建筑面积55平方米，办公家具6套，远程教育设备运行正常，已配备了农家书屋。

1775 红台乡马家沟村

简　　介：马家沟村位于红台乡西南部干旱山区，总面积4.2平方公里。全村共有9个社，304户，1480人，其中少数民族1480人，占总人口的100%；总耕地面积1524亩，人均1.02亩。截至目前，人均纯收入2108元。现有完全小学1所，教职工7名，在校学生170人；目前已完成全村电网改造工作，已有260户完成安全饮水工程，数字微波电视入户率达80%；村社主干道路5条共15公里。全村以家庭为单位积极发展分散养殖业和牛羊贩运业，目前牛存栏430头，羊1132只。马家沟村村委办公场所始建于2010年，占地1亩，总投资23万元（其中乡、村自筹3万元），砖混结构，二层11间，建筑面积125平方米，办公家具15套，远程教育设备运行正常，已配备了农家书屋。

1776 井沟乡张家沟村

简　　介：张家沟村位于井沟乡西南部，共有13个社，355户，1720人，其中少数民族1201人，占总人口的69.83%；总耕地面积1788亩，人均1.04亩。截至目前，人均纯收入2180元，全村通电355户，饮用自来水355户，全村硬化社道路共有1条4.5公里。张家沟村村会委办公场所位于本村张上社，张家沟村校附近。始建于2003年，占地0.5亩，总投资3万元，砖混结构，一层7间，建筑面积70平方米，没有配套的卫生室及文化站，办公家具简陋、远程教育设备齐全、农家书屋书籍齐全，运转正常。

1777 营滩乡大荒地村

简　　介：大荒地村共有7个社，205户，980人，其中少数民族980人，占总人口的100%；总耕地面积1440亩，人均1.47亩。截至目前，人均纯收入630元。大荒地村村级活动场所始建于2004年，占地0.3亩，总投资3.8万元，砖混结构，一层4间，建筑面积48平方米，配有办公桌子1张，凳子2个；计生专用折叠床1张；配有远程教育设备1套（电视1台、电脑1台、卫星转播接收设备1套）；配有书籍1800册。

1778 漫路乡单岭村

简　　介：全村辖8个村民小组，316户，1396人，（其中少数民族25户，122人），总劳动力960人，全村耕地2137亩，人均耕地1.53亩，2011年底农民人均纯收入2265元，人均占有粮食260公斤。该村现有不完全小学1所（单岭小学），有教职工5人，适龄儿童入学率为98.8%，计划生育率100%，出生率7.06‰；全村存栏大牲畜260头（匹），羊650只。

1779 南塬乡陈黄村

简　　介：陈黄村位于南塬乡政府东北部，与莲花镇接壤，土地总面积4.9平方公里，平均海拔1940米，年平均气温7.2℃，年降水量385-514毫米，属半湿润气候，距县城25公里。全村现辖8个村民小组，共326户，1354人，共有劳动力786人；全村耕地面积1233亩，人均0.9亩。2011年底农民人均纯收入2950元。全村现有完全小学1所，教职工6名，在校学生53人。该村经济生产方式以种植、养殖和劳务输出为主，种植业以种植小麦、玉米为主，养殖业以分散养殖为主。

（三）康乐县

1780 鸣鹿乡哈路村

简　　介：哈路村位于鸣鹿东北面，东临八丹乡，南邻八才沟村，西邻胡麻沟村，北邻郭家庄村，全村共有10个农业合作社，总计385户。全村共有耕地面积1919亩，主要农产品有中药材、玉米、洋芋、育苗产业，全村共有1873人，其中劳力有640多人，占总人口的34.16%，主要经济收入来源于青壮年劳力外出打工，人均收入2050元，全村村道完成了75%的硬化，适龄儿童入学率95%以上，全村参合率达到95%以上。

1781 莲麓镇地寺坪村

简　　介：经济来源为农业和劳务；耕地面积729亩，人均耕地面积0.8亩；外出务工人员主要去向为兰州、新疆等地；有教学点1个，在校学生52人，其中女生26人，教师4人（代课3人），学龄儿童入学率为100%；主要种植作物为小麦、玉米、蚕豆等。本村交通不便，水利设施几近瘫痪，给群众生产生活带来极大不便，群众缺乏适用技术技能的培训。

1782 上湾乡沙塄村

简　　介：全村205户，1005人，9个社，东至农路，西至马它力不树林，南至田永明家，北至马它力不耕地。农业特产是小麦、油菜，存在困难是农路需硬化。

1783 草滩乡才子沟村

简　　介：才子沟村位于草滩乡西南部，距县城23公里，有8个社，187户，910人。耕地面积1678亩，人均占有耕地1.84亩；平均海拔2232米，年平均气温5.4℃，无霜期108天，年平均降雨量602.8毫米。现辖8社，178户，896人，共有牲畜305头。

1784 附城镇高林湾村

简　　介：高林湾村共有6个社，205户，总人口873人，是纯少数民族村。全村总耕地面积1139亩，全部为山地，人均占有耕地1亩。村活动场所修建于2006年6月，占地0.3亩，现有1层砖混结构楼房（平房）6间，建筑面积80平方米。县委组织部配发远程教育设备电脑1台，电视1台。农家书屋柜子4套，图书书1200册。

1785 苏集镇周家沟村

简　　介：周家沟村位于苏集镇北面，共有20个社，总户数374户，人口1776人，其中东乡族705人，回族1071人，是少数民族聚居村，耕地面积2873亩，全部为旱地，人均占有耕地1.6亩，2011年人均纯收入1980元，是典型的农业村。全村已接通自来水。依托整村推进项目，使村周边农路加宽总计16.5公里，为60户修建了牛棚。新修建了村委会办公室。

1786 胭脂镇马集村

简　　介：位置处于半阴山区地带，自然条件较差。特色产业为种植油菜、育苗。现存在的困难是：无村委会办公场所，村社道路需要硬化，急需修建便民桥2座。

1787 康丰乡辛雍家村

简　　介：辛雍家村位于康丰乡西北部，全村共有15个社，538户，2235人，属纯汉族，共有耕地面积2004亩，人均0.9亩，辛雍家村级活动场所座落于辛雍家村小学对面，修建于2004年，总造价2.37万元，现有砖木结构办公室5间。占地240平方米，建筑面积60平方米。

1788 鸣鹿乡胡麻沟村

简　　介：胡麻沟村位于鸣鹿乡北面，东临尕路村，南邻洼滩村，西邻八松乡、北邻郭家庄村，全村共有9个农业合作社，总计330户。全村共有耕地面积2650亩，主要农产品有中药材、玉米、小麦、大豆，全村共有1474人，其中劳力有560多人，占总人口的38.0%，主要经济收入来源于青壮年劳力外出打工，人均收入2650元，全村村道完成了35%的硬化，适龄儿童入学率95%以上，全村参合率达到95%以上。

1789 草滩乡苏河村

简　　介：苏河村是最贫困的行政村之一，现辖13个社，378户，1721人，其中少数民族1420，占总人口的82.5%。全村党员22名，女党员2名。耕地总面积2945亩，人均占有耕地1.71亩，合作社全部座落于山沟之中，交通十分不便，全村经济以农业为主，主要农作物有冬小麦、玉米、白豌豆，经济作物主要有油菜、当归等。

1790 康丰乡田家沟村

简　　介：田家沟村位于康丰乡西北部，全村共有8个社，296户，1367人，属纯回族，共有耕地面积1693亩，人均1.23亩。

1791 八丹乡黄家庄村

简　　介：黄家庄村委建于1977年6月，共有土木结构房屋7间，年久失修，已成危房。全村共有农户257户，人口1153人。全村位置处于半阴山区地带。特色产业为中药材种植、育苗。

1792 五户乡汪滩村

简　　介：汪滩村因汪姓人居住而得名，1958年建大队，1983年更名汪滩村。汪滩村位于五户乡南部，全村共4个社，245户，总人口903人，共有耕地面积1630亩，其中川地98亩，山地1532亩，人均占有耕地1.8亩。人均纯收入1960元。人均占有粮食320公斤，本村主要农产品为中药材、小麦、玉米，以种植中药材为特色产业，主要经济来源为种植业和养殖业。年平均降水量600毫米。适龄儿童入学率99.9%，村民参合率98%。

1793 苏集镇塔关村

简　　介：塔关村是一个民族杂居村，位于苏集镇向北10公里处，康临和二级公路从村中穿过，交通便利，苏集河从村南流过，水源充足，土壤肥沃，全村共有20个社，总户数625户，人口2887人，其中汉族346户，1545人，回族295户，1401人，东乡族57户，135人，耕地面积3355亩，人均占有耕地1.2亩，该村以养殖业、中药材种植，农产品种植为主要经济收入。

1794 八丹乡芦子沟村
简　　介：芦子沟村下辖10个自然社，共217户，1073人，以育苗、种植玉米为主，本村位于山区地界，自然条件恶劣。

1795 康丰乡道家村
简　　介：全村共有耕地面积1918亩，人均0.76亩，均为旱地。经济以种植玉米、牛羊养殖和劳务输转为主，人均纯收入2854元。

1796 莲麓镇蛇路村
简　　介：位于莲麓镇东南部，距镇政府约4公里，有4个生产合作社，有农户206户，人口975人，主要经济来源为劳务输出和农业种植，劳务主要输转地在新疆、兰州、江苏南通等地，种植作物有小麦、玉米、洋芋、中药材等，以小麦为主。

1797 虎关乡二十铺村
简　　介：二十铺村位于虎关乡东南部，省道311线横穿全村，东距临洮县城3公里，全村耕地面积2798亩。地理位置、生产生活条件十分优越，为该村广大群众发展经济农业创造了有利条件。

1798 苏集镇马寨村
简　　介：马寨村位于距苏集镇4公里，土壤干湿平衡，土壤肥沃，交通便利，是一个汉族聚居地。全村有20个社，总户数503户，人口2163人。耕地面积3970.3亩，全部为旱地，人均占有耕地1.8亩，2013年人均纯收入4023元。全村除了川区几个社以外，其余已接通自来水。依托整村推进项目，使村周边农路加宽总计16.5公里，为60户修建了牛棚，村道路已经基本硬化。

1799 莲麓镇大山沟村
简　　介：本村辖有9个村民小组，16个自然社，278户，总人口1252人，有党员31人，其中女党员10人，有耕地1524亩，人均占有耕地1亩，辖区内耕地多为黑土，且气候阴湿，年降水量比较丰富。

1800 莲麓镇扎那山村
简　　介：全村共有3个村民小组，有农户72户，人口298人，人均纯收入1650元，耕地面积450余亩，人均耕地面积1.5余亩，草山、林地资源相对较为丰富。养殖业方面以游牧散养黄牛、山羊为主；由于地处高寒山区，农作物种植基本是广种薄收的状况，以冬小麦、豌豆、洋芋、药材（当归、黑药、党参）等种植为主，其中冬小麦平均亩产311公斤，豌豆平均亩产339公斤，洋芋平均亩产460公斤。该村经济收入主要依靠药材种植和外出务工及畜牧养殖。2011年全村人均纯收入1980元，低于全县人均纯收入平均水平的16.5%。

1801 五户乡丁沟村
简　　介：丁沟村因丁姓人居住而得名，1958年建大队，1983年更名丁沟村。丁沟村位于五户乡东南部，属典型的高寒阴湿山区农业村。年平均降水量611毫米。全村有7个村民小组，272户，总人口928人。有耕地1700亩，人均2.1亩，人均产粮426公斤。2010年农民人均纯收入2365元。有教学点1个，师生15人，全村通电、通水、通路，基本实现"三通"。通讯网络遍布全村，电视信号覆盖率100%，自来水入户率95%，适龄儿童入学率达100%，村民参合率达100%。群众生活水平位居全乡中上。

1802 上湾乡吓庄村

简　　介：吓庄村位于上湾乡，东至农路，南至马志珍耕地，西至马正武耕地，北至农路。全村425户，1980人，农业特产玉米、柴胡。

1803 胭脂镇西坡村

简　　介：全村位置处于半阴山区地带，自然条件较差。特色产业为种植油菜、育苗。

1804 附城镇刘家庙村

简　　介：刘家庙村共有12个社，420户，总人口1835人，其中少数民族825人，占总人口的42%。全村共有有耕地2484亩，人均耕地1.36亩，人均纯收入年底达3255元。村活动场所修建于2009年7月，由县委组织部投资7.5万元，占地0.6亩，现有2层砖混（砖木、土木）结构楼房（平房）14间，建筑面积210平方米。利用村办公室建成农家书屋，配有农家书柜5个，书1361册。

1805 莲麓镇斜角滩村

简　　介：主要经济作物有柴胡、大豆等，全村共有6个村民小组，228户人，1029人，藏族1人。该村有独立初中1所，在职教师34名，2011年在校学生500名（女257人），中心小学1所，在职教师21名，2011年在校学生274名。

1806 苏集镇丰台村

简　　介：丰台村位于康乐县城10公里处，康临公路从村中穿过，交通便利，苏集河从村北流过，水源充足，土壤肥沃。全村有21个社，总户数635户，人口3461人，其中汉族245人，东乡族178人，回族3286人，是一个少数民族聚居村，耕地面积2983亩，全部为旱地，人均占有耕地0.86亩，2013年人均纯收入4320元。

1807 八松乡八松村

简　　介：全村共9个村民小组，258户群众，1853人。全村以中药材种植、育苗和劳务输出为主要经济来源。2013年底中药材栽植面积达980余亩，育苗400亩，近两年年度输出劳动力达220余人（次）。全村平均海拔2290米，平均气温8℃，年降雨量600-800毫米，年日照时数2430小时。高寒阴湿，广种薄收，群众生活苦难。

1808 八松乡烈洼村

简　　介：全村共辖11个村民小组，303户群众，1279人。全村以中药材种植、育苗和劳务输出为主要经济来源。2013年底中药材栽植面积达1200余亩，育苗500亩，近两年年度输出劳动力达250余人（次）。全村平均海拔2290米，平均气温8℃，年降雨量600-800毫米，年日照时数2430小时。高寒阴湿，广种薄收，群众生活苦难。

1809 苏集镇古洞沟村

简　　介：古洞沟村位于苏集镇南部山区，属于干旱偏远山区，共有19个社，总户数472户，人口2312人，其中东乡族占总人口的11.8%，是少数民族聚居村，耕地面积2612亩，全部为旱地，人均占有耕地1.13亩，2013年人均纯收入2150元，贫困户120户，贫困面积大，是典型的农业村。

1810 八丹乡斜路坡村

简　　介：全村共有农户216户，人口994人。全村位置处于半阴山区地带。特色产业为种植油菜、育苗。村委会建于2007年8月，共有砖木结构房屋6间，建筑面积66平方米。

1811　草滩乡牟家窑村

简　　介：牟家窑村现辖 7 个社，154 户，704 人。耕地总面积 1530 亩，人均占有耕地 2.17 亩，全村经济以农业为主，主要农作物有冬小麦、玉米、白豌豆，经济作物主要有油菜、当归等。

1812　莲麓镇线家湾村

简　　介：线家湾村有 7 个生产合作社，3 个山区社，总人口 1189 人，总户数 272 户，人多地少，贫困面比较大，道路急需要硬化。

1813　附城镇城南村

简　　介：城南村共有 16 个社，620 户，总人口 2725 人（非农业人口 117 人），是一个纯少数民族村。全村总面积 5.1 平方公里，耕地面积 2404.26 亩，人均耕地面积 0.88 亩，其中有效灌溉面积 570 亩，旱地 1834.26 亩。年人均纯收入 2810 元。村活动场所在 2012 年由省委办公厅协调资金 94 万元修建，占地 2 亩，建成 3 层砖混结构楼房 15 间，建筑面积 351 平方米。

1814　草滩乡那那沟村

简　　介：那那沟村现辖 10 个社，291 户，1370 人，其中少数民族 870，占总人口的 66%。耕地总面积 2580 亩，人均占有耕地 1.9 亩，全村经济以农业为主，主要农作物有冬小麦、玉米、白豌豆，经济作物主要有油菜、当归等，群众主要经济收入来源于农业和劳务输转。

1815　鸣鹿乡鸣关村

简　　介：鸣关村位于鸣鹿南面，东临大东沟，南邻拔字沟村，西邻八松乡南山村，北邻洼滩村，全村共有 10 个农业合作社，总计 380 户。全村共有耕地面积 3379 亩，主要农产品有中药材、玉米、洋芋、育苗产业，全村共有 1740 人，其中劳力有 630 多人，占总人口的 36.20%，主要经济收入来源于青壮年劳力外出打工，人均收入 1980 元，全村村道完成了 50% 的硬化，适龄儿童入学率 95% 以上，全村参合率达到 95% 以上。

1816　八松乡纳沟村

简　　介：全村共辖 9 个村民小组，249 户群众，1103 人。全村以中药材种植、养殖为主要经济来源。2013 年底中药材栽植面积达 410 余亩，牛羊存栏 3000 头。全村平均海拔 2300 米，平均气温 7℃，年降雨量 600-800 毫米，年日照时数 2430 小时。2 个社自来水未接通，全村道路需要硬化。

1817　莲麓镇下乍村

简　　介：从全村来讲，因人多地少贫困面比较大，尽管重点危房改造 21 户，一般户 27 户，还有 224 户，群众住房没有完全改造，全村每年近 200 多人外出打工。全村已完成沼气 71 户，暖棚圈 35 户。

1818　景古镇王家沟村

简　　介：王家沟村位于景古镇南部，距镇政府 2.5 公里。王家沟村委会占地面积约 1 亩，建筑面积约 220 平米（村委会办公室、村互助社办公室、村卫生室），村委会东临 311 省道，南邻王家沟河，西邻王家沟二社村民王占杰承包耕地，北邻王家沟村村道。王家沟村面积 6.2 平方公里，有耕地 2071 亩，人均耕地 1.76 亩，全村有农户 256 户，1175 人。王家沟村属于二阴山区，自然条件比较恶劣，全村以粮食作物和中药材种植为主，目前种植中草药大约 500 多亩，人均纯收入 2900 元。

1819 上湾乡九子沟村

简　　介：九子沟村办公室位于上湾乡，建于2005年3月，全村805人，72户，7个社，村办公室四面荒山，以旱地为主，主要作物是小麦、大豆。存在的困难是村道路需要硬化。

1820 景古镇安龙村

简　　介：主要特产有当归、柴胡、百合、黄芪等，特色产业有畜牧养殖业。

1821 流川乡菜子沟村

简　　介：东邻清水村，西至农户耕地，南接荒地，北靠学校。全村共辖5个村民小组，242户群众，1468人。全村以玉米种植为主要经济来源。全村平均海拔2300米，平均气温8℃，年降雨量600-800毫米，年日照时数2430小时。道路硬化范围小，群众出行难。菜子沟村无办公场所。

1822 五户乡元树村

简　　介：元树村因长有2颗古树，古树呈伞状而得名，1977年建大队，1983年更名元树村。元树村共有7个合作社，共294户，1262人，耕地面积2173亩，人均耕地1.95亩。人均纯收入为3850元。年平均降水量580毫米，主要农产品为中药材、小麦，特色产业为中药材种植。主要经济来源为种植业。适龄儿童入学率达100%，村民参合率达97%。元树村委会占地面积共有200平方米。现有房屋8间，建筑面积87平方米，建于2007年，属砖混结构。已成危房，无法使用。

1823 草滩乡草滩村

简　　介：草滩村现辖20个社，474户，2463人耕地总面积3315亩，人均占有耕地1.26亩，全村经济以农业为主，主要农作物有冬小麦、玉米、白豌豆，经济作物主要有油菜、当归等，群众主要经济收入来源于农业和劳务输转。

1824 虎关乡三十铺村

简　　介：三十铺村位于虎关乡之北，村委会距乡政府大约1公里，康广公路穿村而过。全村辖9个村民小组，425户农户，2420人，全村耕地面积2760亩。全村有党员17名，其中女党员3名。

1825 白王乡新庄村

简　　介：白王乡新庄村共有个13社，363户，总人口1980人。耕地面积2448亩，人均耕地面积1.2亩。年人均纯收入1930元。现无村级办公室。

1826 莲麓镇莲花山村

简　　介：全村辖5个社，170户，720人，全村劳动力520人，其中女劳动力240人，年输转劳务320人，人均纯收入1657元，耕地面积1064亩，人均占有耕地面积0.67亩，适龄儿童入学率100%；莲花山村主要种植冬小麦、豌豆、洋芋，主要经济作物有油菜、药材等；主要经济来源依靠种植、养殖、劳务输转；村上没有卫生室。

1827 鸣鹿乡东沟门村

简　　介：东沟门村位于鸣鹿乡东南角，东临村道，南邻马玉梅宅基地，西、北邻黑麦牛场，全村共有10个农业合作社，总计343户。全村共有耕地面积1936亩，主要农产品有中药材、玉米、洋芋，全村共有1436人，其中劳力有640多人，占总人口的44.2%，主要经济来源于青壮年劳力外出打工，人均收入2100元，全村村道完成了80%的硬化，适龄儿童入学率85%以上，全村参合率达到90%以上。

1828 附城镇松树沟村

简　　介：松树沟村共有10个社，433户，总人口2009人，是一个纯少数民族村。总耕地面积1881亩，人均耕地不到1亩。年人均纯收入2563元。村活动场所修建于2007年6月，占地0.25亩，现有一层砖混结构平房5间，建筑面积60平方米。2010年9月县扶贫办扶贫远程教育设备电脑1台，电视1台。

1829 上湾乡上寨村

简　　介：全村975人，186户，6个社。农业特产玉米、药材。上寨村办公室建于2004年7月。

1830 胭脂镇郭家麻村

简　　介：处于半阴山区地带，自然条件较差。特色产业为种植油菜、育苗。

1831 流川乡清水村

简　　介：全村共辖5个村民小组，242户群众，1468人。全村以玉米种植为主要经济来源。全村平均海拔2300米，平均气温8℃，年降雨量600-800毫米，年日照时数2430小时。道路硬化范围小，群众出行难。清水村无办公场所。

1832 八松乡塔庄村

简　　介：全村共辖10个村民小组，242户群众，1190人。全村以中药材种植为主要经济来源。2013年底中药材栽植面积达890余亩。全村平均海拔2300米，平均气温8℃，年降雨量600-800毫米，年日照时数2430小时。

1833 草滩乡达洼河村

简　　介：达洼河村现辖10个社，266户，1350人，耕地总面积2007亩，人均占有耕地1.48亩，全村经济以农业为主，主要农作物有冬小麦、玉米、白豌豆，经济作物主要有油菜、当归等，群众主要经济收入来源于农作物种植和劳务输转。

1834 苏集镇高楼子村

简　　介：高楼子村位于苏集镇向南3公里处，康临和二级公路从村中穿过，交通便利，全村共有11个社，总户数403户，人口1914人，耕地面积3855亩，人均占有耕地2亩，该村以养殖业、中药材种植、农产品种植为主要经济来源。全村已接通自来水。

1835 胭脂镇八龙村

简　　介：全村位置处于半阴山区地带，自然条件较差。特色产业为油菜、育苗。

1836 莲麓镇河口村

简　　介：本村总户数275户，总人口1201人，全村劳动力662人，其中女劳动力310人，外出务工280人；耕地总面积为1172亩，人均占有耕地0.97亩，人均占有粮食221公斤。村级完全小学教学点1所，在校学生98名，教职工7人，适龄儿童入学率100%。全村大牲畜存栏259头（匹），羊424只，出栏142只，人均纯收入2376元。

1837 虎关乡吴坪村

简　　介：吴坪村位于虎关乡之南，虎关至县城之间的公路沿线，虎关中学处在该村中心地带，交通便利，生产生活条件较好。全村辖14个村民小组，725户，3666人。全村耕地面积2798亩。

1838 康丰乡何家沟村

简　　介：何家沟村位于康丰乡西北部，全村共有 4 个社，97 户，493 人，属纯回族，共有耕地面积 653 亩，人均 1.32 亩，年人均纯收入 2854 元。

1839 上湾乡三条沟村

简　　介：三条沟村位于上湾乡，建于 1990 年 8 月，全村 226 户，1186 人，12 个社，交通极为不便。

1840 上湾乡瓜梁村

简　　介：瓜梁村位于上湾乡南部，办公场所建于 2008 年 9 月，全村 2450 人，445 户，14 个社，东至农路，南至东沟小学，西至荒山，北至年哈个家，农业特产是玉米、柴胡。

1841 虎关乡吓沟村

简　　介：吓沟村位于虎关乡最南面，村委会距乡政府 7 公里，南北分别与上沟村、吴坪村相邻。村社道路崎岖，山大沟深，群众居住零散，土广地薄，生产生活条件贫瘠，群众生活困苦。该村共辖 10 个社，共有农户 341 户，人口 1654 人，其中少数民族群众 331 户，1525 人。全村有耕地 2486 亩，人均耕地 0.8 亩。

1842 八松乡岔路村

简　　介：全村共辖 11 个村民小组，389 户群众，1654 人。全村以中药材种植为主要经济来源。2013 年底中药材栽植面积达 860 余亩。全村平均海拔 2200 米，平均气温 8℃，年降雨量 600-800 毫米，年日照时数 2430 小时。道路未完全硬化，群众出行困难。

1843 鸣鹿乡洼滩村

简　　介：洼滩村位于鸣鹿乡西北角，全村共有 8 个农业合作社，总计 356 户，共有党员 48 人。全村共有耕地面积 3124 亩，主要农产品有中药材、玉米。全村共有 1654 人，其中劳力有 700 多人，占总人口的 43.7%，主要经济来源为青壮年劳力外出打工，人均收入 2320 元，全村村道完成了 75% 的硬化，适龄儿童入学率 95% 以上，全村参合率达到 97% 以上。

1844 八丹乡李子堡村

简　　介：全村共有农户 186 户，人口 830 人。全村位置处于半阴山区地带，自然条件较差。特色产业为种植玉米、药材、育苗。村委会建于 2007 年 8 月，共有砖木结构房屋 6 间，共 2 层，建筑面积 66 平方米。

1845 附城镇马家咀村

简　　介：马家咀村共有 10 个社，410 户，总人口 1982 人，其中少数民族 1260 人，占总人口的 63.57%。全村共有耕地 2080 亩，人均耕地 1.1 亩，人均纯收入 2700 元。村活动场所修建于 2008 年 8 月，由县委组织部投资 25 万元，占地 0.5 亩，现有二层砖混（砖木、土木）结构楼房（平房）8 间，建筑面积 160 平方米。还建有村卫生室 3 间，建筑面积 36 平方米；村库房 4 间，建筑面积 40 平方米。村农家书屋配有农家书屋柜子 5 套，书 1200 册。

1846 白王乡白王村

简　　介：白王乡白王村共有 6 个社，247 户，总人口 1071 人，是一个回汉杂居村。耕地面积 1374 亩，人均耕地面积 1.28 亩。年人均纯收入 3300 元。现无办公场所。

1847 景古镇牟家沟村

简　　介：全村以中药材（当归、柴胡）种

植和劳务输转为主要经济来源。2013年底中药材栽植面积达1200余亩,近两年年度输出劳动力达500余人(次),创年劳务收入达150多万元。全村平均海拔2230米,平均气温6℃,年降雨量600-800毫米,年日照时数2430小时。

1848 康丰乡头岔村

简　　介:头岔村位于康丰乡西北部,全村共有10个社,253户,1325人,属纯东乡族村,共有耕地面积2449亩,人均1.8亩。

1849 康丰乡杨台村

简　　介:杨台村位于康丰西北部,全村共有23个社,785户,3857人,其中汉族1002人,东乡族57人,回族2798人,共有耕地面积3719亩,人均0.96亩。

1850 康丰乡段家坪村

简　　介:段家坪村位于康丰乡西北部,全村共有20个社,635户,3321人,其中少数民族占80%,共有耕地面积3215亩,人均0.97亩。

1851 胭脂镇大庄村

简　　介:全村位置处于半阴山区地带,自然条件较差。特色产业为种植油菜、育苗。

1852 苏集镇半坡村

简　　介:半坡村是一个少数民族聚居村,位于康乐县城10公里处,康临公路从村中穿过,交通便利,苏集河从村北流过,水源充足,土壤肥沃,全村共有17个社,总户数416户,人口2670人。其中回族530户,2652人,东乡族64户,187人,耕地面积2282亩,人均占有耕地1.8亩,该村以养殖业、林木育苗为主要经济收入,也是康乐县千亩育苗村之一。全村已接通自来水。依托整村推进项目,使村周边农路加宽总计16.5公里,为60户修建了牛棚。

1853 附城镇高丰村

简　　介:高丰村共有8个社,236户,总人口1464人,其中少数民族1464人,占总人口的100%。全村有耕地1015亩,人均纯收入达2154元。村活动场所修建于2006年9月,由县委组织部投资4万元,占地0.3亩,现有1层砖混(砖木、土木)结构楼房(平房)5间,建筑面积80平方米。

1854 鸣鹿乡八才沟村

简　　介:八才沟村位于鸣鹿东面,东临八丹乡芦子沟村,南邻八丹乡斜路坡村,西邻大东沟村,北邻尕路村,全村共有8个农业合作社,总计220户,共有党员16人。全村共有耕地面积1460亩,主要农产品有中药材、玉米、洋芋、育苗产业,全村共有1100人,其中劳力有420多人,占总人口的32.18%,主要经济收入来源于青壮年劳力外出打工,人均收入2010元,全村村道完成了5%的硬化,适龄儿童入学率95%以上,全村参合率达到95%以上。

1855 胭脂镇埫干村

简　　介:全村位置处于半阴山区地带,自然条件较差。特色产业为种植油菜、育苗。

1856 附城镇中元村

简　　介:中元村共有19个社,720户,总人口3280人(非农1001人),其中少数民族176人,占总人口的5.36%。全村有耕地3917.4亩,人均耕地1.72亩。村活动场所修建于2003年07月,由县委组织部投资1.5万元,占地0.6亩,现有1层砖混结构平房

8间，建筑面积100平方米。

1857 上湾乡上湾村

简　　介：上湾村办公室位于上湾乡，东至农路，南至马志珍耕地，西至马正武耕地，北至农路。全村425户，1980人，农业特产玉米、柴胡。

1858 康丰乡辛雍家村

简　　介：辛雍家村位于康丰乡西北部，全村共有15个社，538户，2235人，属纯汉族村，共有耕地面积2004亩，人均0.9亩。

1859 五户乡蔡家村

简　　介：蔡家村因蔡姓人居住而得名，1958年建大队，1983年更名蔡家村。蔡家村位于五户乡西北部，南接下窑村，北接打门村，东临五户村。全村共有6个合作社，共363户1307人，其中290户农户，农业人口1156人，耕地面积2342亩，人均耕地1.8亩，人均纯收入为3890元。年平均降水量600毫米，主要农产品为中药材、小麦、豆类、油料、玉米、洋芋，特色产业为中药材种植。主要经济来源为种植业、养殖业、劳务。适龄儿童入学率达100%，村民参合率达99%。

1860 白王乡苏丰村

简　　介：白王乡苏丰村共有9社，197户，总人口976人，是一个回汉杂居村。耕地面积亩3700，人均耕地面积2.9亩。年人均纯收入2600元。村活动场所在2013年由扶贫办修建，占地1亩，建成砖混结构楼房6间，建筑面积72平方米。

1861 景古镇温家河村

简　　介：全村以中药材（当归、柴胡）种植和劳务输转为主要经济来源。2013年底中药材栽植面积达2100余亩，近两年年度输出劳动力达540余人（次），创年劳务收入达430多万元。全村平均海拔2280米，平均气温6℃，年降雨量600-800毫米，年日照时数2430小时。

1862 五户乡下窑村

简　　介：下窑村因前普巴乡上窑人迁至本地而得名，1958年建大队，1983年更名下窑村。下窑村位于五户乡南部，全村共8个合作社，405户，总人口1619人。全村共有耕地面积3006亩。其中川地15亩，山地2991亩，人均占有耕地2.08亩。人均纯收入3920元，人均占有粮食310公斤。全村有养殖大户1户。全村共有各种农用车辆256辆，大型磨面机1组，榨油机2台。本村年平均降水量596毫米，主要农产品为中药材、小麦、豆类、油料、玉米、洋芋，特色产业为中药材种植。主要经济来源为种植业、养殖业、劳务。适龄儿童入学率达100%，村民参合率达99%。本村存在的困难主要是部分村社道路未硬化，贫困户较多。

1863 流川乡团结村

简　　介：东至村公路，西至农户耕地，南接荒地，北靠学校。全村共辖19个村民小组，729户群众，3252人。全村以玉米种植为主要经济来源。全村平均海拔2300米，平均气温8℃，年降雨量600-800毫米，年日照时数2430小时。道路没硬化，群众出行难。

1864 鸣鹿乡大东沟村

简　　介：沟村位于鸣鹿乡南面，东临八才沟村，南邻东湾林场，西邻鸣关村，北邻东沟门村，全村共有7个农业合作社，总计255户。全村共有耕地面积1800亩，主要农产品有中药材、玉米、洋芋，全村共有1250人，其中劳力有410多人，占总人口的32.8%，主要经济收入来源于青壮年劳力外出打工，人均收入2100元，全村村道完成了30%的硬化，适龄儿童入学率95%以上，全村参合率达到95%以上。

1865 流川乡古城村

简　介：距乡政府2.7公里，共有9个合作社，589户，2860人，均为少数民族。农村劳动力1536人，耕地面积3146亩，人均1.1亩；2012年全村农民人均纯收入2686元。粮食总产量为60300公斤，人均占有粮食为225公斤。村内现有小学1所，在校生216人；全村牛存栏183头，羊存栏2145只。全村9个合作社现均已实现通社道路硬化。村党支部共有党员5人；全村共有宗教场所3处。2012年落实危旧房改造户12户，参加新型农村合作医疗2626人；参加城乡居民养老保险1742人，60岁以上养老金发放223人。

1866 胭脂镇唐哈村

简　介：位置处于半阴山区地带，自然条件较差。特色产业为种植油菜、育苗。

1867 景古镇线家滩村

简　介：线家滩村位于景古镇政府南部，村委会办公室于2004年6月重建，占地约210平方米，办公室5间，约64平方米。总户数342户，总人口1464人。村委会东临石怀清院墙，南临石效玉地界，西至山坡，北临石新民院子墙。主要产业有中药材种植和育苗、劳务输转。

1868 流川乡范家村

简　介：全村共辖11个村民小组，483户，230人。全村以玉米种植为主要经济来源。全村平均海拔2300米，平均气温8℃，年降雨量600-800毫米，年日照时数2430小时。

1869 流川乡二甲村

简　介：东邻康广公路，西接甘沟村，南接荒地，北接耕地。全村共辖8个村民小组，323户群众，1710人。全村以玉米种植为主要经济来源。全村平均海拔2300米，平均气温8℃，年降雨量600-800毫米，年日照时数2430小时。存在困难：道路硬化少，群众出行难。

1870 苏集镇关扎村

简　介：关扎村隶属于康乐县苏集镇，距离镇政府驻地南3公里。北邻明鹿乡。该村地处丘陵，地理位置偏僻，交通不便。全村耕地面积1332亩，均为山地。目前，全村共有8个社，176户，总人口813人。其中回族占绝大多数，有515人，占总人口的63.3%；汉族共有211人，占总人口的25.2%；东乡族共有75人，占总人口的9.2%。危房改造9户，占总户数0.05%，合作医疗参合率达98%，养老保险参保率达85%。

1871 虎关乡哇吓村

简　介：哇吓村位于虎关乡北部，康广公路穿境而过，交通十分便利。全村辖10个村民小组，310户，1895人，全村耕地面积1570亩。距离县城10公里，地理位置、生产生活条件十分优越，为该村广大群众发展经济农业创造了有利条件。在村支"两委"的带动下，该村加大产业结构调整力度，以种植玉米为主，注重养殖业，积极发展该村经济，努力使农民增收创收，年人均纯收入3280元。

1872 附城镇磨羌村

简　　介：磨羌村共有9个社，545户，总人口2763人，其中少数民族2760人，占总人口的99.9%。总耕地面积2740亩，人均占有耕地1亩。人均纯收入2950元。村活动场所在2012年由州纪委协调资金30万元新建，占地1.35亩，现有二层砖混结构楼房8间，建筑面积209平方米。建有村卫生室3间，60平方米。

1873 上湾乡麻池村

简　　介：全村2660人，563户，16个社，农业特产主要是玉米，麻池村办公室位于上湾乡，建于2012年8月。

1874 胭脂镇杨家沟村

简　　介：位置处于半阴山区地带，自然条件较差。特色产业为种植油菜、育苗。

1875 莲麓镇柱子沟村

简　　介：主要种植作物有小麦、玉米、洋芋、蚕豆，经济作物主要有柴胡、当归、冬花。全村参加新农合人口98%，参加新农保202人，达97%。主要养殖耕牛90头，母牛3头，山羊98只，土鸡300只。2011年有外出务工人员40人，其中男38人，女2人，他们主要从事建筑业，全村适龄儿童36人，入学率100%。

1876 白王乡熊家寨村

简　　介：乡熊家寨村共有个13社，423户，总人口1960人，是一个回汉杂居村。耕地面积2050亩，人均耕地面积1.04亩。年人均纯收入2800元。村活动场所在2004年由组织部修建，占地0.3亩，建成砖木结构楼房6间，建筑面积90平方米，现已成危房。

1877 白王乡孙家掌村

简　　介：孙家掌村共有11个社，182户，总人口879人，是一个回汉杂居村。全村共有村干部3名，耕地面积3100亩，人均耕地面积3.5亩。年人均纯收入2600元。

1878 八松乡那尼头村

简　　介：共辖10个村民小组，350户群众，1520人。全村以中药材种植、养殖为主要经济来源。全村平均海拔2350米，平均气温7℃，年降雨量600-800毫米，年日照时数2440小时。村委会办公室简陋。

1879 白王乡冯马家村

简　　介：冯马家村共有8个社，264户，总人口1335人，是一个纯少数民族村。耕地面积1322亩，人均耕地面积1.1亩。年人均纯收入3000元。现无办公场所。

1880 上湾乡马巴村

简　　介：全村303户，1347人，12个社。村办公室建于1985年8月，东至农路，西至村文化广场，南至苏小兵家，北至学校树林。农业特产是当归、大豆。

1881 景古镇景古村

简　　介：全村有444户，总人口1975人。办公场地东临镇财政所，南临乔向东宅基地，西临景古镇幼儿园，北临张永红、夏志林等5户群众铺面。主要产业有中药材种植和粗加工以及劳务输转。

1882 虎关乡贾家沟村

简　　介：贾家沟村位于虎关乡西北面，距乡政府9公里，其中5公路为山路，进村要途经县上大北山造林站，道路崎岖，山大沟深，群众居住零散，土广地薄，生产生活条件极为贫瘠，群众生活非常困苦。该村共辖6个社，共有农户210户，人口989人。全村有耕地2486亩，人均耕地0.8亩。

1883 附城镇新集村

简　　介：新集村共有16个社，523户，总人口2373人，其中少数民族1329人，占总人口的56%。全村共有耕地面积1738亩，其中退耕还林（草）1250亩，人均耕地0.74亩。村活动场所修建于2002年08月，占地1亩，现有二层砖混结构楼房25间，建筑面积350平方米，租出125平米。

1884 白王乡陡坡村

简　　介：陡坡村共有个8社，214户，总人口1100人。全村耕地面积1627亩，人均耕地面积1.47亩。年人均纯收入2872元。村办公场所无大门。

1885 八松乡南山村

简　　介：全村共辖10个村民小组，261户群众，1074人。全村以中药材种植为主要经济来源。2013年底中药材栽植面积达780余亩。全村平均海拔2300米，平均气温8℃，年降雨量600-800毫米，年日照时数2430小时。道路没硬化，群众出行难，危旧房户数多。

1886 草滩乡普巴村

简　　介：普巴村是全乡最贫困的行政村之一，现辖9个社，235户，1275人，其中少数民族1725，占总人口的93%。耕地总面积1873亩，人均占有耕地1.37亩，合作社全部座落于山沟之中，交通十分不便。全村经济以农业为主，主要农作物有冬小麦、玉米、白豌豆，经济作物主要有油菜、当归等。

1887 白王乡山庄村

简　　介：白王乡山庄村共有个13社，361户，总人口1830人，是一个回汉杂居村。全村耕地面积3162亩，人均耕地面积1.72亩。年人均纯收入2600元。村活动场所在2009年由扶贫办修建，占地0.4亩，建成2层砖混结构楼房8间，建筑面积96平方米。

1888 胭脂镇晏家村

简　　介：晏家村位置处于半阴山区地带，自然条件较差。特色产业为种植油菜、育苗。

1889 八松乡龚庄村

简　　介：共辖8个村民小组，236户群众，976人。全村以育苗和中药材种植。2013年底中药材栽植面积达420余亩，育苗1100亩。全村平均海拔2190米，平均气温8℃，年降雨量600-800毫米，年日照时数2430小时。高寒阴湿，广种薄收，群众生活苦难，道路未能全部硬化，部分群众出行困难。

1890 草滩乡墩湾村

简　　介：全村现辖10个社，185户，950人，耕地总面积1796亩，人均占有耕地1.89亩，全村经济以农业为主，主要农作物有冬小麦、玉米、白豌豆，经济作物主要有油菜、当归等，群众主要经济收入来源于农业和劳务输转。

1891 上湾乡兰家村

简　　介：全村1280人，258户，8个社。村办公室位于上湾乡，建于2012年8月，东靠大路，南靠马生民家出路，西到马生民家，北至马素个家耕地。农业特产是玉米、油菜。

1892 八松乡魏寨村

简　　介：全村共辖8个村民小组，227户，

966 人。全村以中药材种植、育苗和劳务输出为主要经济来源。2013 年底中药材栽植面积达 430 余亩，育苗 200 亩，近两年年度输出劳动力达 210 余人（次）。全村平均海拔 2180 米，平均气温 8℃，年降雨量 600-800 毫米，年日照时数 2430 小时。道路未硬化，群众出行困难。

1893 流川乡甘沟村

简　　介：全村共辖 7 个村民小组，279 户群众，1244 人。全村以玉米种植为主要经济来源。全村平均海拔 2300 米，平均气温 8℃，年降雨量 600-800 毫米，年日照时数 2430 小时。道路硬化少，群众出行难。

1894 白王乡徐家沟村

简　　介：沟村共有个 7 社，135 户，总人口 564 人，是一个回汉杂居村。全村共有村干部 3 名。全村耕地面积 1796 亩，人均耕地面积 3.5 亩。年人均纯收入 1900 元。

1895 鸣鹿乡拔子沟村

简　　介：沟村位于鸣鹿乡南面，东临上湾乡大坡村，南邻东湾林场，西邻八松乡、北邻鸣关村，全村共有 7 个农业合作社，总计 220 户。全村共有耕地面积 1986 亩，主要农产品有中药材、玉米、洋芋、育苗产业，全村共有 986 人，其中劳力有 386 多人，占总人口的 39.1%，主要经济收入来源于青壮年劳力外出打工，人均收入 1900 元，全村村道完成了 30% 的硬化，适龄儿童入学率 90% 以上，全村参合率达 95% 以上。

1896 鸣鹿乡郭家庄村

简　　介：庄村位于鸣鹿乡正北面，东临苏集镇古洞沟村，南邻尕路村，西邻苏集镇关扎村，北邻苏集镇丰台村，全村共有 12 个农业合作社，总计 384 户，共有党员 34 人。全村共有耕地面积 2850 亩，主要农产品有中药材、玉米、小麦、大豆、育苗产业，全村共有 1916 人，其中劳力有 750 多人，占总人口的 39.14%，主要经济收入来源于青壮年劳力外出打工，人均收入 2650 元，适龄儿童入学率 95% 以上，全村参合率达到 95% 以上。

1897 景古镇阿姑山村

简　　介：全村平均海拔 2560 米，平均气温 6℃，年降雨量 600-800 毫米，年日照时数 2430 小时。以中药材（当归、柴胡）种植和劳务转为主要经济来源。2013 年底中药材栽植面积达 1000 余亩，近两年年度输出劳动力达 200 余人（次），创年劳务收入达 100 多万元。

1898 苏集镇苏集村

简　　介：苏集村位于苏集镇街道，共有 19 个社，总户数 659 户，人口 2911 人，耕地面积 3980.67 亩，全部为旱地，人均占有耕地 1.37 亩，2013 年人均纯收入 4460 元，是典型的农业村和经济共同协调发展的村。

1899 五户乡五户村

简　　介：五户村因最初此地有五户居民居住而得名，1949 年 8 月建五户乡，1958 年改为五户大队，1983 年又更名五户村。五户村位于五户乡西北部，是五户乡政府所在地。定新公路从中穿过。全村共有 10 个合作社，358 户，1413 人，其中 286 户农户，农业人口 1292 人，耕地面积 2346 亩，人均耕地 1.8 亩，人均纯收入为 3900 元。年平均降水量 601 毫米，主要农产品为中药材、小麦、豆类、油料、玉米、洋芋，特色产业为中药材种植。主要经济来源为种植业、养殖业、劳务。本村自然条件差,适龄儿童入学率达 99%,村民参合率达 97%。五户村委会占地面积 200 平方米,建筑面积 60 平方米,现有危房 5 间,无法使用。

1900 鸣鹿乡东沟门村

简　　介:全村共有 10 个农业合作社,总计 343 户,共有党员 21 人。全村共有耕地面积 1936 亩,主要农产品有中药材、玉米、洋芋、育苗产业,全村共有 1436 人,其中劳力有 640 多人,占总人口的 44.2%,主要经济来源于青壮年劳力外出打工,人均收入 2100 元。东沟门村委会位于鸣鹿乡东南角,东临村道,南邻马玉梅宅基地,西、北邻黑麦牛场,全村村道完成了 80% 的硬化,适龄儿童入学率 85% 以上,全村参合率达到 90% 以上。

1901 虎关乡上沟村

简　　介:上沟村位于虎关乡最南面。村社道路崎岖,山大沟深,群众居住零散,土广地薄,生产生活条件贫瘠,群众生活困苦。该村共辖 11 个社,共有农户 340 户,人口 1945 人。全村有耕地 1621 亩,人均耕地 0.8 亩。

1902 景古镇秦家河村

简　　介:全村平均海拔 2250 米,平均气温 6℃,年降雨量 600-800 毫米,年日照时数 2430 小时。以中药材(当归、柴胡)种植和劳务输转为主要经济来源。2013 年底中药材栽植面积达 2000 余亩,近两年年度输出劳动力达 550 余人(次),创年劳务收入达 460 多万元。

1903 草滩乡槐沟村

简　　介:草滩乡槐沟村位于康乐县城东南面 25 公里处,美丽的麻山峡自然风景区和该村相连,全村植被覆盖率达 80% 以上,全村共有 5 个社,5 个社全部座落于山沟之中,交通十分不便,总户数 127 户,全部为少数民族,总人口 642 人,全村共有总耕地面积 1200 亩,人均耕地面积 1.9 亩。

1904 八丹乡叶素村

简　　介:叶素村自然条件优越,适合种植党参、当归、柴胡等中药材。叶素村委会办公用房修建于 2007 年,现已出现裂缝。

1905 草滩乡车场沟村

简　　介:车场沟村位于康乐县城东南 26 公里处,全村植被覆盖率达 60% 以上,是康乐县的重要生态屏障和水源保护地。全村有 8 个合作社,126 户,624 人,8 个合作社全部座落于山沟之中。

1906 景古镇坟湾村

简　　介:全村平均海拔 2290 米,平均气温 6℃,年降雨量 600-800 毫米,年日照时数 2430 小时。以中药材(当归、柴胡)种植和劳务输转为主要经济来源。2013 年底中药材栽植面积达 2150 余亩,近两年年度输出劳动力达 640 余人(次)。

1907 白王乡老树村

简　　介:老树村共有个 12 社,375 户,总人口 1782,是一个回汉杂居村。全村耕地面积 2500 亩,人均耕地面积 7 亩。年人均纯收入 3120 元。村办公室于 2013 年 9 月倒塌,现正在修建,无大门。

1908 八松乡新庄村

简　　介:共辖 9 个村民小组,298 户,1244 人。全村以中药材种植、育苗和劳务输出为主要经济来源。2013 年底中药材栽植面积达 650 余亩，育苗 300 亩，近两年年度输出劳动力达 120 余人（次）。全村平均海拔 2150 米，平均气温 8℃，年降雨量 600-800 毫米，年日照时数 2430 小时。高寒阴湿，广种薄收，群众生活苦难。

1909 康丰乡温家村

简　　介：温家村办公场所座落于温家小学旁，修建于 2006 年，总造价 4 万元，资金来源于省州财政补助，现有砖木结构办公室 5 间。占地 220 平方米，建筑面积 60 平方米。

1910 草滩乡巨那村

简　　介：巨那村现辖 11 个社，220 户，1108 人，耕地总面积 1903 亩，人均占有耕地 1.72 亩，全村经济以农业为主，主要农作物有冬小麦、白豌豆，经济作物主要有油菜、当归等，主要经济收入为农业和劳务输转。

1911 胭脂镇庄头村

简　　介：庄头村位于半阴山区地带，自然条件较差。特色产业为种植油菜、育苗。

1912 胭脂镇蒲家村

简　　介：蒲家村位于半阴山区地带，自然条件较差。特色产业为种植油菜、育苗。

1913 上湾乡加木沟村

简　　介：全村 1130 人，234 户，8 个社，东至农路，南至马全忠耕地，西至马自雄树林，北至移动塔。农业特产是小麦、玉米。

1914 上湾乡乔家村

简　　介：全村 325 户，1438 人，11 个社。村办公室建于 2007 年 8 月 10 日，东至农路，南至马者麻耕地，西至马海玉家，北至农路。农业特产以小麦、大豆、药材为主。

1915 附城镇石王村

简　　介：石王村共有 8 个社，375 户，总人口 1598 人，其中城镇户口 731 人（为失地农民）。现有耕地 953 亩，人均 1.09 亩。年人均纯收入 3158 元。村活动场所修建于 2003 年 9 月，占地 0.2 亩，现有 1 层砖混结构平房 5 间，建筑面积 60 平方米。

1916 八丹乡线家村

简　　介：线家村下辖 7 个自然社，共 198 户，968 人，以种植小麦、玉米为主，由于办公楼临街道，村委会没有围墙，安全成为隐患。

1917 鸣鹿乡尕路村

简　　介：尕路村位于鸣鹿乡东北，东临八丹乡，南邻八才沟村，西邻胡麻沟村，北邻郭家庄村，全村共有 10 个农业合作社，总计 385 户。全村共有耕地面积 1919 亩，主要农产品有中药材、玉米、洋芋、育苗产业，全村共有 1873 人，其中劳力有 640 多人，占总人口的 34.16%，主要经济收入来源于青壮年劳力外出打工，人均收入 2050 元，全村村道完成了 75% 的硬化，适龄儿童入学率 95% 以上，全村参合率达到 95% 以上。

1918 八丹乡吊庄村

简　　介：吊庄村有 238 户，8 个社，总共 1093 人。共有 1360 亩旱地，耕地土质差，主要种植小麦、玉米、油菜等农作物。由于吊庄村的地理条件差，离县城远，交通不便。农民人均纯收入低，群众的生活困难。

1919 景古镇八字沟村

简　　介：八字沟村属于温带大陆性气候，夏、秋季凉爽多雨，春、冬季寒冷少雨。地形以山地为主，因此村上最富有特色的产业为中药材种植。同时，八字沟村具有丰富的旅游资源，极富有开发价值。

1920 五户乡朱家村
简　　介：朱家村因朱姓人居住而得名，1977年建大队，1983年更名朱家村。朱家村位于五户乡北部，康冶公路从中穿过，全村共有7个合作社，共344户，1185人。耕地面积2074亩，人均耕地1.84亩，人均纯收入3800元，本村主要农产品为小麦、玉米、洋芋，特色产业为中药材种植。主要经济来源为劳务和种植业。适龄儿童入学率达100%，村民参合率达97%。

1921 草滩乡多乐村
简　　介：多乐村现辖9个社，236户，1140人，耕地总面积2499亩，人均占有耕地2.19亩，全村经济以农业为主，主要农作物有冬小麦、玉米、白豌豆，经济作物主要有油菜、当归等。

1922 五户乡汪沟村
简　　介：汪沟村因汪姓人居住而得名，1958年建大队，1983年更名汪沟村。汪沟村位于五户乡西南部，距离乡政府5公里，是典型的农业村，本村年平均降水量611毫米，属高寒阴湿地区。全村共有5个合作社，857人，总户数237户。共有耕地1411亩，人均1.7亩，人均纯收入为3890元。主要农产品为中药材、小麦、玉米，特色产业为中药材种植。主要经济来源为种植业。自然条件差，适龄儿童入学率达100%，村民参合率达97%。汪沟村委会所占地面积75平方米，房屋5间，系砖混结构，村委会东接公用农场，西接杜滩娃住宅地，南接夏志林耕地，北接农路。

1923 八丹乡麻湾村
简　　介：麻湾村下辖15个自然社，共510户，2313人，以种植玉米、药材以及育苗为主。

1924 草滩乡喇嘛山村
简　　介：喇嘛山村现辖16个社，512户，2550人，其中少数民族2270，占总人口的91%。耕地总面积1990亩，人均占有耕地0.78亩，全村经济以农业为主，主要农作物有冬小麦、玉米、白豌豆，经济作物主要有油菜、当归等，群众主要经济收入来源于农业和劳务输转。

1925 莲麓镇寺址村
简　　介：寺址村2011年新农保参加人数581人。新农合参加170户（743人）。土地耕种面积884亩，其中水浇地618亩，旱地266亩，人均耕地面积0.8亩。主要经济来源为劳务输出和农业种植，劳务主要输转地在新疆、兰州、江苏南通等地，种植作物有小麦、玉米、洋芋、中药材等，以小麦为主。

1926 上湾乡老庄村
简　　介：老庄村办公室位于上湾乡，建于2007年8月，全村2241人，416户。东至马麻乃耕地，南至马文章家，北至农路，西至马维章家。农业特产是玉米种植，存在困难是旧房需改造，道路需硬化。

1927 上湾乡东沟村
简　　介：东沟村办公室位于上湾乡，建于2008年9月，全村2450人，445户，14个社，东至农路，南至东沟小学，西至荒山，北至年哈个家。农业特产是玉米、柴胡。

1928 五户乡打门村
简　　介：打门村因达摩寺而得名，1958年建大队，1983 年更名打门村。打门村位于五户乡西北部，距离乡政府 7 公里，是典型的农业村，年平均降水量 605 毫米，属高寒阴湿地区。全村共有 7 个合作社，共 413 户，1642 人，共有耕地 3568 亩，人均 2.4 亩，人均纯收入为 3890 元。本村主要农产品为中药材、小麦、玉米，特色产业为中药材种植。主要经济来源为种植业和劳务。适龄儿童入学率达 100%，村民参合率达 98%。打门村委会占地面积 330 平方米，房屋 6 间，系砖木结构，东接常学文地界，南靠悬崖，西接常新军地界，北靠农路。

1929　虎关乡关丰村

简　　介：关丰村位于虎关乡西部，与县城相接，康广公路、康临和二级公路穿村而过，交通十分便利。全村辖 12 个村民小组，678 户农户，3250 人，全村耕地面积 2100 亩。

近年来，该村加大产业结构调整力度，以种植玉米为主，注重发展养殖业，努力促进农民增收，人均纯收入达 3080 元。

1930　五户乡丁滩村

简　　介：丁滩村因丁姓人居住而得名，1949 年 8 月建乡，1958 年建大队，1983 年更名丁滩村。丁滩村位于五户乡南部，全村有 6 个合作社，272 户，928 人，总耕地面积 1198 亩，人均纯收入为 4000 元。有自然林 3 片，约 1200 亩，村民分布于公路两旁，自然条件较好，适龄儿童入学率达 100%，村民参合率达 98%。本村主要农产品为中药材、玉米，特色产业为中药材种植，主要经济来源为劳务和种植业。丁滩村委会建于 2012 年，建筑面积 248 平方米，为二层楼，占地面积 200 平方米。东接公路，西靠丁文成耕地，南接丁小红住宅，北接丁滩小学操场。

（四）广河县

1931 城关镇十里墩村

简　　介：城关镇十里墩村位于县城东南部山区，距县城5公里。有23个自然村，14个合作社，村民358户，1876人，清真寺8所，自来水入户率95%。有六年制小学1所，在校学生285人（含村外上学学生）；耕地面积6850亩，均为山旱地。2012年农民人均纯收入2863元。农村合作医疗参保率93%，居民养老保险参保率45%，是一个纯少数民族聚居村。

1932 庄窠集镇钱家村

简　　介：钱家村位于广河县庄窠集镇中南部，全村共有15个合作社，508户，2850人。全村共有耕地面积3360亩，人均1.3亩，主要种植玉米、小麦、油菜、马铃薯等农作物；全村牛存栏1860头，羊存栏4620只，联户养殖点4处；全村共有15个合作社，13个社已实现通社道路硬化，通社路硬化率为86.6%；全村自来水入户率达到98%。该村2012年农民人均纯收入2209元，2013年人均纯收入3700元；2013年脱贫34户，153人。

1933 齐家镇红庄村

简　　介：红庄村地处齐家镇南部，距离临园18.2公里，水排路穿村而过。居民全部为少数民族，主要是回族、东乡族。南面与康乐县虎关乡毗邻，西面分别与水泉乡相连，是一个传统的农业村。气候干燥，温度适宜，热量充足，四季分明，年降雨量少。红庄村辖13个合作社，有11个自然村，分别为吓红庄、新庄、王家湾、小湾、菜子湾、胡启湾、白咀、阳洼、胡家湾、上下沟、刘家咀，现有农户243户，1273人，清真寺6座。全村耕地面积2718亩。劳动力868人，农民人均纯收入1892元。农民主要经济来源是玉米与马铃薯为主的种植业，是我镇旱作农业主产区。

1934 庄窠集镇中寨村

简　　介：中寨村位于广河县庄窠集镇中南部，全村共有16个合作社，430户，2317人，贫困人口1667人。该村2012年农民人均纯收入2179元，2013年农民人均纯收入2680元；2013年脱贫26户，120人。全村共有耕地面积3220亩，人均1.4亩，主要种植玉米、小麦、油菜、马铃薯等农作物；村内现有小学1所，自来水入户率达97%。

1935 买家巷镇董家河村

简　　介：董家河村共有13个合作社，310户，1670人，是一个东乡族、回族为主的山区行政村。总耕地面积2170亩，人均耕地面积1.3亩，2011年人均纯收入2500元。现有村干部 3 名，党员 27 人，其中少数民族党员 27 名，女党员 1 名。近几年来，全面实施村社道路拓宽改造硬化、自来水通社入户等民生工程。在此基础上，按照"一村一品"的发展策略，已初步形成了以"畜牧养殖、劳务输转、树苗培育"为主导的三大支柱产业。

1936 官坊乡石磊村

简　　介：石磊村位于广河县城西南 12 公里，距官坊乡政府 2.5 公里，属二阴山区，是一个以农业为主的山区村落，全部为回族和东乡族。全村辖 8 个合作社，共 196 户，935 人，全村耕地面积 1820 亩，人均 1.9 亩。主要种植地膜玉米、脱毒洋芋、啤特果和双低油菜等粮食作物和经济作物。马官公路穿过该村，交通便利。全村农业总产值达 290 万元，粮食总产量 140 吨，农民人均纯收入 1510 元。

1937 齐家镇排子坪村

简　　介：排子坪村地处齐家镇中部，距离临园 13.2 公里，交通十分便利。以回族、东乡族为主，还有部分汉族群众。东面与临洮县新添镇隔河相望，南、西、北面分别与本镇黄家村、魏家咀村、园子坪村相连。气候干燥，温度适宜，热量充足，四季分明。排子坪村辖 11 个合作社，有 6 个自然村，分别为排子坪、黄家坪、张家、张家湾、王家二坪，现有农户 464 户，2653 人，清真寺 3 座。全村耕地面积 2331 亩。劳动力 687 人，农民人均纯收入 2640 元，人均占有粮食 460 公斤。畜牧养殖主要是以户为单位分散养殖，没有形成一定规模的养殖场，基本没有经济植物种植。农民经济来源主要依靠种植业、批零贸易业及劳务业，以玉米与小麦为主。临排公路穿村而过，排子坪集镇商贸市场十分活跃。道路、农田水利设施等基础设施较为完善，已硬化村社道路 3 公里，占全村道路的 50%。境内民营企业有猫滩砖厂 1 家。

1938 水泉乡老庄村

简　　介：老庄村位于水泉乡西部，东邻牛康家村，西接草滩村，南靠康乐县白王乡，北连城关十里墩。总面积 5.6 平方公里，耕地面积 2292 亩。该村辖 11 个合作社，380 户，总人口 2000 人，女 965 人。民族结构以回族和东乡族为主。该村以农业种植为主，依托产业链发展畜牧养殖业，以及外出务工为经济来源。目前，全村兴建大型养殖点 1 处，联户养殖 5 户。全村牛存栏 395 头。羊存栏 3850 只。全年转移劳动力 270 多人。

1939 祁家集镇景家村

简　　介：景家村位于祁家集镇东部，康临高速穿村而过，交通便利，全村辖 13 个社，总户数 380 户，总人口 2507 人，耕地面积 980 亩，人均 0.39 亩，完成人工造林 980 亩，人均年纯收入 2050 元。现有六年制小学 1 所，学生 300 人，清真寺 7 座，全村呈现出安定团结的良好局面。

1940 城关镇马家村

简　　介：马家村共有 7 个合作社，343 户，1644 人，耕地面积 896 亩，人均 0.54 亩，农村劳动力 1062 人，2012 年农民人均纯收入 2371 元，自来水入户率 77%。2012 年参加农村合作医疗参保率为 98%，城乡居民养老保险参保率为 62%，60 岁以上养老金发放 209 人。全村共有宗教场所 6 处，其中拱北 1 处。

1941 买家巷镇曾家村

简　　介：曾家村位于兰郎路 114—115.5 公里处，全村总面积 3750 亩，兰郎公路横穿全村部分社，东与买家巷村相邻，南与蔡家窑、上王家村和董家河村相接，西与李家寺村相接，全村辖17个合作社，535户，3125人，是一个回、汉、东乡族杂居村。全村共有耕地面积2414亩，人均占有耕地0.77亩。农作物种植以小麦、玉米、油菜、药材为主。全村17个社中已有8个社实现了户户通自来水，有线电视已经基本覆盖全村。2013年，大力发展以联户养殖为主的草食畜牧业和劳动力输转；逐步形成了以松树、柳树为主的苗木培育基地，面积达400亩；改善基础设施条件，通过"一事一议"道路硬化项目共硬化村道路25条2.5公里；筹建了曾家村产业发展互助社，企业注资20万元，群众注资10.31万元。

1942 齐家镇园子坪村

简　　介：园子坪村地处齐家镇中部，距离临园13.2公里，交通十分便利。全部为少数民族，主要是回族、东乡族。东面与临洮县新添镇隔河相望，南、西、北面分别与齐家镇排子坪村、王家沟村、黄家湾村相连。气候干燥，温度适宜，热量充足，四季分明。园子坪村辖8个合作社，有5个自然村，分别为园子坪、东坪、齐家坪、上水梁、下水梁。现有农户372户，2086人，清真寺3座。全村耕地面积1375亩，劳动力509人，农民人均纯收入2653元，粮食总产647吨。畜牧养殖主要是以户为单位分散养殖，没有形成一定规模的养殖场，基本没有经济植物种植。农民经济来源主要依靠种植业、批零贸易业及劳务业，以玉米与小麦为主。临排公路穿村而过，紧靠排子坪集镇，商贸流通较为便利。有小学1所，是齐家学区中心小学，中学1所，排子坪、园子坪两村学生就读十分方便。道路、农田水利设施等基础设施较为完善，已硬化村社道路3.2公里，占全村道路的70%。

1943 祁家集镇果园山村

简　　介：果园山村位于广河县祁家集镇北部约4公里左右，位处偏远山区，长年干旱。是一个以东乡族为主的纯少数民族村，全村共有6个社，193户，1050人，其中小学文化程度840人，初中文化程度84人，文盲、半文盲占总人口12%左右，大部分人口文化程度在小学以下。人均耕地面积1.2亩，2011年人均纯收入1957元。上年参加新型农村合作医疗人数1050人，参加新型农村社会养老保险人数为262人。全村产业结构单一，以种植玉米、土豆和零散养殖为主，目前全村牛、羊存栏分别达到172头，410只。该村每年劳务输出人数达到126人，创收达到189万元。其中外出务工经商11人，常年外出务工9人，季节性外出务工106人，长期外出务工地点主要分布在新疆、福建等地，季节性外出务者主要在省内、县域周围，从事建筑、餐饮等工作。

1944 城关镇潘家村

简　　介：潘家村位于县城东部，距离县城2公里，全村共有14个社，632户，3366人，耕地面积1000亩，人均0.3亩，2011年农民人均纯收入3450元。目前，该村支柱产业以玉米种植、劳务输转和部分牛、羊养殖为主，全村有养殖大户30户，牛、羊养殖规模分别达到5头，50只。解决自来水入户582户，实施户户通卫星电视工程，600户群众接通了户户通电视。

1945 阿力麻土乡大庄村

简　　介：大庄村位于阿力麻土乡西北部，与东乡县接壤，是一个纯东乡族聚居村，是我乡最贫困的干旱山区村之一。总占地面积为9平方公里。全村现有10个农业合作社，302户，1530人，全部为东乡族。全村现有宗教活动场所5处；现有学校1所，专职教师8人，在校学生156人，适龄儿童入学率98.5%。全村耕地面积1980亩，人均占有耕地1.328亩，产业结构以种植农作物为主。该村无任何集体经济企业，农民经济收入以劳务、种植农作物为主。2011年农民人均纯收入为1950元。

1946 庄窠集镇庄禾集村

简　　介：庄禾集村位于广河县庄窠集镇中部，全村共有9个合作社，347户，1819人，2013年人均纯收入3680元。全村共有耕地面积2430亩，人均1.46亩，主要种植玉米、小麦、油菜、马铃薯等农作物；全村共有9个合作社，5个社已实现通社道路硬化；全村自来水入户率达到98%。庄禾集村易地搬迁项目总投资681.1万元，占地25亩。

1947 买家巷镇李家寺村

简　　介：李家寺村共有9个社，397户，1998人，是一个汉、回、东乡族多民族聚居村，也是全县汉族群众最为集中的一个村，汉族人口占到总人口的41%。全村总面积3600亩，耕地面积1535亩，人均占有耕地0.79亩，2010年人均纯收入2515元。在文化建设工作中，该村突出实施"农家书屋、文化共享工程、农村党员干部现代远程教育"三项工程。在民族团结创建工作中，坚持不懈的开展"互相尊重、互相帮助、齐心协力、共同致富"的民族团结宣传教育活动，坚持开展"十星级文明户"等创建活动，使民族团结创建工作深入人心。

1948 阿力麻土乡赵家村

简　　介：赵家村位于阿力麻土乡中部，西接兰家村，东接古城村，南以广通河为界，与买家巷镇马家咀村隔河相望，北接大庄、巴家两村。全村东西长3公里，南北长2公里，总面积6平方公里，三嵩公路自东向西贯穿全村。全村现有13个合作社，其中山区社2个，川区社11个，2205人，357户，东乡族人口占98.5%，回族占1.5%。全村现有宗教场所6处；四年制、六年制学校各1所，教职工26名，在校学生576人，其中中学生58名。全村共有耕地面积1600亩，其中山塬地560亩，川地1040亩，人均耕地不足0.7亩。产业结构以种植农作物和经济作物为主。农民经济收入以劳务、经商、种植农作物为主。2011年人均纯收入2230元。

1949 官坊乡槐沟村

简　　介：槐沟村位于广河县城西南22公里，距官坊乡政府3公里，属二阴高寒山区，是一个以农牧业为主的山区贫困村，全部为回族和东乡族。全村辖12个合作社，共290户，1423人（其中城镇户口17户，43人，农村人口1423人）。全村耕地面积2232亩，人均1.5亩。主要种植地膜玉米、脱毒洋芋、啤特果和双低油菜等粮食作物和经济作物。庞槐公路穿过该村，交通便利。全村农业总产值达310万元，粮食总产量160吨，农民人均纯收入1875元。

1950 官坊乡沙地沟村

简　　介：沙地沟村位于广河县城东南14公里，距官坊乡政府8公里，属二阴山区，是一个以农业为主的山区村落，全部为回族和东乡族。全村8个合作社，共164户，779人。全村耕地面积1008亩，人均1.3亩。主要种植地膜玉米、脱毒洋芋、啤特果和双低油菜等粮食作物和经济作物。对山公路穿过该村，交通便利。全村农业总产值达145万元，粮食总产量 105 吨，农民人均纯收入 1869 元。

1951 庄窠集镇牙和村

简　　介：牙和村位于广河县庄窠集镇中南部，全村共有 13 个合作社，375 户，1872 人，贫困人口 1812 人，2013 年人均纯收入 3040 元。全村共有耕地面积 4000 亩，人均 2.27 亩，主要种植玉米、小麦、油菜、马铃薯等农作物；全村联户养殖点 1 处；全村共有 13 个合作社，8 个社已实现通社道路硬化；全村自来水入户率达到 98%。牙和村易地搬迁项目总投资 275 万元，占地 48.5 亩，群众自筹每户 3 万元，该项目对牙和村山区社的 77 户贫困户，396 人有计划有步骤的实施整体易地搬迁，恢复农田 38 亩，人饮工程 1 处，修建桥梁 1 座，架设农电线路 1.5 公里，安装变压器 1 台套，移民安置房 5390 平方米。

1952 阿力麻土乡贾家村

简　　介：贾家村位于阿力麻土乡东部，该村东至城关镇石那奴村，西至古城村，南与城关镇赵家村隔河相望，北接东乡县，康临高速、三嵬公路穿村而过，总占地面积为 9 平方公里。全村现有合作社 15 个，其中山区社 2 个，川区社 13 个，总人口 2954 人，总户数 575 户，青壮年劳动力 1848 人。全村现有清真寺 8 处，现有学校 1 所，专职教师 18 人，在校学生 380 人，适龄儿童入学率 98.5%。现有耕地面积 1200 亩，人均占地 0.441 亩。产业结构以种植农作物为主。2011 年种植农作物共 1200 亩，其中种植玉米 1000 亩，洋芋 200 亩。农民经济收入以劳务、经商、种植农作物为主。2011 年农业总产值 515 万元，农民人均纯收入为 2400 元。

1953 买家巷镇王家村

简　　介：王家村位于买家巷镇东部，是省州确定的整村推进项目村。全村现有合作社 10 个，农户 587 户，人口 2763 人，耕地面积 1996 亩，人均耕地 0.72 亩，年人均纯收入 2515 元。兰郎公路纵贯全村，交通便利，区位优势明显。

1954 祁家集镇何家湾村

简　　介：何家湾村位于广河县祁家集镇北部干旱山区，山大沟深。全村共有 11 个社，287 户，1470 人（其中贫困家庭 229 户，占 80%），耕地面积 1073 亩，人均 0.73 亩，2011 年农民人均纯收入 1400 元。群众生活条件十分艰苦，农田均为旱地，粮食产量低，村民受教育程度低，科技技术欠缺，无任何其它增收产业，加之该村资源匮乏，交通不便，严重制约着全村的经济发展。

1955 城关镇牟家窑村

简　　介：牟家窑村位于县城东南侧，距离县城 3.5 公里，有 12 个自然村社，共有住户 308 户，1500 多人，耕地面积 1860 亩，人均 1.24 亩，农民人均纯收入平均只有 1250 元。自来水入户率 80%，适龄儿童入学率为 97%。享受农村低保的有 81 户，301 人，五保户 9 人。2012 年参加农村合作医疗参保率为 96%，城乡居民养老保险参保率为 68%。牟家窑村主要种植小麦、玉米、洋芋等，经济收入以种植业和劳务输出为主。

1956 庄窠集镇马浪村

简　　介：马浪村全村共有 13 个社，381 户，2013 人；耕地面积 1920 亩，人均 0.95 亩，农民人均纯收入 3170 元；村内现有小学 1 所，在校生 260 人。1 个社已实现通社道路硬化，2010 完成道路硬化 3 公里；村党总支部共有党员 25 人；全村共有宗教场所 5 处（全部为清真寺）；全村自来水入户率达到

90%。2011 年动员输出劳动力 300 多人次，其中大中专生 1 人次，两后生 10 人次，其他人员 290 多人次。农村合作医疗参保率为 94%；城乡居民养老保险参保率为 47%，60 岁以上养老金发放 250 人。

1957 齐家镇邓家湾村

简　　介：邓家湾村地处齐家镇北部，距离临园 1 公里，交通十分便利。全部为少数民族，主要是回族、东乡族。东面与临洮县新添镇隔河相望，南、西、北面分别与本镇上马家村、王家沟村、临园相连。邓家湾村辖 7 个村民小组，有 6 个自然村，分别为邓家山头、湾里、茨家湾、庙咀、红沟门等，现有 293 户，1599 人，劳动力 774 人，农民人均纯收入 2776 元。全村耕地面积 441 亩，人均占有粮食 242 公斤。农民经济来源主要依靠种植业、批零贸易业、劳务及交通运输业，种植以玉米为主。群众生活用水来源于浅井水。村内现有道路 7 条 6.5 公里，已硬化 3 条 2.5 公里。村内现有邓家湾皮革厂、邓家湾砖厂 2 家企业。

1958 祁家集镇黄赵家村

简　　介：黄赵家村位于祁家集镇西部，康临高速穿境而过，交通便利，全村辖 16 个社，总户数 627 户，总人口 3174 人，耕地面积 1904 亩，人均 0.6 亩，人均年纯收入 1118 元。现有六年制小学 1 所，学生 330 人，清真寺 4 座。

1959 齐家镇马家湾村

简　　介：马家湾村地处齐家镇中部，距离临园 12 公里，交通十分便利。全部为少数民族，主要是回族、东乡族。东面与临洮县新添镇隔河相望，南、西面分别与临洮县边家湾村、本镇园子坪村相连，是齐家镇最小的村，齐家坪水电站动力引水渠道穿村而过。村辖 3 个合作社，有 1 个自然村是马家湾，现有农户 106 户，518 人，清真寺 2 座。全村耕地面积 153 亩。劳动力 213 人，农民人均纯收入 2851 元，人均占有粮食 208 公斤。农民经济来源主要依靠种植业、批零贸易业、畜牧养殖业，主要种植以玉米为主，畜牧养殖收入占总收入的三分之一。

1960 祁家集镇李家湾村

简　　介：李家湾村位于祁家集镇东南部，全村辖 9 个社，总户数 208 户，总人口 1016 人，总耕地面积 1765 亩（人均 1.72 亩），完成人工造林 900 亩。现有六年制小学 1 所（学生 135 人），清真寺 6 座。全村牛存栏 458 头，羊存栏 1318 只，人均年纯收入 1750 元。全村有外出务工人员 320 人，共硬化道路 300 米。

1961 齐家镇黄家湾村

简　　介：黄家湾村地处齐家镇中部，临排公路穿村而过，距离临园 10 公里，交通十分便利。全部为少数民族，主要是回族、东乡族。东面与临洮县新添镇隔河相望，南、西、北面分别与齐家镇园子坪村、王家沟村、新民滩村相连。气候干燥，温度适宜，热量充足，四季分明。黄家湾村辖 11 个合作社，有 5 个自然村，分别为黄家湾、司家滩、水梁、塔山子、黄家山，现有农户 442 户，2269 人，有黄家湾小学 1 所，清真寺 8 座。全村耕地面积 1638 亩。劳动力 982 人，农民人均纯收入 2658 元。农民经济来源主要依靠种植业、畜牧养殖、外出务工经商等。目前已硬化村社道路 5 公里，占全村道路的 85%。全县最大的招商引资项目齐家坪水电站主体机房修建在本村。

1962 三甲集镇小洼沟村

简　　介：小洼沟村位于三甲集镇南部山区，现有10个社，总户数346户，总人口1562人，耕地面积1678亩，人均年收入2485元。辖区内现有六年制小学1所，四年制中学1所，卫生院1所。

1963 三甲集镇东关村

简　　介：东关村位于三甲集镇东部，兰郎公路穿境而过，交通便利，商贸流通活跃，全村共有15个合作社，总户数925户，总人口4885人，耕地面积2165亩，人均纯收入3312元。辖区内共5大专业交易市场，年牛交易70200头，羊交易286200只，年交易额达6亿多元。

1964 水泉乡新庄村

简　　介：新庄村位于水泉乡东部，东邻齐家镇红庄村，西接张家村，南靠康乐县虎关乡，北连三甲集南山。总面积5.1平方公里，耕地面积1895亩。该村辖8个合作社，278户，总人口1286人，女650人。民族结构以回族和东乡族为主。该村以农业种植为主，依托产业链发展畜牧养殖业以及外出务工为经济来源。目前，全村兴建联户养殖点2处。全村牛存栏280头，羊存栏560只。全年转移劳动力300多人。

1965 买家巷镇曹家坡村

简　　介：曹家坡村共有13个合作社，315户，1620人，是一个东乡族、回族为主的山区行政村。总耕地面积2106亩，人均耕地面积1.3亩，2011年人均纯收入2400元。

1966 三甲集镇五户村

简　　介：五户村位于三甲集镇东北部，北接东乡县，西接小沟村，东南濒临洮河。全村共有14个合作社，620户，3246人，人均纯收入2363元。主要有回、东乡2个民族，全村共有5个宗教场所，2所小学，劳动力1241人，耕地面积1884亩，粮播面积1803亩，农业总产值499万元，粮食总产量达769600公斤，大牲畜存栏413头，羊存栏2454只，羊出栏1300只；全膜玉米推广覆盖率98%。

1967 三甲集镇甘坪村

简　　介：甘坪全村共有10个合作社，总户数535户，主要有回族和东乡2个民族，全村共有7个宗教场所，1所小学，劳动力1189人，耕地面积2068亩，人均耕地0.7亩，粮播面积1867亩，地膜覆盖率98%。人均占有粮食324公斤，人均纯收入达到2289元，该村群众素有养殖传统现大牲畜存栏365头，羊存栏2081只，羊出栏1026只。

1968 三甲集镇黑山村

简　　介：黑山村位于三甲集镇南部山区，共有9个合作社，253户，1526人，共有耕地面积1552亩，人均占有耕地1亩，人均纯收入2441元。2011年，在一社高咀建成联户养殖小区1个，小区现有养殖户9户，现存栏羊300只，牛10头。

1969 阿力麻土乡巴家村

简　　介：巴家村位于阿力麻土乡北部，东南临古城村，西靠大庄村，北接东乡县赵家乡、那勒寺乡，是一个纯东乡族聚居村。全村共辖8个合作社，285户，1469人。全村现有宗教活动场所5处；现有小学2所，其中六年制学校1所，四年制学校1所，教职工8人。现有在校学生185名，其中中学生25名，小学生160名。全村现有耕地1936亩，人均1.37亩。支柱产业是农业、畜牧业和劳务输出三大类，其中农业以种植洋芋和旱作玉米为主。2011年，农民人均纯收入1950元。

1970 祁家集镇黄家沟村

简　　介：黄家沟村位于祁家集镇南部山区，石排路贯穿全村，路西水泉乡，北边是黄家沟村，全村辖10个社，总户数320户，总人口1570人，耕地面积1500亩，人均1.02亩，完成人工造林1000亩，人均年纯收入2030元。现有五年制小学1所，医疗室1所，学生100人，清真寺7座。

1971 祁家集镇蔡王家村

简　　介：蔡王家村位于祁家集镇北部，全村辖17个合作社，764户，3776人，有清真寺10座，是一个以种植和畜牧养殖为主的农业村。牛存栏1330头，羊存栏5430只。2011年人均纯收入2980元。该村村委会修建于2010年，占地0.7亩，办公场所面积115平方米。全村现有耕地面积2157亩，劳动力2300人，外出打工人员1160人。

1972 三甲集镇沙家村

简　　介：沙家村位于三甲集镇中部，系镇政府和县中西医院所在地，全村共有14个合作社，796户，4450人，耕地面积2250亩，人均占有耕地0.5亩，人均纯收入2528元。

1973 三甲集镇小沟村

简　　介：小沟村位于三甲集镇北部，东与五户村相连，南邻甘坪村，西北接东乡县，总面积6.6平方公里。全村辖7个合作社，总户数189户，户总人口951人。主要有回族、东乡族两个民族，共有劳动力461人，耕地面积1440亩，人均纯收2444元。现有规模联户养殖户20户。现有小学1所，在校学生148人，教职工87人，共有宗教活动场所4处。全村共有农民党员17名。

1974 城关镇赵家村

简　　介：广河县城关镇赵家村是一个以农业为主的大村，位于县城西南部，北靠阿里麻土乡，西接大杨家村，南连庄禾集镇，东与西关村毗邻，全村17个社，1040户，5593人，其中少数民族人口为5572人，占全村人口的99.6%；全村11个社已通水泥路，6个社道路还没有硬化，有劳动力1672人。农业人口占总人口的98%，农民人均纯收入2160元。总耕地面积2125亩，山旱1250亩，水地875亩，人均0.35亩。全村牛栏数达1200头，全村羊栏数达2500只，养殖规模户达51户。参加农村合作医疗保险人数为4200人，参加新型农村社会养老保险人数为1400人。上半年参加各类培训人数为653人，输出转移劳动力255人。

1975 水泉乡园子村

简　　介：园子村位于水泉乡中部，东邻水泉村，西接克那村，南靠康乐县流川乡，北连祁家镇。总面积5.6平方公里，耕地面积2722亩。该村辖10个合作社，429户，总人口2043人，女989人。民族结构以回族和东乡族为主。目前，全村兴建联户养殖点1处。全村牛存栏1250只，羊存栏2150只。依靠县上项目大力支持，发展青贮窖85座1650立方米。全年转移劳动力330多人。

1976 阿力麻土乡兰家村

简　　介：兰家村位于阿力麻土乡西部，该村东至赵家村，西至和政县三合乡，南与买家巷镇隔河相望，北至阿力麻土村。康临高速、三蒿公路川境而过，总占地面积为11平方公里。全村现有15个农业合作社，513户，2749人，98.5%为东乡族，青壮年劳动力1714人。全村现有宗教活动场所5处；现有学校1所，专职教师10人，在校学生220人，适龄儿童入学率98.5%。耕地面积2008亩，人均占有耕地0.8亩，该村的产业结构以种植农作物和经济作物为主。2011年农民人均纯收入为2300元。

1977 祁家集镇寺后子村

简　　介：寺后子村位于祁家集镇西部，全村辖12个社，总户数466户，总人口2477人，其中贫困人口1750人，总耕地面积1122亩。现有六年制小学1所（学生352人），清真寺7座。全村牛存栏290头，羊存栏1289只，人均年纯收入956元。

1978 买家巷镇武家坪村

简　　介：武家坪村共有8个社，253户，1350人，是一个回、东乡族聚居村。全村总面积3254亩，耕地面积1610亩，2010年人均纯收入2150元，农作物种植以小麦、玉米、油菜为主。全村清真寺4座，四年制小学1座。共硬化村道路3.2公里；中南部饮水工程管线入户工作，已于今年6月全部完成，自来水入户率达到100%。目前全村牛、羊存栏分别达到198头、1280只，畜牧业人均收入达到1000元，计划今年建设联户养殖点1处，劳务输出人均年收入2000元，创收达40余万元。

1979 三甲集镇南山村

简　　介：三甲集镇南山村地处三甲集南部山区，全村共7个合作社，总户数215户，总人口1189人，有回、东乡两个民族，耕地面积2250亩，人均占有1.8亩。辖区内现有小学1所。近年来已落实城市低保、农村五保54户，计229人，落实率为18%，本村属纯山区，因自然、地理位置等原因，有155户近70%的人仍处在贫困状态。

1980 祁家集镇田家村

简　　介：田家村位于祁家集镇东北部，全村辖11个社，总户数536户，总人口2944人，总耕地面积1505亩，完成人工造林1700亩。现有六年制小学1所（学生334人），清真寺5座。全村牛存栏530头，羊存栏2000只，人均年纯收入1000元。全村有外出务工人员600人，共硬化道路3.5公里。全村共有村干部4名，其中书记、主任、副主任、会计各1名。

1981 庄窠集镇司家坪村

简　　介：司家坪村全村共有8个社，340户，1850人；耕地面积1850亩，人均1亩，农民人均纯收入1600元；村内现有小学1所，在校生55人。1个社已实现通社道路硬化，完成道路硬化1公里；全村共有宗教场所8处（其中7处为清真寺，1处为寺庙）；全村自来水入户率达到100%。2011年动员输出劳动力300多人次，其中大中专生1人次，两后生10人次，其他人员290多人次。农村合作医疗参保率为98%；城乡居民养老保险参保率为40%，60岁以上养老金发放175人。

1982 官坊乡阳屲庄村

简　　介：阳屲庄村位于广河县城东南10公里，距官坊乡政府10公里，属二阴高寒山区，是一个以农牧业为主的山区贫困村，全部为回族和东乡族。全村辖11个合作社，共288户,1479人(其中城镇户口10户、24人，农村人口1455人)。全村耕地面积1579亩，人均1.1亩。主要种植地膜玉米、脱毒洋芋、啤特果和双低油菜等粮食作物和经济作物。对山公路穿过该村，交通便利。全村农业总产值达210万元，粮食总产量180吨，农民人均纯收入3057元。

1983 祁家集镇孙家村

简　　介：孙家村位于祁家集镇西部，全村辖3个合作社，423户，2230人，是一个以种植和畜牧养殖为主的农业村，2011年人均纯收入3150元。该村村委会修建于2010年，占地0.7亩，办公场所面积115平方米。

1984 水泉乡排套村

简　　介：排套村位于水泉乡最北面，西邻康坪村，东接水泉村，南靠园子村，北连祁家集镇。总面积6.0平方公里，耕地面积2488亩。该村辖7个合作社，327户，总人口1614人。民族结构以回族和东乡族为主。该村以农业种植为主，依托产业链发展畜牧养殖业以及外出务工为经济来源。目前，大型养殖点14处。全村牛存栏980只。羊存栏3270头，依靠县上项目大力支持。全年转移劳动力250多人。

1985 三甲集镇陈家村

简　　介：陈家村位于三甲集镇东面，兰郎公路北侧，兰临高速公路南侧，距兰临高速公路三甲集出口1公里，全村共有10个合作社，698户，人口3533人，耕地面积1190亩，人均占有耕地0.33亩，人均纯收入3203元。陈家村交通便利，商贸流通活跃，基础实施完善，通社道路硬化率达75%。辖区内现有六年制小学1所。

1986 官坊乡河滩村

简　　介：河滩村位于广河县城西南10公里，距官坊乡政府4公里，属二阴山区，是一个以农业为主的山区村落，全部为回族和东乡族。全村11个合作社，共245户，1159人（其中城镇户口15户，21人，农村人口230户，1138人），全村耕地面积2050亩，人均1.8亩。主要种植地膜玉米、脱毒洋芋、啤特果和双低油菜等粮食作物和经济作物。马官公路穿过该村，交通便利。全村粮食总产量950吨，农民人均纯收入2907元。

1987 齐家镇黄家村

简　　介：黄家村地处齐家镇南部，距离临园15.2公里，水排路穿境而过。居民全部为少数民族，主要是回族、东乡族。南面与康乐县虎关乡毗邻，西面与齐家镇周家山村相连，是一个干旱的山区村。黄家村辖13个合作社，有12个自然村，分别为米家窑、老庄、黄家、山庄、张家、马岔湾、赵家山、槐沟湾、槐沟、张家咀、陈家、阳洼，现有农户277户，1432人，清真寺10座。全村耕地面积2807亩，劳动力602人，农民主要经济来源是玉米与马铃薯为主的种植业。农民人均纯收入1862元。为了极大改善群众的居住环境，在黄家村实施了新农村建设项目，每户建房群众政府补助4万元。2010年开工修建33户，已完成30户。

1988 祁家集镇徐牟家村

简　　介：徐牟家村位于祁家集镇中西部，全村辖5社，总户数238户，总人口1425人，总耕地面积1467亩（人均1.1亩）其中山地523亩，水地944亩，完成人工造林568.7亩。现有六年制小学1所（学生315人，其中女106人），清真寺2座。全村牛存栏105头，羊存栏1856只，人均年纯收入1900元，经济收入主要来源于畜牧业养殖和劳务打工。全村有外出务工人员346人，参合人数1100人，养老保险370人。

1989 齐家镇周家山村

简　　介：周家山村地处齐家镇南部，距离临园 16.3 公里，水排路穿境而过。居民全部为少数民族，主要是回族、东乡族。南面与康乐县虎关乡毗邻，西面与齐家镇红庄村相连，是一个传统的农业村。气候干燥，温度适宜，热量充足，四季分明，年降雨量少。周家山村辖 12 个合作社，有 9 个自然村，分别为张家窑、新庄、吓梁、柳沟、周家山、东湾、和岘、马家沟、王家山，现有农户 243 户，1197 人，清真寺 6 座。全村耕地面积 2004 亩。劳动力 869 人，农民人均纯收入 1852 元。农民经济来源是以玉米与马铃薯为主的种植业，是我镇旱作农业主产区。多数村社道路已拓宽改造完成。

1990 城关镇李家坪村

简　　介：城关镇李家坪村位于广河县城关镇南部山区，现辖 11 个农业合作社（山区 9 个，川区 2 个），总户数 398 户，2025 人，耕地面积 2956 亩，人均 1.5 亩，主要农作物为玉米。畜牧养殖为特色产业，2011 年全村大牲畜存栏 940 头，羊存栏 2150 只。六年制小学 1 所，在校学生 219 名。2011 年农民人均纯收入 3080 元。

1991 城关镇火红村

简　　介：火红村位于城关镇中部，距镇政府 1 公里，共有 8 个合作社，368 户，1921 人，均为少数民族。农村劳动力 956 人，耕地面积 720 亩，人均 0.7 亩；2011 年全村农民人均纯收入 3500 元，目前全村尚有人均纯收入 2300 元以下的贫困户 120 户，占全村总户数的 32.6%。粮食总产量为 393805 公斤，人均占有粮食为 205 公斤。村内现有小学 1 所，在校生 258 人；全村牛存栏 80 头，羊存栏 1670 只。全村 8 个合作社现均已实现通社道路硬化。2011 年动员输出劳动力 210 多人次，其中大中专生 7 人次，两后生 25 人次，其他人员 178 多人次。参加新型农村合作医疗 1519 人；参加城乡居民养老保险 333 人，60 岁以上养老金发放 187 人。

1992 三甲集镇上集村

简　　介：上集村位于三甲集镇西部，兰郎公路沿线，行政区划面积 6 平方公里，12 个合作社，980 户，5880 人，耕地面积 2713 亩。辖区内建有综合市场 1 个，乡镇企业 5 家，清真寺 6 座，中学 1 所，上集小学是全镇学区所在地。全村自来水受益户 870 户，自来水受益人口 4785 人；通电户数 980 户；村医务室 3 个，从业人员 6 个；适龄儿童入学率 95%；水文站 1 个。全村贫困户 390 户，2145 人，占总人口的 36.5%。村委会内设有农家书屋，离退休干部活动点以及农村党员干部远程教育接受站点等。

1993 城关镇李家河村

简　　介：李家河村地处城关镇，广通河北岸，位于县城东北面。距城 5 公里。全村有 6 个社，现有农户 386 户，总人口 1979 人。全村耕地面积 1040 亩，人均耕地面积 0.54 亩。农民年人均纯收入 2200 元。李家河村小学有学生 420 人。清真寺 4 座，全村已全部通电，自来水已入户，广播电视全覆盖。

1994 买家巷镇买家巷村

简　　介：买家巷村地处兰郎公路 115.5—116.5 公里处，共有 5 个合作社，570 户，2739 人，耕地 1390 亩，人均 0.5 亩。2004 年，建成综合市场 1 处；2006 年，拓宽硬化了南北街道路；2008 年，引进外商，在废弃 8 年的纺织厂旧址上，建成养殖规模 5 万只的养鸡厂 1 处；2011 年硬化了全村 80% 的通户道路。

1995 买家巷镇蔡家窑村

简　　介：蔡家窑村共有10个社，201户，1129人，是一个回族、东乡族聚居村。耕地面积1585亩，人均占有耕地1.4亩，2011年人均纯收入2150元。该村现有村干部3名，有党员21人。已初步形成了双垄沟玉米、畜牧养殖、劳务输出三大支柱产业。劳务输出人均年收入1100元，创收达200余万元。在文化建设工作中，该村突出实施"农家书屋、文化共享工程"两项工程。

1996 祁家集镇朱家坪村

简　　介：朱家坪村位于祁家集镇北部，全村辖17个合作社，278户，2696人，有清真寺九座。是一个以种植和畜牧养殖为主的农业村，耕地面积2420亩。牛存栏1400头，羊存栏7200只；2011年人均纯收入2920元。该村村委会修建于2010年，占地0.8亩，办公场所面积85平方米。

1997 庄窠集镇对康村

简　　介：对康村全村共有9个社，387户，2013人；耕地面积1939亩，人均1.03亩，农民人均纯收入3520元；村内现有小学1所，在校生160人。1个社已实现通社道路硬化，2010完成道路硬化2公里；全村共有宗教场所10处（全部为清真寺）；全村自来水入户率达到69%。2011年动员输出劳动力300多人次，其中大中专生20人次，两后生50人次，其他人员200多人次。农村合作医疗参保率为95%；城乡居民养老保险参保率为40%，60岁以上养老金发放203人。

1998 买家巷镇上王家村

简　　介：上王家村隶属于买家巷镇，全村共有10个村民小组，210户，1050人，是一个东乡族、回族为主的山区行政村。总耕地面积1700亩，人均耕地面积1.7亩，2011年人均纯收入2415元。2011年该村被镇党委、镇政府评为养老保险和医疗保险工作先进村。目前，全村10个社中6个社村社道路已完成拓宽改造硬化，拓宽改造硬化长度达6.8公里，自来水入户率达到100%。在此基础上，该村按照"一村一品"的发展策略，全力培育主导产业，已初步形成了以"旱作农业、畜牧养殖、劳务输出"为主导的三大支柱产业。目前全村牛、羊存栏分别达到180头、1000只，畜牧业人均收入达到1200元；以"北上摘棉、南下拉面"为代表的劳务输出产业也已初具规模，每年劳务输出人数达400多人，创收达150多万元。

1999 祁家集镇祁家集村

简　　介：祁家集村位于祁家集镇中心，全村辖13个社，总户数650户，总人口4100人，总耕地面积5545亩（人均1.35亩）。全村有农民党员40人，其中女党员6人。现有六年制小学1所，教学点1处（学生806人），清真寺6座。全村牛存栏890头，羊存栏1800只，人均年纯收入1980元。全村有外出务工人员750人。

2000 三甲集镇水家村

简　　介：该村是一个以回族、东乡族、汉族多民族混合居住的一个村，位于广河县三甲集镇东段，俗称"临夏州的东大门"。全村共辖17个合作社，共有农户1089户，总人口5575人，其中回族、东乡族占总人口的90%。全村共有耕地面积1639亩，人均耕地面积0.29亩。截至2011年已完成道路硬化7.5公里，还有4.5公里需要硬化。

2001 买家巷镇马家咀村

简　　介：马家咀村共有17个社，6户，3047人，是一个回、东乡族聚居村。全村总面积8200亩，耕地面积4200亩，2010年人均纯收入2758元。该村一方面全力争取县上支持，改善基础设施条件，共硬化村道路5条25公里；狠抓中南部饮水工程管线入户工作，已于今年6月全部完成，自来水入户率达到100%。另一方面，按照"一村一品"的方式，全力培育主导产业，已初步形成了畜牧养殖劳务输出两大支柱产业。目前全村牛、羊存栏分别达到445头、2255只，建成联户养殖点1处，畜牧业人均收入达到1200元；劳务输出人均年收入5600元，创收达200余万元。马家咀揉丝打包点共有工作人员5名，揉丝机1台，打包机2台，粉碎机1台。该揉丝打包点主要负责买家巷村、马家咀村、王家村3个村农户玉米秸秆揉丝打包工作，在具体工作开展中全面实施计件工资机制。

2002 祁家集镇高家村

简　　介：高家村位于祁家集镇东部，康临高速穿村而过，交通便利，全村辖10个社，总户数320户，总人口2400人，耕地面积970亩，人均0.65亩，完成人工造林1000亩，人均年纯收入2050元。现有六年制小学1所，学生300人，清真寺7座，全村呈现出安定团结的良好局面。

2003 庄窠集镇大庄村

简　　介：大庄村位于广河县庄窠集镇南部，全村共有14个合作社，495户，2420人，2013年人均纯收入3340元。全村共有耕地面积3666亩，人均1.5亩，主要种植玉米、小麦、油菜、马铃薯等农作物；全村共有14个合作社，6个社已实现通社道路硬化；全村自来水入户率达到98%；村党支部共有党员31人，其中女党员2人。大庄村易地搬迁项目总投资2672.5万元，该项目对大庄村山区社的160户贫困户，933人有计划有步骤的实施整体易地搬迁，计划恢复农田96亩，修建防洪堤440米，人饮工程1处，硬化道路2.9公里，安装变压器1台套，移民安置房及附属设施18361.6平方米，已架设农电线路400米。该工程在2014年5月动工，现已完成了150户移民安置房房屋主体建设任务，计划明年初可全部入住。

2004 水泉乡张家村

简　　介：张家村位于水泉乡东部，东邻新庄村，西接水泉村，南靠康乐县虎关乡，北连三甲集南山。总面积6.0平方公里，耕地面积2444亩。该村辖10个合作社，344户，总人口1632人，女856人。民族结构以回族和东乡族为主。该村以农业种植为主，依托产业链发展畜牧养殖业，以及外出务工为经济来源。目前，全村兴建大型养殖点3处。全村牛存栏355头，羊存栏1100只。全年转移劳动力250多人。

2005 祁家集镇谢家村

简　　介：谢家村位于祁家集镇西北部，全村辖14个社，总户数441户，总人口2143人，总耕地面积1672亩，人均0.8亩，完成人工造林700亩。现有六年制小学1所，学生386人，清真寺6座。全村牛存栏290头，羊存栏1289只，人均年纯收入1950元。全村有外出务工人员488人，共硬化道路2.5公里。全村共有村干部5名，其中书记、主任、会计、大学生村官、村级计划生育专干各1名。

2006　阿力麻土乡古城村

简　　介：阿力麻土乡古城村位于本乡中部，也是乡政府所在地。该村东至贾家村，西至赵家村，南与买家巷镇王家村隔河相望，北与东乡县赵家村接壤，康临高速、三嵩公路穿村而过，总占地面积为11.8平方公里。全村现有合作社18个，其中山区社4个，川区社14个，总人口3430人，总户数663户，是纯东乡族村。全村现有宗教场所10处，其中清真寺9处，拱北1处。现有学校2所，专职教师14人，在校学生332人，适龄儿童入学率98.5%。该村现有宽5米以上进村道路9条12公里，其余均为2米至5米以下道路，共25条13公里，路况均为土路。现有灌水主干渠道2条（其中大坪渠长2.5公里，灌农田750亩，新利渠长3公里，灌农田600亩）。全村现有耕地面积2480亩，人均占地0.763亩，产业结构以种植农作物和经济作物为主。2011年种植农作物共1830亩，其中种植玉米1400亩，洋芋320亩，小麦110亩；经济作物以种植油菜和木香为主，2011年共种植650亩，其中种植油菜150亩，木香500亩。2011年农业总产值515万元，农民人均纯收入为2250元。农民经济收入以劳务、经商、种植农作物为主。

2007　三甲集镇宗家村

简　　介：宗家村位于三甲集镇最西端，兰郎公路临村而过，约离镇中心4公里。全村总住户数497户，总人口2987人。全村共有10个生产组，人均收入3284元，耕地面积1308.94亩。

2008　买家巷镇张家山村

简　　介：张家山村共有10个社，252户，1404人，是一个回、东乡族聚居村。全村总面积3025亩，耕地面积1574亩，2010年人均纯收入2345元。张家山村全村水泥硬化道路全长15公里，路面宽4.5米，彻底解决了全村村民的出行难题。同时在道路养护工作中全面实施道路养护工作责任制，结合全镇环境整治工作开展，指定专人定期对路面进行清扫工作，确保路面清洁干净。张家山村联户养殖点占地6.9亩。该养殖点是采取"集中养殖、分户经营、单独核算"模式的新型农牧业合作社。目前，养殖点共有养殖户20户，标准化牛羊圈舍119余间，羊存栏800只、牛存栏30头。每年羊出栏6次，羊纯利润120元/只/次，每年牛出栏2次，牛纯利润2000元/头/次。养殖点每年可实现利润22.4万元。

2009　庄窠集镇新民村

简　　介：新民村共有15个合作社，368户，1842人，2013年人均纯收入3130元。全村共有耕地面积2654亩，人均1.5亩，主要种植玉米、小麦、油菜、马铃薯等农作物；全村共有15个合作社，2个社已实现通社道路硬化；全村自来水入户率达到98%。村党支部共有党员32人，其中女1人。新民村易地搬迁项目于2008年11月省发改委批准立项建设，总投资57.6万元，其中政府投资24万元，群众自筹33.6万元。该项目对山区社的48户贫困户，240人有计划有步骤的实施整体易地搬迁，改造农田24亩，修建防洪堤1公里，人饮工程2处，修建桥梁1座，架设农电线路30公里，安装变压器9台套。该工程在2009年2月动工，于2009年9月完成了48户移民安置房等所有建设任务，现已全部入住。

2010　庄窠集镇红星村

简　　介：红星村全村共有9个社，296户，1430人；耕地面积2047亩，人均1.43亩，农民人均纯收入 3220 元；村党总支部共有党员 20 人；全村共有宗教场所 2 处（全部为清真寺）；全村自来水入户率达到 95%。2011 年动员输出劳动力 300 多人次，其中大中专生 4 人次，两后生 50 人次，其他人员 240 多人次。农村合作医疗参保率为 98.2%；城乡居民养老保险参保率为 72%，60 岁以上养老金发放 165 人。

2011 齐家镇王家沟村

简　　介：王家沟村地处齐家镇东北部，距离三甲集镇 8.3 公里。居民全部为少数民族，主要是回族、东乡族。南面与魏家咀村相邻，西面与三甲集镇南山村相望，北与三甲集镇陈家村相连，是一个传统的农业村。气候干燥，温度适宜，热量充足，四季分明，年降雨量少。王家沟村辖 9 个合作社，有 9 个自然村，分别为茨滩、砂仁沟、宋家、王家山头、东湾、新庄、丰台、王家沟、边家新庄，现有农户 215 户，1023 人，清真寺 7 座。全村耕地面积 2516 亩。劳动力 697 人，农民人均纯收入 1895 元。畜牧养殖以户为单位，没有形成一定规模的养殖场，基本没有经济作物种植。村里的大多数青壮年以外出务工为主，农民主要经济来源是玉米与马铃薯为主的种植业，是我镇旱作农业主产区，秋覆膜、顶凌覆膜占耕地面积的 55%。

2012 城关镇双泉村

简　　介：双泉村辖 15 个合作社，有 836 户，3346 人，其中少数民族人口为 3086 人，有劳动力 1543 人。上年参加各类培训人数为 120 名，输出转移劳动力 352 人，上年外出务工人员 300 人，农民人均纯收入 3825 元。全村耕地面积 3015 亩，人均 0.9 亩。农业生产以种植小麦、玉米、洋芋等作物为主。参加新型农村合作医疗人数为 2746 人，参加城乡居民养老保险人数为 1064 人。

2013 齐家镇新民滩村

简　　介：新民滩村地处齐家镇中北部，距离临园 5 公里，交通十分便利。全部为少数民族，主要是回族、东乡族。东面与临洮县新添镇隔河相望，南、西、北面分别与齐家镇黄家湾村、王家沟村、上马家村相连。新民滩村辖 12 个合作社，有 4 个自然村，分别为白土湾、桑家湾、河湾、新民滩，现有农户 445 户，2631 人，清真寺 3 座。全村耕地面积 1398 亩。劳动力 774 人，农民人均纯收入 2672 元，人均占有粮食 242 公斤。农民经济来源主要依靠种植业、批零贸易业、劳务业，以玉米与小麦为主。境内现有新民滩电厂、新民滩砖厂、新民滩铁厂 3 家企业。

2014 城关镇石那奴村

简　　介：石那奴村位于广河县城关镇以北，全村共有 13 个合作社，520 户，2530 人，全村总耕地面积 1290 亩，人均 0.5 亩，农村劳动力 1040 人，2011 年农民人均纯收入 1780 元，自来水入户率 98%。农村合作医疗参保率为 98.6%，城乡居民养老保险参保率为 50.03%。该村主要种植玉米、洋芋等。经济收入以种植业、养殖业和劳务输出为主。资源相对匮乏，特别是山区两个社交通不便，山路崎岖，车辆通行难，给群众日常生产生活和物资运输带来了极大不便，严重影响了经济发展。

2015 官坊乡山庄村

简　　介：山庄村位于广河县城东南 16 公里，距官坊乡政府 6 公里，属二阴山区，是一个以农业为主的山区村落，全部为回族和东乡族。全村 11 个合作社，共 256 户，

1341人(其中城镇户口8户,16人,农村人口248户,1325人)。全村耕地面积2012亩,人均0.66亩。主要种植地膜玉米、脱毒洋芋、啤特果和双低油菜等粮食作物和经济作物。对山公路穿过该村,交通便利。全村农业总产值达168万元,粮食总产量185吨,农民人均纯收入1325元。

2016 城关镇马力庄村

简　　介:马力庄村是城关镇3个山区村之一,全村总户数265户,总人口1429人。人均耕地面积1亩,以种植玉米为主,全膜玉米种植面积610亩。通村道路硬化率100%,通社道路总里程5公里,已硬化2公里,硬化率40%。总劳动力780人,外出务工人员180人,主要在河北石家庄、福建、江苏无锡等地从事餐饮服务业。

2017 水泉乡克那村

简　　介:水泉乡克那村位于水泉乡中部,东邻园子村,西接牛康家村,南靠康乐县流川乡,北连祁家镇。总面积6.1平方公里,耕地面积3372亩。该村辖16个合作社,506户,总人口2834人,女1350人。民族结构以回族和东乡族为主。该村以农业种植为主,依托产业链发展畜牧养殖业以及外出务工为经济来源。目前,全村兴建联户养殖点5处。全村牛存栏1100头,羊存栏1650只。发展青贮窖4座135立方米。全年转移劳动力500多人。

2018 祁家集镇陈家湾村

简　　介:陈家湾村位于祁家集镇南面大约5公里处,全村共有6个合作社,151户,820人,2014年人均纯收入达3406元。全村总耕地面积1605亩,人均约1.96亩。有清真寺4座,小学1所,共有学生170人,入学率达95.5%。

2019 水泉乡牛康家村

简　　介:牛康家村位于水泉乡中上段,西邻老庄村,东接克那村,南靠康乐县流川乡,北连祁家集镇。总面积5.1平方公里,耕地面积2410亩。该村辖12个合作社,371户,总人口1915人,女987人。民族结构以回族和东乡族为主。该村以农业种植为主,依托产业链发展畜牧养殖业以及外出务工为经济来源。目前,联户养殖点1处,大型养殖点2处。全村牛存栏381头,羊存栏2980只。依靠县上项目大力支持,全年转移劳动力270多人。

2020 齐家镇上马家村

简　　介:上马家村地处齐家镇北部,距离临园3公里,交通十分便利。全部为少数民族,主要是回族、东乡族。东面与临洮县新添镇隔河相望,南、西、北面分别与齐家镇新民滩村、王家沟村、邓家湾村相连。上马家村辖8个村民小组,有4个自然村,分别为刘家、水家场、上马家、申家滩,现有528户,2766人,劳动力672人,农民人均纯收入2835元。全村耕地面积771亩,人均占有粮食256公斤。农民经济来源主要依靠种植业、批零贸易业、劳务及餐饮业,种植以玉米为主。群众生活用水来源于浅井水。村内现硬化道路3公里。境内现有上马家砖厂1家企业,又是我镇禁毒帮教基地。

2021 水泉乡草滩村

简　　介:草滩村位于水泉乡最西段,西邻庄禾集,东接老庄村,南靠康乐县白王乡,北连城关镇。总面积6.5平方公里,耕地面积6074亩。该村辖15个合作社,449户,总人口2452人,女1023人。民族结构以回族和东乡族为主。东乡族占97%,回族占3%。

该村以农业种植为主，依托产业链发展畜牧养殖业以及外出务工为经济来源。目前，全村兴建联户养殖点1处。大型养殖点150处。全村牛存栏460头，羊存栏28000只。发展青贮窖6座1000立方米。全年转移劳动力470多人。

2022 三甲集镇头家村

简　　介：头家村位于三甲集镇北部，康临高速穿境而过，交通便利，全村辖5个社，总户数310户，总人口1710人，耕地面积1800亩，人均1.1亩，完成人工造林600亩，人均年纯收入2050元。现有六年制小学1所，学生150人，清真寺4座。

2023 水泉乡水泉村

简　　介：水泉乡水泉村位于水泉乡中部，东邻张家村，西接园子村，南靠康乐县流川乡，北连祁家镇。总面积6.3平方公里，耕地面积2713亩。该村辖13个合作社，417户，总人口2359人，女1150人。民族结构以回族和东乡族为主。该村以农业种植为主，依托产业链发展畜牧养殖业以及外出务工为经济来源。目前，全村兴建联户养殖点1处。全村牛存栏512头，羊存栏1350只。发展青贮窖2座55立方米。全年转移劳动力230多人。

2024 庄窠集镇宋家山村

简　　介：宋家山村全村共有10个社，263户，1380人；耕地面积1870亩，人均1.36亩，农民人均纯收入1600元；村内现有小学1所，在校生202人。5个社已实现通社道路硬化；全村共有宗教场所2处（全部为清真寺）；全村自来水入户率达到97%。2011年动员输出劳动力300多人次，其中大中专生4人次，两后生20人次，其他人员270多人次。农村合作医疗参保率为98%；城乡居民养老保险参保率为40%，60岁以上养老金发放65人。

2025 齐家镇魏家咀村

简　　介：魏家咀村地处齐家镇中南部，距离临园15.2公里。居民全部为少数民族，主要是回族、东乡族。南面与红庄村相邻，西面与三甲集镇南山村相连，北与王家沟村相望，是一个传统的农业村。气候干燥，温度适宜，热量充足，四季分明，年降雨量少。魏家咀村辖12个合作社，分别为魏家咀、东疙瘩、西疙瘩、东沟、沟脑、拉坡、上边家、下边家、也崖、庙咀、上半山、下半山，现有农户280户，1428人。全村耕地面积3320亩。劳动力894人，农民人均纯收入1910元。畜牧养殖以户为单位，没有形成一定规模的养殖场，基本没有经济植物种植。村里的大多数青壮年以外出务工为主，农民主要经济来源是以玉米与马铃薯为主的种植业，是齐家镇旱作农业主产区，秋覆膜、顶凌覆膜占耕地面积的85%，全国旱作农业观摩大会常在这里举行。

2026 三甲集镇康家村

简　　介：康家村位于三甲集镇东北部，共有7个社，总户数466户，总人口2287人，耕地面积1633亩。康家村村级组织建设健全，现有农村党员总共25人，其中女党员4人。现有村干部4名，其中大专生两名，女干部1名。

2027 水泉乡康坪村

简　　介：康坪村位于水泉乡最北段，西邻祁家集黄家湾村，东接排套村，南靠克那村，北连祁家镇。总面积6.1平方公里，耕地面积1772亩。该村辖7个合作社，288户，总人口1349人，女685人。民族结构以回族和东乡族为主。该村以农业种植为主，依托产业链发展畜牧养殖业以及外出务工为经济来源。目前，全村牛存栏 300 只，羊存栏 1250 只。全年转移劳动力 270 多人。

2028 三甲集镇白庄头村

简　　介：白庄头村位于三甲集镇兰郎公路沿线，地理位置优越。现有 10 个社，总户数 480 户，总人口 2560 人，耕地面积 2120 亩，人均 0.86 亩；人均年收入 2500 多元。该村群众素有养殖传统，现有联户养殖点 2 处。2006 年实施了新农村建设项目，计划搬迁山区居民 54 户，现已搬迁入住 38 户，人口 160 人。有六年制小学 1 所，于 2006 年修建，投资 237 万余元，占地 11.7 亩，建筑面积 1678 平方米，平均 5.12 平方米，有教师 14 名，在校学生 328 人，其中女生 149 名。

2029 城关镇大杨家村

简　　介：城关镇大杨家村位于县城西部，兰郎公路沿线，共有 14 个合作社，673 户，总人口 3025 人。全村共有耕地面积 3200 亩，其中川地面积 1000 亩，山地 2200 亩，人均耕地面积约 1.06 亩，上年人均纯收入 2372 元。全村大型畜存栏 680 头，羊存栏 8525 只，新建规模联户养殖场 2 处，规模养鸡厂 20 户，鸡存栏 18.3 万只，农业总产值达 230.9 万元。全村共有各类道路 10 条 11.4 公里，目前已完成道路硬化 4 条 5.4 公里，自来水受益户 600 户，通电户 673 户，通电话户 600 户，村上建有村卫生所 1 处，村级小学 1 处，全村参加新型农村社会养老保险 800 人，参加合作医疗 2571 人。全村设有党支部 1 个，现有党员 25 人，其中男 22 人，女 3 人。

2030 城关镇西关村

简　　介：西关村有 10 个合作社，总人口 3343 人，567 户。上年参加各类培训的人数 25 人，输出转移劳动力数 25 人，人均耕地面积 0.11 亩，人均收入 2000 元。饮用安全饮水户数 567 户，上年参加新型农村合作医疗人数 3343 人，参保率为 95% 以上，上年参加新型农村社会养老保险人数 1003 人。

2031 官坊乡官房村

简　　介：官坊村位于广河县城西南 14 公里，属二阴山区，是一个以农业为主的山区村落，全部为回族和东乡族。全村 13 个合作社，共 307 户，1507 人（其中城镇户口 31 户，82 人，农村人口 276 户，1425 人）。全村耕地面积 2100 亩，人均 1.4 亩。主要种植地膜玉米、脱毒洋芋、啤特果和双低油菜等粮食作物和经济作物。马官公路穿过该村，交通便利。全村粮食总产量 750 吨，农民人均纯收入 1860 元。

（五）永靖县

2032 关山乡南堡村

简　　介：南堡村地处关山乡中心地段，距县城50公里。全村共有17个社，477户，2081人。有耕地4804亩，人均2.45亩，群众收入以种植百合为主。2013年，全村农民人均纯收入3336元。2013年，全村百合种植面积达3000亩，占全村总耕地面积的68%，与甘肃农业大学合作建成千亩优质百合示范点1处；完成双垄沟播玉米、地膜洋芋为主的旱作农业500亩。种植贝母、党参等中药材20亩，种植脱毒马铃薯原种50亩。成立村级产业发展互助社1家，入社社员236户，入社资金23.6万元，动员企业5家，注入资金20万元。全村产业结构更趋优化，产业实体更加壮大，农民收入稳定增加。全村大力开展以道路建设、人饮工程、村庄改造、植树造林为重点的基础建设。全村实施项目8个，总投资达1108万元，涉及道路建设、人饮工程、民生改善、产业培育等方面，为全村经济社会发展注入了活力。

2033 新寺乡大湾岘村

简　　介：大湾岘村位于新寺乡西北部干旱山区，南与红泉、川城两乡相连，北靠坪沟乡，总面积为13平方公里，平均气温9℃，平均海拔2100米，年降水量210毫米左右。全村共8个社，耕地面积2300亩，梯田1500亩，坡度25度以上山地300亩，该村现有人口376人，其中男179人，女197人，共有户数96户，其中农业户78户，非农户18户，该村常住户78户，276人，60岁以上人口51人，青壮年劳力148人，其中男72人，女76人，适龄儿童28人，入学28人。

2034 新寺乡王年沟村

简　　介：新寺乡王年沟村位于永靖县西部干旱山区，距县城98公里，总面积23平方公里。境内沟壑纵横，水资源利用率低，逢干旱季节人畜饮水非常困难。王年沟村是2011年确定的整村推进项目村，全村共辖8个社，136户，540人，有劳动力294人，截至2013年底，人均纯收入为1830元。耕地面积为2535亩，粮播面积2470亩，粮食亩产134公斤，粮食总产量为339.8吨，大牲畜存栏370头，羊存栏1135只。

2035 刘家峡镇古城社区

简　　介：古城社区成立于1979年。办公地点位于古城十字街，现租赁中国水电四局铁路分局办公楼一楼，面积约80平方米。目前社区管辖东至电力公司家属院，西至永靖县汽车检测站，南至炳灵酒厂，北至古城水泥厂，占地面积约9.2平方公里；小区共9栋住宅楼，平房区11处，共分居民小组七个，户籍人口 2148 人，常住人口 623 户，1179 人；流动人口 222 人，州县企业单位 13 家，出租铺面 58 家。古城社区"两委"班子成员由 6 人组成，社区全体工作人员将秉承"为民务实清廉"的服务宗旨，广泛协调社会关系，与辖区成员单位、全体居民共建文明、健康、安全、和谐、环境优美的新社区。

2036 关山乡青山村

简　　介：青山村位于关山乡东部，是关山乡辖区行政村之一，共有 3 个社，65 户，227 人，全村耕地面积 635.5 亩，人均耕地 2.65 亩，群众居住分散，出行交通不便，土地干旱贫瘠，群众收入增长缓慢，经济来源以种植百合和外出打工为主。2013 年，全村农民人均纯收入 3200 元。近年来，青山村不断调整产业结构，全村百合种植面积达 378 亩；成立村级产业发展互助社 1 家，入社社员 37 户，入社资金 3.7 万元，动员企业 9 家，注入资金 20 万元。大力开展以道路建设、人饮工程、村庄改造、植树造林为重点的基础建设。完成了投资 170 万元的青山村土地开发整理项目，有效解决了百合倒茬存在土地不足的难题，改变了过去农业生产全靠人背驴驮的现状；乡上出资 8 万元，引进了 16 只良种公羊，给徐家湾村、青山村养殖大户进行了发放，动员养羊大户发展联户养殖和分散暖棚养殖，扩大养羊规模，增加养殖业收入。完成了投资 20 万元的青山村委会搬迁项目；投资 350 万元实施红光村上蒲家社至青山道路通畅工程。

2037 刘家峡镇化工社区

简　　介：社区常住人口 3520 户，4070 人。参加医疗保险 539 人，孤儿 4 人，优抚对象 10 人。共有计生小组 13 个，分管 24 栋家属楼及流动人口。独生子女领证 516 户，特别扶助对象 5 人。文化广场健身队 1 个，歌唱队 1 个，乒乓球队 1 个，棋牌队 1 个。

2038 刘家峡镇罗川村

简　　介：罗川村位于黄河以南，属盐锅峡水库移民村，现有 564 户，2381 人，耕地 1558 亩，人均占有耕地 0.76 亩，人均纯收入 3033 元，人均占有粮食 301 公斤。近年来，罗川村利用刘兰公路、刘临公路的便利条件和地处郊区等区位优势，依托蔬菜产业为龙头，大力发展特色产业。现全村拥有高效暖棚 1600 多座，种植黄瓜、西红柿等无公害蔬菜 1250 亩，年产蔬菜 3000 余吨。大力发展特色农业基地建设，现投资 1500 余万元建成罗川台农业循环示范园，建成高效暖棚 789 座，四位一体的示范棚 2 座，沼气池 100 座，基本建成蔬菜批发市场 1 个，建成千头猪场和万头猪场各 1 个，经济林 400 余亩，硬化道路 2.3 公里，为全村特色产业打下了坚实的基础，同时依托区位优势大力发展畜牧业、劳务产业，全村畜牧业收入达 100 万元，输转劳务 1000 人（次），收入达 200 万元，有效增加了农民收入。

2039 关山乡朱家岭村

简　　介：朱家岭村位于永靖县关山乡东部山区。全村共 12 个社，229 户，924 人，现有耕地 2827 亩，人均耕地 3.06 亩，多为坡度 15 度以上的坡耕地。全村共有低保户 79 户，235 人，分别占全村的 34.50%、25.43%。2013 年，农民人均纯收入 3250 元。近年来，朱家岭村大力开展以道路建设、人饮工程、村庄改造、植树造林为重点的基础建设。百合、旱作农业不断得以发展；建成养成场 1 处，年出栏达 500 多头；近年来，全村硬化村社道路 6 公里 2 万平方米，门台

16户3200平方米，铺砂改造村社道路1条1.6公里；投资180万元的南堡村至朱家岭岘子4公里通畅道路，已硬化3.3公里。

2040 红泉镇树湾村

简　　介：树湾村位于红泉镇政府东北方向，离镇政府3公里，村庄面积为8.27平方公里，总耕地面积2386亩。全村共有6个社，89户，376人。全村产业以种植业和养殖业为主，种植业以双垄沟播玉米和脱毒马铃薯为主，养殖业以牛羊为主。2013年该村调整产业结构，试种黄芪、党参等中药材450亩，取得了很好的收益，计划未来几年继续扩大中药材的种植，使其逐步成为该村的支柱性产业。

2041 太极镇中庄村

简　　介：中庄村位于黄河北岸，是太极镇政府驻地村。共有11个社，1021户，4233人，耕地面积3419亩，2012年农民人均纯收入4103元。村党委下设5个党支部，共有党员193名。2009被确定为省级新农村建设试点县、试点村和全县基层党建示范点。近年来，中庄村充分利用交通、区位等优势资源，以建设旅游特色新农村为目标，加大水电气等基础设施建设力度，培育壮大四大支柱产业（温棚种植、生态养殖、休闲旅游、个体经济），群众生产生活水平显著提升。在基础设施建设上。全村村社巷道基本实现了硬化，在文化广场配备了各种健身器材，安装了太阳能路灯。近三年完成危旧房改造300多户，实施了涉及中庄村210多户群众天然气入户工程和污水管网改造工程。进一步扩大三马台现代农业示范园区建设规模。同时，改造新建采摘棚。以建设旅游特色新农村和城乡一体化建设为契机，鼓励群众创办旅游经济实体和农家乐，引导部分群众向第二、三产业转移，让一技之长的农民青年就近就地实现劳务输转。

2042 盐锅峡镇朱王村

简　　介：朱王村位于黑方台台塬，是刘家峡水库纯移民安置村，共辖6个村民小组，267户1137人，其中劳动力628人，共有耕地1944亩，共有民营企业2家。当地群众收入主要靠红富士苹果、草莓种植和劳务输转。截至2009年底，全村农村经济总收入1818.6万元，农民人均纯收入3245元，人均占有粮食528公斤。

2043 岘塬镇刘家村

简　　介：刘家村共有8个社，592户，2558人，耕地面积3631亩，农民人均纯收入5064元。该村被确定为全县新农村建设试点村后，按照"人居整洁化、道路水泥化、饮水安全化、产业特色化"的四化标准，科学编制了新农村建设规划，以整治村容村貌为突破口，大力改善基础设施，着力培育特色产业，全面推进新农村建设，取得了显著成效。合理流转土地230多亩，建成苹果标准园2处，林下种植早大白马铃薯，有效提高了土地效益。同时，讨论制定了《村规民约》，广泛开展创业带头人、科技明白人、"文明户"、"五好家庭"、"好媳妇"、"好公婆"等评选活动。

2044 徐顶乡三联村

简　　介：三联村地处永靖县东部干旱山区，位于徐顶乡东部，距县城35公里。共有8个村民小组，分别为上庄、下庄、上湾、驮尾巴、寺格老、颜家湾、干沟山、大地湾，农业户174户，总人口数758人，其中常住人口600人，流动人口158人。总耕地面积为2755.66亩，以发展洋芋、百合、劳务等特色产业为主。三联村配备村委会1所，文化站1所、养老院1所、卫生室1间、中心小学1所、村民活动场所1个。村民主要以种植百合、外出务工为经济收入来源，2013年人均收入为2540元。共有41名党员。

2045 川城镇地泉村

简　　介：地泉村共辖14个社，178户，总人口为1134人，其中汉族2户，6人，回族120户，724人，东乡族56户，404人，共有劳动力725人。全村总耕地面积5999亩，人均占有耕地5.2亩，牛存栏396头，羊存栏1812只。新农合参合率99%。2013年，全村农民人均纯收入3228元。

2046 徐顶乡中林村

简　　介：中林村地处永靖县东部干旱山区，位于徐顶乡东部，北面与国庆村相邻，东南面与关山相邻，属于干旱和半干旱气候。全村共有9个村民小组，农业户225户，总人口数992人，党员43名。距县城40公里。中林村配备卫生室1间，学校2所，分别为王家圈小学和上钱家小学。村民主要收入方式以种植百合、土豆和开采砂石料为主，其余以外出务工为经济收入来源，人均收入2412元。

2047 新寺乡庆丰村

简　　介：庆丰村位于永靖县城西部，距县城约75公里，东面与大湾岘村接壤，南面与大山坪村相连，西北面与崖头村毗邻。共辖6个村民小组，农业户68户，总人口264人。有劳动力142人，其中男75人，女67人。全村现有耕地面积3223亩，人均12亩，其中梯田面积1547亩，主要种植小麦、玉米、洋芋和胡麻等农作物。2013年年底人均纯收入1527元。大牲畜存栏203头，羊存栏1065只，现有水窖349眼。庆丰村现居住实有人口47户，142人。庆丰村现有教学点1处，学生4人。

2048 新寺乡三湾村

简　　介：三湾村位于永靖西部山区，与青海省民和县接壤，总面积8.3平方公里，耕地面积3670亩，全部为山旱地，人均耕地3亩，是典型的雨养农业区。全村共有8个社，241户，1201人，是一个以回族为主的纯少数民族村。群众收入以旱作农业、畜牧养殖业与劳务输出为主。上年人均纯收入1591元。今年，全村种植全膜双垄沟播玉米3100亩，脱毒马铃薯500亩。大牲畜存栏354头，其中牛101头，驴215头，骡子38头，羊1454只，户均6只，占地面积20亩，羊棚建筑面积4500平方米，25户农户参与的联户养殖小区正在建设。劳务主要输出地在青海、新疆等地，以建筑业、运输业为主。环县公路穿村而过，3个社的村庄道路实现了水泥硬化，通畅率37.5%，自来水入户率92%，还有8%的群众饮用的是集雨窖水，目前，在极度干旱的情况下，靠王台西部饮水工程解决群众的人畜饮水难问题。

2049 坪沟乡党湾村

简　　介：党湾村地处永靖县城西部，坪沟乡以西，南部与刘家湾村相邻，西部与友好村相邻，东部与坪沟村相邻，北部与青海省相邻。年均降水量293.5毫米，村内沟壑纵横，梁峁起伏，山旱地占总耕地的100%，水资源十分贫乏，逢干旱季节人畜饮水困难。由于山大沟深，群众居住偏远分散，农机车辆无法通行，信息闭塞。党湾村现有115户，468人，均为汉族，其中老人68人，儿童72人，劳动力328人。现有耕地3048亩，人均耕地6.5亩，多为坡度25度以上的坡耕地，主要种植马铃薯、小麦，粮食亩产73

公斤。农民的经济收入主要靠外出打工，年人均纯收入1150元。全村适龄儿童入学率100%，村小学年久失修，危房占到总校舍面积的40%。人畜饮水困难，主要靠窖存的雨水，干旱年份蓄水不足时要到25公里以外的地方去拉水。村内无任何医疗设施，群众就医和购买生活用品要步行到4公里以外的集镇，2013年被坪沟乡纳入整村搬迁行列。

2050　盐锅峡镇党川村

简　　介：党川村位于黄河北岸，是盐锅峡、八盘峡水库移民安置村，共辖6个村民小组，365户，1785人，其中劳动力974人，共有耕地1762亩，共有民营企业9家。当地群众收入主要靠草莓种植、劳务输转。截至2009年底，全村农村经济总收入2130.2万元，农民人均纯收入2231元，人均占有粮食434公斤。

2051　三塬镇高白村

简　　介：高白村地处三塬镇中部川塬区，位于县城西南约14公里海拔1680米，年均气温9.8℃，年无霜期176天，年日照时数2660小时以上，年均降雨量500毫米，年蒸发量1400毫米。全村现有有7个社，380户，1754人，劳动力1021人。全村耕地面积为2595亩。2013年底，均纯收4060元，大牲畜存栏89头，羊存栏660只。该村现有村级卫生所1所，修建了文化活动中心和广场，并配套了电视机、图书、健身器材等设施，建成了物业管理站，修建了垃圾分拣池，并配备物业管理员、清洁车和各种服务配件，全村建有沼气池170座，青贮氨化池74座。全村经济来源主要靠农业种植和劳务输出，村民生活用水靠庭院水窖贮存井水解决，燃烧以秸秆为主。农业生产用水主要依靠三塬水管所电力提灌。全村40%以上的农户建起了砖木或转混结构的住房，砖混结构1100间，砖木结构1440间，土木结构340间。全村硬化村社道路5.34公里，每年有400多人外出务工，年人均收入达6000元以上，劳务经济已成为该村的主要支柱收入，现有高效日光温室43座，主要种植西红柿、辣椒等蔬菜，使蔬菜产业成为该村的另一个支柱产业。

2052　杨塔乡赵山村

简　　介：赵山村位于永靖县西部山区杨塔乡，全村总面积为17平方公里。全村共有13个村民小组177户，695人，现有耕地3505亩，2013年人均纯收入2967元。该村共有库区移民655人。但由于该村地处永靖县西部山区，这里十年九旱。乡上积极推广种植脱毒马铃薯和全膜双垄沟播玉米，种植面积逐年扩大。

2053　盐锅峡镇新塬村

简　　介：新塬村位于黑方台台塬，是刘家峡水库纯移民安置村，盐坪公路从村内穿过，共辖4个村民小组，194户，809人，其中劳动力529人，共有耕地1548.71亩，共有民营企业1家。当地群众收入主要靠红富士苹果、草莓种植和劳务输转。截至2009年底，全村农村经济总收入1516.7万元，农民人均纯收入2347元，人均占有粮食666公斤。

2054　盐锅峡镇方台村

简　　介：方台村位于黑方台台塬，是刘家峡水库纯移民安置村，共辖2个村民小组，91户，365人，其中劳动力306人，共有耕地482.51亩。当地群众收入主要靠红富士苹果、草莓种植和劳务输转。截至2009年底，全村农村经济总收入1369.3万元，农民人均纯收入2471元，人均占有粮食767公斤。

2055 盐锅峡镇小茨村

简　　介：小茨村位于黄河南岸，东与西固区河口乡接壤，是八盘峡水库移民安置村，兰新、兰青、刘兰铁路纵横穿村而过，共辖4个村民小组，1141户，589人，回汉杂居，其中劳动力357人，共有耕地458.76亩，共有民营企业3家。当地群众收入主要靠红枣、蔬菜种植和劳务输转。截至2009年底，全村农村经济总收入1242.4万元，农民人均纯收入2800元，人均占有粮食578公斤。

2056 红泉镇王塬村

简　　介：王塬村属于砂子沟灌区，全村辖3个社，82户，419人，耕地总面积2358亩，人均5.1亩。村内沟壑纵横、梁峁起伏、植被稀少、气候干燥，年平均气温在5-9℃之间，年降雨量为250-350毫米，雨水多集中于七、八、九月份，占年降雨量的65%。所有土地利用砂子沟灌区的水进行灌溉。王塬村距镇政府30公里，现有道路等级低、路面窄、坡陡弯急，道路通行能力低。该村主要以种植玉米、零散养殖为生，虽已建成核桃经济林片区，但规模不大。2013年，对国防公路至王塬村5公里道路进行了拓宽改造。

2057 小岭乡沟滩村

简　　介：沟滩村位于永靖县西部干旱山区，海拔2315米，耕地面积4047亩，年降水量为220毫米，距县城45公里。共辖11个村民小组，207户，1143人，是一个回族、汉族、东乡族、土族等多民族杂居村。有宗教场所4处，其中清真寺3座、庙宇1座；有小学1所，在校学生32人，教师2人。主导产业是旱作农业，主要收入来源靠养殖和输出劳务，2012年，全村粮食总产量819吨，牛存栏114头，羊存栏1452只，人均纯收入1987元。

2058 新寺乡大山坪村

简　　介：大山坪村共有7个村民小组，61户，331人，有劳动力资源184人，截至2013年底，人均纯收入为1604元，耕地面积为2337亩，粮播面积2455亩，粮食亩产75.6公斤，粮食总产量为106吨，大牲畜存栏215头，羊存栏976只。

2059 太极镇孔山村

简　　介：孔山村位于镇政府西北面，是太极镇唯一的山区村，距镇政府驻地25公里。全村共有3个社，75户，247人。

2060 坪沟乡坪沟村

简　　介：坪沟村地处永靖县城西部，乡政府位于坪沟村坪沟社。坪沟村南部与刘家湾村相邻，西部与党湾村相邻，东部与蕨茨村相邻，北部与岘子村相邻。年均降水量293.5毫米，村内沟壑纵横，梁峁起伏，山旱地占总耕地的100%。坪沟村现有179户，793人，均为汉族，其中老人115人，儿童123人，劳动力555人。现有耕地3004亩，人均耕地3.8亩，多为坡度25度以上的坡耕地，主要种植马铃薯、小麦，粮食亩产73公斤。农民的经济收入主要靠外出打工，年人均纯收入1300元。全村适龄儿童入学率100%。

2061 王台镇永乐村

简　　介：王台镇永乐村位于永靖县西山区，距王台镇政府约5公里，与杨塔乡接壤，共有12个社，257户，1173人，现有耕地3647亩，人均3.1亩，农民收入以农作物种植、畜牧养殖、劳务输出为主，2012年底农民人均纯收入2289元。

2062 坪沟乡刘家湾村

简　　介：刘家湾村位于永靖县城西部，南部与祁山村相邻，西部与北山村相邻，东部与坪沟村相邻，北部与友好村相邻。共有7个村民小组，农业户123户，总人口498人，劳动力349人。耕地面积为2677亩，人均5.4亩，饮水问题十分困难。主导产业以及收入来源完全以旱作农业为主，山旱地占总耕地面积的100%，多为坡度25度以上的坡耕地，主要种植马铃薯、小麦，粮食亩产73公斤。农民的经济收入主要靠外出打工，年人均纯收入1080元。全村适龄儿童入学率100%。

2063 刘家峡镇川南社区

简　　介：川南社区成立于1975年，现有居民小组19个，常住人口3782户，10259人，州县企事业单位28家，居民住宅楼98栋。参加城市居民医疗保险601人，参加养老保险的636人。社区居委会位于广场西苑家属院内，现办公用房223平方米。

2064 关山乡红光村

简　　介：红光村位于关山乡东部，东与兰州市西固区接壤，北与关山森林公园相邻，国道309线穿村而过。是关山乡辖区行政村之一，共有12个社，347户，1431人，全村耕地面积4356亩，人均耕地3.04亩，小学1所，卫生室2个。全村12个社分散在四座山三条沟内，群众居住分散，经济来源以种植百合和外出打工为主，全村低保户123户，349人，农业产业化程度低。2013年，农民人均纯收入3390元。2013年，全村百合种植面积达2100亩，同时旱作农业、中药材、脱毒马铃薯种植面积不断加大，成立村级产业发展互助社1家，入社社员206户，入社资金20.6万元，动员企业4家，注入资金20万元。全村产业结构更趋优化，产业实体更加壮大，农民收入稳定增加。

2065 西河镇白川村

简　　介：白川村位于湟水河南岸，共有13个社，总人口3383人，总户数746户，耕地面积3016亩，人均收入2803元。白川村大力发展高效节能日光温室为重点，温棚养殖为依托，积极调整产业结构。该村发展种植莲花菜、娃娃菜、花菜等高原夏菜和温棚蔬菜，大力推广并不断提升蔬菜瓜果品质，目前养殖场9户，暖棚养畜300户，兰青铁路、兰新铁路、永民红公路、109国道横穿村内，具有得天独厚交通、信息优势。

2066 陈井镇东风村

简　　介：东风村位于陈井镇，是永靖县的一个自然村，与陈井村、西山村、孙家园村、张家沟村同乡。全村共有13个村民小组，267户，990人，其中劳动力584人。以发展脱毒马铃薯、玉米、百合等种植业和劳务产业为主。东风村百合留床面积已达300亩，年收入42万元，全村人均收入达2850元。

2067 红泉镇董山村

简　　介：董山村是红泉镇唯一的回汉杂居村，共有8个社，171户，704人，其中少数民族78户，450人。耕地面积3726亩，全村产业以种植业和养殖业为主，种植业以双垄沟播玉米和脱毒马铃薯为主，并在2013年进行了黄芪等中药材的试种，获得成功，为下一步扩大种植规模奠定了基础。养殖业以牛羊为主，2013年建成联户养殖小区1处，暖棚40座，投放羊只543只。2013年人均纯收入2020元。

2068 王台镇王台村

简　　介：王台村位于永靖西部干旱山区，

是王台镇政府所在地，距县城42公里，是全镇的重点村，全村辖8个村民小组，283户，1425人，耕地面积5400亩。2012年，全村农民人均纯收入1891元。

2069 红泉镇黄刘村

简　　介：黄刘村距镇政府22.6公里，现有9个社，206户，1020人，耕地面积4720亩，人均4.6亩。全村农业产业以种植业和养殖业为主，形成核桃经济林片区3450亩，2013年双垄沟播玉米种植面积2510亩，脱毒马铃薯505亩，养殖业以牛羊为主。主干道路部分已硬化。

2070 新寺乡中塔村

简　　介：中塔村位于永靖县城西部，距县城67公里，平均海拔约1900-2100米左右，年降水量270毫米，是一个以回族、汉族等杂居的少数民族村。辖10个村民小组，总人口175户，826人，全村耕地面积3572亩，人均4.3亩，其中梯田面积2473亩，主要种植小麦、玉米、洋芋和胡麻等农作物。上年人均纯收入2983元，有劳动力452人。大牲畜存栏325头，羊存栏1294只，牛存栏109头，驴存栏174头，骡子存栏42头。现有水窖595眼。中塔村现有六年制完全小学1所，学生61人，村卫生室1处。

2071 川城镇上王村

简　　介：上王村位于永靖县川城镇，毗连太睦村，雷鸣村。是一个少数民族聚居村，全村共辖14个社，289户，总人口为1711人，共有劳动力资源1012人。全村总耕地面积6226亩，人均占有耕地3.6亩。大牲畜存栏481头，羊存栏932只。新农合参合率99%。全村农民人均纯收入2520元。该村以种植业和养殖业为主。

2072 刘家峡镇川东社区

简　　介：川东社区成立于1987年，占地面积约0.8平方公里。社区共有住宅楼48栋，住户1376户，3506人，下设11个居民小组，社区有中央省属单位1个，州县属单位11个。居民参加医疗保险人数592人，参保率达96.4%，居民参加养老保险160人，参保率达70.2%。社区文化活动队伍1支，社区帮扶小组1个。社区安装电子监控探头100多个，社区选出楼长38人，社区有封闭式小区9个，安全文明小区6个。

2073 三塬镇向阳村

简　　介：向阳村位于永靖县城西南约27公里，刘家峡水库北岸，为刘家峡库区移民村，海拔1600米左右，属温带干旱、半干旱气候，年平均气温7-8℃，最高气温36.8℃，最低气温-19.2℃，无霜期为161天，年日照时数2550-2880小时，日照百分率为65%左右，年降水量300毫米左右，平均蒸发量1650毫米以上，为降水量的5.5倍，雨季分明，雨热同期。全村共5个社，245户，1089人，其中劳动力851人；耕地面积为1106亩。2013年底，农民人均纯收入3800元。硬化向阳码头至古烽火台道路2.34公里，并完成路基护岸，有五年制小学1所，卫生所1处，"一池三改"80座。修建黄河三峡炳灵湖农家休闲体验园1处，占地200亩，总投资1800万元，重点建设52户农家休闲体验园，活动中心、广场、炳灵古城门楼各1处。

2074 盐锅峡镇盐集村

简　　介：盐集村位于黄河北岸，是盐锅峡、八盘峡水库移民安置村，正在建设的折达公路穿村而过，共辖5个村民小组，340户，1466人，其中劳动力944人，共有耕地1815.52亩，共有民营企业8家。当地群众收入主要靠草莓种植、劳务输转。截至 2009 年底，全村农村经济总收入 2359.9 万元，农民人均纯收入 3374 元，人均占有粮食 483 公斤。

2075 红泉镇金塬村

简　　介：金塬村距镇政府 22.7 公里，耕地总面积 2769 亩，全村辖 5 个社，116 户，480 人。2013 年底农民人均纯收入约 1876 元。金塬村群众收入来源主要靠种植、养殖和劳务输出，种植业以种植双垄沟播玉米、药材、脱毒马铃薯为主，2013 年种植玉米 1470 亩，脱毒马铃薯 466 亩；种植黄芪、党参等 345 亩。

2076 徐顶乡徐家沟村

简　　介：徐家沟村与关山乡徐家湾村相邻，平均海拔 1700-2300 米，年降水量 226 毫米，属干旱半干旱气候。全村共有 14 个村民小组，309 户，1272 人。辖区内用电、道路、通讯齐全，现有教学点 1 处，文化活动室 1 个，卫生室 1 所。2011 年适龄儿童入学率达 100%，合作医疗参合率达 97%。以发展洋芋、百合、劳务等特色产业为主。全村人均收入达 1130 元，贫困人口 960 人。

2077 太极镇下古村

简　　介：下古村位于永靖县城近郊，镇政府东部，全村共有 8 个社，679 户，2958 人。耕地面积 2184 亩，农民人均纯收入 4100 元。建成千亩无公害蔬菜基地 1 处。目前，全村共有各类温棚 1600 座，1400 亩，年总产值达 1460 万元。发展规模养殖户 15 家，年产值 75 万元。发展旅游产业，新建农家乐 5 户。充分利用区位优势，就地输转劳务 650 人（次），创劳务收入 300 万元。

2078 太极镇上古村

简　　介：上古村位于永靖县城近郊，共有 8 个社，649 户，2584 人，耕地面积 1180 亩，农民人均纯收入 4133 元。在产业发展上，新建和改造各类温棚 360 座，主要种植草莓、西红柿。以发展旅游休闲观光农业示范园区为载体，提升改造采摘棚 50 座，新建高标准观光示范棚 2 座，占地 2600 平方米的生态园 1 处，发展农家乐 26 户，生态养殖户 40 户，从事旅游业服务的人数达 360 人，旅游业收入占农民人均纯收入的 22%。主干道路和村社巷道基本实现了水泥硬化。

2079 盐锅峡镇下铨村

简　　介：下铨村位于黄河南岸，是刘家峡、盐锅峡水库移民安置村，共辖 4 个村民小组，548 户，2348 人，其中劳动力 1132 人，共有耕地 2241 亩，共有民营企业 8 家。当地群众收入主要靠温棚种植、劳务输转。截至 2009 年底，全村农村经济总收入 2390.1 万元，农民人均纯收入 3338 元，人均占有粮食 431 公斤。

2080 新寺乡后坪村

简　　介：后坪村地处甘青两省的交界处，位于永靖县城西部，距县城 75 公里，距乡政府 8 公里，平均海拔约 1900-2100 米左右，年降水量 270 毫米，是一个以回族为主的纯少数民族村。辖 13 个村民小组，总人口 277 户，1438 人，全村耕地面积 3697 亩，人均 2.6 亩，其中梯田面积 3500 亩，主要种植小麦、玉米、洋芋和胡麻等农作物。2013 年年底人均纯收入 2004 元。有劳动力 775 人，其中男 405 人，女 357 人。大牲畜存栏 358 头，羊存栏 852 只，牛存栏 105 头，驴存栏 220 头，骡子存栏 33 头，现有水窖 959 眼。现有六年制完全小学 1 所，村卫生室 1 处。

2081 西河镇滩子村

简　　介：滩子村位于湟水河南岸，紧挨着白川村和司家岭村。滩子村大队成立于1967年，于1984年改为滩子村村委会，共有10个社，现有220多户，人口1400多人，是全镇经济作物的主产区，蔬菜种植已初具规模，目前，种植面积达1200亩。蔬菜种植亩均收入5000元。

2082 红泉镇红泉村

简　　介：红泉村位于红泉镇政府驻地，耕地总面积2423亩。全村辖4个社，102户，401人。2013年底农民人均纯收入约2920元。红泉村群众收入来源主要靠种植、养殖和劳务输出，种植业以种植双垄沟播玉米、药材、脱毒马铃薯为主，2013年玉米种植1395亩，脱毒马铃薯374亩。搬迁安置尕王家、红庄、科妥、西地、乱路沟、高腰子6个社，35户，175人，配套修建沼气池35座，安装垃圾箱10个。硬化搬迁点等村组道路4公里，拓宽改造16.8公里，整修田间农路1.2公里，栽植行道树5000余株。

2083 刘家峡镇川西社区

简　　介：川西社区位于旧县城中心，成立于1985年5月，辖区面积1.2平方公里，现有21个居民小区，居民住宅楼65栋，住户2661户，常住人口6267人，流动人口1040人。领取养老保险补贴60岁以上老人63个。社区文化活动队伍1支30人。

2084 杨塔乡砂宗村

简　　介：砂宗村地处永靖县城西部山区，全村总面积为20平方公里，砂宗村现有5个社，126户，357人。现有耕地1573亩，多为坡度25度以上的坡耕地，主要种植马铃薯和玉米。农作物种植结构单一，85%以上的农户仍沿用落后的耕作方式和传统的以粮为主的经营模式。该村年均降水量250-300毫米，村内沟壑纵横，梁峁起伏，山旱地占总耕地的100%。农民的经济收入主要靠外出打工，2013年人均纯收入2969元。

2085 三塬镇三联村

简　　介：三联村位于县城西南约23公里处，是三塬镇唯一山区村。总面积15.1平方公里，海拔1600米左右，属温带干旱、半干旱气候，年平均气温7-8℃，最高气温36.8℃，最低气温-19.2℃，无霜期为161天，年日照时数2550-2880小时，日照百分率为65%左右，年降水量300毫米左右，平均蒸发量1650毫米以上，为降水量的5.5倍，雨季分明，雨热同期，村内沟壑纵横，植被稀少。全村共8个社，115户，430人，其中劳动力425人；耕地面积为5339亩（全部山旱地），交通条件便利，靠天吃水，饮水困难。该村主要生产小麦、洋芋等，90%以上的农户仍沿用落后耕作方式和传统的以粮食为主的经营模式，粮食平均亩产146公斤，2013年底，村内农民人均纯收入3600元，粮食总产量为480吨，大牲畜饲养26头，羊存栏505只。现有五年制小学1所（含1所教学点），占地1520平方米，教室8个，办公室9间。现有教师6名，在校学生75名，学龄儿童入学率100%。

2086 陈井镇木厂村

简　　介：木厂村共有12个村民小组，321户，1128人，其中劳力707人。主要发展脱毒马铃薯、玉米、百合等种植业和劳务产业。目前，木厂村百合留床面积已达209亩，年收入134万元，全村人均收入达2891元。

2087　岘塬镇姬川村

简　　介：姬川村共有12个社，636户，2452人，劳动力1165人，总耕地面积2242亩，人均1.09。全村巷道基本水泥硬化、水利设施得到有效改善，拟新建文化体育活动中心2处。改造老果园3000亩，完成太阳岛水土流失治理。99%的群众参加了新型农村合作医疗制度。

2088　王台镇湾子村

简　　介：湾子村位于永靖县王台镇，紧挨着石坪村和峪里村。是纯少数民族村。共有9个社，212户，957人。有全日制小学1所，师生共68人。总耕地面积2536亩，粮播面积1920亩，人均占有粮食423斤。2012年底全村人均纯收入1820元，适龄儿童入学率100%。

2089　坪沟乡王坪村

简　　介：坪沟乡王坪村地处永靖县城西部，坪沟乡以南，距乡政府10公里。南部与罗山村和新寺乡相邻，西部与刘家湾村相邻，东部与大泉村相邻，北部与坪沟村相邻。村内沟壑纵横，梁峁起伏，山旱地占总耕地的100%。王坪村现有190户，863人，均为汉族，其中老人125人，儿童134人，劳动力604人。现有耕地4114亩，人均耕地4.8亩，多为坡度25度以上的坡耕地，主要种植马铃薯、小麦，粮食亩产73公斤。农民的经济收入主要靠外出打工，年人均纯收入1200元。全村适龄儿童入学率100%。王坪村主要道路（坪沟–墩湾道路）为近年修建的沙砾道路，全线采用农四级公路技术标准。

2090　盐锅峡镇黄茨村

简　　介：黄茨村位于黄河北岸，是盐锅峡、八盘峡水库移民安置村，共辖8个村民小组，505户，2303人，其中劳动力1204人，共有耕地2591亩，共有民营企业11家。当地群众收入主要靠草莓种植、劳务输转。截至2009年底，全村农村经济总收入2442万元，农民人均纯收入2436元，人均占有粮食397公斤。

2091　川城镇冯山村

简　　介：冯山村位于永靖县川城镇，与上王村、冯家山村、下岭村同乡。是一个回汉杂居村，近年来，该村实施了易地搬迁工程，使大部分群众搬至异地居住。目前，共有11个社，实住人口142户，639人。全村大牲畜存栏256头，羊存栏1316只，总耕地面积4380亩，粮播面积728亩。2013年人均纯收入2570元。种植业以玉米、小麦、马铃薯为主，种植结构单一，产量低；养殖业以羊、牛、鸡为主，但大多以零星舍饲圈养为主，规模较小。

2092　红泉镇滩子村

简　　介：滩子村现有8个社，168户，775人，区域面积928.07平方公里，耕地面积3482亩。2013年人均纯收入2654元。该村种植业以双垄沟播玉米和脱毒马铃薯为主，2013年种植双垄沟播玉米1700亩，种植脱毒马铃薯698亩，试种黄芪、党参、防风等中药材432亩，建成联户养殖小区1处，高标暖棚40座，投放羊只654只。

2093　三条岘乡青和村

简　　介：青和村位于永靖县三条岘乡东南部，距县城17公里，总面积28.35平方公里，海拔1719-2660米左右，年降水量不足300毫米，全年日照时数2500-2800小时左右，年平均气温5-9摄氏度左右，无霜期139-

190天，村内沟壑纵横，梁峁起伏，截至2013年底全村总耕地面积2059亩。全村共9个村民小组，211户，817人。青和村经济结构以粮食作物种植为主要产业，85%以上的农户仍沿用落后的耕作方式和传统的以粮为主的经营模式，全年粮食总产量695.9吨，人均851.77公斤，全村人均纯收入3290元。青和村资源丰富，这里有储藏丰富的大理石、花岗岩、锰、铜、长石、钾、沙石等资源，有风景秀丽兼具自然与文化相结合的旅游胜地吧咪山，有驰名远近的"吧咪山"牌青和香髓羊和"青和"旱沙西瓜，有沙葱、花椒、大蒜等优质农作物。

2094 西河镇陈家湾村

简　　介：陈家湾村位于湟水河南岸，共有6个社，总人口932人，总户数228户，耕地面积936亩，人均收入2590元，海拔1580米，年无霜期180天。年均气温10℃。近年来，该村充分利用便捷的区位优势和丰富的水资源优势，大力发展种植莲花菜、包心菜、娃娃菜、草莓、西红柿、西甜瓜等高原夏菜和温棚瓜果蔬菜，积极发展养殖小区，形成与养殖户之间互相带动、共同发展步子。

2095 陈井镇张家沟村

简　　介：张家沟村位于永靖县陈井镇，与陈井村、大岭村、秀玲村、西小村相邻。共有8个村民小组，207户，792人，其中少数民族8人，占总人口的1%。全村共有村干部4名；妇女干部1名，占25%。全村共有党员53名。2013年底人均收入为2950元。

2096 陈井镇高峰村

简　　介：高峰村位于永靖县陈井镇，与木厂村、瞿家庄村、张家沟村相邻。全村共有8个村民小组，98户，389人。主要发展脱毒马铃薯、玉米、百合等种植业和劳务产业。目前，高峰村百合留床面积已达130亩，年收入1.75万元，全村人均收入达2860元。

2097 坪沟乡余台村

简　　介：余台村地处永靖县城西部，坪沟乡以东，距乡政府4.2公里。南部与王坪村相邻，西部与大泉村相邻，东部与盐镇相邻，北部与西河镇相邻。年均降水量293.5毫米，村内沟壑纵横，梁峁起伏，山旱地占总耕地的100%。余台村现有36户，128人，均为汉族，其中老人18人，儿童20人，劳动力90人。现有耕地1332亩，人均耕地10.4亩，多为坡度25度以上的坡耕地，主要种植马铃薯、小麦，粮食亩产73公斤。农民的经济收入主要靠外出打工，年人均纯收入1250元。全村适龄儿童入学率100%，由于学生较少，因此余台村暂无学校，学生需到4.2公里外的坪沟学校就读，或到县城就读。

2098 三条岘乡大地坪村

简　　介：大地坪村是2008年成立的移民行政村，该行政村由大台子、大地坪、大岘子3个移民安置点移民和原三条岘村五社、六社群众组成，全村共6个社，242户，1048人。全村共有耕地698亩，2013年底人均纯收入为3080元。该村是永靖县以工代赈易地扶贫搬迁项3个重点安置点工程之一，也是县上建设社会主义新农村3个卫星村之一。

2099 盐锅峡镇福川村

简　　介：福川村位于湟水河畔，北与兰州市红古区相邻，是刘家峡、八盘峡水库移民安置村，共辖9个村民小组，367户，1756人，其中劳动力1790人，共有耕地2078亩，共有民营企业2家。当地群众收入主要靠蔬菜种植、劳务输转。截至2009年底，全村农村经济总收入1380.5万元，农民人均纯收入2055元，人均占有粮食421公斤。

2100 三塬镇刘家塬村

简　　介：刘家塬村属刘家峡库区移民安置村，辖8个社，465户，1890人。耕地面积2404亩，截至2013年底，人均纯收入4020元，全村经济收入以劳务和农作物种植为主。刘塬千亩经济林栽植花椒17万株、核桃3000株、桑果5000株，整地近2000亩。近两年硬化村社巷道4.1公里，渠道衬砌3000米，完成"一池三改"60座，新建村委办公场所140平方米，幼儿园1所，共计12间，108平方米，改造五级上水工程1处，建成乡镇综合文化站1处，刘塬集镇辖有15个机关单位，拥有营业网点90多个，摩托车销售4个，木材加工厂4个，钢材出售点3个，餐饮业18家，批发零售60多个，从业人员600多人，年交易额达1660多万元，房屋结构以砖混结构二层楼和平房为主，集镇内对长4公里的人行道铺彩砖和对4000米排水沟进行了盖面，集镇花带1650平方米，花带种植1.8公里。

2101 小岭乡朵坪村

简　　介：朵坪村位于永靖县西部干旱山区，海拔2326米，耕地面积2529亩，年降水量为220毫米，距县城47公里。共辖7个村民小组，175户，818人。是一个东乡族、汉族、回族、土族等多民族杂居村。有清真寺1座，庙宇2座；全村有小学1所。主要收入来源靠旱作农业、养殖和输出劳务。2011年人均纯收入1698元。

2102 陈井镇西山村

简　　介：西山村位于永靖县陈井镇，与木厂村、秀岭村、瞿家庄村同乡。全村共有4个社，63户，总人口217人，2013年底人均纯收入为2780元。全村共有村干部3人；妇女干部1名，占33%。

2103 三条岘乡下庄村

简　　介：下庄村位于三条岘乡政府以东7公里处，村内山多地少，沙沟纵横，属黄土丘陵沟壑地带，平均海拔2100米，年降雨量在250-300毫米之间，年蒸发量却在1500毫米以上，是典型的干旱山区。全村共有4个村民小组，143户，591人，总耕地面积1341亩，其中水浇地373亩，2013年人均纯收入3260元。近年来，下庄村群众在"村两委"的带领下，大力发展养殖业，逐步形成了家家户户搞养殖的发展模式，养殖业成为下庄村群众的主要经济来源。

2104 陈井镇陈井村

简　　介：陈井村毗连向阳村、中山村、木厂村。全村共有10个社，358户，总人口1531人，其中少数民族3人，占总人口的0.002%。全村共有村干部4名；妇女干部1名，占25%。陈井村以发展脱毒马铃薯、玉米、百合等种植业和劳务产业为主。目前，陈井村百合留床面积已达820亩，年收入175万元，全村人均收入达3080元。

2105 陈井镇中山村

简　　介：中山村紧邻秀岭村、木厂村。全村共有6个社，114户，总人口355人。共有村干部2名。全村共有党员20名。中山村以发展脱毒马铃薯、玉米、百合等种植业和劳务产业为主。2013年底人均纯收入为2850元。

2106 坪沟乡席芨村

简　　介：席芨村地处永靖县城西部，坪沟乡以东，南部与坪沟村相邻，西部与岘子村相邻，东部与大泉村相邻，北部与岘子相邻。年均降水量293.5毫米，村内沟壑纵横，梁峁起伏，山旱地占总耕地的100%。席芨村现有96户，369人，均为汉族，其中老人53人，儿童57人，劳动力259人。现有耕地1775亩，人均耕地4.8亩，多为坡度25度以上的坡耕地，主要种植马铃薯、小麦，粮食亩产73公斤。农民的经济收入主要靠外出打工，年人均纯收入1120元。全村适龄儿童入学率100%，由于学生较少，学生需到2公里外的坪沟学校就读。

2107 三塬镇胥塬村

简　　介：胥塬村位于永靖县城西南约16公里，刘家峡水库北岸，为刘家峡库区移民村，海拔1600米左右，属温带干旱、半干旱气候，年平均气温7-8℃，最高气温36.8℃，最低气温-19.2℃，无霜期为161天，年日照时数2550-2880小时，日照百分率为65%左右，年降水量300毫米左右，平均蒸发量1650毫米以上，为降水量的5.5倍，雨季分明，雨热同期，村内沟壑纵横。全村共10个社，324户，1416人，其中劳动力972人；耕地面积为2036亩，其中有效灌溉面积为707.41亩，村庄面积270亩，群众居住面积100亩，人均住宅面积44平方米，居住状况以砖木和土木结构为主，商业服务以小卖部为主，房屋砖混8间，砖木20间，土木5间。该村主要生产小麦、玉米、蔬菜等，粮食平均亩产595公斤，2013年底，村内农民人均纯收入4020元，粮食总产量为1085吨，大牲畜饲养98头，羊存栏718只。固定电话180部。现有五年制小学1所（和两合村合用）占地4000平方米，教室13间，办公室18间。有村卫生所1处。村委会办公室16间、240平方米，活动场所700平方米。

2108 太极镇四沟村

简　　介：四沟村位于太极镇政府北部，与刘化集团公司毗邻。全村共有6个社，631户，2635人，耕地面积为2137亩，农民人均纯收入4050元。

2109 西河镇红城村

简　　介：红城村位于湟水河南岸，东邻陈家湾村，南邻司家岭村，西邻二房村，北邻湟水河。全村共有8个社，共居住418户，全村总人口为1830人，耕地面积2310亩，人均收入2680元，海拔1580米，年无霜期180天，年均气温10℃。依山邻水，交通便利，水资源丰富，经济作物潜力大，临近由109国道、兰青铁路、兰新铁路、连海高速公路，即将动工的兰新铁路穿村，靠近兰州市，临近西宁市，交通便利。

2110 刘家峡镇刘家峡村

简　　介：刘家峡村成立于1963年，位于刘家峡镇黄河以南，属盐锅峡库区移民安置村，下辖6个社，352户，总人口1385人。全村总面积约16平方公里，耕地总面积1521.13亩，均为水浇地。党总支部下设3个支部，即农业党支部、建材党支部、农家乐党支部，共有党员65名。新型农村合作医疗参合率99.5%，新型农村养老保险参保率99%，已享受养老保险政策的189人。全村自来水入户率达到100%，村民用上了清洁干净的水。农业以发展玉米种植、温棚蔬菜为主导产业。2011年人均纯收入达到3120元，同比增长9.8%。

2111 杨塔乡胜利村

简　　介：胜利村位于著名的炳灵寺石窟北面，距县城35公里，全村共有9个社，132户，592人。耕地面积2228亩，人均3.5亩。2013年全村人均纯收入为2966元。近年来，乡上积极引导山区群众种植脱毒马铃薯和全膜双垄沟播玉米，引导库区群众开展花椒等经济作物种植，脱贫致富步伐明显加快。

2112 岘塬镇岘塬村

简　　介：岘塬村共有6个社，303户，1340人，青年471人，其中在外地承包经营砖厂的有6名，自办砖厂的青年有1人。全村巷道基本水泥硬化，栽各类风景树3100株，绿化覆盖率42%；建成1处占地640平方米的垃圾处理场，完成安全饮水工程工作，实现了户户通自来水。新型合作医疗参合率达到了99%，适龄儿童入学率100%。结合体育惠民工程新建占地4亩的体育健身中心1处。

2113 刘家峡镇红柳台村

简　　介：红柳台村位于永靖县城东郊，村委会建于2006年，设有办公室3间，会议室1间，日间照料室3间。并配有办公桌椅、电脑以及照料床铺。全村辖5个自然社，436户，1877人，总劳动力1313人，占总人口的70%。在校生181人，适龄儿童入学率为100%，全村总土地面积3236亩，其中耕地面积1370.2亩，人均0.73亩。

2114 盐锅峡镇上车村

简　　介：上车村位于黄河南岸，是八盘峡水库移民安置村，共辖3个村民小组，195户，791人，其中劳动力459人，共有耕地797亩，共有民营企业3家。当地群众收入主要靠红枣、蔬菜种植、劳务输转。截至2009年底，全村农村经济总收入1472.3万元，农民人均纯收入2850元，人均占有粮食551公斤。

2115 太极镇孔寺村

简　　介：孔寺村位于黄河南岸，是盐锅峡库区移民的重点安置村，全村共有7个社，451户，2105人，耕地面积为2869亩，2012年人均收入3457元。截至2012年底，全村每年平均向青海、新疆、西藏和沿海省份输转劳动力450人次，以山羊养殖为主的规模养殖户23家，以红枣为主要产品的经济林320余亩。

2116 西河镇司家岭村

简　　介：司家岭村位于湟水河南岸，司家岭村是盐锅峡水库移民安置村。本村共有2个社，72户，314人。全村共有耕地84亩，人均耕地3.5亩，种植业以小麦、洋芋、豆类为主，种植结构单一，产量低；养殖业以羊、猪、牛、鸡为主，但大多以零星圈舍饲养为主，规模较小。该村实现了易地扶贫搬迁。

2117 陈井镇仁和村

简　　介：仁和村共有11个社，493户，总人口2058人，其中少数民族3人，占总人口的0.002%。仁和村以发展脱毒马铃薯、玉米、百合等种植业和劳务产业为主。目前，仁和村百合留床面积已达1050亩，年收入230万元，全村人均收入达2920元。

2118 小岭乡大路村

简　　介：大路村位于永靖县西部的小岭乡，是一个以回族为主的少数民族聚居村。全村共辖14个社，326户，1507人。大路村村委会位于下大路社，修建于2005年，由于年久失修，已无法进行正常的办公和开展村组织活动。为加强村组织建设，改善办公条件，2013年，路村委会投资35万元，于2013年5月动工建设，2013年10月交付使用。共修建房屋10间，建筑面积为150平方米。配套建设文化活动广场、村卫生室。

2119 王台镇幸美村

简　　介：幸美村位于王台镇东南面，距县城42公里，全村辖10个村民小组，178户，738人，劳动力399人。全村现有耕地面积2330亩，人均3.16亩。农民收入以农作物种植、畜牧养殖、劳务输出为主，2012年，全村农民人均纯收入1850元。完成村社巷道硬化1.68公里。

2120 太极镇白川村

简　　介：白川村位于黄河南岸，全村共有3个社，260户，1086人，耕地面积1419亩，农民人均纯收入3633元。全村共有党员34名，其中女党员7名。近年来，白川村结合本村实际，大力发展休闲旅游、苗木种植、规模养殖三大产业，全村经济社会发展取得了显著成绩。截至2012年底，全村共有休闲农家乐27家，旅游船舶46艘，苗木种植面积达900余亩，枣林410亩，规模养殖户18家。

2121 川城镇川城村

简　　介：川城村共有12个社，293户，总人口为1601人，共有劳动力资源798人。全村总耕地面积5343亩，人均占有耕地3.3亩，大牲畜存栏375头，羊存栏876只，2013年，全村农民人均纯收入2896元。该村产业结构单一，以种植业和养殖业为主。

2122 西河镇二房村

简　　介：二房村位于湟水河南岸，全村共有7个社，总户数326户，总人口1426人，耕地面积2920亩，海拔1580米，年均气温10℃，年无霜期176天。近年来，该村充分发挥交通便利的区位优势和丰富的水资源优势，大力发展莲花菜、娃娃菜、菜花、辣椒、茄子等蔬菜种植和丁香、榆叶梅、新疆杨、核桃等苗木栽培，现已成为该村经济发展的主导产业。同时，将劳务输出作为增收致富的主要门路，并培育成了新的经济增长点。截至目前，该村种植各类蔬菜876亩，苗木584多亩，年人均纯收入3349.94元。

2123 杨塔乡徐湾村

简　　介：徐湾村位于永靖县西部山区杨塔乡，全村总面积为18平方公里。徐湾村共有9个社，176户，715人。总耕地面积3453亩，2012年底，全村农民人均纯收入2456元。该村共有党员25人。脱毒马铃薯产业已初具规模，逐步走上了"专业化生产、市场化运作、产业化经营"的轨道，成为了一项支柱产业和增加农民收入的新亮点。

2124 陈井镇年家湾村

简　　介：年家湾村与秀岭村、高峰村相邻。全村共有8个社，219户，总人口830人，2013年底人均纯收入为2920元。全村共有村干部4名，妇女干部1名，占25%。全村共有党员22名。年家湾村以发展脱毒马铃薯、玉米、百合等种植业和劳务产业为主。目前，年家湾村百合留床面积已达669亩，年收入180万元。

2125 太极镇大川村

简　　介：大川村位于永靖县城近郊，是国家级旅游风景区黄河三峡景区的重要组成部分。全村共有8个社，833户，3471人，耕地面积3348亩，农民人均纯收入4004元。2009年被列为全省新农村建设试点县试点村。全村共有农家乐 55 家，休闲垂钓 40 处，旅游业年均创收 800 万元。新建二代高效温棚 80 座，改造 47 座；全村共有鱼塘 600 处，占地约 1500 亩，并逐渐形成了种植－垂钓－观光产业链。

2126 小岭乡旭坪村

简　　介：小岭乡旭坪村位于永靖县西部干旱山区，海拔 2323 米，年降水量 220 毫米，距县城 46 公里。共辖 10 个村民小组，255 户，1332 人，是一个以回族为主的少数民族聚居村。全村耕地面积 2839 亩，总居住面积 13250 平方米，大部分为土木结构。主导产业是农业，主要收入来源靠养殖、输出劳务，2011 年末，人均纯收入 1693 元。新建全日制农村小学 1 所。

2127 徐顶乡国庆村

简　　介：国庆村地处永靖县东部干旱山区，年降水量 226 毫米，属干旱半干旱气候。东接西固，南临陈井，距乡政府 12 公里，村委会离国道 213 线 4 公里。全村共有 12 个社，188 户，722 人。耕地面积 1285.3 亩，人均占有耕地 1.78 亩。村内建成砂石料厂 1 个，小学 1 所，卫生室 1 所，有敬老院 1 所，老年人活动室 1 所。主要发展洋芋、百合、玉米、劳务派出等特色产业，人均年收入 2000 元。国庆村有党员 53 名。

2128 岘塬镇光辉村

简　　介：光辉村位于刘家峡和盐锅峡水库之间，距县城以西约 4 公里，共有 3 个社，202 户，899 人，总耕地 1012 亩。光辉村巷道已全部水泥硬化，自来水入户率达 100%。

2129 陈井镇大岭村

简　　介：大岭村与张家沟、中山村、西小村、向阳村相邻。全村共有 6 个社，246 户，总人口 1118 人，2013 年底人均纯收入为 2956 元。

2130 红泉镇塌崖村

简　　介：塌崖村距离镇政府 3 公里，全村共辖 5 个社，80 户，总人口 332 人，村庄面积 7.3 平方公里，耕地面积 2257 亩。党员 34 名，2013 年全村农民人均纯收入 2586 元，现有教学点 1 处，学生 11 人。双垄沟播玉米、养殖、劳务是全村农民收入的三大支柱产业，占农民全部收入的 90% 以上。村级办公场所为 2012 年双联活动中兰州空间技术物理研究所捐资 24 万元修建，无村级卫生室。2013 年完成 1.8 公里村主干道路硬化通畅等工程，大大解决了群众出行难的问题。

2131 王台镇塔坪村

简　　介：塔坪村位于王台镇东南面，距县城 42 公里，全村辖 10 个村民小组，385 户，1697 人，劳动力 919 人。区域总面积为 10.3 平方公里，平均海拔 2250 米，年均气温 9℃，降水量 300 毫米左右。全村现有耕地面积 3153 亩，人均 1.89 亩，其中水浇地 2785 亩，山旱地 368 亩，山旱地以种植椒树为主。农民收入以农作物种植、畜牧养殖、劳务输出为主，2012 年，全村农民人均纯收入 1840 元。完成村社巷道硬化 18 公里。

2132 盐锅峡镇上铨村

简　　介：上铨村位于黄河南岸，是刘家峡、盐锅峡水库移民安置村，共辖 5 个村民小组，540 户，2253 人，其中劳动力 1402 人，共有耕地 1717 亩，共有民营企业 9 家。当地群众收入主要靠种植业、劳务输转。截至

2009 年底，全村农村经济总收入 2277.7 万元，农民人均纯收入 3187 元，人均占有粮食 402 公斤。

2133 小岭乡土门村

简　　介：土门村位于永靖县西部干旱山区，海拔 2400 米，耕地面积 3594 亩，年降水量为 220 毫米，距县城 46.5 公里。共辖 11 个村民小组，244 户，1390 人，是一个少数民族聚集村。全村有小学 1 所，在校学生 25 人，教师 2 人。主要收入来源靠旱作农业、养殖和输出劳务，2011 年人均纯收入 1633 元。

2134 三条岘乡塔什堡村

简　　介：塔什堡村位于永靖县三条岘乡东南部，距县城 17 公里，总面积 34.51 平方公里，海拔 1719-2660 米左右，年降水量不足 300 毫米，属半旱山区，全年日照时数 2500-2800 小时左右，年平均气温 5-9 摄氏度左右，无霜期 139-190 天，村内沟壑纵横，梁峁起伏，截至 2013 年底，全村总耕地面积 1872 亩，其中水浇地 1166 亩，砂地旱地 607 亩。全村共 5 个村民小组，191 户，754 人。全村耕地面积 1872 亩，其中水浇地 1166 亩。塔什堡村经济结构以粮食作物种植为主要产业，85% 以上的农户仍沿用落后的耕作方式和传统的以粮为主的经营模式，全年粮食总产量 759.1 吨，人均 1001.76 公斤，全村人均纯收入 3180 元。

2135 坪沟乡大泉村

简　　介：大泉村地处永靖县城西部，坪沟乡以东，距乡政府 25 公里。南部与王坪村相邻，西部与蓆芨村相邻，东部与余台村相邻，北部与西河镇相邻，年均降水量 293.5 毫米。村内沟壑纵横，梁峁起伏，山旱地占总耕地的 100%。大泉村现有 97 户，397 人，均为汉族，其中老人 57 人，儿童 61 人，劳动力 279 人。现有耕地 1900 亩，人均耕地 4.8 亩，多为坡度 25 度以上的坡耕地，主要种植马铃薯、小麦，粮食亩产 73 公斤。农民的经济收入主要靠外出打工，年人均纯收入 1200 元。全村适龄儿童入学率 100%。

2136 新寺乡魁山村

简　　介：魁山村位于乡政府北面，东接阴山村，南与崖头村相连，西与段岭村相邻，北靠坪沟乡。全村共有 10 社，182 户，704 人，全村党员 48 人，耕地面积 5388 亩，人均 7.6 亩，其中梯田面积 3771 亩，占耕地面积的 70%，人均 5.3 亩。全村现有大牲畜 389 头，羊存栏 946 只，猪存栏 265 头，自来水受益 64 户，占总户数的 35%，通电 182 户，通电率为 100%，六年制完全小学 1 所。

2137 坪沟乡友好村

简　　介：友好村地处永靖县城西部，坪沟乡以西，距坪沟乡政府 13 公里。西邻坪沟乡北山村，南邻刘家湾村，西部与青海省民和县村相邻，东邻党湾村，北邻兰州市红古区，年均降水量 293.5 毫米，村内沟壑纵横，梁峁起伏，山旱地占总耕地的 100%。友好村现有 129 户，598 人，均为汉族，其中老人 87 人，儿童 93 人，劳动力 418 人。现有耕地 2505 亩，人均耕地 4.2 亩，多为坡度 25 度以上的坡耕地，主要种植马铃薯、小麦，粮食亩产 73 公斤。农民的经济收入主要靠外出打工，年人均纯收入 1200 元。全村适龄儿童入学率 100%。

2138 杨塔乡杨塔村

简　　介：杨塔村位于永靖县西部山区杨塔乡，全村总面积为 15 平方公里，全村共 7 个村民小组 181 户，887 人，耕地面积 2994 亩。

2013年人均纯收入2963元，党员25名。近年来，杨塔村积极繁育脱毒马铃薯，种植全膜双垄沟播玉米。

2139 杨塔乡冯沟村

简　　介：冯沟村地处永靖县城西部山区，全村总面积为23平方公里，年均降水量250-300毫米，村内沟壑纵横，梁峁起伏，山旱地占总耕地的100%。现有4个社，12户，31人，均为汉族。现有耕地1314亩，多为坡度25度以上的坡耕地，主要种植马铃薯和玉米。农民的经济收入主要靠外出打工，年人均纯收入2968元。全村适龄儿童入学率100%，全村学生全部到3公里以外的中心小学寄宿。

2140 岘塬镇尤塬村

简　　介：尤塬村位于县城以南，距县城6公里，依靠凤凰山，濒临毛公湖，有河岸线5公里，属盐锅峡库区移民村，共有6个社，473户，2167人，耕地面积2361亩。全村群众以种植、养殖为支柱产业，现有千亩核桃林、花椒林，百亩鱼池。辖区内有黄河湿地、鸟岛、老枣园等自然景观，旅游业发展潜力巨大，以农家乐、休闲垂钓为主的旅游项目正在兴起。

2141 陈井镇秀岭村

简　　介：秀岭村是陈井镇一个自然村，紧邻仁和村、中山村。全村共有5个社，108户，总人口435人，2013年底人均纯收入为2720元。全村共有村干部3人，其中妇女干部1名，占33%。全村共有党员25名。

2142 刘家峡镇黄河路社区

简　　介：黄河路社区成立于1995年10月。办公地点位于黄河路电投公司对面，现借用民政局家属楼一楼，面积约80平方米。目前社区管辖旧县政府至金河湾，黄河路社区现有居民2223户，人口5167人。有11个居民小组，20家机关企事业单位和57栋住宅院落，加上社区警务室，治安环境祥和稳定。黄河路社区"两委"班子成员由6人组成。

2143 刘家峡镇川北社区村

简　　介：川北社区属永靖县刘家峡镇辖区，管辖刘家峡镇县城后马路以北东起四局液化气站，西至旧刘镇办公楼道口，面积约1.5平方公里，现有总人口8812人，2488户，有楼房100栋，其中平房372户。普通居民参保医疗保险1901人。参加养老保险788人。社区共有党员52名，其中预备党员2名，社区工作人员现有9人，社区支部书记由镇干部兼任，其他8名工作人员社会招聘（其中4名享受社会公益性岗位）。

2144 杨塔乡松树湾村

简　　介：松树湾村位于我县西部山区杨塔乡，全村共有12个社，182户，779人，总面积16平方公里，耕地面积3195亩，均为山旱地，2013年全村农民人均纯收入2979元。该村现有教学点1处。

2145 新寺乡阴山村

简　　介：阴山村位于乡政府东面，东北面与坪沟乡相连，南面与大湾岘村相邻，西面与崖头村、魁山村相邻。共有12个社，64户，总人口378人。全村共有村干部2名。阴山村级组织活动场所修建于2006年，占地0.8亩，现有砖木结构瓦房6间。

2146 红泉镇朱山村

简　　介：朱山村共有6个社，107户，总人口 416 人，村庄面积 14.2 平方公里，耕地面积 2920，2013 年全村农民人均纯收入 2437 元，214 人，教学点 1 处，学生 1 人。群众收入主要依靠种植、养殖和劳务输出，种植以双垄沟播玉米和脱毒马铃薯为主，养殖以分散养殖羊、鸡等为主。

2147 三塬镇东风村

简　　介：东风村位于县城西南约 23 公里，刘家峡水库北岸，属刘家峡库区移民村。全村共有 7 个社，283 户，1271 人，劳力 902 人，全村耕地面积为 1840 亩。2013 年底，均纯收入 3800 元，大牲畜存栏 89 头，羊存栏 679 只。该村现有六年制小学 1 所（含 1 所教学点），占地 2320 平方米，教室 8 个，办公室 8 间。现有教师 5 名，在校学生 125 名，学龄儿童入学率 100%。有村卫生所 1 处，设在村民家中，村卫生员 1 名。

2148 盐锅峡镇盐电社区

简　　介：盐电社区共有居民 630 户，3072 人，分为 12 个小组，多为盐化厂职工及其家属，有居民楼 29 栋（其中 7 栋廉租房），占地 3.4 平方公里。

2149 三塬镇新建村

简　　介：新建村毗连新南社区、永西村、甘露村、镇北社区。是刘家峡库区移民村。全村 19 个社，639 户，3158 人，全村村庄面积 560 亩，群众住宅面积 145 亩，人均住宅面积 45 平方米，村级学校 1 所。2013 年底，人均纯收入 4080 元，耕地面积 3798 亩，大牲畜存栏 117 头，羊存栏 617 只。生产生活用水以提引水和自来水为主，其次是降雨。新建村以种植小麦、玉米等农作物和劳务为主，有高效日光节能温室 65 座。商业建筑布置以零售为主，砖混结构 12 间，砖木结构 18 间。有村级卫生所 1 所，"新农合"参合率达 98.5%，新农保参保率达 96%。硬化道路 8.5 公里，修建绿化带 9000 多米，栽植刺柏 900 余株，配套了活动中心、文化广场、健身器材、路灯、宣传墙、四大彩门等基础设施建设，自来水管道已覆盖全村，已入户 320 户，完成"一池三改"180 户，土墙改造 76 户，采取政府给每个圈舍补助 500 元，其余采取群众自筹的办法，将分到户的打麦场分 4 个社集中建 4 个养殖区，集中修建暖棚 170 座，建有核桃经济林 1000 亩，栽植苗木 16000 株，使村容村貌得到了进一步改善，产业结构发展进一步壮大，党支部凝聚力得到进一步增强。

2150 坪沟乡祁山村

简　　介：坪沟乡祁山村地处永靖县城西部，坪沟乡以西，距乡政府 15.6 公里。南部与新寺乡段岭村相邻，西部与青海省民和县县相邻，东部与刘家湾村相邻，北部与北山村相邻。年均降水量 293.5 毫米，村内沟壑纵横，梁峁起伏，山旱地占总耕地的 100%，水资源十分贫乏。祁山村现有 196 户，918 人，主要有回族和东乡族，其中老人 133 人，儿童 142 人，劳动力 643 人。现有耕地 3403 亩，人均耕地 3.7 亩，多为坡度 25 度以上的坡耕地，主要种植马铃薯、小麦，粮食亩产 73 公斤。农民的经济收入主要靠外出打工，年人均纯收入 1150 元。全村适龄儿童入学率 100%。

2151 坪沟乡北山村

简　　介：北山村地处永靖县城西部，坪沟乡以西，距乡政府 15 公里。南部与祁山村相邻，西部与青海省民和县村相邻，东部与友好相邻，北部与青海省民和具隆治乡相邻。年均降水量 293.5 毫米，村内沟壑纵横，梁崦起伏，山旱地占总耕地的 100%。北山村现有 94 户，474 人，主要有回族和东乡族，其中老人 68 人，儿童 74 人，劳动力 332 人。现有耕地 1540 亩，人均耕地 3.2 亩，多为坡度 25 度以上的坡耕地，主要种植马铃薯、小麦，粮食亩产 73 公斤。农民的经济收入主要靠外出打工，年人均纯收入 1060 元。全村适龄儿童入学率 100%。

2152 王台镇阳山村

简　　介：阳山村位于永靖县西部山区王台镇，距县城 46 公里，总面积 8 平方公里，全村共 9 个村民小组，178 户，819 人，耕地面积 2219 亩，粮播面积 2067 亩，粮食总产量 547.3 吨，人均占有粮食 668.3 公斤，2012 年底全村农民人均纯收入 1845 元。村内大的沟壑有 3 条，陡坡耕地多，水资源十分缺乏。

2153 三塬镇下塬村

简　　介：下塬村位于三塬镇中部川塬区，地处刘家峡水库北岸，刘白路沿线，距县城 11 公里。下塬村属刘家峡库区移民村，共有 15 个社，718 户，总人口 3119 人，全村现有耕地面积 3855 亩，2013 年全村人均纯收入 4150 元。村级卫生所 1 所，卫生室 3 所，全村经济收入以劳务和蔬菜种植业为主。目前已建成高效节能日光温室 182 座，种植作物以西红柿、辣椒、黄瓜、西瓜、甜瓜为主。累计硬化农村道路及巷道 15.2 公里，在道路两旁种植侧柏、云杉等树木 2000 株。总投资 95 万元，建成三层砖混结构的下塬明德小学及文化活动广场，自来水入户 300 户。群众医疗参合率 96%，发动群众衬砌水渠，修建新庄湾绿化上水工程，更新下塬小提灌管道，完成"一池三改"，并成立沼气服务站。

2154 新寺乡崖头村

简　　介：崖头村为乡政府驻地村，东与阴山、大湾岘两村接壤，南与庆丰村相连，西与中塔村相邻，北靠魁山村。土地面积 2961 亩，共有 9 个社，148 户，总人口 692 人。2013 年年底人均纯收入 1906 元，主要支柱产业为旱作农业。

2155 新寺乡段岭村

简　　介：段岭村位于永靖县西部山区，距县城 98 公里，属典型的干旱贫困村，全村共有 13 个村民小组，514 户，1910 人，有劳动力资源 1051 人，截至 2013 年底，人均纯收入为 1950 元。年末耕地面积为 4959 亩，粮播面积 4860 亩，粮食亩产 195.6 公斤，粮食总产量为 847 吨，大牲畜存栏 394 头，羊存栏 1303 只。

2156 川城镇下岭村

简　　介：下岭村与冯家山村、汪家村相邻。是一个以回族为主的少数民族聚居村，全村共辖 13 个社，321 户，总人口为 1583 人，共有劳动力资源 856 人。全村总耕地面积 6507 亩，人均占有耕地 4.1 亩，大牲畜存栏 462 头，羊存栏 911 只，2013 年农民人均纯收入 2816 元。经济结构以种植业和养殖业为主。

2157 西河镇瓦房村

简　　介：瓦房村位于湟水河南岸，全村共有 4 个社，总人口 877 人，总户数 204 户，耕地面积 1498 亩，人均收入 2540 元，海拔 1590 米，无霜期 180 天，年均气温 10℃。瓦房村大力发展陆地莲花菜、包心菜、娃娃菜等高原夏菜和温棚蔬菜，温棚养畜，养殖场建设初具规模。

2158 三塬镇两合村

简　　介：两合村位于县城西南约15公里，刘家峡水库北岸，为刘家峡库区移民村。全村共7个社，408户，1826人，其中劳动力989人。耕地面积为2057亩。其中有效灌溉面积为934.97亩，村庄面积410亩，群众居住面积92亩，人均住宅面积42平方米，居住状况640间，砖木850间，土木结构960间。"一池三改"160座，已硬化道路4公里。该村主要生产小麦、玉米、蔬菜等，90%以上的农户仍沿用落后耕作方式和传统的以粮食为主的经营模式，粮食平均亩产585公斤，2013年底，村内农民人均纯收入4187元，粮食总产量为1084吨，大牲畜饲养68头，猪、羊存栏量分别为772头、687只。现有五年制小学1所（和胥塬村合用），占地4000平方米，教室13间，办公室18间。卫生室1处。村委会办公室5间、90平方米，活动场所400平方米。全村有固定电话192部。近期建设项目主要是硬化道路3.5公里，衬砌渠道3公里。

2159 徐顶乡久长沟村

简　　介：久长沟村地处永靖县东部干旱山区，位于徐顶乡南部，东与关山乡接壤，北与徐顶乡三联村、徐家沟村相邻、西与三条岘乡相邻，距县城40公里，平均海拔1700米至2300米之间，年平均气温8.7摄氏度，降水量226毫米。共有9个村民小组，截至2011年12月31日全村共有9个社，分别为小干沟、西沟梁、涝池沟、久长沟、下沟、中庄、上湾湾、野狐湾、疗家湾，农业户179户，总人口数683人。总耕地面积为3008.64亩，以发展洋芋、百合、劳务等特色产业为主。久长沟村属洮河流域，境内有久长沟、小干沟、涝池沟、杨家湾下沟、扁柏叉沟等5条沟。久长沟村配备村委会1所，卫生室1间，学校1所，活动场所1个。久长沟村民主要收入方式以种植百合为主，其余以外出务工为经济收入来源，人均收入2795.4元。

2160 三条岘乡红岘子村

简　　介：红岘子村位于永靖县东部山区，距县城13公里。共辖4个村民小组，136户，总人口601人。全村共有村干部4名，党员45名。

2161 盐锅峡镇焦家村

简　　介：焦家村位于黄河北岸，是八盘峡水库移民安置村，国道309线穿村而过，东临西固区达川乡，共辖5个村民小组，434户，2027人，其中劳动力1441人，共有耕地1725亩，共有民营企业7家。当地群众收入主要靠蔬菜种植、劳务输转。截至2009年底，全村农村经济总收入2283.2万元，农民人均纯收入2408元，人均占有粮食406公斤。

2162 三条岘乡三条岘村

简　　介：三条岘村位于永靖县东部山区，东接本县徐顶乡，南濒洮河与东乡相望，西邻刘家峡镇，北靠陈井镇，兰刘高速公路从村内横穿而过，交通较为便利。三条岘村地处乡政府驻地处，距县城约10公里，全村共有4个村民小组，214户，976人，多以汉族为主，是永靖县确定的新农村建设示范村之一，也是今年确定的三条岘乡首个美丽新农村建设示范点。全村共有耕地1134亩，其中山旱地814亩，水浇地只有415.8亩，永靖县首个标准化工业园区在坐落于三条岘村境内，全村主要收入依靠劳务输出为主，2013年底全村人均纯收入为3243元。目前，全村80%以上的群众使用上了安全、节能、环保的天然气。通过近年来的建设三条岘村基本达到了村、社巷道硬化全覆盖。

2163 三塬镇塬中村

简　　介：塬中村位于永靖县城西南约13公里，刘家峡水库北岸，为刘家峡库区移民村，村内沟壑纵横。全村共11个社，523户，2198人，其中劳动力1308人；耕地面积为3060亩，村庄面积360亩，群众居住面积130亩，人均住宅面积43平方米，砖混结构740间，砖木结构700间，土木结构1050间，已硬化道路5.9公里，衬砌渠道8.6公里。该村主要生产小麦、玉米、蔬菜等，90%以上的农户仍沿用落后耕作方式和传统的以粮食为主的经营模式，粮食平均亩产724公斤，2013年底，农民人均纯收入4050元，粮食总产量为1145吨，大牲畜饲养113头，羊存栏779只。现有五年制小学1所（和高白村合用），占地4524平方米，教室12间，办公室18间。文化站1处，村卫生所1处。村委会办公室5间75平方米，活动场所350平方米。全村有固定电话210部。

2164 小岭乡小岭村

简　　介：小岭村位于永靖县西部干旱山区，海拔2320米，年降水量为220毫米，距县城45公里。共辖13个村民小组，288户，1457人，是一个少数民族聚集村，有清真寺2座；全村耕地面积3811亩。主导产业是旱作农业，主要收入来源靠养殖和输出劳务，2012年，全村粮食总产量829吨，年末牛存栏113头，羊存栏1469只，人均纯收入1998元。由于小岭村自然条件严酷，资源匮乏，经济发展十分缓慢。

2165 关山乡红楼村

简　　介：红楼村现有7个社，191户，715人，山旱地1384亩，其中适宜灌溉面积860多亩，经济来源以种植百合和外出打工为主。2013年，成立村级产业发展互助社1家，入社社员104户，入社资金30.4万元，动员企业2家，注入资金20万元。全村大力开展以道路建设、人饮工程、村庄改造、植树造林为重点的基础建设。近年来，硬化巷道800米，衬砌渠道6公里，修建红楼峡口提灌，建泵站1座，蓄水池2座，埋设管线4公里，同时人饮覆盖面不断增加，栽植柳杆300株。全村实施项目5个，总投资达171万元，涉及道路建设、人饮工程、民生改善、产业培育等方面，为全村经济社会发展注入了活力。投资15万元的红楼村旱台、阳洼两个社的巷道800米；投资30万元建成红楼村渠道衬砌工程4公里；投资21万元的红楼卫生室建设项目；投资70万元的红楼峡口提灌工程，目前该工程已竣工投入使用，恢复灌溉面积200亩，新增灌溉面积300亩，切实解决红楼村灌溉难题；投资35万元建成了红楼红圈小学。

2166 关山乡石台子村

简　　介：石台子村位于关山乡东北方向，共有14个村民小组，309户，1255人。全村14个社分散在两座山两条沟内，群众居住分散，出行交通不便，生态环境脆弱，土地干旱贫瘠，群众收入增长缓慢，经济来源主要靠种植百合和外出打工为主，全村低保户85户，287人，分别占全村的27.5%、22.87%，人均收入约为3139元。2013年，全村百合、旱作农业、中药材种植、脱毒马铃薯不断发展壮大，成立了村级产业发展互助社1家，入社社员164户，入社资金86.6万元，动员企业11家，注入资金20万元。年劳务输出300人次。全村大力开展以道路建设、人饮工程、村庄改造、植树造林为重点的基础建设。近年来，全村硬化村社道路

10 公里，铺砂改造村社道路 14 公里。

2167 川城镇汪家村

简　　介：汪家村是一个回汉杂居村，共有 8 个社，125 户，总人口为 586 人，其中汉族 55 户，250 人，回族 65 户，296 人，东乡族 5 户，23 人，共有劳动力资源 365 人。全村总耕地面积 4200 亩，粮播面积 4200 亩，粮食总产 1932 吨，亩产 460 公斤，大牲畜存栏 375 头，羊存栏 876 只，全村农民人均纯收入 2680 元。经济结构以粮食作物种植和饲草养殖为主要产业。

2168 西河镇红庄湾村

简　　介：红庄湾村位于湟水河南岸，东邻滩子村，南邻沈王村，西邻陈家湾村，北邻湟水河。全村共有 5 个社，53 户，全村总人口为 596 人，耕地面积 531 亩，人均收入 3200 元，近年来，该村充分利用便捷的区位优势和丰富的水资源优势，大力发展陆地莲花菜、包心菜、娃娃菜等高原夏菜和温棚蔬菜，不断提升蔬菜品质。目前该村已完成村内道路硬化，巷道整洁，自来水入户。

2169 盐锅峡镇抚河村

简　　介：抚河村地处永靖县东北部川塬区，距兰州市达川、县城刘家峡较近，国道 309 线、刘兰铁路纵横穿过，北临黄河，水资源丰富，海拔 1590 米，平均气温 9.8℃，年无霜期 176 天。年日照时数 2660 小时以上，年均降雨量 500 毫米，年蒸发量 1400 毫米。全村共辖 6 个村民小组，475 户，1988 人，其中劳动力 839 人，共有耕地 1491 亩，共有民营企业 7 家，农业生产用水主要依靠自流渠及自建电力提灌。当地群众收入主要靠红枣、蔬菜种植、劳务输转。截至 2009 年底，全村农村经济总收入 2098.8 万元，农民人均纯收入 2857 元，人均占有粮食 432 公斤。

2170 盐锅峡镇陈家村

简　　介：陈家村位于黑方台台塬，是刘家峡水库纯移民安置村，共辖 3 个村民小组，368 户，1591 人，其中劳动力 1169 人，共有耕地 2350 亩，共有民营企业 1 家。当地群众收入主要靠红富士苹果、草莓种植、劳务输转。截至 2009 年底，全村农村经济总收入 1480.7 万元，农民人均纯收入 2033 元，人均占有粮食 415 公斤。

2171 刘家峡镇大庄村

简　　介：大庄村委会位于中环路，周边有大庄小学、大庄卫生室，地理位置得天独厚，交通便利，四通八达。大庄村委会始建于 1981 年，占地面积共 200 平方米，村委会分别有会议室（配套设施健全，有办公电脑，网络电视，办公用品等）、老年人幸福院、老年人日间照料中心（配套基础设施比较完善，有 10 张干净整洁的床，有运动健身器材、象棋、跳棋、牌类、羽毛球、乒乓球等）、农家书屋（有 1500 册图书，还有供群众学习的桌椅等）、警务室（重要负责村上安全维稳工作）、计生办公室、村务监督委员会、检查院网络安全点等。

2172 坪沟乡岘子村

简　　介：岘子村地处永靖县城西部，坪沟乡以北，南部与坪沟村相邻，西部与党湾村相邻，东部与蒋苃村相邻，北部与青海省相邻。村内沟壑纵横，梁峁起伏，山旱地占总耕地的 100%。岘子村现有 84 户，363 人，均为汉族，其中老人 53 人，儿童 56 人，劳动力 254 人。现有耕地 2641 亩，人均耕地 7.3 亩，多为坡度 25 度以上的坡耕地，主要种植马铃薯、小麦，粮食亩产 73 公斤。农民的经济收入主要靠外出打工，年人均纯收入1100元。全村适龄儿童入学率100%。岘子村主要道路（永民红-岘子道路）为近年修建的沙砾道路，全线采用农四级公路技术标准。

2173 陈井镇瞿家庄村

简　　介：瞿家庄村共有8个社，303户，总人口1341人，其中少数民族2人，占总人口的0.002%。瞿家庄村以发展脱毒马铃薯、玉米、百合等种植业和劳务产业为主。目前，瞿家庄村百合留床面积已达616.5亩，年收入300万元，全村人均收入达3100元。

2174 西河镇黄草岭村

简　　介：黄草岭村位于湟水河南岸，全村共有3个社，77户，323人，村中没有少数民族，拥有耕地1649亩，人均占有耕地5.1亩，人均收入1200元，该村种植以农业为主，种植结构单一，养殖业以羊、牛、鸡为主，大多以零星圈舍饲养为主，规模较小。黄草岭村是西河镇2012年实施的易地扶贫搬迁项目镇内搬迁项目村，搬迁至陈家湾村。

2175 西河镇沈王村

简　　介：沈王村位于湟水河南岸，东邻滩子村，西邻陈家湾村，北邻红庄湾村。全村共有6个社，共居住230户，全村总人口为1060人，耕地面积1215亩，人均收入3243元。该村依山邻水，交通便利，水资源丰富，经济作物潜力大。目前该村已完成村内道路硬化，2010年新建了村级综合服务中心，实现了自来水入户。

2176 关山乡徐家湾村

简　　介：徐家湾村共有12个社，322户，1319人，全村耕地2899亩，人均耕地2.20亩。群众收入以种植百合和外出打工为主。2013年，全乡百合种植面积达1210亩；双垄沟播玉米、地膜洋芋为主的旱作农业830亩，种植脱毒马铃薯原种350亩。成立村级产业发展互助社1家，入社社员141户，入社资金84.1万元，动员企业1家，注入资金20万元。筹资180万元硬化了国道309线至徐家湾村陈家岭、徐家湾社道路；投资42万元建设徐家湾村文化广场；投资500万元的朱家岭、徐家湾土地整理项目；投资225万元建成徐家湾农村社区；投资8万元，引进良种公羊；建成徐家湾村级卫生室。

2177 盐锅峡镇盐化社区

简　　介：盐化社区占地44.43平方公里，现有居民1274户，人口2698人，享受城市低保的居民425户，963人，孤儿4人。社区居委会下设8个居民小组，楼房30栋，平房3处。

2178 坪沟乡罗家沟村

简　　介：罗家沟村位于永靖县西部山区，距县城30公里，是近年来永靖县建设的投资规模最大、搬迁人数最多的跨乡镇易地扶贫搬迁安置点。安置点建有小学1所，有卫生所1个，有村委会和文化活动广场各1处。农户经济收入以联户养殖、高原夏菜、经济林果和外出务工为主，现已建成联户养殖示范区1处，养殖大棚21座，羊存栏5156只，大牲畜存栏302头，钢架温棚50座；核桃经济林680亩，花椒经济林200亩，去年年底人均纯收入为2560元。

2179 三塬镇海家塬村

简　　介：海塬村位于县城西南约17公里，刘家峡水库北岸，为刘家峡库区移民村，海拔1600米左右，属温带干旱、半干旱气候，年平均气温 7-8℃，最高气温 36.8℃，最低气温 -19.2℃，无霜期为 161 天，年日照时数 2550-2880 小时，日照百分率为 65% 左右，年降水量 300 毫米左右，平均蒸发量 1650 毫米以上。全村共 4 个社，244 户，1064 人，其中劳动力 841 人；耕地面积为 1187 亩，其中有效灌溉面积为 739.98 亩，村庄面积 130 亩，群众居住面积 71 亩，人均住宅面积 45 平方米，居住状况以砖木结构为主。该村主要经济来源以农业种植和劳务输出为主，2013 年底，农民人均纯收入 3900 元，大牲畜饲养 97 头，羊存栏 599 只。"一池三改" 100 座。现有村学 1 所，占地 1600 平方米，教室 5 个，办公室 8 间。卫生所 1 处，村委会办公室 7 间。全村有固定电话 195 部。硬化道路 1.8 公里。

（六）和政县

2180 达浪乡大庄村

简　　介：大庄村位于县城东南3公里处，该村有11个社，314户，1632人，是纯少数民族聚居村。全村耕地面积1772亩，人均耕地1.1亩，主要种植玉米、油菜等作物。

2181 三十里铺镇陈家咀村

简　　介：陈家咀村位于和政县三十里铺镇西部，有9个合作社（张家社、陈家咀社、上不拉社、下不拉社、中达浪社、和合社、杜家社、沟脑头社、山岭社），人口237户，1137人，是纯少数民族村，人均耕地0.66亩，2013年全村人均纯收入为2896元。村内有3所宗教场所，有1所陈家咀村小学。

2182 松鸣镇狼土泉村

简　　介：狼土泉村位于松鸣镇南端，东接康乐县，南与太子山国家森林保护区相连，临康和二级公路从旁而过，交通便利。全村共辖14个合作社，467户，2132人，是一个纯汉族行政村，全村耕地总面积2765亩，人均耕地面积不足1.5亩。2013年全年农业生产总值499.5万元，全村人均收入不足4000元。村子紧靠省内外享有盛名的国家级AAAA级森林公园松鸣岩，境内森林覆盖率为45%，气候常年湿润，土壤肥沃，植被茂盛，草地宽广，平均海拔在2400以上，年平均降雨量900多毫米，年平均气温6.0℃，种植药材250亩，养殖母牛60头，母羊150只。

2183 三十里铺镇马家河村

简　　介：马家河村位于三十里铺镇西南部，全村辖17个合作社，408户，2072人，其中五保户12户，13人，低保户114户，459人，2013年人均纯收入3018元，是一个汉、回、东乡杂居的民族村。全村共有村干部4名，其中少数民族2名。总耕地面积1999亩，人均耕地0.9亩，以种植玉米、小麦为主。现有六年制小学1所，村卫生室1所，村委会1所。

2184 卜家庄乡松树村

简　　介：松树村位于卜家庄乡西北部，离县城8公里，共辖16个社，520户，2490人，属纯东乡族行政村。全村有耕地3272亩，人均耕地1.3亩，主要种植小麦、油菜等作物，因属高寒阴湿地区，亩产250公斤左右，仅为川地的一半，其中经济林果地556亩，主要种植啤特果。农民以养殖业、种植业和外出务工收入为主。现有六年制小学1所，小学入学率100%，村卫生室1所，宗教活动场所6处，党员47名。今年开工建设了松树村若干项目，建设内容包括异地搬迁、村幼儿园建设和松树小学整体搬迁等项目，总投资 1427 万元，其中异地搬迁项目已开始动工，现已完成主体工程，共计 51 户，占地 30 亩，户均建筑面积 105 平米，投资约 816 万；村幼儿园项目占地面积 2.7 亩，投资 208 万。

2185 松鸣镇桦林村

简　介：桦林村辖 10 社，现有 256 户，1305 人，主要为东乡族，总面积 7.21 平方公里，耕地面积 1635 亩，其中川地 409 亩，人均占有耕地 1.25 亩。村内经济收入以畜牧养殖、种植业为主，人均纯收入 1678 元。养殖母牛 75 头，母羊 300 只。种植药材 100 亩。

2186 城关镇杜家河村

简　介：杜家河村位于县城西南部 2 公里，与三谷村、张家庄村相邻，和合公路横穿而过。主要经济作物有小麦、玉米、大豆、油菜等。城关镇杜家河村共有 18 个社，640 户，总人口 2531 人。村域面积共有 290 公顷，村庄现状用地面积为 22 公顷，有 3 个居民点，主要经济作物有小麦、玉米、大豆、油菜等。村活动场所修建于 2007 年 6 月，占地 0.6 亩，现有 2 层砖混结构办公用房 6 间，建筑面积 140 平方米。村活动场所中有村卫生室，正常开展医疗活动；村活动场所中有文化室（农家书屋），建于 2011 年，共有图书 3200 册。

2187 买家集镇寨子沟村

简　介：寨子沟村共有 7 个社，247 户，1049 人。村活动场所于 2009 年建成，办公用房二层 9 间，建筑面积 150 平方米，占地 1 亩。属纯少数民族村，耕地面积 800 多亩，主要种植小麦、玉米、油菜、蚕豆、洋芋等农作物，以林地为主，属典型的高原气候。人均年纯收入不足 4000 元。

2188 梁家寺乡杨仲家村

简　介：杨仲家村位于和政县与东乡族自治县的交界处，是一个纯东乡族聚集村落，该村村民民风淳朴，热情好客，具有鲜明的东乡族民族文化特点，特别是清真寺等建筑别具一格。全村共辖 9 个社，1470 人，属于纯东乡族村。总耕地面积 1540 亩，人均 1.0 亩。该村群众主要经济来源是农业种植业、养殖业以及劳务输出，主要种植小麦、洋芋、玉米，畜牧产业以养殖牛羊为主。全村人均纯收入 2486 元。全村现有六年制小学 1 所，村文化图书室 1 所，党支部共有党员 32 名。杨仲家村少数民族群众信仰伊斯兰教，全村共有 6 座清真寺。

2189 马家堡镇张湾村

简　介：张湾村位于马家堡镇东南面，与杨台村相邻。马家堡镇张湾村共有 12 个社，318 户，总人口 1615 人，其中少数民族 969 人，占总人口的 60%。村域面积共有 329 公顷，村庄用地面积为 37 公顷，村民主要经济来源为养殖和外出打工。村活动场所修建于 2012 年 9 月，占地 1.2 亩，现有二层砖混结构办公用房 12 间，建筑面积 144 平方米。活动场所中有文化室（农家书屋），建于 2011 年，共有图书 1500 册。

2190 梁家寺乡大马家村

简　介：大马家村地处梁家寺东部，系梁家寺乡的川区村，具有鲜明的东乡族民族文化特点，特别是清真寺等建筑别具一格。全村共辖 14 个社，2143 人，总耕地面积 1730 亩，人均 1.0 亩。该村群众主要经济来源是农业种植业、养殖业以及劳务输出，主要种植小麦、洋芋、玉米，畜牧产业以养殖牛羊为主。全村人均纯收入 2556 元。全村现有六年制小学 1 所，村文化图书室 1 所，党支部共有党员33名。大马家村少数民族群众信仰伊斯兰教，全村共有8座清真寺。

2191 梁家寺乡大何家村

简　　介：梁家寺乡大何家村是一个少数民族与汉族聚居的贫困村，全村共有18个社，408户，2243人，其中西北地区特有的少数民族东乡族共计有1651人。耕地面积3218亩，人均1.4亩。群众主要经济收入为农业种植业、外出务工和畜牧养殖业，主要种植小麦、洋芋、玉米、油菜，畜牧产业以养殖牛羊为主。全村现有六年制小学1所，村文化图书室1所，党支部共有党员45名。大何家村汉族群众信仰佛教，有1座佛教寺院，少数民族群众信仰伊斯兰教，全村共有8座清真寺。

2192 买家集镇牙塘村

简　　介：牙塘村位于和政县买家集镇西南部，距离县城12公里，共有16个合作社，432户，1971人。村活动场所于2007年建成，办公用房二层18间，450平方米，占地3亩，面积11平方公里，总耕地面积3080亩，农民人均纯收入2200元。全村有小学1所（牙塘小学），该村以种植业（小麦、油菜、蚕豆为主）和养殖业（家庭分散养殖牛、羊、猪等）为主导产业，以家庭种植、养殖和劳务输转为主要经济来源。

2193 三十里铺镇碑滩村

简　　介：碑滩村位于距三十里铺镇政府东面1公里处，距离县城15公里。全村下辖12个合作社，共355户，1800人，回、汉、东乡族为主要民族的杂居地，其中少数民族占总人口的85%，耕地面积1328亩，人均0.8亩。

2194 卜家庄乡甘沟村

简　　介：甘沟村地处卜家庄乡北部，距离卜家庄乡2公里，距县城2.5公里，是卜家庄乡的南大门。村辖村民小组8个，人口217户，1040人，少数民族占总人口的99%。主要种植的农作物有双低杂交油菜、玉米、马铃薯、小麦、当归、冬花、云杉、油松、杨树、啤特果苗、柳树等。道路全面硬化，共计14公里；通电入户率达100%；电话入户率达100%；有线电视入户率达98%；适龄儿童入学率达100%；农村新型合作医疗保险覆盖率达98%；现有六年制小学1所；合作医疗地点报销卫生室1处；自来水入户达95%；新建标准化村部1所，附带农家书屋、党员远程教育站点、老年人活动中心、农民体育场以及健身器材。全村以劳务收入为主，农业、养殖业、小型加工业收入为辅。现有20多人从事个体经营，主要从事牛肉拉面、菜籽油加工业、养殖业、粮油加工业等。文化全村现有六年制小学1所，宗教活动场所两处。

2195 新营乡闫菜坪村

简　　介：闫菜坪村共有12个社，319户，总人口1593人，其中少数民族1162人，占总人口的77%。2013年人均纯收入2375元，全村耕地面积为2919.6亩，主要收入来源为劳务、种植业。

2196 马家堡镇小河村

简　　介：小河村与临夏县黄泥湾村相邻，共有11个社，365户，总人口1780人，其中少数民族884人，占总人口的54%。村域面积共有2160公顷，村庄用地面积为1950公顷，现村民主要经济来源为个体经营和外出打工。修建于2014年8月，占地2亩，现有2层砖混结构办公用房6间，建筑面积

215平方米。村活动场所中有村卫生室、文化室（农家书屋）。

2197 三十里铺镇马牧沟村

简　　介：马牧沟村位于三十里铺镇北部，有9个合作社，260户，1268人，是纯少数民族村，人均耕地1.2亩，2013年全村人均纯收入为2896元。村内有马牧沟村希望小学，有4所宗教场所，分别为大庄清真寺、三格子清真寺、红崖沟清真寺、红崖沟拱北，浓郁的穆斯林活动氛围是马牧沟村的一大特色。5条农路把全村连接成了一个统一的整体。

2198 罗家集乡大坪村

简　　介：大坪村是一个纯汉族村，全村共有8个社，207户，930人，耕地总面积1587亩，人均1.6亩。群众主要经济收入为农业种植业、外出务工和畜牧养殖业，主要种植小麦、玉米、油菜，畜牧产业以养殖牛羊为主。全村现有五年制小学1所，村委会农家书院有图书3000余册。

2199 罗家集乡三岔沟村

简　　介：三岔沟村距离集镇5公里，旅游资源丰富，主要经济作物有小麦、玉米、大豆、油菜等。三岔沟村共有11个社，233户，总人口1066人，其中少数民族11人。耕地总面积1343亩。村活动场所修建于2013年，占地2.1亩，现有2层砖混结构办公用房20间，建筑面积200平方米，有村卫生室、健身器材等。

2200 达浪乡杨马族村

简　　介：杨马族村地处达浪乡政府东南部2公里处。全村共有17个合作社，574户，3011人，有汉、回、东乡3个民族，其中少数民族2097人，占全村人口的73%。全村耕地面积为3456亩，人均占有耕地1.1亩。种植业、畜牧业和劳务输出是三大支柱产业，主要种植作物为油菜、小麦、玉米。村级活动场所1所，占地面积为2亩，建筑面积为140平方米。

2201 买家集镇两关集村

简　　介：两关集村位于买家集镇西南部，距离镇政府5公里，共有9个合作社，185户，914人，耕地面积1500亩，人均耕地1.5亩，有小学1所。村活动场所于2010年建成，办公用房二层8间，建筑面积100平方米，占地1亩。群众以种植冬小麦、油菜、蚕豆、当归为主，不少村民零散的养殖牛、羊。

2202 买家集镇石咀村

简　　介：石咀村位于县城西南侧，距离镇政府8公里，全村共有8个社，206户，996人。村活动场所于2013年建成，办公用房二层18间，450平方米，占地3亩。耕地面积1234亩，人均1.2亩，农民人均纯收入2100元。该村支柱产业以劳务输出、畜牧养殖为主。全村平均海拔1850米，年均温9℃，年降水量535毫米，全年无霜期137天，适宜养殖。

2203 新庄乡奋斗村

简　　介：奋斗村位于新庄乡中部，是乡政府所在地，全村辖12个合作社，416户，2064人，耕地面积2531亩，人均耕地1.2亩。有汉族、回族、东乡族、藏族等多个民族，民间文化底蕴深厚，源远流长。村上把刺绣作为文化产业进行培育，邀请河州刺绣艺术公司到奋斗村累计培训120人。村农民艺术社团拥有120多名群众歌手、演员。

2204 梁家寺乡赵家沟村

简　　介：赵家沟村地处梁家寺乡东南部，系梁家寺乡的山区村，山大沟深。全村共有10个社，277户，1186人，其中西北地区特有的少数民族东乡族共计有1186人，具有鲜明的东乡族民族文化特点，特别是清真寺等建筑别具一格。全村耕地面积1359亩，人均1.1亩，林果面积共计85亩，牧草地面积1672亩。群众主要经济收入为农业种植业、外出务工和畜牧养殖业，主要种植小麦、洋芋、玉米、油菜，畜牧产业以养殖牛羊为主。全村人均纯收入2516元。全村现有六年制小学1所，村文化图书室1所，党支部共有党员35名。赵家沟村少数民族群众信仰伊斯兰教，全村共有6座清真寺。

2205 城关镇张家庄村

简　　介：张家庄村位于县城西南部1公里，与杜家河村、西关村相邻，和合公路横穿而过。主要经济作物有小麦、玉米、大豆、油菜等。城关镇张家庄村共有11个社，398户，总人口1498人。村域面积共有170公顷，村庄现状用地面积为30公顷，有2个居民点，主要经济作物有小麦、玉米、大豆、油菜等。村活动场所修建于2009年10月，占地1亩，现有2层砖混结构办公用房9间，建筑面积183平方米。村活动场所中有村卫生室，正常开展医疗活动；村活动场所中有文化室（农家书屋），建于2010年，共有图书1500册。

2206 卜家庄乡白杨沟村

简　　介：白杨沟村辖8个社，现有人口185户，853人，其中汉族595人，少数民族258人，占总人口的30.2%。全村耕地总面积1040亩，其中山地1040亩；农作物面积570亩，由于属于山地，所以产量低，村民主要种植油菜、小麦、马铃薯等农作物，今年开始种植中药材、松树等，增加了农民收入。8个社现在全部通自来水，全部通电，入户率达到了100%。主要产业是农业、畜牧养殖、林果业和劳务输出，主要收入依靠农业和劳务输出、林果业和畜牧养殖业。全村贫困人口764人，占总人口的93.3%，劳动力532人，劳务输出230人。现有六年制村小学1座，村卫生室1所，小学入学率100%，清真寺2座，道观1座。

2207 新庄乡何马家村

简　　介：何马家村位于新庄乡北部，北邻槐庄村，东邻达浪乡，西邻关滩沟村，南邻腰套村，距和政县城6公里。全村总面积约3360公顷，全村共辖12个生产合作社，共486户。总人口2081人，其中东乡族人员有35人。全村有耕地面积2406亩，其中退耕还林面积200亩，人均占有耕地1.1亩。全村农业生产以小麦、蚕豆、油菜和药材为主。村内二新路自北向南穿通而过，交通比较便利，村内有村级小学1所，村卫生室1处，村办公场所1处。何马家村是一个以种植业为主的生态农业村，村上引导村民调整产业结构，劳务、油菜、药材、苗木和畜牧养殖成为全村的主导产业，2013年，全村人均纯收入达到2670元。

2208 三合镇前山村

简　　介：前山村位于三合镇南部，属于山区村，南与城关镇教场村比邻，西与三十里铺镇南阳山村为伴。该村属纯少数民族村。全村有9个社，268户，1258人；耕地面积1130亩，人均0.75亩。主要经济支柱有劳务输转、双垄沟播玉米种植、草鸡及肉羊养殖等；2013年人均纯收入2050元。现有村级卫生室1处，小学1所，学生50人。

2010年以来，累计输转劳动力1843人，实施危旧房改造130户，硬化道路8.2公里。2011年易地新建了前山村村部。

2209 达浪乡郑家坪村

简　　介：郑家坪村位于达浪乡东北部，东边与广河县接壤，紧邻三合镇和城关镇，全村共有13个合作社，454户，2348人，其中少数民族2179人。全村耕地面积4450亩，人均耕地面积1.88亩，有效灌溉面积1430亩，旱作农业发展较好。

2210 三合镇尕新庄村

简　　介：尕新庄村位于三合镇东北部。地处黄土高原和青藏高原交汇的二阴地区，为干旱和半干旱气候。适于当归、黄芪、冬花、牛蒡等中药材和啤特果植被生长。全村辖11社，290户，1230人。主要经济支柱有劳务输转、旱作农业、畜牧养殖、啤特果等特色农产品种植等。2013年人均纯收入2950元。现有村级卫生室1处，小学1所，学生106人。2010年以来，累计输转劳动力1870人，实施危旧房改造152户，硬化道路7.7公里。2014年，尕新庄村列入整村推进项目村，原址新建了村部。

2211 城关镇后寨子村

简　　介：后寨子村位于县城西北部5公里，与杜家河村、洒拉崖村相邻。主要经济作物有小麦、玉米、大豆、油菜等。城关镇后寨子村共有13个社，418户，总人口1983人，其中少数民族410人，占总人口的20.6%。村域面积共有260公顷，村庄现状用地面积为100公顷，有3个居民点，主要经济作物有小麦、玉米、大豆、油菜等。村活动场所修建于2008年11月，占地1.5亩，现有2层砖混结构办公用房14间，建筑面积250平方米。村活动场所中无村卫生室，不能正常开展医疗活动；村活动场所中有文化室（农家书屋），建于2009年，共有图书2100册。

2212 马家堡镇马家村

简　　介：马家村共有16个合作社，总人口1923人，以山大沟深，高寒阴湿的山地为主。

2213 松鸣镇吊滩村

简　　介：吊滩村位于松鸣镇东南端，距镇政府所在地10公里处，东接康乐县，南与甘南州毗邻，西与狼土泉村、新庄乡中梁村相连，北与松鸣镇中心村相接，全村共辖11个合作社，417户，总人口1756人，其中少数民族10人，全村耕地面积为2560亩，人均耕地面积不足1.5亩。近年来，由于松鸣岩景区的开发建设，征用群众部分耕地，现人均耕地面积不足1.1亩。该村地处高寒阴湿的二阴山区，群众收入以农业种植业为主。

2214 新庄乡光明村

简　　介：光明村紧邻米岗村、五龙岗村、红旗村、龙塘村。共有11个合作社，262户，总人口1431人，是一个长居居民为东乡族、回族杂居的村。总耕地1443.4亩，人均耕地0.9亩。以山地为主，其中川地占总耕地的5%。

2215 罗家集乡小滩村

简　　介：小滩村位于罗家集上集口，主要经济作物有小麦、玉米、大豆、油菜等。小滩村共有8个社，171户，总人口759人，属于纯汉族村。耕地总面积共有1205亩，人均耕地1.2亩。村委会占地1.2亩，现有6间，建筑面积60平方米。村活动场所中有村卫生室、农家书院。

2216 卜家庄乡前坪村

简　　介：前坪村位于卜家庄乡南部，距离县城5公里，现辖15个社，人口446户，2490人，其中少数民族2365人，占总人口的95%。耕地总面积3181亩，人均1.3亩。主要种植小麦、油菜、马铃薯等，因属高寒地区，产量较低，村民收入主要靠种植业、畜牧养殖业和劳务。村委会距离县城5公里。全村共有地总面积3181亩，其中旱地3181亩；农作物面积3181亩。山地占75%，川地25%；主要种植的农作物有双低杂交油菜、玉米、马铃薯、小麦；药材有当归、冬花等；经济作物有云杉、油松、杨树、啤特果苗、柳树等。道路硬化共计35公里；通电入户率达100%；有线电视入户率达98%；适龄儿童入学率达100%；农村新型合作医疗保险覆盖率达98%；现有六年制小学1所；合作医疗定点报销卫生院1处；自来水入户达95%；村部1所，附带农家书屋、党员远程教育站点，宗教场所3处。

2217 陈家集乡王泉村

简　　介：王泉村与陈官庄村、和兴村、前进村同乡。有14个合作社，共有352户，总人口1763，少数民族占总人口的95.4%。总耕地1789亩，人均耕地1.07亩。今年修建了二层砖混结构办公用房8间，并配备了相应的办公用品。现已修建暖棚30座，建设沼气池30座，修建完工30座。同时，针对部分群众住房困难，采取项目补助和群众自筹的办法，修建完成了13户特困户的灾民建房工作。

2218 梁家寺乡友好村

简　　介：梁家寺乡友好村是一个少数民族贫困村，全村共有11个社，286户，1386人，其中西北地区特有的少数民族东乡族共计有1343人，具有鲜明的东乡族民族文化特点，特别是清真寺等建筑别具一格。全村耕地面积1853亩，人均1.3亩，林果面积共计300亩，牧草地面积1260亩。群众主要经济收入为农业种植业、外出务工和畜牧养殖业，主要种植小麦、洋芋、玉米、油菜，畜牧业以养殖牛羊为主。全村人均纯收入2499元。全村现有六年制小学1所，村文化图书室1所，党支部共有党员31名。友好村少数民族群众信仰伊斯兰教，全村共有8座清真寺。

2219 马家堡镇团咀村

简　　介：团咀村位于马家堡镇北部，全村共有10个合作社，360户，1810人。其中少数民族人口占总人口的62%。总耕地1852亩，人均占有耕地1.1亩，2011年农民人均纯收入2116元。村活动场所修建于2008年7月，占地0.3亩，现有1层砖混结构办公用房4间，建筑面积50平方米。村活动场所中有文化室（农家书屋），建于2011年，共有图书2000册。

2220 罗家集乡罗家集村

简　　介：罗家集村与乡政府、小滩村相邻。主要经济作物有小麦、玉米、大豆、油菜等。罗家集村共有15个社，374户，总人口1730人，其中少数民族906人，占总人口的60%。耕地总面积共有2631亩，退耕还林面积705亩。村活动场所修建于2013年，占地0.6亩，现有2层砖混结构办公用房20间，建筑面积200平方米，有村卫生室、健身器材等。

2221 新营乡山城村

简　　介：山城村共有10个社，216户，总人口1071人，其中少数民族1049人，占总人口的100%。2013年人均纯收入2440元，全村耕地面积为1774.8亩，主要收入来源为劳务、种植业。

2222 罗家集乡九山村

简　　介：九山村是一个少数民族贫困村，全村共有11个社，216户，全村总人口986人，其中少数民族772人，占总人口的85%，耕地总面积1410亩，人均耕地1.2亩。群众主要经济收入为农业种植业、外出务工和畜牧养殖业，主要种植小麦、洋芋、玉米、油菜，畜牧产业以养殖牛羊为主。农家院藏书2300余册。

2223 三十里铺镇南阳山村

简　　介：南阳山村位于三十里铺镇南部，兰郎公路横穿而过，距临夏市17公里，距县城13公里，是一个回、汉、东乡族杂居的民族村，少数民族占全村人口的63%。全村有12个社，305户，人口1510人。全村总耕地面积1661亩，人均占有1.1亩，全村整村退耕还林，森林覆盖面积达80%以上。全村有宗教场所5所，其中清真寺4座，庙1座。有卫生室1所，有小学1所，全村适龄儿童126名，已入学儿童124名，入学率为98.4%。合作医疗参合人数为1309人，养老保险参保人数813人。全村有啤特果种植合作社1个，冷库1座，有小型农家乐2处。

2224 陈家集乡上王家村

简　　介：上王家村位于陈家集乡西南部，宋南路穿村而过，全村共有12个合作社，275户，1279人。其中少数民族人口占总人口的62%。总耕地1410亩，人均占有耕地1.1亩，2011年农民人均纯收入2116元。上王家村修建配套暖棚76座，投放羔羊155只，加快了畜牧养殖业的持续健康发展，全村大牲畜存栏情况为：牛220头，羊800只，猪60头。该村地理条件优越，群众养殖愿望强烈，发展畜牧养殖业潜力较大。

2225 三合镇周刘家村

简　　介：周刘家村属三合镇川区村，位于和政县北部，南与城关镇接壤，迎宾路、滨河路穿村而过，交通条件十分便利。全村辖8个社，279户，1378人，汉族人口占93%，共有耕地804.93亩，人均占有耕地0.5亩。2012年农民人均纯收入为2480元。支柱产业以汽修服务、交通运输、养殖、和政辣椒等特色蔬菜种植、劳务输转为主，区位优势突出。2013年5月，被县财政局定为村级发展互助社示范村，经镇、村干部广泛宣传动员，现有211户群众加入互助社，交纳互助社20.2万元，引进企业1家，注资20万元，互助社资金合计为40.2万元。周刘家村有村民活动场所1处，教学点1个，卫生院1个，累计硬化道路6公里。

2226 陈家集乡贾百户村

简　　介：贾百户村共有12个合作社，301户，1366人。其中少数民族人口占总人口的75%。总耕地1829亩，人均耕地1.34亩，2011年农民人均纯收入1829元。

2227 松鸣镇车巴村

简　　介：车巴村位于和政县东南部。全村共有16个社，481户，总人口2233人，其中少数民族2121人，占总人口的95%。村活动场所修建于2006年7月，占地1亩，现有1层砖混结构办公用房5间，建筑面积60平方米。村活动场所中有村卫生室，正常开展医疗活动，有文化室（农家书屋），建于2011年，共有图书2000册。扶贫羊棚45户，母羊135只，本村养殖母牛40只。

2228 新庄乡前进村

简　　介：前进村位于和政县城南14.2公里处，全村辖10个合作社，共282户，总人口1243人，总耕地面积1960亩，人均耕地面积1.58亩，全村人均纯收入2380多元。前进村长居居民以汉族为主，汉族占全村总人口的60%以上。

2229 城关镇洒拉崖村

简　　介：洒拉崖村紧邻龙泉村、杜家河村、嘴头村、南关村。村域面积共有200公顷，村庄现状用地面积为10公顷。洒拉崖村共有10个社，282户，总人口1107人，有7个居民点。主要经济作物有啤特果苗、云杉、柳树等。村活动场所修建于2000年3月，占地1亩，现有2层砖混结构办公用房10间，建筑面积180平方米，有村卫生室，正常开展医疗活动。有文化室（农家书屋），建于2011年，共有图书2100册。

2230 新营乡炭市村

简　　介：炭市村共有12个社，328户，总人口1615人，其中少数民族1247人，占总人口的81%。2013年人均纯收入2436元，全村耕地面积为2596亩，主要收入来源为种植业。全村7-12岁适龄生109人，已入学109人，入学率100%；13-15岁适龄生61人，已入学60人，入学率98%；15-50岁文盲38人，脱盲21人，非文盲率98.1%。

2231 松鸣镇科托村

简　　介：科托村位于和政县南部，距离县城10公里，科托村有9个社，现有人口1930人，385户，党员42人，村域面积429.71公顷，用地面积231.86亩，人均住房面积为15平方米，下辖居民点4个，质量较好房屋户数为285户，科托村集中供水，村内道路总长约为11公里，已硬化的道路长为8公里，科托村已编制村庄规划。科托村养殖母牛有115只，其中本年度新增50只，养殖母羊210只，本年度新增21只。种植药材20亩。拥有图书馆，藏书3000册，有计生服务室、卫生室、会议室、文体活动室、花儿艺术学校、老年人活动室、村办公室。目前全村打造水泥路85%，绿化植树3000多株，村庄绿化覆盖已达到20%，自来水入户率100%。

2232 达浪乡杜家崖村

简　　介：杜家崖村位于达浪乡政府西北部，距县城2.5公里，和康路和二新路穿村而过，交通便利。全村共辖8个合作社，319户，1539人，其中少数民族710人，占总人口的54%，耕地面积1481亩，人均占有耕地不足1亩，劳务和种植是两大主导产业，养殖业发展也较为成熟。

2233 城关镇南关村

简　　介：南关村位于县城内，与西关村、龙泉村相邻。城关镇龙泉村共有8个社，400户，总人口1142人。村域面积共有42公顷，村庄现状用地面积为13公顷，由于城镇扩张，重点项目建设以及集中建新区的影响，现村民主要经济来源为个体经营和外出打工。村活动场所修建于1986年10月，占地1.2亩，现有2层砖混结构办公用房12间，建筑面积180平方米，有村卫生室，正常开展医疗活动。文化室（农家书屋）建于2010年，共有图书1430册。

2234 新营乡寺营村

简　　介：寺营村共有12个社，324户，总人口1516人，其中少数民族1162人，占总人口的 77%。2013 年人均纯收入 2554 元，全村耕地面积为 2450.8 亩，主要收入来源为种植业。

2235 陈家集乡宋家沟村

简　　介：宋家沟村与石塬村、沉家坪村、苟家村同乡。全村共有 19 个合作社，421 户，1999 人。其中少数民族人口占总人口的 78%。总耕地 2617 亩，人均占有耕地 1.3 亩。2011 年农民人均纯收入 2099 元。

2236 新营乡大庄村

简　　介：大庄村共有 18 个社，497 户，总人口 2454 人，其中少数民族 2313 人，占总人口的 100%。其中五保户 16 户，17 人，低保户 130 户，456 人，2013 年人均纯收入 2669 元，全村耕地面积为 2263 亩，主要收入来源为劳务、种植业。全村 7-12 岁适龄生 172 人，已入学 172 人，入学率 100%；13-15 岁适龄生 111 人，已入学 109 人，入学率 98%；15-50 岁文盲 56 人，脱盲 28 人，非文盲率 98.07%。

2237 罗家集乡张家山村

简　　介：张家山村位于罗家乡政府后面，整村呈狭长分布。主要经济作物有小麦、玉米、大豆、油菜等。畜牧业以牛羊养殖为主。张家山村共有 9 个社，189 户，总人口 815 人，其中少数民族 15 人，汉族占总人口的 95% 以上。耕地总面积共有 1347 亩，退耕还林面积 300 亩，其中耕地以山地为主。村活动场所修建于 2013 年，占地 1.2 亩，现有 2 层砖混结构办公用房 9 间，建筑面积 90 平方米。村活动场所中有村卫生室、农家书院等。

2238 三十里铺镇阴山村

简　　介：阴山村位于三十里铺集镇北侧，由 10 个自然村组成，是纯少数民族村，总人口 1090 人。耕地全部为山地，总面积 1090 亩，人均耕地面积 1 亩。

2239 买家集镇民主村

简　　介：民主村位于买家集镇西南部，距离镇政府 2.5 公里，共有 13 个合作社，352 户，1556 人，耕地面积 1989.25 亩，人均耕地 1.1 亩，有小学 1 所。办公用房二层 10 间，建筑面积 200 平方米，占地两亩。农业以种植冬小麦、油菜、蚕豆为主。

2240 买家集镇买家集村

简　　介：买家集村共有 10 个社，376 户，1819 人。村活动场所于 2004 年建成，办公用房 5 间，建筑面积 80 平方米，占地 1 亩。耕地面积 1007 亩，人均 0.6 亩。

2241 三合镇虎家村

简　　介：虎家村地处广通河畔，兰郎路和滨河路穿村而过，位于青藏高原和黄土高原交汇处。海拔 2000 多米，气候为干旱半干旱气候，年降雨量为 300-500 毫升之间。全村有 12 个社，431 户，1735 人，其中少数民族 26 人，占总人口的 1.5%，其中男 902 人，女 833 人；面积 1.1 平方公里，耕地面积为 1567 亩；全村有党员 95 人，60 岁以上的 32 人，女党员 22 人，大专以上 26 人，高中文化程度（包括中专）32 人，初中文化程度 18 人，小学文化程度 19 人。主要经济支柱有劳务输转、旱作农业、大棚蔬菜种植、经济林苗木种植及中药材种植等。2010 年以来，累计输转劳动力 2140 人，有蔬菜大棚 45 座，玉米年种植 700 多亩，其他经济作物尽占半数。人均纯收入 3100 元。现有村级卫生室 1 处，小学 1 所，教师 14 人，学生 135 人。实施危旧房改造 240 户，硬化道路 7.8 公里。

2242 三十里铺镇闵家村

简　　介：闵家村位于镇政府的北部，现有人口900多人，是回、汉、东乡杂居的多民族村。全村7个社，186户人家，总承包面积844亩，耕地面积756亩，有1所六年制的小学。2012年整村推进中，村部全面建修，对村社道路进行硬化。

2243 买家集镇尕后庄村

简　　介：买家集镇尕后庄村共有8个合作社，275户，1372人。村活动场所于2012年建成，办公用房二层共14间，建筑面积210平方米，占地1亩。耕地面积928亩，人均耕地0.7亩。群众以种植冬小麦、油菜为主。

2244 三十里铺镇三十里铺村

简　　介：三十里铺村位于和政县东北部，距离和政县25公里，距离临夏市10公里，属于典型的二阴地区。全村共有14个社，368户，总人口为1777人，其中汉族1303人占78.1%，少数民族365人占21.9%，农业人口比例为100%，属纯农业村。劳动力中初中及初中以上文化程度302名，占劳动力总数的35%。全村有耕地面积1840亩，全部为山坡地，无灌溉条件，退耕还林还草480亩，农业用地1360亩，主要种植的农作物为小麦、马铃薯、油菜、玉米等，零星分散种植有啤特果、早酥梨等果树，畜牧养殖业以家庭零散养殖为主，2013全村人均纯收入3122元。

2245 三十里铺镇洒麻浪村

简　　介：洒麻浪村位于三十里铺镇南部，有11个合作社，总人口342户，1721人，其中回族1042人，东乡族679人，是一个纯少数民族村。总耕地面积1881亩，人均耕地1.2亩，2013年人均纯收入为3126元。村活动场所面积有70平方米。现有六年制小学1所，教学班有5个，专职教师4人，招聘教师3人，学生147人，人均校舍建筑面积4.4平方米。主要种植业是玉米、小麦、洋芋。主要收入来源是经商和劳务。建成了总长6公里的农村道路硬化工程，有效改善了全村的通行条件。

2246 新营乡三坪村

简　　介：三坪村共有12个社，290户，总人口1367人，其中少数民族964人，占总人口的67%。2013年人均纯收入2270元。全村耕地面积为1216.4亩，主要收入来源为劳务、种植业。全村7-12岁适龄生109人，已入学109人，入学率100%；13-15岁适龄生69人，已入学68人，入学率98%；15-50岁文盲33人，脱盲19人，非文盲率98.03%。

2247 罗家集乡大滩村

简　　介：大滩村是位于罗家集乡南部，与小滩村和大坪村相邻，全村共有15个社，262户，1242人，全村人均耕地1.6亩。该村群众主要经济收入为农业种植业、劳务输出和畜牧养殖业，主要种植小麦、油菜，畜牧产业以养殖牛羊为主。大滩村居民全是汉族，耕地以山地为主，其中川地占总耕地的30%左右。

2248 城关镇教场村

简　　介：村域面积共有9.8公顷，村庄现状用地面积为7.2公顷。城关镇教场村共有7个社，258户，总人口1086人。村域面积共有9.8公顷,村庄现状用地面积为7.2公顷，有7个居民点，主要经济作物有啤特果苗、云杉、柳树等。村活动场所修建于2012年

8月，占地1.5亩，现有2层框架结构办公楼1栋，办公楼两侧各有5间平房，共计18间，建筑面积216平方米，附属修建党员活动室、党员远程教育室、老年人活动中心、计划生育服务室、农家书屋、村医疗服务室、会议室、村干部办公室和村民文化体育广场等功能完善、设施齐全的村部，共有图书2100册。

2249 陈家集乡陈家集村

简　　介：陈家集村有16个合作社，共有359户，总人口1538人，少数民族占总人口的74%。总耕地1945亩，人均耕地1.26亩。现已修建暖棚35座，建设沼气池14座，修建完工14座。

2250 达浪乡李家坪村

简　　介：李家坪村地处达浪乡北部，距县城1.5公里。全村共有14个合作社，566户，2548人，有汉、回、东乡3个民族，其中少数民族40户，192人，占全村人口的8.3%。全村耕地面积为2447亩，人均占有耕地1.06亩。种植和劳务输出是两大支柱产业。全村有小学和幼儿园各1所，入学率分别达100%和98.4%。

2251 梁家寺乡山坪村

简　　介：山坪村是一个少数民族贫困村，全村共有11个社，295户，1482人，其中西北地区特有的少数民族东乡族共计有1482人，具有鲜明的东乡族民族文化特点，特别是清真寺等建筑别具一格。全村耕地面积2340亩，人均1.6亩，林果面积共计54亩，牧草地面积1360亩。群众主要经济收入为农业种植业、外出务工和畜牧养殖业，主要种植小麦、洋芋、玉米、油菜，畜牧产业以养殖牛羊为主。全村人均纯收入2585元。

全村现有六年制小学1所，村文化图书室1所，党支部共有党员33名。山坪村少数民族群众信仰伊斯兰教，全村共有6座清真寺。

2252 三十里铺镇大路村

简　　介：大路村共有14个社，487户，2432人，耕地面积2246.5亩，人均0.92亩，退耕面积1830.5亩，人均0.75亩，2011年农民人均纯收入2370元。目前，该村支柱产业以劳务输出为主，全村养殖10户，鸡和牛饲养量分别达到3500只、360头。

2253 新庄乡峡门村

简　　介：峡门村村辖6个社，有200户，995人，位于新庄乡南部，境内山大沟深，高寒阴湿，人员居住分散。峡门村总耕地面积1400多亩，人均耕地面积约1.5亩。

2254 新庄乡草滩村

简　　介：草滩村位于新庄乡南侧6公里处，北邻本乡前进村，南邻本乡峡门村，东接本乡中沟山，西邻本乡前进村，总面积约18平方公里，耕地1410亩，属于丘陵地带，冷凉湿润，冬冷夏凉，气温日差较大，平均海拔2200米，年均降水量550毫米，年均气温6度，无霜期150天，一年中6、7月份气温较高。全村辖8个合作社，226户，1004人，入学学生168人，适龄儿童入学率100%。劳动力816人。经济结构以种植业、养殖业和劳务输出为重点，种植业以冬小麦、双低油菜、马铃薯等传统种植模式为主，养殖业以传统养殖模式为主，劳动力以半技能输出为主，以劳务输出带动全村经济发展，人均纯收入1750元。

2255 三十里铺镇张家沟村

简　　介：张家沟村位于三十里铺集镇东北

侧，由8个自然村组成，总人口1010人。耕地全部为山地，总面积1049亩，人均耕地面积1.2亩。距离最近的乡镇集市三十里铺镇7公里，距离最近的六年制小学马牧沟小学5公里。有村级卫生室，六年制小学1所。

2256 陈家集乡孟家村

简　　介：孟家村有15个合作社，共有302户，总人口1476人，少数民族占总人口的98.8%。总耕地1954亩，人均耕地1.32亩，2011年农民人均纯收入1850元。2007年修建了二层砖混结构办公用房8间，并配备相应的办公用品。修建暖棚30座，建设沼气池30座，修建完工30座。

2257 马家堡镇马家集村

简　　介：马家集村位于马家堡镇中部，是马家堡集镇所在地。马家堡集镇是和政县第二大集镇，商贸活跃，客商流量大，交通便利，区位优势明显。全村共有耕地面积2320亩，辖15个社，村民342户，1658人，人均耕地1.4亩。年人均纯收入为3000元。马家集村现大牲畜牛存栏123头，羊存栏358只，规模养殖户有三户，年纯利润达2.5万元。马家集村部修建于90年代，年久失修，条件较差，面积约45平方米。

2258 城关镇龙泉村

简　　介：龙泉村位于县城内，与西关村、南关村相邻。城关镇龙泉村共有8个社，400户，总人口1142人。村域面积共有37公顷，村庄现状用地面积为12公顷，由于城镇扩张、重点项目建设、集中建新区的影响，现村民主要经济来源为个体经营和外出打工。村活动场所计划建筑面积450平方米，投资100万元，占地2.9亩，修建3层砖混结构办公用房30间，现正在"三通一平"阶段。

2259 松鸣镇大山庄村

简　　介：大山庄村位于松鸣镇北面，距镇政府10公里处。全村共辖17个自然村，520户，总人口2651人。农业户口2550人，纯女户32户，独生子女户24户。本村是一个汉族、东乡族、回族、保安族、藏族、蒙古族共处的行政村。全村耕地面积为3936.06亩。种植农作物以小麦、玉米、土豆为主。畜牧养殖以牛、羊为主，母牛68头，母羊1100只，村民的收入主要来源于外出务工和经商。村级卫生室2个，都处在人口比较集中地位置，方便了广大村民们的小病诊治。小学1所，图书室1个，图书室内的图书种类有科普知识、养殖技术、历史书籍等。村部内设有远程站点1处。

2260 马家堡镇台子村

简　　介：台子村位于马家堡镇西面，与马家村、小河村相邻。台子村共有17个社，355户，总人口1690人，其中少数民族1214人，占总人口的72%。村域面积共有316公顷，村庄现状用地面积为30公顷，建设新农村50户，村民主要经济来源为养殖和外出打工。村活动场所修建于2007年12月，占地0.3亩，现有一层砖混结构办公用房4间，建筑面积48平方米。活动场所中有文化室（农家书屋），建于2011年，共有图书1500册。

2261 三合镇二甲村

简　　介：二甲村位于三合镇西北部，与三十里铺镇南阳山村毗邻。常年气温相对较低，光照较少，湿度较高。全村辖11社，257户，1258人。主要经济支柱有劳务输转、特色农产品种植、畜牧养殖等。2010年以来，累计输转劳动力2765人，2013年人均纯收入2040元。现有村级卫生室1处，小学1所，学生136人。累计硬化道路6.8公里。2012年初，镇政府异地新建了二甲村小学。

2262 陈家集乡王录山村

简　　介：王录山村有8个合作社，共有208户，总人口1028人，少数民族占总人口的91.3%。总耕地1036亩，人均耕地1亩，2011年农民人均纯收入1450元。

2263 卜家庄乡卜家庄村

简　　介：卜家庄村位于卜家庄乡政府所在地，距县城5公里，村内有水库1座。村辖村民小组14个，人口420户，2160人，其中汉族374人，藏族11人，保安族2人，撒拉族10人，其他少数民族4人，回族628人，东乡族1135人，村委会距离县城5公里。全村共有地总面积2498亩，其中旱地3272亩；农作物面积3272亩。山地占55%，川地55%；主要种植的农作物有双低杂交油菜、玉米、马铃薯、小麦；药材有当归、冬花等；经济作物有云杉、油松、杨树、啤特果苗、柳树等。道路硬化共计14.8公里；通电入户率达100%；电话入户率达100%；有线电视入户率达98%；适龄儿童入学率达100%；农村新型合作医疗保险覆盖率达98%；现有六年制小学1所；幼儿院1所，文化站1座，合作医疗地点报销卫生院1处；自来水入户达95%；新建标准化村部1座，附带农家书屋、党员远程教育站点、老年人活动中心、农民体育场以及健身器材。全村以劳务收入为主，农业、养殖业、小型加工业收入为辅。现有小型企业25家，主要从事菜籽油加工业、养殖业、粮油加工业等，对发展村内经济、增加农民收入注入了强劲活力。全村现有六年制小学1所，小学升学率99%，初中生上学率96%，高中生上学率50%。全村大专以上学历的有22人。

2264 马家堡镇脖项村

简　　介：脖项村与中庄村、马家村、马家集村、台子村同乡。全村共有10个合作社，297户，总人口1447人。总耕地1617亩，人均耕地1.12亩。

2265 城关镇三谷村

简　　介：三谷村位于县城西南部，与麻藏村、杜家河村相邻，和合公路横穿而过。全村有16个社，534户，2348人，居住有汉族、回族、东乡族等民族。2011年、2012年完成道路硬化4条6.3公里。有学区小学1所，有砂场、建材厂、育肥养殖场各1处。2012年通过"双联"行动的开展，招商引资建成了泰祥养殖园、复兴厚中药材产业园和树莓种植项目，安装了太阳能路灯100盏。村活动场所修建于2004年8月，占地1亩，现有2层砖混结构办公用房10间，建筑面积120平方米，有村卫生室，正常开展医疗活动，有文化室（农家书屋），建于2011年，共有图书3200册。

2266 新庄乡腰套村

简　　介：腰套村位于新庄乡中部，二新路贯穿其中，辖12个合作社，346户，1526人，耕地面积2317亩，人均1.5亩，林地面积5400亩，村内有小学1所，卫生室1所。腰套村以农业为主，劳务、种植业、畜牧业逐渐成为主导产业。

2267 松鸣镇中心村

简　　介：松鸣镇中心村辖11社，现有470户，2115人，其中汉族1191人，回族196人，东乡族721人，藏族7人，少数民族占全村总人口的 43.7%。全村总耕地面积 3661 亩，人均耕地 1.7 亩，村内经济收入以冬小麦、油菜等粮食作物的种植为主，人均纯收入 2430 元。由于历史和地理原因，中心村曾经是松鸣镇乃至全县地方病（缺碘、硒引发的大骨节病、大脖子病）高发区，村内现有贫困户 371 户，1713 人，占全村总人口的 81%。养殖母牛 45 头，养殖母羊 550 只，种植药材 210 亩。

2268 新庄乡榆木村

简　　介：榆木村位于新庄乡南部，共有 14 个合作社，386 户，1832 人，耕地面积 2922.6 亩，人均耕地面积约 1.5 亩。境内山大沟深，高寒阴湿，群众分散居住于大连山、牙合、木头沟、红土沟、光金三山两沟。全村整体农业产业结构单一，主体产业以传统作物种植为主，畜牧养殖零星单一，劳务输出不具规模。

2269 马家堡镇中庄村

简　　介：中庄村共有 14 个合作社，535 户，总人口 2385 人，总耕地 2825 亩，以山大沟深，高寒阴湿的山地为主。村活动场所修建于 2014 年，占地面积 4 亩，办公楼结构合理、功能齐全。村活动场所中有文化室（农家书屋），建于 2014 年，共有图书 3200 册。

2270 罗家集乡联合村

简　　介：罗家集乡联合村与庙洼村相邻。主要经济作物有小麦、玉米、大豆、油菜等。联合村共有 15 个社，368 户，总人口 1705 人，其中少数民族 1025 人，占总人口的 65% 以上。耕地总面积共有 2165 亩，耕地以山地为主，其中川地占 30%。村活动场所修建于 2013 年，占地 1.5 亩，现有 2 层砖混结构办公用房 12 间，建筑面积 120 平方米。村活动场所中有村卫生室、健身器材、农家书院等。

2271 梁家寺乡梁家寺村

简　　介：梁家寺村与大河家村、大干沟村、山坪村相邻。是全乡的政治经济文化中心，乡政府、乡卫生院、乡派出所、中心小学、信用社、农贸集市等都位于该村。梁家寺村共有 10 个社，277 户，1186 人，总耕地面积 3270 亩，人均 1.5 亩。群众主要经济收入为农业种植业、外出务工和畜牧养殖业，主要种植小麦、洋芋、玉米、油菜，畜牧产业以养殖牛羊为主。群众主要经济来源为农业种植业、养殖业和劳务收入，少部分群众依靠经商在青海、西藏等地为生。全村人均纯收入 2616 元。全村现有初中制小学 1 所，村文化图书室 1 所，党支部共有党员 36 名。梁家寺村少数民族群众信仰伊斯兰教，全村共有 3 座清真寺。

2272 城关镇麻藏村

简　　介：麻藏村地处县城南部，和合路横穿而过，南与买家集镇尕新庄村相邻。全村辖 15 个合作社，627 户，2924 人，属多民族杂居村，少数民族占总人口的 63%。2012 年人均纯收入 2130 元。总耕地面积为 2634 亩。近年来完成农村危旧房改造项目户 110 多户。村道路硬化 2.3 公里，水、电等基础设施已改造完成。通过"双联"行动的开展，2012 年建成了马红养殖场，今年建成了王林养殖场。村活动场所修建于 2003 年 8 月，占地 0.5 亩，现有 2 层砖混结构办公用房 8 间，建筑面积 96 平方米。村活动场所中无村卫生室，不能正常开展医疗活动，村活动场所中有文化室（农家书屋），建于 2010 年，共有图书 1400 册。

2273 新庄乡中良村

简　　介：中良村共有 10 个合作社，185 户，总人口 936 人，是一个长居居民为纯少数民族的村。总耕地 1325 亩，人均耕地 1.5 亩。以山地为主，其中川地占总耕地的 5%。

2274 达浪乡仲马家村

简　　介：仲马家村共有 8 个合作社，189 户，1028 人，是纯少数民族聚居村。全村共有耕地 1625 亩，人均占有耕地 1.6 亩。畜牧养殖和劳务输出是两大支柱产业。仲马家村位于山区，群众居住分散，通过"一事一议"财政奖补项目硬化村社道路 7 公里。

2275 三合镇杨家村

简　　介：杨家村位于三合镇东北部，与广河县买家巷镇比邻。地处青藏高原与黄土高原交汇的二阴地区，以干旱和半干旱气候为主，光照充足，雨量较少，作物适于覆膜种植。植被稀少，以紫叶小檗等小型灌木为主。全村辖 11 社，305 户，1430 人；耕地面积 2574 亩，人均 1.9 亩；党员 36 人，其中女党员 5 人。主要经济支柱有劳务输转、旱作农业、畜牧养殖等。现有村级卫生室 1 处，小学 1 所，学生 110 人。2010 年以来，累计输转劳动力 2620 人，实施危旧房改造 80 户，硬化道路 8.5 公里。2012 年，在县委组织部统一规划下，异地新建了杨家村村部。

2276 买家集镇团结村

简　　介：团结村共有 14 个社，472 户，2185 人。村活动场所于 2007 年建成，办公用房 6 间，100 平方米，占地 1 亩。最远的 5 个社距离镇政府 1 公里，少数民族占总人口的 82%，汉族占 18%，全村耕地面积 2192 亩，人均 1.02 亩。

2277 卜家庄乡吊湾村

简　　介：吊湾村地处于县城西部 7 公里处，卜家庄乡南部。村辖村民小组 15 个，人口 415 户，12053 人，少数民族占总人口的 81.7%。全村共有耕地总面积 2625 亩，其中旱地 2625 亩。主要地形为山地，主要种植的农作物有双低杂交油菜、玉米、马铃薯、小麦、当归、冬花、云杉、油松、杨树、啤特果苗、柳树等。村社道路全面硬化；通电入户率达 100%；自来水入户达 95%；适龄儿童入学率达 100%；农村新型合作医疗保险覆盖率达 98%；现有六年制小学 1 所；合作医疗定点报销卫生室 1 处；新建标准化村部 1 座，附带农家书屋、党员远程教育站点、老年人活动中心、农民体育场以及健身器材。全村以劳务收入为主，农业、养殖业、小型加工业收入为辅。现有多人从事个体经营，主要从事牛肉拉面、养殖业等况。全村现有六年制小学 1 所，小学升学率 99%，初中生上学率 96%，高中生上学率 50%。宗教活动场所 6 处。

2278 新庄乡关滩沟村

简　　介：关滩沟村位于新庄乡西部，共有 16 个合作社，334 户，1502 人，耕地面积 2875.9 亩，人均耕地面积约 1.94 亩。村内山大沟深，高寒阴湿，群众分散居住于关滩沟、中沟、边沟及西宁沟 4 条山沟中。各社道路共长 13 公里且坡陡路窄，全村整体农业产业结构单一，主体产业以传统作物种植为主，畜牧养殖零星单一，劳务输出不具规模。

2279 新庄乡槐庄村

简　　介：槐庄村地处新庄乡北部，与县循环经济园区相毗邻，距县城 2.5 公里，是新庄乡的北大门。2000 年以前隶属关滩沟乡，2000 年关滩沟乡撤销，槐庄村并入新庄乡。

二新路纵贯南北，南接松鸣岩旅游景点，北接和政县城，交通区位优势明显，村内资源丰富，有万亩油菜，高原山珍啤特果、山杏，以及集中连片的中药材种植基地。全村现有11个村民组，农户437户，总人口1875人，全村有劳动力1093人。全村共有耕地2551亩，人均1.3亩，山地占30%，川地70%；主要种植的农作物有双低杂交油菜、玉米、马铃薯、小麦、当归、党参、冬花、云杉、油松、杨树、啤特果苗、柳树等。道路全面硬化，共计14公里；通电入户率达100%；电话入户率达100%；有线电视入户率达98%；适龄儿童入学率达100%；农村新型合作医疗保险覆盖率达100%；现有六年制小学1所；合作医疗定点报销卫生室1处；自来水入户达95%；新建标准化村部1所，附带农家书屋、党员远程教育站点、老年人活动中心、农民体育场以及健身器材。全村以劳务收入为主，农业、小型加工业收入为辅。现有小型企业21家，主要从事印刷业、菜籽油加工业、室内外装修业、铝合金门窗护栏加工业等。

2280 城关镇咀头村

简　　介：咀头村位于县城以南，与新庄乡关滩沟村、新营乡大沟村相邻，总耕地面积为1257亩。共有8个社，261户，1203人，居住有汉族、回族、东乡等民族，2012年人均纯收入2170元。水、电等基础设施已改造，2008年已硬化通村道路2.5公里，2012年完成了8.7公里的巷路硬化。2011年实施了黎力头、庙道2个社，36户群众的易地搬迁项目，近3年来完成农村危旧房改造项目户120多户。2011年实施了村活动场所建设项目。村活动场所修建于2011年11月，占地3.3亩，现有2层砖混结构办公用房8间，建筑面积160平方米。村活动场所中无村卫生室，不能正常开展医疗活动；村活动场所中有文化室（农家书屋），建于2011年，共有图书2100册。

2281 城关镇西关村

简　　介：西关村位于县城内，与张家庄村、南关村相邻。西关村共有12个社，427户，总人口1690人，其中少数民族896人，占总人口的53%。村域面积共有316公顷，村庄现状用地面积为30公顷，村民主要经济来源为个体经营和外出打工。村活动场所修建于2011年12月，占地2亩，现有3层砖混结构办公用房15间，建筑面积420平方米。村活动场所中有村卫生室，正常开展医疗活动；村活动场所中有文化室（农家书屋），建于2011年，共有图书1500册。

2282 罗家集乡李家山村

简　　介：李家山村是位于罗家集乡东北部，全村共有14个社，总人口1622人，全村人均耕地1.6亩。该村群众主要经济收入为农业种植业、劳务输出和畜牧养殖业，主要种植小麦、玉米、洋芋、油菜，畜牧产业以养殖牛羊为主。

2283 松鸣镇新集村

简　　介：新集村是一个东乡族、回族、汉族居住的贫困村，全村共有12个社，375户，1803人，耕地面积2542亩，人均1.2亩。群众主要经济收入为农业种植业、外出务工和畜牧养殖业，主要种植小麦、洋芋、玉米、油菜，畜牧产业以养殖牛羊为主。全村现有六年制小学1所。

2284 新庄乡将台村

简　　介：将台村共有7个合作社，184户，总人口891人，是一个长居居民为纯汉族的村。总耕地 1343.9 亩，人均耕地 1.5 亩。以山大沟深，高寒阴湿的山地为主。

2285 达浪乡达浪村

简　　介：达浪村共有 19 个合作社，527 户，2912 人，其中少数民族占全村人口的 78.6%。耕地面积 3056 亩，人均占有耕地 1.1 亩。畜牧养殖和劳务输出是两大支柱产业。

2286 梁家寺乡大干沟村

简　　介：梁家寺乡大干沟村地处梁家寺乡最南部。大干沟村是一个少数民族贫困村，全村共有 11 个社，292 户，1393 人，其中东乡族共计有 1393 人，具有鲜明的东乡族民族文化特点，特别是清真寺等建筑别具一格。全村耕地面积 2504 亩，人均 1.8 亩，林果面积共计 35 亩，牧草地面积 780 亩。群众主要经济收入为农业种植业、外出务工和畜牧养殖业，主要种植小麦、洋芋、玉米、油菜，畜牧产业以养殖牛羊为主。全村人均纯收入 2516 元。全村现有六年制小学 1 所，村文化图书室 1 所，党支部共有党员 33 名。大干沟村少数民族群众信仰伊斯兰教，全村共有 8 座清真寺。

2287 三十里铺镇大坪村

简　　介：大坪村位于三十里铺镇南部，有 11 个合作社，总人口 278 户，1340 人，其中回族 1042 人，东乡族 298 人，是一个纯少数民族村。总耕地面积 1788 亩，人均耕地 1.3 亩，2013 年人均纯收入为 3129 元。村活动场所面积有 70 平方米，现有六年制小学 1 所。主要种植玉米、小麦、洋芋。主要收入来源为经商和劳务。近年来在县上和镇上的大力支持下，建成了总长 5 公里的农村道路硬化工程，有效改善了全村的通行条件。

2288 松鸣镇扁坡村

简　　介：扁坡村位于松鸣镇中东部，东接广河县，南与松鸣镇中心村相连，临康和二级公路从旁而过，交通便利。全村共辖 11 个合作社，361 户，1725 人。扁坡村是一个汉族、东乡族、回族杂居行政村，全村耕地总面积 1912 亩，人均耕地面积不足 1.5 亩。2013 年全年农业生产总值 436.5 万元，全村人均收入不足 3689 元。扁坡村紧靠省内外享有盛名的国家级 AAAA 级森林公园松鸣岩，境内森林覆盖率为 45%，气候常年湿润，土壤肥沃，植被茂盛，草地宽广，平均海拔在 2400 以上，年平均降雨量 900 多毫米，年平均气温 6.0℃。

2289 马家堡镇杨台村

简　　介：杨台村位于马家堡镇南面，与罗家集乡袭台村相邻，黄罗公路横穿而过。全村有 11 个社，298 户，1253 人，居住有汉族、回族、东乡族等民族。2011 年、2012 年完成道路硬化 4 条 6.3 公里。有砂场、建材厂、育肥养殖场各 1 处。村活动场所修建于 2004 年 8 月，占地 0.3 亩，现有一层砖混结构办公用房 5 间，建筑面积 60 平方米。村活动场所中有文化室（农家书屋），建于 2011 年，共有图书 3200 册。

2290 陈家集乡陈家沟村

简　　介：陈家沟村与下马路村、蔡家村、上马路村、哈楞沟村相邻。共有 17 个合作社，471 户，2423 人。其中少数民族人口占总人口的 75%。总耕地 3059 亩，人均耕地 1.20 亩，2011 年农民人均纯收入 2114 元。

2291 三十里铺镇包侯家村

简　　介：包侯家村位于镇政府南部，距离集镇 8 公里，全村辖 8 个合作社，279 户，

1456 人。是回、汉、东乡聚居的民族村，人均耕地面积为 0.8 亩，以种植玉米、小麦、油菜为主。2013 年底全村人均纯收入为 2750 元。本村学校 1 所，教师 8 人，学生 104 人，宗教场所 4 所。

2292 卜家庄乡拉力洼村

简　　介：拉力洼村位于卜家庄乡北部，距离县城 4 公里，为全县最小的行政村，现辖 6 个社，人口 160 户，760 人，其中汉族 352 人，少数民族 408 人，占总人口的 53.7%，耕地面积 1190 亩，人均耕地面积 1.6 亩。现有党员 29 名，上年度人均纯收入 3048 元。

2293 罗家集乡庙洼村

简　　介：庙洼村与九山村、联合村接壤。主要经济作物有小麦、玉米、大豆、油菜等。庙洼村共有 9 个社，220 户，总人口 963 人，其中少数民族 190 人，汉族占人口的 80% 以上。耕地总面积共有 1436 亩。村活动场所修建于 2012 年，占地 1.5 亩，现有 2 层砖混结构办公用房 8 间，建筑面积 80 平方米。村活动场所中有村卫生室、健身器材等。

2294 罗家集乡裴家台村

简　　介：裴家台村与李家山村相邻，全村共有 11 个社，266 户，总人口 1311 人，全村人均耕地 1.5 亩。该村群众主要经济收入为农业种植业、劳务输出和畜牧养殖业，主要种植小麦、玉米、洋芋、油菜，畜牧产业以养殖牛羊为主。本村少数民族 906 人，占全村总人口的 70%。耕地总面积 1850 亩，退耕还林面积 800 亩，耕地以山地为主，其中川地占总耕地的 40% 左右。

2295 新庄乡金场沟村

简　　介：金场沟村地处新庄乡东南部，辖 9 个合作社，总人口 1150 多人，耕地面积 1440 亩，宗教场所 3 处，3 年制小学 1 所，村内山大沟深，人居环境差，距乡政府 12 公里左右，是一个少数民族和汉族杂居村。

2296 三十里铺镇祁家沟村

简　　介：祁家沟村位于镇政府北面，全村辖 10 个合作社，275 户，1495 人，是纯少数民族村，总耕地面积 1181 亩，人均耕地面积为 0.8 亩，以种植玉米、小麦、油菜为主。退耕还林 400 亩。交通便利，距临夏市 7 公里。祁家沟村有学校 1 所，教师 7 人，学生 164 人。宗教场所 2 所，分别为汪家清真寺和唐家清真寺。

2297 买家集镇古鲁山村

简　　介：古鲁山村位于买家集镇北部，距离买家集镇 4.5 公里，共有 9 个合作社，245 户，1093 人，全村耕地面积 900 亩，人均耕地 0.82 亩，有小学 1 所，全村 2011 年人均纯收入 1854 元。村活动场所于 2010 年建成，办公用房 11 间，建筑面积 170 平方米，占地 2 亩。群众以养殖业为主。

（七）东乡族自治县

2298 五家乡马场村

简　　介：马场村位于五家乡南部，与广河县毗陵，属山区村庄。辖8个社，178户，881人。全村耕地面积1235亩，人均占有粮食168公斤。2014年年初大牲畜存栏187头，羊存栏1725只，大牲畜出栏215头，羊出栏1555只，2013年人均纯收入2049元。

2299 达板镇红柳村

简　　介：红柳村位于达板镇北部川区，全村共有8个社，350户，1763人，劳动力1095人。全村共有耕地面积811.6亩，人均占有耕地0.46亩，2013年末人均纯收入2985元，全村经济基础薄弱，农业等基础设施滞后。全村外出务工人员258人，主要从事餐饮、建筑、摘棉花等职业，分布在兰州、张掖、武威、青海、新疆、河南、安徽等地。

2300 柳树乡仲家山村

简　　介：仲家山村位于柳树乡西南部，全村辖区有8个社，91户，432人。人均纯收入为2380元，总耕地面积1017.9亩，人均2.36亩，粮食总产量11万公斤，人均占有粮食254.5公斤。柳树乡仲家山村委会办公场所座落于本村塔崖社，修建于2007年，占地1亩，砖混平顶结构，共有6间，配有办公桌。该村委会有村干部3名。

2301 唐汪镇下城门村

简　　介：下城门村位于唐汪镇中片，共有6个社，251户，总人口1268人，其中少数民族1247人，占总人口的98.3%，耕地面积591.4亩。硬化村道0.6公里，村道硬化率达到85%，彻底解决了群众的行路难问题，极大的改善了村容村貌，自来水入户率100%。农民经济收入主要靠种植大接杏和劳务为主，农作物种植主要是小麦、玉米等。村上没有学校，全村适龄少年儿童上学就读要到邻村（唐汪回民小学）上学，入学率在99.6%以上，村有村卫生室1所，群众看病就医极其便利，参合率100%。村活动场所修建于2002年6月，占地0.3亩，现有砖混结构平房5间，建筑面积60平方米。

2302 达板镇崔家村

简　　介：崔家村位于达板镇南部川区，全村共有12个社，819户，3732人，劳动力3052人。全村共有耕地面积1534.4亩，人均占有耕地0.5亩，2013年末人均纯收入3165元，全村经济基础薄弱，农业等基础设施滞后。全村外出务工人员420人，主要从事餐饮、建筑、摘棉花等职业，主要分布在兰州、张掖、武威、青海、新疆、河南、安徽等地。

2303 考勒乡岘子村

简　　介：岘子村位于考勒乡东北部，境内山大沟深，干旱少雨，交通不便，是全县贫穷重点村，全村辖8个社，217户，1208人，其中123户，497人享受农村居民最低生活保障，14人享受五保，全村有95户群众人均纯收入低于1100元。目前，全村在校适龄少年儿童149人，其中女69人，适龄少年儿童入学率98.5%，新农合参保率100%，农村社会养老保险参保率100%；全村以种植小麦、玉米、洋芋为主，群众收入以种植、养殖和劳务输转为主。2013年底，全村共输转劳务259人，劳务创收120万元；羊存栏3022只，养殖业收入150万元；全村总耕地面积2379亩，人均耕地面积1.85亩，农民人均占有粮食320公斤，2013年底全村人均纯收入1945元。

2304 关卜乡上王家村

简　　介：上王家村位于关卜乡东部，距离乡政府驻地2.5公里。自然条件严酷，基础设施薄弱，经济文化比较落后，社会发展相对缓慢。全村现有8个社，174户，890人。全村劳动力为417人，其中外出务工人员235人。全村耕地面积1550亩，人均2.62亩，主要农作物为小麦、马铃薯；经济作物有油菜、当归。全村共有羊存栏1325只，牛存栏155头，饲草种植面积达到320亩。2013年人均纯收入2475元。现有三年制村校1所，无村卫生室，群众上学、就医比较困难。村社道路为红土路面，无沙石路。

2305 考勒乡河西村

简　　介：河西村位于考勒乡西北部，村内山大沟深，干旱少雨。全村辖11个社，262户，1243人。目前，全村在校适龄少年儿童116人，其中女48人，适龄少年儿童入学率98.5%，新农合参保率100%，农村社会养老保险参保率100%；河西村以种植小麦、玉米、洋芋为主，大多数农户的收入主要依靠种植、养殖和劳务输转。2013年底，全村共输转劳务358人，劳务创收150万元；羊存栏3166只，养殖业收入180万元；全村总耕地面积3357亩，人均耕地面积2.8亩，农民人均占有粮食350公斤，2013年底全村人均纯收入1845元。

2306 龙泉乡苏黑村

简　　介：苏黑村位于龙泉乡西部，属典型的干旱山区，是纯东乡族聚居的少数民族贫困村。全村共有9个社，220户，1275人，耕地面积2077.2亩，人均1.6亩，农民人均纯收入1673元，种植、养羊和劳务是该村农民主要经济收入来源。在基础设施方面，全村自来水入户率为46%，去年对该村1公里道路进行了拓宽铺砂，改善了群众的行路条件；在社会事业方面，全村现有适龄儿童216名，入学率为96%，新农合参合率为98%，计划生育率为90%。在民生保障方面，已对100名60周岁以上老人发放养老保险金每人360元，16至59周岁人员共有515名，已参加养老保险312名，参保率为80%。在产业培育方面，鼓励群众积极发展养殖业，目前全村羊存栏达1672只，全村共有劳力490名，其中270多人常年外出务工，主要从事拆迁、建筑等行业，每年劳务创收入达240多万元。

2307 赵家乡赵家村

简　　介：赵家村位于赵家乡南部山区，南距广河县城7.5公里，东与我乡甘土沟村毗邻，北与墙头村毗邻，距那勒寺镇2公里。全村辖12个村民小组，2011年末总户数454户，总人口2318人，总劳动力1295人，人均纯收入 2897 元。全村总耕地面积 2427 亩，人均占有耕地 1 亩，主要农作物为小麦、玉米、洋芋等，人均占有粮食 265 公斤。全村共有六年制小学 2 所，现有学生 210 人，适龄儿童入学率为 98.6%。

2308 东塬乡包家村

简　　介：包家村位于东塬乡中部，属典型干旱山塬村。共 8 个社，234 户，1117 人。耕地面积 1326 亩，人均耕地面积 1.19 亩，农民收入主要靠外出打工和种植农作物，没有其他经济来源，贫困面高达 86.1%。2013 农民人均纯收入 2700 元。

2309 百和乡赵家沟村

简　　介：赵家沟村位于百和乡西部，百折路横穿全村，村址在百折路 8.5 公里处，属二阴山区，是东乡族、回族少数民族聚居的贫困村。全村共有 12 个社，185 户，全村人口 931 人。现有耕地面积 1628 亩，人均占有 1.74 亩，现有村干部 3 人。全村农作物种植以玉米和土豆为主，农民经济来源以种植业、养殖业和外出务工为主。新农合参合率 98%，养老保险参保率 60%，2013 年年底村民人均纯收入为 2420 元。

2310 坪庄乡南关村

简　　介：南关村位于坪庄乡南部，共有 9 个社，275 户，1678 人，其中少数民族 1678 人，占总人口的 100%。耕地面积 2113 亩。村社道路硬化 3.5 公里，自来水入户率 98%；全村劳务输出 350 人。村活动场所修建于 2001 年 10 月，占地 0.5 亩，现有砖木结构平房 5 间，建筑面积 100 平方米，村办公场所各项工作正常运转。村办公场所正常运转，村卫生室 1 处，医生 1 名，病床 2 张。

2311 沿岭乡红崖村

简　　介：红崖村位于沿岭乡东北部，共有 10 个社，148 户，总人口 972 人，其中少数民族 972 人，占总人口的 100%，耕地面积 1941 亩。基础设施方面，全村共有农路 5 条 19 公里，其中硬化 3 公里。照明电网入户率 100%，自来水管网入户率为 33%，学校 1 所，在大妥落社，全村学生 77 人，无卫生室，主要农作物有小麦、玉米、洋芋，养殖业以家庭暖棚养殖肉牛、肉羊为主。

2312 百和乡丁赵家村

简　　介：丁赵家村位于百和乡西部，百折路横穿全村，村址在百折路 10 公里处，属二阴山区，是东乡族、回族、汉族聚居的贫困村。全村共有 6 个社，101 户，全村人口 424 人。现有耕地面积 968 亩，人均占有 2.28 亩，现有村干部 4 人。全村农作物种植以玉米和土豆为主，农民经济来源以种植业、养殖业和外出务工为主。新农合参合率 98%，养老保险参保率 60%，2013 年年底村民人均纯收入为 2479 元。

2313 那勒寺镇巴哈松村

简　　介：巴哈松村地处那勒寺镇向西南方向约 8 公里处，耕地面积 2008 亩，辖 12 个社，292 户，1360 人，其中劳动力 727 人，人口主要分布在村南一道山上。主要农作物有小麦、洋芋、玉米，羊存栏 1256 只，出栏 2260 只；牛存栏 183 头，出栏 48 头，农民人均纯收入 1851 元。

2314 河滩镇汪胡村

简　　介：汪胡村位于河滩镇西北部，共 13 个社，675 户，3408 人，其中少数民族 652 人，占总人口的 19.1%。耕地面积 1960.6 亩，人均 0.57 亩，2013 年末人均纯收入为 2560 元。

村社道路网络全面贯通，总里程达 25 公里，其中已完成硬化 18 公里。自来水实现全覆盖，人畜饮水得到切实保障。全村劳务输出 1120 多人，主要在兰州、临夏市以及青海、宁夏、广州等地从事餐饮、建筑等行业。经济作物以花椒为主，可年产 30 多吨，产值达 156 万多；养殖方面以羊、鸡为主。适龄儿童入学率 100%。

2315 汪集乡沙黑池村

简　　介：全村辖 11 个社，259 户，1191 人。全村共有耕地面积 2346 亩，纯干旱地，人均占有粮食 281.19 公斤，2012 年人均纯收入 1936 元。活动场所位于该村张家社，修建于 2009 年，占地 6 间 50 平方米。日常维护到位，拥有远程教育电脑 1 台，电视 1 台，桌子 3 张，凳子 13 个。远程教育设备、农家书屋设备的配备让党员拥有了学习和过组织生活的固定场所，真正成为了"党员之家"，鼓舞了党员士气。农家书屋配置的科技、文化、体育、卫生以及农村实用技术等书籍，免费向村民开放。

2316 龙泉乡何汪村

简　　介：何汪村近临国道 213 线，共有 7 个社，135 户，765 人，劳动力 506 人。居住在一道梁两条沟，劳务输出 196 人，主要从事建筑业；全村共有各类道路 6.8 公里，自来水受益户 165 户，通电 165 户，通电话户 82 户，村级小学 1 处，现有在校学生 48 人，专职教师 4 人，入学率达到 98%，全村参加养老保险 325 人，参加新农合 821 人，参合率 95%。已有 130 户参加互助社，入社率 100%；本村有 2 所清真寺，1 所拱北。其中养殖 5 头以上的农户共计 120 户，养殖 10 头以上的农户共计 50 户，养殖 20 头以上的农户共计 12 户，养殖 40 头以上的农户共计 4 户。农民人均纯收入 2375 元，农村贫困面达 48%；人均占有粮食 251 公斤，总耕地面积 2142 亩（坡耕地占 60%），人均 2.3 亩，其中粮播面积 1859 亩，粮食总产量 223.18 吨，大小牲畜存栏 1175 头（只），其中大牲畜存栏 185 头，羊存栏 990 只，羊出栏 2850 只；户均种草面积 3 亩，农业生产总值 123.87 万元。全村经济以农业为主，主要收入来源为种植、养殖和劳务收入，其比例是 3:3:4，是典型的北部干旱山区贫困村。

2317 五家乡下庄村

简　　介：下庄村为纯东乡族聚居村。辖 8 个社，303 户，1502 人。其中贫困户 216 户，974 人。全村耕地面积 987 亩，人均占有粮食 219 公斤。2014 年年初羊存栏 1790 只，出栏 1955 只，牛存栏 196 头，出栏 199 头。2013 年人均纯收入 2438 元。

2318 河滩镇祁杨村

简　　介：祁杨村位于镇域最北面，濒临刘家峡水库，辖 12 个社，512 户，2345 人，其中少数民族 17 人，占总人口的 0.72%。耕地面积 1668.9 亩，人均 0.71 亩，2013 年末人均纯收入为 2561 元。村社道路网络全面贯通，总里程达 12 公里，其中已完成硬化 6 公里。自来水实现全覆盖，人畜饮水得到切实保障。全村劳务输出 620 多人，主要在兰州、临夏市以及青海、内蒙、广州等地从事服务、建筑等行业。经济作物以花椒为主，年产 130 多吨，产值达 700 万元以上；养殖方面以猪羊为主，村上拥有百头以上养殖场 2 家。适龄儿童入学率 100%。

2319 百和乡新同村

简　　介：新同村位于百和乡北部，锁篙路横穿全村，村址在锁蒿路 14 公里处，属二阴山区，是属东乡族、回族少数民族聚居的贫困村。全村共有 7 个社，192 户，全村人口 926 人。现有耕地面积 1550 亩，人均占有 1.73 亩，现有村干部 3 人。全村农作物种植以小麦和土豆为主，农民经济来源以种植业、养殖业和外出务工为主。新农合参合率 98%，养老保险参保率 60%，2013 年年底村民人均纯收入为 2330 元。

2320 达板镇下科妥村

简　　介：下科妥村位于达板镇南部川区，全村共有 13 个社，620 户，3015 人，劳动力 1680 人。全村共有耕地面积 1241.4 亩，人均占有耕地 0.41 亩，2013 年末人均纯收入 3200 元。全村经济基础薄弱，农业等基础设施滞后。全村外出务工人员 358 人，主要从事餐饮、建筑、摘棉花等职业，分布在兰州、张掖、武威、青海、新疆、河南、安徽等地。

2321 达板镇黑石山村

简　　介：黑石山村位于达板镇北部川区，全村共有 11 个社，370 户，2028 人，劳动力 1236 人。全村共有耕地面积 915 亩，人均占有耕地 0.45 亩，2013 年末人均纯收入 2891 元。全村经济基础薄弱，农业等基础设施滞后。全村外出务工人员 351 人，主要从事餐饮、建筑、摘棉花等职业，分布在兰州、张掖、武威、青海、新疆、河南、安徽等地。

2322 汪集乡盐沟村

简　　介：盐沟村与松川村、甘林村、联星村、张湾村相邻。全村辖有 8 个社，209 户，1006 人，纯东乡族聚居村。现有耕地 2221 亩，2013 年粮播面积为 2116 亩，总产量 324 吨，大牲畜存栏 248 头，其中牛存栏 202 头，牛出栏 67 头，羊存栏 2005 只，出栏 2138 只。

2013 年人均纯收入 1772 元。活动场所位于该村盐比利社，修建于 2009 年，占地 10 间 90 平方米，配备农家书屋等设备。

2323 唐汪镇河沿村

简　　介：河沿村位于唐汪镇下片，共有 6 个社，271 户，总人口 1471 人，其中少数民族 992 人，占总人口的 67.4%，耕地面积 698 亩。硬化村道 2.5 公里，村道硬化率达到 80%，彻底解决了群众的行路难问题，极大的改善村容村貌，自来水入户率 100%。农民经济收入以种植大接杏和劳务为主，农作物种植主要是小麦、玉米等。村上有小学 1 所，全村适龄少年儿童入学率在 99.7% 以上，村上没有卫生室，参合率 100%。村办公场所修建于 2000 年 9 月，租用土地 0.3 亩，修建砖木结构房屋 5 间，建筑面积 60 平方米。

2324 汪集乡池沟村

简　　介：池沟村与魏井村、范门村、官庄窑村相邻。全村辖有 7 个社，191 户，789 人，纯属东乡族。现有耕地 1336 亩，2013 年粮播面积为 1337 亩，总产量 197.83 吨，农民人均纯收入 1421 元，大牲畜存栏 237 头，其中牛存栏 186 头，出栏 57 头，羊存栏 1643 只，出栏 1709 只。

2325 坪庄乡罗家村

简　　介：坪庄乡罗家村位于东南部，共有 14 个社，380 户，总人口 1910 人，其中少数民族 1910 人，占总人口的 100%，耕地面积 2730 亩。村社道路拓宽铺砂 3 公里，自来水入户率 96%；全村劳务输出 450 人。村活动场所修建于 2006 年 5 月，占地 0.5 亩，现有砖木结构平房 5 间，建筑面积 100 平方米，村办公场所运转正常，村卫生室 1 处，医生 1 名，病床 2 张。村级组织活动场所不仅是村干部主持村务的地方，同时也是农民交流议事、进行科技法律培训、参加文化体育活动的场所。村里还建立村级快报阅览室，并配置科技、文化、体育、卫生以及农村实用技术等书籍，免费向村民开放。

2326 那勒寺镇三甲村

简　　介：三甲村地处那勒寺镇西南方向约3公里，耕地面积2100.5亩，辖15个社，480户，2430人，其中劳动力1252人，人口主要分布在三甲川和三甲山上。主要农作物有小麦、洋芋、玉米，年羊存栏1405只，出栏2150头；牛存栏266头，出栏70头，农民人均纯收入1853元。

2327 河滩镇河东村

简　　介：河东村位于镇域西北部，濒临刘家峡水库，辖14个社，653户，3044人，其中少数民族27人，占总人口的0.9%。耕地面积为1370.5亩，人均0.45亩，2013年末人均纯收入为2565元。村社道路网络全面贯通，总里程达7公里，其中已完成硬化3.5公里。自来水实现全覆盖，人畜饮水得到切实保障。全村劳务输出1000多人，主要在兰州、临夏市以及广州、北京等地从事服务、建筑等行业。经济作物以花椒为主，种植规模较大；养殖方面以猪羊为主，村上拥有百头以上养殖场3家，适龄儿童入学率100%。

2328 果园乡石拉泉村

简　　介：石拉泉村地处果园乡西部川区，全村共辖5个社，246户，1255人。全村总面积5平方公里，总耕地面积为1420亩，人均1.1亩。2013年人均纯收入为2350元。全村共有4名村干部，无办公场所。村级卫生所1所，医疗设备齐全，基本能够解决群众的就医问题。2011年实施了自来水入户工程，全村群众饮用上了自来水。大多数群众仅靠种田维持生计。

2329 大树乡关卜村

简　　介：关卜村位于大树乡东段，干旱少雨，十年九旱，全村有8个社，188户，1222人，耕地面积2077亩，人均不足1.7亩，羊存栏2204只，羊出栏达2175只，大牲畜存栏263只。在校学生数202人，其中女86人。主要种植小麦、玉米、洋芋、谷类等传统农作物，种植结构单一。2007年在县委组织部的帮助支持下，投资4万元，在关卜村修设了村级活动场所，占地面积300平方米，建筑面积6间108平方米，3间办公室，3间宿舍。2008年配备了党员现代远程教育设备，同时配了农家书屋。村班子配备齐全，共三人，书记、主任、会计。

2330 北岭乡范家村

简　　介：范家村位于乡政府以北，共有6个社，265户，总人口1360人。耕地面积1839.2亩。全村通公路1条、自来水受益232户1272人；全村劳务输出420人，主要种植脱毒马铃薯、双垄沟播玉米和小麦；在校学生102人，教职人员11名。村活动场所修建于2010年8月，占地2.6亩，建筑面积790平方米，现有二层砖混结构楼房8间。

2331 果园乡陈何村

简　　介：陈何村地处果园乡中部川区，全村共辖8个社，391户，2156人。全村总面积9.5平方公里，总耕地面积为2420亩，人均1.1亩。2013年人均纯收入为2460元。村办公场所和村卫生所各1处，办公设施配备齐全。2011年实施了自来水入户工程，全村群众饮用上了自来水。大多数群众靠种田为生。

2332 唐汪镇马巷村

简　　介：马巷村位于唐汪镇上片，共有4个社，136户，总人口707人，其中少数民族501人，占总人口的71%，耕地面积517亩。马巷村靠近唐达路，交通便利，去年9月份，村上通过县交通局的大力支持，硬化村道1.2公里，彻底解决了群众的行路难问题，极大的改善了村容村貌，自来水入户率100%。农民经济收入以种植大接杏和劳务为主，农作物种植主要是小麦、玉米等。村上没有学校，全村适龄少年儿童上学就读要到邻村（张家学校）上学，入学率在99.7%以上，村附近有村卫生室1所，群众看病就医极其便利，参合率100%。村活动场所修建用于2002年6月，占地0.5亩，现有砖木结构平房5间，建筑面积60平方米，先后配备齐全了办公桌椅、电教设备以及农家书屋。

2333 那勒寺镇那勒寺村

简　　介：那勒寺村地处那勒寺镇政府所在地，耕地面积1820.3亩，辖13个社，478户，2208人，其中劳动力1092人，人口主要分布在那勒寺镇集镇街道两侧，主要农作物有小麦、洋芋、玉米，羊存栏1055只，出栏2650只；牛存栏150头，出栏80头，农民人均纯收入1847元。

2334 大树乡杨家村

简　　介：杨家村位于大树乡西部，共有6个社，118户，总人口716人，其中东乡族716人，占总人口的100%，耕地面积1245亩。村内共有通村道路6条，全长16.2公里，全村118户农户均已通自来水；2012年共组织劳务输转113人次，村民主要从事种植业，全部为干旱山地，农作物以小麦、玉米、马铃薯为主，村内有六年制全日制小学1所，在校学生92人，卫生室1所。杨家村活动场所修建于1998年8月，占地1.5亩，现有一层土木结构平房6间，建筑面积125平方米。

2335 河滩镇屯地村

简　　介：屯地村位于镇域上片，共8个社，452户，2105人，其中少数民族1570人，占总人口的74.6%。耕地面积1449.58亩，人均0.69亩，2013年末人均纯收入为2555元；村社道路网络全面贯通，总里程7公里，其中已完成硬化2.6公里。自来水实现全覆盖，人畜饮水得到切实保障。全村劳务输出420多人，主要在兰州、临夏市以及青海、宁夏、新疆等地从事餐饮、建筑、运输等行业。经济作物以花椒为主，但种植规模不大，正在进行大力推广；养殖方面以牛羊为主，村上拥有百头以上养牛场1家，小型养羊户近50家。适龄儿童入学率100%。

2336 关卜乡梅滩村

简　　介：梅滩村位于关卜乡西南部，距离乡政府驻地3公里。全村现有5个社，156户，802人。全村耕地面积1360亩，人均1.763亩，主要农作物为小麦、马铃薯；经济作物有油菜、当归。全村共有羊存栏1256只，牛存栏136头，饲草种植面积达到380亩。2011年农民人均纯收入为1935元，人均占有粮食215.2公斤。现有三年制村校1所，村社道路为红土路面，无沙石路。

2337 春台乡周家村

简　　介：春台乡周家村共有6个社，99户，426人，耕地面积1350亩，人均耕地4.4亩，人均占有粮食 1200 公斤，人均纯收入 1768 元。大小牲畜存栏 618 头（只），出栏 310 头（只）。

2338 河滩镇团结村

简　　介：团结村位于镇域西北部，共 8 个社，359 户，1853 人，其中少数民族 829 人，占总人口的 44.7%，耕地面积 909.6 亩，人均 0.49 亩，2013 年末人均纯收入为 2566 元。村社道路网络全面贯通，总里程达 10 公里，其中已完成硬化 2 公里。自来水实现全覆盖，人畜饮水得到切实保障。全村劳务输出 360 多人，主要在兰州、临夏市以及青海、宁夏等地从事餐饮、建筑等行业。经济作物以花椒为主，种植规模较大，村上拥有花椒加工企业 1 家。养殖方面以牛羊为主，村上拥有小型养殖厂 12 家。适龄儿童入学率 100%。

2339 关卜乡关卜岭村

简　　介：关卜岭村位于关卜乡西北部，距离乡政府驻地 3 公里。全村现有 10 个社，228 户，1168 人。全村耕地面积 2178 亩，人均 1.86 亩，主要农作物为小麦、马铃薯；经济作物有油菜、当归。全村共有羊存栏 1560 只，牛存栏 186 头，饲草种植面积达到 320 亩。2011 年农民人均纯收入为 1948 元，人均占有粮食 223 公斤。现有三年制村校 1 所，无村卫生室，村社道路为红土路面，无沙石路。

2340 那勒寺镇瓦房村

简　　介：瓦房村地处那勒寺镇向南方向约 5 公里处，耕地面积 2010.5 亩，辖 11 个社，358 户，1664 人，其中劳动力 765 人，人口主要分布在瓦房沟和沟对面上，主要农作物有小麦、洋芋、玉米，羊存栏 1503 只，出栏 1972 只；牛存栏 188 头，出栏 42 头，农民人均纯收入 1847 元。

2341 龙泉乡老庄村

简　　介：老庄村为龙泉乡政府所在地，国道 213 线穿境而过，属典型的干旱山区，是纯东乡族聚居的少数民族贫困村。全村共有 5 个社，217 户，1256 人，耕地面积 2377.4 亩，人均 1.9 亩，农民人均纯收入 1564 元，种植、养羊和劳务是该村农民主要经济收入来源，共有宗教活动场所 2 处。在基础设施方面，全村自来水入户率为 95%。在社会事业方面，全村现有适龄儿童 216 名，入学率为 99%，新农合参合率为 98%，计划生育率为 90%。在民生保障方面，已对 166 名 60 周岁以上老人发放养老保险金每人 360 元，16 至 59 周岁人员共有 645 名，已参加养老保险 371 名，参保率为 83%。在产业培育方面，鼓励群众积极发展养殖业，目前全村羊存栏达 3053 只，全村共有劳力 560 名，其中 240 多人常年外出务工，主要从事拆迁、建筑等行业，每年劳务创收入达 260 多万元。在综合治理方面，村上 2006 年至今有刑满释放人员 1 名，已实行了安置帮教，村内无吸毒人员。

2342 车家湾乡大湾村

简　　介：大湾村地处车家湾乡北部，这里山大沟深，沟壑纵横，十年九旱，植被稀疏，年降雨量不足 20 毫升，年蒸发量达 1200 升，全村共 4 个社，95 户，453 人。耕地面积 1635.6 亩，人均耕地 3.39 亩，均为山旱地，农民人均纯收入 1537 元，大牲畜 160 头，羊存栏 1449 只。

2343 关卜乡叶家村

简　　介：叶家村位于关卜乡东面，距离乡政府驻地 3 公里。全村现有 8 个社，168 户，

885人。全村耕地面积1550亩，人均1.71亩，主要农作物为小麦、马铃薯；经济作物有油菜、当归。全村共有羊存栏1325只，牛存栏155头，饲草种植面积达到320亩。2011年农民人均纯收入为1945元，人均占有粮食215.2公斤。

2344 五家乡奴土坪村

简　　介：奴土坪村纯东乡族聚居村，属山区村庄。辖7个社，147户，710人，其中贫困户125户，695人。全村耕地面积958亩，人均占有粮食198公斤。2014年初羊存栏2119只，出栏2153只；大牲畜存栏189头，牛出栏196头。2013年人均纯收入2118元。

2345 柳树乡红庄村

简　　介：柳树乡红庄村位于我乡东南部，全村辖区有6个社，114户，512人，人均纯收入为2480元。总耕地面积921.3亩，人均1.80亩，粮食总产量13.7万公斤，人均占有粮食267.6公斤。柳树乡红庄村委会办公场所座落于本村上庄社，修建于2011年，共10间，占地面积0.4亩，砖混结构二层楼房，共有10间，办公桌、电教设备等齐全。该村委会有村干部3名，其中村支部书记1名，主任1名，村会计1名。

2346 汪集乡对坡村

简　　介：对坡村是我乡10个村中经济发展的中间村之一，全村辖有8个社，194户，1098人，纯属东乡族，现有耕地2730亩，年人均纯收入为1474元，劳动力871人，粮食播种2729亩，总产量为451.9吨，亩产165.5公斤，大牲畜342头，羊存栏2071只。该村办公场所座落于该村上对坡社，修建于2006年，占地0.5亩，砖木结构一层，建筑面积5间55平方米。村委会内有桌子2张，凳子9个，配备远程教育、农家书屋等设备。

2347 唐汪镇上城门村

简　　介：上城门村位于唐汪镇中片，共有6个社，289户，总人口1479人，其中少数民族1212人，占总人口的82%，耕地面积608亩。自来水入户率100%。农民经济收入以种植大接杏和劳务为主，农作物种植主要是小麦、玉米等。村上有完全中学1所，全村适龄少年儿童入学率在99.6%以上，村有村卫生室1所，群众看病就医极其便利，参合率100%。村活动场所修建于2002年6月，占地0.3亩，现有砖混结构平房5间，建筑面积60平方米，已成危房，现正进行重建。

2348 赵家乡甘土沟村

简　　介：甘土沟村位于乡政府南部山区，全村有15个村民小组，全村总户数395户，总人口2042人，劳动力986人。耕地面积2225亩，人均占有耕地1.2亩，主要农作物为小麦、玉米、洋芋等，人均占有粮食229公斤；2013年人均纯收入为2897元。全村共有2所学校，其中六年制小学1所，教学点1所，现有在校学生212名，其中女60名，适龄儿童入学率为98.6%。

2349 达板镇达板村

简　　介：达板村位于达板镇中部川区，全村共有13个社，850户，4159人，劳动力3212人。全村共有耕地面积1658亩，人均占有耕地0.39亩，2013年末人均纯收入3420元。全村外出务工人员801人，主要从事餐饮、建筑、摘棉花等职业，分布在兰州、张掖、武威、青海、新疆、河南、安徽等地。

2350 关卜乡墁坪村

简　　介：墁坪村位于关卜乡南部，距离乡

政府驻地1公里。全村现有8个社，168户，885人。全村耕地面积1550亩，人均1.71亩，主要农作物为小麦、马铃薯，经济作物有油菜、当归。全村共有羊存栏1325只，牛存栏155头，饲草种植面积达到320亩。2011年农民人均纯收入为1945元，人均占有粮食215.2公斤。现有三年制村校1所，无村卫生室。村社道路为红土路面，无沙石路。

2351 坪庄乡免古池村

简　　介：免古池村位于坪庄乡东北部，全村共5个社，125户，604人，纯属东乡族。耕地面积850亩，村道硬化3.5公里；全村通自来水，农村合作医疗覆盖98%，社会养老覆盖90%，劳务输出90人。没有村办公场所。

2352 五家乡塔户村

简　　介：塔户村位于五家乡。全村共6个村民小组，208户，1004人，劳动力421人。耕地总面积780亩，人均耕地0.77亩。2011年全村农作物播种面积780亩，其中小麦80亩，玉米500亩，洋芋200亩。家畜存栏596头，羊520只，牛76头。全村农民人均纯收入1400元。

2353 五家乡牛沟村

简　　介：牛沟村五家乡南部，与广河县毗陵，属山区村庄。辖10个社，289户，1345人。全村耕地面积1270亩，人均占有粮食160公斤。2014年初大牲畜存栏289头，出栏312头；羊存栏1899只，出栏1959只，2013年人均纯收入1954元。

2354 东塬乡张家村

简　　介：张家村与毛沟村、牛家村、刘牙村、满散村同乡。共辖8个社，250户，1320人，劳动力460人，总耕地面积1422亩。

2355 东塬乡东塬村

简　　介：东塬村是乡政府所在地，全村辖9个社，377户，1768人，劳动力454人。总耕地面积1466亩，人均耕地面积0.8亩。适龄儿童入学率达到100%。年平均降水量400毫米，土地贫瘠。2013年，农民人均纯收入达到2800元。现有村干部3人。

2356 达板镇陈家村

简　　介：陈家村位于达板镇南部川区，全村共有6个社，388户，1937人，劳动力1155人。全村共有耕地面积857亩，人均占有耕地0.44亩，2013年末人均纯收入3100元。全村外出务工人员296人，主要从事餐饮、建筑、摘棉花等职业，主要分布在兰州、张掖、武威、青海、新疆、河南、安徽等地。

2357 汪集乡高家村

简　　介：高家村辖有9个社，258户，1406人，纯属东乡族。现有耕地2474亩，2013年粮播面积为2550亩，总产量331.21吨，农民人均纯收入1509元，大牲畜存栏308头，其中牛存栏256头，牛出栏70头，羊存栏2410只，出栏2786只。活动场所位于该村高家社，修建于2008年，办公用房有12间80平方米，拥有远程教育电脑和电视1台，桌子4张，凳子12个，农家书屋柜子4个，设有"双联"行动办公室、计生办公室、村务监督委员会等5个部门，远程教育设备、农家书屋设备等配备齐全，运转正常，村级各类档案备档完整，日常维护到位。

2358 春台乡大庄村

简　　介：春台乡大庄村共有7个社，224户，

1166人，耕地面积2349.7亩，人均耕地4.5亩，人均占有粮食1231公斤，人均纯收入2480元。大小牲畜存栏1750头（只），出栏1120头（只）。该村群众生产生活条件较好，属乡政府办公所在地，村道已硬化，建有小学1所（含初中部、幼儿园），卫生院1所，有村办公场所。

2359　达板镇红庄村

简　　介：红庄村位于达板镇南部川区，全村共有9个社，307户，1600人，劳动力945人。全村共有耕地面积699.7亩，人均占有耕地0.43亩，2013年末人均纯收入3150元。全村外出务工人员261人，主要从事餐饮、建筑、摘棉花等职业，主要分布在兰州、张掖、武威、青海、新疆、河南、安徽等地。

2360　春台乡石头沟村

简　　介：石头沟村共有10个社，220户，1212人，耕地面积1280亩，人均耕地4.7亩，人均占有粮食1282公斤，人均纯收入2300元。大小牲畜存栏1540头（只），出栏1200头（只）。该村群众生产生活条件较好，村道已硬化，有村办公场所。

2361　龙泉乡杨家村

简　　介：杨家村位于龙泉乡西部，属典型的干旱山区，是纯东乡族聚居的少数民族贫困村。全村共有6个社，122户，650人。耕地面积1346亩，人均2亩，农民人均纯收入1653元，种植、养羊和劳务是该村农民主要经济收入来源，共有宗教活动场所2处。全村自来水入户率为95%，去年对该村4公里道路进行了拓宽铺砂，改善了群众的行路条件。在社会事业方面，全村现有适龄儿童110名，入学率为99%，今年新农合参合率为98%，计划生育率为90%；已参加养老保险185名，参保率为80%。鼓励群众积极发展养殖业，目前全村羊存栏达2121只，全村共有劳力305名，其中170多人常年外出务工，主要从事拆迁、建筑等行业，每年劳务创收达150多万元。

2362　汪集乡马家村

简　　介：马家村辖有7个社，167户，872人，纯属东乡族。现有耕地1664亩，2013年粮播面积为1337亩，总产量197.83吨，农民人均纯收入1611元，大牲畜存栏237头，（其中牛存栏186头），牛出栏57头，羊存栏1643只，出栏1709只。位于该村张家社，修建于2009年，占地6间50平方米，日常维护到位，拥有远程教育电脑1台，电视1台，桌子3张，凳子13个。

2363　五家乡尹家村

简　　介：尹家村为纯东乡族聚居村，属半山区半川区村庄。辖9个社，302户，1456人。全村耕地面积1333亩，人均占有粮食138公斤。2014年初羊存栏1591只，羊出栏1994只；牛存栏145头，牛出栏262头。2013年人均纯收入2768元。

2364　坪庄乡结沟村

简　　介：坪庄乡结沟村位于坪庄乡北部，共有8个社，275户，总人口1523人，其中少数民族1523人，耕地面积220亩。村社道路硬化1.8公里，自来水入户率50%，全村劳务输出210人。村活动场所修建于2005年10月，占地0.5亩，现有砖木结构平房5间，建筑面积100平方米，各项工作正常运转。村里还建立村级阅览室，并配置科技、文化、体育、卫生以及农村实用技术等书籍，免费向村民开放。

2365 达板镇舀水村

简　　介：舀水村位于达板镇北部川区，全村共有5个社，298户，1484人，劳动力857人。全村共有耕地面积631亩，人均占有耕地0.42亩，2013年末人均纯收入3060元，全村经济基础薄弱，农业等基础设施滞后。全村外出务工人员153人，主要从事餐饮、建筑、摘棉花等职业，主要分布在兰州、张掖、武威、青海、新疆、河南、安徽等地。

2366 东塬乡林家村

简　　介：林家村位于东塬乡政府北面，是汉族、东乡族混居的川塬自然村。全村11个合作社，360户，1653人，常住人口是1634人。其中汉族252户，占户数的70%，人口1100人，占人口的66.5%；东乡族108户，占户数30%，人口553人，占人口的33.5%。全村耕地面积2600亩，人均1.57亩，农业种植以小麦、玉米为主，2013年，农民人均纯收入为2860元。

2367 河滩镇小庄村

简　　介：小庄村位于河滩镇镇最南面，共8个社，368户，2492人，其中少数民族2492人，占总人口的100%，耕地面积1129亩，人均0.45亩，2013年末人均纯收入为2550元。危房改造已完成58户，占全村总户数的15.7%；村社道路网络全面贯通，总里程达11公里，其中已完成硬化4公里。自来水实现全覆盖，人畜饮水得到切实保障。全村劳务输出430多人，主要在兰州、临夏市以及青海、西藏等地从事餐饮、建筑等行业。经济作物以花椒为主，但种植规模不大，正在进行大力推广；养殖方面以牛羊为主，村上拥有百头以上养殖场1家。适龄儿童入学率100%。

2368 达板镇拱北滩村

简　　介：拱北滩村位于达板镇南部川区，全村共有10个社，480户，2318人，劳动力1383人。全村共有耕地面积1127亩，人均占有耕地0.48亩，2013年末人均纯收入2953元，全村经济基础薄弱，农业等基础设施滞后。全村外出务工人员420人，主要从事餐饮、建筑、摘棉花等职业，主要分布在兰州、张掖、武威、青海、新疆、河南、安徽等地。

2369 百和乡达柴坪村

简　　介：达柴坪村位于东乡族自治县西南部偏西的半山区，距县城15公里，位于百和乡政府所在地西部，离乡政府2公里路程。全村187户，876口人，耕地面积1200多亩，2014年春季栽种经济林300亩，21000株，其中啤特果树10000株，杏树9500株，核桃树1500株。该村为传统农业村，以劳务和出售农副产品为主要经济来源。去年人均收入为1560元。村干道完成硬化4公里。自来水入户60户，修建水库2座，惠及百姓300多人。

2370 那勒寺镇李牙村

简　　介：李牙村地处那勒寺镇向北方向约16公里处，耕地面积1310亩，辖10个社，208户，1039人，其中劳动力408人，人口主要分布在妥家沟两道梁上。主要农作物有小麦、洋芋、玉米，年羊存栏1837头，出栏2552头；牛存栏168头，出栏54头，农民人均纯收入1846元。

2371 关卜乡上王家村

简　　介：草滩村位于关卜乡西部，距离乡政府驻地2公里。全村现有8个社，115户，356人。全村耕地面积840亩，人均2.21亩，主要农作物为小麦、马铃薯；经济作物有油菜、当归。全村共有羊存栏1215只，牛存栏138头，饲草种植面积达到260亩。2011年农民人均纯收入为1945元，人均占有粮食215.2公斤，现有三年制村校1所。村社道路为红土路面，无沙石路。

2372 百和乡大岭村

简　　介：大岭村位于百和乡政府西南部，属典型的二阴山区，是纯东乡族、回族聚居的少数民族贫困村。全村共有12个社，183户，913人。参加新型合作医疗户数183户，人口913人；参加养老保险户数152户，人口300人。全村共有耕地面积1634亩，人均占有耕地1.2亩，人均占有粮食320公斤。村内经济收入以种植业、养殖业和劳务输出为主，种植业以冬小麦、洋芋等粮食作物为主，养殖业以零散养羊为主，劳务输出以外出打工为主。2013年该村农民人均纯收入为2521元。

2373 大树乡米家村

简　　介：米家村位于大树乡西部，共有6个社，122户，总人口668人，其中东乡族668人，占总人口的100%，耕地面积1183亩。村内共有通村道路5条，全长14.3公里，全村122户农户均已通自来水；2012年共组织劳务输转228人次，村民主要从事种植业，全部为干旱山地，农作物以小麦、玉米、马铃薯为主，村内有六年制全日制小学1所，在校学生74人；村内尚无卫生室。米家村活动场所修建于2011年8月，占地4亩，现有2层砖混结构楼房10间，建筑面积286平方米。

2374 那勒寺镇达板空村

简　　介：达板空村地处那勒寺镇西约10公里处，耕地面积1710.6亩，辖9个社，216户，1073人，其中劳动力553人，人口主要分布在主干道南方山上。主要农作物有小麦、洋芋、玉米，羊存栏1246只，出栏2330只；牛存栏162头，出栏51头，农民人均纯收入1847元。

2375 五家乡上庄村

简　　介：上庄村为五家乡政府所在地，纯东乡族聚居村，属半山区半川区村庄。辖10个社，308户，1505人。全村耕地面积1075亩，人均占有粮食230公斤。2014年初羊存栏1590只，出栏1950只；牛存栏268头；牛出栏312头。2013年人均纯收入2643元。

2376 果园乡宗罗村

简　　介：宗罗村地处果园乡西部川区，全村共辖9个社，397户，2034人。总耕地面积为1765亩。2013年人均纯收入为2440元。

2377 东塬乡刘牙村

简　　介：刘牙村共有9个社，233户，总人口1252人，有劳动力512人，其中女劳动力216人。耕地面积1299亩，人均1.04亩。大牲畜存栏153头，羊存栏806只。2013年劳动力输转212人（次），人均占有粮食305公斤，人均纯收入2660元。现有村小学1所，在校学生126名，教师8名，学龄儿童入学率99%。

2378 汪集乡何家村

简　　介：何家村毗连李庙村、古城村。全村辖11个社，222户，1089人。全村共有耕地面积2741.3亩，粮食总产量374.95吨，人均占有粮食344.31公斤，当年造林471亩，年末羊存栏1961只，羊出栏2591只，年末牛存栏214头，年末出栏65头。完成劳务输转243人，完成劳务创收174.96万元，2013年人均纯收入为1909元。村办公场位于下赵家社，修建于2006年，占地0.8亩，砖木结构一层，办公用房7间85平方米。场所内拥有办公桌子2台，凳子12张，远程教育电脑1台，电视1台。

2379 高山乡洒勒村

简　　介：洒勒村位于高山乡西面，距乡政府10公里，这里山大沟深，沟壑纵横，十年九旱，植被稀疏，人畜饮水靠雨水解决，年降雨量不足200毫米，年蒸发量高达1200毫米。全村辖8个社，163户，838人。全村耕地面积为3200亩，人均耕地3.8亩，草原面积15580亩，大牲畜235头，羊存栏1673只。全村群众以种植全膜玉米、脱毒洋芋为主要收入来源。该村有村校1所，教职工6名，其中女教师2名，在校学生109名，其中女生59人，适龄儿童入学率为100%。

2380 龙泉乡马场村

简　　介：马场村位于龙泉乡东北部，属典型的干旱山区，是纯东乡族聚居的少数民族贫困村。全村共有7个社，219户，1120人。耕地面积2327亩，人均2亩，农民人均纯收入2089元，种植、养羊和劳务是该村农民主要经济收入来源，共有四年制小学1所，宗教活动场所5处。在基础设施方面，全村自来水入户率为95%，去年对国道213线至马场村它古木同社3公里道路进行了硬化，改善了群众的行路条件。在社会事业方面，马场学校现有教师4名，学生79名，新农合参合率为98%，计划生育率为90%。已参加养老保险422名，参保率为80%。在产业培育方面，在县农行的大力支持下，为该村发放小额联户担保贷款，不断加大养殖业的发展规模，目前全村羊存栏达2463只，全村共有劳力528名，160多人常年外出务工，主要从事拆迁、建筑等行业。在综合治理方面，村上目前有刑满释放人员2名。

2381 汪集乡瓦子岭村

简　　介：瓦子岭村位于汪集乡北面，锁达公路穿境而过。全村有8个社，205户，958人，属纯东乡族，总耕地面积2328.5亩，全是旱地。活动场所位于该村瓦子岭社，修建于2008年，占地8间90平方米，日常维护到位，拥有远程教育电脑和电视1台，桌子4张，凳子12个，农家书屋柜子4个。

2382 河滩镇大塬村

简　　介：大塬村位于镇域东北部，是全镇人口最多的一个村，辖15个社，669户，3724人，其中少数民族2855人，占人口总数的76.6%，耕地面积4175.4亩，人均1.12亩，2013年末人均纯收入为2470元。村社道路网络全面贯通，总里程达20.45公里，其中已完成硬化9.7公里。自来水管道已全部埋设到户，但多数未通水。全村劳务输出1230多人，主要在兰州、临夏市以及青海、西藏、宁夏等地从事餐饮、建筑、运输等行业。经济作物以核桃为主，建立了小型核桃示范基地；养殖方面以羊为主，村上每家均有8只以上羊存栏，全村每年羊出栏15000多只。适龄儿童入学率96.8%。

2383 坪庄乡三社村

简　　介：三社村位于坪庄乡东部，共有8个社，207户，总人口1311人，其中少数民族1311人，占总人口的100%。耕地面积1572亩。村社道路拓宽铺砂1公里，自来水入户率98%。村劳务输出270人。无村活动场所。

2384 龙泉乡卧妥村

简　　介：卧妥村位于龙泉乡南部，属典型的干旱山区，是纯东乡族聚居的少数民族贫困村。全村共有6个社，126户，786人。耕地面积1300亩，人均1.65亩，农民人均纯收入1538元，种植、养羊和劳务是该村农民主要经济收入来源。在基础设施方面，全村自来水入户率为90%，去年对该村7.1公里道路进行了拓宽铺砂，改善了群众的行路条件。在社会事业方面，全村现有适龄儿童133名，入学率为97.5%，今年新农合参合率为98%，计划生育率为90%。已参加养老保险220名，参保率为80%。在产业培育方面，鼓励群众积极发展养殖业，目前全村羊存栏达2121只，全村共有劳动力340名，其中180多人常年外出务工，主要从事拆迁、建筑等行业，每年劳务创收入达150多万元。在综合治理方面，村上2006年至今没有刑满释放人员，村内无吸毒人员。

2385 龙泉乡坪庄村

简　　介：坪庄村位于龙泉乡西部，属典型的干旱山区，是纯东乡族聚居的少数民族贫困村。全村共有8个社，173户，937人。耕地面积1919亩，人均2亩，农民人均纯收入1673元，种植、养羊和劳务是该村农民主要经济收入来源。在基础设施方面，全村自来水入户率为90%，去年对该村3.5公里村道进行了硬化，极大地解决了群众行路难的问题。在社会事业方面，村上共有堡子、周牙2处教学点，全村现有适龄儿童160名，入学率为98.9%，新农合参合率为98%，计划生育率为90%。已登记16至59周岁养老保险参保人员309名。在综合治理方面，村上2006年至今有刑满释放人员1名，对其已经实行了安置帮教。

2386 关卜乡和岘村

简　　介：和岘村位于关卜乡东部，距离乡政府驻地2.5公里。全村现有5个社，140户，885人。全村耕地面积1550亩，人均1.71亩，主要农作物为小麦、马铃薯；经济作物有油菜、当归。全村共有羊存栏1325只，牛存栏155头，饲草种植面积达到320亩。2011年农民人均纯收入为1945元，人均占有粮食215.2公斤，群众生活普遍困难。现有三年制村校1所，无村卫生室，群众上学。村社道路为红土路面，无沙石路。

2387 五家乡马阴村

简　　介：马阴村位于五家乡南部，与广河县毗陵，属山区村庄。辖8个社，188户，845人。其中贫困户169户，827人。全村耕地面积1240亩，人均占有粮食164公斤。2014年初大牲畜存栏214头，出栏212头；羊存栏1710头，出栏1798头，2013年人均纯收入2056元。

2388 那勒寺镇郭泥沟村

简　　介：郭泥沟村地处那勒寺镇向西方向约5公里处，耕地面积1807.3亩，辖11个社，309户，1535人，其中劳动力761人，人口主要分布在主干道向北奴拉沟和奴拉山上，主要农作物有小麦、洋芋、玉米，年羊存栏1274只，出栏2720只；牛存栏169头，出栏54头，农民人均纯收入1841元。

2389 春台乡和岘村

简　　介：和岘村共有8个社，245户，1393人，耕地面积22497亩，人均耕地4.0亩，人均占有粮食1230公斤，人均纯收入1880元。大小牲畜存栏622头（只），出栏350

头（只）。该村群众生产生活条件较好，村道已硬化，建有小学1所，教学间1所，有村办公场所及卫生所，与国道213线接壤。

2390 高山乡中庄村

简　　介：中庄村地处高山乡东部，这里山大沟深，沟壑纵横，交通极为不便。全村共4个社，67户，342人。劳动力110人，全村总耕地面积为1653亩，人均耕地4.9亩，群众以种植全膜玉米、脱毒洋芋为主。全村在校学生36人，女生17人，入学率100%。全村农民人均纯收入2443元。享受农村五保2户，2人，孤儿4户，6人。

2391 龙泉乡那楞沟村

简　　介：那楞沟村位于龙泉乡北部干旱山区，共有10个社，214户，1197人，为纯东乡族聚居村。2013年，农民人均纯收入1857元，人均占有粮食243公斤，共有耕地2159亩，人均耕地1.89亩，羊存栏2346只。共有六年制小学1所，宗教活动场所4处。全村农民主要经济收入来源为农业种植、养羊和劳务输转。在农业生产上，由于全部为旱作农业。

2392 沿岭乡新星村

简　　介：新星村位于沿岭乡西北部，共有12个社，221户，总人口1399人，其中少数民族1399人，占总人口的100%，耕地面积2007亩。基础设施方面，全村共有农路6条，16公里，已硬化3公里，自来水入户率95%，照明电网入户率为100%，学校1所，学生105人均为本村适龄儿童，无卫生室，种植业以小麦、玉米、洋芋为主，养殖业以暖棚养殖肉羊、肉牛为主。

2393 坪庄乡坪庄村

简　　介：坪庄乡坪庄村位于坪庄乡中部，共有10个社，286户，总人口1606人，其中少数民族1606人，占总人口的100%，耕地面积1亩。村社道路硬化4.5公里，自来水入户率98%；全村劳务输出共350人。村活动场所修建于2009年5月，占地0.5亩，现有2层砖混结构楼房10间，建筑面积100平方米，村办公场所正常运转，村卫生室1处，医生1名、病床2张。村里还建立村级阅览室，并配置科技、文化、体育、卫生以及农村实用技术等书籍，免费向村民开放。

2394 五家乡五家沟村

简　　介：五家沟村为纯东乡族聚居村，属山区村庄。辖7个社，188户，881人。全村耕地面积1197亩，人均占有粮食215公斤。2014年初羊存栏1825只，出栏1893只，牛存栏113头，出栏89头。2013年人均纯收入1989元。

2395 达板镇甘家村

简　　介：甘家村位于达板镇南部川区，全村共有7个社，312户，1572人，劳动力976人。全村共有耕地面积722亩，人均占有耕地0.73亩，2013年末人均纯收入3281元。全村外出务工人员261人，主要从事餐饮、建筑、摘棉花等职业，主要分布在兰州、张掖、武威、青海、新疆、河南、安徽等地。

2396 大树乡大树村

简　　介：大树村位于大树乡中部，共有11个社，246户，总人口1342人，其中东乡族1342人，占总人口的100%，耕地面积1567亩。村内共有通村道路6条，全长18.5公里，全村246户农户均已通自来水。2012年共组织劳务输转324人次，村民主要从事种植业，农作物以小麦、玉米、马铃薯为主，村内有六年制全日制小学1所，在校学生183人；卫生室1所。大树村活动场所修建于2011年8月，占地4亩，现有2层砖混结构楼房10间，建筑面积286平方米。

2397 唐汪镇舀水村

简　　介：舀水村位于唐汪镇上片，共有4个社，160户，总人口798人，全部为少数民族，耕地面积517.8亩。舀水村靠近唐达路，硬化村道1.1公里，彻底解决了群众的行路难问题，极大的改善村容村貌，自来水入户率100%。农民经济收入以种植大接杏和劳务为主，农作物种植主要是小麦、玉米等。村上没有学校，全村适龄少年儿童上学就读要到邻村（张家学校）上学，入学率在99.6%以上，村附近有村卫生室1所，群众看病就医极其便利，参合率100%。村活动场所修建于2002年6月，占地0.5亩，现有砖木结构平房5间，建筑面积60平方米，先后配备齐全了办公桌椅、电教设备以及农家书屋。

2398 关卜乡波罗村

简　　介：波罗村位于关卜乡东部，距离乡政府驻地3.5公里。全村现有6个社，138户，696人。全村耕地面积1350亩，人均1.91亩，主要农作物为小麦、马铃薯；经济作物有油菜、当归。全村共有羊存栏1215只，牛存栏113头，饲草种植面积达到320亩。2011年农民人均纯收入为1945元，人均占有粮食220公斤，群众生活普遍困难。现有三年制村校1所，无村卫生室，群众上学、就医比较困难。全村群众住房困难，居住条件差；村社道路为红土路面，无沙石路。村内荒山荒坡较多，对于发展养羊、林果产业自然条件成熟。

2399 唐汪镇汪家村

简　　介：汪家村位于唐汪镇中片，共有5个社，250户，总人口1258人，全部为少数民族，耕地面积581亩。汪家村靠近集镇中心，交通便利，自来水入户率100%。农民经济收入以种植大接杏和劳务为主，农作物种植主要是小麦、玉米等。村上没有学校，全村适龄少年儿童上学就读要到邻村（唐汪回民小学）上学，入学率在99.7%以上，村附近有村卫生室1所，群众看病就医极其便利，参合率100%。村活动场所修建于2002年6月，占地0.3亩，现有砖混结构平房5间，建筑面积60平方米。

2400 大树乡乔鲁村

简　　介：乔鲁村位于大树乡东部，共有7个社，167户，总人口842人，其中东乡族842人，占总人口的100%，耕地面积1387亩，村内共有通村道路7条，全长14.6公里，全村167户农户均已通自来水；2012年共组织劳务输转284人次，村民主要从事种植业，农作物以小麦、玉米、马铃薯为主，村内有六年制全日制小学1所，在校学生126人；村内尚无卫生室。乔鲁村活动场所修建于1998年8月，占地1.5亩，现有1层土木结构平房6间，建筑面积118平方米。

2401 河滩镇东干村

简　　介：东干村位于镇域西北部，共16个社，740户，3691人，其中少数民族36人，占总人口的0.97%，耕地面积2487.3亩。人均0.67亩，2013年末人均纯收入为2568元。村社道路网络全面贯通，总里程达16公里，其中已完成硬化5.5公里。自来水实现全覆盖，人畜饮水得到切实保障。全村劳务输出1350多人，主要在兰州、临夏市以及北京、广州、深圳等地从事服务、建筑等行业。经济作物以花椒、核桃为主，花椒的种植规模较大；养殖方面以猪羊为主，村上拥有百头以上养猪场1家。适龄儿童入学率100%。

2402 东塬乡满三村

简　　介：满三村是全县192个重点贫困村之一。全村辖8个社，227户，1247人，劳动力480人，总耕地面积1950亩。2013年，农民人均纯收入达到2550元。近年来，为改善该村群众生产生活条件，促农增收，结合"联村联户，为民富民"活动，积极引导群众调整产业结构，大力推广以全膜双垄沟播技术为主的旱作农业，全村经济社会发展步伐明显加快。

2403 唐汪镇塔石沟村

简　　介：塔石沟村位于唐汪镇下片，共有7个社，311户，总人口1455人，全部为汉族，耕地面积860亩。塔石沟村靠近唐峡路，去年8月，村上通过县水电局的大力支持，实施了塔石沟村人饮改造工程，彻底解决了群众的吃水难问题，自来水入户率100%。农民经济收入以种植大接杏、大红枣和劳务为主，农作物种植主要是小麦、玉米等。村上有带帽中学1所，全村适龄少年儿童入学率在99.5%以上，村上有卫生室1所，参合率100%。村活动场所修建于2002年6月，占地0.4亩，现有砖木结构房屋5间，建筑面积60平方米，先后配备齐全了电教设备以及农家书屋。

2404 春台乡龙浦村

简　　介：龙甫村共有10个社，220户，1212人。耕地面积1280亩，人均耕地4.7亩，人均占有粮食1282公斤，人均纯收入2300元。大小牲畜存栏1540头（只），出栏1200头（只）。该村群众生产生活条件较好，村道已硬化，有村办公场所。

2405 果园乡娄子村

简　　介：娄子村地处果园乡东部川区，全村共辖6个社，312户，1713人。全村总面积9.5平方公里，总耕地面积为1765亩，人均1亩。2013年人均纯收入为2380元。

2406 考勒乡三塬村

简　　介：考勒乡三塬村位于考勒乡东北部，毗邻刘家峡库区，境内地势平坦，交通便利，"三祁"路、龙考路穿村而过。全村辖6个社，361户，2051人。目前，全村在校适龄少年儿童230人，其中女108人，适龄少年儿童入学率98.5%，新农合参保率100%，农村社会养老保险参保率100%；村内以种植小麦、玉米为主，绝大多数农户的收入主要依靠养殖和劳务输转。村内群众科学文化水平低，科学意识差，经济社会发展相对滞后。2013年底，全村共输转劳务818人，劳务创收400万元。2012年底，全村羊存栏2493只，养殖业收入130万元；全村总耕地面积1900亩，人均耕地面积0.98亩，农民人均占有粮食230公斤。2013年底全村人均纯收入2228元。

2407 柳树乡八洋沟村

简　　介：八洋沟村位于柳树乡西南面，全村辖区有10个社，256户，1456人，人均纯收入为2560元，总耕地面积1600亩，人均1.1亩，粮食总产量19.2万公斤，人均占有粮食131.9公斤。八洋沟村委会办公场所座落于本村三社，修建于2007年，占地1亩，砖混平顶结构，共有6间，配有办公桌。该村委会有村干部3名。

2408 沿岭乡毛柴子村

简　　介：毛柴子村位于沿岭乡东部，共有6个社，178户，总人口785人，其中少数民族785人，占总人口的100%，耕地面积984.9亩。基础设施方面，全村农路总长9公里，已硬化1.8公里，自来水管网入户率85%，照明电网入户率100%，学生共计137人，在4公里远的中报希望小学走读，是全乡唯一没有学校的村，有村级卫生室，种植业以小麦、玉米、洋芋为主，养殖业以家庭暖棚养殖肉牛、肉羊为主，有农民养羊专业合作社1处。2013年初组织省外劳务输出80多人，主要输往新疆、青海等地。

2409 河滩镇苏孟村

简　　介：苏孟村位于镇域中部，是全镇政治、经济和文化中心，也是镇政府所在地。辖9个社，544户，3216人，其中少数民族2377人，占总人口的74%，耕地面积1598.72亩，人均0.5亩，2013年末人均纯收入为2620元；村社道路网络全面贯通，总里程达13公里，其中已完成硬化9.5公里。自来水全覆盖。全村劳务输出490多人，主要在兰州、临夏市等地从事餐饮、建筑等行业，此外，在河滩集镇经营商铺的户数近100家。经济作物以花椒为主，种植规模较大，下一步将大力推广核桃的种植；养殖方面以鸡羊为主，村上拥有3000只以上养鸡场1家。适龄儿童入学率100%。

2410 考勒乡当土村

简　　介：当土村位于龙三路旁，境内山大沟深，干旱少雨，全村共有5个合作社，147户，689人，97户，现有小学1所，在校学生106名，其中女48名，适龄少年儿童入学率98.5%，新农合参保率100%。全村总耕地面积1028亩，人均耕地1.8亩，全部为山旱地，人均占有粮食321.5公斤，村内群众以种植洋芋、玉米、劳务、养羊为主要经济来源，2013年底人均纯收入1920元。

2411 唐汪镇照壁山村

简　　介：照壁山村位于唐汪镇下片，共有6个社，268户，总人口1349人，全部为汉族，耕地面积913亩。群众自来水入户率100%。农民经济收入以种植大接杏、大红枣和劳务为主，农作物种植主要是小麦、玉米等。村上没有学校，全村适龄少年儿童入学率在99.7%以上，村上有卫生室1所，参合率100%。村活动场所修建于2010年6月，占地0.5亩，现有砖混结构楼房12间，建筑面积120平方米，先后配备齐全了办公桌椅、电教设备、健身器材以及农家书屋。

2412 那勒寺镇黑庄村

简　　介：黑庄村地处那勒寺镇向西南方向约8公里处，耕地面积2101亩，辖14个社，319户，1648人，其中劳动力759人，居住主要分布在西南一道川上，主要农作物有小麦、洋芋、玉米，年羊存栏2233只，出栏1850只；牛存栏185只，出栏49只，农民人均纯收入1847元。

2413 东塬乡毛沟村

简　　介：毛沟村是全县192个重点贫困村之一，锁折二级公路穿村而过，交通条件十分便利。全村辖8个社，271户，1356人，劳动力623人，总耕地面积1206亩。种植全膜玉米、脱毒洋芋、种植、养殖、劳务是农民主要经济来源。2013年，全村农民人均纯收入为2890元。

2414 龙泉乡周杨村

简　　介：周杨村位于龙泉乡西部，属典型

的干旱山区，是纯东乡族聚居的少数民族贫困村。全村共有7个社，199户，1157人，耕地面积2176.9亩，人均1.88亩，农民人均纯收入1642元，种植、养羊和劳务是该村农民主要经济收入来源。全村自来水入户率为85%，在老周路整修铺砂工程中，对村内5公里主干道进行了拓宽铺砂。全村现有适龄儿童197名，入学率为98.7%，今年新农合参合率为98%，计划生育率为90%；已对100名60周岁以上老人发放养老保险金每人360元，已登记16至59周岁养老保险参保人员207名。

2415 那勒寺镇黄牟家村

简　　介：黄牟家村地处那勒寺镇向西方向约7公里处，耕地面积1721亩，辖11个社，250户，1222人，其中劳动力647人，人口主要分布在主干道向南一道川上，主要农作物有小麦、洋芋、玉米，年羊存栏1010只，出栏1852只；牛存栏227头，出栏49头，农民人均纯收入1844元。

2416 考勒乡坡根村

简　　介：坡根村位于考勒乡北部，毗邻刘家峡库区，境内地势平坦，交通便利，三祁路穿村而过。全村辖10个社，482户，2606人，全村在校适龄少年儿童229人，其中女103人，适龄少年儿童入学率98.5%，新农合参保率100%，农村社会养老保险参保率100%。村上以种植小麦、玉米为主，大多数农户的收入主要依靠养殖和劳务输转。2012年底，全村共输转劳务728人，劳务创收350万元；全村羊存栏2945只，养殖业收入150万元；全村总耕地面积2526亩，人均耕地面积0.9亩，农民人均占有粮食250公斤，2012年底全村人均纯收入1921元。

2417 百和乡石头湾村

简　　介：石头湾村位于百和乡东部，距百和集贸市场约4公里，属二阴山区，是属东乡族聚居的贫困村。全村共有8个社，183户，全村人口943人。现有耕地面积1043亩，现有村干部3人。全村农作物种植以小麦和土豆为主，农民主要经济来源以种植业、养殖业和外出务工为主。新农合参合率96%，养老保险参保率70%，2013年底村民人均纯收入为2750元。

2418 那勒寺镇祖祖村

简　　介：祖祖村地处那勒寺镇向西北方向约6公里处，耕地面积1784.8亩，辖12个社，295户，1546人，其中劳动力692人，人口主要分布在村道两侧一道山上，主要农作物有小麦、洋芋、玉米，年羊存栏1579只，出栏2630只；牛存栏165头，出栏49头，农民人均纯收入1842元。

2419 百和乡刘家村

简　　介：刘家村位于百和乡南部，属二阴山区。全村共有13个社，198户，全村人口985人。现有耕地面积1805亩，人均占有1.8亩，现有村干部3人。全村农作物种植以小麦和土豆为主，农民主要经济来源以种植业、养殖业和外出务工为主。新农合参合率98%，养老保险参保率70%，2013年底村民人均纯收入为2100元。

2420 坪庄乡大坡村

简　　介：大坡村位于南部，共有8个社，230户，总人口1310人，其中少数民族1310人，占总人口的100%，耕地面积1798亩。自来水入户率98%；全村劳务输出420人。村活动场所修建于2001年10月，占地0.5亩，现有砖木结构平房5间，建筑面积100平方米，村办公场所惠民、人口和计划生育、教育（两基、远程教育）、扶贫、道路建设等各项工作正常运转，村卫生室1处，医生1名，病床2张。

2421 果园乡红庄村

简　　介：红庄村地处果园乡东部川区，全村共辖8个社，273户，1525人。全村总面积8平方公里，总耕地面积为1620亩，人均1亩。2013年人均纯收入为2535元。村办公场所和村卫生所各1处，办公设施配备齐全，小学1所。2011年实施了自来水入户工程，全村有4个社群众饮用上了自来水，其余4个社群众仍靠三轮车拉水解决人畜饮水问题，群众饮水非常困难。

2422 坪庄乡韩则岭村

简　　介：韩则岭村位于坪庄乡中部，共有11个社，305户，总人口1678人，其中少数民族1678人，占总人口的100%，耕地面积2576亩。村社道路硬化3.7公里，自来水入户率99.5%；全村劳务输出423人。

2423 龙泉乡中岭村

简　　介：中岭村位于龙泉乡，全村辖7个社，205户，1308人，劳动力785人，总耕地面积2228亩。适龄儿童入学率达到100%。全村现有10只以上规模养殖户25户；2013年，全村输转劳务393人。2013年全村农民人均纯收入1937元。

2424 果园乡奴拉芒村

简　　介：奴拉芒村地处果园乡西北部山区，全村共辖7个社，238户，1286人。全村总面积10平方公里，总耕地面积为1530亩，纯属山坡地，人均1.2亩。2013年人均纯收入为2236元。全村共有3名村干部，无办公场所。共有2所小学，在校学生170名，教师9名，其中有2名临时工。共有宗教场所6处。有1条村道通往白三路，全长12.3公里，2011年完成了7.3公里路基铺砂。

2425 车家湾乡车家湾村

简　　介：车家湾村地处车家湾乡中东部，这里山大沟深，沟壑纵横，十年九旱，植被稀疏，年降雨量不足20毫升，年蒸发量达1200升。由于干旱少雨，人畜饮水靠雨水解决，全村共9个社，184户，1014人。耕地面积2000亩，人均耕地1.97亩，均为山旱地，农民人均纯收入1537元，大牲畜154头，羊存栏1805只。

2426 百和乡百和岘村

简　　介：百和岘村位于百和乡政府所在地，属典型的干旱山区，是纯东乡族、回族聚居的少数民族贫困村。全村共有9个社，205户，1361人。参加新型合作医疗户数205户，1361人；参加养老保险户数230户，470人。全村共有耕地面积1734亩，人均占有耕地1.3亩，人均占有粮食350公斤。村内经济收入以种植业、养殖业和劳务输出为主，种植业以冬小麦、洋芋等粮食作物为主，养殖业以零散养羊为主，劳务输出以外出打工为主。2013年该村农民人均纯收入为2621元。

2427 龙泉乡拱北湾村

简　　介：拱北湾村位于龙泉乡西北部，属典型的干旱山区，是纯东乡族聚居的少数民族贫困村。全村共有7个社，209户，1152人，耕地面积2022亩，人均1.9亩，农民人均纯收入1680元，种植、养羊和劳务是该村农民主要经济收入来源，共有三年制小学1所，宗教活动场所5处。在基础设施方面，全村自来水入户率为90%，村内4公里主干道进行了拓宽铺砂；在社会事业方面，拱北湾学校现有教师3名，全村现有适龄儿童175名，入学率为97.6%，今年新农合参合率为98%，计划生育率为90%。已参加养老保险329名，参保率为52%。在产业培育方面，鼓励群众积极发展养殖业，目前全村羊存栏达1717只，全村共有劳动力630名，其中280多人常年外出务工，主要从事拆迁、建筑等行业，每年劳务创收入达260万元。

2428 春台乡陈家村

简　　介：陈家村共有10个社，296户，1514人，耕地面积1149.7亩，人均耕地4.8亩，人均占有粮食1254公斤，人均纯收入1898元。大小牲畜存栏694头（只）、出栏358头（只）。该村无村办公场所，已硬化村主要通道3公里，小学1所，建于1982年。

2429 果园乡王山村

简　　介：王山村地处果园乡西段，是我乡的入口处，全村共有9个社，183户，1023人。大牲畜存栏205头，羊存栏820只。

2430 大树乡黄家村

简　　介：黄家村地处大树乡东北段，山大沟深，年降水量不足300毫米，年蒸发量1300毫米，干旱少雨，主要种植小麦、玉米、洋芋、谷类等传统农作物，全村共有7个合作社，146户，866人，耕地面积1964亩，人均不足2.3亩，2009年劳务输出202人（次），劳务收入23万元，2009年人均纯收入985元，贫困面达95%。在校学生数113人，其中女47人。

2431 春台乡阳洼村

简　　介：阳洼村共有8个社，245户，1393人，耕地面积1149.7亩，人均耕地4.0亩，人均占有粮食1230公斤，人均纯收入1880元。大小牲畜存栏1450头（只），出栏1170头（只）。该村群众生产生活条件较好，位于锁拆二级公路沿线，村道已硬化，建有小学1所，卫生所1所，有村办公场所。

2432 唐汪镇胡浪村

简　　介：胡浪村位于唐汪镇中片，共有7个社，252户，总人口1271人，其中少数民族887人，占总人口的69.7%，耕地面积625亩。胡浪村靠近唐峡路，交通便利，村道硬化率达到90%以上，彻底解决了群众的行路难问题，极大的改善村容村貌，自来水入户率100%。农民经济收入以种植大接杏和劳务为主，农作物种植主要是小麦、玉米等。村上没有学校，全村适龄少年儿童入学率在99.8%以上，村上没有卫生室，参合率为100%，参保率为90%。村活动场所修建于2007年6月，村委会每月组织群众在村委会观看各种农业技术讲座，丰富村民的农业知识，充分发挥村活动场所的各种作用。

2433 汪集乡包家村

简　　介：包家村辖有11个社，319户，1532人，纯属东乡族。现有耕地2294亩，2013年粮食播种面积为2291亩，总产量324.17吨，农民人均纯收入1568元，大牲畜存栏248头，其中牛存栏202头，牛出栏67头，羊存栏2005只，出栏2138只。该村办公场所座落于该村王家社，修建于2006年，占地0.5亩，砖混结构一层，建筑面积3间35平方米。

2434 果园乡果园村

简　　介：果园村地处果园乡东南部川区，全村共辖4个社，243户，1220人。全村总面积5平方公里，总耕地面积为1420亩，人均1.1亩。2013年人均纯收入为2624元。有完全小学1所，在校学生444名，教师16名，其中2名临时工。没有村级卫生所。2011年实施了自来水入户工程，全村群众饮用上了自来水。大多数群众靠种田为生。

2435 龙泉乡大岭村

简　　介：大岭村位于龙泉乡西北部，属典型的干旱山区，是纯东乡族聚居的少数民族贫困村。全村共有6个社，189户，1032人，耕地面积1566亩，人均1.5亩，农民人均纯收入1596元，种植、养羊和劳务是该村农民主要经济收入来源。在农业生产方面，全村羊存栏为1717只，已输转劳务320人，劳务创收入264万元。在基础设施方面，全村自来水入户率为77%，修建家用沼气10座，在老周路整修铺砂工程中，对村内2公里主干道进行了拓宽铺砂，对石拉社1.5公里村社道路进行了拓宽，极大地解决了群众行路难的问题。在社会事业方面，新建了大岭学校主教学楼，全村现有适龄儿童176名，入学率为97%，新农合参合率为98%，计划生育率为90%。

2436 车家湾乡脊梁村

简　　介：马脊梁村地处车家湾乡东部，这里山大沟深，年降雨量不足20毫米，年蒸发量达1200毫米，人畜饮水靠雨水解决，全村共11个社，现有812人，耕地面积2300亩，人均占有耕地3.1亩，均为山旱地，农民人均纯收入2180元，大牲畜381头，羊存栏3630只，出栏2403只。劳动力有451人，2013年共输转劳务389人，创收4.45万元左右。全村共有2所小学，6座清真寺，拱北2所。

2437 那勒寺镇南门村

简　　介：南门村地处那勒寺镇街道东北方向，耕地面积2012亩，辖13个社，357户，1857人，其中劳动力1040人，人口主要分布在那勒寺镇街道北面川。主要农作物有小麦、洋芋、玉米，羊存栏1282只，出栏1920只；牛存栏240头，出栏90头，农民人均纯收入1855元。

2438 北岭乡宋家村

简　　介：北岭乡宋家村辖8个社，138户，722人，现有耕地1645亩，人均耕地1.8亩，距乡政府5公里。种植业以小麦、洋芋为主。自2008年以来，大力推广旱作农业种植（双垄沟播玉米）。养殖饲草以紫花苜蓿和谷禾为主，社区经济收入以劳务输转。

2439 北岭乡大湾头村

简　　介：大湾头村位于乡政府西部，五唐路横穿整个村庄。全村共有8个社，156户，总人口814人，纯属东乡族，占总人口的14.5%，耕地面积1653亩。通公路1条，硬化村道4.5公里；通自来水；全村劳务输出260人。主要种植脱毒马铃薯、双垄沟播玉米和小麦。在校学生79人，教职人员7名。村活动场所修建于2009年5月，占地0.35亩，现有土木结构瓦房4间，建筑面积48平方米。

2440 高山乡布楞沟村

简　　介：布楞沟村位于高山乡北部，属全县最贫困、最干旱的山区村之一，境内山大沟深，十年九旱。全村辖5个社，68户，345人。全村总耕地面积为1536亩，人均耕地4.45亩，群众以种植全膜玉米、脱毒洋芋为主。全村现有党员7人。该村有教学点1所，现有教职工4名。2013年全村羊存栏355只，出栏401只，人均增收315元。全村农民人均纯收入 2923 元,全村有宗教活动场所 2 处,其中清真寺 1 座,拱北 1 处。中石化援建的总长 20 公里的布楞沟石化路建成通车。埋设自来水入户管道 15 公里,建成大小共 7 座蓄水池,安装入户设施 68 户,实现全村自来水全部入户。平整布楞沟村土地 71 亩,实现群众整体入住。

2441 东塬乡牙胡家村

简　　介:牙胡家村位于东塬乡南侧,属于山区村,纯东乡族聚集区,是全县 192 个重点贫困村之一。全村辖 6 个社,206 户,1063 人,劳动力 654 人,总耕地面积 1151 亩,人均耕地 1.08 亩,群众以种植全膜玉米、脱毒马铃薯、小麦为主,贫困面高达 89%。该村年均降水量 280 毫米左右,年蒸发量高达 1390 毫米。全村有宗教活动场所 4 处。大小牲畜存栏 519 头(只)。2013 年底,全村农民人均纯收入 2520 元。

2442 五家乡卡家村

简　　介:卡家村位于五家乡西端,属纯东乡族聚居村。辖 5 个社,143 户,810 人。其中贫困户 95 户,565 人。全村耕地面积 749 亩,人均占有粮食 190 公斤。2014 年年初羊存栏 1100 只,牛存栏 21 头;羊出栏 1256 只,牛出栏 29 头。2013 年人均纯收入 2593 元。

2443 高山乡庙尔岭村

简　　介:庙尔岭村地处高山乡北部。全村共 8 个社,228 户,1080 人,全村耕地面积 2633.5 亩,人均 2.44 亩,草原面积 16080 亩,羊存栏 2970 只,牛存栏 120 头。2013 年全村人均纯收入 2443 元。全村有 3 个社群众通自来水,5 个社,25 户,137 人未通自来水。通村干道未实施水泥硬化。

2444 果园乡杨王家村

简　　介:杨王家村属纯东乡族聚居的少数民族贫困村。全村有 5 个社,有 203 户,1162 人,人均占有耕地 0.53 亩。羊存栏达 315 只,出栏 612 只,牛存栏 51 头;全村共有劳力 512 名,其中劳务输出 186 人;适龄儿童入学率为 98.5%,新农参合率为 95%,养老保险人均参保率为 85%,2013 年全村人均纯收入 2300 元。经济作物以玉米、洋芋、小麦为主,养殖以家庭散养牛、羊为辅。全村共有 3 名村干部,无办公场所。

2445 考勒乡八十个村

简　　介:八十个村位于龙考路附近,刘家峡库区边缘,境内地势主要为山塬构成,山区干旱少雨,交通不便,塬区地势平坦,适宜农业种植,全村辖 7 个社,217 户,1220 人。目前,全村在校适龄少年儿童 136 人,其中女 64 人,适龄少年儿童入学率 98.5%,新农合参保率 100%,农村社会养老保险参保率 100%;村内以种植小麦、玉米、洋芋为主,群众以种植、养殖和劳务输转为主。2013 年底,全村共输转劳务 317 人,劳务创收 1500 万元;羊存栏 4143 只,养殖业收入 300 万元;全村总耕地面积 1205 亩,人均耕地面积 0.9 亩,农民人均占有粮食 230 公斤,2013 年底全村人均纯收入 1952 元。

2446 关卜乡胭脂村

简　　介:胭脂村位于关卜乡东南部,距离乡政府驻地 3 公里。自然条件严酷,基础设施薄弱,经济文化比较落后,社会发展相对缓慢。全村现有 12 个社,258 户,1256 人。全村劳动力为 621 人,其中外出务工人员 243 人。全村耕地面积 2368 亩,人均 1.88 亩,主要农作物为小麦、马铃薯;经济作物有油菜、当归。全村共有羊存栏 1425 只,牛存栏156头，饲草种植面积达到380亩。2013年人均纯收入2499元。人均占有粮食208.5公斤。

2447 北岭乡巴苏池村

简　　介：巴苏池村辖6个社，143户，731人，距乡政府15公里。现有耕地1165亩，人均耕地1.6亩。2008年，山绵羊存栏1433只，出栏2375只，大牲畜存栏145头，出栏1只，人均占有粮食207公斤，农民人均纯收入952元。种植业以小麦、洋芋为主。自2008年以来，大力推广旱作农业种植（双垄沟播玉米）。养殖饲草以紫花苜蓿和谷禾为主。社区经济收入以劳务输转。新型农村合作医疗参合率达到93%，145名适龄儿童已全部上学。

2448 果园乡李坪村

简　　介：李坪村地处果园乡西部川区，全村共辖8个社，369户，2034人。全村总面积8.5平方公里，总耕地面积为2065亩，人均1亩。2013年人均纯收入为2116元。全村有小学1所，在校学生426名，教师14名，其中3名临时工。村"两委"共有2名村干部，无办公场所。

2449 那勒寺镇杨家沟村

简　　介：杨家沟村地处那勒寺镇向西南方向约10公里处，耕地面积1918.7亩，辖7个社，187户，946人，其中劳动力487人，人口主要分布在杨家沟一道川上，主要农作物有小麦、洋芋、玉米，年羊存栏1692只，出栏1850，牛存栏179只，出栏46只，农民人均纯收入1845元。

2450 百和乡王家川村

简　　介：王家川村位于百和乡西部，属二阴山区，是属汉族和东乡族集居的贫困村。全村共有8个社，65户，全村人口370人。现有耕地面积1014亩，人均占有2.7亩，现有村干部3人。全村农作物种植以小麦和土豆为主，农民经济来源以种植业、养殖业和外出务工为主。全村纳入低保户49户，五保户3户。新农合参合率96%，养老保险参保率75%，2013底村民人均纯收入为2330元。

2451 汪集乡咀头村

简　　介：咀头村辖有7个社，246户，1239人，纯属东乡族。现有耕地2229亩，2013年粮播面积为2233亩，总产量307.14吨，农民人均纯收入1612元，大牲畜存栏196头，其中牛存栏156头，牛出栏57头，羊存栏1589只，出栏1693只。

2452 坪庄乡五麦寺村

简　　介：五麦寺村位于本乡西北部，共有8个社，180户，总人口1003人，其中少数民族1003人，占总人口的100%，耕地面积2080亩。村社道路硬化2公里，拓宽铺砂2公里，自来水入户率99%；全村劳务输出200人。村活动场所修建于2006年10月，占地0.5亩，现有砖混结构平房5间，建筑面积100平方米，村办公场所正常运转各项工作，村卫生室医生3名，病床5张。

2453 果园乡石山村

简　　介：石山村位于果园乡西南部，辖9个社，总175户，916人，劳动力552人。全村耕地面积2542亩，人均2.8亩，2013年人均纯收入2250元。

2454 那勒寺镇和和土村

简　　介：和和土村地处那勒寺镇向西北方向约15公里处，耕地面积1780亩，辖14个社，

238 户，1232 人，其中劳动力 581 人，人口主要分布在杨家沟一道川上。主要农作物有小麦、洋芋、玉米，羊存栏 2029 只，出栏 2110 只；牛存栏 189 头，出栏 50 头，农民人均纯收入 1841 元。

2455 那勒寺镇上哈力村

简　　介：上哈力村地处那勒寺镇向西方向约 10 公里处，耕地面积 2304 亩，辖 12 个社，239 户，1477 人，其中劳动力 636 人，人口主要分布在东、西两道山及两条沟内。主要农作物有小麦、洋芋、玉米，羊存栏 1249 只，出栏 2100 只；牛存栏 241 头，出栏 53 头，农民人均纯收入 1849 元。

2456 龙泉乡北庄湾村

简　　介：北庄湾村位于龙泉乡北部干旱山区，纯东乡族聚居村，距县城 21 公里，境内群山起伏，山大沟深，沟壑纵横。全村辖 8 个社，165 户，934 人，现有耕地 2142 亩，人均 2.3 亩。农民人均占有粮食 301 公斤，羊存栏 2066 只，适龄儿童入学率为 98.7%。2013 年底，农民人均纯收入仅为 1989 元。

2457 大树乡塔拉务村

简　　介：塔拉务村位于大树乡东部，共有 5 个社，118 户，总人口 672 人，其中东乡族 672 人，占总人口的 100%。耕地面积 1326 亩。村内共有通村道路 5 条，全长 12.3 公里，全村 118 户农户均已通自来水；2012 年共组织劳务输转 126 人次，村民主要从事种植业，全部为干旱山地，农作物以小麦、玉米、马铃薯为主，村内有六年制全日制小学 1 所，在校学生 87 人；村内尚无卫生室。塔拉务村活动场所修建于 2007 年 8 月，占地 2 亩，现有 1 层砖混结构平房 6 间，建筑面积 91 平方米。

2458 达板镇上科妥村

简　　介：上科妥村位于达板镇南部川区，全村共有 11 个社，520 户，2662 人，劳动力 1586 人。全村共有耕地面积 1272.2 亩，人均占有耕地 0.47 亩，2013 年末人均纯收入 2950 元。全村外出务工人员 356 人，主要从事餐饮、建筑、摘棉花等职业，主要分布在兰州、张掖、武威、青海、新疆、河南、安徽等地。

2459 百和乡何闫家村

简　　介：何闫家村位于百和乡西部，百折路左侧，属二阴山区，是属东乡族、回族少数民族聚居的贫困村。全村共有 9 个社，154 户，771 人。现有耕地面积 1558 亩，人均占有 2 亩，现有村干部 3 人。全村农作物种植以小麦和土豆为主，农民主要经济来源以种植业、养殖业和外出务工为主。新农合参合率 95%，养老保险参保率 60%，2013 年年底村民人均纯收入为 2455 元。

2460 东塬乡牛家村

简　　介：牛家村位于东塬乡东部，属全县最贫困、最干旱的山区村之一，境内山大沟深，十年九旱。全村辖 10 个社，213 户，1063 人，劳动力 744 人。总耕地面积 1388 亩，人均耕地 1.25 亩，以种植全膜玉米、脱毒马铃薯、小麦为主。该村年均降水量 290 毫米左右，年蒸发量高达 1490 毫米。全村有宗教活动场所 8 处。2013 年底，全村农民人均纯收入 2450 元。

2461 柳树乡马百户村

简　　介：马百户村与乡政府相邻，主干道柳河路穿境而过，全村辖区有 7 个社，145 户，831 人，人均纯收入为 2530 元。总耕地面积 1346.4 亩，人均 1.62 亩，粮食总产量

16.2万公斤，人均占有粮食195公斤。柳树乡马百户村委会办公场所座落于村阴洼社，修建于2007年，占地1亩，砖混平顶结构，共有6间，配有图书室、电教设备等。

2462 仓房村

简　　介：仓房村位于五唐路沿线，离乡政府6公里，群众居住分散，境内山大沟深，沟壑纵横，辖区共有6个社，143户，778人，纯东乡族聚居村，共有耕地面积1561亩，人均2亩。以小麦、马铃薯为主。

2463 车家湾乡水家村

简　　介：水家村地处车家湾乡东部，这里山大沟深，沟壑纵横，十年九旱，植被稀疏，年降雨量不足20毫升，年蒸发量达1200升，人畜饮水靠雨水解决，全村共7个社，126户，749人。耕地面积2500亩，人均耕地3.3亩，均为山旱地，农民人均纯收入1537元，大牲畜164头，羊存栏1814只。

2464 春台乡北庄村

简　　介：北庄村共有8个社，198户，936人，耕地面积1250亩，人均耕地4.2亩，人均占有粮食1240公斤，人均纯收入2450元。大小牲畜存栏2210头（只），出栏1700头（只）。该村群众生产生活条件较好，村道已硬化，建有小学1所，卫生所1所，有村办公场所，建有伊斯兰教北庄拱北和北庄清真大寺。

2465 唐汪镇白咀村

简　　介：白咀村位于唐汪镇下片，共有7个社，295户，总人口1407人，全部为汉族，耕地面积940亩。白咀村靠近唐峡路，交通便利，硬化村道0.5公里，彻底解决了群众的行路难问题，极大的改善村容村貌，自来水入户率100%。农民经济收入以种植大接杏、大红枣和劳务为主，农作物种植主要是小麦、玉米等。村上没有学校，全村适龄少年儿童上学要到邻村（三合学校）上学，入学率在99.6%以上，村附近有村卫生室1所，群众看病就医极其便利，参合率100%。村活动场所修建用于2002年6月，占地0.5亩，现有砖木结构平房5间，建筑面积60平方米，先后配备齐全了办公桌椅、电教设备以及农家书屋。

2466 柳树乡寨子村

简　　介：寨子村位于柳树乡东北部。全村辖区有6个社，135户，713人。人均纯收入为2420元，总耕地面积1200亩，人均1.68亩。

2467 赵家乡白家村

简　　介：白家村位于赵家乡南部山区，全村共有14个社，363户，1824人，劳动力1094人。全村共有耕地面积1921亩，人均占有耕地1.05亩，人均占有粮食215公斤，2013年末人均纯收入2897元。全村在校适龄儿童210人，其中女108人，适龄儿童入学率为100%，在校适龄少年76人，入学率为98%。全村外出务工人员397人，主要从事餐饮、建筑、摘棉花等职业，主要分布在兰州、张掖、武威、青海、新疆、河南、安徽等地。

2468 龙泉乡天桥村

简　　介：天桥村位于龙泉乡南部，属典型的干旱山区，是纯东乡族聚居的少数民族贫困村。全村共有6个社，128户，750人，耕地面积1122亩，人均1.5亩，农民人均纯收入1642元，种植、养羊和劳务是该村农民主要经济收入来源。全村现有适龄儿童127名，入学率为97.1%，今年新农合参合率为98％，计划生育率为90％。全村羊存栏达2313只，全村共有劳力480名，其中240多人常年外出务工，主要从事拆迁、建筑等行业，每年劳务创收入达200多万元。

2469 高山乡岔巴村

简　　介：岔巴村地处高山乡东部，这里山大沟深，沟壑纵横，十年九旱，植被稀疏，人畜饮水靠雨水解决，全村共9个社，232户，1120人，耕地面积2557亩，人均耕地2.3亩，人均占有粮食340公斤，农民人均纯收入2441元，大牲畜240头，羊存栏2235只。在校学生107人，女生54人，入学率100％。

2470 柳树乡大山村

简　　介：大山村位于柳树乡南部，全村辖区有4个社，101户，445人，人均纯收入为2390元，总耕地面积2023.2亩，人均4.55亩，粮食总产量16.1万公斤，人均占有粮食361.7公斤。

2471 百和乡杜家村

简　　介：杜家村位于百和乡南部，属二阴山区，是属东乡族聚居的贫困村。全村共有10个社，205户，全村人口1150人。现有耕地面积1729亩，人均占有1.5亩。全村农作物种植以小麦和土豆为主，农民主要经济来源以种植业、养殖业和外出务工为主。全村纳入低保户90户，五保户8户。新农合参合率95％，养老保险参保率70％，2013年底村民人均纯收入为2160元。

2472 唐汪镇唐家村

简　　介：唐家村位于唐汪镇中片，共有6个社，250户，总人口1370人，全部为少数民族，耕地面积554.7亩。唐家村靠近唐峡路，交通便利，硬化村道0.5公里，村道硬化率达到95％，彻底解决了群众的行路难问题，极大的改善村容村貌，自来水入户率100％。农民经济收入以种植大接杏和劳务为主，农作物种植主要是小麦、玉米等。村上有小学1所，全村适龄少年儿童入学率在99.7％以上，村上没有卫生室，参合率100％。村活动场所修建于2007年6月，占地0.5亩，现有砖混结构楼房6间，建筑面积72平方米，先后配备齐全了办公桌椅、电教设备以及农家书屋。

2473 赵家乡克什间村

简　　介：克什间村位于赵家乡西面，西距那勒寺集镇0.5公里，北与赵家村相毗邻，东南与墙头村接壤，距三甲集镇20公里。全村共辖2个村民小组，2011年末总户数84户，总人口423人，总劳力244人，人均纯收入2950元。全村共有耕地面积505.6亩，人均占有耕地1.2亩，主要农作物为小麦、玉米、洋芋等。

2474 春台乡大方村

简　　介：春台乡大方村共有4个社，106户，528人，总面积约6.5平方公里，耕地面积1250亩，人均耕地2.38亩，人均占有粮食230公斤，人均纯收入768元。大小牲畜存栏1413头（只）、出栏1485头（只）。

2475 赵家乡石头沟村

简　　介：石头沟村位于赵家乡南部山区，南距广河县城7.5公里，东与赵家乡甘土沟村毗邻，北与墙头村毗邻，距那勒寺镇7公里。全村辖12个村民小组，2013年末总户数305户，总人口1447人，总劳力870人，人均纯收入2897元。全村总耕地面积1921.6亩，人均占有耕地1.33亩，主要农作物为小麦、玉米、洋芋等，人均占有粮食 265 公斤。全村共有六年制小学 2 所，现有学生 162 人，其中女生 58 人，适龄儿童入学率为 98.6%。

2476 河滩镇氽常村

简　　介：氽常村位于镇域中部，共 11 个社，522 户，2915 人，其中少数民族 1317 人，占总人口的 45.2%，耕地面积 1900 亩，人均 0.65 亩，2013 年末人均纯收入为 2580 元。村社道路网络全面贯通，总里程达 11 公里，其中已完成硬化 8 公里。自来水实现全覆盖，人畜饮水得到切实保障。全村劳务输出 510 多人，主要在兰州、临夏市以及青海、青海、广州等地从事餐饮、建筑、小型运输等行业。适龄儿童入学率 100%。

2477 河滩镇韩杨村

简　　介：韩杨村位于镇域北面，共 6 个社，338 户，1598 人，其中少数民族 18 人，占总人口的 1.13%，耕地面积 1127.7 亩，人均 0.71 亩，2013 年末人均纯收入为 2552 元。村社道路方面，共计 2 公里的两条主干道未贯通，全村道路总里程 10 公里，其中已完成硬化 5.6 公里。自来水实现全覆盖，人畜饮水得到切实保障。全村劳务输出 250 多人，主要在兰州、临夏市以及厦门、上海等地从事餐饮、建筑等行业。经济作物以花椒、核桃为主，种植规模较大。养殖方面以牛猪为主，村上拥有可容 30 头牛，50 只羊的养殖厂 1 家。适龄儿童入学率 100%。

2478 百和乡康家坪村

简　　介：康家坪村位于百和乡东西部，百折路穿过，属二阴山区，全村地形崎岖，居住分散，是属东乡族聚居的少数民族贫困村。全村共有 8 个社，196 户，总人口 925 人，劳动力 702 人。全村现有耕地面积 1721 亩，人均占有耕地 1.8 亩。农民主要经济来源以种植业、畜牧业和外出务工为主。全村农作物种植以玉米和洋芋为主，养殖业以养羊、养牛为主。2013 年牛存栏 351 头，出栏 89 头。羊存栏 1965 只，出栏 870 只。2013 年共输转劳务 250 人。全村共有 5 条道路 15 公里，其中已全面硬化 4 公里，道路铺沙 7.5 公里。自来水入户率达到 98%。全村共有适龄儿童 120 人，在校适龄儿童 120 人，学龄儿童入学率达到 100%，新农参合率为 96%，养老保险人参保率为 90%，全村最低生活保障共有 114 户，399 人，五保有 4 户，7 人，危房改造 38 户，180 人。2013 年底，全村农民人均纯收入为 2455 元。村委会有房屋 6 间，共占地 72 平方米。村级小学 1 个，共占地 1500 平方米，现有 3 个教学班，在校教师 6 人，学生 120 人。

2479 车家湾乡段岭村

简　　介：段岭村地处车家湾乡东部，这里山大沟深，沟壑纵横，十年九旱，植被稀疏，年降雨量不足 20 毫米，年蒸发量达 1200 毫米。人畜饮水靠雨水解决，全村共 5 个社，155 户，771 人。耕地面积 2500 亩，人均耕地 3.3 亩，均为山旱地，农民人均纯收入 1937 元，大牲畜 150 头，羊存栏 1352 只。

2480 北岭乡前进村

简　　介：前进村辖 8 个社，202 户，1121 人，现有耕地 1793 亩，人均耕地 1.6 亩。2008 年，山绵羊存栏 1881 只，大牲畜存栏 231 头，人均占有粮食 214 公斤，农民人均纯收入 1196 元。

2481 唐汪镇张家村

简　　介：张家村位于唐汪镇上片，共有 5

个社，222 户，总人口 921 人，全部为汉族群众，耕地面积 730 亩。张家村靠近唐达路，交通便利，新建便民桥 1 座，彻底解决了群众的行路难问题，极大的改善村容村貌，自来水入户率 100%。农民经济收入以种植大接杏和劳务为主，农作物种植主要是小麦、玉米等。村上有小学 1 所，全村适龄少年儿童入学率达 99.6% 以上，村有村卫生室 1 所，群众看病就医极其便利，参合率 100%。村活动场所修建用于 2010 年 6 月，占地 1 亩，现有砖混结构楼房 10 间，建筑面积 120 平方米，先后配备齐全了办公桌椅、电教设备以及农家书屋。

2482 坪庄乡双树村

简　　介：双树村位于坪庄乡西北部，共有 6 个社，103 户，总人口 688 人，其中少数民族 688 人，占总人口的 100%，耕地面积 1388 亩。全村共有村干部 3 名，共有党员 16 名。村社道路未硬化，自来水入户率 99%；全村劳务输出 102 人。村活动场所修建于 2001 年 10 月，占地 0.5 亩，现有砖木结构平房 5 间，建筑面积 100 平方米，村办公场所各项工作正常运转。

2483 龙泉乡荒山村

简　　介：荒山村位于龙泉乡西部，属典型的干旱山区，是纯东乡族聚居的少数民族贫困村。全村共有 15 个社，277 户，1521 人。耕地面积 2184 亩，人均 1.4 亩，农民人均纯收入 1573 元，种植、养羊和劳务是该村农民主要经济收入来源。在基础设施方面，已在该村修建了 100 立方米蓄水池 1 座，组织群众开挖了自来水管道，将尽快完成全村自来水入户，对全村 12 公里主干道进行了拓宽铺砂，极大地解决了群众行路难的问题。在社会事业方面，全村现有适龄儿童 260 名，入学率为 97.5%，今年新农合参合率为 98%，计划生育率为 90%。

2484 沿岭乡和平村

简　　介：和平村位于沿岭乡北部，共有 14 个社，282 户，总人口 1803 人，其中少数民族 1803 人，占总人口的 100%，耕地面积 2432 亩。全村共有农路 4 条，全长 18 公里，已硬化 0.8 公里，其它均为土路，自来水入户率为 95%，照明电网入户率 100%，学校 1 所，全村学生 123 人，学生就学路途较远，最远处达 4 公里，主要农作物有小麦、玉米、洋芋，主要养殖肉牛、肉羊。

2485 东塬乡塔山村

简　　介：塔山村辖 7 个社，254 户，1299 人，劳动力 526 人，总耕地面积 1231 亩。2013 年，全村农民人均纯收入 2650 元。

2486 赵家乡赵家村

简　　介：赵家村是东乡县 192 个重点贫困村之一。全村辖 7 个社，207 户，953 人，劳动力 409 人，总耕地面积 1229 亩。全村以农业为主，主要种植全膜双垄沟播玉米和脱毒马铃薯。近年来，该村充分利用优势发展畜牧养殖。2013 年，人均纯收入达到 2660 元。

2487 沿岭乡大沿村

简　　介：大沿村位于沿岭乡锁达路沿线，距县城 8 公里，全村共有 10 个社，260 户，1350 人，劳动力 750 人，人均纯收入 1908 元，全村总耕地面积 2005 亩，人均 1.5 亩；全村牛羊存栏 1935 头(只)，其中羊存栏 1755 只；人均养羊 1.3 只。全村主要通过农业生产、畜牧养殖、劳务输出来增加收入。

2488 大树乡南阳洼村

简　　介：南阳洼村位于大树乡中部，共有5个社，119户，总人口648人，其中东乡族648人，占总人口的100%，耕地面积1927亩。村内共有通村道路3条，全长9.9公里，全村119户农户均已通自来水；2012年共组织劳务输转182人次，村民主要从事种植业，全部为干旱山地，农作物以小麦、玉米、马铃薯为主，村内有六年制全日制小学1所，在校学生107人；村内尚无卫生室。南阳洼村活动场所修建于1997年8月，占地1亩，现有1层土木结构平房5间，建筑面积86平方米。

2489 大树乡红泉村

简　　介：红泉村位于大树乡西段，全村有7个社，115户，658人。

2490 大树乡郑家村

简　　介：郑家村位于大树乡东部入口处，共有7个社，126户，总人口712人，其中东乡族712人，占总人口的100%，耕地面积1246亩。村内共有通村道路7条，全长17.9公里，全村126户农户均已通自来水；2012年共组织劳务输转216人次，村民主要从事种植业，全部为干旱山地，农作物以小麦、玉米、马铃薯为主，村内有六年制全日制小学1所，在校学生124人；卫生室1所。郑家村活动场所修建于2007年8月，占地1.5亩，现有1层砖混结构平房6间，建筑面积144平方米。

2491 柳树乡柳树村

简　　介：柳树村位于柳树乡南部，国道213线穿村而过，离县城8公里处，离柳树乡政府向东6公里。全村辖区有12个社，295户，1890人，人均纯收入为2560元，总耕地面积2676亩，人均1.42亩，粮食总产量48.8万公斤，人均占有粮食258.2公斤。

2492 赵家乡墙头村

简　　介：墙头村位于赵家乡西南端，属山川结合村，全村共有8个社，268户，1225人，劳动力560人。全村共有耕地面积1314.7亩，人均占有耕地1.07亩，人均占有粮食215公斤，2013年末人均纯收入2897元。全村在校适龄儿童134人，其中女66人，适龄儿童入学率为100%，在校适龄少年70人，入学率为98%，在校高中生3人，在校大专生1人。全村外出务工人员130人，主要从事餐饮、建筑、摘棉花等职业，主要分布在临夏、兰州、张掖、武威、青海、新疆、山东、上海等地。

（八）积石山保安族东乡族撒拉族自治县

2493　关家川乡芦家庄村

简　　介：芦家庄村辖社14个，耕地总面积2371亩，全部为旱地。现有人口302户，1398人。人均纯收入1800元。主要种植的农作物有小麦、玉米、土豆。近年来，通过推广旱作玉米技术，群众生活水平有了明显改善。主要养殖的牲畜为羊、牛等。村委办公场所修建于2011年，修建平顶共8间，县委组织部配套远程教育设施，桌子12套，凳子24套，档案柜2个，现村办公设施齐全，正常运转。

2494　柳沟乡袁家村

简　　介：袁家村辖社9个，耕地总面积1463亩，旱地1463亩；农作物面积1463亩。现有人口274户，1934人。人均纯收入2050元。主要种植的农作物有小麦、玉米、土豆，经济作物有花椒。近年通过推广旱作玉米技术，群众生活水平有了明显改善。主要养殖的牲畜为羊、牛等。村委办公场所修建于2005年，县委组织部配套远程教育设施，县体育局又为袁家村配套"农家书屋"设施，配书柜5个，桌子4条，书籍1000余册，现村办公设施齐全，正常运转。

2495　刘集乡崔家村

简　　介：崔家村位于甘肃省积石山县刘集乡人民政府西面，距乡政府所在地6公里，属典型的半干旱地区之一，有桦树、松树、白杨、杨柳等多种树种，森林面积较大，旅游资源、水资源较丰富，具有旅游开发潜力。崔家村共有10个社。截至目前，全村共有378户，1778人，少数民族31户，160人，占全村人口的9%，其中保安族2户，9人，占全村人口的0.5%，撒拉族142人，占全村人口的8%。全村共有耕地2015亩，人均耕地1.1亩，户均耕地5.3亩，人均纯收入1126元。主要种植的农作物有小麦、油菜、土豆，主要养殖的牲畜为羊、牛等。

2496　癿藏镇吊地洼村

简　　介：吊地洼村地处黄土高原和青藏高原过渡交汇地带，地形大部为山地，地势西高东低，共有9个合作社，295户，1294人，其中少数民族占全村人口的78%。耕地面积1116亩，人均耕地面积为0.9亩。全村地形以山地为主，山大沟深。为此镇党委会议研究将居住分散的3个社，48户，共206人搬迁到吊地洼村的清真寺附近。主要农业为小麦，主要经济作物为油菜。

2497　郭干乡大杨家村

简　　介：大杨家村共有9个合作社，308户，1402人，其中少数民族占全村人口的19%。

耕地面积 1097 亩，人均耕地面积为 0.88 亩，粮食作物主要有小麦、蚕豆、洋芋、玉米，经济作物主要有花椒、油菜、胡麻。全村地形以山地为主，地形复杂，沟水纵横，严重地制约了村经济的发展。基本交通便利，人畜饮水方便。

2498 胡林家乡山庄村

简　　介：山庄村共有 8 个社，191 户居民，总人口为 854 人。耕地面积为 1167 亩，人均约占 1.37 亩；山庄村地形复杂，梁峁起伏，沟壑纵横，土地均为干旱山地。粮食作物有小麦、玉米、洋芋，经济作物主要有胡麻、油菜。

2499 郭干乡郭干村

简　　介：郭干村共有 8 个社，238 户，968 人，耕地面积 8876 亩，粮食作物主要有小麦、蚕豆、洋芋、玉米，经济作物主要有油菜、胡麻。全村地形以山地为主，地形复杂，沟水纵横，属干旱山区，是乡政府住地所在地。近年来在乡党委、政府的带动下硬化了村社农路，调整农业产业结构，极大地改善了当地居民的生活条件。

2500 吹麻滩镇前岭村

简　　介：前岭村位于县城以北，距县城 3 公里，全村共有 12 个社，441 户，2325 人，少数民族人口占全村总人口的 60.5%，耕地面积 2418 亩，主要农作物以小麦、油菜为主。活动场所于 2003 年 9 月完工，建设面积 225 平方米，建设总资金 2 万元。设计为双层式，内设书记办公室、村主任办公室、村人口与计生服务室、村会议室、党员活动室、农家书屋、党员干部现代远程教育室，配有彩色电视、电脑及各类书籍等文化器材，为广大村民学习、娱乐提供良好的环境。

2501 吹麻滩镇滨河社区

简　　介：镇滨河社区成立于 2009 年，地处积石山县城，南以吹麻滩大河滩为界，北以临夏路为界。社区内共有居民 2025 户，6636 人，有州、县直属企事业单位 68 个，学校 2 所，清真寺 1 座。社区所在地点在县花苑小区外围家属楼底一楼铺面，临近南滨河路，社区活动场所共计 147 平方米，设党支部办公室 1 个，居民委员会办公室 1 个，文化活动室 1 个。下设计划生育、民情接待、社会保障、综合服务、民政低保 5 个窗口。滨河社区距乡政府所在地 0.5 公里，属典型的川地，以少数民族为主。

2502 郭干乡酸梨树村

简　　介：酸梨树村东邻铺川乡铺川村，西邻徐扈家乡仙家村，南邻乱藏镇桥头村，北邻大杨家村。共有 8 个合作社，239 户，1200 人，其中少数民族占全村人口的 2%。耕地面积 1016 亩，人均耕地面积为 0.97 亩。

2503 银川乡鲁家湾村

简　　介：鲁家湾村位于银川乡东南部，距离乡政府 6 公里，全村共有 7 个社，139 户，705 人。全村耕地面积为 1388.2 亩。全村共有劳动力 435 个，以常年外出务工和季节性外出务工为主，务工工种以建筑业为主，主要务工流向青海、西藏、兰州等地。自来水用户 18 户，占全村的 13%。主导产业以花椒、玉米种植和畜牧养殖为主，累计花椒栽植面积 1955 亩，年末羊存栏 860 只，猪存栏 255 头。

2504 吹麻滩镇后阳洼村

简　　介：后阳洼村位于积石山县县城东北面，全村共有 8 个合作社，265 户，1443 人，少数民族人口占全村总人口的 97.8%，耕地面积 1323 亩，人均耕地 0.92 亩，人均占有粮食 225 公斤，人均纯收入 1325 元。主要农作物以小麦、油菜为主。

2505 居集镇业卜湾村

简　　介：卜湾村位于居集镇西南面，全村共有 7 个合作社，205 户，1010 人。全村耕地 1379.3 亩，人均占有耕地面积 1.4 亩。土壤类型主要有白土、黑土，种植的农作物主要有小麦、玉米、蚕豆、洋芋，经济作物有油菜。人均占有粮食 235 公斤，人均纯收入 851 元。现有村小学 1 所，在校学生 160 名，教师 7 名。

2506 居集镇茨滩村

简　　介：茨滩村位于居集镇西面，地属临大公路沿线，全村共有 6 个合作社，239 户，1188 人，属纯少数民族村。全村耕地 1282.35 亩，人均占有耕地面积 1.1 亩，主要农作物有冬小麦、玉米、马铃薯等，经济作物有油菜、大豆等。人均占有粮食 350 公斤，农民人均纯收入约为 1950 元。茨滩小学现有教师 8 人，在校学生 98 人，其中女生 46 人。

2507 银川乡银川村

简　　介：银川村位于银川乡中部，全村共有 9 个社，358 户，1840 人。全村耕地面积为 1701 亩。全村共有劳动力 1177 个，以常年外出务工和季节性外出务工为主，务工工种以建筑为主。主要务工流向青海、西藏、兰州等地。村内灌溉电灌 4 台，自来水用户 280 户，占全村的 78.3%。主导产业以花椒、玉米、小麦种植和畜牧养殖为主，累计花椒栽植面积 2416 亩，花椒产业成为全村经济收入的主要来源。年末羊存栏 990 只，猪存栏 325 头，养鸡场 1 个，存栏 3000 多只。

2508 中咀岭乡中咀岭村

简　　介：中咀岭村位于乡政府南面，北临梳木村，属典型的山岭地带，全村共有 13 个社，471 户，2065 人，其中少数民族人口 1476 人，占总人口的 70%。全村耕地总面积为 1995 亩，人均占有耕地 0.95 亩。主要农作物有小麦、油菜、马铃薯等。2011 年农民人均纯收入为 1861 元，全村村内共硬化道路 3 公里，有 5 个通社硬化路，其余为砂石路和土农路。

2509 石塬乡肖红坪村

简　　介：肖红坪村地处自治县北部，距离县城 15 公里，省道临大公路从该村经过。乡政府坐落在该村。共有 14 个合作社，526 户，2558 人，其中少数民族 132 户，673 人，占总人口的 28.3%，耕地面积为 2575 亩，人均 1 亩，人均纯收入 2010 元。村委会办公场所于 2004 年由县委组织部投资修建，砖混结构办公用房 6 间，占地 0.5 亩。2010 年由县委组织部投资修建砖混结构二层小楼，共 9 间，占地 0.5 亩。

2510 徐扈家乡乔干村

简　　介：乔干村位于徐扈家乡东面，平均海拔 1740 米，全村共有 12 个合作社，375 户，1905 人，全村均为少数民族。全村总耕地面积为 1703 亩，人均占有耕地 0.8 亩，共有农机具 56 辆。2012 年粮食总产量 170 吨，单产 200 公斤，人均纯收入 2300 元。全村大牲畜存栏 927 头，其中牛存栏 187 头，羊存栏 740 只。全村现有六年制小学 1 所，入学率为 97%；2012 年完成新农合参合 1866 人。

2511 寨子沟乡侯家坪村

简　　介：侯家坪村辖社 7 个，耕地总面积 1215 亩，农作物面积 912 亩。现有人口 250 户，

1487人。少数民族976人，占全村人口的65%。人均纯收入1600元。主要种植的农作物有小麦、玉米、土豆。近年通过推广旱作玉米技术，群众生活水平有了明显改善。主要养殖的牲畜为羊、牛等。村委办公场所修建于2008年，县委组织部配套远程教育设施，县体育局又为我村配套"农家书屋"设施，配书柜5个，桌子4条，书籍1000余册，现村办公设施齐全，正常运转。

2512 吹麻滩镇前庄村

简　　介：前庄村位于县城西北面，西靠积石山脉。地形丘陵、山沟交错，山坡度较小，地下水丰富，植被较好，属寒冷阴湿气候区。前庄村具有全县著名旅游景点——积石民俗村。全村共有9个合作社，348户，1769人，少数民族人口占全村总人口的81%。耕地面积2152亩，主要农作物以小麦、油菜为主。全村人均年纯收入为1200元。

2513 中咀岭乡马家咀村

简　　介：马家咀村西邻庙岭村，北邻居集镇，是乡政府驻地。全村共有14个社，453户，2492人，其中少数民族人口2389人，占总人口的97%。全村耕地总面积为1705亩，人均占有耕地0.8亩。主要农作物有小麦、油菜、马铃薯等。2011年农民人均纯收入为1861元。村内有完全小学1所，学生320人，幼儿园1所，学生89人。全村村内共硬化道路5公里，有7个社通硬化路，其余为砂石路和农土路。

2514 蒲川乡铺川村

简　　介：铺川村辖10个，耕地总面积2411.48亩，其中水田812亩，旱地1599.48亩；农作物面积1612亩。现有人口445户，2235人。人均纯收入2000元。全村共有党员36名，其中女党员5名，少数民族党员12名。主要种植的农作物有小麦、玉米、土豆，经济作物有花椒。近年通过推广旱作玉米技术，群众生活水平有了明显改善。主要养殖的牲畜为羊、牛等。村委办公场所修建于2005年，修建平顶5间，县委组织部配套远程教育设施，桌子15套，凳子15套，椅子4个，档案柜3个。截至目前，县体育局又为铺川村配套"农家书屋"设施，配书柜5个，桌子6条，书籍1000余册，现我村办公设施齐全，正常运转。

2515 郭干乡徐家村

简　　介：徐家村共有6个社，198户，904人，其中少数民族占全村人口的2%。耕地面积711亩，人均耕地面积为0.79亩，粮食作物主要有小麦、蚕豆、洋芋、玉米，经济作物主要有花椒、油菜、胡麻。全村地形以山地为主，地形复杂，沟水纵横，严重地制约了村经济的发展。交通基本便利，人畜饮水方便。

2516 小关乡吴家堡村

简　　介：吴家堡村位于小关乡东南，平均海拔2200米，全村共有12个合作社，共453户，2364人，其中少数民族453户，2364人，占全村总人口的100%。全村总耕地面积为1975亩，人均占有耕地0.84亩，共有农机具47辆。2011年粮食总产量454吨，单产230公斤，人均纯收入1840元。全村大牲畜存栏742头，其中牛存栏442头，羊存栏1201只。该村现有六年制小学1所，教学点1个，共有教职工8人，在校学生236人，其中男生128人，女生108人，入学率为93%；2011年完成新农合参合1666人，占总人口70.5%，完成养老保险参保644人，参保率67%。全村经济以农业为主，畜牧业、副业为辅，农作物种植以油菜、蚕豆、小麦为主。

2517 屲藏镇学文村

简　　介：学文村东邻旧城，西邻红星村，南邻阴洼滩，北邻纳莫沟村。共有9个合作社，310户，1474人，其中少数民族占全村人口的100%。耕地面积1108.65亩，人均耕地面积为0.75亩，现有低保户115户，421人。全村地形以山地为主，地形复杂，沟水纵横，严重地制约了本村经济的发展。为此将居住的4个社，63户，共329人搬迁到交通便利的公路旁。

2518 大河家镇四堡子村

简　　介：四堡子村位于甘肃省积石山县大河家镇人民政府东面，距乡政府所在地1公里，属典型的半干旱地区之一，四堡子村共8个合作社，486户，2615人，有保安族、东乡族、撒拉族、回族、汉族等民族，其中撒拉族1233人，占全村总人口的52%，现有耕地1367.54亩，人均耕地0.52亩，2013年全村人均纯收入2928元，人均占有粮食238公斤。

2519 中咀岭乡金昌村

简　　介：金昌村位于县城西南部，东邻居集镇劳动村，南邻本乡庙岭村，北邻居集镇强滩村。全村共有9个社，303户，1365人，其中少数民族人口1120人，占总人口的73%。全村耕地总面积为1449亩，人均占有耕地0.94亩。主要农作物有小麦、油菜、马铃薯等。全村村内共硬化道路18.6公里，有9个社全部通硬化路。

2520 大河家镇周家村

简　　介：周家村共10个合作社，506户，2751人，有保安族、东乡族、撒拉族、回族、汉族等民族。周家村濒临黄河，滨河路穿村而过。其中撒拉族1412人，占全村总人口的54%，村域内有旅游景点夹滩生态林。全村现有耕地1480.71亩，人均耕地0.54亩。2013年全村人均纯收入2916元，人均占有粮食230公斤。主要农作物有小麦、玉米等。经济作物有油籽、蔬菜等。村委办公场所修建于2013年，修建平顶5间，配套桌子15套，凳子15套，椅子4个，档案柜3个。截至目前，县体育局又为周家村配套"农家书屋"设施，配书柜5个，桌子3条，书籍1000余册，现村办公设施齐全，正常运转。

2521 银川乡新庄村

简　　介：新庄村位于银川乡南部，距离乡政府3.5公里，银川中学坐落在新庄村新下社，全村共有9个社，523户，2524人。全村耕地面积为1605.15亩。全村共有劳动力869个，以常年外出务工和季节性外出务工为主，务工工种以建筑业为主，主要务工流向青海、西藏、兰州等地。村内灌溉电灌11台，自来水用户230户，占全村的44%。主导产业以花椒、玉米、小麦种植和畜牧养殖为主，累计花椒栽植面积2320亩，年末羊存栏892只，猪存栏285头。

2522 关家川乡白家沟村

简　　介：白家沟村辖社12个，耕地总面积2022亩，全部为旱地。现有人口268户，1264人。人均纯收入1900元。主要种植的农作物有小麦、玉米、土豆。近年通过推广旱作玉米技术，群众生活水平有了明显改善。主要养殖的牲畜为羊、牛等。村委办公场所修建于2008年，修建平顶共8间，县委组织部配套远程教育设施，桌子12套，凳子24套，档案柜1个。县文体局为白家沟村配套"农家书屋"设施，配书柜3个，书籍1200余册，现村办公设施齐全，正常运转。

2523 寨子沟乡瓦窑沟村

简　　介：瓦窑沟村村辖社6个，耕地总面积1784亩，农作物面积1210亩。现有人口242户，1396人，少数民族940人，占全村人口的67%。人均纯收入1700元。主要种植的农作物有小麦、玉米、土豆。近年通过推广旱作玉米技术，群众生活水平有了明显改善。主要养殖的牲畜为羊、牛等。村委办公场所修建于2008年。

2524 乩藏镇阴洼滩村

简　　介：阴洼滩村东邻甘藏沟，西邻小关乡五家堡，南邻临夏县营滩乡票山村，北邻学文村。全村地形以山地为主，地形复杂，沟水纵横，共有9个合作社，195户，957人，其中少数民族占全村人口的100%。耕地面积1207亩，人均耕地面积为1.26亩，粮食作物主要有小麦、蚕豆、洋芋、玉米，经济作物主要有花椒、油菜、胡麻。全村地形以山地为主，地形复杂。为此将居住分散的5个社，94户，共345户搬迁到交通便利、人畜饮水方便的公路旁。

2525 安集乡三坪村

简　　介：三坪村位于安集乡东北部，离乡政府4.9公里，东部与北部与永靖县隔河相望，西部与凤林村相邻，南部与红路岭村相邻。全村共有6个农业合作社，307户，1450人。其中老人203人，儿童232人，劳动力1015人。全村适龄儿童入学率100%。耕地面积1693.74亩，人均耕地面积1.16亩。年降水量321.5毫米，村内地势高低起伏，交通不便，水资源缺乏，干旱季节人畜饮水困难。村经济以农业为主，农作物以小麦、马铃薯、花椒、玉米为主。农民的经济收入主要靠外出打工。村内无任何医疗设施，群众就医和购买生活用品要步行到4.9公里以外的集镇。村内群山起伏，凹凸不平，群众生活极其困难。三坪村主要道路为近年修建的沙砾公路，全村采用农四级公路技术标准，村庄其他道路都为早期修建的简易农路，晴通雨阻，给群众生产生活造成了极大的不便，严重制约着当地的经济发展。1949年8月出土于三坪村三坪社的彩陶瓷，被誉为"彩陶王"，现珍藏于中国历史博物馆，并被国家邮电部制成邮票发行。

2526 安集乡风光村

简　　介：风光村位于安集乡西部，离乡政府2公里，东部与凤林村相邻，西部与辉光村相邻，北部与关家川乡相邻。全村共有8个农业合作社，258户，1138人。其中老人160人，儿童182人，劳动力796人，全村适龄儿童入学率100%。耕地面积2077.28亩，人均耕地面积1.82亩。年降水量321.5毫米，村内地势高低起伏，交通不便，水资源缺乏，干旱季节人畜饮水困难。村经济以农业为主，农作物以小麦、马铃薯、花椒、玉米为主。农民的经济收入主要靠外出打工。村内无任何医疗设施，群众就医和购买生活用品要步行到2公里以外的集镇。风光村主要道路为近年修建的沙砾公路，全村采用农四级公路技术标准，村庄其他道路都为早期修建的简易农路，晴通雨阻，给群众生产生活造成了极大地不便，严重制约着当地的经济发展。

2527 中咀岭乡梳木村

简　　介：梳木村北邻中咀岭村，东邻大山村。全村共有11个社，353户，1736人，其中少数民族人口910人，占总人口的52%。全村耕地总面积为2575亩，人均占有耕地 1.5 亩。主要农作物有小麦、油菜、马铃薯等。

2528 大河家镇大墩村

简　　介：大墩村是"保安三庄"之一，共有 8 个合作社，477 户，2454 人，其中保安族 396 户，2184 人，占全村总人口的 89%，人均占有耕地 0.78 亩，是一个以种植业和养殖业为主的农业村。大墩村 2009 年被列为特色村寨保护与发展项目村，项目进展情况：一是硬化路面宽 6 米、厚度为 18 公分的村社道路 4 条 3.2 公里，完成投资 112 万元。二是完成渠道衬砌 1.5 公里，铺设 U 型槽 3.2 公里，治理河床 50 米。三是建成了占地 680 平方米的大墩文化广场和占地 4 亩的停车场。四是完成了村委会、文化室、卫生室建设。五是建成了投资 100 万元的大墩标准化养殖场项目，基础设施得到了极大地改善。

2529 大河家镇大河家社区

简　　介：大河家社区位于大河家镇街道，共有 450 户，2025 人，辖区内主要居住个体户和单位工作人员，街道贸易繁华，流动人口多。大河家集镇拥有千年历史，是古丝绸之路上的重要通道，黄河古渡－临津渡就在此处。1995 年被国家建设部列入全国 100 个首批农村小城镇试点集镇之一，甘肃 50 个全省小城镇建设示范镇之一，全州经济开展园区之一。

2530 吹麻滩镇中庄村

简　　介：中庄村位于县城西北部，在临大公路旁，气候属高寒阴湿，地下水资源丰富，植被较好，适宜农作物种植和畜牧养殖。全村共有 12 个合作社，399 户，2165 人，为 7 种民族杂居村，少数民族人口占总人口的 68%。全村耕地面积为 2045 亩，主要种植小麦、洋芋等农作物和油菜、中药等经济作物。人均纯收入不足 1000 元，因地处二阴山区，自然灾害频繁，贫困人口占总人口的 67%。村级组织活动场所于 2001 年 5 月动工，2001 年 8 月完工，建设面积 245 平方米，建设总资金 6.8 万元，设计为双层式，内设书记办公室、村主任办公室、村人口与计生服务室、村会议室、党员活动室、农家书屋、党员干部现代远程教育室，配有彩色电视、电脑及各类书籍等文化器材，为广大村民学习、娱乐提供良好的环境。

2531 吹麻滩镇广场社区

简　　介：吹麻滩镇广场社区成立于 2009 年，地处积石山县城，南以临夏路为界，北以文化路为界。社区内共有居民 562 户，1974 人，有州、县直企事业单位 75 个，学校 1 个，清真寺 2 个。广场社区位于甘肃省积石山县吹麻滩镇中心，以少数民族为主。

2532 银川乡龙光村

简　　介：龙光村位于银川乡东南部，与临夏县南源乡相连，距离乡政府 12 公里，全村共有 9 个社，258 户，1511 人，为纯少数民族村。全村耕地面积为 1918.9 亩。全村共有劳动力 750 个，以常年外出务工和季节性外出务工为主，务工工种以建筑为主，主要务工流向青海、西藏、兰州等地。自来水用户 73 户，占全村的 28.3%。主导产业以花椒、玉米、小麦、胡麻种植和畜牧养殖为主，累计花椒栽植面积 1800 亩，年末羊存栏 851 只。

2533 徐扈家乡周家村

简　　介：周家村平均海拔 2300 米，全村共有 5 个合作社，130 户，750 人。其中少数民族为 750 人，占全村总人口的 100%，全村总耕地面积为1100亩，人均占有耕地1.4亩，共有农机具45辆，2011年粮食总产量141吨，单产150公斤，人均纯收入2320元。全村大牲畜存栏845头，其中牛存栏114头，羊存栏731只。该村现有三年制教学点1所；2011年完成新农合参合720人，参合率为95%，完成养老保险参保325人，参保率98%。全村经济以农业为主，畜牧业、副业为辅，农作物以玉米、小麦为主。

2534 铺川乡上庄村

简　　介：上庄村辖社6个，耕地总面积2112亩，其中水田400亩，旱地1712亩；农作物面积952亩。现有人口258户，1360人。少数民族455人，占全村人口的43%。人均纯收入1890元。主要种植的农作物有小麦、玉米、土豆，经济作物有花椒。近年通过推广旱作玉米技术，群众生活水平有了明显改善。主要养殖的牲畜为羊、牛等。村委办公场所修建于2006年。县委组织部配套远程教育设施，县体育局又为上庄村配套"农家书屋"设施，配书柜5个，桌子4条，书籍1000余册，现村办公设施齐全，正常运转。

2535 刘集乡阳洼村

简　　介：阳洼村位于刘集乡人民政府东北面，距乡政府所在地4公里，属典型的干旱半干旱地区，阳洼村共有9个社。截至目前，全村共有312户，1350人，少数民族810人，占全村人口的60%，其中保安族23户，116人，占全村人口的9%，东乡族82人，占全村人口的6%，撒拉族147人，占全村人口的11%。全村共有耕地2054亩，人均耕地1.52亩，户均耕地6.58亩，人均纯收入1135元。全村共有党员21名，其中少数民族党员12名，女党员1名。主要种植的农作物有小麦、油菜、土豆，主要养殖的牲畜为羊、牛等。村委办公场所修建于2007年，硬化了多条村社路。

2536 小关乡小关村

简　　介：小关村平均海拔2300米，全村共有8个合作社，332户，1725人。其中少数民族304户，1576人，占全村总人口的91.3%。全村总耕地面积为2002亩，人均占有耕地1.16亩，共有农机具56辆，2011年粮食总产量436吨，单产218公斤，人均纯收入1830元。全村大牲畜存栏720头，其中牛存栏410头，羊存栏1460只。该村现有六年制小学1所，教职工16人，在校学生263人，其中男生138人，女生125人，入学率为97%；2011年完成新农合参合1250人，占总人口72.5%，完成养老保险参保611人，参保率73%。全村经济以农业为主，畜牧业、副业为辅，农作物以油菜、蚕豆、小麦为主。

2537 关家川乡关集村

简　　介：本行政村辖社11个，耕地总面积1780亩，全部为旱地。现有人口356户，1832人。人均纯收入2200元。主要种植的农作物有小麦、玉米、土豆。近年通过推广旱作玉米技术，群众生活水平有了明显改善。主要养殖的牲畜为羊、牛等。村委办公场所修建于2013年，修建平顶共20间，县委组织部配套远程教育设施，桌子10套，凳子20套，椅子2个，档案柜2个。县文体局为关集村配套"农家书屋"设施，配书柜4个，书籍1800余册，现村办公设施齐全，正常运转。

2538 银川乡胡李村

简　　介：胡李村位于银川乡北部，距离乡政府1公里，全村共有9个社，449户，2238人。

全村耕地面积为2939.1亩。全村共有劳动力1359个，以常年外出务工和季节性外出务工为主，务工工种以建筑为主，主要务工流向青海、西藏、兰州等地。村内灌溉电灌3台，自来水用户449户，占全村的100%。主导产业以花椒、玉米种植和畜牧养殖为主，累计花椒栽植面积3654亩，花椒产业成为全村农民经济收入的主要来源。年末羊存栏847只。

2539 郭干乡满陈家村

简　　介：满陈家村共有5个社，150户，680人，其中少数民族占全村人口的20%。耕地面积711亩，人均耕地面积为0.76亩，粮食作物主要有小麦、蚕豆、洋芋、玉米，经济作物主要有花椒、油菜、胡麻。全村地形以山地为主，地形复杂，沟水纵横。

2540 银川乡工匠村

简　　介：工匠村位于银川乡南部，距离乡政府2公里，全村共有5个社，307户，1725人，为纯少数民族村，其中贫困户292户，1640人。全村耕地面积为1347亩。全村共有劳动力1122个，以常年外出务工和季节性外出务工为主，务工工种以建筑、餐饮为主，主要务工流向青海、西藏、兰州等地。村内灌溉电灌3台，自来水用户180户，占全村的58.6%。主导产业以花椒、玉米、小麦种植和畜牧养殖为主，累计花椒栽植面积2062亩，年末羊存栏852只。

2541 大河家镇克新民村

简　　介：克新民村地处临大公路沿线，气候温和，适宜种植小麦、玉米、洋芋等农作物和油菜等经济作物。全村共有6个社，208户，1172人；总人口中撒拉族占70%；全村耕地面积1192.92亩，人均1.02亩，其中山旱地210亩，水浇地700亩；人均纯收入1210元，占有粮食350公斤。

2542 安集乡安家湾村

简　　介：安家湾村位于安集乡中部，离乡政府2.1公里，东部与钭家山村相邻，西部与胡林家乡相邻，北部与风林村相邻，南部与红坪村相邻。全村共有10个农业合作社，312户，1344人。其中老人188人，儿童215人，劳动力941人。全村适龄儿童入学率100%。耕地面积1951.5亩，人均耕地面积1.45亩。年降水量321.5毫米，村内地势高低起伏。村经济以农业为主，农作物以小麦、马铃薯、花椒、玉米为主。农民的经济收入主要靠外出打工。

2543 胡林家乡吊坪村

简　　介：吊坪村距乡政府7公里，总面积约6平方公里，全村共13个社，305户居民，总人口为1524人，其中以东乡族为主的少数民族占18%，耕地面积为2180亩，人均占1.43亩。粮食作物主要有小麦，经济作物主要有油菜、胡麻，全村均为干旱山地，种植、劳务是吊坪村群众的主要支柱产业，2010年底，全村农民人均纯收入为1200元。吊坪村修建有总面积为225平方米的村办公场所1处，其中图书室2间，卫生室2间，计划生育工作室2间，村办公室3间。

2544 柳沟乡尕集村

简　　介：尕集村辖社6个，耕地总面积1154亩，农作物面积1154亩。现有人口205户，1087人。人均纯收入2100元。主要种植的农作物有小麦、玉米、土豆，经济作物有花椒。近年通过推广旱作玉米技术，群众生活水平有了明显改善。主要养殖的牲畜为羊、牛等。村委办公场所修建于2010年，县委组织部配套远程教育设施，县体育局又为我村配套"农家书屋"设施，配书柜5个，桌子4条，书籍1000余册，现村办公设施齐全，正常运转。

2545 胡林家乡何家村

简　　介：何家村距乡政府9公里，总面积约5平方公里，全村共6个社，165户居民，总人口为883人，其中以东乡族为主的少数民族占88.3%，耕地面积为1300亩，人均占1.4亩。粮食作物主要有小麦、玉米，经济作物主要有油菜，全村均为干旱山地，种植、劳务是何家村群众的主要支柱产业，2010年底，全村农民人均纯收入为1050元。何家村修建有总面积为250平方米的村办公场所1处，其中计划生育工作室1间，村办公室7间。

2546 大小关乡大茨滩村

简　　介：大茨滩村位于小关乡西面，平均海拔2450米，全村共有8个合作社，共255户，1296人，其中少数民族229户，1148人，占全村总人口的88.6%。全村总耕地面积为2266亩，人均占有耕地1.74亩，共有农机具41辆，2011年粮食总产量476吨，单产210公斤，人均纯收入1810元。全村大牲畜存栏688头，其中牛存栏456头，羊存栏1508只。该村现有六年制小学1所，教职工9人，在校学生214人，入学率为96.7%；2011年完成新农合参合1117人，占总人口86.1%，完成养老保险参保579人，参保率85%。全村经济以农业为主，畜牧业、副业为辅，农作物以油菜、蚕豆、小麦为主。

2547 铺川乡代山村

简　　介：代山村辖社8个，耕地总面积2112亩，农作物面积1885亩。现有人口249户，1285人。人均纯收入1850元。主要种植的农作物有小麦、油菜、土豆，经济作物有花椒。近年通过推广旱作玉米技术，群众生活水平有了明显改善。主要养殖的牲畜为羊、牛等。村委办公场所修建于2008年，县委组织部配套远程教育设施，县体育局又为代山村配套"农家书屋"设施，配书柜5个，桌子4条，书籍1000余册，现我村办公设施齐全，正常运转。

2548 银川乡柏杨树村

简　　介：柏杨树村位于银川乡东部，距离乡政府4公里，全村共有9个社，291户，1396人。全村耕地面积为2668.5亩。全村共有劳动力902个，以常年外出务工和季节性外出务工为主，务工工种以建筑为主，主要务工流向青海、西藏、兰州等地。村内灌溉电灌3台，自来水用户170户，占全村的58.4%。主导产业以花椒、玉米种植和畜牧养殖为主，累计花椒栽植面积3383亩，花椒产业成为全村农民经济收入的主要来源。年末羊存栏785只，猪存栏255头。

2549 寨子沟乡寨子沟村

简　　介：寨子沟村辖社7个，耕地总面积1349亩，农作物面积952亩。现有人口219户，1159人。少数民族852人，占全村人口的73%。人均纯收入1720元。主要种植的农作物有小麦、玉米、土豆。近年通过推广旱作玉米技术，群众生活水平有了明显改善。主要养殖的牲畜为羊、牛等。村委办公场所修建于2008年。县委组织部配套远程教育设施，县体育局又为寨子沟村配套"农家书屋"设施，配书柜5个，桌子4条，书籍1000余册，现村办公设施齐全，正常运转。

2550 寨子沟乡磨沟村

简　　介：磨沟村辖社 10 个，耕地总面积 1874 亩，农作物面积 1365 亩。现有人口 327 户，1624 人。少数民族 420 人，占全村人口的 25%。人均纯收入 1710 元。主要种植的农作物有小麦、玉米、土豆。近年通过推广旱作玉米技术，群众生活水平有了明显改善。主要养殖的牲畜为羊、牛等。村委办公场所修建于 2008 年。

2551 关家川乡赵家湾村

简　　介：赵家湾村辖社 9 个，耕地总面积 1790 亩，全部为旱地。现有人口 207 户，890 人。人均纯收入 2000 元。主要种植的农作物有小麦、玉米、土豆。近年通过推广旱作玉米技术，群众生活水平有了明显改善。主要养殖的牲畜为羊、牛等。村委办公场所修建于 2010 年，修建平顶共 8 间，县委组织部配套远程教育设施，桌子 10 套，凳子 20 套，椅子 2 个，档案柜 1 个。截至目前，县文体局又为赵家湾村配套"农家书屋"设施，配书柜 4 个，书籍 1500 余册，现村办公设施齐全，正常运转。

2552 柳沟乡柳沟村

简　　介：柳沟村辖社 7 个，耕地总面积 1684 亩，农作物面积 1684 亩。现有人口 321 户，1650 人，人均纯收入 2000 元。主要种植的农作物有小麦、油菜、土豆，经济作物有花椒。近年通过推广旱作玉米技术，群众生活水平有了明显改善。主要养殖的牲畜为羊、牛等。村委办公场所修建于 2012 年。县委组织部配套远程教育设施，县体育局又为柳沟村配套"农家书屋"设施，配书柜 5 个，桌子 4 条，书籍 1000 余册，现村办公设施齐全，正常运转。

2553 石塬乡秦阴村

简　　介：秦阴村位于石塬乡西北部，距乡政府所在地 5.5 公里，东面与本乡宋家沟村相连，南面与本乡沈家坪村相连，西面与刘集乡阳屲村相邻，北面与大河家镇韩陕家村相邻。全村共辖 9 个合作社，共有 156 户，706 人。总耕地面积 1528 亩，均为旱地，人均 2.17 亩，以种植冬小麦、油菜、玉米等农作物为主，但土地贫瘠，年降雨量少。

2554 关家川乡张家村

简　　介：张家村辖社 11 个，耕地总面积 1934 亩，全部为旱地。现有人口 280 户，1347 人。人均纯收入 1900 元。主要种植的农作物有小麦、玉米、土豆。近年通过推广旱作玉米技术，群众生活水平有了明显改善。主要养殖的牲畜为羊、牛、猪等。村委办公场所修建于 2007 年，修建瓦房共 6 间，县委组织部配套远程教育设施，桌子 2 套，凳子 12 套，档案柜 1 个。截至目前，县文体局又为张家村配套"农家书屋"设施，配书柜 4 个，书籍 1000 余册，现村办公设施齐全，正常运转。

2555 寨子沟乡善家村

简　　介：善家村辖社 9 个，耕地总面积 2036 亩，农作物面积 1560 亩。现有人口 378 户，1799 人。少数民族 310 人，占全村人口的 17%。人均纯收入 1700 元。主要种植的农作物有小麦、玉米、土豆。近年通过推广旱作玉米技术，群众生活水平有了明显改善。主要养殖的牲畜为羊、牛等。村委办公场所修建于 2006 年。县委组织部配套远程教育设施，县体育局又为善家村配套"农家书屋"设施，配书柜 4 个，桌子 4 条，书籍 800 余册，现村办公设施齐全，正常运转。

2556 吹麻滩镇后沟村

简　　介：后沟村位于县城以西，与县城相离 2 公里，东邻方家村，西靠积石山脉，北邻中庄村，南邻前庄村。地形丘陵、山沟交错，山坡度较小，地下水丰富，植被较好，属寒冷阴湿气候区。全村共有 10 个社，353 户，1720 人，民族有回族、保安族、东乡族、撒拉族 4 个民族，有宗教活动场所 6 处。耕地面积为 2178 亩，主要农作物有油菜、小麦、洋芋，经济农作物为油菜，2008 年全村人均纯收入为 1200 元。

2557 居集镇田家村

简　　介：田家村位于居集镇东面，地属临大公路沿线，全村共有 12 个合作社，403 户，2043 人，其中少数民族 1582 人，占总人口的 76.13%。全村耕地 1873 亩，人均占有耕地面积 1.1 亩，有效灌溉面积约为 84 亩。主要农作物有冬小麦、玉米、马铃薯等，经济作物有油菜、大豆等。人均占有粮食 480 公斤，农民人均纯收入约为 1980 元。现有村小学 1 所，教师 11 人，在校学生为 214 人，其中女生为 107 人。

2558 柳沟乡上坪村

简　　介：上坪村辖社 6 个，耕地总面积 1472 亩，农作物面积 1472 亩。现有人口 168 户，832 人。人均纯收入 2035 元。主要种植的农作物有小麦、油菜、土豆，经济作物有花椒。近年通过推广旱作玉米技术，群众生活水平有了明显改善。主要养殖的牲畜为羊、牛等。村委办公场所修建于 2011 年，县委组织部配套远程教育设施，县体育局又为上坪村配套"农家书屋"设施，配书柜 5 个，桌子 4 条，书籍 1000 余册，现村办公设施齐全，正常运转。

2559 刘集乡肖家村

简　　介：肖家村位于乡政府西南部，距离县城 22.4 公里，全村有 14 个社，共有 566 户，2630 人，少数民族 217 户，1044 人，占全村人口的 40%，其中保安族 164 户，799 人，占全村总人口的 30%，东乡族 1 户，6 人，占全村人口的 2%，撒拉族 26 户，139 人，占全村人口的 5.2%。全村共有耕地 3089 亩，人均耕地 1.12 亩，户均耕地 5.35 亩，人均纯收入 2408 元。主要农作物有小麦、蚕豆、马铃薯，主要经济作物有油菜。东北部为山梁沟壑地带，西南部属高寒阴湿地带，因牧坡较宽适宜发展养殖业。

2560 银川乡张家村

简　　介：张家村位于银川乡西部，是全州最后一个通公路的村，距离乡政府 5.3 公里，全村共有 9 个社，145 户，686 人。全村耕地面积为 1193.5 亩。全村共有劳动力 489 个，以常年外出务工和季节性外出务工为主，务工工种以建筑为主，主要务工流向青海、西藏、兰州等地。自来水用户 139 户，占全村的 100%。主导产业以花椒、玉米、小麦、胡麻种植和畜牧养殖为主，累计花椒栽植面积 1500 亩，年末羊存栏 700 只，猪存栏 276 头。

2561 乩藏镇旧城村

简　　介：旧城村共有 9 个合作社，257 户，1488 人，其中少数民族占全村人口的 98%。耕地面积 1253 亩，人均耕地面积为 0.84 亩。全村地形以山地为主，山大沟深，地形复杂。旧城村的三、四社居住分散，交通不便，为此将该村 2 个社，30 户，150 人搬迁到本村的公路边。

2562 乩藏镇红星村

简　　介：红星村东邻学文村，西邻小关乡

唐藏村，南邻小关乡五家堡村，北邻那莫沟村，共有9个合作社，345户，1867人，地形复杂，沟水纵横，严重地制约了红星村的发展。为此将居住分散的4个社，68户，共260人集中搬迁到地势平坦，交通便利的公路边。其中少数民族占全村人口的80%。耕地面积1323亩，人均耕地面积为0.71亩。粮食作物以种植冬小麦、玉米、马铃薯、蚕豆为主。经济作物以油菜为主。

2563 徐家扈乡徐扈家村

简　　介：徐扈家村平均海拔2300米，全村共有8个合作社，228户，1173人。其中少数民族为982人，占全村总人口的83.7%，全村总耕地面积为1147亩，人均占有耕地0.97亩，共有农机具45辆。2012年粮食总产量172吨，单产150公斤，人均纯收入2320元。全村大牲畜存栏845头，其中牛存栏114头，羊存栏731只。该村现有六年制小学1所，教职工9人，在校学生247人，入学率为98%。2012年完成新农合参合1173人，参合率为100%，完成养老保险参保645人，参保率98%。全村经济以农业为主，畜牧业、副业为辅，农作物以玉米、小麦为主。

2564 大河家镇梅坡村

简　　介：梅坡村位于大河家镇人民政府西南面，距乡政府所在地5公里，属典型的半干旱地区之一，梅坡村共有10个社，517户，2944人，其中保安族341户，1289人，全村现有耕地2661.04亩，人均耕地0.90亩。梅坡村位于积石山县大河家镇靠近积石山麓地带，是"保安三庄"之一，在整个保安族经济、文化生活中，保安腰刀占据着举足轻重的地位，堪称保安族文化的象征。此外，传统婚礼作为保安族非物质文化的重要组成部分，最集中、典型地反映了保安族文化的特色。"保安腰刀手工技艺"被批准列入第一批国家级非物质文化遗产代表作名录；"保安族的口头文学"也进入省级名录。

2565 居集镇深沟村

简　　介：居集镇深沟村位于临大公路沿线，是居集镇主要的蔬菜基地。全村共有8个合作社，406户，2016人，其中少数民族有1356人，占总人口的67.7%。占总人口的80%以上。全村耕地1519.2亩，人均耕地0.97亩，有效灌溉面积约为500亩。农民人均纯收入约为2040元。主要农作物有冬小麦、玉米、马铃薯等，经济作物有油菜、大豆等。现有小学1所，在小学生为295人，其中女生146人，现有教师13名。

2566 寨子沟乡东坪寺村

简　　介：东坪寺村辖社7个，耕地总面积1846亩，农作物面积1320亩。现有人口202户，1846人。少数民族1052人，占全村人口的56%。人均纯收入1600元。主要种植的农作物有小麦、玉米、土豆。近年通过推广旱作玉米技术，群众生活水平有了明显改善。主要养殖的牲畜为羊、牛等。村委办公场所修建于2009年。

2567 关家川乡杓家村

简　　介：杓家村辖社12个，耕地总面积2555亩，全部为旱地。现有人口366户，1825人。人均纯收入1950元。全村共有党员37名，其中女党员2名，少数民族党员1名。主要种植的农作物有小麦、玉米、土豆。近年通过推广旱作玉米技术，群众生活水平有了明显改善。主要养殖的牲畜为羊、牛等。村委办公场所修建于2005年，修建平顶共9间，县委组织部配套远程教育设施，桌子10

套，凳子 10 套，椅子 2 个，档案柜 3 个。截至目前，县体育局又为杓家村配套"农家书屋"设施，配书柜 2 个，书籍 1500 余册，现村办公设施齐全，正常运转。

2568 郭干乡海家村

简　　介：海家村共有 4 个社，105 户，484 人，其中少数民族占全村人口的 2%。耕地面积 498 亩，人均耕地面积为 0.97 亩，粮食作物主要有小麦、蚕豆、洋芋、玉米，经济作物主要有花椒、油菜、胡麻。全村地形以山地为主，地形复杂，交通基本便利。

2569 柳沟乡樊家沟村

简　　介：樊家沟村辖社 10 个，耕地总面积 1976 亩，农作物面积 1976 亩。现有人口 235 户，1123 人，人均纯收入 1750 元。村委会办公楼修建于 2008 年。县委组织部配套远程教育设施，县体育局又为我村配套"农家书屋"设施，配书柜 5 个，桌子 4 条，书籍 1000 余册，现村办公设施齐全，正常运转。

2570 乩藏镇纳莫沟村

简　　介：纳莫沟村东邻学文村，西邻小关乡尕阴洼村，北邻中咀岭梳木村。粮食作物以种植冬小麦、玉米、马铃薯、蚕豆为主。经济作物主要有油菜，由于牧场草地较宽，适合发展养殖业。全村共有 5 个合作社，187 户，976 人，其中少数民族占全村人口的 74%。耕地面积 1030 亩，人均耕地面积 1.06 亩，全村地形以山地为主，山大沟深，地形复杂。为此将居住分散的五社共 20 户搬迁到村三社路边，极大改善了生活。

2571 安集乡红坪村

简　　介：红坪村位于安集乡东部，离乡政府 3.2 公里，东部与南部与银川乡相邻，西部与安家湾村相邻，北部与杨家湾村相邻。全村共有 11 个农业合作社，412 户，1873 人。其中老人 263 人，儿童 301 人，劳动力 1309 人。全村适龄儿童入学率 100%。耕地面积 3072.32 亩，人均耕地面积 1.64 亩。年降水量 321.5 毫米，村内地势高低起伏。村经济以农业为主，农作物以小麦、马铃薯、花椒、玉米为主。农民的经济收入主要靠外出打工。

2572 胡林家乡高关村

简　　介：高关村是乡政府驻地，总面积约 8 平方公里，全村共 13 个社，493 户居民，总人口为 2447 人，其中以东乡族为主的少数民族占 72%，耕地面积为 2682 亩，人均占 1.09 亩。粮食作物主要有小麦，经济作物主要有油菜、花椒，全村均为干旱山地，种植、养殖、劳务是高关村群众的主要支柱产业，2010 年底，全村农民人均纯收入为 1850 元，高关村修建有总面积为 300 平方米的村办公场所 1 处，其中村文化室 5 间，图书室 2 间，卫生室 4 间，计划生育工作室 2 间，村办公室 3 间。

2573 石塬乡刘安村

简　　介：刘安村地处县北部，东面与柳沟乡和石塬乡苟家村相临，南临柳沟乡阳山村，西面和本乡肖红坪村接壤，北与石塬村相邻。全村共辖 8 个社，352 户，1584 人，耕地面积 1630 亩，人均 1.03 亩。该村气候温热湿润，以种植小麦、玉米等农作物为主，特别适宜经济作物油菜的种植。村委会办公场所占地面积 0.5 亩，于 2005 年由县委组织部投资 4 万元修建办公用房 5 间，2007 年整村推进时对村委会围墙等附属设施再次进行修建，2012 年修建砖混办公用房 3 间。

2574 刘集乡高李村

简　　介：高李村位于刘集乡人民政府东北面，距乡政府所在地1公里，属典型的半干旱地区之一，高李村共有7个社。截至目前，全村共有408户，2150人，少数民族1932人，占全村人口的91%，其中保安族317户，1856人，占全村人口的86.3%，东乡族25人，占全村人口的1.12%，撒拉族51人，占全村人口的2.37%。全村共有耕地1412亩，人均耕地0.66亩，户均耕地3.46亩，人均纯收入1365元。主要种植的农作物有小麦、油菜、土豆，主要养殖的牲畜为羊、牛等。村委办公场所修建于2013年。

2575 寨子沟乡尕马家村

简　　介：尕马家村村辖社7个，耕地总面积1912亩，农作物面积1350亩。现有人口313户，1773人。少数民族1360人，占全村人口的76%。人均纯收入1550元。主要种植的农作物有小麦、玉米、土豆。近年通过推广旱作玉米技术，群众生活水平有了明显改善。主要养殖的牲畜为羊、牛等。村委办公场所修建于2007年。县委组织部配套远程教育设施，县体育局又为我村配套"农家书屋"设施，配书柜4个，桌子3条，书籍900余册，现村办公设施齐全，正常运转。

2576 寨子沟乡麻沟村

简　　介：麻沟村辖社6个，耕地总面积1407亩，农作物面积1050亩。现有人口205户，1017人。少数民族680人，占全村人口的57%。人均纯收入1580元。主要种植的农作物有小麦、玉米、土豆。近年通过推广旱作玉米技术，群众生活水平有了明显改善。主要养殖的牲畜为羊、牛等。村委办公场所修建于2006年。

2577 胡林家乡左家村

简　　介：左家村距乡政府4.5公里，总面积约9平方公里，全村共9个社，315户居民，总人口为1685人，其中以东乡族为主的少数民族占70%，耕地面积为2186亩，人均占1.3亩。粮食作物主要有小麦，经济作物主要有油菜，全村均为干旱山地，种植、劳务是左家村群众的主要支柱产业，2010年底，全村农民人均纯收入为1150元，左家村修建有总面积为250平方米的村办公场所1处，其中村文化室1间，图书室1间，卫生室3间，计划生育工作室1间，村办公室3间。

2578 安集乡苟家山村

简　　介：苟家山村位于安集乡北部，离乡政府3.1公里，西、南与凤林村相邻，北与三坪村乡相邻。全村共有8个农业合作社，191户，919人。其中老人128人，儿童147人，劳动力644人。全村适龄儿童入学率100%。耕地面积1585.77亩，人均耕地面积1.72亩。年降水量321.5毫米。村经济以农业为主，农作物以小麦、马铃薯、花椒、玉米为主。农民的经济收入主要靠外出打工。村内无任何医疗设施，群众就医和购买生活用品要步行到3.1公里以外的集镇。村内群山起伏，凹凸不平，群众生活极其困难，苟家山村主要道路为近年修建的沙砾公路，全村采用农四级公路技术标准。村庄其他道路都为早期修建的简易农路。

2579 柳沟乡马家村

简　　介：马家村辖社11个，耕地总面积1895亩，农作物面积1895亩。现有人口367户，1997人，人均纯收入1680元。主要种植的农作物有小麦、油菜、土豆，经济作物有花椒。近年通过推广旱作玉米技术，群众生活水平有了明显改善。主要养殖的牲畜为羊、牛等。村委办公场所修建于2008年。县委组织部配套远程教育设施，教育局和县体育局又为马家村配套"农家书屋"设施，配书柜5个，桌子6条，书籍1000余册，现村办公设施齐全，运转正常。

2580 郭干乡王家村

简　　介：郭干乡王家村共有9个社，238户，1320人，其中少数民族占全村人口的80%。耕地面积711亩，人均耕地面积为0.91亩，粮食作物主要有小麦、蚕豆、洋芋、玉米，经济作物主要有花椒、油菜、胡麻。全村地形以山地为主，地形复杂，沟水纵横，属干旱山区。

2581 徐扈家乡五十里铺村

简　　介：五十里铺村平均海拔2300米，全村共有8个合作社，332户，1725人。其中少数民族304户，1576人，占全村总人口的91.3%；全村总耕地面积为2002亩，人均占有耕地1.16亩，人均纯收入1830元。全村大牲畜存栏720头，其中牛存栏410头，羊存栏1460只。该村现有六年制小学1所，教职工16人，在校学生263人，入学率为97%。2011年完成新农合参合1250人，完成养老保险参保611人。全村经济以农业为主，畜牧业、副业为辅，农作物以油菜、蚕豆、小麦为主。

2582 铺川乡下庄村

简　　介：下庄村辖社7个，耕地总面积1779亩，其中水田961亩，旱地818亩；农作物面积965亩。现有人口323户，1810人，人均纯收入2000元。全村共有党员25名，其中女党员4名，少数民族党员11名。主要种植的农作物有小麦、油菜、土豆，经济作物有花椒。近年通过推广旱作玉米技术，群众生活水平有了明显改善。主要养殖的牲畜为羊、牛等。村委办公场所修建于2006年。县委组织部配套远程教育设施，县体育局又为下庄村配套"农家书屋"设施，配书柜5个，桌子4条，书籍1000余册，现村办公设施齐全，正常运转。

2583 徐扈家乡长家寺村

简　　介：长家寺村位于徐扈家乡北面，东与郭干乡接壤，西与寨子沟乡大善家村相连，平均海拔2300米，全村共有15个合作社，523户，2140人。其中少数民族为1170人，占全村总人口的54.7%，全村总耕地面积为1785亩，人均占有耕地0.83亩，人均纯收入2230元。全村大牲畜存栏1120头，其中牛存栏225头，羊存栏895只。该村现有六年制小学1所，教职工10人，在校学生252人，其中男生130人，女生122人，入学率为100%；2012年完成新农合参合2058人，占总人口98%，完成养老保险参保912人，参保率98%。全村经济以农业为主，畜牧业、副业为辅，农作物以玉米、小麦为主。

2584 银川乡刘王村

简　　介：刘王村位于银川乡西部，距离乡政府12公里，全村共有8个社，261户。全村耕地面积为1975.5亩。全村共有劳动力902个，以常年外出务工和季节性外出务工为主，主要务工工种以建筑、餐饮为主，主要务工流向青海、西藏、兰州等地。自来水用户150户，占全村的57.5%。主导产业以花椒、玉米、小麦、胡麻种植和畜牧养殖为主，累计花椒栽植面积2690亩，年末羊存栏780只，猪存栏265头。

2585 胡林家乡张豆家村

简　　介：张豆家村距乡政府8公里，总面

积约8平方公里，全村共6个社，171户居民，总人口为866人，其中以东乡族为主的少数民族占25%，耕地面积为1013.76亩，人均占1.2亩。粮食作物主要有小麦、玉米、马铃薯，经济作物主要有油菜，全村均为干旱山地，种植、劳务是张豆家村群众的主要支柱产业，2010年底，全村农民人均纯收入为1070元，张豆家村修建有总面积为200平方米的村办公场所1处，其中村文化室1间，计划生育工作室1间，村办公室1间。

2586 大河家镇甘河滩村

简　　介：甘河滩村总面积4.8平方公里，海拔2030米。全村共有7个合作社，465户，2463人，其中保安族420户，2272人，保安人口占全村总人口的90%，汉族17户，86人。耕地2110.24亩，人均耕地0.86亩；2013年全村人均纯收入2820元。主要农作物有小麦、玉米、洋芋等，经济作物有油菜。2009年，被县委、县政府命名为县级文明村，2010年，被州委、州政府命名为州级文明村。全村共有星级农户160户。

2587 石塬乡苟家村

简　　介：苟家村位于石塬乡东部，距乡政府所在地6.7公里，东面与柳沟乡张郭家村相邻，南面与本乡苟家村相连，西面与石塬村相连，北面与本乡三二家村相连。全村共辖9个合作社，213户，959人。总耕地面积1465亩，均为旱地，人均1.53亩，以种植冬小麦、油菜、玉米等农作物为主，但土地贫瘠，年降雨量少。

2588 癿藏镇甘藏沟村

简　　介：甘藏沟村东邻杨家岭，西邻阴洼滩，南邻临夏县票山村，北邻杨家岭。地处黄土高原和青藏高原过渡交汇地带，地形大部为山地，地势西高东低。气候属温带大陆性季风气候，其特点是四季分明，春秋凉爽，夏季多雨。冬季干冷，光照充足，年平均气温7.4℃，无霜期148-158天。粮食作物以种植冬小麦、玉米、马铃薯、蚕豆为主，经济作物以油菜为主，全村共有12个合作社，403户，1970人，其中少数民族占全村人口的84.8%。耕地面积1540亩，人均耕地面积为0.8亩，全村地形以山地为主，特别是三社、四社、五社、十社因山大沟深，沟壑纵横，地形复杂。为此将甘藏沟村4个社，80户，365人搬迁到交通便利的临大公路边。

2589 吹麻滩镇方家村

简　　介：方家村位于积石山县县城西面，该村地形为西北走向，阴雨背风，土层较厚，地下水丰富，植被较好，属寒冷阴湿气候区。方家村共有8个社，313户，1473人，其中少数民族人口266户，1258人，占总人口的85%。耕地面积1137亩，人均耕地0.77亩。人均产粮和纯收入在全县145个行政村中属中下等水平。该村级组织活动场所于2006年3月动工，2006年7月完工，建设面积310平方米，建设总资金8.5万元。设计为双层式，内设书记办公室、村主任办公室、村人口与计生服务室、村会议室、党员活动室、农家书屋、党员干部现代远程教育室，配有彩色电视、电脑及各类书籍等文化器材，为广大村民学习、娱乐提供良好的环境。

2590 胡林家乡胡林家村

简　　介：胡林家村距乡政府4公里，总面积约8平方公里，全村共12个社，517户居民，总人口为2506人，其中以东乡族为主的少数民族占70%，耕地面积为3091.02亩，人均占1.2亩。粮食作物主要有小麦、玉米，经济作物主要有油菜、花椒，全村均为干旱山地，种植、劳务是胡林家村群众的主要支柱产业，2010年底，全村农民人均纯收入为1200元，胡林家村修建有总面积为300平方米的村办公场所1处，其中村文化室1间，图书室1间，计划生育工作室1间，村办公室4间。

2591 吹麻滩镇团结社区

简　　介：团结社区成立于1987年，地处积石山县城，南以文化路为界，北以县武装部为界。社区内共有居民386户，1372人，有州、县直企事业单位29个，学校2个，清真寺1个。该社区未有固定活动场所，现借吹麻滩镇计划生育服务所暂为活动场所。

2592 大河家镇韩陕家村

简　　介：韩陕家村共有9个自然村，12个农业合作社，606户，总人口3607人。全村现有耕地2711.06亩，人均耕地0.75亩。2013年全村人均纯收入2926元，人均占有粮食220公斤。主要农作物有小麦、玉米，经济作物有油菜等。

2593 乩藏镇麻坝村

简　　介：麻坝村全村共有11个合作社，385户，2210人，其中少数民族占全村人口的51%。耕地面积1860亩，人均耕地面积为0.84亩，全村地形以山地为主。

2594 银川乡水陈村

简　　介：水陈村位于银川乡东北部，与临夏县莲花镇相连，距离乡政府5公里，全村共有9个社，295户，1478人。全村耕地面积为1995.55亩。全村共有劳动力957个，以常年外出务工和季节性外出务工为主，务工工种以建筑为主，主要务工流向青海、西藏、兰州等地。村内灌溉电灌5台，饮用水以银川河水小高抽、旱井窖藏为主。主导产业以花椒、玉米种植和畜牧养殖为主，累计花椒栽植面积3110亩，花椒产业成为全村农民经济收入的主要来源。年末羊存栏845只。

2595 小关乡尕阴洼村

简　　介：尕阴洼村为全乡最贫困村之一。位于小关乡西北角，平均海拔2500米，全村共有7个合作社，共282户，1419人，其中少数民族254户，1268人，占全村总人口的89.3%；全村总耕地面积为2224亩，人均占有耕地1.57亩，共有农机具34辆，2011年粮食总产量496吨，单产223公斤，人均纯收入1810元。全村大牲畜存栏904头，其中牛存栏425头，羊存栏1421只。该村现有六年制小学1所，教职工7人，在校学生154人，其中男生83人，女生71人，入学率为97%。2011年完成新农合参合1127人，占总人口79.4%，完成养老保险参保559人，参保率76%。全村经济以农业为主，畜牧业、副业为辅，农作物以油菜、蚕豆、小麦为主。

2596 徐扈家乡仙家村

简　　介：仙家村平均海拔2300米，全村共有9个合作社，450户，2100人。全村全部为少数民族，全村总耕地面积为2370亩，人均占有耕地1.12亩，共有农机具57辆，2011年粮食总产量1036吨，单产510公斤，人均纯收入2230元；全村现有贫困户395户，1930人，特困户176户，674人，五保户16户，29人，低保户共160户，645人。全村大牲畜存栏1120头，其中牛存栏225头，羊存栏895只。该村现有三年制小学1所，入学率为95%。2011年完成新农合参合2058人，占总人口98%，完成养老保险参保1210人，参保率98%。全村经济以农业为主，畜牧业、副业为辅，农作物以玉米、小麦为主。

2597 安集乡红路岭村
简　　介：红路岭村位于安集乡中部，离乡政府3.1公里，东部与北部与三坪村相邻，西部与南部与钭家山村相邻。全村共有6个农业合作社，165户，713人。其中老人99人，儿童114人，劳动力500人。全村适龄儿童入学率100%。耕地面积1398.6亩，人均耕地面积1.96亩。年降水量321.5毫米，村内地势高低起伏，交通不便，水资源缺乏。村经济以农业为主，农作物以小麦、马铃薯、花椒、玉米为主。

2598 石塬乡石塬村
简　　介：石塬村位于石塬乡中部，共有12个社，352户，1738人，耕地面积2486亩，人均1.43亩，群众生活普遍困难，人均纯收入1080元。该村种植的农作物主要有小麦、玉米、洋芋，经济作物有胡麻等。

2599 大河家镇陈家村
简　　介：陈家村共7个合作社，503户，总人口2569人。有回族、撒拉族、东乡族、保安族、汉族等民族。其中回族1300人，占全村总人口的50%。全村现有耕地1621.94亩，人均耕地0.74亩。2013年全村人均纯收入2927元，人均占有粮食212公斤。主要农作物有小麦、玉米，经济作物有油菜。

2600 石塬乡宋家沟村
简　　介：宋家沟村位于石塬乡北部，东面与大河家镇韩陕家村相邻，东南与石塬乡石塬村接壤，西面与本乡秦阴村相邻。全村共有8个合作社，共有176户，796人。耕地面积2042亩，均为旱地，人均耕地2.57亩，群众生活普遍困难，全村种植的农作物主要有小麦、玉米、洋芋，经济作物有胡麻等。

2601 安集乡钭家山村
简　　介：钭家山村位于安集乡中部，离乡政府1.9公里，东部与北部与红路岭村相邻，西部与南部与安家湾村相邻。全村共有6个农业合作社，218户，969人。其中老人135人，儿童155人，劳动力679人。全村适龄儿童入学率100%。耕地面积1641.2亩，人均耕地面积1.69亩。年降水量321.5毫米，村内地势高低起伏。村经济以农业为主，农作物以小麦、马铃薯、花椒、玉米为主。农民的经济收入主要靠外出打工。

2602 吹麻滩镇林坪村
简　　介：林坪村地处县城郊区，是吹麻滩镇政府所在地，全村共有12个合作社，总户数432户，人口2396人，少数民族占总人口的69.3%，耕地总面积1177亩，农作物以小麦、油菜为主。人均占有面积不足0.5亩，全村人均纯收入1325元。该村级组织活动场所于2012年5月动工，现已完成主体结构，占地面积1.8亩，建筑面积110平方米，建设总资金50万元。

2603 铺川乡元林村
简　　介：元林村辖社8个，耕地总面积1456亩，农作物面积1130亩。现有人口220户，1150人，人均纯收入1750元。通过互助金的发放，群众在种植和养殖业方面取得了很好的效益，增加了群众的收入，加快了脱贫致富的步伐。村委会办公楼修建于2008年。县委组织部配套远程教育设施，县体育局又为我村配套"农家书屋"设施，配书柜5个，桌子4条，书籍1000余册，现村办公设施齐全，正常运转。

2604 中咀岭乡大山村

简　　介：大山村位于乡政府东南部，南邻别藏镇。全村共有 11 个社，424 户，2132 人，其中少数民族人口 2004 人，占总人口的 94%。全村耕地总面积为 2094 亩，人均占有耕地 0.9 亩。主要农作物有小麦、油菜、马铃薯等。2011 年农民人均纯收入为 1861 元。全村村内共硬化道路 0.7 公里，有 2 个通社硬化路，其余为砂石路和土农路。

2605 小关乡唐藏村

简　　介：唐藏村位于小关乡东面，平均海拔 2230 米，全村共有 13 个合作社，共 516 户，2570 人，其中少数民族 342 户，1703 人，占全村总人口的 66.3%；全村总耕地面积为 2985 亩，人均占有耕地 1.16 亩，共有农机具 43 辆，2011 年粮食总产量 707 吨，单产 237 公斤，人均纯收入 1840 元。全村大牲畜存栏 692 头，其中牛存栏 440 头，羊存栏 1479 只。该村现有六年制小学 1 所，教学点 2 个，共有教职工 10 人，在校学生 326 人，其中男生 186 人，女生 140 人，入学率为 98%；2011 年完成新农合参合 2127 人，占总人口 82.8%，完成养老保险参保 888 人，参保率 68%。全村经济以农业为主，畜牧业、副业为辅，农作物以油菜、蚕豆、小麦为主。

2606 安集乡杨家湾村

简　　介：杨家湾村位于安集乡东部，离乡政府 3.2 公里，东部与三坪村相邻，西部与安家湾村相邻，南部与红坪村相邻。全村共有 8 个农业合作社，264 户，1318 人。其中老人 184 人，儿童 211 人，劳动力 923 人。全村适龄儿童入学率 100%。耕地面积 2299.61 亩，人均耕地面积 1.74 亩。年降水量 321.5 毫米，村内地势高低起伏。村经济以农业为主，农作物以小麦、马铃薯、花椒、玉米为主。农民的经济收入主要靠外出打工。

2607 大河家镇大河村

简　　介：大河村位于大河家镇政府所在地。全村共有 8 个社，538 户，3344 人。全村现有耕地 1274.5 亩，人均耕地 0.38 亩。2010 年全村人均纯收入 2172 元，人均占有粮食 198 公斤。主要农作物有小麦、玉米。

2608 刘集乡河崖村

简　　介：河崖村位于刘集乡人民政府南面，距乡政府所在地 5 公里，属典型的高寒阴湿地区之一，是刘集乡主要旅游区。属典型的高寒阴湿地区之一，河崖村共有 10 个社。截至目前，全村共有 496 户，2248 人，少数民族 195 人，其中保安族 7 户，36 人，撒拉族 4 户，25 人，全村共有耕地 2876 亩，人均耕地 1.28 亩，户均耕地 5.8 亩，人均纯收入 1346 元。主要种植的农作物有小麦、油菜、土豆，2006 年列为整村推进项目，修建畜牧养殖棚 145 座，主要养殖的牲畜为羊、牛等，现有养殖专业户 3 户。村委办公场所修建于 2006 年。

2609 银川乡阳坡村

简　　介：阳坡村位于银川乡西部，距离乡政府 5.1 公里，全村共有 7 个社，215 户，1253 人，为纯少数民族村。全村耕地面积为 1521.6 亩。全村共有劳动力 689 个，以常年外出务工和季节性外出务工为主，务工行业以建筑、餐饮为主，主要务工流向青海、西藏、兰州等地。自来水用户 140 户，占全村的 65.1%。主导产业以花椒、玉米、小麦、胡麻种植和畜牧养殖为主，累计花椒栽植面积 2236 亩，年末羊存栏 827 只。

2610 柳沟乡张郭家村

简　　介：张郭家村辖社8个，耕地总面积1228亩，农作物面积1228亩。现有人口126户，618人，人均纯收入1850元。主要种植的农作物有小麦、油菜、土豆，经济作物有花椒。2011年列为整村推进项目，修建畜牧养殖棚1座，主要养殖的牲畜为羊、牛等。村委办公场所修建于2008年，县委组织部配套远程教育设施，县体育局又为张郭家村配套"农家书屋"设施，配书柜5个，桌子4条，书籍1000余册，现村办公设施齐全，正常运转。

2611 柳沟乡斜套村

简　　介：斜套村辖社7个，耕地总面积1684亩，农作物面积1684亩。现有人口294户，1950人。人均纯收入1950元。主要种植的农作物有小麦、玉米、土豆。近年通过推广旱作玉米技术，群众生活水平有了明显改善。主要养殖的牲畜为羊、牛等。村委办公场所修建于2005年，修建平顶5间，县委组织部配套远程教育设施，桌子15套，凳子15套，椅子4个，档案柜3个。截至目前，县体育局又为斜套村配套"农家书屋"设施，配书柜5个，桌子6条，书籍1000余册，现村办公设施齐全，正常运转。

2612 胡林家乡娄子湾村

简　　介：娄子湾村距乡政府5公里，总面积约3.6平方公里，全村共11个社，127户居民，总人口为466人，其中以东乡族为主的少数民族占13%。耕地面积为1202亩，人均占2.8亩。粮食作物主要有小麦、玉米，经济作物主要有胡麻、花椒，全村均为干旱山地，种植、劳务是娄子湾村群众的主要支柱产业，2010年底，全村农民人均纯收入为1020元。娄子湾村修建有总面积为60平方米的村办公场所1处，其中村文化室1间，计划生育工作室1间，村办公室2间。

2613 居集镇劳动村

简　　介：劳动村位于居集镇南面，全村共有12个合作社，385户，1860人，其中少数民族936人，占总人口的51.15%。全村耕地1873亩，人均占有耕地面积1.1亩，全部为山阴旱地，主要农作物为玉米、油菜、马铃薯等，年人均纯收入1970元。现有村小学1所，教师8人，在校学生211人，其中女生111人。

2614 安集乡前进村

简　　介：前进村位于安集乡西部，离乡政府3.6公里，东部和北部与风光村相邻，西部与辉光村相邻。全村共有8个农业合作社，327户，1457人。其中老人204人，儿童233人，劳动力1020人。全村适龄儿童入学率100%。耕地面积2403.2亩，人均耕地面积1.54亩。年降水量321.5毫米，村内地势高低起伏，交通不便，水资源缺乏。村经济以农业为主，农作物以小麦、马铃薯、花椒、玉米为主。农民的经济收入主要靠外出打工。村内无任何医疗设施，群众就医和购买生活用品要步行到3.6公里以外的集镇。前进村主要道路为近年修建的沙砾公路，全村采用农四级公路技术标准。村庄其他道路都为早期修建的简易农路。

2615 关家川乡宁家村

简　　介：宁家村辖社12个，耕地总面积2120亩，全部为旱地。现有人口285户，1405人。人均纯收入2000元。主要种植的农作物有小麦、玉米、土豆。近年通过推广旱作玉米技术，群众生活水平有了明显改善。主要养殖的牲畜为羊、牛等。村委办公场所修建于 2003 年，修建平顶共 8 间，县委组织部配套远程教育设施，桌子 3 套，凳子 10 套，档案柜 1 个。州委党校为宁家村配套"农家书屋"设施，配书柜 4 个，书籍 1500 余册，现村办公设施齐全，正常运转。

2616 银川乡银河村

简　　介：银河村位于银川乡北部，距离乡政府 5 公里，村内氹白家、锅底湾 2 个社与黄河相连。全村共有 10 个社，388 户，1889 人。全村耕地面积为 2159.3 亩。全村共有劳动力 1138 个，以常年外出务工和季节性外出务工为主，务工工种以建筑为主，主要务工流向青海、西藏、兰州等地。村内灌溉电灌 5 台，自来水用户 388 户，占全村的 100%。主导产业以花椒、玉米种植和畜牧养殖为主，累计花椒栽植面积 3874 亩，花椒产业成为全村农民经济收入的主要来源。年末羊存栏 877 只，猪存栏 255 头。

2617 铺川乡湫池村

简　　介：湫池村辖社 7 个，耕地总面积 1070 亩，农作物面积 850 亩。现有人口 206 户，1045 人，人均纯收入 1650 元。主要种植的农作物有小麦、油菜、土豆，经济作物有花椒。2011 年列为整村推进项目，修建畜牧养殖棚 1 座，主要养殖的牲畜为羊、牛等。村委办公场所修建于 2008 年，县委组织部配套远程教育设施，县体育局又为湫池村配套"农家书屋"设施，配书柜 5 个，桌子 4 条，书籍 1000 余册，现村办公设施齐全，正常运转。

2618 乩藏镇杨家岭村

简　　介：杨家岭村位于乩藏镇东片，距乩藏镇 1.6 公里，共有 9 个合作社，294 户，1496 人，劳动力 762 人，老人 323 人，学生和儿童 411 人。主要有回、土、藏、保安、撒拉、东乡等 6 个少数民族，其中少数民族占全村总人口的 51%。耕地面积 1740 亩，人均耕地面积为 1.16 亩。全村地形以山地为主，山大沟深，沟壑纵横，地形复杂。为此将居住分散的 4 个社，40 户共 209 人搬迁就近集中安置。粮食作物以种植冬小麦、玉米、马铃薯、蚕豆为主，经济作物以油菜为主、畜牧业以牛、羊、家禽养殖为主。

2619 寨子沟乡曹姚村

简　　介：曹姚村辖社 6 个，耕地总面积 1530 亩，农作物面积 1050 亩。现有人口 238 户，1180 人。少数民族 680 人，占全村人口的 57%。人均纯收入 1610 元。主要种植的农作物有小麦、玉米、土豆。近年通过推广旱作玉米技术，群众生活水平有了明显改善。主要养殖的牲畜为羊、牛等。村委办公场所修建于 2008 年。县委组织部配套远程教育设施，县体育局又为曹姚村配套"农家书屋"设施，配书柜 5 个，桌子 4 条，书籍 1000 余册，现村办公设施齐全，正常运转。

2620 中咀岭乡庙岭村

简　　介：庙岭村位于乡政府西南部，西邻金昌村，北邻居集镇劳动村，南面中咀岭村。全村共有 9 个社，405 户，1908 人，其中少数民族人口 1326 人，占总人口的 67%。全村耕地总面积为 1962.9 亩，人均占有耕地 1.1 亩。主要农作物有小麦、油菜、马铃薯等。

2621 关家川乡何家村

简　　介：何家村辖社 11 个，耕地总面积 2654 亩，其中水地 800 亩。现有人口 382 户，1819 人。人均纯收入 2200 元。主要种植的农作物有小麦、玉米、土豆。近年通过推广旱作玉米技术，群众生活水平有了明显改善。主要养殖的牲畜为羊、牛、猪等。村委办公场所修建于 2010 年，修建平顶共 8 间，县委组织部配套远程教育设施，桌子 4 套，凳子 10 套，椅子 4 套，档案柜 2 个。县文体局为何家村配套"农家书屋"设施，配书柜 2 个，书籍 1000 余册，现村办公设施齐全，正常运转。

2622 柳沟乡阳山村

简　　介：阳山村辖社 10 个，耕地总面积 1832 亩；农作物面积 1832 亩。现有人口 329 户，1638 人。人均纯收入 2000 元。主要种植的农作物有小麦、玉米、土豆，经济作物有花椒。近年通过推广旱作玉米技术，群众生活水平有了明显改善。主要养殖的牲畜为羊、牛等。村委办公场所修建于 2005 年，修建平顶 5 间，县委组织部配套远程教育设施，桌子 15 套，凳子 15 套，椅子 4 个，档案柜 3 个。县体育局为阳山村配套"农家书屋"设施，配书柜 5 个，桌子 6 条，书籍 1000 余册，现村办公设施齐全，正常运转。

2623 胡林家乡大庄村

简　　介：大庄村距乡政府 12 公里，总面积约 5.2 平方公里，全村共 14 个社，289 户居民，总人口为 1294 人，耕地面积为 2216 亩，人均占 1.7 亩。粮食作物主要有小麦，经济作物主要有胡麻、花椒，全村均为干旱山地，种植、劳务是大庄村群众的主要支柱产业，2010 年底，全村农民人均纯收入为 1050 元，大庄村修建有总面积为 160 平方米的村办公场所 1 处，其中村文化室 1 间，卫生室 1 间，计划生育工作室 1 间，村办公室 3 间。

2624 癿藏镇桥头村

简　　介：桥头村东邻铺川乡铺川村，西邻吊地洼，南岭杨家岭村，北邻居集镇深沟村全村共有 9 个合作社，361 户，2045 人，其中少数民族占全村人口的 76%。耕地面积 1658 亩，人均耕地面积为 0.85 亩。全村地形以山地为主，地形复杂。为此将居住分散的八社，22 户，130 人搬迁到地势平坦的桥头村农路边。属温带大陆性季风气候，其特点是四季分明，春秋凉爽，夏季多雨。冬季干冷，光照充足，年平均气温 7.4℃，无霜期 148-158 天。

2625 石塬乡三二家村

简　　介：三二家村位于石塬乡东北部，西接大河家镇，北与青海省民和县官亭镇隔河相望，海拔 1710 米。全村共辖 7 个社，278 户，1251 人。其中土族 912 人，占总人口的 73%，是石塬乡乃至全县土族人口居住最为集中的一个行政村。全村总耕地面积 1190 亩，其中水浇地 678 亩，旱地 512 亩，人均 0.95 亩。该村气候温热湿润，水源充沛，日照充足，气温高，村内大部分地区地势平坦，以种植小麦、玉米等农作物为主，特别适宜蔬菜、瓜果、花椒等特色经济作物的种植和栽植，是全县有名的线辣椒种植基地，发展蔬菜产业和苗木产业前景广阔。群众文化水平较高，但交通不便，是全村农业发展的主要制约因素。

2626 关家川乡李家山村

简　　介：李家山村辖社 7 个，耕地总面积 2120 亩，全部为旱地。现有人口 156 户，730 人。人均纯收入 1800 元。主要种植的农作物有小麦、玉米、土豆。主要养殖的牲畜为羊、牛等。村委办公场所修建于 2009 年，修建平顶共 8 间，县委组织部配套远程教育设施，桌子 10 套，凳子 16 套，椅子 2 个，档案柜 1 个。县文体局为李家山村配套"农家书屋"设施，配书柜 2 个，书籍 800 余册，现我村办公设施齐全，正常运转。

2627 铺川乡张巴村

简　　介：张巴村辖社14个，耕地总面积2985亩，农作物面积1800亩。现有人口488户，2456人，人均纯收入1828元。主要种植的农作物有小麦、油菜、土豆，经济作物有花椒。主要养殖的牲畜为羊、牛等。村委办公场所修建于2008年。县委组织部配套远程教育设施，教育局和县体育局又为张巴村配套"农家书屋"设施，配书柜5个，桌子6条，书籍1000余册，现村办公设施齐全，正常运转。

2628 石塬乡沈家坪村

简　　介：沈家坪村地处石塬乡北部，东面和石塬乡刘安村接壤，南面和石塬乡肖红坪村接壤，西面与刘集乡阳洼村相邻，北面与石塬乡石塬村接壤，距乡政府所在地3公里。全村共辖6个合作社，全村共有205户，996人，少数民族人口756人，占总人口的76%。全村总耕地面积1254亩，均为旱地，人均占1.67亩，以种植冬小麦和油菜为主。

2629 刘集乡陶家村

简　　介：陶家村位于刘集乡人民政府北面，距乡政府所在地4公里，属典型的川水地区之一，陶家村共有6个社。截至目前，全村共有289户，1496人，少数民族897人，占全村人口的60%，其中保安族73户，372人，占全村人口的45%，东乡族85人，占全村人口的6%，撒拉族280人，占全村人口的19%。全村共有耕地1487亩，人均耕地1亩，户均耕地5.15亩，人均纯收入1430元。主要种植的农作物有小麦、油菜、土豆，主要养殖的牲畜为羊、牛等。

2630 刘集乡刘集村

简　　介：刘集村位于刘集乡人民政府北面，属乡政府所在地，属典型的半干旱地区之一，刘集村共有10个社。截至目前，全村共有622户，2963人，少数民族350户，1325人，占全村人口的45%，其中保安族204户，862人，占全村人口的30%，撒拉族66户，259人，占全村人口的9%，东乡族50户，226人，占全村人口的8%。全村共有耕地2590.43亩，人均耕地0.9亩，户均耕地4.2亩，人均纯收入1428元。主要种植的农作物有小麦、玉米、油菜、土豆，主要养殖的牲畜为羊、牛等。

2631 居集镇强滩村

简　　介：居集镇强滩村位于居集镇西南面，全村共有8个合作社，217户，1025人。全村耕地1236.29亩，人均占有耕地面积1.1亩，耕地全部为山阴旱地。主要农作物为玉米、油菜、马铃薯、小麦等。境内有广阔的草场资源，有利于发展畜牧业，年人均纯收入1730元。现有村小学1所，教师3人，在校学生48人，其中女生23人。

2632 刘集乡团结村

简　　介：团结村位于刘集乡人民政府北面，距乡政府所在地3公里，属典型的川水地区之一，团结村共有6个社。截至目前，全村共有280户，1518人，少数民族154户，693人，占全村人口的46%，其中保安族82户，369人，占全村人口的24%，撒拉族63户，283人，占全村人口的19%。全村共有耕地1225亩，人均耕地0.8亩，户均耕地4.4亩，人均纯收入3020元。主要种植的农作物有小麦、油菜、土豆，主要养殖的牲畜为羊、牛等。村委办公场所修建于2013年。村内临大公路穿越而过。

2633 安集乡辉光村

简　　介：辉光村位于安集乡政府西部，离乡政府3.4公里，东、北与前进村相邻，西与胡林家乡相邻。全村共有7个农业合作社，168户，848人。其中老人119人，儿童136人，劳动力593人。全村适龄儿童入学率100%。耕地面积1310.7亩，人均耕地面积1.54亩。年降水量321.5毫米，村内地势高低起伏。村经济以农业为主，农作物以小麦、马铃薯、花椒、玉米为主。农民的经济收入主要靠外出打工。村内无任何医疗设施，群众就医和购买生活用品要步行到3.4公里以外的集镇。辉光村主要道路为近年修建的沙砾公路，全村采用农四级公路技术标准。村庄其他道路都为早期修建的简易农路。

2634 寨子沟乡地合村

简　　介：地合村辖社6个，耕地总面积1243亩，农作物面积905亩。现有人口173户，900人，少数民族620人，占全村人口的68%。人均纯收入1580元。主要种植的农作物有小麦、玉米、土豆。近年通过推广旱作玉米技术，群众生活水平有了明显改善。主要养殖的牲畜为羊、牛等。村委办公场所修建于2007年。

2635 寨子沟乡阳洼庄村

简　　介：本行政村辖社6个，耕地总面积1217亩，农作物面积940亩。现有人口190户，975人。少数民族502人，占全村人口的51%。人均纯收入1520元。主要种植的农作物有小麦、玉米、土豆。近年通过推广旱作玉米技术，群众生活水平有了明显改善。主要养殖的牲畜为羊、牛等。

2636 安集乡风林村

简　　介：风林村位于乡政府所在地，离乡政府1.5公里，东部与三坪村相邻，西部与风光村相邻，南部与安家湾村相邻。全村共有11个农业合作社，396户，1711人。其中老人240人，儿童274人，劳动力1197人。全村适龄儿童入学率100%。耕地面积2513.49亩，人均耕地面积1.46亩。年降水量321.5毫米，村内地势高低起伏，交通不便，水资源缺乏。村经济以农业为主，农作物以小麦、马铃薯、花椒、玉米为主。农民的经济收入主要靠外出打工。村内无任何医疗设施，群众就医和购买生活用品要步行到1.5公里以外的集镇。风林村主要道路为近年修建的沙砾公路，全村采用农四级公路技术标准。村庄其他道路都为早期修建的简易农路。

2637 小关乡大寺村

简　　介：大寺村位于小关乡西北角，平均海拔2400米，全村有9个合作社，共347户，1460人，其中少数民族67户，282人，占全村总人口的19.3%；全村总耕地面积为1707亩，人均占有耕地1.17亩，共有农机具27辆，2011年粮食总产量381吨，单产223.2公斤，人均纯收入1840元。全村大牲畜存栏715头，其中牛存栏425头，羊存栏1421只。该村现有六年制小学1所，教职工7人，在校学生207人，其中男生112人，女生95人，入学率为100%。2011年完成新农合参合1233人，占总人口84.5%，完成养老保险参保571人，参保率85%。全村经济以农业为主，畜牧业、副业为辅，农作物以油菜、蚕豆、小麦为主。

2638 居集镇甘藏村

简　　介：甘藏村位于居集镇西南面，全村共有9个合作社，298户，1422人。全村耕地1418.31亩，人均占有耕地面积1亩，全部为山阴旱地，主要农作物为玉米、油菜、马铃薯等，年人均纯收入1850元。现有村小学1所，教师6名，在校学生163人，其中女生81人。

2639 居集镇红崖村

简　　介：红崖村位于居集镇西南面，全村共有8个合作社，246户，1051人。全村耕地1530.12亩，人均占有耕地面积1.47亩，土壤类型主要有白土、黑土，种植的农作物主要有小麦、玉米、蚕豆、洋芋，经济作物有油菜，人均占有粮食200公斤，人均纯收入1700元。现有村小学1所，在校学生185名，教师6名。

2640 居集镇居集村

简　　介：居集村位于临大公路沿线，全村共有10个合作社，452户，2151人，其中少数民族2002人，占总人口的90%，属少数民族聚集村。全村耕地1943亩，人均占有耕地面积0.9亩。主要农作物有冬小麦、玉米、马铃薯等，经济作物有油菜、大豆等。人均占有粮食550公斤，农民人均纯收入约为2045元。村内现有1所中心小学，教师27人，在校学生453人，其中女生216人。

甘南藏族自治州

（一）舟曲县

2641 城关镇瓦厂村
简　　介：瓦厂村为舟曲县城关镇行政村之一。因以前有砖瓦厂得名。

2642 巴藏乡上巴藏村
简　　介：上巴藏村为舟曲县巴藏乡行政村之一。因地理位置得名。

2643 东山乡坪里村
简　　介：坪里村为舟曲县东山乡行政村之一。因地势平坦得名。

（二）卓尼县

2644 恰盖乡脑索村

简　　介：脑索村辖7个村民小组，129户，657人。全村共有党员50人。现有耕地面积1332亩，有各类牲畜2750头（匹、只），人均纯收入3427元。适龄儿童入学率达100%以上，电视覆盖率达100%。脑索村以农牧业为主。

2645 康多乡岔巴村

简　　介：岔巴村全村居住在半山腰，以阳面为主，以牧业为支柱产业，适宜种植青稞、豌豆、油菜、洋芋等农作物。全村占地面积达85.34平方公里，其中草场面积5.73万亩，耕地面积745.6亩。2012年农牧民人均纯收入1800元，其中牧业总产值30万元。全村共3个自然村，62户，371人。村委会坐落在中岔巴自然组，占地面积330平方米，建筑面积170平方米。

2646 木耳镇麻地湾村

简　　介：麻地湾村辖5个自然村，耕地面积1157.57亩（草场面积5039亩），全村有114户，510人。人均耕地2.2亩（草场5039亩），2012年底全村人均纯收入2300元。

2647 洮砚乡古路坪村

简　　介：古路坪村位于洮砚乡人民政府右边，辖区内有6个自然村，共453户，1750人。人均耕地面积0.9亩，全村以发展农牧业为主，第二、三产业发展比较滞后。2013年末农民人均纯收入约为2661元，其中经济主要来自洮砚绿石雕刻，养殖和劳务输出，在洮砚5个村居于中等水平。

2648 喀尔钦乡大力村

简　　介：大力村地处卡车沟公路沿线，距乡政府5公里。全村辖车路、大力、沙地、拉加、郭扎5个村民小组，共150户，763人，均为藏族人口。大力村现有耕地面积782亩，牛羊5000多头（只），群众以牧业为主要经济来源，农业占有一定的比例，是典型的半农半牧区。

2649 申藏乡小沟村

简　　介：小沟村地处申藏乡东北约5公里处，平均海拔3040米。共辖秋路、尼么堤、瓦家湾、西当、小沟上队和小沟下队6个自然村。全村有农牧民225户，1123人。全村有牛羊骡马大小牲畜2660头（匹、只）。全村有耕地面积3350亩，人均3.62亩。草山面积较大，有19400亩，且草质肥美。

2650 完冒乡沙冒后村

简　　介：沙冒后村总面积31平方公里，

辖2个自然村，耕地面积2000亩，草场面积7万亩。全村有94户，607人。人均耕地3.29亩，人均草场115亩，2012年底全村人均纯收入3352元。主要产业有犏雌牛（奶牛）养殖、藏羊养殖以及劳务输出。

2651 纳浪乡大小板子村

简　　介：大小板子村位于纳浪乡东南3公里处的洮河南岸，距县城38公里。全村有2个村民小组，228户，934人，大板子组117户，484人，小板子组111户，450人。有耕地1021亩，人均1.2亩。其中药材种植250亩，油菜种植180亩。有林地3838亩，有退耕还林240亩，有草场12776.9亩。主要经济作物有油菜、当归、大豆、柴胡、黄芪，共570亩。主要粮食作物有麦子、青稞、土豆，共451亩。有家用小轿车23辆，农用车140辆，摩托车160辆。

2652 柳林镇寺台子村

简　　介：寺台子村距县城2公里。全村有3个村民小组，167户，560人。冰角组47户，二组67户，三组53户。全村共有耕地面积408.5亩，人均0.72亩。种植小麦、大豆、土豆390亩。2013年寺台子村的人均纯收入为2935元，全村中草药种植面积达16亩。目前寺台子村建成合作社共5户，其中3处已建成投产，主要经营中草药种植、牛羊育肥。

2653 阿子滩乡盘元村

简　　介：盘元村位于阿子滩乡南部，古术公路穿村而过，东与临潭县术布乡相毗邻，西接那子卡村，北靠临潭县卡勺卡村，距乡政府11公里，全村辖盘元、牙当、牙禾3个自然村和1个藏传佛教寺院。常驻农牧民群众103户，共计466人，是一个以藏民族为主体的少数民族聚居村。现有耕地面积1201亩（草场面积800亩），主要种植小麦、大豆、马铃薯、油菜籽、藏青稞等，另种植柴胡、黄芪等中药材。养畜以犏雌牛、绒山羊为主，2013年人均纯收入达到2900元左右。

2654 㟬哇土族乡大庄村

简　　介：大庄村位居乡政府1.5公里处，全村辖8个村民小组，共有农牧户155户，总人口799人，耕地面积2538亩，各类牲畜4786头（匹、只），全村年人均纯收入3299元。

2655 柳林镇东石沟村

简　　介：东石沟村座落在距县城10公里之遥的县城西隅，是一个以农业种植为主体的行政村。全村有5个村民小组，238户，1092人。全村共有耕地面积2941亩，人均2.69亩。群众收入主要来源以农业种植、牛羊养殖、劳务输出为主。种植方面，主要种植小麦、油菜、大豆、土豆、中药材等。2014年全村中草药种植面积达1200亩。

2656 阿子滩乡阿子滩村

简　　介：阿子滩村位于省道岷合二级公路边沿，属乡政府驻地，境内交通便利，相距卓尼县城32公里。全村辖管古占川、新庄子、下阿子滩、上阿子滩、宁古5个村民小组，常住农牧户有408户，1708人，占地总面积17.8平方公里，有耕地面积3785.42亩，林地290亩，草场1800亩，人均占有耕地2.08亩，现各类牲畜存栏2.3万（头、匹、只），农牧民人均纯收入2436元。

2657 㟬哇土族乡光尕村

简　　介：光尕村地处白石山脚下，距乡政府5公里处，全村辖7个村民小组，共有农牧户 189 户，人口 945 人，耕地面积 2322 亩，各类牲畜 3824 头（匹、只），是一个农牧并举的村。该村有二年制村学 1 所。2012 年农牧民人均纯收入 3299 元。2010 年修建了村"六位一体"活动室，活动室坐落在落巴寺组，占地面积有 106 平方米，总投资 7.5 万元。

2658 尼巴乡尼巴村

简　　介：尼巴村位于乡政府驻地西北方 1.2 公里处，是卓尼县牧业第一大村。主要经济收入为畜牧业及附属产品销售，共有耕地面积 537.66 亩。全村共辖 7 个村民小组，348 户，2037 人（其中女 1015 人）。现有放牧户 253 户，共有各类牲畜 32024 头（只、匹），其中牛 16087 头，绵羊 15743 只，马 194 匹，人均纯收入为 3245 元。主要产业一是种植业，以种植青稞、油菜为主。二是养殖业，以牦牛、藏羊、犏雌牛（奶牛）养殖特色产业为主。三是劳务输出。

2659 阿子滩乡板藏村

简　　介：板藏村位于阿子滩乡西北部，距乡政府 3.5 公里，全村有 3 个村民小组，232 户，1132 人，有藏汉 2 个民族。全村现有耕地面积 2993 亩，草场面积 2795.37 亩，人均分别占地面积 2.68 亩和 2.23 亩，全村共有各类牲畜 1190 头（只、匹），人均纯收入 2460 元。

2660 阿子滩乡座车首村

简　　介：座车首村位于阿子滩乡南部，距乡政府 8 公里，东与临潭术布乡接壤，南与本乡的盘元村相连，西与本乡的那子卡村相接，北至临潭县古战村，全村辖座车首、普藏山、菜子 3 个自然村，常驻农牧民群众 165 户，740 人。有耕地面积 2591 亩，草场面积 4 万亩，农业以种植小麦、大豆、马铃薯、油菜为主，牧业以养殖犏雌牛为主，属全乡典型的农牧业村，人均纯收入 3000 元左右。

2661 申藏乡斜藏村

简　　介：斜藏村总人口 672 人，党员 21 人，下设 4 个村民小组，99 户，其中俄化组 35 户，九要组 23 户，康古组 18 户，达扎组 23 户，总耕地面积 1359.9 亩，2009 年年底完成苜蓿种植 540 亩，养牛 399 头，养羊 5598 只。有 90 人领取 60 岁以上老人待遇。

2662 洮砚乡杜家川村

简　　介：杜家川村坐落在洮砚乡的东南方向，与岷县维新乡相邻，全村共有 5 个村民小组，农户 227 户，人口 897 人，有耕地 1131 亩，人均占有耕地 1.3 亩。沼气 25 户，村民收入从 2009 年底的 1800 元上升到 2013 年的 2700 元，净增 900 元。

2663 喀尔钦乡相俄村

简　　介：相俄村位于县城正西 20 公里左右处，与喀尔钦乡大族村相邻。下辖李七沟、相俄、完绰、别路山、多尕、西石沟 6 个村民小组，共 217 户，996 人，有汉、藏 2 个民族。农牧民人均纯收入达 3100 元。医疗方面，全村 996 人，其中有 990 多人参加了农村合作医疗保险，参与率达 99% 以上。在社会保障方面，有 95% 的农民都参加了养老统筹。

2664 洮砚乡纳儿村

简　　介：纳儿村位于洮砚乡西北方向，北与藏巴哇乡接壤，西与临潭县一河之隔。大队部坐落于丁尕组，距离洮砚乡政府 4 公里，辖区东西长约 25 公里，区内草山、林地面积广阔，是中国四大名砚之一的洮砚石原料产地。全村共有 5 个村民小组，分别为丁尕组、卡日山组、上达勿组、下达勿组和四下川组，共有 160 户，581 人，另有移民自谋职业人口共计 48 户，173 人。耕地面积 677.12 亩，林地面积 1220 亩，退耕还林 70 亩，草场面积 4806.8 亩。

2665 洮砚乡拉扎村

简　　介：拉扎村座落在洮砚乡的东北方向，下辖 8 个村民小组，是我乡的二阴地区，离乡政府所在地 7 公里，行政村所在地海拔 2500 米。农户 291 户，人口 1217 人，有耕地 1519.95 亩，人均占有耕地 1.32 亩，2013 年全村农民人均纯收入 3500 元。农民人均收入年递增 15%，从 2012 年底的 3000 元上升 2013 年的 3500 元，净增 500 元。由于村处于二阴地区，坐落分散且属于山地气候，因而村内以种植粮食作物、药材（当归、柴胡、黄芪）和养殖藏牛羊以及加工洮砚为主。全村大小牲畜 3568 头（匹、只）。

2666 木耳镇七车村

简　　介：七车村地处多期公路 11 公里处，全村辖 2 个自然村，3 个村民小组，共有农牧户 146 户，人口 787 人，耕地面积 968 亩，各类牲畜 3287 头（匹、只），以牧业为主，有合作医疗 1 所，三年制村学 2 所，支部共有党员 40 名，2008 年农牧民人均纯收入 1770 元。

2667 藏巴哇乡柏林村

简　　介：柏林村辖有 7 个村民小组，382 户，1725 人。有耕地面积 1982.97 亩，地处高寒地带，适应种植大麦、青稞、蚕豆、洋芋、燕麦等作物，主要经济作物（中药材）有当归、黄芪、党参等，是以种植业为主，农牧兼营的村。各类大小牲畜 5268 头（匹、只）。人均耕地 1.29 亩，2012 年底全村人均纯收入 3112 元。

2668 申藏乡申藏村

简　　介：申藏村位于显龙乡政府南部，距乡政府 7 公里，全村辖 7 个村民小组，188 户。全村共有耕地 2370 亩。以粮食、烤烟、核桃、中药材和劳务输出为主要经济收入来源。

2669 完冒乡俄化村

简　　介：俄化村总面积 65 平方公里，所辖 6 个自然村，耕地面积 2323 亩（草场面积 5 万亩），全村有 138 户，910 人。人均耕地 2.55 亩（草场 54.9 亩），2012 年底全村人均纯收入 3510 元。主要产业一是犏雌牛（奶牛）养殖。二是藏羊养殖。三是优质青稞种植。四是劳务输出。

2670 柳林镇白塔村

简　　介：白塔村座落在距县城 1 公里之遥的洮河岸边，有 2 个村民小组，163 户，483 人。其中上河自然村 86 户，下所藏自然村 77 户，是一个以藏族为主体的少数民族聚居村。2013 年底人均纯收入达 2780 元。于 2011 年建成了占地 3 亩、砖混结构的村级活动室，并配齐配全了各种办公设施，并在下所藏水草滩建占地面积 1.733 亩的文化广场，配备篮球架、健身器材。

2671 柳林镇上城门村

简　　介：上城门村与寺台子村、唐尕川村接壤，属农牧户聚居村，主要经济收入以农业及药材种植业销售为主。全村下辖 3 个自然村，138 户，438 人，现有耕地面积 800 亩，人均纯收入为 3780 元。主要产业一是药材（当归）种植。二是小麦，青稞、油菜种植。三是藏羊养殖。四是劳务输出。

2672 申藏乡郭大村

简　　介：郭大村位于卓尼县东北部，全村辖5个村民小组，160户，825人，耕地面积3579.84亩，林地面积9085。以农牧业、养殖业为主要产业，年人均收入3000元。

2673 纳浪乡朝勿村

简　　介：朝勿村位于卓尼县城东南部，距县城28公里，全村有3个村民小组，136户，614人（其中农业人口590人，非农人口24人），一组27户，116人；二组49户，230人；三组60户，268人。有耕地760亩，人均1.23亩。其中药材种植40亩，油菜种植150亩。有林地2683亩，有退耕还林583亩，有草场12900亩。主要经济作物有油菜、当归、黄芪，共210亩。主要粮食作物有土豆、大豆、小豆、青稞、小麦，共420亩。有家用小轿车8辆，农用车130辆，摩托车92辆。

2674 木耳镇多坝村

简　　介：多坝村地处卓尼县东南风景优美的大峪沟口，距县城约12公里。全村辖4个村民小组，共有农牧户257户，总人口1139人，耕地面积1788亩，各类牲畜1286头（匹、只）。

2675 藏巴哇乡巴都村

简　　介：巴都村位于藏巴哇乡中部，平均海拔2400米，总面积105平方公里，辖4个村民小组，耕地面积954亩（草场面积1600亩）。有党支部1个，党员52名，其中女党员4名，是一个半农半牧的农牧村。全村有297户，1109人。人均耕地1.8亩（草场2.28亩），2013年底全村人均纯收入2350元。主要产业一是中药材种植。二是牦牛、藏羊养殖。三是牦牛、藏羊育肥和劳务输出等。

2676 扎古录镇赛如那村

简　　介：赛如那村位于扎古录镇西北部的赛如那沟，与合作市毗邻，距镇政府所在地大约有30公里，辖尼车多、下尕多、下古、尕贡巴、赛如那、尕玛6个村民小组，68户，439人。海拔约2900米左右，年均气温9℃，无霜期100天左右。全村耕地面积938.2亩，草场面积1.06亩，林地面积共2760亩，其中有林地300亩，灌木林地2400亩，宜林地60亩，历来以农业生产为主，主要农作物有青稞、大豆、油菜，牧业养殖牲畜主要有牦牛、藏绵羊。

2677 藏巴哇乡包舍口村

简　　介：包舍口村位于藏巴哇乡西南面，距乡政府6公里，村活动室建在阳坡村，村内海拔2200-2500米，年均气温5.5摄氏度，年均降雨量500毫米，无霜期100天左右，耕地507亩，草场面积0.7万亩，林地面积1048亩。全村辖3个村民小组，137户，547人。主要产业有中药材种植、牦牛、藏羊养殖以及经济林果和网箱养鱼。

2678 纳浪乡若龙村

简　　介：全村有5个村民小组，291户，1306人，其中农业人口1306人。一组76户，306人；二组67户，294人；三组73户，359人；四组38户，176人；五组37户，171人。有耕地1366亩，人均1.04亩。其中药材种植1000亩。若龙村位于纳浪乡西部2公里处的洮河南岸，油菜种植200亩，有林地4242亩，有退耕还林985亩，有草场18243.6亩。主要经济作物有黄芪、当归油菜等，共1250亩。主要粮食作物有小麦、青稞、土豆等，共116亩。有家用小轿车5辆，小客车9辆，农用车135辆，摩托车182辆。

2679 完冒乡康木车村

简　　介：康木车村总面积55平方公里，辖4个自然村，耕地面积2770亩，草场面积5万亩。全村有112户，676人。人均耕地4.10亩（草场74亩），2012年底全村人均纯收入3510元。主要产业有犏雌牛（奶牛）养殖、藏羊养殖、劳务输出。

2680 尼巴乡石巴村

简　　介：石巴村与尼巴村、格拉村接壤，属纯藏族牧民聚居村，主要经济收入以畜牧业及附属产品销售为主。全村共下辖3个自然村，212户，1280人。现有耕地面积204亩，石巴村扶贫户为135户，660人。全村共有各类牲畜25676头（匹、只），人均纯收入为3500元。主要产业有犏雌牛（奶牛）养殖、藏羊养殖、劳务输出。

2681 恰盖乡利加村

简　　介：利加村位于恰盖乡政府东北方向25公里处，地理位置属扎尕梁边缘山区，森林覆盖面广，交通道路陡险，东南方向与冶力关景区毗邻，其中黄念子部分旅游景区为该村辖区。利加村牧民群众依山梁居住，村庄最低海拔2200米以上，年平均降雨量580毫米。全村总面积约86平方公里，草山面积11.8万亩，各类牲畜存栏1721头（匹、只），2012年底农牧民人均纯收入3425元，全村以牧业和劳务输出为主要经济收入。全村共辖4个自然村，总户数110户，617人。

2682 柳林镇草岔沟村

简　　介：草岔沟自然村位于卓尼县城北部6.7公里处，是一个以藏、汉为主聚居的农牧村。全村有4个自然村，5个村民小组，共195户，889人。全村耕地面积3370亩，人均占有耕地3.6亩。全村有党员36人，小学以下程度的党员12人，55岁以上党员11名。全村以种植业和养殖业为主导产业，粮食作物主要有小麦、青稞、土豆、油菜等，经济作物以药材种植为主，特别是近年来当归的规模化种植，对村经济发展起到了重要作用，2013年村人均纯收入2800元。

2683 藏巴哇乡新堡村

简　　介：新堡村是藏巴哇乡政府所在地，全村辖新堡上、下组、大山组和田家庄组等4个村民小组，村活动室修建于2006年，占地约600平方米，现有人口187户，725人。全村耕地面积1042亩，以种植、养殖为主导产业，主要农作物有小麦、蚕豆、洋芋、当归等，主要特色产业有经济林果和网箱养鱼。

2684 扎古录镇八十卡村

简　　介：八十卡村位于扎古录镇西北部，距镇政府28公里处，海拔2800米，年均气温11℃，无霜期100天。全村耕地面积2721.4亩，草场面积1.5万亩，林地面积8270.98亩。全村历来以农牧业生产为主，主要农作物有青稞、大豆、油菜、土豆，牧业养殖牲畜主要有牦牛、藏绵羊，人均收入3779元。全村共96户，591人，5个村民小组。

2685 木耳镇吾固村

简　　介：吾固村总面积381平方公里，辖3个自然村，耕地面积824.6亩，草场面积81898.70亩，全村有171户，891人。人均耕地0.94亩（草场93.49亩），2012年底全村人均纯收入1950元。

2686 扎古录镇塔乍村

简　　介：塔乍村位于扎古录镇西北端，距镇政府所在地约23公里。全村有什巴、尼巴、安果、尼布娄、大尼什、前如吾、后如吾 7 个村民小组，共有 96 户，569 人。现有特困户 46 户，245 人。耕地面积 1664 亩，林地面积约 1.4 万亩，草场面积 1.49 万亩，年降雨量 470 毫米，无霜期 100 天左右，属半农半牧区（以牧业为主）。塔乍村位于扎古录镇西北端，距镇政府所在地约 23 公里。

2687 洮砚乡坑扎村

简　　介：坑扎村位于洮砚乡东 13 公里处，辖区内由坟湾、坑扎、下拉路、水沟 4 个自然村组成，共 150 户，640 人。现有耕地 1241.58 亩，人均耕地面积 1.9 亩，全村以发展第一产业为主，第二、三产业发展比较滞后。主要农作物有小麦、洋芋、青稞、大豆、小豆等，经济作物有当归、黄芪等。全村以中药材种植、洮砚石雕刻、外出务工为主要经济来源。

2688 藏巴哇乡侯旗村

简　　介：侯旗村活动室位于侯旗上组，于 2004 年修建，总建筑面积 350 平方米，总投资 6 万元，建有砖混结构瓦房 6 间，活动室 5 间，厕所 1 间，2010 年硬化了地坪，2011 年打了暖廊，活动室办公设施齐全，各项制度规范。侯旗村是一个贫困村，平均海拔 2300 米，总面积 105 平方公里，所辖 5 个村民小组，全村有 281 户，1124 人。人均耕地 0.9 亩，人均草场 2.28 亩，2013 年底全村人均纯收入 2300 元。耕地面积 1040 亩，草场面积 1528 亩。侯旗村地处高寒，适应种植中药材以及小麦、小豆、洋芋等。

2689 藏巴哇乡石达滩村

简　　介：石达滩村位于藏巴哇乡边缘，北靠漳县，南靠岷县，气候较冷，平均海拔 2890 米，辖 3 个村民小组，耕地面积 1222.2 亩，人均耕地 1.2 亩，草场面积 30352.2，林场面积 848.05 亩。全村有 245 户，997 人。2013 年底全村人均纯收入 2340 元。主要产业一是中药材种植。二是牦牛、藏羊养殖。三是牦牛、藏羊育肥和劳务输出等。

2690 尼巴乡格拉村

简　　介：格拉村位于尼巴乡辖区北侧，与刀告乡相连，海拔 2950 米，全村 1 个村民小组，共有人口 78 户，499 人，均属藏牧民。格拉村为纯牧业村，主要经济收入为畜牧业及附属产品销售。总耕地面积 150 亩，主要种植青稞、洋根等作物，牛、马等大牲畜上年存栏 1435 头，羊 375 只，蕨麻猪 150 头，人均年收入 3450 元。主要产业有犏雌牛（奶牛）养殖、藏羊养殖、劳务输出。

2691 喀尔钦乡拉力沟村

简　　介：拉力沟村位于县城西南 10 公里左右处，北临洮河，与麻的卡村、多加村隔河相望，南通大峪、卡车二沟，西接达子多村，东与柳林镇也儿村为邻。岷麻公路由西向东沿洮水紧依村北而过，拉力沟河从南向北穿两村后汇入洮河。境内平均海拔约 2700 米，年均气温 4.5℃，属高原性大陆气候，"光能不足日照短，热量贫乏温差小，降水充沛不均匀，地高林多湿度大"，拥有草场 14 万亩，森林 10 万亩，耕地 1560 亩，具有冷杉、云杉、圆柏、刺柏、油松、白桦、红桦、山杨、虫草、党参、秦艽、山溪鲵、鹿、麝、黑熊、雪豹、鬣羚、雪鸡、马鸡等丰富的动植物资源，盛产蕨菜、蕨麻、羊肚菌、黑木耳、鹿角菜、酥油蘑菇、松花蘑菇等山珍。全村辖拉力沟、沟门、加当、扭子、上帕路、下帕路 6 个村民小组，共 262 户，1242 人，有汉、回、藏 3 个民族，其中回族 7 户，31 人，汉族 12 户，42 人，绝大部分村庄在拉力沟河、洮河两河河谷平川地带呈"丁"字状走向分布。村民以畜牧业为主导产业，以传统方式放养牦牛、藏羊为主，同时兼营农业。

2692 木耳镇出纳村
简　　介：出纳村地处卓尼县城东南部风景优美的大峪沟，距县城约19公里。全村辖4个村民小组，共有农牧户133户，总人口634人，耕地面积768亩，各类牲畜793头（匹、只）。2011年上半年全村人均纯收入达到2150元左右。

2693 藏巴哇乡上扎村
简　　介：上扎村位于藏巴哇乡东北部，距乡政府所在地约15公里处。平均海拔为2800米，无霜期为4个月，全村共有耕地面积约700多公顷，饲养牦牛1500头，藏羊1800只，骡马80匹，各类大牲畜898头(只)。常年气候比较寒冷，适宜冬小麦种植、中药材种植、林果业栽植、牦牛、藏羊和土鸡养殖等。山高气凉，雨量随季节分布不均，一般为春旱秋涝，主要经营牧业、农业和山野特产。群众主要从事牧业养殖，种植业为洋芋、小麦、药材。上扎村共有3个村民小组，104户，410人。

2694 完冒乡根沙村
简　　介：根沙村总面积75平方公里，辖5个自然村，耕地面积2806亩，草场面积10万亩，全村有177户，1080人。人均耕地2.62亩，人均草场93亩，2012年底全村人均纯收入3510元。主要产业有犏雌牛(奶牛)养殖、藏羊养殖、劳务输出。

2695 尼巴乡江车村
简　　介：江车村与尼巴村接壤，属纯牧业村，主要经济收入为畜牧业及附属产品销售，共有耕地面积219亩。全村共辖4个村民小组，243户，1387人，其中女742人。现有放牧户203户，共有各类牲畜13984头（只、匹），其中牛7099头，绵羊6749只，马136匹。人均纯收入3405元。主要产业有犏雌牛（奶牛）养殖、藏羊养殖、劳务输出。

2696 恰盖乡角缠村
简　　介：角缠村位于恰盖乡政府西北方向6公里处，地理位置南北为山，中间有恰盖河自西向东流过，农牧民群众大多居住在北面山坡，村庄最低海拔2800米以上，年平均降雨量560毫米。全村总面积190多平方公里，草山面积21万亩，各类牲畜存栏18721头（匹、只），2012年底农牧民人均纯收入3425元，是恰盖乡的纯牧业村。全村共辖10个自然村，总户数188户，1154人。2012年产业结构调整，引进种公羊236只，投入扶贫资金50万元新修了柴木车至扎尕梁牧道。

2697 木耳镇木耳村
简　　介：木耳村距离卓尼县城1公里处，全村辖4个村民小组，176户，738人，总耕地面积1080亩。各类牲畜存栏1150多头。全村有致富能人8名，2010年人均纯收入达2030元。

2698 完冒乡沙冒多村
简　　介：沙冒多村总面积55平方公里，所辖4个自然村，耕地面积2681亩，草场面积8万亩，全村有97户，692人。人均耕地3.87亩，人均草场116亩，2012年底全村人均纯收入3218元。主要产业有犏雌牛(奶牛)养殖、藏羊养殖、劳务输出。

2699 恰盖乡温布滩村

简　　介：温布滩村地处恰盖乡中部，东部接壤脑索村，西部接壤角缠村，恰盖河贯穿全村。全村辖8个村民小组，共119户，725人。全村共有耕地面积1600多亩，草场面积21万亩，各类牲畜约7680头（匹、只）。支柱产业为畜牧业，有家庭牧场92处（座），现建成规模养殖合作社1处，以养殖犏牛、蕨麻猪等为主。2012年以来投资160万元的危旧房改造，投资100万元的藏式塔板房项目覆盖全村农牧户，引进优良公种羊180只，2013年实施风貌改造全覆盖。农业方面，农牧民享受各项强农惠农政策资金约110万元。

2700 木耳镇博峪村

简　　介：博峪村地处卓尼县东南部，距县城3公里处，全村辖3个村民小组（博峪一组、博峪二组、力赛组），属半农半牧区，共有农牧户190户，人口870人，耕地面积1061.19亩，水电入户率100%。集体林地面积2937亩，各类牲畜2969头（匹、只），现有劳动力480人，外出务工人员380人（技术工120人，小工260人），大学生36人，干部职工家庭18户，农家乐1户，小卖部8户，村级小学1所。

2701 喀尔钦乡麻地卡村

简　　介：麻地卡村位于喀尔钦北面，距离县城11公里，距离喀尔钦乡政府所在地12公里。全村共有3个村民小组，117户，共511人，属纯藏族村，交通便利，区位优势明显。耕地面积1254亩，人均占有耕地2亩，养殖牛羊共150多只，种植药材100多亩，蔬菜大棚125座，小型沙厂1个。全村党员共35名，联村单位的24名干部共联麻地卡村26户，联系户数占总户数的22%。去年全村人均纯收入2150元，以种植小麦、青稞、洋芋、油菜等作物为主。主要经济来源以外出务工和种植农作物为主。全村基本实现医疗、养老全覆盖。

2702 纳浪乡羊化村

简　　介：羊化村位于卓尼县东南部，距县城23公里，全村有5个村民小组，193户，878人，其中农业人口874人，非农人口4人。有耕地1047亩，其中药材种植195亩，油菜种植130亩。有林地2250亩，有退耕还林951亩，有草场2239亩。主要经济作物有当归、黄芪、党参、大豆等，共640亩。主要粮食作物有小麦、青稞、洋芋，共400亩。有家用小轿车31辆，农用车5辆，摩托车18辆。

2703 阿子滩乡足子村

简　　介：足子村位于阿子滩乡政府西北部，北靠大路石山，东接班藏村，南与阿子滩村毗邻，西与达架村接壤，交通便利。全村辖足子、迭巴、麻乍、甘布塔4个自然村，有藏、汉、回3个民族。常住农牧户242户，1170人，其中回族8户，50人，汉族4户，18人。耕地面积3556亩，人均耕地面积3亩，草场面积25000亩，农业以种植青稞、燕麦、大豆、马铃薯、油菜籽等为主，牧业以羊、牦雌牛养殖为主，现有大小牲畜8000余头，生产形式为半农半牧，种植药材1000多亩，主要经济来源以外出务工和种植农作物为主。全村基本实现医疗、养老全覆盖。全村党员共48名。

2704 申藏乡目地坡村

简　　介：目地坡村坐落在目地坡乡东南方，距乡政府15公里，村委会辖4个村民小组，154户，780人，耕地面积2800亩，主导产业以农产品、运输、养殖为主，人均纯收入在 3000 元左右。

2705　柳林镇唐尕川村

简　　介：柳林镇唐尕川村地处卓尼县城，辖区群众与柳林镇城东社区、城西社区居民混合居住，房屋以独家独院平房为主，瓦房、二层楼房次之。全村共3个村民小组，238户，712人。全村耕地面积555亩，一队192.7亩，二队175.6亩，三队186.7亩。医疗保险参保率98.9%，二女户12户，"双联"行动联系户54户，五保户3户。主要农作物小麦、洋芋，主要经济作物有油菜，主要经济来源是学生借宿房出租、务工、小型运输等。

2706　阿子滩乡达架村

简　　介：达架村位于乡政府正西，与扎古录镇相邻，相距卓尼县城约53公里。全村共9个自然村，206户，1117人，海拔在2800米左右，占有耕地面积3886.87亩，草场面积3800亩，有大小牲畜2400头（匹、只）。该村以种植燕麦、青稞为主，洋芋、大豆、油菜为辅，养殖以大牲畜为主，人均纯收入达到2900元。农牧村经济结构产业方面，积极调整产业结构，确立以青稞、燕麦为主、马铃薯等农作物为辅，养畜以奶牛为主的农牧业生产体系，在2012年建成奶牛示范养殖小区等惠民重点项目，修建养牛棚圈32座，养殖良种奶牛300余头。

2707　纳浪乡温旗村

简　　介：温旗村位于卓尼县的东南洮河沿岸，距县城26公里，全村有6个村民小组，242户，1140人。有耕地1250亩，人均1.096亩，其中药材种植450亩，油菜种植310亩。有退耕还林510亩，有草场900亩。主要经济作物有当归、黄芪、党参，共450亩。主要粮食作物有青稞、大头、土豆，共800亩。有家用小轿车34辆，农用车210辆，摩托车180辆。

2708　喀尔钦乡柯别村

简　　介：柯别村距乡政府25公里处。辖上柯别、下柯别、坡岔、拉布山、烟通沟5个村民小组。全村有174户，738人。耕地面积2800亩，牛羊350余头（只），年人均纯收入2216元，温饱覆盖率达到100%，适龄儿童入学率95%，电视覆盖率已经达到98%。本村以药材和油料种植为主导特色产业。全村在稳定粮食单产的前提下，大力发展以柴胡、当归为主的药材种植，目前已形成一定规模的种植，面积达到500亩，以油料为主的农业种植面积已达到300亩。

2709　扎古录镇柏林村

简　　介：柏林位于扎古录镇东北部5公里处，辖4个村民小组，128户，719人，耕地面积1967余亩，是一个以农业为主，农牧结合的乡村，主要农作物有青稞、大豆、油菜、黑麦等，牧业养殖牲畜主要有牦牛、藏绵羊、山羊等，人均年收入2200余元。

2710　柳林镇上卓村

简　　介：上卓村位于县城北5公里处，辖5个村民小组，现有村民374户，1575人。现有耕地面积3099.4亩，主要种植青稞、小麦、洋芋、大豆、油菜；草场面积6840亩，林地面积1233亩，2013年人均纯收入达3700元左右。

2711　喀尔钦乡大族村

简　　介：大族村距离乡政府13公里，下辖6个村民小组，常驻农牧户221户，1071人。全村有藏、汉2个民族。耕地面积2420.21亩，草场面积57482亩，人均占有耕地面积2.35

亩，人均草场 55.8 亩，2013 年全村的人均收入约 3486 元。种植业以种植小麦、大豆、油籽、洋芋、柴胡、当归为主，其中药材占大多数。养殖业主要有牛羊育肥、犏雌牛（奶牛）养殖。特色产业主要是高原无公害蔬菜种植大棚建设。

2712 扎古录镇麻路村

简　　介：麻路村位于扎古录镇政府所在地，辖麻路、牙路、龙多、哇车 4 个村民小组，共有 166 户，783 人。海拔 2650 米，年均气温 12℃，无霜期 110 天左右。全村耕地面积 1100 亩，草场面积 2.7 万亩，林地面积 1560 亩。麻路村历来以农业、牧业为主，主要农作物有青稞、大豆、油菜，藏中药材种植以当归、大黄为主，牧业养殖牲畜主要有牦牛、绵羊，2013 年人均收入 3903 元。

2713 藏巴哇乡恰布村

简　　介：恰布村位于藏巴哇乡东北端，平均海拔 2400 米，总面积 20 平方公里，所辖 3 个村民小组，耕地面积 889 亩（草场面积 1600 亩），有党支部 1 个，党员 38 名，其中女党员 4 名，是一个半农半牧的农牧村。全村有 155 户，702 人。人均耕地 1.3 亩（草场 2.28 亩），2012 年底全村人均纯收入 2300 元。主要产业有中药材种植、牦牛、藏羊养殖、牦牛、藏羊育肥和劳务输出等。

2714 纳浪乡西泥沟村

简　　介：西尼沟村位于纳浪乡东南方向，距县城 42 公里，全村有 6 个村民小组，320 户，1364 人，其中农业人口 1347 人，非农人口 17 人。有耕地 1374 亩，人均 1.01 亩。其中药材种植 485 亩，油菜种植 244.8 亩。有林地 4388 亩，有退耕还林 487.5 亩，有草场 360 亩。主要经济作物有当归、黄芪，共 485 亩。主要粮食作物有小麦、青稞、大豆、油子，共 489.6 亩。有家用小轿车 6 辆，农用车 242 辆，摩托车 214 辆。

2715 喀尔钦乡出路村

简　　介：出路村位于大族办事处东西侧的半山丘上，距乡政府 15 公里。全村有落拉尕、出路、马巴、牙扎、撒乍山、录日 6 个村民小组，共 213 户，1107 人。其中落拉尕 39 户，181 人，出路 32 户，160 人，马巴 42 户，192 人，牙扎 25 户，121 人，撒乍山 34 户，154 人，录日 40 户，180 人，为藏族和汉族人口。耕地面积 3800 亩，人均占有耕地面积 3.24 亩，以农业为主，主要种植青稞、蚕豆、小麦、油菜等作物，有大小牲畜 2200 头（匹、只）。全村基本实现医疗、养老全覆盖。

2716 康多乡多玛村

简　　介：多玛村地处康多乡以西，距乡政府 7 公里，全村居住在半山腰，以阳面为主，以牧业为支柱产业，适宜种植青稞、豌豆、油菜、洋芋等农作物，全村占地面积达 110.56 平方公里，其中草场面积 10 万亩，森林面积 1.5 万亩，耕地面积 445 亩。2010 年农牧民人均纯收入 1530 元，其中牧业总产值 59 万元。全村共 5 个自然村，90 户，519 人，有党员 28 人。村委会坐落在果扎自然组，占地面积 330 平方米，建筑面积 170 平方米，活动室办公设施齐全。

2717 刀告乡贡巴村

简　　介：贡巴大队有 5 个自然村，现有户数 396 户，现有人口 2196 人，耕地面积 2764 亩，各类牲畜 5230 多头。贡巴村地处高寒，适应种植青稞、洋梗、油菜等作物。贡巴村是以农牧业为主，农牧相结合为经营模式的村组。有养殖藏羊、藏牛的牧场，是牲畜生存与繁殖的最佳地带。

2718 木耳镇寺古多村

简　　介：寺古多村位于洮河北岸距县城 1 公里，全村共有 3 个自然村（畲尼沟、寺古多、俄吾多自然村），共 96 户，442 人，其中藏族 315 人，占人口总数的 71.2%，大中专学生 17 人。耕地面积 558.54 亩，人均 1.26 亩。林地面积 4746.42 亩，草场面积 41281.5 亩。各类牲畜 251 头（只、匹），其中羊 144 只，猪 107 头。全村有轿车 7 辆，农用三轮车 60 辆，摩托车 76 辆。水电入户率 100%。有三年制村学 1 所，学生 6 名，教师 1 名。有党员 28 名，其中女党员 3 名。全村共有劳动力 235 人，大多数外出务工者从事建筑业等体力劳动，留守劳动力大多从事传统种植业。

2719 藏巴哇乡柳林村

简　　介：柳林村位于藏巴哇乡政府西端，北部与渭源县峡城乡接壤，距离乡政府 15 公里。平均海拔 2120 米，村活动室驻柳林组，现辖 2 个村民小组，11 个自然村，共 210 户，864 人。耕地面积 692 亩，其中水浇地 412 亩，旱山地 280 亩，人均耕地面积 0.8 亩。各类大牲畜 840 头（匹、只）。主要农作物有冬小麦、蚕豆、大豆、洋芋、油菜等。

2720 纳浪乡纳浪村

简　　介：纳浪村位于卓尼县东南部，距县城 35 公里，全村有 3 个村民小组，316 户，1240 人。有耕地 1241 亩，人均 1 亩。其中药材种植 220 亩，油菜种植 350 亩。有林地 3593 亩。主要经济作物有当归、黄芪、油菜，共 570 亩。主要粮食作物有小麦、青稞、大豆，共 620 亩。有家用小轿车 15 辆，农用车 310 辆，摩托车 210 辆。

2721 喀尔钦乡录巴寺村

简　　介：录巴寺村距乡政府 5 公里处，岷麻公路穿村而过，在卓尼县城洮河上游 22 公里的洮河岸边，全村辖录巴寺、阳坝、录巴湾 3 个村民小组。全村有 107 户，108 人，其中年龄在 60 岁以上的有 41 人。耕地面积 737 亩，牛羊 150 只（头），年人均纯收入 2716 元。温饱覆盖率达 100%，适龄儿童入学率 90%，电视覆盖率已达 98%。录巴寺村以药材和大豆种植为主导特色产业。目前已形成一定规模，面积达 220 亩，大豆为主的农业种植面积已达 46 亩。

2722 木耳镇叶儿村

简　　介：叶儿村地处卓尼县城郊，距县城约 1 公里。交通便利，信息发达。全村辖 5 个村民小组，245 户，1092 人，耕地面积 1181.2 亩，各类牲畜 1126 头（匹、只）。2010 年全村人均纯收入达到 2120 元。叶儿村大队部修建于 2009 年，占地 1500 平方米。

2723 刀告乡龙多村

简　　介：龙多村活动室建于 2007 年，占地面积 218 平方米，其中建筑面积为 90 平方米，投资 8 万元，内设计划生育活动室、党建室、村民活动室，室内办公设施及电子设备齐全。龙多村下辖 8 个村民小组，共有牧民 232 户，1356 人，承包草场面积 88567.8 亩，耕地面积 2094.9 亩，牲畜总数为 10030 头、只，其中养牛 7936 头，养羊 2094 只。主要经济来源以畜牧业为主，种植青稞为辅。

2724 扎古录镇扎古录村

简　　介：扎古录村位于扎古录镇北部，洮河上游 10 公里处，辖扎古录、地理多、甘塘、郭大、卡子、桑地卡 6 个村民小组，共 217 户，

1221人。海拔2500米，年均气温13℃，无霜期100天左右。全村耕地面积1765亩，草场面积3.37万亩，林地面积4400亩。照古录村历来以牧业生产为主，主要农作物有青稞、大豆、油菜，牧业养殖牲畜主要有牦牛、藏绵羊，人均收入3800元。全村2014年中药材种植304.5亩，其中羌活27.5亩，当归208亩，黄芪10.5，党参8.5亩，柴胡20亩，秦艽30亩。

2725 木耳镇冰崖村

简　　介：冰崖村位于镇政府向北约35公里。全村有5个自然村，6个村民小组，共有农户264户，总人口1188人。耕地面积1634亩，各类牲畜3210头（匹、只），以农业为主，外出打工为辅，年均纯收入1750元。

2726 康多乡白土咀村

简　　介：白土咀村地处北山山脉，白石山脚下，平均海拔3100米，气候阴湿寒冷，主要经济收入为酥油、曲拉(奶酪)销售，牲畜适量出栏为主。全村辖8个自然村，共127户，796人。

2727 喀尔钦乡革古村

简　　介：革古村位于县城西南面，洮河上游20公里处，距乡镇府15公里。全村辖7个村民小组，157户，881人，村内平均海拔2560米，无霜期90天左右，总面积1028平方公里，其中草原面积82万亩，森林面积104万亩，耕地面积1236亩，人均占用耕地1.5亩，2011年末各类牲畜存栏5500头（只），农民人均纯收入1320。革古村以畜牧业和种植业为主，种植业主要是种植菜籽、青稞、元根等植物，畜牧业主要是养殖牛、羊为主。

2728 喀尔钦乡达子多村

简　　介：达子多村辖4个村民小组，180户，764人，耕地面积1272亩，人均占有耕地1.6亩。

2729 柳林镇多洛村

简　　介：多洛村位于卓尼县城西南部的洮河沿岸河谷地带，距镇政府6公里，平均海拔2650米，全村现有耕地824.19亩（均为山川地）。辖3个村民小组，76户，372人。本村以农业生产为主，粮食作物有小麦、青稞、大豆、土豆等，主要的经济来源为种植及外出务工。

2730 喀尔钦乡拉扎村

简　　介：拉扎村位于喀尔钦乡沿河边，距乡政府3公里处，全村辖6个村民小组，分别是拉扎、上巴木、下巴木、月目录、加禾磨、安步组，共252户，1107人，现有耕地面积2767.5亩，人均占用耕地2.5亩，农民人均纯收入2300元。

2731 刀告乡盘桥村

简　　介：盘桥村毗邻扎古录镇，距乡政府12公里。盘桥村委占地面积500平方米，有房间4间，其中活动室1间，厕所1间，计生服务室1间，会议室2间。活动室办公设施齐全，有电脑电视等配套设备。全村辖4个村民小组，共有农牧户113户，总人口676人，耕地面积1492亩，各类牲畜总数为3145头（只）。畜牧业养殖、药材种植和外出务工是该村的支柱产业，以种植青稞、小豆、洋芋等农作物为辅，经济作物主要种植唐古特大黄。

2732 申藏乡冷口村

简　　介：冷口村地处申藏乡西北约8公里

处，平均海拔 3040 米。共辖八路、卓尕湾、木耳当、俄藏、上仓科、冷口和下仓科 7 个自然村。全村有农牧民 306 户，1410 人。全村有牛羊骡马大小牲畜 2660 头（匹、只）。全村有耕地面积 3350 亩，人均 3.62 亩，草山面积较好，有 19400 亩，且草质肥美。2013 年全村群众人均纯收入达到 2800 多元。

2733 阿子滩乡那子卡村

简　　介：那子卡村位于阿子滩乡西南部以北 7 公里处，西与座车首村毗邻，东接达架村，南临盘元村，北靠临潭县九日卡村，是一个以农业为主，牧业为辅的自然村。农业以种植青稞、燕麦、大豆、马铃薯、油菜籽等为主，牧业以羊、牦雌牛养殖为主。全村共有 4 个村民小组，常驻农牧户 168 户，总人口 741 人。占地总面积 15.23 平方公里，耕地面积 2253 亩，草场面积 4000 亩，全村有 168 户，741 人，人均耕地 3.04 亩，人均草场 5.4 亩，2013 年人均纯收入 2690 元。

2734 柳林镇畜盖村

简　　介：畜盖村位于卓尼县城以西 3 公里处的洮河岸边，平均海拔 2500 米。下辖 5 个村民小组，全村 178 户，847 人，低保户 133 户，600 人，五保户 5 户，6 人。党员 53 人，其中预备党员 2 人，女党员 11 人。扶贫户 17 户，80 人。全村现有耕地 770 亩，分川地和山地两类，主要为山地。农作物以小麦、青稞、马铃薯、蚕豆为主，经济作物为黄芪、当归、党参等。2013 年全村人均纯收入为 3760 元。

2735 扎古录镇强岔村

简　　介：强岔村位于扎古录镇西南部，距镇政府 13 公里。辖迭当什、强岔、立竹沟、阿吉那、作娄 5 个村民小组，现有 159 户，其中迭当什 51 户，强岔 49 户，立竹沟 30 户，阿吉那 14 户，作娄 15 户，全村 853 人。海拔 2700 米，年均气温 16℃，无霜期 100 天。全村耕地面积 1700 亩，草场面积 7000 亩，林地面积 3400 亩。强岔村历来以牧业生产为主，主要农作物有青稞、大豆、油菜，牧业养殖牲畜主要有牦牛、藏绵羊，人均收入 3800 元。目前有 90% 以上的农牧户家中养殖牲畜，主要有牦牛、犏雌牛、藏绵羊等，畜牧养殖业已经成为了当地农牧民的主要经济来源。

2736 木耳镇秋古村

简　　介：秋古村位于镇政府西部，洮河中游，距镇政府 1.5 公里，交通便利。全村辖 2 个自然村，共有农户 130 户，总人口 553 人，耕地面积 806 亩，各类牲畜 2714 头（匹、只），以农业为主，年均纯收入 1700 元。

2737 康多乡卡维村

简　　介：卡维村地处康多乡西南面，距乡政府 105 公里，是全乡最远的一个村委会，全村坐落在扎尕草原上，世代以牧业为主。全村占地面积达 114.69 平方公里，其中草场面积 6.73 万亩，森林面积 0.35 万亩，耕地面积 220 亩。大小牲畜存栏 5690 头（匹、只）。其中牛 3158 头，马骡 123 匹，绵山羊 2264 只，猪 145 只。全村共 4 个自然村，102 户，565 人。

2738 申藏乡旦藏村

简　　介：旦藏村地处卓尼县东北部，全村坐落于 3 个山沟之间，村委会坐落于路角自然村，距离县城 35 公里，总区域面积 4.98 万亩。平均海拔 2800 米，年平均气温 3.6℃，年降雨量 430 毫米，年平均湿度 50%。全村下辖 12 个村民小组，共 403 户，1876 人，其中藏族人口占 90%。什路二组为回族村，全村 106 人。主要农作物是青稞、豌豆、大豆、土豆，经济作物有油菜、柴胡、当归等，主要经济来源是农作物种植、外出务工和零散养殖为主。劳务输转 267 人，人均纯收入达 3710 元。

2739 扎古录镇录日岔村

简　　介：录日岔村位于西北部的洮河沿岸，距镇政府 3 公里处，全村辖录日岔、白地、绕绕、牙地 4 个村民小组，共 156 户，764 人。总耕地面积为 1140.2 亩。草场面积 2.38 万亩，林地面积 7671 亩。录日岔村历来以牧业生产为主，主要农作物有青稞、大豆、油菜，牧业养殖牲畜有牦牛、藏绵羊。人均收入 3570 元。

2740 喀尔钦乡卓洛村

简　　介：卓洛村位于卓尼县城洮河上游 28 公里的洮河岸边，距乡镇 7 公里，岷麻公路穿村而过。全村辖卓洛、拨勺、四部车、闹站 4 个村民小组，共 151 户人，665 人。现有耕地面积 1445 亩，人均占有耕地 2.2 亩。牛羊 2000 头（只），年人均纯收入 2780 元。主要经济来源以外出务工和种植农作物为主，以藏中药材种植为主导特色产业。全村基本实现医疗、养老全覆盖，温饱覆盖率 98%，适龄儿童入学率 100%，电视覆盖率 96%。卓洛村以藏中药材、种树苗为主导特色产业。

（三）迭部县

2741 卡坝安子村
简　　介：位于乡驻地北面。辖5个自然村，耕地1400亩。以林为主，林、农、牧、副综合经营。以安子库（沟）而得名。

2742 卡坝尼欠村
简　　介：位于乡驻地北面，辖5自然村。耕地1400亩。以林为主，林、农、牧、副综合经营。以尼欠库（沟）而得名。

2743 旺藏乡曹世坝村
简　　介：位于乡驻地东南部，辖3个自然村，耕地1535亩，以林为主，林、农、牧、副综合经营。以曹世坝（村）而得名。

2744 电尕镇恰告村
简　　介：辖6个自然村。以林为主，林农牧副综合经营，以驻地恰告村而得名。

2745 电尕镇亚安村
简　　介：辖12个自然村。含义为"实为美丽"。耕地12671亩。经济以林为主。林农牧副综合经营。以驻亚安村而得名。

2746 旺藏乡高日村
简　　介：位于乡驻地北部，辖3个自然村。耕地1765亩。以林为主，林、农、牧、副综合经营。以高日卡（村）而得名。

2747 洛大乡黑扎村
简　　介：该辖有3个自然村。以林为主，林、农、牧、副综合经营。以黑扎村而得名。

2748 桑坝乡班藏村
简　　介：辖3个自然村。耕地1.490亩。以林为主，林农牧副综合经营。以驻班藏村而得名。

2749 阿夏乡纳告村
简　　介：位于乡驻地西南面。辖5个自然村。耕地1715亩。以林为主，林、农、牧、副综合经营。以驻纳告村而得名。

2750 尼傲乡尖尼村
简　　介：位于乡驻地北部。辖10个自然村。耕地3955亩。以林为主，林、农、牧、副综合经营。以地处兴尼库（沟）而得名。

2751 益哇乡纳加村
简　　介：纳加村位于乡北面，辖3个自然村。耕地450亩。据说该村最早有7个弟兄，分为7户，他们为了能发展到一百户人家而为村取名，含义"这里成百户"。

2752 益哇乡知子村

简　　介：知子村地势较平坦。辖6个自然村，耕地1985亩。以林为主，林、农、牧、副综合经营。以驻知子村而得名。

2753 电尕镇吾子村

简　　介：位于电尕镇北面的哇巴隆哇（沟）内。辖6个自然村。耕地2136亩。以林为主，林农牧副综合经营。以驻地吾子村而得名。

2754 达拉乡高吉村

简　　介：位于乡驻地西部。辖5个自然村。耕地面积2334亩。以林为主，林、农、牧、副综合经营。以驻高吉村而得名。

2755 洛大乡尖藏村

简　　介：位于乡驻地西北面。耕地200亩。相传很久以前，从西藏迁来百户人在此定居，故取名尖藏村，含义"百户"。

2756 旺藏乡旺藏村

简　　介：位于乡驻地东侧。辖4个自然村。耕地2404亩。以林为主，林、农、牧、副综合经营。以旺藏村命名，含义为"领导的好"。

2757 卡坝乡桃吾村

简　　介：位于乡驻地北面。辖5个自然村。耕地832亩。以驻地桃吾卡村而得名，含义"山包底"。

2758 多儿乡台力傲村

简　　介：位于乡驻地北面。辖2个自然村。耕地740亩。以林为主，林、农、牧、副综合经营。以驻台力傲村而得名。

2759 多儿乡洋布村

简　　介：位于乡驻地东南面，耕地330亩。以自然地理形状而得名。

2760 电尕镇蔬菜村

简　　介：以种植蔬菜而得名。1959年建立电尕农场，1976年撤销电尕农场，建立了蔬菜大队，耕地537亩，以种植蔬菜为主。

2761 洛大乡查居村

简　　介：位于乡驻地东部高山上。有2个自然村。耕地627亩。很早以前，从洛大迁出10户到此地定居，故取名，含义"十户"。

2762 旺藏乡让尕村

简　　介：位于乡驻地东北面。辖5个自然村。耕地1356亩。以林为主，林农牧副综合经营。以地处山谷而得名，含义"峡谷"。

2763 洛大乡赵藏村

简　　介：辖3个自然村。耕地1350亩。以林为主，林、农、牧、副综合经营，以驻赵藏而得名。

2764 多儿乡在力傲村

简　　介：位于乡驻地西北部。辖2个自然村。耕地1765亩。以林为主，林、农、牧、副综合经营。以驻在力傲村而得名。

2765 电尕镇电尕村

简　　介：电尕是取"巴西电尕"后二字得名。位于县城西面，紧邻县城，辖10个自然村。

2766 多儿乡次古村

简　　介：位于乡驻地北部。辖3个自然村。耕地1590亩。以林为主，林、农、牧、副综合经营。以驻地次古村而得名。

2767 益哇乡傲子村

简　　介：位于乡北面13公里处。辖3个自然村。耕地1145亩。以林为主，林农牧副综合经营。以地处傲子库（沟）而得名，含义为"绿色牧点"。

2768 尼傲乡尼傲村

简　　介：辖3个自然村。耕地1000亩。以林为主，林、农、牧、副综合经营。以驻尼傲村而得名。

2769 洛大乡洛大村

简　　介：辖3个自然村。耕地1460亩。以林为主，林、农、牧、副综合经营。以驻洛大村而得名。

2770 电尕镇拉路村

简　　介：位于电尕乡东南面。辖9个自然村。耕地3730亩。以林为主，林农牧副综合经营。以驻地拉路村而得名。

2771 腊子口乡黑多村

简　　介：位于乡驻地西北部。辖4个自然村。耕地1,087亩。以林为主，林农牧副综合经营。以驻黑多村而得名。

2772 桑坝乡甘向村

简　　介：辖4个自然村。耕地1740亩。以林为主，林农牧副综合经营，以驻甘向村而得名。

2773 洛大乡磨沟村

简　　介：位于乡驻地北部。耕地200亩。因地处于山沟而得名。

2774 益哇乡当多村

简　　介：当多村位于乡驻地西北面约15公里处。辖9个自然村。耕地2021亩。以林为主，林牧农副综合经营。以地处当多库（沟）而得名，含义为"拴马"。

2775 益哇乡扎尕那村

简　　介：位于乡北面，光盖山脚下。辖4个自然村。耕地1533亩。以林为主。林农牧副综合经营。因4个自然村都坐落在石山怀抱中，形似石箱而得名，含义为"石箱子"。

2776 阿夏乡克浪村

简　　介：位于乡驻地南面。辖4个自然村。耕地面积1408亩。以林为主，林、农、牧、副综合经营。以驻地克浪村而取名。

2777 卡坝乡卡坝村

简　　介：位于县城东面32公里处。辖4个自然村。耕地860亩，以驻卡坝路而得名，含义"上面"。

2778 电尕镇更古村

简　　介：位于电尕镇东南面，辖5个自然村。耕地2148亩。以林为主，林农牧副综合经营。以驻更古村而得名。

2779 桑坝乡沙藏村

简　　介：位于乡驻地北面，辖4个自然村。耕地面积1760亩。以林为主，林、农、牧、副综合经营。以沙藏村而得名。

2780 多二乡白古村

简　　介：位于乡驻地东南面。辖4个自然村，耕地2087亩。以林为主，林、农、牧、副综合经营。以驻白古村而得名。

2781 达拉乡牙拉村

简　　介：位于乡驻地南面。辖4个自然村。

耕地1299亩。以林为主，林、农、牧、副综合经营。以驻牙拉村而得名，含义为"美好"。

2782 腊子乡腊子村

简　　介：位于县城东95公里处，辖6个自然村。以天险腊子口在该乡境内而得名，含义为"山脚谷"。

2783 旺藏乡亚日村

简　　介：位于乡东面。辖2个自然村。耕地1160亩。以林为主，林、农、牧、副综合经营。以驻亚日卡村而得名，含义为"上村"。

2784 达拉乡次哇村

简　　介：位于乡驻地东面，辖4个自然村。耕地2493亩。以林为主，林、农、牧、副综合经营。以驻次哇村而得名。

2785 桑坝乡唐尕村

简　　介：位于乡驻地南面。辖2个自然村。耕地957亩。以林为主，林农牧副综合经营，以驻唐尕村而得名。

2786 尼傲乡坝藏村

简　　介：位于乡驻地北部。辖5个自然村。耕地1407亩。以林为主，林、农、牧、副综合经营。以坝藏村而得名。

2787 腊子乡久里才村

简　　介：别名朱立。位于乡驻地东北部，辖5个自然村。耕地2.366亩。以林为主，林农牧副综合经营。以驻地久里才村而得名，含义为"李子之乡"。

2788 益哇乡高杂村

简　　介：辖5个自然村，耕地1.172亩。以林为主，林农牧副综合经营。以驻高杂村而得名。

（四）玛曲县

2789 欧拉秀玛乡卡尔格村
简　　介：卡尔格行政村属欧拉秀玛乡，下设5个自然村，全村有160户，821人，意即"铜像"，以自然实体得名。

2790 曼日玛乡耀达尔村
简　　介：耀达尔行政村属曼日玛乡，下设9个自然村，全村有302户，1698人，意即"兴旺"，原由11个帐圈组成。

2791 采日玛乡麦果尔村
简　　介：麦果尔行政村属采日玛乡，下设8个自然村，全村有273户，1321人，意即"部落名称"。

2792 齐哈玛乡哇尔义村
简　　介：哇尔义行政村属齐哈玛乡，下设4个自然村，全村有187户，1047人，意即"中间"。

2793 曼日玛乡强茂村
简　　介：强茂行政村属曼日玛乡，下设10个自然村，全村有301户，1607人，意即"雌鹏"。

2794 曼日玛乡斗隆村
简　　介：斗隆行政村属曼日玛乡，下设6个自然村，全村有186户，904人，意即"毒沟"。

2795 齐哈玛乡果擦村
简　　介：果擦行政村属齐哈玛乡，下设8个自然村，全村有206户，1313人，意即"藏族姓氏"。

2796 尼玛镇哇尔玛村
简　　介：哇尔玛行政村属尼玛镇，下设7个自然村，全村有241户，1100人，所处地理方位得名，意即"中间"。

2797 木西合乡西合强村
简　　介：西合强行政村属木西合乡，下设8个自然村，全村有332户，1966人，意即"沙盆地"，十七世纪末由久治县西合强部落迁居今地，沿用现部落名。

2798 曼日玛乡智合桃村
简　　介：智合桃行政村属曼日玛乡，下设10个自然村，全村有271户，1452人，意即"岩石山丘"。

2799 木西合乡木拉村
简　　介："木拉"系藏族姓氏之一，以姓氏命名。

2800 采日玛乡采日玛村

简　介：采日玛村属采日玛乡，下设11个自然村，全村有192户，905人，意即"采氏部落"。

2801 欧拉秀玛乡敦红村

简　介：敦红行政村属欧拉秀玛乡，下设5个自然村，全村有121户，639人，意即"千户长"，系1981年从欧拉公社分出5个生产队而新组建的大队。

2802 曼日玛乡尕加村

简　介：尕加行政村属曼日玛乡，下设10个自然村，全村有357户，1813人，意即"白土崖"。

2803 采日玛乡秀昌村

简　介：秀昌行政村属采日玛乡，下设10个自然村，全村有215户，1257人，意即"柏树崖"。

2804 阿万仓乡道尔加村

简　介：道尔加行政村属阿万仓乡，下设7个自然村，全村有423户，2037人，意即"灰色沟口"。

2805 齐哈玛乡国青村

简　介：以自然地理实体得名，意即"大坑"。

2806 齐哈玛乡塔哇村

简　介：塔哇行政村属齐哈玛乡，全村有232户，1081人，意即"寺院周围居民"，以驻地得名。

2807 尼玛镇萨合村

简　介：萨合行政村属尼玛镇，全村有110户，387人，以自然地理实体得名，意即"白土"。

2808 采日玛乡乃玛尕玛村

简　介：乃玛尕玛行政村属采日玛乡，全村有161户，862人，意即"下部落"。

2809 欧拉乡贡周村

简　介：贡周行政村属欧拉乡，全村有145户，824人，意即"并排衣领"，以山形排列似衣领而故名。

2810 欧拉乡哇尔合村

简　介：哇尔合行政村属欧拉乡，下设3个自然村，全村有119户，678人，以部落人名得名。

2811 欧拉乡克勤村

简　介：克勤行政村属欧拉乡，下设2个自然村，全村有97户，509人，以驻地克勤沟得名。

2812 尼玛镇秀玛村

简　介：秀玛行政村属尼玛镇，下设6个自然村，全村有276户，1175人，秀玛以地理方位得名，意即"下方"。相传二百多年前，先后由卓格、祖哈、哇洒、扎盖、阿肉若和周若等6个小部落迁居而成。

2813 欧拉乡达尔钦村

简　介：达尔钦行政村属欧拉乡，下设8个自然村，全村有226户，1225人，意即"牧马大沟"。

2814 阿万仓乡洛隆村

简　介：洛隆行政村属阿万仓乡，下设6个自然村，全村有220户，836人，位处洛隆而得名，意即"侧沟"，原称合拉。

2815 阿万仓乡沃特村
简　　介：沃特行政村属阿万仓乡，下设8个自然村，全村有282户，1377人，意即"书卷"。

2816 阿万仓乡贡乃村
简　　介：贡乃行政村属阿万仓乡，下设5个自然村，全村有173户，728人，位处贡乃地区得名，意即"贡边"，原称"吉岔"。

2817 采日玛乡乃尔玛贡玛村
简　　介：乃尔玛贡玛行政村属采日玛乡，下设10个自然村，全村有174户，1006人，意即"上部落"。

2818 尼玛镇贡玛村
简　　介：贡玛行政村属尼玛镇，下设4个自然村，全村有239户，1150人，以自然地理实体得名，意即"上方"。

2819 欧拉乡欧强村
简　　介：欧强行政村属欧拉乡，下设5个自然村，全村有174户，911人，意即"小银角"。

2820 欧拉乡安茂村
简　　介：安茂行政村属欧拉乡，下设5个自然村，全村有147户，839人。

2821 欧拉乡曲合尔村
简　　介：曲合尔行政村属欧拉乡，下设4个自然村，全村有143户，742人，意即"白河"，因河水色白而得名。

2822 欧拉秀玛乡当庆村
简　　介：当庆行政村属欧拉秀玛乡，下设5个自然村，全村有171户，876人。

2823 齐哈玛乡吉勒合村
简　　介：吉勒合行政村属齐哈玛乡，下设5个自然村，全村有146户，859人，以吉库乎沟内一条支沟得名。

2824 阿万仓乡贡赛尔村
简　　介：贡赛尔行政村属阿万仓乡，下设6个自然村，全村有291户，1436人，位处贡、赛两沟处得名，原称让科，系富户家名。

后 记

在甘肃进行全面性的文化资源普查属于首次，将普查成果汇编成大型的文化资源名录在国内也属于前列。《甘肃省文化资源名录》是按照《甘肃省文化提升行动协调推进领导小组工作方案》和《甘肃省文化资源普查和分类分级评估工作实施方案》要求推出的重要成果。经过甘肃省文化资源普查和分类分级评估工作领导小组办公室组织40多名专家学者，在甘肃省文化资源普查平台数据库基础上，历时两年精心编排，终于完成书稿，这是参与全省文化资源普查的所有工作人员集体智慧的结晶。

甘肃省委原常委、省委宣传部原部长连辑，甘肃省委常委、省委组织部部长梁言顺，甘肃省委常委、省委宣传部部长陈青，先后领导和部署了本名录的编辑出版工作。省委宣传部原副部长、省社科院原院长范鹏研究员协调推进了本名录的编写。甘肃省社科院院长王福生研究员组织实施了本名录的策划设计、内容编排、审定并最终定稿。甘肃省社科院副院长马廷旭研究员负责了审稿、统稿和出版发行事宜。刘玉顺同志全程负责了书稿编排工作。

在《甘肃省文化资源名录》面世之际，感谢甘肃省文化提升行动协调推进领导小组各位领导的大力支持与关心，感谢参与普查工作的各市（州）县（区）、有关省直厅局的鼎力相助，感谢参与普查的专家学者和基层工作人员的辛勤付出，感谢中国书籍出版社为本名录的出版所做的努力，感谢所有关心关注本名录的人们。《甘肃省文化资源名录》是从盘清全省文化资源家底的角度入手，收录范围极其宽泛，有部分内容还存在缺项，有的资源没有资源简介，有的资源缺图片等等，给该书的出版留下了遗憾（该套丛书普查数据截至2012年12月31日）。同时，由于我们的水平有限，可能还有错讹疏漏之处，恳请读者随时批评指正，以便在将来进一步完善和修订。

甘肃省社会科学院

2017年7月

甘肃省文化资源名录
总书目

第 一 卷　可移动文物Ⅰ（金银器、铜器）
第 二 卷　可移动文物Ⅱ（铜器）
第 三 卷　可移动文物Ⅲ（铜器、铁器）
第 四 卷　可移动文物Ⅳ（陶泥器）
第 五 卷　可移动文物Ⅴ（陶泥器）
第 六 卷　可移动文物Ⅵ（陶泥器）
第 七 卷　可移动文物Ⅶ（陶泥器）
第 八 卷　可移动文物Ⅷ（陶泥器）
第 九 卷　可移动文物Ⅸ（砖瓦、瓷器）
第 十 卷　可移动文物Ⅹ（瓷器）
第十一卷　可移动文物Ⅺ（宝、玉石器，石器、石刻）
第十二卷　可移动文物Ⅻ（纺织品、皮革、漆木竹器、珐琅器、玻璃器、骨角牙器、文具乐器法器、绘画）
第十三卷　可移动文物ⅩⅢ（书法、拓片、玺印、货币、雕塑、造像）
第十四卷　可移动文物ⅩⅣ（文献图书、徽章、证件、票据、邮品、度量衡器、交通运输工具、武器装备、航天装备、古脊椎动物化石、人类化石、其他）
第十五卷　不可移动文物Ⅰ（古墓葬、古遗址）
第十六卷　不可移动文物Ⅱ（古建筑、石窟寺及石刻、其他）
第十七卷　红色文化（故居、旧址、纪念地、纪念设施、烈士墓、其他）
第十八卷　历史事件与人物Ⅰ（历史事件、历史人物）
第十九卷　历史事件与人物Ⅱ（历史人物）
第二十卷　历史文献Ⅰ（古籍）
第二十一卷　历史文献Ⅱ（古籍、志书、档案、其他）
第二十二卷　非物质文化遗产Ⅰ（民间文学、民间音乐、民间舞蹈、民间戏剧、曲艺）
第二十三卷　非物质文化遗产Ⅱ（民间杂技、游艺传统体育与竞技、民间美术、民间技艺）
第二十四卷　非物质文化遗产Ⅲ（民间技艺、民间医药、民间信仰、岁时节令、生产商贸习俗、消费习俗、民间知识、人生礼俗）
第二十五卷　建筑、自然景观文化（建筑文化、自然景观文化）

甘肃省文化资源名录
总书目

第二十六卷	文学艺术Ⅰ（文学、艺术）
第二十七卷	文学艺术Ⅱ（艺术）
第二十八卷	饮食文化（酒、茶、饮料、特色饮食、饮食器皿）
第二十九卷	节庆、赛事、文化之乡（节庆、赛事、文化之乡）
第 三十 卷	地名文化Ⅰ（特色自然地理地名、市州、市县区、乡镇街道、村、社区）
第三十一卷	地名文化Ⅱ（村、社区）
第三十二卷	地名文化Ⅲ（村、社区）
第三十三卷	地名文化Ⅳ（村、社区）
第三十四卷	地名文化Ⅴ（村、社区）
第三十五卷	地名文化Ⅵ（村、社区）
第三十六卷	文化产业、传媒Ⅰ（新闻出版发行服务、广播电视电影服务、文化用品的生产、文化产品生产的辅助生产）
第三十七卷	文化产业、传媒Ⅱ（文化艺术服务、文化信息传输服务、文化休闲娱乐服务、工艺美术品的生产）
第三十八卷	文化产业、传媒Ⅲ（文化创意和艺术服务、文化专用设备的生产、传媒）
第三十九卷	社科研究Ⅰ（机构和团体、著作类、研究报告、学术活动、社科刊物、获奖成果）
第 四十 卷	社科研究Ⅱ（论文）
第四十一卷	社科研究Ⅲ（论文）
第四十二卷	文化类高等教育、文化艺术机构团体Ⅰ（文化类高等教育、文化艺术机构、文艺团体、文艺表演团体、文艺场馆）
第四十三卷	文化类高等教育、文化艺术机构团体Ⅱ（群众文化艺术馆）
第四十四卷	文化人才Ⅰ（社科人才）
第四十五卷	文化人才Ⅱ（社科人才）
第四十六卷	文化人才Ⅲ（图书情报人才、档案人才、文博人才、新闻人才、出版人才、文艺人才）
第四十七卷	文化人才Ⅳ（体育人才、网络文化人才、动漫人才、民间文化人才）
第四十八卷	宗教文化、民族语言文字Ⅰ（教职人员、宗教经卷）
第四十九卷	宗教文化、民族语言文字Ⅱ（宗教活动场所）
第 五十 卷	宗教文化、民族语言文字Ⅲ（宗教活动场所、民族语言文字）